GESCHICHTE
DAUER UND WANDEL

VON DER ANTIKE
BIS ZUM ZEITALTER DES ABSOLUTISMUS

Für den Unterricht in der gymnasialen Oberstufe

Herausgegeben von Franz-Josef Schütz
Bearbeitet von
Hermann de Buhr, Wolfgang Günter, Udo Margedant,
Uwe Uffelmann, Volkmar Wittmütz, Franz-Josef Schütz

Neubearbeitung

Cornelsen
HIRSCHGRABEN

Die Neubearbeitung entspricht konzeptionell sowie in den Grundzügen der Darstellung und der Auswahl der Materialien der bisherigen Ausgabe.
Im Detail allerdings haben Hinweise und Kritiken aus der schulischen Praxis uns zu zahlreichen Verbesserungen veranlaßt. Dabei wurde vor allem auf eine anschaulichere und besser strukturierte Darstellung Wert gelegt. Außerdem wurden einige schwer zugängliche Materialien ausgetauscht.

Umschlagzeichnung: Nike-Tempel auf der Akropolis in Athen (um 420 v. Chr.).
Die Fronten der griechischen Tempel haben die architektonische Gestaltung besonders öffentlicher Gebäude bis in unsere Zeit bestimmt.

2. Auflage 1990
Alle Drucke dieser Auflage können, weil untereinander unverändert, im Unterricht nebeneinander verwendet werden.

Umschlagentwurf: Jutta Schneider, Frankfurt am Main
Satz: Robert Hurler GmbH, Notzingen
Druck: Cornelsen Druck, Berlin
ISBN 3-454-59732-3
Vertrieb: Cornelsen Verlagsgesellschaft, Bielefeld
Bestellnummer: 597323

Bildnachweis
Alinari, Florenz 28 (14) – American School of Classical Studies, Athen 30, 33 – Anderson-Violett, Paris 73 – Archiv für Kunst und Geschichte, Berlin 28, 140 (17a), 185, 236, 243 (3, 4) – Ashmolean Museum, Oxford 114 – Bavaria-Verlag, Gauting 288 – Biblioteca Apostolica Vaticana 207 (13b) – Bildarchiv Preußischer Kulturbesitz, Berlin 40, 150, 311 (54, 55) 344, 345, 352f., 355 – Bildverlag, Freiburg/Breisgau 193 – Karsten Bremer, Berlin 347 – British Museum, London 297 – E. Dittmann, Frankfurt/Main 87 (16) – Frasnelli-Keitsch, Bozen 121 – Germanisches Nationalmuseum, Nürnberg 264, 272, 298 (22), 311 (53), 314 – Gouvernement général d'Algérie, Algier 102 (21) – Herzog-Anton-Ulrich-Museum, Braunschweig 259 – Hessische Landesbibliothek, Fulda 181 – Hirmer-Verlag, München 28 – Istituto Archeologico Germanico, Rom 64 – Kunsthistorisches Museum, Wien 140 (17b) – Foto Marburg 242, 283 – Museo della Civiltà Romana, Rom 86 – National Gallery, London 294 – Österreichische Nationalbibliothek, Wien 207 (13a) – Rheinisches Landesmuseum, Bonn 103 – Royal Library, Windsor 296 – Uffizien, Florenz 294 (10), 295 – Universitätsbibliothek Utrecht 128, 175 – Verwaltung der staatlichen Schlösser und Gärten Hessens, Bad Homburg 129 – Foto Witzel, Essen 11 (3) – Württembergisches Landesmuseum, Stuttgart 66, 205.
Aus Büchern wurden Abbildungen mit freundlicher Genehmigung folgender Verlage entnommen: Böhlau-Verlag, Wien 191 – Colloquium-Verlag, Berlin 276 – Cornelsen Verlag Berlin 56, 126, 132, 133 – Droemer & Knaur, München 250 – Ekdotike Athenon S.A., Athen 11 (2) – Oldenbourg-Verlag, München 123 – Edition Ophrys, Paris – Philipp-von-Zabern-Verlag, Mainz 128 – Syndikat-Verlag, Frankfurt/M. 144, 146 – Thorbekke-Verlag, Sigmaringen 180 (2, 3) – Wissenschaftliche Buchgesellschaft, Darmstadt 118 (6) – Wimmer-Verlag, Linz (Österreich) 203.
Karten: Prof. Gerd Holtkamp, München 8, 18, 21, 23 (10, 11), 77, 103, 114, 115, 118 (5), 119, 120, 208, 209, 330 (3c), 351 – Annette Pflügner, Mörfelden-Walldorf 116, 117, 145, 168, 176, 197, 321, 330 (3a, b), 387 – Brita von Schenck, Kronberg 57, 76, 83, 189, 201, 250, 267, 277, 284.
Textzeichnungen: Annette Pflügner, Mörfelden-Walldorf 61, 71, 78, 82, 102, 132, 149, 230, 298 (21), 388 – O. Schmidt, Neu-Isenburg 87 (15).

Vorwort

GESCHICHTE – DAUER UND WANDEL führt in den Geschichtsunterricht der gymnasialen Oberstufe ein und ist vor allem für den Geschichtsunterricht in Klasse 11 konzipiert. Da für einen vollständigen „zweiten Durchgang" durch die Geschichte nicht genügend Unterrichtszeit zur Verfügung steht, mußte bei der Aufarbeitung der antiken, mittelalterlichen und frühneuzeitlichen Geschichte auf inhaltlich-chronologische Vollständigkeit verzichtet werden.
Den Autoren kam es darauf an, nicht nur den Eigenwert der behandelten Epochen herauszustellen: Dem Werk liegt ein angenommener weltgeschichtlicher Zivilisationsprozeß als Leitgedanke zugrunde, der in seinen antiken und abendländisch-europäischen Strang aufgefächert wird. Als synchrone Dimension des Zivilisationsprozesses werden neben der politischen Geschichte die Wirtschafts-, Sozial- und Kulturgeschichte einbezogen, während der Titel DAUER UND WANDEL auf die Berücksichtigung diachroner Dimensionen der historischen Erfahrung verweist. Je nach Gegenstand und Forschungslage wird die ereignis- oder strukturgeschichtliche Betrachtungsweise akzentuiert, wird die universalhistorische Fragestellung auf der Ebene der europäischen, nationalen oder Landesgeschichte konkretisiert.
So vermittelt das Werk Einsicht in die Offenheit des geschichtlichen Prozesses. Die Erfahrung der Vielfalt der in der Geschichte wirkenden Kräfte und die Einsicht, daß auch die gegenwärtige Verfassung unserer Gesellschaft eine historisch gewachsene Ordnung darstellt, die nur bestehen kann, wenn sie bejaht und weiterentwickelt wird, sollte bei den Schülern zu der Erkenntnis führen, daß Auseinandersetzungen über diese Weiterentwicklung grundsätzlich möglich sind, aber rational und gewaltlos bewältigt werden müssen. Solche Mitgestaltung der demokratischen Ordnung setzt aber historisch-politische Bildung voraus, die die Spannung zwischen Realität und Utopie erkennt und die Notwendigkeit unterschiedlicher Standpunkte einsieht.
Erwerb und Sicherung historischer Kenntnisse und die Orientierung in Raum und Zeit werden in GESCHICHTE – DAUER UND WANDEL auf unterschiedlichen Wegen angebahnt.
1. Jedem Kapitel ist eine kurze Einführung vorangestellt, die über die wichtigsten Probleme bzw. Kontroversen und Fragestellungen der Forschung informiert und offenlegt, unter welchem Fragehorizont die jeweilige Epoche aufbereitet wurde.
2. Die darstellenden Teile des Unterrichtswerkes vermeiden bloße Tatsachenschilderungen. Ihre Problemorientierung und Elementarisierung der fachwissenschaftlichen Fragestellungen oder Kontroversen ermöglichen nicht nur einen exemplarischen Überblick, sondern erlauben die Einbeziehung der Darstellungen in das arbeitsunterrichtliche Verfahren, indem sie zum Gegenstand der gemeinsamen Analyse gemacht werden. Den Materialien, z. T. auch den Darstellungen, sind jeweils aufschließende „Anregungen" zugeordnet, die selbständige Schülerarbeit ermöglichen.
3. Die Materialteile geben Gelegenheit zu selbständiger Aufbereitung einzelner Probleme. Der Arbeitsweise der Oberstufe entsprechend sind alle Materialien problembezogen interpretierbar.
4. Die „Anregungen" am Ende der Abschnitte und Kapitel sind an die Stelle umfangreicher Aufgabenkataloge getreten. Sie berücksichtigen die unterschiedlichen Lernzielebenen, ohne den Benutzer gängeln zu wollen. Der Vorrang problemorientierter Fragen und Aufgaben zur Einübung fachspezifischer Fähigkeiten und Fertigkeiten zeigt, daß die Schüler zu sachgerechtem und kritischem Umgang mit den Zeugnissen der Vergangenheit angeleitet werden sollen. Weiterführende Literatur für Lehrer und Schüler wird zu den einzelnen Kapiteln im Lehrerband genannt.
5. Die Arbeit mit diesem Geschichtswerk soll dem Schüler die Einsicht vermitteln, daß das historische Geschehen aus unterschiedlichen Blickwinkeln gesehen und bewertet werden muß. So wird ihm auch einsichtig, daß Geschichte immer wieder neu zu befragen und zu schreiben ist.

Inhaltsverzeichnis

1. Die griechische Welt und die attische Demokratie

1.0 Einleitung

Das antike Griechentum wird uns gegenwärtig in den historischen Stätten in Athen, Delphi oder Olympia. Es begegnet uns aber auch in politischen, geschichtlichen oder kulturellen Grundbegriffen griechischen Ursprungs. Man setzt gerne „Demokratie" mit Athen gleich und verbindet damit die Vorstellung von politischer Freiheit und Gleichheit; man sucht Analogien des Gemeinschaftslebens der Polis mit demokratischen Praktiken Schweizer Kantone. Mögen solche oder ähnliche gedankliche Verbindungen auch bisweilen hilfreich sein, um dem modernen Menschen das Phänomen der Polis oder dasjenige der attischen Demokratie näherzubringen, sind sie dennoch äußerst problematisch, da sie die historische Distanz zur Antike vom neuzeitlichen Denken her zu überbrücken suchen.
Der Zugang zur griechischen Welt und zur attischen Demokratie kann nicht über mögliche Gemeinsamkeiten mit der Moderne erfolgen. Es muß von der Verschiedenartigkeit der historisch vermittelten gesellschaftlichen Strukturen und Organisationsformen und des jeweils zeitgenössischen Empfindens und Denkens ausgegangen werden. Die Begründung der Andersartigkeit ermöglicht dann den Vergleich mit der Moderne.
Die Vielzahl von Ausprägungen griechischer Gemeinwesen muß für unsere Betrachtung zwangsläufig reduziert werden. Jedoch ist es unzureichend, das antike Griechentum auf die Polis als den griechischen „Staat", auf die Demokratie als die spezifische Staatsform und auf das 5. Jahrhundert als die klassische Epoche zu beschränken.

Folgende Fragen und Probleme sollen schwerpunktmäßig erörtert werden:
Welche Formen von Staatlichkeit griechischer Gemeinwesen existieren?
Wie haben sie sich entwickelt und worin unterscheiden sie sich von modernen Staatsformen?
Was kennzeichnet das Politische im antiken Griechentum?
Was verstehen die Griechen unter Wirtschaft?
Welche Kriterien zeichnen die Bürger aus?
Unter welchen Bedingungen entsteht die attische Demokratie?
Welche Merkmale charakterisieren diese Staatsform?
Wie funktioniert die attische Demokratie?
Wie entwickelt sich die griechische Kultur?
Welche Impulse gehen von Zivilisationsprozessen in der griechischen Antike aus?

Bei der folgenden Analyse und Darstellung der griechischen Antike hat sich der Autor von der Frage leiten lassen, worin das Spezifische dieser Epoche besteht und wie sie – trotz allen historischen Wandels – prägenden Einfluß auf die europäischen Zivilisationsprozesse erhalten und bis heute bewahrt hat.

1.1 Entstehung und Ausprägung der griechischen Welt

Nach 2500 v. Chr.	Herausbildung einer Hochkultur auf Kreta	Um 1600–1150	Entstehung und Ausbreitung der mykenischen Kultur
Um 2200	Einwanderung indoeuropäischer Stämme nach Griechenland	Ab 1125–um 950	Landnahme und Siedlungsbewegung frühgriechischer Stämme
Um 1900–1400	Anlage großer Palastzentren in Knossos, Phaistos, Mallia	8. Jahrhundert	Homer

Neben Ägypten und frühen Hochkulturen im kleinasiatischen Raum ist der ägäische Raum das älteste kulturelle Zentrum der Mittelmeerregion. In Griechenland liegt der historische Ursprung des europäischen Kulturkreises. Frühbronzezeitliche Kulturen u. a. in Lerna, Tiryns und Korinth reichen bis ins 4. Jahrtausend zurück.
Die älteste Hochkultur bildete sich in Kreta nach 2500 aus. Ihre Blüte erlebte diese Hochkultur in der Älteren und Neueren Palastzeit zwischen 1900 und 1400 v. Chr., als sich städtische Siedlungsformen über die gesamte Insel ausbreiteten. Charakteristisch für jene **minoische Kultur** (bezeichnet nach dem sagenhaften König Minos) waren die unbefestigten Palastzentren, u. a. in Knossos und Phaistos. Sie bildeten die Mittelpunkte des politischen, sozialen, wirtschaftlichen, kulturellen und religiösen Lebens. Die politische Organisation ruhte in einem Gott-Königtum. Handwerk und Kunstgewerbe zeugen ebenso wie Viehzucht und Kultivierung des Bodens von dem hohen zivilisatorischen Niveau jener Kultur, deren technische Leistungen in einem ausgedehnten Straßennetz, Brückenbau, Be- und Entwässerungsanlagen, Schiff- und Fahrzeugbau zum Ausdruck kamen. Der Handel erstreckte sich über den gesamten Mittelmeerraum bis nach England.
Um 2200 wanderten indo-europäische Stämme von Nordosten in Griechenland ein. Sie breiteten sich ab etwa 1900 über den gesamten griechischen Raum aus. Diese Vorläufer der späteren griechischen Stämme verschmolzen mit der Urbevölkerung und bildeten zwischen 1600 und 1150 einen einheitlichen Kulturkreis, die **mykenische Kultur,** auf dem Festland, auf den Inseln der Ägäis, auf Rhodos, Cypern und in Milet. Machtzentren waren auf dem Peloponnes Mykene, Tiryns und Pylos, in Thessalien Iolkos, Athen und in Boiotien Gla, Orchomenos und Theben.
Diese älteste Hochkultur auf dem griechischen Festland übernahm in Kunstgewerbe, Architektur und Lebenshaltung der Oberschicht Elemente der minoischen Kultur, entwickelte aber zugleich eine eigenständige Kultur. Äußerliche Kennzeichen der mykenischen Königtümer waren stark befestigte Burganlagen, die neben dem Herrscherpalast die Häuser der Beamten, des Gefolges und der Leibwache einschlossen. Die politische Macht ruhte im Adel, an dessen Spitze der Warnak (König) stand, der auch priesterliche Funktionen ausübte. Ein Heerführer leitete im Krieg die adligen Kämpfer, die schwerbewaffnet auf Streitwagen in den Kampf zogen und von freien Gefolgsleuten begleitet wurden. Die militärische Stellung des Adels bestimmte auch dessen herausragende Bedeutung innerhalb der sozialen Schichtung: Adel – freie Gefolgsleute, Landbesitzer und Zivilbeamte –, Handwerker (Töpfer, Schmiede, Baumeister, Zimmerer u. a.) und Hirten – einfache ländliche Bevölkerung aus Landarbeitern und kleinen Pächtern – Abhängige – Sklaven. Die Handelsbeziehungen erstreckten sich über das östliche Mittelmeer bis nach Süditalien. Wichtigste Ausfuhrgüter waren Keramikartikel und Kunstgewerbe.
Während in der Keramik, Skulptur und Malerei eigenständige kulturelle Leistungen nicht zutagetraten, waren die Kuppelgräber und die Architektur der Burganlagen prägend: das Megaron, der Hauptraum des Herrscherpalastes, war als langgestrecktes Gebäude mit Säulenvorhallen gestaltet; die Mauern der Burganlagen waren aus rohen Steinblöcken zu gewaltigen Befestigungen zusammengefügt; die Akropolis, die auf Hügeln gelegene Burg, diente zugleich als Zufluchtsstätte für die Bevölkerung.

Nach 1400 unterwarfen frühgriechische Stämme die Insel Kreta. Nach dem Zusammenbruch der mykenischen Kultur um 1200 setzten neue Wanderbewegungen ein, in deren Verlauf Stämme der dorischen Dialektgruppe auf dem Peloponnes, in der Argolis, in Korinth, auf ägäischen Inseln und in Karien (Kleinasien) siedelten, während sich griechische Stämme der ionischen Dialektgruppe in Attika, auf Samos und Chios, sowie in Kleinasien (u.a. Priene, Ephesos und Milet) niederließen. Die Wanderbewegungen waren um 950–850 abgeschlossen.
Die griechischen Stammesverbände (*éthne*) hatten sich noch nicht zu festen politischen Gemeinwesen zusammengefügt. Häufig wurden neue Verbände durch die Vereinigung von zwei oder mehreren Stämmen oder Teilen von Stämmen gebildet, oder Stammesverbände fielen auseinander. Eine gewisse Konsolidierung erfolgte im 8. Jahrhundert. In Nord- und Mittelgriechenland breiteten sich die Makedonen aus (Makedonien), weiter südlich bildeten thessalische und boiotische Stämme Bünde. 711 wurden die ionischen Gemeinwesen in Attika vereint. Im ersten Messenischen Krieg um 735–715 eroberte Sparta das fruchtbare Messenien.
Diese Epoche zwischen der Landnahme griechischer Stämme und etwa 750, zwischen dem Zusammenbruch der mykenischen Kultur und dem Wiederauftauchen der Schrift, wird als das **„Dunkle Zeitalter“** bezeichnet. Die Kenntnisse über jenen Abschnitt der griechischen Geschichte stützen sich auf die **Epen Homers,** die **Mythen Hesiods** und auf **archäologische Funde.**
An der Spitze der Gemeinwesen standen erbliche Könige, deren Macht durch allgemeines Gewohnheitsrecht und den Adel begrenzt war. Der Adel beriet den König, entschied als Einzelkämpfer im Streitwagen Kriegs- und Beutezüge und bildete den Mittelpunkt des gesellschaftlichen und wirtschaftlichen Lebens. Gestützt auf seinen Landbesitz und die Gefolgschaft von Freien und Abhängigen riß der Adel in vielen Gemeinwesen die politische Macht ab dem 8. Jahrhundert an sich. Wo sich das Königtum behaupten konnte, wie in Sparta, Argos und Makedonien, wurden seine Befugnisse eingeschränkt.
Der Adel bestimmte die gesellschaftlichen Strukturen. Zum Haushalt (*oíkos*) zählten neben freien Gefolgsleuten Abhängige unterschiedlichen Ranges – Lohnabhängige, Hörige und Sklaven. Obwohl die freien Bauern in immer stärkere Abhängigkeit vom Adel gerieten und häufig in dessen Gefolgschaft eintreten mußten, behauptete sich dennoch eine bedeutende Schicht von Gemeinfreien, die als Freie Waffen trugen und an der Volksversammlung teilnahmen. Zwischen den Freien und den Abhängigen standen die Handwerker, die mit Ausnahme des Schmieds umherzogen und Auftragsarbeiten erledigten. Gegen Ende der Epoche siedelten sie sich zunehmend in den städtisch organisierten Zentren an. Die Lohnarbeiter (*Theten*) waren land- und besitzlose Tagelöhner; sie zählten nicht zum Haushalt, so daß ihnen die soziale Sicherung fehlte. Die Sklaven galten in der Antike als Besitz und waren rechtlos.
Kulturell stand das „Dunkle Zeitalter“ auf einer tieferen Stufe als die mykenische Zivilisation. Unter phönikischem Einfluß entwickelte sich mit den geometrischen Mustern auf den keramischen Produkten eine neue Kunstrichtung. Die **Schrift** tauchte im 8. Jahrhundert wieder auf. Sie gründete auf der phönikischen Konsonantenschrift und entwickelte sich zur ersten reinen Lautschrift der Geschichte, im Unterschied etwa zur Silbenschrift der minoischen oder mykenischen Kultur.
Neben Sprache und Schrift bildete die **Religion** eine wichtige Grundlage griechischer Gemeinsamkeit (zum Verhältnis von Kult und Polis s. 1.4.3). Alle Gemeinwesen verehrten neben lokalen Gottheiten die olympische Götterwelt, die uns anschaulich in den Epen Homers überliefert ist. Ausdruck religiös-kultischer Gemeinsamkeiten der Griechen waren gemeingriechische Feste, z.B. die Wettkämpfe zu Ehren des Olympischen Zeus und das Orakel von Delphi.

1.1.1 Die Entwicklung der Polis

Neben der älteren Staatsform, dem Stammesverband (*éthnos*), bildeten sich ab dem 8. Jahrhundert **Gemeinwesen mit städtischem Mittelpunkt,** *póleis* (sing. *pólis*), zunächst in Attika, Euboia, um den Golf von Korinth, auf Inseln der Ägäis und an der kleinasiatischen Küste. Darüber hinaus schlossen sich benachbarte Gemeinwesen zum Schutz und zur Verwaltung eines Heiligtums zu Kultbünden (*Amphiktyonien*) zusammen (u. a. Delphi und Mykale in Kleinasien). Die Stammesverbände und deren spätere Entwicklungsstufe, die Bundesstaaten, behaupteten sich vor allem in Nordgriechenland (s. Abb. 1). Innerhalb der Stammesverbände wurden Ortsgemeinden als

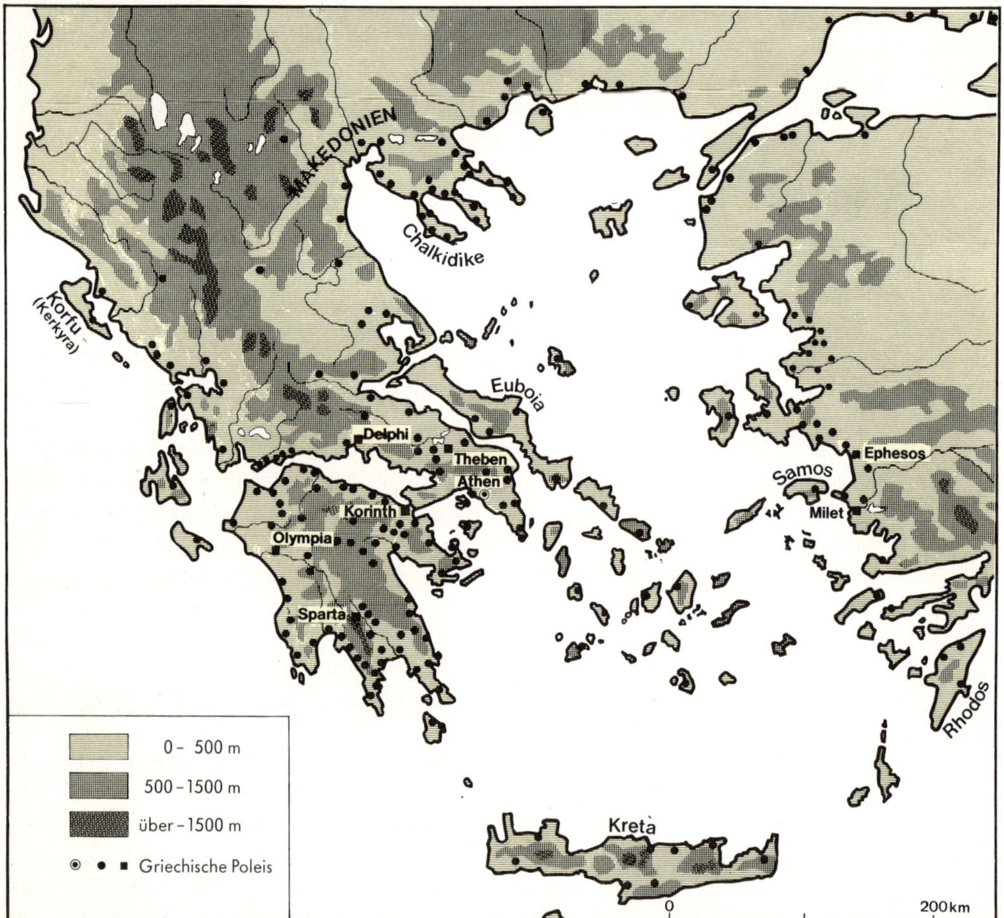

Abb. 1 Geopolitische Karte Griechenlands, 5. Jh.

Territoriale Ausdehnung griechischer Gemeinwesen in km²					
Sparta	8400	Samos	470	Lesbos mit 6 Poleis	1750
Athen	2550	Syrakus (einschl. Leontinoi)	470	Kreta (angebl. 100 Poleis)	8500
Argos	1400	Aigina	85	Delos	5
Korinth	880	Phokis mit 22 Poleis	1650		

Poleis bezeichnet, wenn sie neben dem Bürgerrecht eine eigene Ordnung besaßen und nach eigenen Gesetzen handelten; solche Poleis bestanden z. B. innerhalb des Boiotischen Bundes.
Polis bezeichnete ursprünglich die mykenische Burg mit der zugehörigen Siedlung. Der Begriff taucht in den literarischen Quellen seit Homer als Kennzeichnung von Gemeinwesen auf, in denen mit fortschreitender Kulturentwicklung das Politische sich im gemeinsamen Handeln auf dem Marktplatz, der Agora, im Gespräch und in den Beratungen politischer Gremien entfaltete. Das **Politische** war das allen Bürgern (*polítes*) gemeinsame öffentliche Leben, im Gegensatz zum Haushalt (*oíkos*) mit der eigenen Sphäre des Privaten.
Im 5. und 4. Jahrhundert wurde die Polis im Selbstverständnis der Griechen zum Inbegriff des politisch vollentwickelten und kulturell hochstehenden Gemeinwesens (s. M 1). Auch wenn ein Gemeinwesen unter die persönliche Herrschaft eines Tyrannen geriet, blieb es eine Polis (s. 1.2.4). Der Tyrann wurde dann als ein neben oder außerhalb jener Polis stehender Herrscher betrachtet. Ebenso konnte Sparta von Thukydides als Polis charakterisiert werden, obwohl fünf Dörfer dessen politischen Mittelpunkt bildeten.
Die griechische Polis unterscheidet sich grundlegend vom modernen Staat. Letzterer ist auf Machtfunktionen konzentriert und schließt dem antiken Bürger fremde Vorstellungen ein, wie Territorium, Nationalstaat, Rechtsstaat oder Gegensatz von Staat und Gesellschaft. Die Antike kannte weder die Scheidung von Staat und Gesellschaft noch den Staat als abstrakte Größe. „Bürgerliche Gesellschaft" in der Antike meint den Bereich öffentlich-politischen Handelns; in der Moderne ist die politische Macht im Staate konzentriert und tritt der öffentlichen, aber apolitischen Gesellschaft gegenüber.
Das Verständnis von Polis als „Stadt" verwischt die grundsätzliche und historische Distanz vor allem zur mittelalterlichen Stadt und deren Gegensatz zum Land (s. 4.2). In der Antike zählte die ländliche Bevölkerung außerhalb des städtischen Zentrums zur Bürgerschaft. Der griechische Bürger war überwiegend Landbesitzer, während der Bürger der mittelalterlichen Stadt hauptsächlich in Handel und Gewerbe tätig war; jene Tätigkeiten übten in der Antike jedoch vor allem Metoiken – freie, in Griechenland ansässig gewordene Fremde, die am Staatsleben nicht teilnahmen, aber Sondersteuern zu entrichten hatten – und Sklaven aus.

1.1.2 Griechische Kultstätten

Um 800 v. Chr. Kultbund von Delphi

Ab 776 v. Chr. Zeitrechnung nach Olympiaden

Religion und Politik waren eng verknüpft. Bis ins 5. Jahrhundert wurden Fragen des Rechts und der Politik häufig Orakeln (lat. *orare* – sprechen) überlassen. Das alte Hirtenheiligtum in **Delphi** entwickelte sich im 8. Jahrhundert allmählich zu einem gemeingriechischen Kultzentrum (s. Abb. 2). In einer Schlucht, aus der die kastalische Quelle hervorströmt, sollte in der Tiefe der Drache Python geherrscht haben. Apollon war, nachdem er den Drachen erlegt hatte, Herr des Platzes geworden, er gab den Fragenden göttliche Antwort durch Sprüche seiner Priesterin oder andere Zeichen. Am Ausgang der kastalischen Schlucht erhob sich etwa ab dem 8. Jahrhundert ein hölzerner Tempel, an dessen Stelle, nach einem Brand 548 v. Chr., ein prächtiger Steinbau mit reichem Giebelschmuck errichtet wurde. Den Ruhm des Heiligtums belegen Weihegaben aus dem gesamten Siedlungsgebiet der Griechen und von Barbaren, wie den Königen der Lyder.
Die Blütezeit des Heiligtums war das 6. und 5. Jahrhundert. Wer in Delphi Rat suchte, unterrichtete die Priesterin Pythia über sein Anliegen, bevor er die Fragen formulierte und schriftlich vorlegte. Dann wartete er mit Opfern und rituellen Begehungen auf den Tag der Orakelgebung. Waren die Opfer günstig ausgegangen, betraten die Fragenden nach rituellen Waschungen das

Heiligtum. Im hinteren Teil des Apollontempels, der durch eine Wand geteilt war, stand in einer Ecke zwischen zwei goldenen Adlern der Omphalosstein, der Nabel der Welt. In der Mitte des Raumes befand sich der goldene Dreifuß, auf dem die Pythia Platz nahm. Sie sprach oder sang die Antwort in Versen. Apollon, der durch den Mund seiner Priesterin sprach, war der Gott der Weisheit; er erfüllte die Pythia mit seinem göttlichen Wissen, so daß die Priesterin den wahren Sachverhalt erkennen und demgemäß den rechten Rat geben konnte. Die Pythia wird vorher an den Beratungen der Priesterschaft teilgenommen haben oder über deren Ergebnis unterrichtet worden sein. Die dichterische Sprache des Orakels war bewußt rätselvoll. Die Orakelworte mußten in ihrem Sinn ergründet werden. Der Gott kannte auch die Ursachen eines Unheils und nannte Mittel zur Abhilfe, z.B. Auswanderung und Kolonialgründung zur Beendigung einer Hungersnot.

Neben Delphi, Nemea und Isthmos zählte **Olympia** zu den großen panhellenischen Heiligtümern (s. Abb. 3). Dem Heros Pelops zu Ehren, der durch einen Sieg im Wagenrennen die Tochter des Königs Oinomaos zur Gattin gewonnen hatte, wurden ursprünglich Leichenspiele in Olympia abgehalten. Seit Anfang des 1. Jahrtausends war dann Zeus der Herr des Platzes. Ihm zu Ehren wurden nun die sportlichen Wettkämpfe ausgetragen, die den Ort zu einem religiösen und gesellschaftlichen Mittelpunkt der Hellenen machten. Die alle vier Jahre stattfindenden Spiele sind seit 776 v.Chr. bezeugt. Panhellenische Geltung erreichten sie um 600. Die letzten Spiele wurden 393 n.Chr. abgehalten. Theodosios I. verbot diese Manifestationen heidnischer Religion.

Der Zeustempel in Olympia, der größte auf dem Peloponnes, wurde aus Muschelkalk gebaut und 468 v.Chr. geweiht. Auf der Grundfläche von 27,68 × 64,12 m tragen an den Fronten sechs und an den Seiten 13 etwa 10,50 m hohe Säulen Gebälk und Dach. Einschließlich des Unterbaus war der Tempel etwa 20 m hoch. Die Balken über den Säulenreihen wogen jeweils 12 Tonnen. Die einzelnen Stücke wurden mit eisernen Klammern verbunden, die in Blei gebettet lagen. Alle Bauteile waren mit einem weißen, feinen Stuck überzogen, Gebälkteile rot bzw. blauschwarz bemalt. Die Giebel waren mit Plastiken nach Motiven großer Taten der Griechen aus mykenischer Vorzeit ausgeschmückt. Das über 12 m hohe Kultbild in der Cella, dem Hauptraum, schuf der berühmteste Künstler seiner Zeit, Pheidias, in einer eigens erbauten Werkstatt. Die Zeusstatue war aus Gold und Elfenbein hergestellt; den Thron schmückten kostbare Einlegearbeiten. Das Kultbild galt zu seiner Zeit als das größte und kostbarste Kunstwerk. Es wurde zu den Sieben Weltwundern gezählt.

Solche Heiligtümer und Kultstätten waren bis ins 4. Jahrhundert die verbindenden Elemente, die es rechtfertigen, von einem griechischen Gemeinschaftsgefühl zu sprechen. Nur in der Teilnahme an den Olympischen Spielen zu Ehren von Zeus oder an den Isthmischen Spielen oder in der Anrufung des Orakels von Delphi fanden die rivalisierenden griechischen Gemeinwesen zu Gemeinsamkeiten. Sogar die Bedrohung durch die Perser (s. 1.3.2) vermochte nicht, die internen Streitigkeiten der Griechen auch nur zeitweise aufzuheben. Obwohl alle Griechen die olympischen Götter anerkannten und verehrten, hinderte sie dieses nicht daran, ihre Landsleute zu Sklaven zu machen oder ihnen die Existenzgrundlage durch Vernichtung der Ölbäume und Verwüstung der Felder zu nehmen.

Die Anlage der griechischen Heiligtümer veranschaulicht auch räumlich die enge Verbindung von Kult und Politik (s. auch 1.4.3): Mit den Kultstätten waren Stadien verbunden, in denen Spiele zu Ehren der Götter abgehalten wurden. Die Aufführungen von Tragödien und Komödien in den Theatern waren kultische Handlungen. Die Organisation des Kultes war Aufgabe der Gemeinschaft der Bürger. Tempelanlagen, Tagungsstätten der Volksversammlung und der Beamten lagen nebeneinander.

Abb. 2 Das Apollonheiligtum in Delphi
Im Vordergrund windet sich von links die Heilige Straße mit den Schatzhäusern – u.a. das gut erhaltene Schatzhaus der Athener – zum Tempel. Rechts neben dem Apollonheiligtum liegt das Theater. Etwas abseits im Hintergrund ist das Stadion zu erkennen. Die terrassenförmige Anlage ist eingebettet in die Vorberge des Parnaß in einen Steilhang. Es liegt etwa 600m NN, wenige km vom Golf von Korinth entfernt.

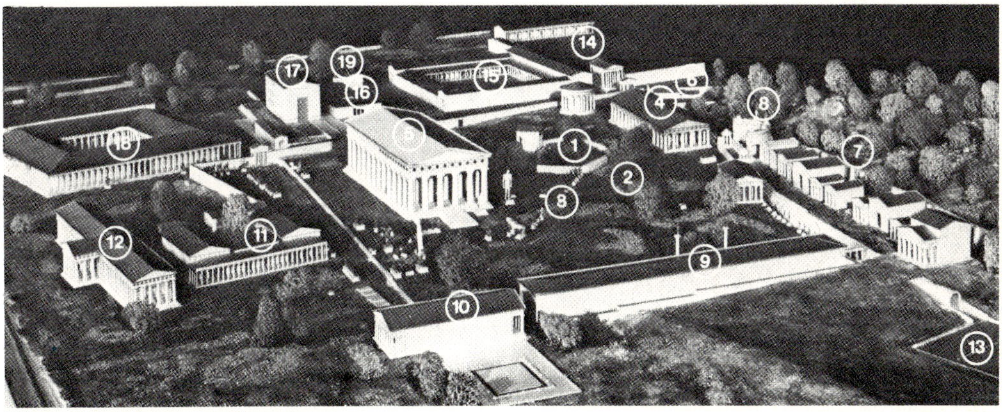

Abb. 3 Die Anlage von Olympia
I. Der innere, heilige Bezirk: 1 Grab des Königs Pelops. 2 Aschenaltar des Zeus. 3 Säule des Königs Oinomaos. 4 Heratempel (Gemahlin des Zeus). 5 Zeustempel. 6 Sitz der Prytanen (Organisationskomitee). 7 Schatzhäuser. 8 Brunnen. 9 sog. Echohalle. *II. Der äußere Bezirk:* 10 Südostbau (für die Kampfrichter). 11 Rathaus. 12 Südhalle (für Gesandtschaften). 13 Stadion. 14 Gymnasion (Übungsstätte für Athleten). 15 Ringerschule. 16 Wohnhäuser der Priester. 17 Werkstatt des Bildhauers Pheidias. 18 Gästehaus. 19 Bad.

1.2 Wandlungsprozesse griechischer Gemeinwesen auf dem Weg zur Gestaltung des Politischen

Um 750–550 v. Chr.	Griechische Kolonisation im Mittelmeerraum	594/93	Reformen und Gesetzgebung in Athen durch den Archonten Solon
Um 650–600	Aufstieg Athens zu einer führenden Handelsmacht	561–510	Herrschaft von Tyrannen in Athen (Peisistratos und seine Söhne)
Um 620	Aufzeichnung des Rechts in Athen durch den Archonten Drakon	550	Sparta übernimmt die Führung des Peloponnesischen Bundes

1.2.1 Strukturen im archaischen Griechenland (um 750–500)

Kennzeichnend für die historische Entwicklung Griechenlands in dieser Epoche sind **Ausbreitung, politischer und wirtschaftlicher Aufstieg der Poleis** gegenüber den Stammesverbänden, Blüte und Krise der aristokratischen Gesellschaftsordnung und Expansion des Griechentums.

In der archaischen Epoche nahmen Korinth, Megara, Aigina, Athen, Theben innerhalb des Boiotischen Bundes, Argos und Sparta aufgrund ihrer politischen und militärischen Macht oder als Handelspoleis eine besondere Stellung ein. Ab der Mitte des 8. Jahrhunderts gründete Korinth Kolonien in Kerkyra, Thrakien und auf der Chalkidike. Die ionischen Siedler in Kleinasien schlossen sich zu einem Bund (Amphiktyonie) zusammen, dem u. a. die mächtigen Handelspoleis Samos, Chios, Ephesos und Milet angehörten. Im 7. Jahrhundert entstanden erste griechische Kolonien am Marmara-Meer und am Hellespont, um 650–550 am Schwarzen Meer. In Süditalien siedelten Korinther um 750 u. a. in Kyme; 733 wurde Syrakus gegründet. Nach 600 gab es auch an der spanischen Küste griechische Handelsniederlassungen (s. Abb. 4).

Die Gründe für die **griechische Kolonisation** sind in der Forschung umstritten. Eine wesentliche Rolle hat die Überbevölkerung gespielt. Versuche, durch Ausweitung der Anbaufläche die Erträge zu steigern, scheiterten, vielmehr gingen die Erträge durch Auslaugung der Böden zurück. In manchen Gegenden, wie in Attika, verdrängten Olivenkulturen zunehmend den Getreideanbau. Die Erbteilungen machten die kleinen Bauernhöfe für kinderreiche Familien unrentabel. Eine weitere Rolle für die Kolonisation dürften Handelsinteressen gespielt haben. Eine Handelskolonie (Emporie) blieb durch ihr Bürgerrecht mit der Heimatpolis verbunden. Die von der Mutterstadt hingegen unabhängige Kolonialgründung (Apoikie) übernahm zwar häufig Kult und Verfassung der Auswanderer, war aber politisch autonom, mit eigenem Bürgerrecht. Die dritte Form der griechischen Kolonialgründung war die Kleruchie, eine Niederlassung von Athenern außerhalb Attikas. Die Bürger einer Kleruchie behielten das attische Bürgerrecht.

Korinth, das sich auf seine Kolonialgründungen im Westen Griechenlands stützte, kontrollierte zwischen 657 und 585 den Westhandel. Auf dem Peloponnes hatte zunächst Argos eine Vormachtstellung; es wurde darin ab 550 von Sparta abgelöst, das die Führung des Peloponnesischen Bundes übernahm. Die führende Handelsmacht der ionischen Poleis in Kleinasien war Milet. Die sizilischen Griechen mußten sich im 6. Jahrhundert gegen karthagische Angriffe wehren, während die süditalienischen Poleis von Etruskern bedroht wurden.

Die archaische Gesellschaft war geprägt durch die Auffassung vom Recht als Ausdruck vorgegebener, göttlich empfundener Ordnung, deren Normen (*nómoi*) auf den tradierten Sitten und Gewohnheiten des Adels ruhten. Das Gesetz (*thésmos*) war das konkret Festgesetzte, die durch einen Willensakt ins Leben gerufene Satzung. Die Gesetze, welche die **Thesmotheten** in der archaischen Zeit aufzeichneten, waren also bereits vorhandene Sitten und Bräuche; es wurden keine neuen Rechtsgrundsätze geschaffen. Die nach allgemeiner Anschauung übliche Norm

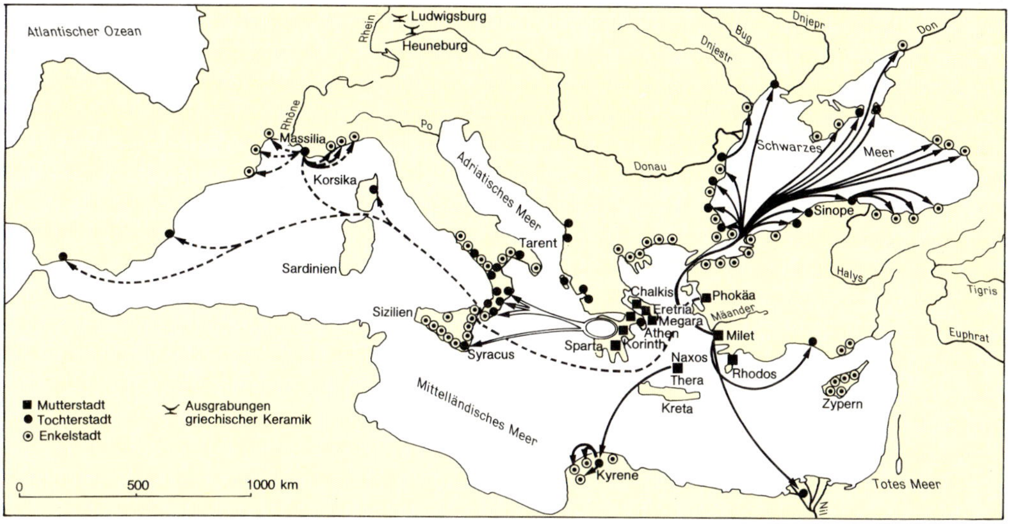

Abb. 4 Die griechische Kolonisation, um 750–550 v. Chr.

menschlichen Verhaltens wurde der Willkür subjektiver Auslegung, vor allem durch adlige Herren, entzogen.

Sofern jene Normen der Gesellschaft, welche die adlige Lebensweise widerspiegelten, „gut" geordnet waren, Frieden und innere Einheit gewährleisteten, bezeichnete man den Zustand als **Eunomia.** Hatte sich die Wirklichkeit soweit vom vorgegebenen Ideal der göttlichen Ordnung entfernt, daß das Machtstreben einzelner oder tiefgreifende soziale Spannungen die herkömmliche Norm in Frage stellten, suchte man die Ordnung durch gemeinsame Anstrengungen wiederherzustellen. Unter diesem Aspekt sind auch die Solonischen Reformen in Athen zu sehen (s. 1.2.3).

Freiheit bestand darin, daß jedem Mitglied der Gemeinschaft die ihm zustehenden Rechte eingeräumt wurden. Da einem freien Mann kein Zwang auferlegt werden konnte, wurde jede regelmäßige Abgabe als Unfreiheit empfunden. Freiwillige Abgaben wurden von den Wohlhabenden unregelmäßig zur Deckung zusätzlicher Ausgaben des Gemeinwesens geleistet. Zu diesen sogenannten Leitourgien zählten vor allem die Trierarchie – die Ausrüstung von Schiffen – und die Choregie, die Ausgestaltung der Festspiele.

1.2.2 Wirtschaftlicher und sozialer Umbruch im 7. Jahrhundert

In den Poleis und den anderen Gemeinwesen der Griechen bestanden tiefgreifende gesellschaftliche und wirtschaftliche Unterschiede zwischen den meist adligen Reichen, den *oligoi,* und der Masse der armen Bürger. Das soziale Gleichgewicht war häufig in Frage gestellt. Das führte vor allem im 7. und später im 4. Jahrhundert zu bürgerkriegsähnlichen Auseinandersetzungen (s. M 2).

Der Grundbesitz bildete die Voraussetzung für die Teilnahme am politischen Leben. Die Familienverbände hatten in früharchaischer Zeit Landlose als Erbeigentum zugeteilt bekommen, die an alle Söhne (patrilinear) weitergegeben wurden. Dieses Erbrecht führte zur Aufsplitterung des Grundbesitzes und zu wachsender Ungleichheit bei Überbevölkerung (s. 1.2.1).

Viele Bauern verloren ihre Unabhängigkeit, mußten als Pächter *(hektémoroi)* ihren Besitz gegen einen Grundzins bewirtschaften, verdienten als **Theten** ihren Lebensunterhalt durch Lohnarbeit oder gerieten sogar mit ihrer Familie in Schuldknechtschaft. Obwohl das Grundeigentum theoretisch dem Familienverband nicht verlorengehen konnte, da es unveräußerlich war, gelangte der Gläubiger faktisch über den legalen Anspruch auf die Bodenerträge zum Eigentum an Grund und Boden des Schuldners. Im Zuge der Aneignung von Grundbesitz wandelten die reichen Grundbesitzer ertragsarme Getreideflächen zunehmend in Olivenkulturen um.
Das Münzgeld spielte in der vorsolonischen Zeit noch keine wesentliche Rolle in Attika, veränderte jedoch in der Folge verstärkt die Gesellschaftsstruktur, als Geldverleih auf Zinsen und die Anlage von Geld in Bergbau und Handel die Vermögen der Reichen anwachsen ließen.

1.2.3 Die Solonischen Reformen als Versuch zur Überwindung tiefgreifender sozialer Spannungen

Grundlage der gesellschaftlichen Ordnung in Athen wie in den anderen griechischen Gemeinwesen waren Geschlechterverbände. Diese **Phratrien** (Bruderschaften) waren im wesentlichen Kultgemeinschaften, die ihre ihnen eigenen göttlichen Beschützer verehrten. Ihnen mußte der attische Bürger angehören, wenn er seinen politischen und sozialen Status wahren wollte. Der Adel beherrschte diese Kulte und gewährte den Phratrien Rechtsschutz; der **Demos** (das Volk, im engeren Sinne die freien Bürger) hatte nur über diese Bruderschaften Zugang zum Kult. Mehrere Phratrien waren zu **Phylen** zusammengefaßt, den eigentlichen militärischen und Verwaltungseinheiten. Die gentilizischen, d. h. nach Geschlechtern geordneten Phylen wurden in Athen mit den Reformen des Kleisthenes (um 500 v. Chr.) durch territorial gegliederte ersetzt (s. 1.3.1).
Der Adel übte seine politische Macht über das **Archontat** und den **Areopag** aus. Die Archonten, die höchsten Beamten, die nach Ablauf ihrer Amtszeit Mitglieder des Areopags wurden, hatten die politische und militärische Leitung des Gemeinwesens inne; sie bildeten die „Regierung". Nach dem ersten der Archonten *(árchon epónymos)* wurde das jeweilige Regierungsjahr benannt, das nicht identisch mit dem Kalenderjahr war. Heerführer war der Polemarchos, der etwa ab 480 durch die Strategen abgelöst wurde. Der *árchon basiléus* übte die sakralen Funktionen des ehemaligen Königs aus. Zum Archontat zählten weiterhin die sechs Thesmotheten (s. 1.2.1). Der Areopag war die oberste Behörde mit weitreichenden Kontrollfunktionen. Alle Beamten wurden jährlich gewählt. Je nach Bedeutung des Amtes unterlagen Wähler und Wählbare unterschiedlichem Zensus. Die Ekklesia (Volksversammlung) war zur damaligen Zeit weder ein einflußreiches Kontrollorgan noch ein Regierungsorgan. Da die Blutgerichtsbarkeit beim Areopag lag, waren entgegen der Meinung des Aristoteles die Dikasterien (Gerichtshöfe) weder einflußreiche noch demokratische Gremien, in denen der Demos hätte Macht ausüben können.
Ähnliche Strukturen waren auch kennzeichnend für andere griechische Gemeinwesen. In **Sparta,** wo das Königtum bis zum Ende des 3. Jahrhunderts erhalten blieb und die Funktionen der Heeresleitung und hoher kultischer Ämter besaß, erlangten seit etwa 750 die jährlich gewählten fünf **Ephoren** zunehmend politische Macht: allgemeine Aufsichtsbehörde über die Bürgerschaft und Pflege des Gemeinschaftslebens. Vergleichbar dem Areopag bildete die **Gerousia,** der Ältestenrat, eine Art Staatsrat und oberste Gerichtsbehörde. Die Volksversammlung, in Sparta **Apella** genannt, besaß nur beschränkte Einflußmöglichkeiten.
Solon wurde 594/93 in Athen zum Archonten mit den außerordentlichen Vollmachten eines Schiedsrichters ernannt. Er ist in dieser Funktion vergleichbar mit gewählten Gesetzgebern, welche Interessengegensätze durch Fixierung der Normen in Gesetzen beseitigen sollten, aber auch mit Tyrannen, die sich als Gesetzgeber betätigten.

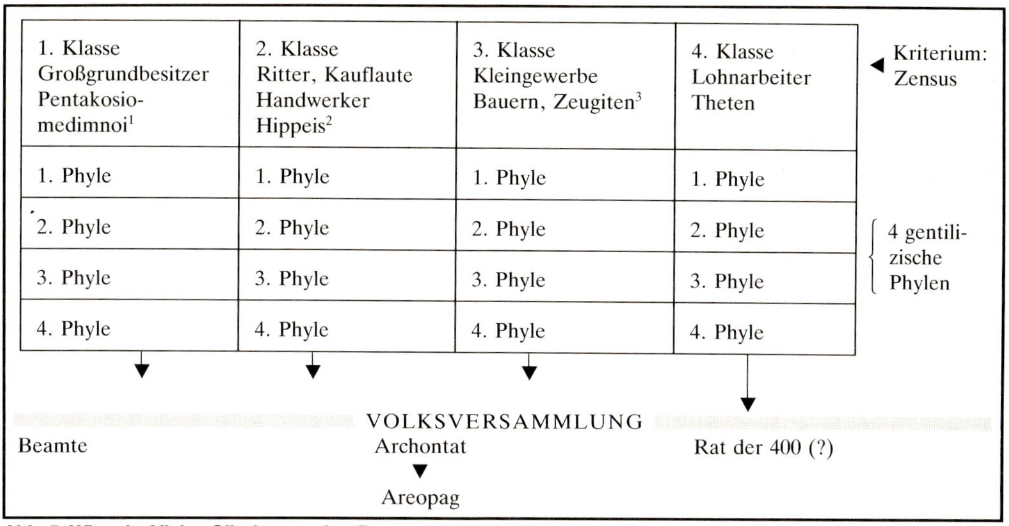

Abb. 5 Wirtschaftliche Gliederung des Demos

1 Pentakosiomedimnoi, Fünfhundertscheffler (von *pentakósios* = fünfhundert und *médimnos* = Scheffel, Hohlmaß für Trockenmengen, etwa 50 l) 2 Hippeis = Ritter 3 Zeugiten = Gespannbesitzer

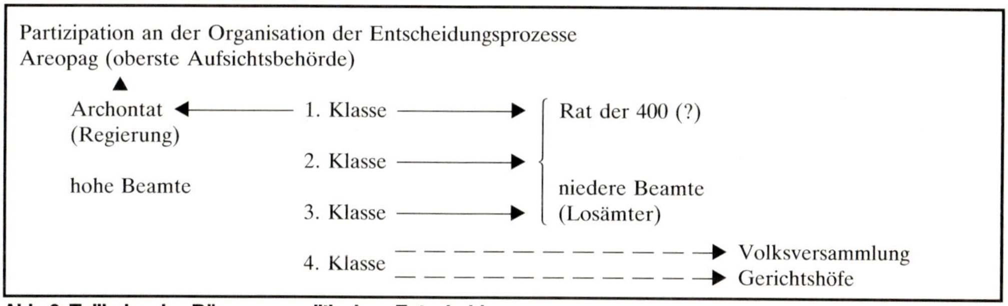

Abb. 6 Teilhabe der Bürger an politischen Entscheidungsprozessen

Zum angemessenen Verständnis der Reformen Solons, insbesondere ihrer Würdigung durch Aristoteles (s. M 4), ist zu berücksichtigen, daß in der Verfassungsdiskussion und der politischen Propaganda ab dem ausgehenden 5. Jahrhundert sich die Interessengruppen auf Drakon, Solon, Kleisthenes u.a. als Väter und Schöpfer von Verfassungen beriefen und diese zu Urhebern bestimmter Verfassungsideale erhoben. Da sie erst nach 400 als Verfassungsgeber „entdeckt" wurden, muß man in Erwägung ziehen, daß Überlieferungen der älteren Geschichte Athens rekonstruiert wurden. Die älteste Überlieferung der attischen Geschichte bei Hellanikos datiert etwa um 420 (s. 1.4.3).
Die **Reformen Solons** sind zwar von dem Ideal der Eunomia – der Ordnung, in der es um das Gesetz gut bestellt war – durchdrungen, sie kennzeichnen aber zugleich eine neue Auffassung vom Politischen als einem Bereich, der bestimmten, aber veränderbaren Bedingungen und Regelmäßigkeiten in Ausrichtung auf eine Norm unterliegt. Der Mensch kann durch sein Handeln Fehler und Mängel beseitigen und damit regulierend in gesellschaftliche Abläufe eingreifen. Die Reformen beinhalten das Verbot der Aufnahme von Anleihen mit persönlicher Haftung, die Aufhebung der Schuldknechtschaft der Bauern sowie einen Erlaß der Schulden. Damit wurden viele Bauern befreit. Da jedoch keine Bodenreform durchgeführt wurde, entwickelte sich allmählich aus dieser Schicht der Kleinbauern eine wachsende Schicht freier, aber besitzloser **Theten.**

Das Gesetz über das Testierrecht gestattete jedem Bürger, der kinderlos war, sein Vermögen frei zu vererben, während vorher aller Besitz dem Geschlecht zufiel. Kinder, denen der Vater keine handwerkliche Ausbildung ermöglichte, waren nicht mehr verpflichtet, ihn im Alter zu unterhalten.

Politische Maßnahmen im engeren Sinne – nach unserem heutigen Verständnis – waren die Einteilung der Bürgerschaft in vier Zensusklassen mit entsprechend gestaffelten Rechten und der Zugang der Theten zur Volksversammlung und zu den Gerichtshöfen. Ob Solon einen Rat der 400 ins Leben rief, ist umstritten. Die höchsten Ämter, das Archontat und damit auch der Areopag, oberste Justiz-, Finanz- und Verwaltungsbehörden, blieben der höchsten Zensusklasse vorbehalten.

Die solonischen Reformen führten langfristig zur Wiederherstellung der attischen Bürgerschaft durch die Aufhebung der Schuldknechtschaft. Der Bürger lebte von nun an in größerer Rechtssicherheit; er konnte seine Rechte bei den Gerichtshöfen einklagen.

Die Reformen Solons waren ein Kompromiß, um die tiefgreifenden Spannungen innerhalb der Bürgerschaft zu überbrücken. So stellte der Schuldenerlaß nur eine halbe Maßnahme dar, die lediglich die krassesten Auswüchse sozialer und wirtschaftlicher Ungleichheit milderte. Trotz Erlaß der Schulden konnten die Bauern mit ihrem häufig zu kleinen Grundbesitz an vielfach ausgelaugten Böden sich nur selten gegen den reichen Adel behaupten, der seine Ländereien in gewinnbringende Olivenkulturen verwandelt hatte. Es bildete sich eine breite Schicht freier, aber besitzloser Bauern heraus, die sich handwerklichen Berufen zuwandten. Zwar wurde die privilegierte Stellung des Adels dadurch eingeschränkt, daß die politischen Rechte nunmehr nach dem Vermögen abgestuft wurden, aber die Gliederung des Demos in gentilizische Phylen blieb unangetastet, wodurch den großen Geschlechtern nach wie vor ein maßgebender Einfluß in den Organen der Polis, bei Wahlen und bei Abstimmungen erhalten blieb.

So war letztlich der wesentliche Anstoß der Reformen auf dem Weg zu einer Gesellschaft gleichberechtigter Bürger die oben genannte Einsicht, daß der Mensch in gesellschaftliche Abläufe eingreifen kann. Diesen Prozeß trieb die Herrschaftsform der Tyrannis voran.

1.2.4 Die Tyrannis – ein Übergangsstadium

Die sozialen Spannungen und die internen Machtkämpfe der Adligen führten zur Auflösung der archaischen Gesellschaftsordnung und der sie tragenden Normen. Einzelne Adlige strebten nach Alleinherrschaft. Der Tyrannos (die griechische Bezeichnung für Herr oder Herrscher) gründete seine Herrschaft, die Tyrannis, auf Macht. Gestützt auf sein Geschlecht oder auf verarmte, bäuerliche Schichten und militärisch unterstützt von fremden Söldnern versuchte ein einzelner die Macht an sich zu reißen, indem er die ehemals gleichgestellten adligen Gefährten aus der gesellschaftlichen und der politischen Verantwortung drängte. Der Tyrann betrachtete das Gemeinwesen gleichsam als privaten Besitz.

Solche Form der Alleinherrschaft bildete sich im ausgehenden 7. Jahrhundert im Zusammenhang mit dem wirtschaftlichen Wandel und den hieraus resultierenden Spannungen. Der Tyrann handelte häufig aus persönlichen und nicht aus politischen Motiven. Formal ließ er die Verfassung manchmal weiterbestehen, aber er schaltete immer die Bürger von der Teilhabe am politischen Leben aus. Die Maßnahmen des Tyrannen zur Vermehrung des eigenen Reichtums und desjenigen seiner Anhänger (Gefolgsleute und Söldner) trugen jedoch auch zum Reichtum der Polis bei: Staatsbauten schufen neue Verdienstmöglichkeiten, Gewerbe wurden gefördert und ärmere Bürger unterstützt.

In Athen markierte die Tyrannis des Peisistratos und seiner Söhne (561–510) einen tiefen Einschnitt in der Verfassungsgeschichte im Übergang zur klassischen Polis. Trotz der Reformen des Solon waren die sozialen Spannungen nicht überwunden worden, so daß nach mehrmaligen Versuchen Peisistratos den inneren Zwist zur Errichtung einer Tyrannis nutzen konnte. In Samos herrschte etwa zur gleichen Zeit Polykrates, der es verstand, die Insel vor der kleinasiatischen Küste dem Zugriff der Perser zu entziehen. In Syrakus, das neben Gela die mächtigste Polis in Sizilien war, herrschte ab 485 Gelon, der 480 die Karthager abwehrte und Syrakus zur Hauptstadt seiner Militärmonarchie machte.
In der Tyrannis war der Adel politisch entmachtet worden. Die überlieferten Rechte und die Rechtssicherheit der alten Ordnung verloren ihre Geltung. Aber eine Rückkehr zur Eunomia war ausgeschlossen. Vielmehr forderten nun die Bürger gleiche politische Rechte, **Isonomia**. Im Kampf gegen die Tyrannis fanden sich bürgerliche und adlige Schichten, die vorher mit unterschiedlichen Rechten ausgestattet waren, auf der gleichen Stufe des politisch Machtlosen. Insofern trug die Übergangssphase der Tyrannis zur Ausbildung einer Polis bei, in der alle Bürger schließlich gleiche Rechte erhielten.
Auch nach dem Sturz der Tyrannis und der Auflösung der adligen Herrschaft verschwand das Streben nach Herrschaft einzelner Bürger nicht. Hierfür legt die herausragende Stellung, die Perikles in Athen einnahm (er war 443–429 ununterbrochen Stratege), das bekannteste Zeugnis in der griechischen Antike ab. Thukydides spricht von der Herrschaft eines Mannes (s. M 10), des **Demagogen**, der das Volk (demos) führt. „Demagoge" wird im 5. Jahrhundert zur Kennzeichnung des politischen Führers der breiten Volksmassen.

1.3 Die Entwicklung der Polis Athen zur Demokratie

508/07 v. Chr.	Reformen unter Kleisthenes in Athen
500–494	Erhebung der ionischen Städte in Kleinasien gegen Persien
490–479	Perserkriege
478/77	Befreiung der ionischen Städte; Gründung des Ersten Attischen Seebundes
449/48	Kallias-Friede zwischen Athen und dem Perserreich
461–429	Führende Stellung des Perikles in Athen; Vollendung der attischen Demokratie
431–404	Peloponnesischer Krieg: Kampf zwischen Sparta und Athen um die Vormachtstellung in Griechenland

Der Weg zur attischen Demokratie war gekennzeichnet durch ein Zusammenwirken verschiedener Faktoren: außenpolitische Ereignisse, gesellschaftliche und wirtschaftliche Wandlungen und innenpolitische Machtkämpfe. Die entscheidenden Schritte zur Verwirklichung der Demokratie vollzogen sich in Athen in der 1. Hälfte des 5. Jahrhunderts.

1.3.1 Die Auflösung der gentilizischen Ordnung unter Kleisthenes (508/507)

Nach der Vertreibung der Tyrannen aus Athen 510 lebten die politischen Machtkämpfe zwischen den adligen Geschlechtern wieder auf. In dieser Situation verwirklichte Kleisthenes den Plan einer Phylenreform. Die Reform zerstörte die alten gentilizischen Phylen und schwächte den politischen Einfluß der adligen Gesellschaft (s. 1.2.3), da die Bindung des Bürgerrechts an Kult und Mitgliedschaft in den Phratrien aufgehoben wurde. Grundlage der neuen Einteilung Attikas

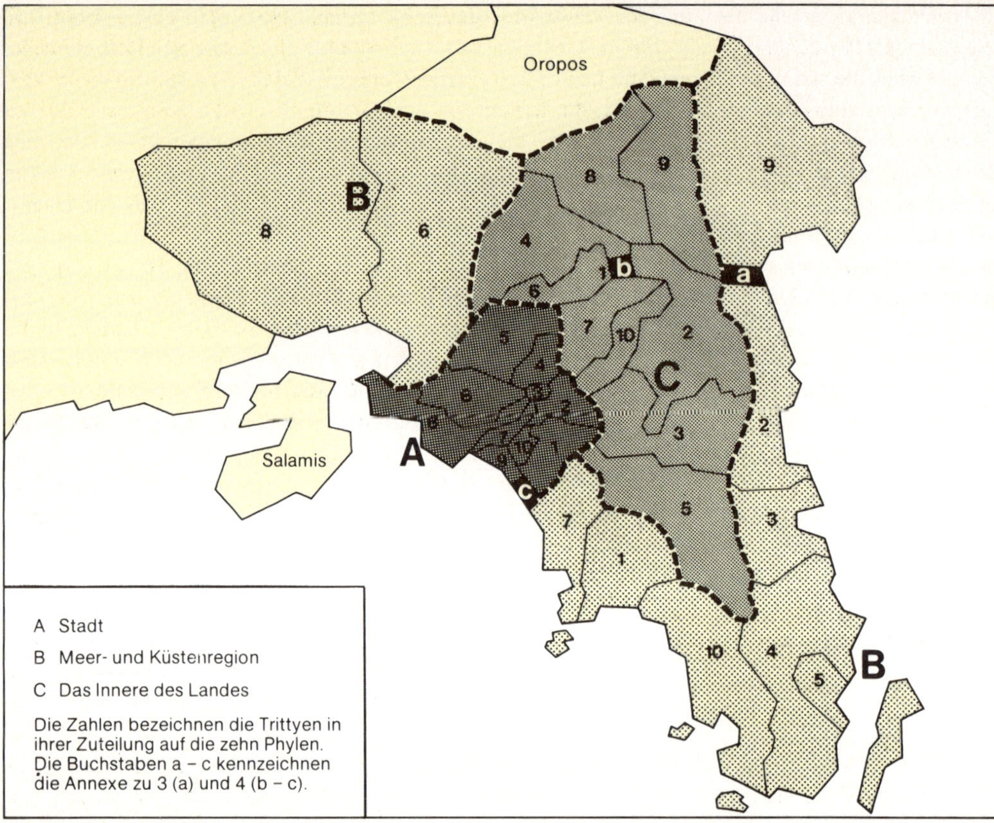

Abb. 7 Die territoriale Einteilung Attikas nach den Reformen von Kleisthenes in Phylen und Trittyen (1 Phyle = 3 Trittyen = 10 Demen)

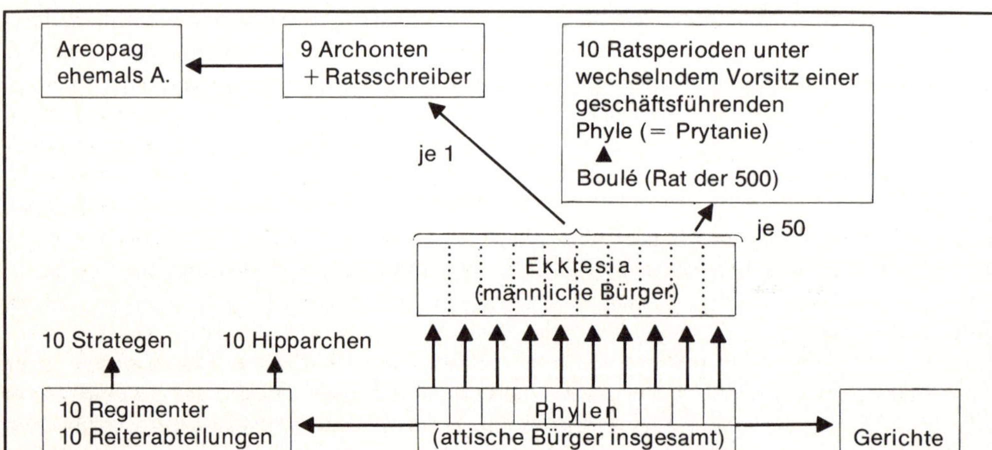

Abb. 8 Politische Funktion der neuen Phylenordnung

(Abb. 7) wurden die Gemeinden (Demen). Sie besaßen Aufgaben lokaler Selbstverwaltung und waren zugleich Kultgemeinschaften. Diese ursprünglich 100 Demen führten die Bürgerlisten; nach seiner Wohngemeinde wurde der attische Bürger benannt. Jeweils zehn Demen wurden den neuen zehn Phylen zugeordnet. Das Prinzip der Einteilung nach ausschließlich territorialen Gesichtspunkten wird sichtbar in der Zusammensetzung der Phylen aus sogenannten Trittyen: jeder Phyle wurde jeweils eine Trittye aus dem städtischen Zentrum Athen, dem Landesinneren und der Küstenregion zugelost.
Die zehn Phylen stellten jeweils 50 Mitglieder der neuen **Boulé** oder dem **Rat der Fünfhundert**, jeweils ein Hoplitenregiment mit einem Strategen an der Spitze sowie die neun Archonten und den Ratsschreiber. Innerhalb des Rates übernahmen die Vertreter jeder Phyle während 1/10 des Jahres die Geschäftsführung. Der Vorsitz in der geschäftsführenden Phyle, der Prytanie, wechselte täglich. Der Historiker K. J. Beloch bezeichnet die neue Phylenorganisation als „vielleicht das erste Beispiel einer der Bevölkerung proportionalen Repräsentation" (s. auch M 7).
Zunächst blieb jedoch die Stellung des Rates der Fünfhundert noch eingeschränkt durch den Areopag, dessen Kompetenzen durch die Reform nicht berührt wurden. So erfüllte die Boulé überwiegend Aufgaben im Bereich der Vorlagen für die Volksversammlung und der Festlegung ihrer Tagesordnung. Die Strategen unterstanden anfangs noch dem Polemarchos, dem Heerführer im Archontat.
Die Adligen bekleideten weiterhin die wichtigsten politischen und militärischen Ämter. Aber sie verloren durch die Reform ihre feste Gefolgschaft. Sie mußten nun politisch handeln, d. h. in der Volksversammlung um die Unterstützung durch breite Schichten des Volkes werben. Damit wuchs die Bedeutung der Volksversammlung an; sie wurde zu dem Ort, an dem die politischen Machtkämpfe des Adels ausgetragen wurden. Der **Ostrakismos**, das Scherbengericht, sollte dazu beitragen, interne Streitigkeiten zu entscheiden. Dieses Abstimmungsverfahren, das 488/87 erstmals durchgeführt wurde, erforderte die Teilnahme von mindestens 6000 Bürgern in der Volksversammlung. Der Bürger, auf den die meisten Stimmen entfielen, wurde auf zehn Jahre verbannt; er behielt jedoch sein Vermögen und alle seine Rechte und Ehren.

1.3.2 Die Perserkriege (490–479) und ihre Auswirkungen auf die soziale und politische Struktur Athens

Die griechischen Gemeinwesen in Kleinasien und im Mutterland waren im 5. und im 4. Jahrhundert in Auseinandersetzungen mit dem **Perserreich** verwickelt. Die indoeuropäischen Perser, die um 1000 in das iranische Hochland eingewandert waren, standen zuerst unter der Oberhoheit der mit ihnen verwandten Meder. **Kyros II.** (559–529) erhob sich im Bündnis mit Babylon erfolgreich gegen die Meder und begründete 550 das Perserreich. 546 eroberten die Perser das Lyderreich, 539 unterwarfen sie Babylon und 525 Ägypten. **Dareios I.** (521–485) ordnete das Reich neu und teilte es in Satrapien als Verwaltungsbezirke ein. Eine einheitliche Kanzleisprache und das gut funktionierende Postwesen über ausgebaute Fernstraßen garantieren im ganzen Reichsgebiet ein einheitliches Verwaltungssystem. Zur Zentralisierung des Perserreiches trugen die persischen Beamten und die militärischen Besatzungen der medischen und persischen Truppen in allen Satrapien bei.
Die expansive Politik des Perserreiches seit dem älteren **Kyros** führte zur direkten Berührung mit dem Griechentum. Zunächst gerieten nach der Zerschlagung des Lyderreiches 547 die ionischen Poleis in Kleinasien unter persische Oberhoheit. Nach der Unterwerfung Thrakiens und Makedoniens (513/12) reichte die persische Herrschaft bis an den griechischen Siedlungsraum auf dem

europäischen Festland. Trotz aktiver Unterstützung durch Athen wurde ein Aufstand der ionischen Poleis (500–494) niedergeschlagen.
Die Perser wandten sich dann gegen jene Poleis, die die aufständischen Ionier unterstützt hatten. Sie stützten ihren weitergehenden Vorstoß gegen alle griechischen Gemeinwesen auf die „Universalität" ihrer Herrschaft. Der erste Vorstoß auf das griechische Festland konnte in der Ebene von Marathon 490 durch die überlegene Phalanxtaktik des attischen Hoplitenheeres abgewehrt werden. 481 bildeten einige griechische Gemeinwesen einen Kampfbund (Symmachie), ohne jedoch alle Griechen in der Abwehr der Perser vereinigen zu können.
Der **zweite Perserkrieg** wurde von Großkönig **Xerxes** (486–465) intensiv vorbereitet. Die griechischen Riegelstellungen, u. a. an den Thermopylen, vermochten den Vormarsch der Perser nicht aufzuhalten, so daß Mittelgriechenland einschließlich Athen von den Persern besetzt werden konnte. Der attische Stratege **Themistokles** schlug die persische Flotte in der Seeschlacht bei **Salamis 480** entscheidend, indem er mit den zahlenmäßig unterlegenen, aber wendigeren Trieren (drei Ruderreihen auf jeder Seite) den engen Raum taktisch geschickt nutzte. 479 kam es zur Schlacht zu Lande bei **Plataiai**, die die Griechen unter der Führung von Pausanias für sich entschieden.
Während der Perserkriege wurde durch eine Reform der politische Einfluß des Archontats danach geschwächt, daß es nunmehr in einem kombinierten Wahl-Los-Verfahren bestellt wurde. Die Strategen, die weiterhin gewählt wurden, gelangten zu steigendem politischen Ansehen. Die Schaffung einer schlagkräftigen Flotte durch **Themistokles** 482/81 entschied nicht nur die Perserkriege, sondern stärkte auch das politische Gewicht der **Theten**, die zur Bemannung der Trieren herangezogen wurden. Indem man diese breite Schicht zum Wehrdienst heranzog, konnte man ihnen volle bürgerliche Rechte nicht verweigern (s. M 8).
Die Ausrüstung der Schiffe übernahmen die wohlhabenden Bürger. Jene Triearchie war neben der Gestaltung der Festspiele, der Choregie, die wichtigste Leitourgie (s. 1.2.1). Wer als Schiffsführer oder Chorführer öffentlich in Erscheinung trat, gewann persönliches Ansehen, seine Leistung wurde durch Auszeichnungen belohnt. Während die Leitourgien in der frühklassischen Zeit freiwillige Leistungen der Adligen waren, wurden sie im 4. Jahrhundert durch genaue Vermögensveranlagung ermittelt. Schutzbestimmungen verhinderten übermäßige Belastungen.
Die Flottenpolitik des Themistokles führte zum **Aufstieg Athens** zur **Seemacht**. Im Zuge der Fortführung des Kampfes gegen die Perser baute Athen innerhalb des Bündnissystems, des **Ersten Attischen Seebundes** (s. 1.4.2), seine herausragende Stellung zu einer Herrschaft aus.
Der Erste Attische Seebund führte auch nach der Befreiung der ionischen Poleis in Kleinasien den Kampf gegen die Perser fort. Während die weiteren Unternehmungen gegen die Perser in Kleinasien erfolgreich waren, scheiterten Unternehmungen der Athener in Ägypten und Zypern. 449/48 wurde im Kallias-Friede zwischen Athen und dem Perserreich die Autonomie der griechischen Poleis in Kleinasien durch die Perser anerkannt. Im Verlauf des Peloponnesischen Krieges (s. 1.5) verbündete sich Sparta mit dem persischen Satrapen von Sardes gegen Athen und erkannte die persische Oberhoheit über die kleinasiatischen Küstenstädte an. Diese Oberhoheit mußten die Griechen im Königsfrieden 387/86 bestätigen. **Alexander d. Gr.** eroberte 334–333 Kleinasien und 330 das Perserreich.

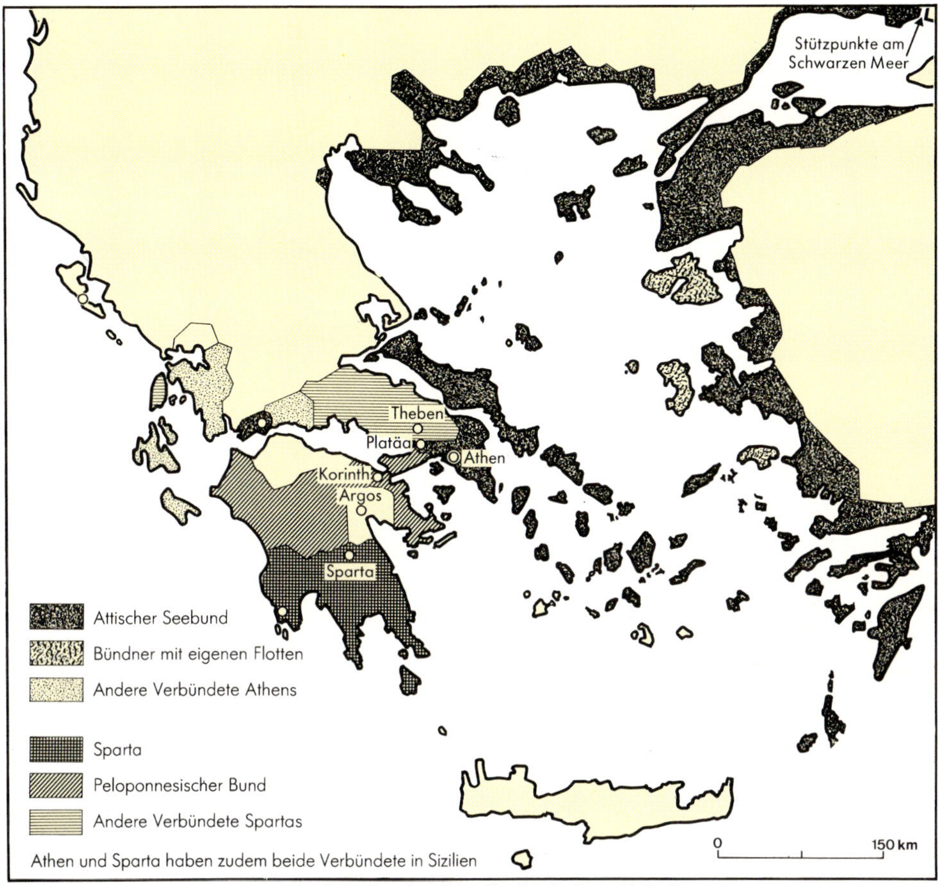

Abb. 9 Die Machtverhältnisse in Griechenland im Perikleischen Zeitalter

1.3.3 Die Verwirklichung des Strebens nach politischer Gleichheit der Bürger

Entscheidende Impulse auf dem Wege zur Demokratie lieferten die Reformen des **Ephialtes** 462/461. Der Areopag, die wichtigste Stütze politischer Herrschaft des Adels, wurde entmachtet. Er behielt zwar die Blutgerichtsbarkeit, verlor aber seinen Einfluß auf die Verfassung und die Kontrolle der Beamten. Wenige Jahre später stand auch den Zeugiten, der dritten Zensusklasse, der Aufstieg zum Archontat offen. **Perikles** vollendete die Demokratie durch seine Reformen 458–450: Er legte Kriterien für den bürgerlichen Status fest, unterwarf die meisten Ämter dem Losverfahren und gestattete auch ärmeren bürgerlichen Schichten durch die Einführung von Diäten die Teilnahme am politischen Leben (s. M 2 und die Beurteilung des Perikles durch Thukydides, M 10). Diese Reformen ermöglichten die politische Gleichheit der Bürger (Isonomia), da einerseits den Institutionen, die von der Oberschicht beherrrscht wurden, die wichtigsten Kompetenzen entzogen wurden und andererseits durch Losverfahren und Diäten die politische Chancengleichheit weitgehend verwirklicht wurde.

Jene politische Ordnung, die sich in der Mitte des 5. Jahrhunderts entwickelte, wurde *demokratia,* Herrschaft des Demos, genannt. *Oligarchia*, die Herrschaft der Wenigen, wurde nun als Gegensatz zur Demokratie empfunden. Um die Gestaltung der Herrschaft als Demokratie oder Oligarchie wurden im 5. und 4. Jahrhundert erbitterte Parteikämpfe ausgefochten.
Auch in klassischer Zeit blieb das Recht auf Grundbesitz weitgehend Privileg des Bürgers. Selbst in **Athen** mit einem überdurchschnittlichen Anteil an Fremden, ausgedehntem Handel und hochentwickeltem Gewerbe besaßen im 4. Jahrhundert noch etwa 75% der Bürger Grundbesitz unterschiedlicher Größe, von großflächigen Olivenpflanzungen bis zu kleinen Gemüsegärten. Während in **Sparta** der Besitz eines Landloses immer Voraussetzung für die Teilnahme am Gemeinschaftsleben blieb, wurde in den Handelspoleis das mobile Vermögen dem Grundbesitz und Agrareinkommen gleichgesetzt, so daß man in Athen nach Kleisthenes Mitglied des Demos sein konnte, ohne über Grundbesitz zu verfügen.
Ein Gesetz des Perikles bestimmte 451/50, daß nur die Bürger sein sollten, deren beide Eltern Athener waren. Damit kam er den materiellen Interessen des Demos entgegen und machte das Eindringen von Fremden in die Bürgerschaft weitgehend rückgängig.
Die Freiheit von direkten, regelmäßigen Steuern war ein weiteres Kriterium des Bürgers. Die Fremden, obwohl ebenfalls Freie, mußten dagegen u.a. eine Art Gewerbesteuer, eine Kopfsteuer und Vermögensabgaben entrichten. Der Status des Bürgers zog viele zusätzliche Vergünstigungen nach sich. In Athen wurde bis zum Flottenbau jährlich der Ertrag der Silberminen von Laureion an die Bürger verteilt. Hinzu kamen gelegentlich Getreideschenkungen ausländischer Staaten und materielle Zuwendungen reicher Bürger. In einigen Poleis, überwiegend den demokratisch regierten, erwuchsen aus der Tätigkeit in öffentlichen Ämtern und Institutionen zusätzliche Einnahmen in Form der Diäten (s. M 12 und 13).
Die griechischen Gemeinwesen setzten die rechte Lebensführung des Bürgers (Paideia) voraus, das heißt seine Fähigkeit, sich im jeweiligen Falle richtig zum Wohle der Gemeinschaft wie zum eigenen Wohle zu verhalten. Jedoch kümmerte sich das Gemeinwesen nicht um Bildung, schulische **Erziehung** oder Vermittlung von Wissen. Nur **Sparta** nahm unmittelbaren Einfluß auf die Erziehung der Jugend.

1.4 Strukturen griechischer Gemeinwesen im 5. Jahrhundert am Modell Athen

1.4.1 Wirtschaftliche und gesellschaftliche Grundlagen

Die Grundlage des wirtschaftlichen Lebens bildete auch in klassischer Zeit in der Mehrzahl der griechischen Gemeinwesen die Landwirtschaft. Daneben waren Gewerbe und Kleinhandel wichtige Beschäftigungszweige der bürgerlichen Bevölkerung.
Seit dem 7. Jahrhundert vermochten die meisten Gemeinwesen nicht mehr den Bedarf an Grundnahrungsmitteln aus eigener landwirtschaftlicher Produktion zu decken. Mit dem kulturellen Fortschritt der verstärkten Differenzierung des Gewerbes stieg die Importabhängigkeit weiter an, zumal die Erzvorkommen nicht ausreichten (s. Abb. 10/11). Der Bedarf an Rohstoffen und Sklaven war derart hoch, daß Exporte von Oliven und Öl, Wein, Keramik, Kunstgewerbe- und Luxusartikeln die Importe nicht ausgleichen konnten.

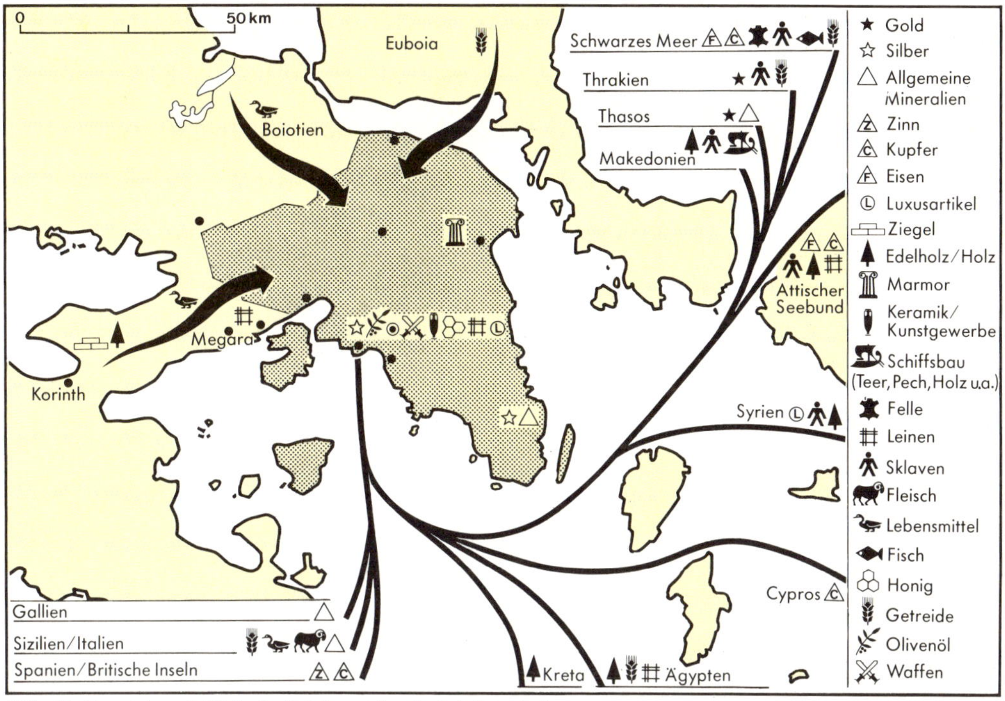

Abb. 10 Handel und Wirtschaft Athens im 5. Jahrhundert

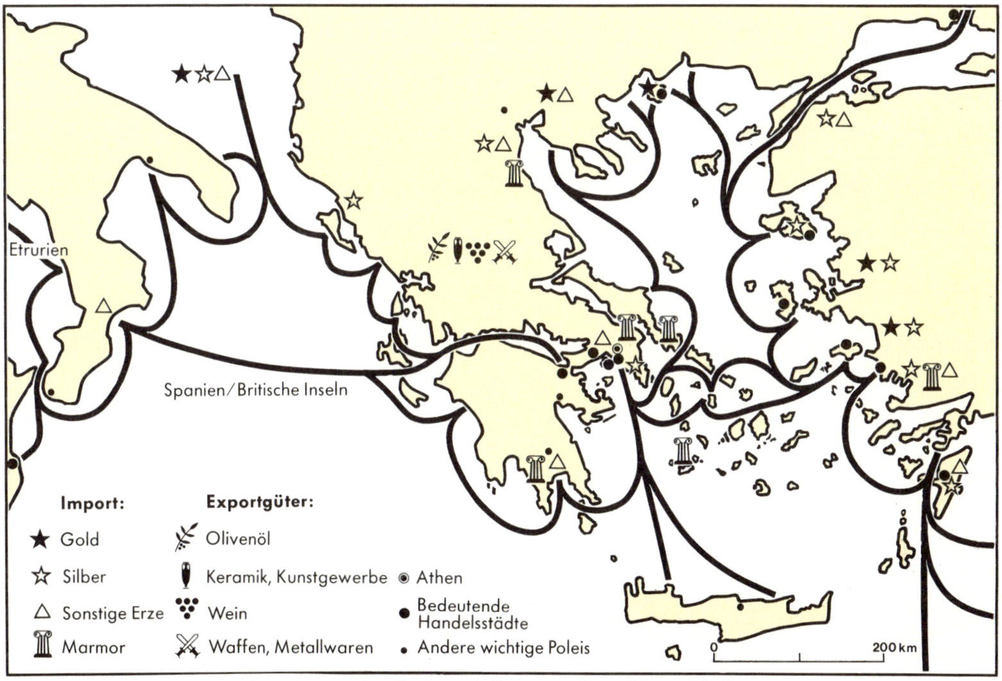

Abb. 11 Wirtschaftskarte Griechenlands: Bodenschätze und Handelsverbindungen

Die griechischen Gemeinwesen betrieben insofern eine **„Wirtschaftspolitik"**, als sie die lokalen Märkte kontrollierten, Zölle und Abgaben auf alle möglichen Güter und Handelsaktivitäten erhoben und sogar **Höchstpreise** für Nahrungsmittel festsetzten; sie schlossen untereinander und mit fremden Staaten Verträge über die Lieferung von Rohstoffen und Bauholz ab. Die Abwicklung der Geschäfte wurde jedoch Privatleuten überlassen. Alle wirtschaftlichen Aktivitäten waren politisch motiviert und dienten der Versorgung der Bevölkerung. Wenn man überhaupt von einer Wirtschaftspolitik in der Antike sprechen kann, dann müßte hierunter die Sicherstellung der Nahrungsmittelversorgung verstanden werden, die in Athen ständiger Tagesordnungspunkt der Volksversammlung war. Griechische Kolonialgründungen dienten vor allem dem Abbau der Überbevölkerung und waren letzte Schritte, um die Versorgung sicherzustellen.
Wirtschaftliches Handeln war also an der **Sicherstellung des Bedarfs** orientiert und nicht an der Steigerung der Produktivität oder der Ausweitung der Produktion. Fremde und Sklaven waren ein Kapital, welches zur Erhöhung der Einkünfte der Gemeinwesen beitrug.
Entsprechend der Konsumorientierung wirtschaftlichen Handelns wurden die meisten Erzeugnisse des täglichen Bedarfs in den Gemeinwesen selbst hergestellt und verbraucht. Der binnenwirtschaftliche Warenaustausch wurde häufig ohne Zwischenhandel getätigt.
Der Außenhandel, der die Versorgung mit Bedarfs- und Gebrauchsgütern ergänzte, wurde den Metoiken, den **Fremden** überlassen. Die Metoiken waren in Griechenland ansässig gewordene Fremde, die am Staatsleben nicht teilnahmen, aber Sondersteuern (Metoikensteuern) zu entrichten hatten. Die Bürger beschränkten sich auf die Rolle des Kreditgebers gegen hohe Zinsen. Darlehen, die zu Produktionszwecken dienten, waren hingegen nahezu unbekannt. Ein wichtiger Grund hierfür war die Abneigung der Zinsnahme unter Bürgern. Eine Sonderstellung nahm der Seehandel ein, der ebenfalls überwiegend von Fremden abgewickelt wurde. Der negative Aspekt, der Kreditgeschäften anhaftete, zeigte sich auch darin, daß die Bankiers fast ausschließlich Fremde, Freigelassene oder Sklaven, also keine Bürger waren.
Da Investitionen zur Steigerung der Produktivität kaum vorkamen, waren technologische Fortschritte selten zu verzeichnen. Der Bürger legte höchstens Kapital in Arbeitskräften an, vor allem in **Sklaven.** Alle Gewinne wurden als Renten zum Konsum betrachtet oder auf Banken hinterlegt. Aus dem gleichen Motiv vermietete man Sklaven. Dieses wirtschaftliche Handeln setzte in Handel und Gewerbe tätige Sklaven und Fremde voraus, damit die Bürger sich aktiv an der Politik beteiligen konnten. Die Entbindung von der täglichen Daseinsvorsorge und die Diäten sicherten den bürgerlichen Status.
Der Bereich der **Wirtschaft** (*oikonomía*) zählte zur privaten Sphäre; denn das Haus und die damit verbundene Wirtschaft waren die Voraussetzung dafür, daß der Hausherr sich als Bürger politisch betätigen konnte (s. auch 2.1.5).
Die verschiedenen Tätigkeiten und Berufe wurden neben den Kriterien wirtschaftlicher Unabhängigkeit vor allem unter Aspekten wie Redlichkeit und Verhalten gegenüber den Mitmenschen beurteilt. Mit der **Landwirtschaft** verband man die Vorstellung eines zum Lebensunterhalt ausreichenden Grundbesitzes, nicht aber diejenige eines Berufes. Xenophons „Oikonomia" behandelt die Lebensweise des Grundbesitzers, setzt sich jedoch nicht mit den Erfordernissen und Qualifikationen auseinander, die der Beruf des Bauern mit sich bringen könnte. Das Kriterium der **wirtschaftlichen Unabhängigkeit** führte zur negativen Beurteilung abhängiger, regelmäßiger Lohnarbeit. Der soziale Status des Händlers war jedoch gemindert, weil man ihm betrügerische Absichten unterstellte. Auch Zöllner, Geldverleiher, Schankwirte und Marktfrauen waren unbeliebt, weil sie sich den Haß der Mitmenschen zuzogen oder wegen ihres ungehobelten Auftretens auf Ablehnung stießen. Solche und andere soziologische Gesichtspunkte waren häufig Gegenstand der Komödie. Vor allem Aristophanes setzt sich anschaulich und kritisch zugleich mit gesellschaftlichen Fragen auseinander (s. M 14 u. 17).

Das Urteil eines Aristoteles oder Platon, die den für Geldlohn arbeitenden Freien und den Handel- und Gewerbetreibenden die ethisch-politische Qualifikation des Bürgers absprachen, darf jedoch nicht verallgemeinert werden. Sie sind Ausdruck einer Geringschätzung, die auch von oligarchischen Kreisen geteilt wurde (s. M 16), die sich gegen den politischen Einfluß der Handwerker und die Zuerkennung voller Bürgerrechte an die weitgehend besitzlosen Theten wandten (siehe 1.4.2). Hinter solchen Urteilen standen neben politischen auch ethische Motive. Man bezeichnete die Handwerker als Banausen, deren Körper häufig gesundheitlich geschädigt waren und die wegen mangelnder Bildung als kulturlos angesehen wurden. Ebenso überzeichnet ist die idealisierte Darstellung der Demokratie in der **Leichenrede des Perikles** nach Thukydides (s. M 15).
In allen Berufen arbeiteten auch freie Männer gegen Lohn. Es handelte sich dabei um Gelegenheitsarbeit oder saisonbedingte Tätigkeiten: bei der Ernte in der Landwirtschaft, als Lastenträger im Hafen oder bei Bauarbeiten. Freie in einer dauernden, abhängigen Beschäftigung tauchen in den Quellen nicht auf; abhängige Arbeit wurde in der Regel von **Sklaven** verrichtet, die vor allem in den Bergwerken oder für niedere Dienstleistungen im Haus eingesetzt wurden. Die Mehrzahl der Bürger konnte sich keine Sklaven leisten. Private Sklaven wurden von den reichen Bürgern auch verpachtet (s. auch M 11 und M 14).

1.4.2 Die politsche Ordnung der attischen Demokratie

Die Gesellschaft der Bürger in der Ausprägung der attischen Polis seit der Mitte des 5. Jahrhunderts war eine direkte **Demokratie**. Angesichts des griechischen Verständnisses von Politik als aktivem Handlungsvollzug war sie auch nur in dieser Form denkbar. Politisches Handeln vollzog sich in den Organen der Polis, in denen die Gesamtheit der Bürger möglichst umfassend gegenwärtig war (s. M 15–18).
Vom Anspruch der Gleichheit vor dem Gesetz (*isonomia*) her betrachtet war die **Volksversammlung** (*ekklesia*) – neben den **Volksgerichten** – das Entscheidungsgremium, in dem alle Bürger als Gleiche politisch handeln konnten. In diesen beiden Organen wurden Entscheidungen in Form von Gesetzen, Dekreten und Handlungsorientierungen gefällt, an welche die anderen Organe und die Beamten gebunden waren. Der **Rat der Fünfhundert** (*boulé*) berief die Volksversammlung ein, und setzte deren Tagesordnung fest, ohne jedoch die Handlungsvollmachten der Volksversammlung einzuengen. In öffentlichen und privaten Prozessen entschieden die Volksgerichte (Dikasterien) in letzter Instanz. Die moderne Teilung der Staatsaufgaben nach legislativen, exekutiven und judikativen Funktionen war unbekannt.
Zu den Aufgaben der regelmäßig einberufenen Volksversammlung zählten u. a.: Entscheidung über Krieg und Frieden; Verträge mit anderen Gemeinwesen; Verleihung und Aberkennung von Bürgerrechten; Wahl bzw. Losung der Beamten; Verwendung der Staatseinnahmen; Gesetzgebung nach Vorlage von Entwürfen; teilweise Rechenschaftsablegung der Beamten; Funktionen der Rechtsprechung. Die Volksversammlung trat während jeder Prytanie (Amtszeit der jeweils geschäftsführenden Phyle des Rates) zu vier ordentlichen Sitzungen zusammen, also vierzigmal im Jahr. Wichtige Tagesordnungspunkte waren die Abstimmung über die Amtsführung der Beamten und die Beratungen über die Getreideversorgung und die Verteidigung der Polis. Der Besuch der Sitzungen war unterschiedlich hoch; in der Regel dürften nicht mehr als 25% der Bürger anwesend gewesen sein. Im 5. Jahrhundert lebte ein Drittel der Bürger in der Stadt, während die übrigen in den Dörfern Attikas in einem Gebiet von etwa 2500 qkm lebten und deshalb nur selten am politischen Leben teilnehmen konnten. Ein beträchtlicher Teil der Bürger war während der Zeit des Ersten Attischen Seebundes als Beamte, Soldaten oder Mitglieder der Flotte außer Landes.

Wegen des **Iterationsverbotes** (Iteration = lat. Wiederholung), nach dem kein Bürger mehr als zweimal im Leben Ratsherr werden durfte, mußten während einer Generation mindestens 7500 Bürger, etwa ein Viertel aller Bürger, Mitglied des jährlich bestellten Rates werden. Etwa die gleiche Zahl bekleidete jedes Jahr ein Amt; davon wurden 6000 in die Volksgerichte gelost.
Aristoteles schreibt in seiner Athenaion Politeia, daß von den Einnahmen, den Steuern und den Tributen der Bündner fast 20 000 Bürger unterhalten wurden. Er zählt u. a. 6000 Richter, 1600 Bogenschützen, 1200 Reiter, 2500 Hopliten in Kriegszeiten und die verschiedenen Beamten auf. Dabei unterscheidet er nicht, daß zu den Beamten auch Nichtbürger gehörten, daß nicht alle 6000 Richter jeden Tag zu Gericht saßen. Gleichwohl stellt er das Prinzip richtig dar, daß die Bürger für ihre politischen Pflichten bezahlt wurden. Regelmäßige Einkommen garantierte dabei nur der Dienst in der Flotte. Die Ämter wurden kollegial, also mit zwei und mehreren Amtsträgern besetzt. Das System des **jährlichen Wechsels** und des **Losverfahrens** schloß Eigenmächtigkeiten der Beamten weitgehend aus. Außer den Ämtern, die Sachkenntnisse – Finanzen, Militär und Baumeister – und teilweise auch Vermögen erforderten – Archonten wegen des Repräsentationsaufwandes und Finanzämter wegen der persönlichen Haftung mit dem Privatvermögen – wurden alle anderen Ämter erlost. Die Zahl der Bürger, die sich politisch betätigten, über Sachverstand und technisches Wissen verfügten, war ausreichend, um das Funktionieren der Demokratie zu gewährleisten. Der attische Bürger besaß genug praktische politische Erfahrung, um – entgegen den abwertenden Urteilen oligarchischer Kreise oder von Philosophen – in der Politik kompetent mitzuwirken, zumal er den Sachverstand der Fachleute anerkannte.
Die politische Herrschaft der attischen Bürger erstreckte sich auch auf den **Ersten Attischen Seebund,** der 477/78 zur Fortführung des Kampfes gegen die Perser gegründet worden war. Die Bündner standen Athen als einzelne gegenüber und waren untereinander nicht verbunden. Der Gründungsvertrag sah Austritte nicht vor. Die Höhe der Tribute wurde vom attischen Demos ohne Mitwirkungs- und Einspruchsmöglichkeiten der Bündner festgesetzt. Während Athen neben den Tributen und dem größten Anteil an der Kriegsbeute auch von Zoll- und Hafengebühren profitierte, zogen die Bündner aus dem Handels- und Wirtschaftszentrum Athen Nutzen durch neue Arbeits- und Handelsmöglichkeiten und aus der erfolgreichen Bekämpfung der Seeräuberei in der Ägäis.
Spätestens mit der Verlegung der Bundeskasse von Delos nach Athen 453 trat der Wandel des Bundes in eine Herrschaft Athens auch nach außen hin deutlich zutage. Zu den Herrschaftsmitteln Athens zählte vor allem die Flotte. Bei Ausbruch des Peloponnesischen Krieges verfügten nur noch Lesbos und Chios über eine eigene Seestreitmacht. Mittels ihrer mächtigen Flotte kontrollierten die Athener die gesamte Ägäis und sammelten die Tribute der Bündner ein. Unabhängigkeitsbestrebungen einzelner Poleis (Thasos, Aigina, Poteideia, Mytilene, Melos und Samos) wurden niedergeschlagen. Die Bündner mußten zur Seeseite hin ihre Mauern niederlegen.
Die attischen Beamten übten innerhalb des Seebundes militärische, verwaltungsmäßige und richterliche Funktionen aus; sie griffen in die inneren Angelegenheiten der Bündner ein: Finanzbeamte trieben die Tribute ein; attische Strategen überwachten militärisch die Einhaltung der Verpflichtungen der Bündner; die Kommandanten von Besatzungstruppen übten auch politische Funktionen (Überwachung von Wahlen) auf dem Gebiet der Bündner aus; Archonten konnten in das Gerichtswesen eingreifen. Die attischen Beamten verfolgten politische Strafrechtsbestände, Vergehen gegen das Münzgesetz sowie normale Kriminalität gegenüber attischen Bürgern (s. M 8, 9).
Neben den älteren Kleruchien – Siedlungen attischer Bürger, die das Bürgerrecht ihrer Heimatpolis behielten und Mitglieder attischer Demen blieben – in den griechischen Randgebieten der nördlichen Ägäis zur Sicherung der Kornversorgung aus dem Schwarzmeergebiet errichteten die Athener auch Kleruchien auf dem Gebiet der Bündner.

1.4.3 Kulturelle Blüte der griechischen Polis im 5. Jahrhundert

Bildhauerei
Pheidias (tätig um 438)
Polyklet (tätig um 450–410)
Praxiteles (tätig um 370–320)
Literatur
Xenophanes (um 565–470)
Aischylos (um 484)
Sophokles (um 468)
Euripides (um 485)
Aristophanes (um 445–385)
(Einzelzahlen nennen Höhepunkte künstlerischen Wirkens.)

Philosophie
Thales (um 625–547)
Parmenides (um 515–445)
Empedokles (um 483–423)
Demokrit (um 470–380)
Sokrates (um 470–399)
Platon (427–348)
Aristoteles (384–322)

Geschichtsschreibung
Herodot (um 485–425)
Thukydides (um 460–400)
Xenophon (um 430–355)

Zwischen **Polis und Kult** bestanden enge Beziehungen. Das politische Gemeinwesen ruhte mit seinen Organisationen und Institutionen auf religiöser Grundlage: Familie, Phratrie, Phyle, Ethnos und Polis waren durch jeweils gemeinsame Kulte miteinander verbunden. Die Polis veranstaltete u.a. offizielle Feiern für den jeweiligen olympischen Schutzgott. Es wurden aber auch nichtolympische Gottheiten und Lokalheroen geehrt. Eine Vielzahl kultischer Feste verband auch die griechischen Gemeinwesen untereinander. Die Spiele in Olympia und das Orakel von Delphi ragten heraus (siehe 1.1.2).
In jedem Gemeinwesen wurde am Sitz der obersten Behörde das **heilige Feuer** unterhalten. Praktisch wurde jede öffentlich-politische Handlung mit **Opfer und Gebet** eingeleitet. Legten Beamte oder Bürger einen Eid ab, riefen sie die Götter an, und vor wichtigen Volksbeschlüssen studierten die Priester den Willen der Götter nach den Zeichen des Vogelflugs oder durch Eingeweideschau.
Neben der offiziellen **Staatsreligion** gab es eine **Volksreligion** mit Hausgottheiten, Mythen, Orakeln und Opfern. Diese Hausgottheiten wurden von den Familien verehrt.
Die Kultur der Griechen fand ihren Ausdruck in der bildenden Kunst, in Architektur, Literatur, Philosophie, im Sport, in der uns schwer faßbaren Musik und in der Wissenschaft.Alles war öffentliche Angelegenheit der Polis und ihrer Bürger. Die Macht der Polis war umfassend, ihre Autorität reichte in jede Sphäre menschlichen Verhaltens hinein. Aus der Polis, aus dieser Form der Gemeinschaft der Bürger, leitete sich alles ab. Aber es zeigten sich Auflösungserscheinungen der traditionellen Bindungen des Gemeinwesen an die Götter. Der Mensch fand zu einem immer stärker von geistiger Reflexion geprägten Weltbild (s. Solonische Reformen und M 3). Man darf allerdings nicht übersehen, daß die kultischen Spiele von Olympia bis 393 n.Chr. in Bindung an die griechische Götterwelt veranstaltet wurden, um dann erst vom römischen Kaiser Theodosius I. als heidnisches Fest verboten zu werden.
In der griechischen **Kunst** folgte dem archaischen Stil (700–500 v.Chr.) die Klassik. Sie kennzeichnet vor allem das Zeitalter, an dessen Beginn der Sieg über die Perser im Jahre 490 v.Chr. stand und dessen Ende der Sieg der Spartaner über Athen 404 v.Chr. war. Athens politische Macht war nun zwar gebrochen, dennoch blieb Athen noch lange geistiger Mittelpunkt der griechischen Welt.
An der Plastik lassen sich die Entwicklungen besonders gut verdeutlichen. Hauptthema der frühen **Archaik** waren Götterbilder oder Weihestatuen. Neben der weiblichen Peplosfigur (Peplos = traditionelles Frauengewand) bildete sich auf dem Festland im 6. Jahrhundert die Darstellung der nackten männlichen Figur, des sogenannten Apollon, als zentrales Thema der Kunst heraus. Diese Figuren, aus Stein (Marmor) oder auch Bronzeblech gearbeitet, wirken auf uns als erstarrt. Ihre Arme sind an die Körper angelegt, die Beine deuten Bewegung nur wenig an. Alles wirkt formelhaft (Abb. 12). Die **klassische Zeit** (500–300 v.Chr.) sah dagegen den Menschen dyna-

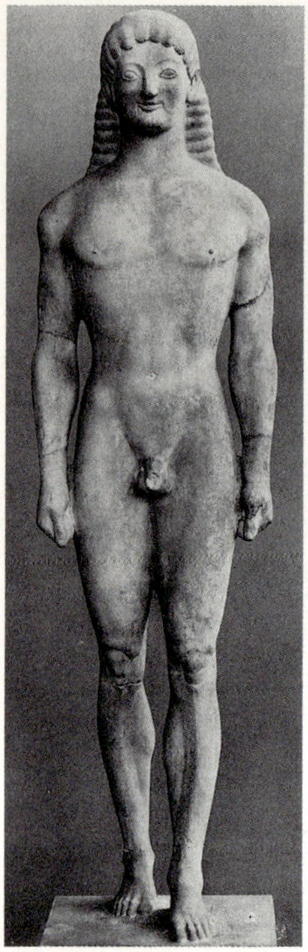

Abb. 12 Apollon von Tenea, um 560 v. Chr.

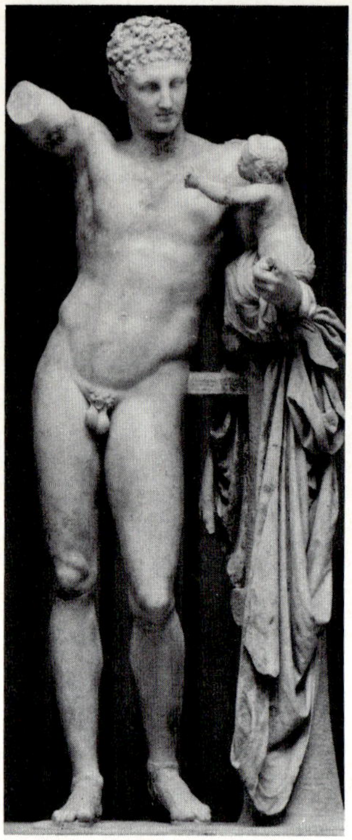

Abb. 13 Hermes von Praxiteles, um 325 v. Chr.

Abb. 14 Galaterfürst und sein Weib, um 190 v. Chr.

misch. Die Körperdetails wurden nun von ihren Funktionen her gesehen, vor allem die Muskulatur. Die Proportionen des menschlichen Körpers und ein Gleichgewicht von innerer Bewegtheit und übergeordneter Harmonie sind charakteristisch für die griechische Plastik der Klassik. Die Arme sprechen in Gesten, das „Standbein" läßt versammelte Kraft erkennen, das „Spielbein" zielgerichtete Bewegung. Das Kunstwerk vermittelt dem Betrachter **Harmonie**.

Pheidias schuf die Athena des Parthenontempels (um 438) und wenig später den 12 m hohen Zeus von Olympia – Meisterwerke der griechischen Klassik. Neben ihm seien **Polyklet,** der auch eine Proportionslehre hinterließ, und **Myron** genannt, der zwischen 460 und 430 neben Götter- und Heroenstatuen sehr lebensnahe Tierplastiken schuf. Knapp hundert Jahre später (um 370–320 v. Chr.) schuf **Praxiteles** Statuen mit bis dahin in der Bildhauerei nicht gekannten, äußerst feinen Details, die das Material, den Stein, vergessen lassen (Abb. 13). Diese Frauen- und Männerfiguren geben das makellose **Idealbild** des Menschen wieder, wie es bis heute bewundert und aufgegriffen wurde.

In den ersten Porträtplastiken zeigte sich dann, daß das Individuum allmählich aus seinen religiösen und gleichzeitig gesellschaftlichen Bindungen herauszuwachsen begann. Den Poleis, vor allem Athen, war im 4. Jahrhundert die einst einende politisch-religiöse Kraft geschwunden. Es kam die Zeit der **makedonischen Oberherrschaft** über Griechenland unter **Philipp II.** und **Alexander dem Großen** (359–323). Die Plastik des nachfolgenden **Hellenismus** gab die am Menschenbild gewonnene klassische Formidee auf, um der mit der Ausbreitung des Griechentums gegebenen Vielfalt gerecht werden zu können. Sie betonte anstelle von Ordnungen nun Leiden-

schaften und Gefühle, was schließlich im Späthellenismus zu Stein gewordenem Pathos gerann; so die von rhodesischen Bildhauern geschaffene Laokoongruppe (um 50 v. Chr.) oder die hier abgebildete Plastik (Abb. 14).
Werke griechischer Maler sind nur indirekt über die **Vasenmalerei** überliefert. Den großen Meister der Klassik, Polygnot, zeichnet vor allem die Bildkomposition aus, in der die einzelnen Gestalten auf verschiedenen Ebenen angeordnet sind. Ein grundlegender Wandel erfolgt im **5. Jahrhundert** durch das künstlerische Bemühen, die Fläche durch die dritte Dimension zu erweitern: **Körperperspektive** und Schattenmalerei erzielen eine Tiefenwirkung.
In der **Architektur** wurden bei Tempeln und Theatern die Einzelteile mit wachsendem künstlerischem Bewußtsein und gesteigerter technischer Erfahrung aufeinander bezogen und verfeinert. Im Aufbau durchaus unterschiedliche Baugruppen wurden unter dem Gesichtspunkt harmonischen Ausgleichs einander zugeordnet, wie schon im 5. Jahrhundert die Bauten auf der Akropolis von Athen (Abb. 15). Auf dem Festland und in Sizilien setzt sich die **dorische Ordnung** durch: die einzelnen Elemente sind nach geometrischen Proportionen in den vier Zonen von Unterbau, Säulen, Gebälk und Dach bzw. Giebel aufgebaut. Die dorische Säule, die sich nach oben verjüngt, bringt in ihrer Form die statische Funktion der Stütze zum Ausdruck; das Kapitell soll die Horizontallast des Architravs (Hauptbalkens) in die Stütze ableiten. Die ionische Ordnung ist in der Formgebung vielseitiger und im Stil dekorativer. Dieses wird u. a. in der Gestaltung der Kapitelle sichtbar. Plastik, Malerei und Ornament füllen nicht nur von der Konstruktion ausgesparte Flächen aus, sondern greifen auf die Konstruktionselemente über; d. h. Ornamente bestimmen die Gestaltung einzelner Bauglieder (Kapitelle, Säulenbasen, Profile der Gesimse und der Kassettendecken).
Der Wandel des griechischen Weltbildes läßt sich auch an der **Literatur** ablesen, die uns seit Beginn der griechischen Schrift im 8. Jahrhundert zugänglich ist. Dem neuen Denken entsprechen neue Inhalte und neue literarische Formen. Zu den vorarchaischen Mythen und Sagen zählen auch noch die Epen von **Homer** (**„Ilias“** um 750, **„Odyssee“** um 700). Mit **Hesiod** folgte der erste Dichter, der sich aus der Anonymität erhob und seinen Namen nannte. Hesiods „Theogonie“ (um 700 v. Chr.) berichtete über die Entstehung der Welt und den Ursprung der Götter; sie brachte auch die griechische Götterwelt in ein sinnvolles System. Zeus wurde als Ursprung der Gerechtigkeit gesehen. Im fragenden Denken ging der Dichter einen entscheidenden Schritt weg von der heldischen Götterwelt Homers hin zum Menschlichen. Das war eine neue Art der Weltbetrachtung.
Daneben entwickelte sich das Einzellied, in dem – zu Saiteninstrumenten vorgetragen – persönlich empfundene Stimmungen Gestalt fanden.
Um die Wende vom 7. zum 6. Jahrhundert gewann die Dichtung deutlich den Auftrag, zum Kampf gegen die nach Griechenland drängenden Völkerstämme aufzurufen. In den nur fragmentarisch überlieferten Gedichten **Solons,** der 594 Archon in Athen geworden war, ging es bereits um Gerechtigkeit in der Gesellschaft also um **politische Dichtung** (s. 1.2.3). Um 540 wurde die Gefahr von Reichtum für die überkommenen Werte thematisiert, aber auch philosophische und naturwissenschaftliche Probleme wurden zu Inhalten von Dichtungen **(Xenophanes)**. Schließlich ist für das 5. Jahrhundert **Pindar** zu nennen, der die Sieger der panhellenischen Spiele und deren Heimat mit seiner Lyrik feierte und damit selbst Unsterblichkeit gewann. Klopstock, Goethe und vor allem Hölderlin haben sich an diese Dichtung angelehnt. Bei Pindar wurde der Sieg als Folge ausdauernder Übung gesehen, der sich der Segen der Götter zugesellt hatte. Es war die Ethik der Adelswelt, die Macht und Reichtum durch mutige Kampfbereitschaft versprach, aber auch der Gastfreundschaft und der Weisheit einen Rang einräumte. Mit Pindar erreichte im frühen 5. Jahrhundert die Chorlyrik, die bei kultischen Anlässen oft im Wechselgesang von Männer- und Mädchenchören vorgetragen wurde, ihren Höhepunkt.

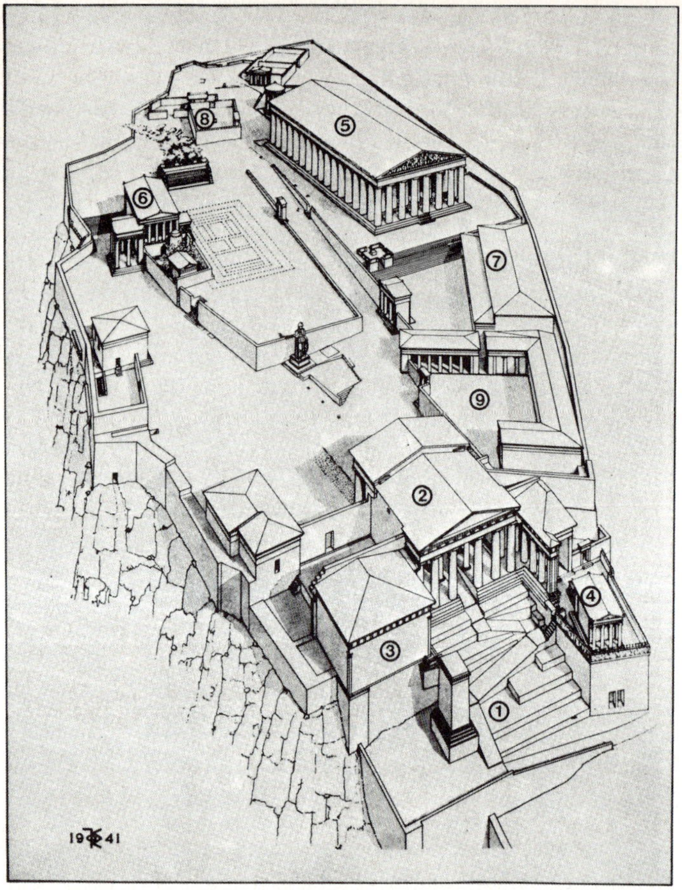

Abb. 15 Die Akropolis
An die Stelle des ehemaligen befestigten Palastes der mykenischen Zeit traten im 6. Jh. mehrere Tempel, die 480 durch die Perser zerstört wurden. Die – abgesehen von wenigen Zusätzen aus der römischen Zeit – heute noch bestehende Bebauung ließ **Perikles** unter Anleitung des Bildhauers **Pheidias** erstellen. Neben der Stadtherrin, der **Athena Polias,** und ihrem Vater, dem städteschützenden Zeus (Polieus), dem ein Altar auf der höchsten Stelle der Anlage geweiht war (8), wurden Artemis, die im attischen Braurion heimisch war (9), und Poseidon, der Erderschütterer, verehrt.
Von der Agora gelangte man über die **Panathenäenstraße** (1) – der Weg des Festzuges am „Geburtstag" der Göttin Athena – zur Akropolis durch den Torbau der **Propyläen** (2). Ursprünglich sollten die Propyläen (437–431) die ganze Westseite der Akropolis umschließen. Jedoch konnten die Flügelbauten nur zum Teil ausgeführt werden. Der nördliche Flügel enthielt die für das Opfermahl bestimmte **Pinakothek** (3) mit Tafelbildern der berühmtesten griechischen Maler. Der südliche Flügel mußte mit Rücksicht auf den Nike-Tempel und die mykenische Burgmauer stark verkürzt werden. Der Tempel der **Athena Nike** (4), der „Siegesgöttin" (ab 421), stand auf einem vorgeschobenen Quaderturm.

Der repräsentative Staatstempel Athens, der **Parthenon** (5), steht auf einem bis zu zehn Meter hohen Fundament. Der Tempel, der das 12 m hohe Standbild der **Athena Parthenos,** der in Waffen gerüsteten Athena, beherbergte, wurde 447–438 erbaut. Seine Breite zu Länge ist nach der Grundproportion von 8:18 festgelegt, das gleiche Verhältnis bestimmt Säulenstärke zu Säulenabstand, Frontbreite zu Fronthöhe. Die Architektur soll den Eindruck einer lebendigen Bewegung des Baus vermitteln: keine geometrische Gerade, keine senkrechte Fläche. Alle Horizontalen, einschließlich der Stufen, wölben sich leicht nach oben. Die Säulen sind um zwei Zentimeter geschwellt und neigen sich um sieben Zentimeter nach innen. Wandflächen und Gebälk sind nach innen, pfeilerartige Stirnseiten und hervorstehende Gesimse nach außen geneigt. Betont wird die Bewegtheit durch abgestimmte Farben, die mit heißem Wachs in den Marmor eingeschmolzen wurden.
Das **Erechtheion**, der Tempel der Athena Polias (der Beschützerin der Staaten) (6), war seinem kultischen Rang nach der angesehenste Tempel. Berühmt war die Korenhalle im Süden mit ihren sechs Mädchenfiguren, die Gebälk und Decke tragen. Die größeren Wandflächen wurden von einem Schmuckband umgürtet. In der **Chalkothek** (7) wurden die Weihegeschenke zu Ehren der Götter aufbewahrt.
Am Fuße der Akropolis entstand 330 v. Chr. das steinerne **Dionysostheater** anstelle eines Holzbaus aus dem 5. Jh. An der Nordwestflanke der Akropolis liegt der Areopaghügel.

Aus der **Chorlyrik** entstand in Athen im 6. Jahrhundert die **Tragödie,** als ein Sprecher zwischen die Chöre trat. Mit der Einführung weiterer Schauspieler – bei Aischylos ein zweiter, bei Sophokles ein dritter – verloren die Chöre an Bedeutung: es war die Geburt der auf eine ungewöhnliche Handlung angelegten Tragödie, wie wir sie heute noch kennen. Ihre Inhalte thematisierten vor allem das Verhältnis der Menschen zu den Göttern. Bei **Aischylos** (sein erster erfolgreicher Dichterwettstreit war 484) erkannte der Mensch nach selbstherrlicher Auflehnung schaudernd seine Abhängigkeit von den Göttern. Bei **Sophokles** (468 im dramatischen Wettstreit erfolgreich) erschien der Mensch, hier schon deutlich charakterisiert, unausweichlich verstrickt in Leid und Not; seine Tragik hob sich aber vor dem Sinnzusammenhang der göttlichen Welt auf. **Euripides** (geb. um 485) überwand schließlich die erhabene Götterwelt des Mythos und sah den Menschen in Eigenverantwortung. Mit dem Tod des Euripides, 406, und des Sophokles, 405, hatte die klassische Tragödie ihren Höhepunkt überschritten (M 15). Parallel dazu entwickelte sich die **Komödie,** die immer eindeutiger zeitkritische Funktionen übernahm und für die **Aristophanes** (um 445 – um 385) Bleibendes schuf (M 17). Tragödie und Komödie gehörten zum Festprogramm der jährlich in Athen gefeierten **Dionysien**. Die Wettbewerbe wurden von der Polis organisiert, die auch den Chor und die Schauspieler zur Verfügung stellte. Die Aufführungen waren Formen des Wettkampfes. Der sogenannte **Agon** findet sich neben dem dramatischen Wettkampf in der Ausgestaltung der Trieren oder kultischer und anderer öffentlicher Bauten. Er durchzieht die gesamte Lebensauffassung der Griechen.
Zu Beginn des Hellenismus, um 300, hörte die Literatur auf, kultischen Festen zu dienen und wurde zur privaten Lektüre. Entsprechend suchten die Dichter neue Formen und einen neuen Stil (s. 1.5.2).
Der Wandel zeigt sich auch in der **Geschichtsschreibung**. Hekataios von Milet (ca. 560/50–480) greift Sammlungen ausgeschmückter Berichte über fremde Völker und Länder, Mythen und historisches Wissen auf: „Ich schreibe dies, wie es mir wahr zu sein scheint, lächerliche Erzählungen" (Fragment Nr. 1). **Herodot** (ca. 484–430/25) verarbeitet die Überlieferung in breit angelegtem Erzählstil und gibt zufällig Erfahrenes weiter. Er geht chronologisch den Ursachen der Perserkriege nach, beruft sich dabei auf Augenzeugenberichte und Zeugenaussagen, unterbricht seine Darstellung durch ethnographische und andere Exkurse (s. M 21). **Thukydides** (etwa 460–400) ist der Begründer der historischen Monographie und der politischen Geschichtsschreibung (s. M 22 und M 10, 15 und 19b). Sein Werk über den Peloponnesischen Krieg zeichnet aus: exakte Arbeitsweise, Objektivität, Einschätzung historischer Kräfte und gesellschaftlicher Bedingungen, Darlegung der Motive politischen Handelns, logische Argumentation. **Xenophon** (etwa 430–355) schreibt u. a. die griechische Geschichte fort. Er beschäftigt sich vorrangig mit der Kriegsgeschichte und fällt in Stoffauswahl und Darstellung neben Thukydides ab.
Nicht weniger deutlich läßt sich der Wandel an der Entwicklung der griechischen **Philosophie** erkennen. Im 7./6. Jahrhundert begannen Griechen, die ihnen bekannte Welt geographisch und ethnographisch zu beschreiben. Mythischen Spekulationen über den Kosmos und die Götter folgten rationale Erklärungsversuche der **ionischen Naturphilosophen. Thales** von Milet (um 625 – um 547) zeigte mit seinen heute noch benutzten geometrischen Lehrsätzen die Möglichkeit und Beweisbarkeit theoretischer Erkenntnisse auf. Das war der Anfang der Philosophie.
Etwa 100 Jahre später entstand in Elea (Unteritalien) eine Philosophenschule, die durch ihre Denkansätze auch auf die Philosophie der Neuzeit wirkte. **Parmenides** von Elea (um 515 – 445) bedachte den Begriff der „Wahrheit" und fand, daß man statt des sich Verändernden das hinter den Erscheinungen stehende unwandelbare „Sein" feststellen müsse. Es gäbe weder Entstehen noch Vergehen. Alles „Seiende" sei eine Einheit. Doch nur das Denken könne diese Einheit über das geordnete, sinnlich Wahrnehmbare hinaus erkennen.

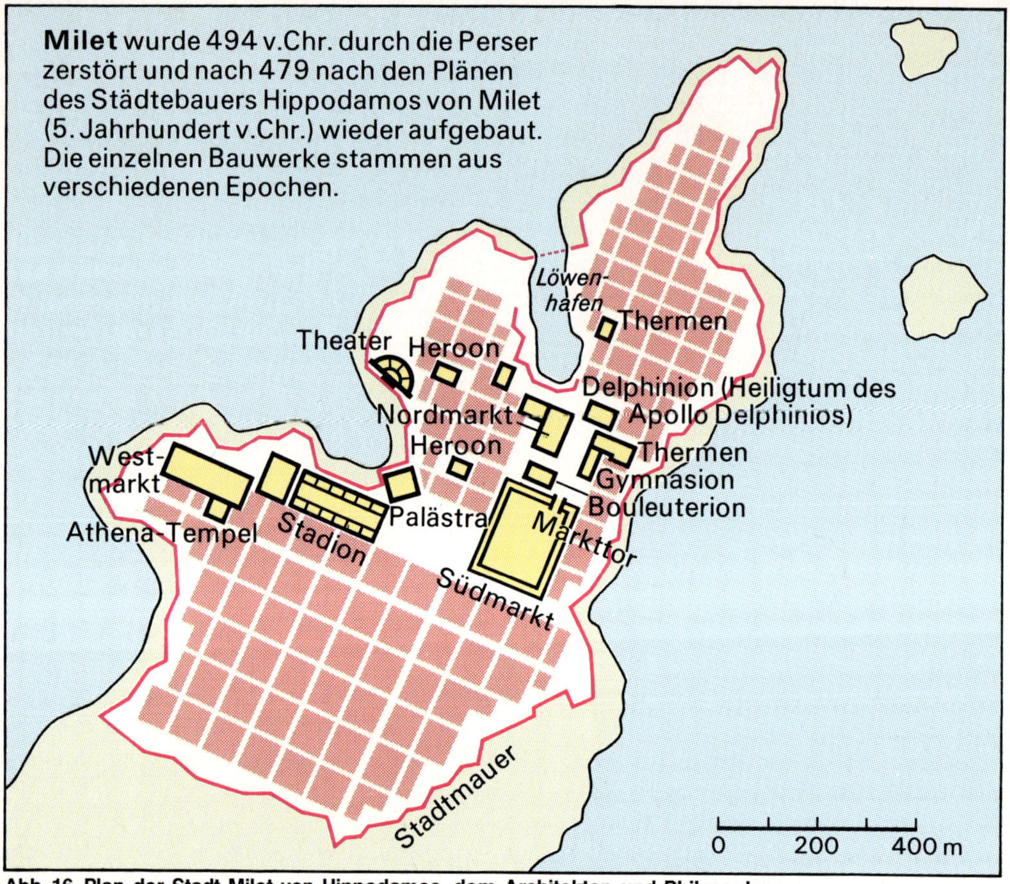

Abb. 16 Plan der Stadt Milet von Hippodamos, dem Architekten und Philosophen

Der **Städtebau** kannte in archaischer Zeit kein allgemeines System; die Idee der Polis verband sich nicht mit einer architektonischen Vorstellung. Die Akropolis, die Heiligtümer und die öffentlichen Plätze waren ungeordnete Schwerpunkte. Der Konkurrenzkampf der Gemeinwesen untereinander und die Randlage in Kolonialgebieten zwingen zur Anlage von Stadtmauern, die zum Symbol der politischen Unabhängigkeit eines Gemeinwesens werden. Regelhafter Städtebau breitete sich vor allem in den ionischen Siedlungen Kleinasiens aus. Vorbild war der Wiederaufbau **Milets** durch Hippodamos (s. Abb. 16). Das rechtwinklige Straßennetz nahm keine Rücksicht mehr auf das Gelände. In dieses Baublockmuster wurden öffentliche Gebäude und Plätze regelrecht eingeplant, während z. B. die Agora von Athen (Abb. 17) noch der Entwicklung der Polis folgte.

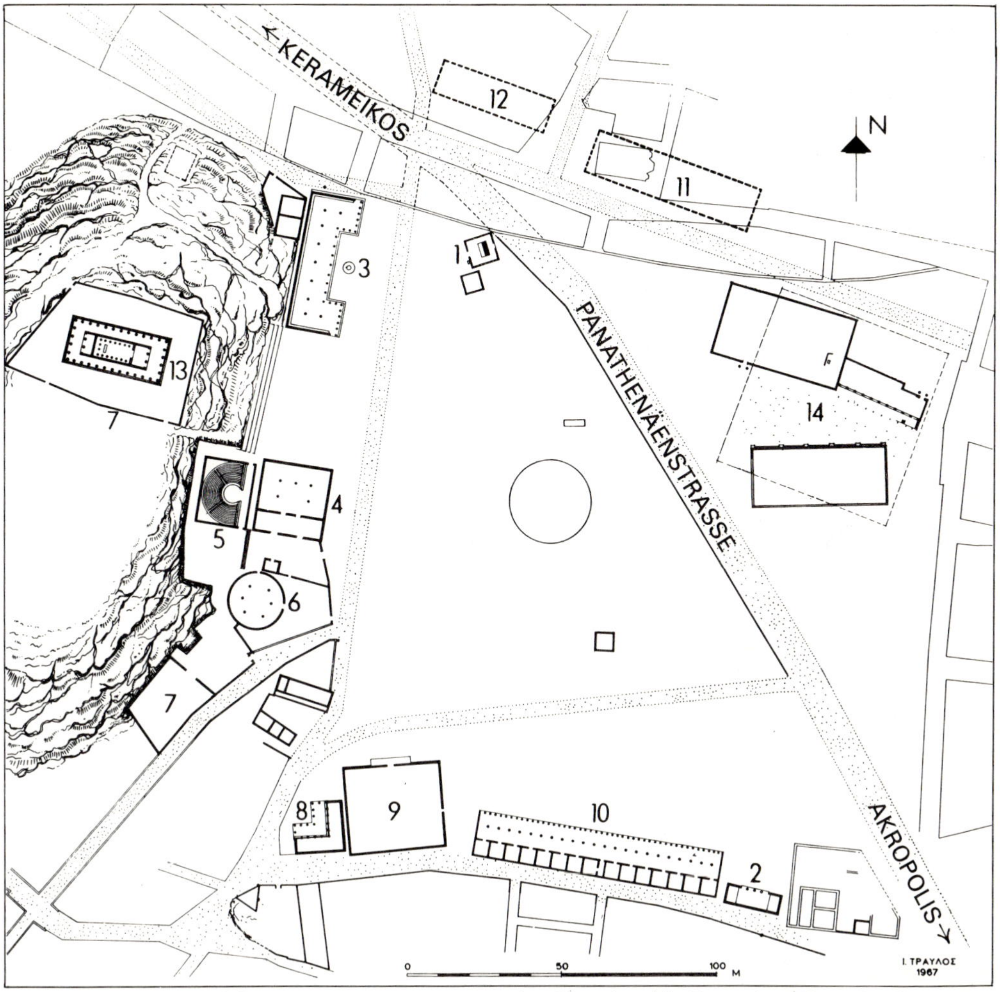

Abb. 17 Die Agora von Athen gegen Ende des 5. Jahrhunderts

Die Agora, das Zentrum des öffentlichen Lebens, war in klassischer Zeit nicht nach einem Gesamtkonzept bebaut. Die Rekonstruktion wirft große archäologische Probleme auf, zumal (561/60–510) die Agora mehrfach umgebaut wurde.

Die ersten Staatsbauten wurden unter **Peisistratos** errichtet: Verwaltungssitz für Rat und Beamte (in der Gegend des späteren Metroion); **Altar der Zwölf Götter** (1), der Ausgangspunkt des attischen Straßennetzes; Brunnenhaus für die **Kallirhoe-Quelle** (2).

Die meisten Kult- und Verwaltungsbauten entstanden zwischen 460 und 400 v. Chr. (Perikleisches Zeitalter) an der West- und Südseite der Agora: **Stoa des Zeus** (3), hier führte Sokrates häufig seine Gespräche; **Metroion** (4), Tempel zu Ehren der Göttermutter mit dem Staatsarchiv; **Bouleuterion** (Sitzungssaal des Rates) (5); **Tholos** (6), Sitz der Prytanen; **Strategeion** (7), Versammlungsort der Strategen; neben dem größten Brunnenhaus an der SW-Ecke der Agora (8) die Tagungsstätte der **Heliaia** (für das Volksgericht) (9) sowie die **Süd-Stoa** (10).

Im Norden wurde die Agora von der **Stoa poikile** (Halle mit Gemälden zur Geschichte Athens (11) (um 460) und der **Hermes-Stoa** (12) abgeschlossen. Im NW der Agora schloß sich der **Keramaikos** an, das alte Zentrum der Keramik- und Ziegelproduktion.

Der **Hephaistostempel** (13) auf dem Markthügel aus dem 5. Jh. ist der besterhaltene Tempel Athens. An der Ostseite der Agora entstand in der 2. Hälfte des 4. Jh. ein großes **Peristyl-Haus** (14).

Empedokles aus Agrigent/Sizilien (um 483/82 – um 423) fand einen Ausgleich zwischen der statischen Lehre des Parmenides und dem dynamischen Denken von Werden und Vergehen. Im Sinne des Parmenides führte er alle Formen und Erscheinungen auf die vier unwandelbaren Grundelemente Feuer und Wasser, Luft und Erde zurück. Die den Menschen umgebenden Dinge mußten also nicht aus dem Nichts enstanden sein, sondern aus diesen Urelementen, in die sie sich im Vergehen zurückverwandelten.
Demokrit von Abdera/Thrakien (um 470 – um 380) erweiterte frühere Atomtheorien (Leukipp) und setzte bei den Atomen bereits unterschiedliche Gestalt und Größe voraus. Er führte die Beschaffenheit aller Gegenstände, aber auch Werden und Vergehen, selbst die Seele und die ihr zugehörenden Gefühle, auf Bewegungen und Verbindungen bzw. Umordnungen von Atomen zurück. So konnte er trotz der Einsicht, daß alles in steter Veränderung begriffen ist, mit **Parmenides** die Unvergänglichkeit des wahrhaft Seienden behaupten.
Der geistige Aufbruch, der hier sichtbar wird, ist durchaus im Zusammenhang mit den politischen Erfolgen der Griechen, besonders der Athener, über die ihnen geistig fremden Perser zu sehen. Der Sieg und der Seebund hatten Wohlstand nach Athen gebracht, und dieser Wohlstand weckte das Bedürfnis nach allgemeiner Bildung. **‚Sophisten'** („Lehrer der Weisheit") zogen umher und lehrten mittels der Rhetorik ein höheres, praktisches Verständnis für die Dinge der Welt. Besonders junge Menschen sollten für ihre Aufgaben in Familie und Staat gebildet werden. Dem eleatischen Bedenken der Begriffe „Wahrheit" und „Sein" setzten sie einen Skeptizismus entgegen, der die Möglichkeiten menschlichen Erkennens stark relativierte. **Protagoras** von Abdera (um 485 – um 421) war einer der ersten und wichtigsten. „Der Mensch ist der Maßstab aller Dinge; für die seienden, daß sie sind, für die nicht seienden, daß sie nicht sind", lehrte er. D. h. er zweifelte an der Zuverlässigkeit der sinnlichen Wahrnehmung und auch an der Möglichkeit des Menschen, zu unumstößlichen Erkenntnissen zu gelangen.
Nach der Auffassung der Sophisten sind Tugend und Sitte nur willkürliche menschliche Setzung. Gut ist das, was für den einzelnen nützlich ist. Gegen diese Ethik wandte sich **Sokrates** (469–399): Nur wer das Schöne und Gute erkennt, handelt auch danach; d. h. daß die sittlichen Begriffe untersucht werden müssen und das wahre Wissen davon dem Mensch übermittelt werden muß.
In das philosophische Gebäude **Platons** (427–348/47), fließen neben der sokratischen Form philosophischen Fragens und der Dialektik Elemente der verschiedenen Richtungen der Vorsokratiker ein: Alle Handlungen des Menschen sind am Ziel des Wissens des „Guten" zu orientieren, das den absoluten Maßstab begründet. Der Mensch muß die Struktur und Ordnung des Seins erkennen, damit er „gut" handelt. Die Welt der Ideen, die ihren höchsten Ausdruck in der Idee des „Guten" findet, und das sinnlich Wahrnehmbare stehen auf verschiedenen Ebenen des Erkenntnisprozesses, wie dies das **Höhlengleichnis** der „Politeia" veranschaulicht. Die Kunstfertigkeit des Politischen, das individuell auf die rechte Ordnung der Seele ausgerichtet ist und gesellschaftlich die Ordnung des politischen Gemeinwesens beinhaltet, umfaßt als übergreifendes Handlungswissen den Bereich der *theoria* (Schau der Ideenwelt) und der Praxis.
Aristoteles (384–322) trennt theoretische und praktische Philosophie; er ordnet die Politik dem zweiten Bereich zu. Für ihn kann der Mensch seine Vollkommenheit nur in der *theoria* philosophischer Erkenntnis des Göttlichen erreichen. Dieses Ideal ist im Unterschied zu Platon unverbunden mit praktischer Lebensweise. Die Ordnung der Polis ist ein Problem der Praxis (s. M 1, 18 a).
Hatte Platon das Wahre jenseits der Dinge, in „ewig gültigen" Ideen gefunden, so kam Aristoteles in der Auseinandersetzung mit der Lehre Platons und anderer „Philosophien" zu dem Ergebnis, das wahre Sein schlösse sich durchaus dem Denken in den sinnlich wahrnehmbaren Dingen dieser Welt auf. Idee (Urbild) und Ziel der Dinge, die da werden und vergehen, seien im Wach-

senden erkennbar. Absoluter (ursprünglicher) Geist sei der „unbewegte Beweger“ allen Seins. Von ihm komme der wahre Wert, kämen „die gerechten Normen“. Aristoteles bezog nicht nur das Denken und Erkennen und die Konsequenzen für den einzelnen und „den Staat“ in sein Forschen ein, sondern auch die Natur und die Gesetzmäßigkeit ihrer Prozesse. Er schrieb über Physik, Meteorologie, die Tierwelt u.v.a.
Diese Wissenschaften – dazu **Mathematik,** zu der im Altertum Arithmetik, Geometrie, Astronomie und Musiktheorie zählten; **Medizin** (**Hippokrates** von Kos, 460–377) – trennten sich in selbständige Bereiche von der Philosophie ab. Indem Aristoteles, nun in einer eigenen Schule, dem „Lykeion“ (Lyceum), sein Denken auch auf die Ergebnisse naturwissenschaftlicher Forschungen stellte, führte er die Philosophie von der platonisch-idealistischen Ebene auf die naturwissenschaftlich-praktische; auch er wollte die Welt, die sich ihm im forschenden Fragen zeigte, als ein Ganzes sehen. Vor der Gründung des Lykeion war Aristoteles für mehrere Jahre Lehrer Alexanders von Makedonien geworden, bis dieser die Herrschaft übernahm und griechischen Geist, griechische Ordnungen und griechischen Lebensstil in den Orient bis zum Indus trug. In Alexander hat der Hellenismus seinen Ursprung. Die Philosophie aber, die bisher nach dem Urgrund der Dinge gefragt hatte, setzte sich um 300 v. Chr. mit der Lehre des Epikur und der Schule der Stoa in praktischer Richtung fort (s. 1.5.2) und versuchte, den Menschen auf einen ihm angemessenen Daseinsweg zu leiten.

1.5 Niedergang der griechischen Poliswelt

431–404 v. Chr.	Peloponnesischer Krieg
378/77	Zweiter Attischer Seebund
359–336	Aufstieg Makedoniens unter Philipp II. zur Vormacht in Griechenland
336–323	Alexander der Große: Eroberung des Perserreiches
Nach 323	Teilung des Reiches in Diadochenstaaten: Reich der Ptolemäer (Ägypten, bis 30 v. Chr.) Reich der Seleukiden (Persien und Kleinasien, bis 64 v. Chr.)
277–168	Reich der Antigoniden (Makedonien)

Der **Peloponnesische Krieg** (431–404), dessen langfristige Ursachen in der **Hegemonialpolitik** Athens und Spartas begründet waren, beendete die politische Vormachtstellung Athens. Das folgende 4. Jahrhundert ist gekennzeichnet durch Machtkämpfe der griechischen Poleis untereinander und Parteikämpfe innerhalb der einzelnen Gemeinwesen.

1.5.1 Der Peloponnesische Krieg und die Krise der Polis im 4. Jahrhundert

Neben den Auseinandersetzungen zwischen Athen und Sparta, die 460–446 vor allem in Mittelgriechenland ausgetragen wurden, lag eine weitere langfristige **Ursache des Peloponnesischen Krieges** in dem wirtschaftlichen Konflikt zwischen Athen und Korinth. Unmittelbarer Anlaß des Krieges waren das Eingreifen Athens in innere Streitigkeiten, die Korinth mit seinen Kolonien hatte, und die gegen Megara verhängte Handelssperre des Attischen Seebundes.
Der strategische Plan von Perikles sah vor, Landschlachten zu vermeiden, dem Gegner im Notfall Attika zu räumen, die Bevölkerung hinter die Mauern Athens zurückzuziehen und die Offensive zur See zu suchen; er wurde aber durch die Pest in Athen (430/29) empfindlich gestört. Die **Dritte Sizilische Expedition** der Athener (415–413), die mit einer vernichtenden Niederlage für die entsandten Flottenkontingente endete, die Dauerbesetzung von Dekeleia in Attika ab 413,

die Athen vom Hinterland absperrte und die Nahrungsmittelversorgung erschwerte, und das Bündnis Spartas mit dem persischen Satrapen von Sardes (412/11) führten schließlich zur Kapitulation Athens 404 und zur spartanischen Vormachtstellung.
Athen mußte den Seebund auflösen und seine kolonialen Besitzungen aufgeben. Das Machtvakuum konnte **Sparta** auf Dauer nicht ausfüllen. Von Sparta gingen keine Ideen für die Neugestaltung der griechischen Poliswelt aus; es fehlte eine einigende Kraft, wie sie etwa der Attische Seebund bis 450 mit der Abwehr der Perser besessen hatte. Sparta verlor seine Vorherrschaft in Griechenland mit dem Aufstieg des Boiotischen Bundes unter der Führung Thebens (ab 379). Athen gründete 378/77 einen Zweiten Attischen Seebund, der die Seeherrschaft Athens in der Ägäis wiederherstellte. Nach dem Zusammenbruch der thebanischen Vorherrschaft 362 bot die griechische Welt ein Bild innerer Zerrissenheit; soziale Spannungen entluden sich häufig in Bürgerkriegen. In vielen Gemeinwesen war die Zahl der Bürger beträchtlich zurückgegangen, so daß zunehmend Freigelassene und Fremde politischen und wirtschaftlichen Einfluß gewannen. Man lebte nicht mehr für die Polis, sondern in erster Linie für sich selbst. Eine Ausnahme bildete Athen, dessen politische Ordnung stabil blieb und das über die Leitourgien (s. 1.3.2) weiterhin auch den ärmeren Bürgern die Teilnahme am politischen Leben ermöglichte.
Das Machtvakuum aber rief die nördlichen Nachbarn auf den Plan. Die **Makedonen**, die sich um etwa 700 in Nordgriechenland ausgebreitet hatten, spielten bis zum 4. Jahrhundert keine besondere Rolle innerhalb der griechischen Welt. 514–479 gerieten sie unter persische Oberhoheit. Der Stammesverband der Makedonen entwickelte ein Heerkönigtum, das sich im Gegensatz zu den meisten griechischen Gemeinwesen auch in klassischer Zeit behaupten konnte. Erst mit der Herrschaft **Philipps II.** griffen die Makedonen nach 360 in innergriechische Auseinandersetzungen ein. Sie erwarben Zugang zum Meer (Chalkidike), drangen nach Thrakien vor und wurden zur Schutzmacht von Delphi. Gegen den wachsenden Einfluß der Makedonen gründeten griechische Poleis einen hellenischen Bund (340), der 338 bei Chaironeia geschlagen wurde. Auf dem anschließenden allgemeinen Friedenskongreß in Korinth, an dem alle griechischen Gemeinwesen außer Sparta teilnahmen, wurde jedem Gemeinwesen seine Unabhängigkeit, seine bestehende Verfassung und seine Sicherheit vor Übergriffen anderer garantiert. Mit dem hieraus hervorgegangenen **Korinthischen Bund** suchte Philipp die Autonomie der Poleis, die nationale Selbständigkeit Griechenlands und die hegemoniale Rolle Makedoniens zu vereinen. Der Makedonenkönig, der dem Bund nicht angehörte, wurde Vorsitzender des Rates aller griechischen Gemeinwesen und Oberbefehlshaber der Truppen. Aber diese Form der Hegemonie war gemäßigt im Vergleich zu den vorherigen Athens und Spartas. Tribute waren nicht zu entrichten. Griechen und Makedonen beschlossen gemeinsam den Feldzug gegen das Perserreich.
Alexander der Große (336–323) beendete die Auseinandersetzungen der Griechen und Perser mit der Eroberung des Perserreiches. Nach seinem Tod gründeten die Griechen – ohne Sparta – einen gegen Makedonien gerichteten nationalen Bund, der sich jedoch der überlegenen makedonischen Flotte und dem aus Asien zurückkehrenden Heer geschlagen geben mußte. In der Folgezeit kam es in Griechenland weder zu einem nationalen Zusammenschluß noch zu einer wirklichen Führungsmacht.
Das Alexanderreich brach nach dem Tod des Königs in den Diadochenkämpfen seiner Feldherrn schnell auseinander. In Ägypten regierten die Ptolemäer, in Mesopothamien, Persien und Kleinasien die Seleukiden, in den nördlichen und östlichen Randgebieten des ehemaligen Alexanderreiches entstanden unabhängige Herrschaften. In Makedonien und Griechenland errichtete das Geschlecht des Antigonos 277 v. Chr. eine neue Monarchie. Zwischen den Reichen gab es rege Handelsbeziehungen. Athen aber, das sich von Makedonien lösen konnte, blieb bis zur Einverleibung Makedoniens und Griechenlands in das römische Reich im Jahr 148 politisch bedeutungslos. Lediglich als kulturelles Zentrum des Griechentums war es weithin geachtet.

1.5.2 Die Ausbreitung der griechischen Kultur im Hellenismus

Griechische Lebensformen und griechische Kunst hatten sich bereits lange vor Alexander über den Mittelmeerraum verbreitet. Die Lyder in Kleinasien, die italischen Stämme in Unteritalien und die Phöniker waren nicht unbeeinflußt geblieben. Besonders die Philosophenschulen von Athen galten mit ihren Lehren von Freiheit und Unabhängigkeit des einzelnen vom Staat als Vorbilder. Die abendländischen Universitäten der Renaissancezeit und des Humanismus knüpften fast zweitausend Jahre später an diesen Traditionen an. Als **„hellenistisch“** aber bezeichnete man ursprünglich die in den von Alexander unterworfenen Ländern, besonders in Syrien und Palästina, auf griechischer Basis gewachsene Sitte und Kultur. **Hellenismus** als Epochenbezeichnung meint die Zeit zwischen dem Verlust der Selbständigkeit griechischer Gemeinwesen an Makedonien – Epochengrenze 338: Schlacht von Chaironeia – und der Eingliederung der Diadochenreiche, zuletzt des Ptolemäerreiches (31. v. Chr.), in das römische Weltreich. Infolge des Alexanderzuges hat sich griechische Sitte und Kultur, nicht zuletzt durch die vielen Städtegründungen, bis weit nach Asien hinein ausgebreitet.

Die hellenistische Welt war kulturell bestimmt durch das wechselweise Zusammenwirken verschiedener Völker. Die Sprache war weitgehend das Griechische; die Elemente der griechischen Kultur überwogen, obwohl manches aus dem Orient übernommen worden war. Darüber hinaus entwickelten sich auch eigene Kulturelemente, so hat z. B. die Vergöttlichung der als Wohltäter angesehenen Herrscher ab 306 zur Annahme des Königstitels durch die Diadochen geführt. Die hellenistische Kultur wurde vor allem durch Griechen (auch Makedonier) geprägt, die aus dem Mutterland und den Küstenstädten Thrakiens und Kleinasiens in die neuen Reiche in Ägypten und Asien (später auch nach Rom) ausgewandert waren: Söldner, Geschäftsleute, Künstler und Beamte. In allen diesen Reichen aber blieb Kultur vor allem Sache der Oberschicht.

Bei der Betrachtung der griechischen Kultur (s. 1.4.3) zeigte es sich, daß es zunächst um die Zusammenhänge der Welt gegangen war; Fragen des Erkennens waren hinzugetreten und hatten Antworten gesucht; schließlich aber bestimmten systematisch gewonnene Erfahrungen und Erkenntnisse die Gegenstände des Fragens und Forschens, was zu naturwissenschaftlichem Denken überleitete. Die Frage nach dem Menschen aber, nach dem Sinn seines Daseins, trat in den Vordergrund, trotz des Skeptizismus, der die Sinnlosigkeit allen Fragens lehrte.

Hier setzte **Epikur** (341–270) an, der 306 in Athen eine Philosophenschule gründete. Er hatte die Lehre des Demokrit von den Atomen (s. 1.4.3) unter Berücksichtigung der Erkenntnisse des Aristoteles fortgeführt: Das Weltall setze sich aus unteilbaren Körpern und aus Leere zusammen, deren Nebeneinander vom Zufall bestimmt sei. Im Gegensatz zur Lehre Platons sei die Wirklichkeit der Welt die der erfahrbaren Gegenstände. Die unsterblichen Götter, die Epikur nicht leugnete, nähmen Einfluß auf die Welt und den Menschen; der Mensch brauche sie nicht zu fürchten. Auch die Erfahrung von Leid und Schmerz wird zurückgewiesen. Ziel des menschlichen Lebens und Sterbens sei eine dauernde, gleichbleibende Heiterkeit. Es gehe nicht um den Genuß des flüchtigen Augenblicks: Glückseligkeit bedeute, mit den in Harmonie lebenden Freunden das positiv erscheinende Leben dankbar hinzunehmen.

Hier gibt es keinen religiösen Bezug zu einem Ewigen, keinen Bezug zum Tod: „Solange wir sind, ist der Tod nicht, und wenn der Tod ist, sind wir nicht.“ Wo eine solche, der inneren Ruhe dienende Lehre gelehrt wird, muß man abseits vom tätigen Dasein leben. Die ferne glückselige Götterwelt ist das Ideal, das der glückselige Freundeskreis in souveräner Freiheit widerspiegelt. Epikurs Lehre war noch lange nach dem Tod des Meisters Garant der Glückseligkeit. Der römische Dichter Lukretius (99–55) hat sie, neben anderen, später den Sicherheit suchenden Menschen vermittelt. Die Aufklärer des 18. Jahrhunderts griffen auf sie zurück.

Auch nach der Lehre der **Stoa** sind Natur und Mensch in gleicher Weise vom Logos (hier: Ver-

nunft) aus dem allein wirkenden Prinzip bestimmt. Alle Erscheinungen der Natur lassen sich rational erschließen. **Zenon** von Kition (336–264) hat diese Philosophenschule um 300 in Athen gegründet. Ihren Namen leitete sie von der ausgemalten, öffentlichen Wandelhalle an der Agora (Abb. 17 Nr. 11) her, in der sich ihre Anhänger (Stoiker) versammelten. Auch Zenon forderte, wie vor ihm Sokrates, ein naturgerechtes Leben. Nur ein solches könne die gesuchte Übereinstimmung mit sich selbst bringen, denn alle Natur sei Ausdruck göttlicher Vernunft. Begierden wie Ängste stünden dem persönlichen Glück im Wege. Die durch eigene Kraft zu erwerbenden Tugenden seien: Einsicht, Tapferkeit, Besonnenheit und Gerechtigkeit. Sie zu besitzen bedeute Glückseligkeit. Aber im Gegensatz zu den Epikureern zogen sich die Stoiker nicht aus dem Alltag und der Welt mit ihren Widersprüchen zurück; der einzelne solle sein vergängliches Schicksal als Teil des ewig bleibenden Kosmos sehen und annehmen – das bringe Glückseligkeit.
Der Grieche konnte sich in der e i n e n griechisch-hellenistischen Welt wiedererkennen, vor der Idee lebbarer Tugenden. Das gab dieser Lehre die Kraft, bis weit in die römische Kaiserzeit hinein zu wirken. Der Politiker und Philosoph **Seneca** (4 v. Chr.–65 n. Chr.), der von Kaiser Nero freigelassene Sklave **Epiktet** (um 50–138) und der römische Kaiser **Mark Aurel** (121–180) sind als Vertreter der späteren Stoa besonders zu nennen. Die Stoa gewann aber schon im 2. Jahrhundert v. Chr. Anhänger in der römischen Oberschicht und prägte das Ethos, ohne das das Weltreich nicht regierbar geblieben wäre. Jeder einzelne nahm auf seine bestimmte Weise am Ganzen teil. Und jeder einzelne hatte ein Recht zu dieser Teilnahme und Teilhabe, auch der Sklave. Mark Aurel sah es als seine Aufgabe an, dieses Grundrecht zu garantieren. Frei von Leidenschaften, genügsam und von nichts zu erschüttern, diente einer neben dem andern auf seine Weise dem Ganzen.
Bedeutete diese Entwicklung die geistige Befreiung des Menschen, so verlor in der Zeit des Hellenismus die Literatur nach und nach ihre kultische Funktion. Es entfaltete sich eine breite Prosa. Neben die politischen und rhetorischen Werke von Isokrates, Lysias und Demosthenes trat der literarische Brief. Doch wurde weder in diesen Werken noch in der Geschichtsschreibung die Ausdrucksfähigkeit und die Intensität des Empfindens der klassischen Zeit erreicht.
Bemerkenswert ist vor allem der Wandel der **Komödie** zur Gesellschaftskomödie. Sie kritisierte nicht mehr im Rahmen der kultischen Wettbewerbe die Zustände in der Polis, die es mit ihrem „klassischen“ Bewußtsein nun nicht mehr gab; es ging um den einzelnen Menschen und um die mit der Polis in Auflösung begriffenen sittlichen Maßstäbe. Es entstanden die Figuren des jungen Verführers, des reichen Verschwenders, des schlauen Sklaven (Dieners), der verliebten, geizigen Alten. Diese neue Form und deren Inhalte haben über die römischen Dichter Plautus und Terenz auf Molière (1622–1673) und die moderne Komödie gewirkt. Die Komödiendichter **Menander** (341–290 v. Chr.), **Diphilos** (um 350 bis nach 289 v. Chr.) und **Philemon** (um 360–264) zählten in der späten Antike zu den beliebtesten Autoren. **Kallimachos** von Kyrene (um 310 bis um 240) war u. a. Prinzenerzieher im Hause der Ptolemäerfürsten in Alexandria, schuf die erste Biographie der griechischen Literatur sowie Hymnen und Epigramme, die später römische Dichter beeinflußten. **Theokrit** von Syrakus (um 300–260) der Begründer der idyllischen Dichtung (eidýllia – das kleine Bild), überlieferte uns ein eindrucksvolles Bild der „Metropole“ und des Lebens in ihr. Seine Nachfolger gestalteten aus der Idylle eine bukolische Dichtung (beschauliche Hirtenpoesie), die vom römischen Dichter Vergil aufgegriffen und vervollkommnet wurde. Die Geschichtsschreibung, die lange von Thukydides (5. Jh.) und dessen Darstellung des Peloponnesischen Krieges bestimmt wurde, unterlag seit dem 4. Jahrhundert rhetorischen Regeln, versuchte also den Leser mit bestimmten Mitteln zu überzeugen. Erst der griechische Schriftsteller **Polybios** (um 200 bis um 120) stellte wieder den politischen und militärischen Nutzen einer möglichst objektiven Untersuchung in den Vordergrund und erreichte nahezu die darstellerischen

Fähigkeiten des Thukydides. Er lebte seit 168 v. Chr. (Pydna) als Geisel in Rom, wo er eine Universalgeschichte für die Jahre 264 bis 144 verfaßte.
Die griechische Kultur hatte sich im 3. Jahrhundert von Athen vor allem nach Alexandria verlagert. Weitere griechische Kulturzentren waren auch Rhodos und die Königsresidenzen Pergamon und Antiochia. In Alexandria entstanden umfassende Materialsammlungen, dort wurden das Museion und die berühmteste Bibliothek des Altertums zu Stätten des Forschens und des Meinungsaustauschs. Auf dem Gebiet der Mechanik wurden neue Erkenntnisse gewonnen und bis dahin unbekannte Geräte entwickelt: u.a. Hebel und Flaschenzug, Zahnrad und Endlosschraube; der Antrieb durch Wasserkraft wurde verbessert (Hydrostatik), Wasserpumpen und Wasseruhren erfunden, Belagerungsmaschinen wurden u.a. mittels komprimierter Gase verbessert. Andererseits war die Metallverhüttung noch nicht sehr hoch entwickelt; Metall-Legierungen waren in ihrer Qualität ebenso unzureichend wie Gußeisenplatten. Draht, Metallbolzen und Metallfedern. Kugellager gab es noch nicht, mit Zahnradgetrieben konnte man noch wenig anfangen.
Dagegen hatten Vermessungsinstrumente und andere Apparaturen Mikrometereinstellungen, die es dem bedeutendsten griechischen Mathematiker und Physiker, **Archimedes** (um 287–212), erlaubten, ein Planetarium zu errichten. Wie kein anderer vor ihm erkannte er physikalische und mathematische Zusammenhänge und setzte seine Erkenntnisse in praktisch verwendbare Geräte um. Die wissenschaftlichen Schriften des **Heron** von Alexandria (2. Hälfte des 1. Jhs. n. Chr.) zur Mechanik, Hydraulik und Pneumatik galten noch den Forschern der Renaissance als richtungweisende Lehrbücher. **Erathostenes** von Kyrene (um 284 bis um 202), Leiter der Bibliothek von Alexandria, faßte u.a. das geographische Wissen seiner Zeit in einem mehrbändigen Werk zusammen und versuchte, die Erdoberfläche kartographisch darzustellen. Ihm gelang es, den Erdumfang erstaunlich genau zu berechnen. **Hipparchos** von Nizäa (um 190 bis um 125) verfeinerte die Beobachtungsgeräte und verbesserte die Berechnungen, um für die Kartographie ausschließlich astronomische Bestimmungen der geographischen Länge und Breite eines Ortes verwenden zu können. Der alle – außer Archimedes – überragende Mathematiker aber war **Euklid** (um 300 v. Chr.), der aus der platonischen Akademie in Athen hervorgegangen war und am Museion in Alexandria lehrte. Seine mathematischen Lehren wirkten bis in unsere Zeit, und seine Lehrsätze haben z. T. noch heute Gültigkeit.
In der Medizin hielt man sich an die hippokratischen Vorstellungen des 5. und 4. Jahrhunderts, begann aber, medizinische Erkenntnisse zusammenzutragen und zu analysieren. Nachdem man die anatomischen Forschungen ausgedehnt und vertieft hatte, konnte auch die operative Chirurgie ausgedehnt werden.
Auf den Gebieten der **Baukunst** lehnte man sich an das klassische Vorbild an. Die **Theater** in Priene und Pergamon folgten dem Vorbild von Epidaurus und Athen. Das hellenistische Kunstgewerbe erreichte nicht die Qualität des 5. und 4. Jahrhunderts. Viele der überlieferten Skulpturen sind allerdings römische Kopien hellenistischer Vorbilder, so daß nur indirekte Rückschlüsse möglich sind. Erhalten geblieben ist jedoch die wohl bedeutendste Skulptur, der **Fries des Pergamonaltars** (s. Abb. 18), der die Gigantomachie, den mythologischen Kampf der Giganten gegen Zeus, darstellt. Typisch für die hellenistische Bildhauerei war die bewegte Handlung und der lebhafte Faltenwurf der Gewänder (s. 1.4.3).
Straßen, Verkehrswege und Häfen wurden in der Zeit nach Alexander kaum ausgebaut. Auf die Alexanderzeit gehen die Mole zwischen Alexandria und der Insel Pharos mit dem Leuchtturm und der „Koloß“ an der Hafeneinfahrt von Rhodos zurück.
Alles in allem bringt der Hellenismus für die griechische Kultur das Sammeln und Auswerten bisheriger Erkenntnisse und deren Erweiterung und Vertiefung durch immer exakteres Forschen.

Abb. 18 Der Zeus-Altar in Pergamon
(nach 183 v. Chr.)
Der Altar galt im Hellenismus als Weltwunder der Kunst. Der gesamte Sockel ist von einem 2,28 m hohen Fries umzogen, der den Sieg der Götter über die Giganten und damit die Weltherrschaft des Zeus darstellt. Zugleich spielt der Altar auf den Sieg der Einwohner Pergamons über die Galater an, aber auch auf den Sieg des Schicksals über den Menschen. Die Abb. zeigt den nördlichen Teil des Altars mit einem Teil des Giganten-Frieses.
(Pergamon Museum, Berlin [Ost])

Nicht nur die Römer knüpften in nahezu allen Bereichen von Wissenschaft und Kunst an die griechische Kultur an, das abendländische Denken und Forschen basiert insgesamt weitgehend auf griechischer Kultur. Die Kultur der griechischen Polis umfaßte und bestimmte die damals bekannte Welt.

Ausprägung der griechischen Welt

M 1 Der Begriff der Polis bei Aristoteles

Aristoteles (384–322), der zwischen 367 und 347 zunächst an der Akademie Platons lernte und dort lehrte, verfaßte während der Zeit seines zweiten Aufenthaltes in Athen (334–322) eine Schrift über die Verfassung Athens („Athenaion Politeia“), die Teil einer weitgehend verlorengegangenen Sammlung von 158 Verfassungen war. Unter den überlieferten Quellen bildet die „Athenaion Politeia“ von Aristoteles das wichtigste Dokument für die Analyse Athens. Die Biographien Plutarchs und Thukydides' Schrift über den Peloponnesischen Krieg liefern wesentliche Ergänzungen zu Einzelproblemen. Im ersten Teil der Athenaion Politeia gibt Aristoteles einen Überblick der Verfassungsentwicklung von der sagenhaften Urzeit Athens bis zum Jahr 329/28, während er im zweiten Teil den Aufbau seines zeitgenössischen Athens darlegt.

a) Gemeinschaft und Polis

Alles, was Staat [*pólis*] heißt, ist ersichtlich eine Art von Gemeinschaft [*koinonía*], und jede Gemeinschaft bildet sich und besteht zu dem Zweck, irgendein Gut zu erlangen. Denn um dessentwillen, was ihnen ein Gut zu sein scheint, tun überhaupt alle alles, was sie tun. Wenn nun aber sonach eine jede Gemeinschaft irgendein Gut zu erreichen strebt, so tut dies offenbar ganz vorzugsweise und trachtet nach dem vornehmsten aller Güter diejenige Gemeinschaft, welche die vornehmeste von allen ist und alle anderen in sich schließt. Dies ist aber der sogenannte Staat und die staatliche Gemeinschaft [*politiké koinonía*].
(Aristoteles, Politik 1252 a 1–a 6)

b) Ursprung und Wesen der Polis

Die aus mehreren Dörfern sich bildende vollendete Gemeinschaft nun aber ist bereits der Staat, welcher, wie man wohl sagen darf, das Endziel völliger Selbstgenügsamkeit [*autárkeia*] erreicht hat, indem er zwar entsteht um des bloßen Lebens, aber besteht um des vollendeten Lebens willen. [...]
Hiernach ist denn klar, daß der Staat zu den naturgemäßen Gebilden gehört und daß der Mensch von Natur ein nach der staatlichen Gemeinschaft strebendes Wesen [*zóon politikón*] ist; [...] Denn das ist eben dem Menschen eigentümlich im Gegensatz zu den Tieren, daß er allein fähig ist, sich vom Guten und Schlechten, von Recht und Unrecht Vorstellungen zu machen. Die Gemeinschaftlichkeit dieser Vorstellungen ruft aber eben das Haus und den Staat ins Leben.
[...] Diesem allen gemäß lebt nun zwar von Natur in allen Menschen der Trieb, in diese Art von Gemeinschaft einzutreten; [...] Denn wie der Mensch in seiner Vollendung das edelste aller Lebewesen ist, so wiederum losgerissen von Gesetz [*nómos*] und Recht [*díke*] das schlimmste von allen.
(Politik 1252 b 28–1253 a 33)

c) Bürger und Polis

Jeden nämlich, dem in einem Staat der Zutritt zur Teilnahme an der beratenden und richtenden Staatsgewalt desselben offensteht, haben wir auch als Bürger eben dieses Staates zu bezeichnen und den Staat selbst [...] als eine Vielheit solcher Bürger von ausreichender Zahl zu einem selbstgenügsamen [autarken] Leben. [...] Und ebenso sind auch die Bürger zwar verschiedene, aber die Aufrechterhaltung ihrer Gemeinschaft ist doch die gemeinsame Aufgabe für sie alle, die Gemeinschaft aber ist die Verfassung [*politeía*], und daher richtet sich denn die Tugend eines Bürgers immer nach der Staatsverfassung.
(Politik 1275 b 18–22, 1276 b 28–30)

d) Die Größe der besten Polis

Hiernach ist denn offenbar dies das beste Maß der Begrenzung für den Staat: eine Volksmenge von der Größe, welche die Autarkie des Staates ermöglicht und zugleich wohlübersehbar bleibt.
(Politik 1326 b 23–25)
(Übersetzt nach: Aristoteles, Politik. Hrsg. von N. Tsouyopoulos und E. Grassi. Reinbek 1965, S. 171–173)

M 2 Die wirtschaftliche und soziale Lage im 7. Jahrhundert in der Beurteilung antiker Autoren

a) Aristoteles

Danach [ab etwa 630 v. Chr.] herrschte lange Zeit bürgerkriegsähnlicher Zwist [*stásis*] zwischen den Vornehmen und der Volksmenge. Denn die damalige Verfassung war oligarchisch, vor allem darin, daß die Armen mit ihren Frauen und Kindern den Reichen als Sklaven dienen mußten. Man nannte sie *pelátai* und *hektémoroi*[1], denn sie bearbeiteten für einen bestimmten Lohn [= Teil des Ernteertrages] die Ländereien der Reichen. Das ganze Land aber gehörte den Wenigen [*olígoi*]. Und wenn die Pächter ihre Zahlungen nicht entrichten konnten, konnten sie mit ihren Kindern in die Schuldknechtschaft geführt werden. Bis zur Zeit Solons wurden alle Darlehen auf die Person ausgeliehen.
(Aristoteles, Athenaion Politeia 2. Übersetzt nach: Aristoteles Atheniensium Respublica. Hrsg. von F. G. Kenyon. Oxford 1976)

1 *pelates* (pl. *pelátai*) oder *hektémoros*: Bezeichnung für ehemalige Kleinbauern und Pächter, die wegen Zahlungsunfähigkeit gegen einen Grundzins an Grund und Boden gebunden waren. Sie waren privatrechtlich Hörige.

b) Plutarch

Plutarch (um 45–125 n. Chr.), philosophischer Schriftsteller aus Chaironeia in Boiotien. Er verfaßte u. a. 24 Biographienpaare, „Vitae parallelae", in denen er je einen Griechen und Römer miteinander verglich.

Athen verfiel in so viele Parteiungen, wie das Land verschieden war. Die Bewohner des Berglandes waren am ehesten ‚demokratisch', die der Ebenen ‚oligarchisch', und [die dritte Gruppe] die Bewohner des Küstengebietes traten für eine mittlere, gemischte Verfassung ein und verhüteten, daß eine der beiden anderen Gruppen die Oberhand gewann. Da nun damals die Ungleichheit zwischen arm und reich den Höhepunkt erreichte, befand sich die Polis in einer äußerst kritischen Lage, und es hatte den Anschein, als ob nur die Errichtung einer Tyrannis die Wirren würde beenden können. Das ganze niedere Volk war nämlich den Reichen verschuldet. Entweder bearbeiteten sie das Land für jene und lieferten den Sechsten der Erträge ab, wonach sie Hektemoroi und Thetén hießen, oder sie wurden, wenn sie unter Verpfändung ihres Leibes Schulden aufgenommen hatten, von den Gläubigern abgeführt und dienten dann im Lande als Sklaven oder wurden in die Fremde verkauft. Viele waren auch genötigt, ihre eigenen Kinder zu verkaufen [...] und das Land zu verlassen.

(Plutarch, Solon 13. Übersetzt auf der Grundlage von: K. Ziegler [Hrsg.], Große Griechen und Römer. Vitae parallelae. Zürich 1955, S. 224 f.)

M 3 Solons Staatselegie *(eunomia)*

Solon (um 640–560 v. Chr.) wurde 594/93 zum Archonten mit besonderen Vollmachten bestellt, um die sozialen und politischen Zwistigkeiten in Athen zu schlichten.

Unsere Stadt aber wird nach Zeus' Bestimmung niemals zugrundegehen. [...]
Sie selbst aber wollen die mächtige Stadt durch ihre Torheit verderben,
die Bürger verlockt vom Reichtum,
und der Volksführer ungerechter Sinn, denen schon bereitet ist,
wegen ihrer großen Hybris viel Schmerzen zu leiden.
Denn nicht verstehen sie es, das Zuviel zu zügeln. [...]
Sondern sich zu bereichern streben sie, ungerechtem Tun vertrauend [...].
So kommt das Unglück der Stadt jedem einzelnen ins Haus,
und die Türen am Hofe wollen es nicht mehr aufhalten,
sondern über den hohen Zaun springt es hinüber, und findet gewiß,
auch wenn einer flieht und sich im Winkel des Gemachs versteckt.
Dies die Athener zu lehren, treibt mich mein Sinn,
daß Dysnomie der Stadt sehr viel Unglück bereitet,
Eunomie aber alles wohlgeordnet und wie es sein soll hervorbringt
und schnell den Ungerechten Fesseln umlegt.

(In der Übersetzung von E. Siegmann, Solons Staatselegie. In: Perspektiven der Philosophie. Amsterdam, 1 [1975], S. 269–270)

M 4 Beurteilung der solonischen Reformen

a) durch Aristoteles

Solon befreite das Volk für die Gegenwart und für die Zukunft, in dem er Anleihen mit leiblicher Haftung untersagte, Gesetze erließ und einen Erlaß der privaten wie öffentlichen Schulden durchführte, den man Lastenabschüttelung [*seisáchtheia*] nennt. [...]
Nach dem Vermögen teilte er den Staat [*politeía*] in vier Klassen, wie das auch vorher gewesen war: *Pentakosiomedimnoi*[1], *Hippeis*[2], *Zeugiten*[3] und *Theten*. Nur die Pentakosiomedimnoi, Hippeis und Zeugiten hatten entsprechend der Höhe ihres Vermögens Zugang zu den Ämtern der neun *Archonten*, der Schatzmeister, der *Poleten*[4], der *‚Elf-Männer'*[5] und der *Kolakreten*[6]. Der Klasse der Theten gewährte er nur Anteil an der *Ekklesia* und an den Gerichtshöfen [*dikastérion*].
Zu den Pentakosiomedimnoi zählte, wer auf seinem Boden fünfhundert Maß an trockener und flüssiger Ernte einbrachte[7], zu den Hippeis, wer dreihundert Maß aufbrachte. [...]
Zu den Zeugiten zählten diejenigen, die insgesamt zweihundert Maß ernteten. Die übrigen [Bürger] waren die Theten, die zu keiner Behörde Zutritt hatten. [...]
[Solon] bildete einen Rat aus vierhundert Bürgern, je hundert aus jeder *Phyle*[8]. Dem Rat der *Areopagiten* übertrug er die Überwachung der Gesetze, wie er

1 *pentakosiomédimnos:* Fünfhundertscheffler (von pentakósios = fünfhundert und médimnos = Scheffel). Ein Medimnos, Hohlmaß für Trockenmengen, umfaßte rund 50 l.
2 *hippeús* (pl. *hippeís*): Ritter (Reiter).
3 Gespannbesitzer, Jochbauer (*zeúgos* = Joch).
4 Attische Behörde für die Verwaltung des staatlichen Grundbesitzes (Verpachtung von Bergwerken), die Verdingung der öffentlichen Arbeiten und die Versteigerung eingezogener Güter.
5 *Elf-Männer:* Justizbehörde, die die Aufsicht über die Gefängnisse führte und für die Hinrichtung der zum Tode Verurteilten verantwortlich war.
6 Finanzbeamte und Vorsteher der Staatskasse bis 411 v. Chr. Danach wurden ihre Funktionen von den Hellenotamiai übernommen, die während der Zeit des Ersten Attischen Seebundes die Zahlungen der Bündner überwacht hatten und die Bundeskasse verwalteten.
7 In erster Linie Getreide und Olivenöl.
8 Die Phyle war in vielen griechischen Poleis oberste Abteilung der Bürgerschaft, vergleichbar mit den römischen Tribus. Die älteren, gentilizischen Phylen, wie sie in Athen bis zur Reform unter Kleisthenes (vgl. Abb. 5, 6) bestanden, wurden ab dem 6. Jh. in vielen griechischen Gemeinwesen durch lokale abgelöst.

bereits vorher Aufsichtsbehörde über die Verfassung gewesen war. [...] Aus eigener Macht bestrafte er [der Areopag] Vergehen mit Körperstrafen und Geldbußen. [...] Außerdem verurteilte der Areopag alle Verschwörungen zum Sturz der Herrschaft des Volkes [*démos*]. [...]
(Aristoteles, Athenaion Politeia VI, 1; VII, 3–4; VIII, 4, a.a.O.)

b) durch die moderne Forschung:
1. Eduard Meyer, 1884–1902

Solon ist der griechische Staatsmann, dessen Persönlichkeit in der Geschichte weiterlebt. [...]
Er war kein Demokrat und weit entfernt von dem Glauben, als sei jeder Bürger, ob bemittelt und sozial unabhängig oder nicht, gleich berufen und berechtigt zur Teilnahme am Regiment. Der Demos sollte emanzipiert werden, sozial und politisch, aber keineswegs die Herrschaft führen. Daraus ergab sich von selbst, da die Privilegien der Geburt aufgehoben waren, eine Abstufung der politischen Rechte nach dem Vermögen, eine timokratische Gliederung der Bevölkerung. [...]
Die Gliederung des Volkes in Phylen [...] blieb unangetastet und dadurch den Blutsverbänden und den großen Geschlechtern ein maßgebender Einfluß auf die Wahlen und Abstimmungen gesichert.
(E. Meyer, Geschichte des Altertums. Bd. 3 hrsg. von H. E. Stier. Wissenschaftliche Buchgesellschaft. Darmstadt [3]1954. S. 600–601, 604, 608)

c) durch die moderne Forschung:
2. Eduard Will, 1965

Das Werk Solons ist im Grunde genommen ein Kompromiß. [...] Aristoteles und Plutarch präsentieren uns die solonische Lösung in simplen und gut bekannten Begriffen: die *seisachtheia* bestand aus einer klaren und einfachen Annullierung der Schuldforderungen und aus dem zukünftigen Verbot persönlicher Haftung, das heißt der Schuldknechtschaft [...]: tatsächlich eine halbe Maßnahme, die weder den radikalsten egalitären Forderungen entgegenkam, noch die alte attische Bodenverteilung in Frage stellte, sondern die lediglich das von der Krise heraufgeführte Ungleichgewicht in der Gesellschaft zu korrigieren versuchte, ohne die eigentliche Ursache dieser Krise zu beseitigen. [...] Die *seisachtheia* half, ein Proletariat freier, aber entwurzelter Menschen zu schaffen und die Klasse der Theten hervorzubringen: ein Proletariat, das neu gegliedert werden mußte. Deswegen auch die Maßnahme zugunsten des Handwerks.
(E. Will, Die ökonomische Entwicklung und die antike Polis. In Seminar: Die Entstehung der antiken Klassengesellschaft. Hrsg. von H. G. Kippenberg. Suhrkamp stw 130, Frankfurt 1977, S. 113–116)

M 5 Die Tyrannis nach Aristoteles

Die Tyrannis wird auf zwei einander entgegengesetzte Weisen erhalten: [...]
[1.] Beseitigung der hervorragenden Männer und aller Selbstbewußten, indem man keine Syssitien[1] und Hetairien[2] noch Bildung (*paideía*) oder irgend etwas derartiges duldet, sondern alles zu verhüten trachtet, woraus Selbstgefühl und Vertrauen entstehen könnten und woraus die Orte der Muße und andere Versammlungen entspringen könnten. [Der Tyrann] unternimmt alles, damit alle Bürger einander möglichst unbekannt bleiben, da Bekanntschaft leicht zu einem gewissen gegenseitigen Vertrauen führt. [...] Außerdem gehört zu diesen Maßnahmen, daß nichts, was ein Untertan wagt oder macht, verborgen bleibe. [...] Ferner sollen alle gegeneinander aufgehetzt, Freunde mit Freunden verfeindet, das Volk mit den Vornehmen ebenso wie die Reichen unter sich entzweit werden. [...] Denn auf drei Ziele arbeitet die Tyrannis hin, erstens unterwürfige Gesinnung der Untertanen, [...] zweitens gegenseitiges Mißtrauen, [...] drittens Ohnmacht in politischen Handlungen. [...]
[2.] Die andere Art schlägt in ihren Maßnahmen einen entgegengesetzten Weg ein. [...] Wie es die eine Art ist, die Monarchie zugrunde zu richten, indem die Könige ihre Herrschaft der eines Tyrannen annähern, so ist ein Mittel zur Behauptung der Tyrannis, wenn ihr Inhaber sie der monarchischen Regierungsweise ähnlich macht. [...] [Der Tyrann] muß teilweise handeln wie ein König, teilweise solchen Anschein erwecken, während er dessen Rolle spielt. Dies tut er dadurch, daß er scheinbar für das Gemeinwohl sorgt. [...] Er muß sich den Schein geben, daß er Steuern und Leitourgien[3] zugunsten der Staatsverwaltung und zur Vorsorge für Kriegszeiten erhebe, und er muß sich überhaupt als Hüter und Verwalter des Staats- und nicht des Privatvermögens darstellen. [...] Er muß es verstehen, sich bei den Vornehmen durch freundliches Verhalten und bei der Volksmenge durch die Schmeicheleien eines Demagogen beliebt zu machen.
(Aristoteles, Politika 1313 a 33–1315 b 5. Übers. nach: Aristotelis Politica. Hrsg. von W. D. Ross, Oxford University Press 1957)

M 6 Die Herrschaft der Peisistratiden

Peisistratos, aus einem adligen attischen Geschlecht, errichtete 561/60 erstmals eine Tyrannis in Athen, die

1 *syssítion:* ‚Speisegemeinschaft', im weitesten Sinne Männergemeinschaft. In Sparta mußte jeder Vollbürger einer solchen Gemeinschaft angehören und für die Teilnahme an den täglichen Mahlzeiten aufkommen, wenn er sein Bürgerrecht nicht verlieren wollte.
2 *hetaireía:* private Vereinigung von Bürgern. Aus den Hetairien entwickelten sich im 5. Jh. in Athen Vorläufer von politischen Interessenverbänden, die in Opposition zur Demokratie standen (Oligarchen).
3 Dienste des Bürgers für die Gemeinde, auch die Ausübung eines Amtes.

er nach zwischenzeitlich zweimaliger Vertreibung erst 546/45 endgültig festigen konnte. Nach seinem Tode 528/27 ging die Herrschaft an seine Söhne Hippias und Hipparchos über. Die Periode der Tyrannis in Athen endete 510 mit der Vertreibung des Hippias.

[Auch nach den Solonischen Reformen] dauerten die Streitigkeiten an. [...] Es gab drei Parteiungen: die Küstenbewohner unter der Führung von Megakles, dem Sohn des Alkmeon[1], die am ehesten eine gemäßigte Verfassung anzustreben schienen; die Bewohner der Ebene, die eine Oligarchie anstrebten [...]; schließlich die Bergbewohner, an deren Spitze Peisistratos stand, der am volksfreundlichsten zu sein schien. [...]

[Peisistratos] fügte sich selbst eine Verwundung bei und machte das Volk glauben, daß er durch politische Gegenspieler verletzt worden sei. Damit setzte er durch, [...] daß ihm eine Leibwache gewährt wurde, mit deren Hilfe er das Volk unterwarf und die Akropolis besetzte. [...] Peisistratos übernahm die Herrschaft und verwaltete den Staat eher nach dem Gemeinwohl als tyrannisch. Bevor seine Herrschaft aber gefestigt war, schlossen sich [die beiden anderen] Parteiungen [...] zusammen und schickten ihn [...] in die Verbannung. [...]

[Beim dritten Versuch der Errichtung einer Tyrannis] versuchte er zum ersten Mal, die Macht mit Gewalt zurückzugewinnen. [...] Er siegte [mit Hilfe von Söldnern ...], nahm die Stadt ein und entwaffnete das Volk. [...]

Peisistratos verwaltete die Staatsangelegenheiten, wie bereits gesagt, maßvoll und eher mit politischem Verantwortungsbewußtsein als tyrannisch. [...] Den Armen gewährte er Darlehen, damit sie sich als Bauern ihren Unterhalt verdienen konnten. Dies tat er aus zwei Gründen: einmal, damit sie sich nicht dauernd in der Stadt aufhielten, sondern auf das ganze Land verteilten, und außerdem, damit sie, in mäßigem Wohlstand, mit ihren eigenen Angelegenheiten beschäftigt wären und weder Lust noch Muße hätten, sich um das Gemeinwesen zu kümmern. Zugleich konnte er dadurch seine Einkünfte steigern, da das ganze Land bebaut wurde; denn er erhielt von allen Erträgen ein Zehntel. [...]

Er wollte alles gemäß den Gesetzen verwalten und beanspruchte für sich keinen Vorrang, und als er einmal in einem Mordprozeß vor den Areopag geladen wurde, ging er selbst hin, um sich zu verteidigen. [...] Außerdem hatten die Athener zu jener Zeit milde Gesetze gegen die Tyrannis.

(Aristoteles, Athenaion Politeia 13,4–14, 10).

1 *Alkmeon:* nach der Überlieferung der Urenkel Nestors und Gründer eines der führenden attischen Adelsgeschlechter. Aus dem Geschlecht der Alkmeoniden stammte u.a. Kleisthenes; Alkibiades und Perikles waren mütterlicherseits mit diesem Geschlecht verwandt.

Anregungen

1 *Untersuchen sie anhand einer geographischen Karte, inwiefern geopolitische Aspekte die Ausprägung der griechischen Poleis und Stammesverbände beeinflußt haben! Welche Folgen ergaben sich daraus für die Lebensweise der Griechen?*

2 *Versuchen Sie, anhand der Darstellung in 1.1 und 1.1.1 Polis und Ethnos voneinander abzugrenzen!*

3 *Stellen Sie „typische Merkmale" griechischer Gemeinwesen in einer ersten Hypothese zusammen. Überprüfen Sie Ihre Hypothese im Verlauf der folgenden Abschnitte des Kapitels!*

4 *Umschreiben Sie die Bedeutung von Kult und Religion für das Gemeinschaftsleben der Griechen! Beschreiben Sie das Heiligtum in Delphi (Abb. 2) und die Anlage von Olympia (Abb. 3). Was sagen diese Anlagen über den Charakter der Kultstätten aus? Worin unterscheiden sich die antiken Anlagen von modernen Sportstätten?*

5 *Analysieren Sie die Darstellung der wirtschaftlichen und sozialen Lage nach Aristoteles und Plutarch (M 2a und b)! Ziehen Sie zur Urteilsbildung die Informationen im Text hinzu!*

6 *Vergleichen Sie die Beurteilung der solonischen Reformen durch Aristoteles und Plutarch mit den Stellungnahmen aus der modernen Forschung! Diskutieren Sie, inwiefern in diesen Quellen Werturteile zum Ausdruck kommen! Entwerfen Sie eine Stellungnahme zum Reformwerk aus der Sicht eines Bauern.*

7 *Prüfen Sie die These, daß die Tyrannis Ausdruck einer Übergangszeit sei!*

8 *Der Begriff Tyrann ist in der Moderne negativ besetzt und wird in die Nähe von Diktator, Gewaltherrscher usw. gerückt. Vergleichen Sie hiermit das Verständnis bei Aristoteles!*

Die Entwicklung der Polis Athen zur Demokratie

M 7 Der deutsche Althistoriker Jochen Martin: Kleisthenes und die Entstehung der attischen Demokratie, 1974

Die Frage nach den Bedingungen und nach der Entstehung der athenischen Demokratie gehört zu den Standardfragen, aber auch den umstrittensten Fragen der Althistoriker. Die methodischen Schwierigkeiten einer Antwort sind beträchtlich. Für die entscheidende Zeit zwischen Kleisthenes und Ephialtes ist unsere quellenmäßige Grundlage äußerst mager. Deshalb hat jede Rekonstruktion der Geschichte dieser Zeit notwendig stark hypothetischen Charakter und erhalten methodische Prämissen der einzelnen Forscher noch größere Bedeutung. [...] Ob man die athenische Demokratie mit Solon, mit Kleisthenes oder mit Ephialtes anfangen läßt, ist nicht nur abhängig von der Erkenntnis der konkreten Maß-

nahmen dieser Männer, sondern auch davon, was man jeweils für die unabdingbaren Elemente einer Demokratie hält. [...] Zunächst kann kein Zweifel daran bestehen, daß die Beseitigung direkter sozialer Abhängigkeiten eine Grundvoraussetzung jeder Demokratie ist [...]. Insofern bedeuten die kleisthenischen Reformen einen entscheidenden Schrittt in der *Ermöglichung* der athenischen Demokratie. Aber nicht jedes Gemeinwesen, in dem keine direkten sozialen Abhängigkeiten bestehen, ist schon deshalb eine Demokratie. Als weiteres Kriterium bietet sich die politische Organisation an.
Kleisthenes hat [...] die zentralen politischen Institutionen Athens nicht verändert. Der Zugang zum Archontat blieb auf die oberste oder die beiden obersten Gesellschaftsschichten beschränkt, der Areopag behielt seine Funktionen, die in gerichtlicher Tätigkeit, in der Überwachung der Magistrate, d.h. der Herrschaftskontrolle, und wohl auch in einem allgemeinen, wenn auch nicht rechtlich festgelegten Einfluß auf die Politik lagen. Für den Rat der Fünfhundert können wir dagegen keine anderen als die probouleutischen Funktionen[1] feststellen – ganz abgesehen davon, daß für eine unbezahlte Bouleutentätigkeit auch nur Wohlhabende in Frage kamen. [...]
Der beschriebene Tatbestand ändert aber nichts daran, daß die politische Organisation Athen auch nach Kleisthenes zunächst eine oligarchische blieb. Infolge der kleisthenischen Phylenreform erhielt die Verfassung jetzt mehr demokratische Möglichkeiten.
(J. Martin, Von Kleisthenes zu Ephialtes. In: Chiron 4 [1974], München 1974. S. 5, 21–22)

M 8 Die Reform des Archontats und die Flottenpolitik des Themistokles

Unter Telesinos wurden die neuen Archonten nach Phylen aus den fünfhundert Kandidaten, die die Mitglieder der Demen gewählt hatten, zum ersten Mal nach der Tyrannis ausgelost. Früher wurden sie alle gewählt. [...] Im dritten Jahr danach, unter dem Archontat des Nikodemos, wurden die Silberminen von Maroneia erschlossen, und der Polis floß aus den Arbeiten eine Einnahme von hundert Talenten zu. Einige rieten, das Geld unter das Volk zu verteilen. Themistokles verhinderte dies, ohne jedoch zu sagen, wofür er das Geld verwenden wollte. Er ließ jedem der hundert reichsten Athener je ein Talent leihen; wenn es zur allgemeinen Zufriedenheit verwendet würde, sollte die Ausgabe zu Lasten der Polis gehen, wenn aber nicht, sollte das Geld von den Empfängern zurückgefordert werden. Unter dieser Bedingung nahm er das Geld an sich und ließ hundert Trieren bauen; jeder der hundert Schuldner erstellte eine Triere, und damit kämpften sie bei Salamis gegen die Barbaren.
(Aristoteles, Athenaion Politeia 22,5–22,7).
Er (Themistokles) hat die Stadt an den Hafen, das Land ans Meer geknüpft. Er stärkte dadurch den Einfluß des Volkes gegenüber der Aristokratie und pflanzte ihm ein stolzes Selbstgefühl ein, da nun Matrosen, Rudermeister und Steuerleute die Macht in die Hände bekamen.
(Plutarch, Themistokles 19. In: Große Griechen und Römer. Vitae parallelae. Hrsg. von K. Ziegler/W. Watermann. Zürich 1955)

M 9 Die Reformen von Ephialtes und Perikles aus antiker Sicht

a) Plutarch

Als er [Kimon] aber wieder zu einem Feldzug ausgefahren war, fühlte sich die Volksmasse aller Zügel entledigt, beseitigte die bestehende Staatsordnung und die väterlichen Bräuche, nach denen sie bisher gelebt hatte, nahm unter der Führung des Ephialtes dem Rat auf dem Areopag die Gerichtshoheit, machte sich selbst zur Herrin der Gerichte und stürzte so den Staat in eine schrankenlose Volksherrschaft.
(Plutarch, Kimon 15)

b) Aristoteles

Zunächst beseitigte er [Ephialtes] viele Areopagiten, indem er gegen sie Prozesse wegen ihrer Amtsführung anstrengte. Unter dem Archontat des Konon [462/61] nahm er ihnen dann alle Funktionen, auf denen die Aufsicht über die Verfassung begründet war, und verteilte diese auf den Rat der Fünfhundert (*boulé*), die Ekklesia und die Dikasterien. [...]
Fünf Jahre nach dem Tod des Ephialtes [um 456] beschlossen sie, daß die Kandidaten, aus denen die neun Archonten gelost werden sollten, auch aus der Klasse der Zeugiten vorgewählt werden sollten. [...] Danach [451] beschlossen sie [die Bürger in der Volksversammlung], daß wegen der Masse der Bürger nur derjenige zukünftig an den Bürgerrechten Anteil haben dürfe, der von beiden Elternteilen her Bürger sei. Darauf wurde Perikles Volksführer [...]. Jetzt wurde die Verfassung noch volksfreundlicher; denn Perikles nahm dem Areopag weitere Rechte fort und richtete das Interesse des Staates auf die Seemacht. Dies stärkte das Selbstbewußtsein der Volksmasse weiter, so daß sie das Staatsleben noch mehr bestimmte. [...] Perikles ließ als erster die Gerichte besolden. [...] Deshalb klagen einige, von da an sei alles schlechter geworden; denn nun bewarben sich verstärkt die beliebtesten statt der geeigneten Männer um die Losung zum Richteramt.
(Aristoteles, Athenaion Politeia 25,2–27,4)

1 *proboúleuma:* Vorbeschluß; Formulierung von Anträgen, die zur Beschlußfassung der Volksversammlung vorgelegt wurden.

M 10 **Urteil des Thukydides über Perikles**

Thukydides (etwa 460–um 400 v. Chr.) stammte aus einer reichen Familie Athens. Nach Mißerfolgen als Stratege im Peloponnesischen Krieg (425/24) mußte er in die Verbannung gehen. Mit seinem Werk über den Peloponnesischen Krieg begründete Thukydides die wissenschaftliche Geschichtsschreibung.

Denn solange er die Stadt leitete im Frieden, führte er sie mit Mäßigung und erhielt ihr ihre Sicherheit, und unter ihm wurde sie groß, und als der Krieg ausbrach [Peloponnesischer Krieg 431–404], da hatte er, wie sich zeigen läßt, auch hierfür die Kräfte richtig vorausberechnet. Er lebte dann noch zwei Jahre und sechs Monate, und nach seinem Tode wurde seine Voraussicht für den Krieg erst recht deutlich. Denn er hatte ihnen gesagt, sie sollten sich nicht zersplittern, die Flotte ausbauen, ihr Reich nicht vergrößern während des Krieges und die Stadt nicht aufs Spiel setzen, dann würden sie siegen. Sie aber taten von allem das Gegenteil. [...]

Das kam daher, daß er, mächtig durch sein Ansehen und seine Einsicht und in Gelddingen makellos und unbeschenkbar, die Masse in Freiheit bändigte, selber führend, nicht aber von ihr geführt, weil er nicht, um mit unsachlichen Mitteln die Macht zu erwerben, ihr zu Gefallen redete, sondern genug Ansehn hatte, ihr wohl auch im Zorn zu widersprechen. Sooft er wenigstens bemerkte, daß sie zur Unzeit sich in leichtfertiger Zuversicht überhoben, traf er sie mit seiner Rede so, daß sie ängstlich wurden, und aus unbegründeter Furcht hob er sie wiederum auf und machte ihnen Mut. Es war dem Namen nach eine Volksherrschaft, in Wirklichkeit eine Herrschaft des Ersten Mannes. Aber die Späteren, untereinander eher gleichen Ranges und nur bemüht, jeder der erste zu werden, gingen sogar so weit, die Führung der Geschäfte den Launen des Volkes auszuliefern. Daher wurden immer wieder, bei der Größe der Stadt und ihrer Herrschaft, viele Fehler begangen.

(Thukydides, Geschichte des Peloponnesischen Krieges II, 65. Übertragen von G. P. Landmann. Zürich ^{2}1976)

Anregungen

1 *Wie sehen die antiken Autoren die Entwicklung Athens von Kleisthenes bis Perikles?*

2 *Nehmen Sie Stellung zum modernen Urteil über die Frage der Entstehung der attischen Demokratie (M 7)!*

3 *Prüfen Sie anhand der Textinformationen und der Quellen die These, daß die Perserkriege im Zusammenhang mit der inneren politischen und gesellschaftlichen Entwicklung Athens zu sehen seien!*

4 *Welche Auswirkungen hatten die Einführung der Diäten und die Losung der Ämter hinsichtlich der Verwirklichung der Isonomia?*

5 *Nehmen Sie Stellung zur Beurteilung des Perikles in M 9a und 10! Berücksichtigen Sie hierbei, daß Aristoteles und Thukydides wertende und situationsbedingte Aussagen machen!*

6 *Plutarch berichtet, daß Perikles wegen seiner Bautätigkeit in Athen (Abb. 16, 17) in der Volksversammlung scharf kritisiert wurde. Stellen Sie Argumente zu seiner Verteidigung zusammen!*

Wirtschaftliche und gesellschaftliche Grundlagen im 5. Jahrhundert

Attische Münzeinteilung

1 Talent = 60 Minen = 6000 Drachmen				
1 Mine	=	100 Drachmen	=	600 Obolen
	=	1 Drachme	=	6 Obolen

M 11 **Löhne und Preise im 5. und 4. Jahrhundert**

a) Löhne

Minimallohn im 5. Jh.	2 Obolen
Tagessatz für Unterstützung einer Familie vor 480	2 Obolen
Sold für Flottendienst vor dem Peloponnesischen Krieg	3 Obolen
Lohn eines ungelernten Arbeiters um 400	3 Obolen
Lohn für Handwerker und Hilfskräfte[1] beim Tempelbau um 409–406	1 Drachme
Vergütung für staatliche Sachverwalter und Redner um 400	1 Drachme
Besoldung athenischer Beamter in der 2. Hälfte des 4. Jh.	1 Drachme
Stücklohn für Töpfer pro Tag	etwa 1 Drachme
Beihilfe für körpergeschädigte Athener im 4. Jh.	1–2 Obolen

1 Hierbei spielt es keine Rolle, ob es sich um Bürger, Sklaven oder Metoiken (s. S. 47, Anm. 1) handelte.

b) Preise

Weizen im 4. Jh. pro Medimnos (rund 50 l) durchschn.	5 Drachmen
Olivenöl im 4. Jh. pro Metretes (30–40 l) durchschn.	12 Drachmen
1 Paar Schuhe im 4. Jh.	6–8 Drachmen
1 Rind um 410	50 Drachmen
1 Rind um 360	70 Drachmen
1 Rind um 335	41 Drachmen
1 Pferd 423	1200 Drachmen
1 Pferd 400–350	300 Drachmen
1 Ziege im 4. Jh.	12–15 Drachmen
1 Schaf im 4. Jh.	12–17 Drachmen
1 Acker (Inland) im 4. Jh.	6000 Drachmen

1 Axt 327/26	5 Drachmen
1 Mühlstein 414	7 Drachmen
1 Sklave 414 (Durchschnittspreis)	174 Drachmen
1 Sklave (Bergwerkssklave) im 4. Jh.	180 Drachmen

(Zusammengestellt nach: H.-D. Zimmermann, Freie Arbeit, Preise und Löhne. In: Hellenische Poleis, Bd. I. Hrsg. von E. Ch. Welskopf. Darmstadt 1974. S. 99–103).

M 12 Die Finanzen Athens in der zweiten Hälfte des 5. Jahrhunderts

Ausgaben (421 Nikias-Frieden)

1. Heeres- und Flottenausgaben	300 Talente
2. zivile Besoldung	250 Talente
3. Kultus, öffentliche Arbeiten und andere laufende Ausgaben	150 Talente

Aufwendungen für Diäten pro Teilnehmer und Tag	(5. Jh.)	(4. Jh.)
Beamte und Heliasten	2 Obolen	bis 2–3 Obolen
Ratsherrn	5 Obolen	bis 6 Obolen
Volksversammlung	1 Obole	bis 3 Obolen

Aufwendungen für den Krieg

Unterhalt von 12000 Mann für 150 Tage bei 3 Obolen pro Mann und Tag	200 Talente
Bau einer Triere	1 Talent
Bemannung einer Triere für 2 Monate	1 Talent

Einnahmen

Inlandseinnahmen		400–500 Talente
Einzelposten:		
Bergwerke in Laurion		50–100 Talente
Metoiken-[1] und Fremdensteuern		50 Talente
Zölle nicht schätzbar		
außerordentliche Steuern und Zuschüsse der Reichen (Leitourgien); stark schwankend		bis zu 200 Talente
Bundesgenossentribut:		
ursprünglich	(478)	460 Talente
im Krieg	(425)	900 Talente
Nikias Frieden	(421)	675 Talente

Staatsschatz

am Vorabend des Peloponnesischen Krieges	etwa 6000 Talente
zusätzliche Reserve	1000 Talente

(Zusammengestellt nach: A. Andreades, Geschichte der griechischen Staatswirtschaft. Hildesheim 1965)

1 Metoiken (auch: Metöken) = im antiken Griechenland ansässig gewordene Fremde, die am Staatsleben nicht teilnahmen, aber Sondersteuern (Metoikensteuern) zu entrichten hatten.

M 13 Sozialer Status nach politischer Freiheit und Teilhabe

a) Bevölkerung in Attika (in 1000)

	um 480	432	425[2]
Bürger	25–23	35–45	29
+ Familie	100–140	110–170	116
Metoiken	4–5	10–15	7–8
+ Familie	9–12	25–35	21
Sklaven	30–40(?)	80–115	81
Gesamt	317	225–320	218

	um 400	um 360	323
Bürger	20–25	28–30	28
+ Familie	60–90	85–110	112
Metoiken	6–8	10–15	12
+ Familie	15–20	25–45	42
Sklaven	40–60	60–100	100
Gesamt	115–170	170–255	254

b) Bevölkerung in Sparta (in 1000)

	um 450	371
Bürger[3]	4–5/0,5	2,5–3/1,5
+ Familie	12–15	7–9
Perioiken	40–60	
Heloten	140–200	
Gesamt	190–270	

c) Bevölkerung in Boiotien (in 1000)

	um 450	4. Jh.
Bürger	30	35–40
+ Familie	85–95	110–125
Metoiken	5–10	5–10
Sklaven	20	30
Gesamt	110–125	145–165

(Zusammengestellt nach: A. W. Gomme, The Populations of Athens, Oxford 1933; V. Ehrenberg, Der Staat der Griechen, Zürich [2]1965, S. 38)

2 Nach der Pestepidemie.
3 Die zweite Zahl zeigt den Anteil der minderberechtigten Spartiaten, die die Kosten für das Gemeinschaftsleben nicht aufbringen konnten.

M 14 Die Lebensbedingungen attischer Bürger nach Aristophanes

Aristophanes (um 445–etwa 385) war der bedeutendste Vertreter der älteren Komödie in Athen. Seine Stücke sind politische Komödien, aber sie beziehen gleichermaßen Darstellungen des alltäglichen Lebens ebenso ein wie spöttische oder ironische Bemerkungen über Literaten oder Philosophen. Es sind zehn Werke von Aristophanes überliefert, u. a. Die Acharner, Lysistrate, Der Frieden, Die Ritter und Die Wolken.

So gewaltig war er, so mächtig und stark, daß heute noch, wenn mit dem Tag er
Sein Morgenlied kräht, die Schlafenden all, seiner sonstigen Größe gedenkend,
Aufspringend und rasch an die Arbeit gehn, die Töpfer, die Schmiede, die Gerber,
Metallhändler, Barbiere und Schneider und Schuh- und Harfen- und Schildfabrikanten,
In die Schlappschuh' fahren im Dunkeln sie schnell und rennen.
(Die Vögel, 488–492)

Penia: [personifizierte Armut – Sinnbild des armen Bürgers]
Wenn der Reichtum fortan, von der Blindheit kuriert, gleichmäßig die Güter verteilt,
Da würde von Stund an kein Mensch sich der Kunst noch nützlichen Wissens befleißigen;
Denn wenn diese beiden beseitigt sind, dann wird sich jeder bedanken,
Zu hämmern, zu schmieden, zu zimmern, zu baun Galeeren und Wagen und Räder,
Zu schneidern, zu schustern und Ziegel aus Lehm zu bereiten, zu walken und gerben!
Wer pflügte den Acker, wer hackte den Grund, wer streute die Saat der Demeter,
Wer rührte die Hand, wenn behaglich er könnt und in müßiger Ruhe genießen? [...]
Chremylos [ein tugendsamer Armer] erwidert der Penia:
Du, sag mir, was kannst du denn Gutes verleihn? – Brandblasen vom Ofen im Badhaus,
Und der Kinder Geplärr, die vor Hunger vergehn, und das Winseln und Keifen der Weiber
Und die Läuse und Wanzen und Mücken und Flöh und die Schnaken und all das Geziefer,
Das summend und brummend das Ohr umschwirrt und tanzt um das Lager der Armen,
Und sie stacheln ihn auf und sie summen ihm zu: „Auf rühr dich! Willst du verhungern?"
Statt des Mantels bescherst du den schäbigen Flaus, der zerrissen von oben bis unten,
Statt des Bettes die Streu mit Wanzen voll, die den Müden vom Schlafe erwecket.
Statt des Teppichs gibst du ein Rohrgeflecht zum Gebrauch, ein verfaultes; als Kissen
Liegt unter dem Kopf ein gewaltiger Stein; Brot, Wecken, das wäre zu üppig,
Ein Malvensalat mag füllen den Bauch und das Kraut des geschossenen Rettichs.
Vom zerbrochenen Kruge das Oberstück ist der Schemel der Füße; der Backtrog
Eine Seite vom Faß, zerbrochen auch sie. – Das sind sie, die prächtigen Güter. [...]
Penia: Mich glaubst du zu schildern, die Armut, doch du hast das Leben des Bettlers gezeichnet!
Chremylos: Nun, sagt man nicht immer: die Bettelei sei die leibliche Schwester der Armut?
Penia: [...] Mein Leben, ei Zeus, ist von ferne nicht gleich dem beschriebenen und wird es auch niemals;
Denn ein Bettler ist der, der gar nichts hat und in Hunger und Kummer dahinlebt;
Arm aber, wer mäßig und sparsam ist und sein Leben gewidmet der Arbeit
Und zum Überfluß freilich es niemals bringt, doch gesichert auch bleibt von dem Mangel.
(Ploutos, 510–516, 535–554)

(Aristophanes, Sämtliche Komödien. Hg. H.-J. Newiger. München 1976, S. 312, 597–600)

Anregungen

1 *Untersuchen Sie das Verhältnis von polis und oikonomia in der griechischen Antike!*

2 *Welche Probleme und Besonderheiten weist die Finanzpolitik eines griechischen Gemeinwesens im Verhältnis zum modernen Staat auf?*

3 *Vergleicheh Sie die Sozialstruktur Athens mit Sparta und Boiotien (M 13)! Welche Rückschlüsse lassen sich aus dem jeweiligen Anteil von Bürgern, Metoiken und Sklaven auf die Wirtschaftsstruktur ziehen?*

4 *Skizzieren Sie nach der Darstellung alltäglichen Lebens in den Komödien von Aristophanes und der Löhne und Preise (M 11) die Lebensbedingungen einfacher Bürger in Athen!*

5 *Wohin unterscheidet sich der einfache Bürger Athens, der seinen Lebensunterhalt durch handwerkliche oder gewerbliche Tätigkeiten verdient, in seinem Selbstverständnis nach Aristophanes (M 14) von denjenigen, die Bettler genannt werden und von Gelegenheitsarbeiten lebten? Vgl. hierzu auch Abschnitt 1 von M 16!*

6 *In Abschnitt 1.4.3 wird die Kultur im klassischen Griechenland skizziert. Beschreiben Sie, auf welchen Gebieten kulturelle Leistungen der Griechen wesentliche Akzente gesetzt haben, die den europäischen Zivilisationsprozeß beeinflußt haben! Beachten Sie hierbei auch die Gebiete, denen die Griechen keine besondere Aufmerksamkeit geschenkt haben, und nennen Sie die Gründe dafür!*

7 *Vergleichen Sie damit die Entwicklung von Kunst und Kultur im Zeitalter des Hellenismus!*

Die politische Ordnung der attischen Demokratie

M 15 Selbstverständnis der attischen Demokratie: Die Rede des Perikles für die Gefallenen, nach Thukydides

Eine öffentliche Leichenrede („Epitaphios logos") wurde im allgemeinen auf die Kriegsgefallenen gehalten. Das traditionelle Schema enthält den Preis der Toten, den Trost für die Angehörigen und die Mahnung an die Überlebenden. Thukydides hat die Rede des Perikles als Vermächtnis des Staatsmannes an das athenische Volk gestaltet.

Wir leben in einer Staatsform, die die Einrichtungen anderer nicht nachahmt; eher dienen wir selber manchem zum Vorbild, als daß wir andere zum Muster nähmen. Mit Namen wird sie, weil wir uns nicht auf eine Minderheit, sondern die Mehrheit im Volke stützen, Volksherrschaft [*demokratia*] genannt. Und es genießen auch alle für ihre eigenen Angelegenheiten vor den Gesetzen gleiches Recht; in der öffentlichen Bewertung jedoch fragt man allein nach dem Ansehen, das sich jemand auf irgendeinem Felde erworben hat. Und nicht die Zugehörigkeit zu einem bestimmten Volksteil, sondern allein die persönliche Tüchtigkeit verleiht im öffentlichen Leben einen Vorzug; auch wird bei Armut keiner, der doch dem Volke Gutes zu leisten vermöchte, um der Unansehnlichkeit seines Standes willen ausgeschlossen. Ein freier Geist herrscht in unserem Staatsleben und wirkt auch im täglichen Leben und Treiben aller gegenseitigen Beargwöhnungen entgegen. [...] Und wie wir im persönlichen Umgang unbeschwert miteinander verkehren, so meiden wir im öffentlichen Leben schon aus innerer Scheu Verstöße gegen Recht und Sitte, den Männern gehorsam, die jeweils an der Spitze stehen, wie auch den Gesetzen und unter ihnen zumal denjenigen, die zum Schutz der Verfolgten gegeben sind, sowie den ungeschriebenen, deren Bruch in aller Augen verächtlich macht. [...]

Jedermann hat freien Zutritt zu unserer Stadt, und wir denken nicht daran, es einem durch Ausweisungen zu verwehren, sich bei uns über Dinge zu unterrichten oder sie sich anzuschauen, die, nicht geheimgehalten, vielleicht manchem unserer Feinde nützlich werden könnten. Statt auf die üblichen Vorkehrungen und Schliche verlassen wir uns lieber auf die in uns selber liegende Entschlossenheit zur Tat. Und mögen in der Erziehung des Kindes die da drüben [Sparta] durch harten Drill schon von zarter Jugend an mannhaften Geist zu erzeugen suchen: wir führen ein Leben ohne Zwang und stellen im Ernstfall doch nicht schlechter unseren Mann. [...] Wir lieben das Schöne in Schlichtheit, lieben Wissen und Bildung frei von Weichlichkeit.

Reichtum ist bei uns zum Gebrauch in der rechten Weise, nicht zum Geprahl mit Worten da. Armut einzugestehen bringt keinem Schande, sondern nicht tätig aus ihr fortzustreben, ist schlimmere Schande. In derselben Männer Hand ruht die Sorge für ihre häuslichen wie auch für die öffentlichen Angelegenheiten. Aber auch den anderen, die sich ganz ihrer Arbeit widmen, fehlt es doch nicht an Blick für die politischen Dinge. Bei uns allein nämlich heißt einer, der dem gänzlich fernsteht, nicht „ungeschäftigt", sondern „unnütz", und unser Volk hat selber in den Fragen der Staatsführung mindestens ein Urteil, wo nicht gar eigene Gedanken. Denn nicht im Rat sehen wir eine Gefahr für die Tat, sondern vielmehr darin, sich nicht vorher in Beratungen zu belehren, ehe man das, was nottut, mit der Tat in Angriff nimmt. [...]

Mit einem Wort also sage ich: unsere Stadt ist im Ganzen die hohe Schule Griechenlands. [...]

(In der Übersetzung von W. Schadewaldt, Hellas und Hesperien. Gesammelte Schriften zur Antike und zur neueren Literatur. Zürich ^{2}1970, I. S. 593–600)

M 16 Kritik oligarchischer Kreise an der Demokratie

Die Pseudoxenophonitische „Athenaion Politeia" dürfte in den ersten Jahren des Peloponnesischen Krieges (431–404) verfaßt worden sein. Sie gilt als die älteste erhaltene attische Prosa. Sie ist äußerst schwierig zu übersetzen wegen der komplizierten Satzkonstruktionen, aber vor allem wegen bruchstückhafter Überlieferung an vielen Stellen. Je nachdem, welche Bezüge in der Forschung durch Interpretation hergestellt werden, ergibt sich ein veränderter Sinn.

Daß sie dieses System der Politeía wählten, dem kann ich nicht zustimmen; deshalb nicht, weil sie damit sich dafür entschieden, die Schlechteren den Edlen gegenüber zu bevorzugen. Aus diesem Grunde stimme ich nicht ab. Nachdem sie sich aber in dieser Weise entschlossen haben, pflegen sie ihre Politeía und tragen Sorge für alles andere, was sie nach Ansicht der anderen Griechen falsch machen. Ich will das jetzt aufzeigen. Zunächst muß ich es aussprechen, daß ihnen [den Athenern] mit Recht die Schlechteren, beziehungsweise die Armen oder der Demos mehr gelten, als die Vornehmen oder Reichen, weil es ja der Demos ist, der die [Kriegs-] Schiffe bewegt, und dieser wiederum der Polis ihre Machtstellung verleiht. Es sind die Steuerleute, Rudermeister, Pentekontarchen [Anführer von fünfzig Ruderern], die Untersteuermänner und Schiffsbaumeister, die der Polis ihre Macht viel eher verleihen als die Hopliten beziehungsweise Vornehmen oder Edlen. Unter diesen Umständen scheint es gerecht zu sein, daß alle sich um die Ämter nach dem jetzt üblichen Losverfahren und nach Wahlen bewerben und daß es jedem Bürger freisteht, öffentlich zu reden, wenn er es will. Alle Ämter aber, die zum Wohl beitragen, wenn sie in guten Händen sind, und Gefahren bringen, wenn sie schlecht [verwaltet werden], um die bewirbt sich der Demos nicht; weder die Ämter der Strategen noch der Hipparchen sollen daher nach dem Losverfahren offenstehen. [...] Alle Ämter aber, die besoldet werden und Nutzen ins Haus bringen, um die bewirbt sich der Demos. So wundern sich manche darüber, daß sie überall den Schlechteren, beziehungsweise den Armen oder den Volksfreunden den Vorzug vor den Edlen geben; doch gerade diesen Punkt betreffend wird sich zeigen, daß sie die Volksherrschaft erhalten wollen. Geht es nämlich dem Demos gut, [...] so treten alle für diese Demokratie ein und festigen sie dadurch. [...] Bei den Besseren [Aristokraten] sind Zuchtlosigkeit und Ungerechtigkeit am geringsten, hingegen gewissenhafter Eifer für das Gute am größten; beim Demos aber ruht das höchste Maß an Unwissenheit, Zuchtlosigkeit und Minderwertigkeit, denn [dazu] verleitet ihn seine Armut. [...]

Der Demos will sich nicht einem wohlgeordneten Staatswesen unterwerfen, sondern frei sein und herrschen, die Mißordnung kümmert ihn wenig; denn was du als das Gegenteil eines wohlgeordneten Staatswesens ansiehst, gerade daraus nimmt der Demos seine Stärke und seine Freiheit. Wenn du nach der Eunomía suchst, so wirst du sehen, daß die rechten Männer Gesetze geben, die Edlen die Schlechteren im Zaume halten, die Edlen über die Angelegenheiten der Polis beraten und die unvernünftigen Männer weder zum Rat der Fünfhundert, noch zum Gericht oder zur Volksversammlung zulassen werden. [...]

Bezüglich der Sklaven und Metoiken herrscht in Athen die größte Zuchtlosigkeit; man darf dort weder den Sklaven schlagen, noch wird er dir bescheiden ausweichen. [...] Deshalb haben wir sogar für die Sklaven die Redefreiheit genauso wie für die Freien eingeführt, und ebenso für die Metoiken gegenüber den Bürgern, weil die Polis wegen der Fülle der Berufe und um des Seewesens willen Metoiken benötigt.

(Pseudoxenophontis Athenaion Politeia, I, 1–12). Übersetzt nach: E. Kalinka, Die pseudoxenophonitische Schrift vom Staat der Athener. Leipzig 1913, und unter Berücksichtigung der Interpretation von K. Gelzer, Die Schrift vom Staate der Athener, Einzelschriften 3. Berlin 1937)

M 17 Kritik an den Politikern in der Komödie

Aristophanes (ca. 445–385) setzt sich in seiner Komödie „Die Ritter" (424) mit Kleons Demagogie und Kriegspolitik auseinander. Kleon war der erste bedeutende athenische Politiker, der aus dem Kreise der Gewerbetreibenden zu höchsten Staatsämtern aufstieg; 422 gefallen als Stratege.

Aufgrund eines Orakels veranlassen Sklaven einen Wursthändler, Politiker zu werden, um den Sklaventreiber Kleon aus seiner Stellung zu drängen.

Wursthändler:

Allein ich habe nichts gelernt;
ein bißchen Lesen, ja, doch schlecht genug!

Sklave:

Das bißchen eben könnt am End' dir schaden.
Regieren ist kein Ding für Leute von
Charakter und Erziehung! Niederträchtig,
Unwissend muß man sein. [...]
Spottleicht! Du machst es grade wie bisher.
Du hackst und rührst den Plunder durcheinander,
Hofierst dem Volk und streichst ihm süße Wörtchen
Wie ein Ragout ums Maul; du hast ja, was
Ein Demagog nur immer braucht: die schönste
Brüllstimme, bist ein Lump von Haus aus, Krämer,
Kurzum ein ganzer Staatsmann. [...]

(Aristophanes, Die Ritter. In: Sämtliche Komödien, Bd. I. Übertragen von Ludwig Seeger. Zürich 1952. S. 63–64)

M 18 Die Demokratie nach der antiken Staatsphilosophie

a) Aristoteles, Politika (um 330)

Grundlage der demokratischen Staatsform [*politeía*] ist die Freiheit; man pflegt nämlich zu behaupten, daß nur innerhalb dieser Staatsform die Menschen an der Freiheit teilhaben, und das, sagt man, sei das Ziel jeder Demokratie. Zur Freiheit gehört aber erstens, daß man [abwechselnd] regiert und regiert wird; denn die demokratische Gerechtigkeit besteht darin, das Gleiche nicht nach der Würdigkeit, sondern nach der Zahl [*arithmos*] zu gewähren, wo aber diese Art der Gerechtigkeit gilt, da muß notwendig die Volksmasse Herr sein, [...]. Eine zweite [Grundlage] besteht darin, leben zu können, wie man will. [...]

Folgende Einrichtungen erweisen sich als demokratisch: alle Ämter werden aus allen [Bürgern] besetzt, alle herrschen über jeden, und jeder im Wechsel über alle; ferner werden die Ämter nach dem Losverfahren besetzt, entweder alle oder doch jene, die nicht der Erfahrung und Kenntnisse bedürfen; von der Vermögenseinschätzung hängen die Ämter überhaupt nicht oder nur in geringem Grade ab; abgesehen von den Kriegsämtern darf keiner ein Amt zweimal bekleiden, oder doch nur wenige Male beziehungsweise in wenigen Fällen; die Dauer der Amtsführung ist kurzfristig, [...] Richter sind alle und [setzen sich] aus allen [Bürgern zusammen] und sie richten über alles, oder doch über das Meiste, Größte und Wichtigste, wie über die Rechenschaftsablage [der Beamten], über die Staatsverfassung und über Privatverträge. Die Ekklesia entscheidet über

alles oder doch das Wichtigste, die Behörden aber über nichts oder nur weniges.
(Aristoteles, Politika 1317 a 40–1317 b 30)

b) Platon, Politeia (um 375)

Die Demokratie aber, denke ich, entsteht, wenn die Armen siegen, von den Gegnern einige hinrichten, andere vertreiben, allen übrigen [Bürgern] gleichen Anteil an der politeia und den Ämtern gewähren und die Ämter größtenteils durch das Los bestimmt werden. [...]
Und zuerst sind sie frei, und in der ganzen Polis entfaltet sich Freiheit und Redefreiheit, und jeder hat in ihr die Erlaubnis, zu tun, was er will. [...]
Wo aber solche Freiheit ist, da richtet sich offensichtlich jeder seine eigene Lebensweise so ein, wie es eben jedem gefällt. [...]
Schließlich, sprach ich, mag dies die schönste unter allen Staatsformen sein; wie ein buntes Kleid, in das viele Blumen gestickt sind, so könnte auch diese Verfassung, in welche allerlei Sitten eingewoben sind, als die schönste erscheinen. [...] Die Demokratie wäre daher, wie es den Anschein hat, eine anmutige, regierungslose und bunte Staatsform, die gleichmäßig Gleichen wie Ungleichen eine gewisse Gleichheit zuteilt.
(Platon, Politeia 557b–558c. Übersetzt nach: Platon, Werke IV, griechisch-deutsch. Darmstadt 1971)

M 19 Der Attische Seebund als Herrschaftsinstrument Athens

Der Delisch-Attische Seebund wurde 478/77 gegründet, um den Kampf gegen die Perser fortzusetzen.

a) Die attische Politik gegenüber den Bündnern aus der Sicht Plutarchs

Aristeides hatte die Summe der Tribute aller Bündner auf 460 Talente festgesetzt. Perikles erhöhte sie beinahe um ein Drittel. Denn zu Beginn des [Peloponnesischen] Krieges flossen nach Thukydides [II, 13,3] den Athenern 600 Talente von den Bundesgenossen zu. Nach dem Tode des Perikles [429] trieben die Volksführer die Summe auf 1300 Talente, nicht weil der Krieg wegen seiner Dauer und wegen mancherlei Rückschläge sehr kostspielig wurde, sondern weil sie die Volksmassen zu Ausgaben für Unterstützungen, für Schauspielgelder und zur Errichtung von Tempeln und Bildsäulen verleiteten. [...]
Perikles übernahm Athen samt allem, was zur Polis der Athener gehörte: die Einkünfte, das Heer und die Flotte, die Inseln und das Meer [Ägäis], das Reich, welches weithin Griechen wie Barbaren umfaßte, und die durch abhängige Völker, befreundete Könige und verbündete Fürsten wohl gesicherte Herrschaft. [...] Perikles machte dem Volke [*dēmos*] klar, daß die Bundesgenossen für die Abgaben seitens Athen keine Rechenschaft verlangen könnten, da Athen Krieg für die Bundesgenossen führe und sie vor den Persern beschütze: „Die Bundesgenossen stellen uns weder ein einziges Pferd noch gar ein Schiff oder Soldaten zur Verfügung, sie geben uns nichts als ihr Geld. Dieses Geld gehört aber nicht denen, die es zahlen, sondern denen, die es erhalten, sofern diese dafür die vereinbarten Gegenleistungen erbringen. Da nun unsere Polis hinreichend mit Kriegsgütern ausgestattet ist, wollen wir die übrigbleibenden Gelder auf Werke lenken, die uns nach ihrer Vollendung ewigen Ruhm versprechen, während ihres Entstehens aber allgemeinen Wohlstand gewähren.“
(Plutarch, Aristeides 24; Perikles 15 und 12).

b) Rechtfertigung der Athener zum Vorwurf der Einmischung in innere Angelegenheiten

Auf der Zusammenkunft griechischer Poleis in Sparta im Spätsommer 432 erhoben die Abgesandten Korinths gegen Athen den Vorwurf, sie hätten den mit Sparta 446 abgeschlossenen Frieden verletzt, indem sie die korinthische Gründung Korkyra gegen Korinth unterstützten, sich in interne Streitigkeiten Korinths mit seiner Tochter-Polis Poteideia einmischten und eine Handelssperre gegen Megara errichteten. Diese und andere Maßnahmen Athens zeigten nach Meinung der Korinther, daß Athen nicht nur seine Verbündeten, sondern auch andere Poleis zu unterdrücken suche.

Wir haben, so behaupten wir, in Marathon den Vorkampf gegen den Barbaren allein ausgefochten, und als er später wiederkam und wir uns zu Lande zu schwach sahen, ihn abzuwehren, haben wir die Schiffe bestiegen und mit dem gesamten Aufgebot die Seeschlacht von Salamis geschlagen, was den Barbaren daran hinderte, die Städte einzeln anzulaufen. [...] Hätten wir's da nicht verdient, Spartaner, um unseres damaligen Einsatzes und um unseres richtigen Urteils willen, bei den Hellenen wegen der Herrschaft, die wir ausüben, nicht so gar scheel angesehen zu sein? Fiel uns doch grade diese Macht auch ohne Gewaltsamkeit zu, da ihr keine Lust hattet, gegen den Rest der Barbaren im Feld auszuharren, und die Verbündeten sich an uns anschlossen und selber baten, wir möchten die Führung übernehmen. Und dann zwang uns die Natur der Dinge selbst, unsere Herrschaft in der jetzigen Form auszubauen: hauptsächlich Furcht, dann die Ehre, schließlich auch unser Vorteil; später hätten wir uns nicht mehr sicher gefühlt, nachdem wir bei den meisten verhaßt waren, schon einige Abtrünnige unterworfen hatten, auch ihr uns nicht mehr die gleiche Freundschaft zeigtet, sondern Argwohn und Entzweiung, wenn wir da durch Nachgiebigkeit uns selbst gefährdet hätten. [...]
Ihr wenigstens, Spartaner, habt als Führer der peloponnesischen Städte überall die euch dienliche Ordnung hergestellt; und wärt ihr damals dabeigeblieben bis zum Ende und hättet euch durch die Führung Haß erworben wie wir, so wissen wir genau, ihr

wäret nicht minder streng mit euren Verbündeten verfahren.
(Thukydides, Geschichte des Peloponnesischen Krieges I, 73–76, a.a.O., Zürich ²1976)

M 20 Kritik attischer Oligarchen an der Seebundspolitik

Es scheint aber das Volk der Athener auch darin schlecht beraten zu sein, daß es die Bündner zwingt, zu Gerichtsverhandlungen nach Athen zu fahren. Das Volk von Athen stellt demgegenüber in Rechnung, wie viele Vorteile in diesem Verfahren liegen: erstens aus den Prozeßgeldern den Sold für die Prytanen in Empfang zu nehmen; ferner könnten die Athener so ruhig zu Hause bleiben und brauchten nicht mit den Schiffen auszufahren, um die Poleis der Bündner zu verwalten. Und in den Dikasterien nehmen die Männer aus dem Volk die Athener in Schutz, die Gegenpartei aber richten sie zugrunde. Wenn dagegen die einzelnen [Poleis] ihre Gerichtsverhandlungen zu Hause führen könnten, würden sie infolge ihrer Erbitterung über die Athener diejenigen aus ihrer Mitte zunichtemachen, die dem Volk der Athener noch am ehesten wohlgesonnen seien. [...]
Überdies würden die Bündner, wenn sie nicht zu Gerichtsverhandlungen herzukommen hätten, nur diejenigen unter den Athenern ehren, die als Strategen, Trierarchen oder Gesandte zu Schiff ausliefen. So aber ist jeder der Bündner, wenn er nach Athen vor Gericht kommt, genötigt, dem Demos von Athen zu schmeicheln aus der Erkenntnis, daß niemand anders als das Volk Recht gibt und nimmt, wie es bekanntlich Gesetz in Athen ist. Jeder ist dort, vor den Gerichten, winselnd und kriechend angewiesen auf das Wohlwollen des Demos: infolgedessen stehen die Bündner eher als Knechte des Demos von Athen da. [...]
Den Reichtum der Griechen und Barbaren können allein sie [die Athener] an sich ziehen. Denn angenommen eine Polis ist reich an Schiffsbauholz: wo wird sie es absetzen, wenn sie nicht die Herrscher [archontes] des Meeres gewinnt? Ja, noch mehr: Wenn eine Polis Eisen, Kupfer oder Flachs im Überfluß hat, wo wird sie das anbieten können, wenn sie nicht die Herrscher des Meeres gewinnt? Allein aus diesen Stoffen bestehen ja gerade unsere Schiffe: dazu nimmt man von dem einen Holz, von dem anderen Eisen, von dem Kupfer, von jenem Flachs, von diesem Wachs. Überdies werden sie eine Ausfuhr anderswohin nicht zulassen. [...]
Ferner Bündnisverträge und damit verbundene Eide unverbrüchlich zu halten, ist für oligarchische Poleis eine Notwendigkeit. [...] Was aber der Demos vertraglich vereinbart hat, kann er [hinterher] verleugnen mit der Begründung, daß er nicht dabei war und nun nicht einverstanden sei.
(Pseudoxenophitis Athenaion Politeia I, 18–17; II, 11–12, 17)

M 21 Herodot: Historien

Herodot, geb. um 484 in Halikarnass (Kleinasien) und gest. 430/25, behandelt in seinen „Historien“ die Auseinandersetzung zwischen den Griechen und den Barbaren (Perser) von der Zeit des Lyderreiches unter Kroisos bis zu den Schlachten bei Plataiai und Mykale. Der chronologische Aufbau wird häufig durch ethnographische Exkurse unterbrochen.
Dies ist die Darlegung der Erkundung, die Herodot von Halikarnass angestellt hat. Sie soll dazu dienen, die menschlichen Geschehnisse im Laufe der Zeit nicht in Vergessenheit versinken sowie bedeutende und bewundernswerte Taten, die auf der einen Seite von Hellenen, auf der anderen Seite von Barbaren ausgeführt worden sind, nicht ohne rühmende Kunde zu lassen. [...] Soweit die Berichte der Perser und Phoiniker! Ich selbst nehme dazu keine Stellung und will nicht behaupten, daß sich dies so oder vielleicht auch anders abgespielt hat. Der Mann aber, von dem ich weiß, daß er zuerst mit Gewalttätigkeiten gegen die Hellenen begonnen hat, den will ich kennzeichnen [Kroisos] und sodann in meinem Bericht weiterfahren, wobei ich gleichermaßen auf kleine wie auf große Städte zu sprechen komme. Denn die einst groß gewesen sind, sind zum großen Teil klein geworden, und die zu meinen Lebzeiten groß waren, sind früher klein gewesen. Da ich nun weiß, daß menschliches Glück niemals Bestand hat, werde ich beider in gleicher Weise gedenken. [...]
[VII. 139: Verdienste Athens] Hier werde ich zwangsläufig dazu gedrängt, eine Meinung zu äußern, die zwar bei den meisten Menschen Anstoß erregen wird, mit der ich aber dennoch, wie sie mir der Wahrheit zu entsprechen scheint, nicht zurückhalten will. Wenn die Athener aus Angst vor der heraufziehenden Gefahr ihr Land verlassen hätten [...], hätte sich niemand gefunden, der zur See versucht hätte, dem Großkönig entgegenzutreten, [und] der Gang der Ereignisse zu Lande [wäre] folgender gewesen [...]. Da sie aber lieber wollten, daß Hellas in Freiheit gerettet werde, so waren sie es, die das gesamte Hellenentum, soweit es sich nicht zu den Medern bekannte, aufrüttelten und – nächst den Göttern – den Großkönig schlugen.
(Herodot, Die Bücher der Geschichte I, 1(1) und 5 (3), VII, 139. Stuttgart 1979)

M 22 Geschichtsschreibung des Thukydides

So also fand ich die Vorzeit, in mühsamer Untersuchung, da nicht jedem Zeugnis zu trauen war. [...]
Was aber tatsächlich geschah in dem Kriege, erlaube ich mir nicht nach Auskünften des ersten besten aufzuschreiben, auch nicht ‚nach meinem Dafürhalten‘ [häufige Redewendung Herodots], sondern bin

Selbsterlebtem und Nachrichten von andern mit aller erreichbaren Genauigkeit bis ins einzelne nachgegangen. Mühsam war diese Forschung, weil die Zeugen der einzelnen Ereignisse nicht dasselbe über dasselbe aussagten, sondern je nach Gunst oder Gedächtnis. Zuhörern wird vielleicht diese undichterische Darstellung weniger ergötzlich erscheinen; wer aber das Gewesene klar erkennen will und damit auch das Künftige, das wieder einmal, nach der menschlichen Natur, gleich oder ähnlich sein wird, der mag sie für nützlich halten, und das soll mir genug sein; zum dauernden Besitz, nicht als Prunkstück fürs einmalige Hören ist sie verfaßt.
(Thukydides, Pelopon. Krieg, I. 20 und 22)

Anregungen

1 *Interpretieren Sie M 15 nach folgenden Gesichtspunkten: a) Schlüsselwörter und Kernstellen, b) Art der Aussage (Information – Sach- und Werturteil), c) Abhängigkeit des Inhalts vom Verfasser und Anlaß!*

2 *Stellen Sie die wesentlichen Aspekte demokratischen Selbstverständnisses nach M 15 und Kritikpunkte an der Demokratie nach M 16–18 zusammen und vergleichen Sie die Aussagen in allen diesen Quellen auf Gemeinsamkeiten und Unterschiede!*

3 *Analysieren Sie das Selbstverständnis der Athener! Welche Vorteile zog Athen aus dem Seebund?*

4 *Skizzieren Sie die Lebensbedingungen einfacher Bürger in Athen nach M 11 und 14!*

5 *Versuchen Sie Unterschiede der attischen Demokratie zur Moderne zusammenzustellen!*

6 *Überprüfen Sie die Hypothese, welche typischen Merkmale griechische Gemeinwesen auszeichnen, unter dem Aspekt des Zusammenhangs von Polis-Kult-Kultur. Greifen Sie hierzu auch auf die Texte zu den Abschnitten 1.2.1, 1.3.3 und 1.5.2 zurück!*

2. Rom – Stadtstaat und Weltreich

2.0 Einleitung

Rom, das Römische Reich, ist wirksam bis heute. Unser Bewußtsein von einer Einheit Europas fußt auf der Leistung dieser Stadt in Italien. Eine vergleichbare politische Einigung der abendländischen Welt ist seit den Tagen der Römer nicht mehr erreicht worden. Spuren Roms trifft man in Großbritannien ebenso wie in Rumänien, in Portugal wie in Jugoslawien, aber auch außerhalb Europas um das Mittelmeer, in Marokko wie in Ägypten, in Libyen wie in der heutigen Türkei: ein wirkliches Weltreich. Sein gewaltiges Territorium wurde durch ein erst in unserer Zeit wieder erreichtes Straßennetz erschlossen und von Beamten verwaltet. Seine vielen unterschiedlichen Völkern angehörenden Bewohner wurden mit der römischen Kultur bekannt und vertraut, gaben aber auch ihrerseits den Römern Impulse. Und schließlich: kein Reich hat über seinen Untergang hinaus so lange das Bewußtsein der Nachwelt so intensiv beschäftigt und auf eine Welt wie die abendländische so nachhaltig gewirkt wie das römische.

Die Darstellung des Römerreiches gibt einen Einblick in die Entstehung, die Struktur und den Zerfall dieses Weltreiches. Sie ist gegliedert in vier Teile und folgt dabei zunächst der Verfassungsentwicklung des römischen Staates: Republik – Prinzipat – Dominat; der letzte Teil behandelt die Kultur Roms.

1. Im ersten Teil wird das Entstehen und Wachsen des Reiches weniger chronologisch als vor allem systematisch verfolgt: Welche Antriebskräfte speisten die römischen Eroberungen und Erfolge? Welche Auswirkungen hatte das Wachsen des Staates Rom auf die Stadt, ihre Verfassung und ihre Bevölkerung? Wie entwickelte sich aus der republikanischen Ordnung die Herrschaft eines Mannes?

2. Die Zeit des Augustus um Christi Geburt und die darauf folgenden zwei Jahrhunderte gelten als Höhepunkt der römischen Geschichte und Kultur. Der Unterschied zwischen Metropole und Provinz verschwand langsam, das römische Reich wuchs durch die planmäßige und trotz vieler Mängel im einzelnen doch positive Verwaltung der Römer zu einer Einheit zusammen, in die sich viele Völker integrieren ließen.

3. Im dritten Teil wird das Problem des Verfalls der römischen Herrschaft, das die Zeitgenossen wie die Nachwelt im besonderen Maße fasziniert hat, behandelt. Der Niedergang Roms konnte nur zeitweise durch energische Kaiser aufgehalten, aber nicht abgewendet werden.

Verwoben in die politische und ökonomische Entwicklung ist der „Aufstieg“ des Christentums, das nach der Reichsteilung 395 die einzige Klammer zwischen den beiden Reichshälften darstellte und diese Funktion bis zum Ende des oströmischen Reiches und des Mittelalters erfüllte.

4. Im letzten Abschnitt wird ein Überblick über die besonderen kulturellen Leistungen und Errungenschaften Roms gegeben, die nicht nur unser Bild von ihm bestimmen, sondern auch noch in unsere heutige Welt hineinwirken und viele ihrer Strukturen prägen (z. B. das Rechtssystem).

Im Unterricht können nicht alle Aspekte und Probleme der Geschichte Roms aufgegriffen und anhand von Quellen erarbeitet werden. Quellen wurden deshalb nur für die Themen geliefert, die einen günstigen Zugang zu wesentlichen Bereichen der Geschichte des römischen Reiches ermöglichen.

2.1 Die Republik

2.1.1 Die Expansion Roms in Italien

Um 500 v. Chr.	Ablösung des Königtums in Rom
Um 493	Vertrag Roms mit dem Bund latinischer Städte
406–396	Krieg Roms gegen die etruskische Stadt Veji
387	Niederlage Roms gegen die Gallier
340–338	Krieg der Latiner gegen Rom
343–290	Kriege Roms gegen süditalische Bergvölker
282–272	Krieg Roms gegen die griechische Stadt Tarent

Das meiste, was wir heute über die Geschichte Roms wissen, verdanken wir einer römischen Geschichtsschreibung, die oft nur dürftig erhalten und zudem nicht von wissenschaftlicher Genauigkeit und Wahrheit, sondern vor allem von nationalem Stolz geprägt war und häufig als Instrument der Politik, der Propaganda oder der Erziehung eingesetzt wurde. So ist erwiesen, daß die Darstellung der Gründung Roms – angeblich im Jahre 753 v. Chr. – Legende ist, daß auch die Herrschaft von sieben Königen in Rom vielfältig ausgeschmückt wurde, obwohl ihr Kern, eine direkte Einflußnahme der Etrusker auf die Stadt, den Tatsachen entspricht. Der Name „Rom“ ist etruskischen Ursprungs, und die Gründung der Stadt im 8. oder 7. Jahrhundert auf und zwischen den Hügeln an einer Tiberfurt wird sich nach etruskischem Vorbild vollzogen haben, vielleicht nach dem Zuzug etruskischer Handwerker und Kaufleute. Viele Funde deuten darauf hin.

Auch mit den überlieferten Einzelheiten der Vertreibung der etruskischen Könige um 500 v. Chr. (Tarquinier) betreten wir noch nicht gesicherten historischen Boden. Wichtig ist, daß die im Königtum vereinten Aufgaben der sakralen und der politischen Leitung der Stadt jetzt aufgeteilt wurden. Ein Adel – **Patriziat** genannt (von *pater familias*) – hatte sich schon gegen Ende der Königszeit eine Institution, den Ältestenrat **(Senat)**, geschaffen und übernahm die politische Leitung der Stadt. Neben dem Adel gab es die **Plebejer** (von *plere* = füllen, hier: „Menge“), Bevölkerungsschichten aus Bauern, auch Handwerkern, die sich – anders als die unter der **Klientel** (Gewalt und Schutz) der mächtigen Familienoberhäupter stehenden – dem Adel nicht unterwarfen und bald ihr „Recht“ selbst herstellen mußten (s. 2.1.3 „Ständekampf“).

Dem Beispiel der Etrusker folgend, versuchte die vom Adel beherrschte Stadt, sich nach Süden auszudehnen. In den beiden folgenden Jahrhunderten unterwarfen die Römer die gesamte Halbinsel. Dabei steckte Rom auch Niederlagen ein, zum Beispiel gegen die **Gallier.** Aber gerade Niederlagen wirkten häufig als Antrieb für eine erneut aufgenommene Ausdehnung der Herrschaft Roms, die aus dem Bewußtsein einer Bedrohung erfolgte.

Nach der Gallierniederlage konnten die einst verbündeten, nun abgefallenen **Latinerstädte** wieder in das römische Herrschaftsgebiet eingegliedert werden, wobei die Römer viele latinische Städte dem Territorium ihrer Stadt zuschlugen und deren Bürgern teils das volle, teils das eingeschränkte **Bürgerrecht** gaben. Einige latinische Städte behielten allerdings auch ihre Selbständigkeit, wurden aber als **Bundesgenossen** (*socii*) an Rom gebunden und zur Heerfolge verpflichtet. Auch die Behandlung, die Rom den nördlich gelegenen **Etruskerstädten** angedeihen ließ – als wichtigste wurde die Rom bedrängende Stadt Veji erobert –, war ähnlich: zum Teil die Annexion von Gebieten, zum Teil die Angliederung an das römische Herrschaftssystem als Bundesgenossen. Neu war, daß Rom einige Annexionen zur Gründung von **Kolonien** verwandte, in denen römische und latinische Bauern zur Sicherheit angesiedelt wurden.

Abb. 1 Der Aufstieg Roms in Italien bis 300 v. Chr.

Die Auseinandersetzung Roms mit süditalischen Gebirgsstämmen, in erster Linie den **Samniten,** entstand, weil diese Bergvölker an das Meer drängten und sowohl die Stellung Roms als auch die Existenz der griechischen Städte an der südlicheren Küste bedrohten. Die Griechenstädte schlossen sich oft freiwillig an Rom an, um Schutz vor den Samniten zu finden. Dadurch wurde Rom in eine fast fünfzig Jahre währende Auseinandersetzung gezogen, aber schließlich wurden auch die Samniten geschlagen und zu Bundesgenossen gemacht.

Der Krieg Roms gegen die mächtige griechische Stadt **Tarent** im Süden Italiens wurde ebenfalls als Schutzoperation für kleinere griechische Städte geführt. In den Konflikt Roms mit Tarent griff König **Pyrrhos** von Epirus ein: Rom mußte zum erstenmal gegen eine außeritalische Macht kämpfen, die sogar Kriegselefanten einsetzte. Erfolgreich bestand es auch diese Herausforderung. Ab etwa 270 v. Chr. beherrschte Rom die Apenninenhalbinsel (ohne Oberitalien). Aber es war eine **Herrschaft** über enger oder lockerer angegliederte Gebiete und Städte, nicht jedoch über einen geschlossenen Untertanenverband.

Die militärischen Erfolge Roms in Italien wurden von Patriziern und Plebejern gemeinsam erreicht und stärkten das Gefühl der Zusammengehörigkeit der beiden **Stände** trotz vieler Differenzen. Die Konflikte zwischen den Ständen bildeten aber auch eine Voraussetzung der

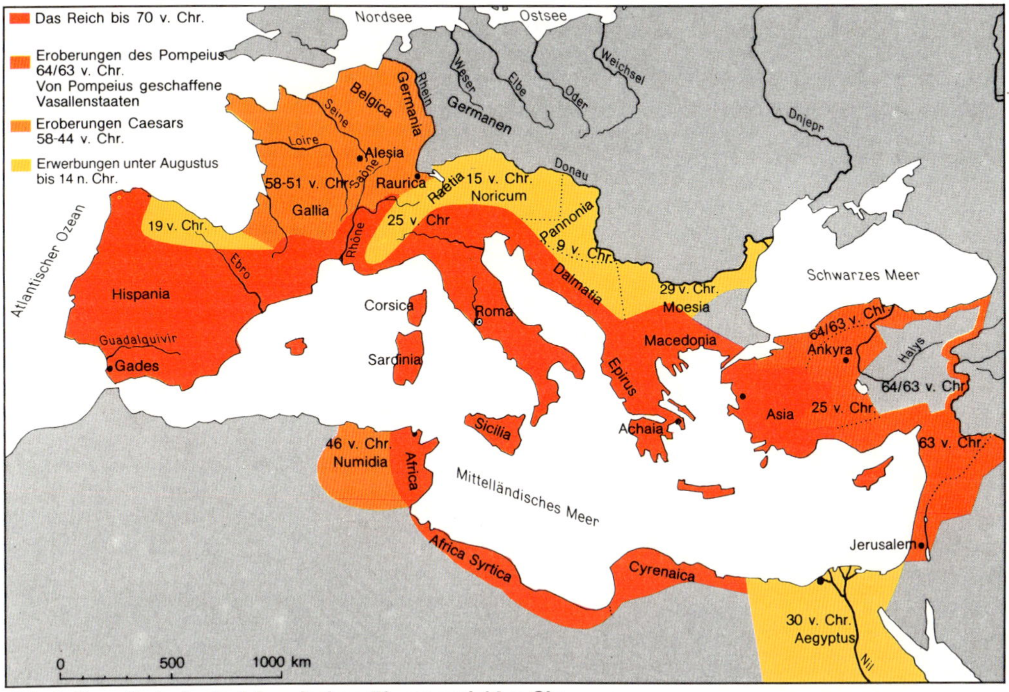

Abb. 2 Das römische Reich zwischen 70 vor und 14 n. Chr.

römischen Expansion, die gewissermaßen als Ventil wirkte, um innere Spannungen und Konfliktenergien nach außen abzuleiten.

Erfochten wurden die Siege Roms von einem **Milizheer,** das im Prinzip aus allen wehrfähigen Römern bestand. Schlachtentscheidend waren die Fußtruppen, die, mit langen Stoßlanzen bewaffnet, geschlossen vorgingen. Innerhalb der Phalanx besaß der einzelne Soldat keine Bewegungsfreiheit. Berittene Truppen, die im wesentlichen aus Angehörigen des **Adels** bestanden, fanden vor allem an den Flügeln des kämpfenden Heeres Verwendung.

2.1.2 Die Machtausweitung Roms außerhalb Italiens

264–241 v. Chr.	Erster Krieg Roms gegen Karthago (Erster Punischer Krieg)
227	Sizilien wird römische Provinz, danach werden Sardinien und Korsika römische Provinzen
218–201	Zweiter Punischer Krieg
200–146	Militärische Eingriffe Roms in Makedonien, Griechenland und Kleinasien; schließlich Einrichtung von Provinzen auch dort
197–133	Kriege Roms in Spanien: Provinz Hispania
149–146	Dritter Punischer Krieg: Zerstörung Karthagos und Einrichtung der Provinz Africa
91–89	Bundesgenossenkrieg
66–64	Militärische Unternehmungen des Pompeius in Kleinasien
58–51	Eroberung Galliens durch Caesar: Rheingrenze; Provinzen Gallia, Belgica und Germania
13–9 v. Chr.	Vordringen Roms bis an die Donau: Provinzen Raetia, Noricum, Pannonia
12 v. Chr.–9. n. Chr.	Vergeblicher Versuch Roms, die Elbe zu erreichen
74–105	Ausgreifen Roms über Rhein und Donau hinaus; Dekumatland und Provinz Dacia
106–117 n. Chr.	Eroberung der Provinzen Arabia, Mesopotamia und Armenia

An der Frage der Vorherrschaft im westlichen Mittelmeer entzündete sich der schwere und langwierige Konflikt Roms mit der mächtigen Handelsstadt **Karthago.** Ursprünglich hatten sich beide Städte in mehreren Verträgen – 509(?), um 348, um 280 – auf eine Abgrenzung bestimmter Interessen- und Einflußsphären geeinigt und auch gegenseitige Handelsbeziehungen aufgenommen. In der Auseinandersetzung mit den Griechen Süditaliens und Siziliens hatte Karthago Rom sogar als möglichen Bundesgenossen betrachtet. Doch Karthagos Haltung änderte sich, als alle Städte Süditaliens dem römischen Reich angegliedert waren und Rom als Führer der süditalischen Griechen in die sizilischen Angelegenheiten eingriff.

Beide Mächte waren auf bürgerliche Gemeinwesen gegründet, beide hatten zahlreiche Verbündete und waren kriegstechnisch wie zivilisatorisch auf einer etwa gleichen Entwicklungsstufe. Der **Erste Punische Krieg** („Punier" nannten die Römer die phönizischen Karthager) zwischen Rom und Karthago (264–241) begann in und ging im wesentlichen um **Sizilien.**

Er wurde zugunsten Roms entschieden, weil es Rom gelang, den König Hieron der großen unabhängigen Stadt Syrakus auf seine Seite zu ziehen und weil es Schiffe baute, die mit „Enterbrükken" den römischen Soldaten auch auf See den Landkampf gestatteten.

Durch seinen Sieg errang Rom die Vormachtstellung im westlichen Mittelmeer. Zunächst sah es nicht so aus, als wolle es daraus großen territorialen Gewinn ziehen. Erst 227 wurde ein hoher römischer Beamter nach Sizilien geschickt und dort eine Provinz eingerichtet, deren Bewohner Abgaben an Rom und an die römischen Beamten in der Provinz zu leisten hatten.

Der **Zweite Punische Krieg** (218–201 begann in Spanien, wo Karthago den Verlust Siziliens, Sardiniens und Korsikas gutzumachen suchte und die spanischen Stämme nacheinander tributpflichtig machte. Der karthagische Feldherr **Hamilkar** betrachtete diesen Gewinn auch als Basis für einen Rachefeldzug gegen Rom. Als Rom in Spanien der befreundeten Stadt Sagunt zu Hilfe kommen wollte, die von Karthago belagert wurde, brach der Krieg aus. Hamilkars Sohn **Hannibal** zog sehr rasch aus Spanien nordwärts und über die Alpen nach Italien, wo er ein römisches Heer nach dem anderen schlug und den Römern bei **Cannae** in Süditalien 216 ihre schwerste Niederlage beibrachte (50000 Römer wurden in einer Schlacht getötet). Aber Hannibals Hoffnung, daß Roms Verbündete von ihm abfielen, erfüllte sich nicht. Rom isolierte Hannibal in Süditalien von seiner Basis Karthago sowie von seinen Verbündeten, u. a. Makedonien, das römische Heer drang in Spanien vor und setzte nach Afrika über, wo es Karthago schließlich bezwang. Spanien wurde römische Provinz.

Schon im Zusammenhang des Bündnisses, das die Stadt Karthago mit dem hellenistischen König Philipp V. von Makedonien nach der Schlacht bei Cannae geschlossen hatte, war Roms Aufmerksamkeit auch auf das östliche Mittelmeergebiet gerichtet worden. Rom hatte dort keine Interessen von größerer Bedeutung. Zunächst intervenierte es nur auf Bitten zahlreicher kleinerer griechischer Stadtstaaten, um diesen Schutz zu gewähren vor den hegemonialen Bestrebungen der beiden größeren Staaten Makedonien und Syrien, bei deren Königen die Vision einer Wiederherstellung des Alexanderreiches noch lebendig war. Solches Machtstreben im Osten mußte Rom beunruhigen.

Nach einem kurzen Krieg gegen Makedonien verkündete der römische Heerführer Titus Quinctius Flamininus 196 die Freiheit für alle Hellenen und zog das römische Heer zurück.

Die römische Politik der „Nichteinmischung" im Osten wurde jedoch langsam aufgegeben; immer häufiger griff Rom ein, und bald behandelte es seine griechischen Freunde und Verbündeten wie Untertanen in den Provinzen. In Griechenland wuchs der Widerwille gegen Rom. 148 v. Chr. erhob sich ein antirömischer Aufstand, den Rom rasch niederschlug. Danach wurde Makedonien zur römischen Provinz erklärt, etwas später wurden andere griechische Gemeinwesen dieser Provinz angegliedert.

Im **Dritten Punischen Krieg** (149–146 v. Chr.) besiegte Rom Karthago endgültig und zerstörte die Stadt, sein Gebiet wurde als Provinz Africa dem Reich einverleibt. Auch die iberische Halbinsel wurde von Rom endgültig „befriedet", der König des kleinasiatischen Reiches Pergamon vererbte 133 v. Chr. Rom seinen Besitz (Provinz Asia).
Mit weiteren Staaten im Nahen Osten blieb Rom zunächst vertraglich verbunden. Diese wurden erst 64 v. Chr. als **Provinzen** (Pontus, Syria, Cilicia) bzw. als **Klientelstaaten** (Armenia, Cappadocia, Galatia, Colchis, Judäa) dem Reich Roms einverleibt bzw. angegliedert.
Schon im 2. Jahrhundert v. Chr. war die „italische Frage" akut geworden. Es ging darum, wie die italischen Bundesgenossen Roms, die die Lasten der Eroberung und Sicherung der Provinzen mit den Römern trugen, an der Ausbeutung der Provinzen zu beteiligen waren. Als die Römer für dieses Problem keine Lösung fanden, erhoben sich die Bundesgenossen 91 v. Chr. in einem kurzen, aber heftigen Krieg und erstritten sich das römische Bürgerrecht.
Einen bedeutenden Zuwachs stellte für Rom die Eroberung Galliens durch Caesar im 1. Jahrhundert v. Chr. dar. Gebiete östlich des Rheins konnten nicht erobert werden. Nur der Alpenraum bis zur Donau und Teile des Balkans wurden der römischen Herrschaft unterworfen.
Seine größte Ausdehnung erreichte Rom unter Kaiser Trajan (98–117 n. Chr.), als der Rhein und die Donau überschritten werden konnten und Trajan für kurze Zeit auch die Herrschaft über Länder östlich des Euphrat (Mesopotamien, Assyrien) und über Armenien ausübte.
Die Ausdehnung Roms vom Stadtstaat zum Weltreich hat immer wieder Anlaß zur Diskussion gegeben, ob diese Entwicklung Zufall oder zielstrebige Politik gewesen sei, ein „römischer Imperialismus" also die römische Politik beherrscht habe. Dieser Begriff ist eng mit dem Erwerb von Kolonien im 19. und 20. Jahrhundert verbunden und bezeichnet die Mehrung der politischen und wirtschaftlichen Macht eines Staates, die einhergeht mit einem Bewußtsein kultureller oder sogar rassischer Überlegenheit gegenüber den eroberten Völkern. Es ist umstritten, in welchem Ausmaß diese Merkmale auch die römische Expansion kennzeichnen.

393 v. Chr.	152 000 waffenfähige Bürger
338	165 000
293	262 000
279	287 000
264	292 000
251	297 000
246	241 000
240	260 000
233	270 000
225	273 000
208	137 000
194	243 000
189	258 000
179	259 000
174	269 000
169	312 000
165	337 000
154	324 000
136	317 000
125	394 000
86	463 000
57	486 000
28	4 063 000 römische Bürger
8	4 233 000
5	ca. 1 Mio. Einwohner in Rom ca. 60 Mio. Einwohner im römischen Reich
14 n. Chr.	4 937 000 } römische Bürger
47	5 984 000 } römische Bürger
200	ca. 600 000 Einwohner in Rom

Abb. 3 Umfang und Wachstum des Bürgerverbandes
(Um die römische Gesamtbevölkerung zu schätzen, sind die Zahlen mit vier zu multiplizieren.)
(Nach: S. Lauffer, Abriß der Antiken Geschichte. München [2]1964, S. 74 ff.)

2.1.3 Die Verfassung der römischen Republik

Um 500 v. Chr.	Ablösung des Königtums durch die Herrschaft der Patrizier, Einrichtung der Republik
Um 494	Verbindung der Plebejer zu einer Schwurgemeinschaft, „Volkstribunen" zur Vertretung der Interessen der Plebejer gewählt
5. und 4. Jh.	Ständekämpfe zwischen Patriziern und Plebejern um die Gleichberechtigung beider Stände
450	Aufzeichnung des geltenden Rechts (Zwölftafelgesetz)
367/366	Licinisch-sextische Gesetze, Zulassung der Plebejer zum Konsulat, dem höchsten Amt der Republik
300	Zulassung der Plebejer zu den Priesterämtern
287	Lex Hortensia: Plebiszite (Abstimmung der Plebejer) für das ganze Volk verbindlich

Nachdem der römische Adel (die **Patrizier**) die etruskischen Könige Roms vertrieben hatte, schuf er Ämter und Institutionen, die eine erneute Konzentration der Herrschaft nicht zuließen. Vor allem wurden alle wichtigen Ämter nur auf ein Jahr vergeben (Annuitätsprinzip). Später wählte der **Senat** (Rat der Alten) jeweils zwei Amtsinhaber für die wesentlichen Ämter (Kollegiatsprinzip). Die 300 Senatoren – dazu gehörten alle ehemaligen Konsuln, später auch andere Amtsträger – behielten ihr Amt auf Lebenszeit. Der Senat beriet nicht nur die **Magistrate** (Amtsinhaber), er traf durch diese Beratungen praktisch auch Entscheidungen, was Kontinuität für die Staatsführung bedeutete, allerdings auch voraussetzte, daß der Senat nur den Staatsinteressen diente. Das Volk, die „Plebs", war an der politischen Macht ursprünglich nicht beteiligt; die **Plebejer** erkämpften aber seit der Begründung der Republik immer mehr Mitsprache **(Ständekampf).**

Der höchste „Beamte" (Magistrat) war der **Konsul,** der zunächst nach seiner wichtigsten Aufgabe **Praetor** (Heerführer) hieß. Ab einem nicht bestimmbaren Zeitpunkt wurden zwei Konsuln gewählt. Ihre Amtsgewalt (*imperium*) umfaßte militärische und zivile Vollmachten, auch die Rechtssprechung. Dazu kamen bestimmte religiöse Pflichten. Bald standen den Konsuln für die Rechtsprechung zwei **Quaestoren** (Untersucher) zur Seite. Als – ab 447 v. Chr. – auch Plebejer in dieses jährlich neu zu vergebende Amt gelangen konnten, wurden vier *quaestores* gewählt. Diese waren nun auch für die Staats- und die Kriegskasse zuständig. Im letzten Jahrhundert v. Chr. gab es schließlich 20 Quaestoren. Seit etwa 360 v. Chr. stand neben den beiden Konsuln ein **Praetor;** ab 241 waren es deren zwei. Sein Amt beschränkte sich auf die Rechtsprechung. Mit der Ausdehnung des Reiches, seit 228/27, erschienen die Praetoren schließlich als Provinzialstatthalter.

Als Heerführer waren die Konsuln auch für die Aufstellung, Einteilung und Kampfkraft des Heeres zuständig. Die wehrfähigen Römer waren hier nach ihrem Vermögen eingeteilt, denn sie mußten ihre Ausrüstung selbst stellen (s. unten). Diese konsularische Aufgabe der Einschätzung ging 366 v. Chr. an zwei **Zensoren** über, deren Amtszeit 18 Monate betrug. Deren Feststellungen und Maßnahmen hatten jeweils fünf Jahre lang Gültigkeit. Die Zensoren konnten nur gemeinsam handeln, waren aber keinem Machtträger unterstellt; gegen ihre Entscheidungen konnten auch die Volkstribunen (s. unten) keinen Einspruch erheben.

Neben der Hauptaufgabe der Zensoren, der Vermögensschätzung und der entsprechenden Einteilung der Bürger im Heer, oblag ihnen auch deren Einschätzung nach dem sittlichen Verhalten in der Gemeinschaft und in der Familie. Ihre Rügen wurden in den Bürgerlisten vermerkt und waren gefürchtet. Strengere Maßnahmen waren die Herabstufung in eine „niedere" Klasse (s. unten) oder gar die Ausstoßung aus dem Ritterstand. Solche Maßnahmen setzten allgemein anerkannte hohe sittliche Normen voraus.

In Krisenzeiten, meist bei äußerer Bedrohung oder nach schweren militärischen Niederlagen – wobei der Senat eine derartige Krisenzeit feststellte –, konnten die beiden Konsuln die Macht

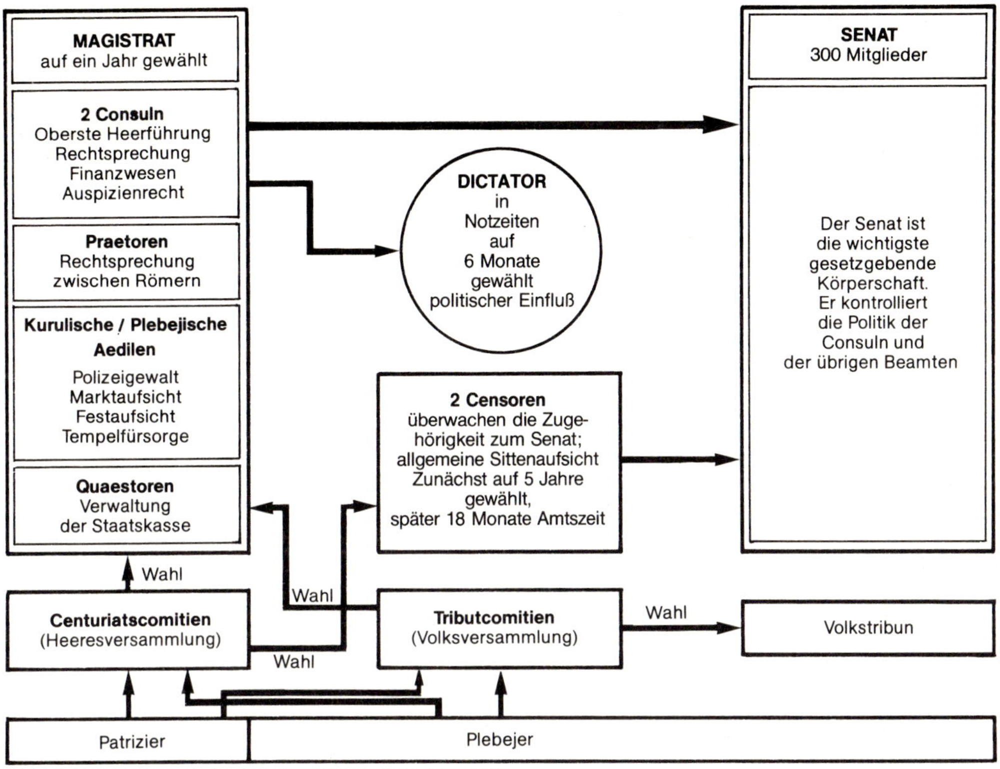

Abb. 4 Verfassungsschema der Römischen Republik

einem **Diktator** übergeben, den einer von ihnen bestimmte. Der Diktator hatte zunächst wohl noch uneingeschränkte Gewalt, mußte sich dann aber sein Imperium beschneiden lassen. Seine Herrschaft durfte höchstens sechs Monate dauern.

Promagistrate entwickelten sich, als die Magistrate wegen der Größe des Reiches und des steigenden Umfangs ihrer Aufgaben diesen im Rahmen ihrer begrenzten Amtszeit nicht mehr nachkommen konnten. Sie wurden vom Senat beschlossen und bestanden aus „Außenbeamten", die nicht in Rom tätig werden durften. Sie waren den Magistraten, für die sie handelten, untergeordnet.

Alle diese Änderungen in der römischen Verfassung gehören in den Bereich der **Ständekämpfe.** Wesentlich war, daß auch bei diesen Auseinandersetzungen keine Abstriche an der Macht der von den Bürgern beauftragten Magistrate gemacht wurden. So führten die Ständekämpfe auch allmählich zu einer festen Abfolge der Ämter **(cursus honorum).** Bevor ein Kandidat in ein höheres Amt gewählt werden konnte, mußte er alle niedereren Ämter erfüllt haben. Die Wiederwahl in eine gleichrangige oder höhere Magistratur war nur nach einem Intervall ohne Amt möglich.

Die Versammlungen des Volkes **(comitiae)** waren – neben den Ämtern (Magistraten) und dem Senat – die dritte Säule des römischen Staates. Die wichtigste war die Heeresversammlung **(comitia centuriata),** in der die wehrfähigen römischen Bürger nach Vermögen in Zenturien eingeteilt waren, da jeder Bürger sich selbst bewaffnen mußte. Die 193 „Hundertschaften" waren in 5 Klassen gegliedert. Die 1. Klasse bildete 18 Reiterzenturien, die 2. Klasse 80 Zenturien Schwerbewaffneter, die 3. Klasse 90 Zenturien Leichtbewaffneter, die 4. Klasse stellte Techniker und Musikanten in 4 Zenturien auf, die 5. Klasse – die Besitzlosen – eine letzte Zenturie. In

dieser Versammlung fielen lange Zeit die wichtigsten Entscheidungen, u.a. über Ämterbesetzungen, über Gesetzesvorlagen, auch über Krieg und Frieden. Jede Zenturie hatte eine Stimme abzugeben. Da die Abstimmungen mit der ersten Klasse begannen und nach Erreichen einer Mehrheit abgebrochen wurden, kamen die unteren Klassen oft nicht mehr zu einer Stimmabgabe. Aber nicht nur deshalb bestimmten die Vermögenden lange Zeit das Geschehen in der römischen Republik. Da weder Verwaltungs- noch Priesterämter finanziell honoriert wurden, konnten nur vermögende Patrizier und Plebejer in solche Ämter aufsteigen.
Neben der Organisation Roms nach Zenturien (Heeresorganisation) gab es eine zweite Einteilung nach Bezirken (*tribus*). Ursprünglich existierten drei nach Stadtgebieten gegliederte „gentilizische" Tribus in Rom; 495 werden zu den nun vier städtischen bereits 17 ländliche genannt; 241 war die Bürgerschaft in 35 Tribus aufgeteilt. Alle Neubürger, die dann noch dazu kamen, wurden durch die Zensoren diesen 35 Tribus zugeordnet. Die Zugehörigkeit zu den „Gentes" war erblich. Der Name der *gens* (Sippe) wurde zwischen dem Vornamen und dem Beinamen geführt (z.B. Gaius Julius Caesar).
Die Abstimmungen in diesen **Tributkomitien** waren leichter durchzuführen als in den Zenturiatkomitien. Es gab weniger Bezirke, die als Stimmkörper abzustimmen hatten – im Jahr 241 vier städtische und 31 ländliche –, und diese Tribus konnten gleichzeitig abstimmen, während bei den Zenturiatkomitien die Ergebnisse der einzelnen Zenturien ständig geprüft werden mußten, um bei Feststellung einer Mehrheit die Wahlen abbrechen zu können. In den Tributkomitien wurden allerdings nur die niederen Magistrate gewählt, u.a. die plebejischen Aedilen. Daneben gab es auch Aedilen, die von den Zenturiatskomitien gewählt wurden. Als sie ihre Kompetenzen erweitern konnten, gewannen sie größeren Einfluß auf die Gesetzgebung und zeigten sich den Zenturiatkomitien überlegen.
„Volksversammlung" war auch die **concilia plebis.** Sie konstituierte sich, um den Willen der Plebs in den Ständekämpfen durchsetzen zu können. Diese Volksversammlung wählte sich Volkstribunen, die in der Geschichte der römischen Republik eine bedeutende Rolle spielen sollten. Patrizier waren zu diesen Versammlungen nicht zugelassen. Mit der **lex Hortensia** erlangten die „Plebiszite" der Volksversammlung 287 Gesetzeskraft. Das war praktisch das Ende der Ständekämpfe.
Wie hatten sie begonnen? Als die Plebejer im Zuge einer neuen Schlachttaktik, der Phalanxordnung, zum Kriegsdienst herangezogen wurden, setzten sie – um 500 v.Chr. – eine eigene politische Organisation gegen den senatorischen Adel durch. An deren Spitze standen Volkstribunen, die das Volk zu eigenen Versammlungen (*concilia plebis*) zusammenrufen konnten. Gleichzeitig schufen sie das Amt der plebejischen Aedilen (*aedes* = der Tempel), die die Aufsicht in jenem Tempel führten, in dem sich die Plebejer zu gegenseitiger Hilfe verschworen hatten und den sie für ihren Kult benutzten. Um 450 erzwang die Plebs die Aufzeichnung des geltenden Rechts im **Zwölf-Tafel-Gesetz,** das öffentlich aufgestellt wurde und deshalb Gesetzessicherheit bedeutete.
Im Jahr 300 erreichten die Plebejer Zugang zu den ihnen bislang versperrten Priesterämtern, die auch für das Staatsleben von hoher Bedeutung waren, weil die in besonderen Kollegien versammelten Priester (*Pontifices*) Hüter der religiösen Tradition waren, die Opfer und die Feste bestimmten und den Kult regulierten. Die Priester vertraten, zusammen mit den Oberbeamten, die Republik gegenüber den Göttern und deuteten den göttlichen Willen im Vogelflug und in der Eingeweideschau. Sie wußten damit, wann Unternehmungen des Staates zu beginnen oder zu beendigen waren, wann Verträge zu schließen waren, welche Haltung die Götter zu Plänen und Vorhaben des Staates einnahmen. Sie verkörperten auch sozusagen das „gute Gewissen" des Staates und waren eine wichtige Quelle der römischen Kraft, die darin bestand, sich eins zu wissen mit dem Willen der Götter.

Mit diesen Ämtern erreichten auch Plebejer den Aufstieg in den Senat. Damit existierte in Rom eine neue politische Führungsschicht, die **Nobilität.** Ihr gehörten Patrizier und jene plebejischen Familien an, deren Angehörige ebenfalls für die Magistrate wählbar waren. Durch Wahlabsprachen verteilte diese kleine Schicht die hohen Ämter oft bereits vor einer Wahl. Einem Neuling (*homo novus*), der nicht aus einer der hervorgehobenen Plebejerfamilien stammte, gelang selten der Aufstieg.
Die römische Verfassung bestand nicht allein aus Ämtern und Institutionen, sondern war auch eine Organisation des sozialen Lebens, in der Herkommen und Tradition, aber auch die vielfältigen Außenbeziehungen, Freundschaften und Abhängigkeiten der (Groß-)Familien die größte Bedeutung hatten. Die Familie war ein dem staatlichen Eingreifen verschlossener, eigenständiger Bereich, in dem der *„pater familias"* nahezu unumschränkt herrschte.
Bedeutende politische Entscheidungen konnten häufig durch Absprache zwischen den Familien bzw. ihren Oberhäuptern erledigt werden. Die Familien waren auch die Bezugspunkte in dem politisch bedeutsamen kleinmaschigen Netz von privaten Verbindungen, das die römische Gesellschaft durchzog. Als Freundschaft (*amicitia*) war es eine Verbindung zwischen sozial etwa gleichgestellten Familien und deren Angehörigen, als **Klientel** bzw. **Patronat** bezeichnet es die Verbindung zwischen sozial ungleichen Familien. Dabei sorgte der Patron für seine Klientel, während diese verpflichtet war, ihn in jeder Weise zu unterstützen. Derartige Klientelverhältnisse vererbten sich unbegrenzt, so daß das Patronat bzw. die Klientel geradezu als Rechtsverhältnis zwischen Personen verstanden wurde. Öffentlichkeit und Staat achteten diese privaten Verpflichtungen, ein Richter etwa, wenn er zugunsten seines Klientelen Recht sprach, oder die Klientelen, wenn sie zugunsten ihres Patrons wählten.
Darüber hinaus bezeichnet „Patronat" auch Verhältnisse in größerem Rahmen. Eine von Rom bedrängte Stadt konnte sich beizeiten dem Patronat der Stadt Rom unterstellen und dadurch der Vernichtung oder der Eroberung entgehen. Das Imperium Romanum wurde dementsprechend als „Patronat Roms über den Erdkreis" verstanden.
Das Patronat hat den römischen Staat positiv beeinflußt, weil es Regierung und Verwaltung entlastete, es hat aber auch negativ gewirkt, weil große Klientelen sich des Staates bemächtigen konnten.
Der Gegensatz Freier – Sklave beschreibt die Gliederung der antiken Gesellschaft ebenfalls, aber nur unvollkommen. Sowohl bei den Freien wie bei den Sklaven war jede menschliche Existenzform, vom Reichtum bis ins Elend hinab, vorstellbar. Auch das Verhältnis von Gewalt, die der Freie über den Sklaven ausübte, charakterisiert die Sklaverei nicht vollständig. Der Sklave war Glied der „Hausgemeinschaft", der *familia*, und hatte damit ein Recht auf die gleiche Behandlung, die auch anderen, schwachen Gliedern dort zuteil wurde. Er war also Teil einer umfassenden gesellschaftlichen Ordnung. In der Familie besaß der Sklave eine feste rechtliche Stellung und eine wirtschaftliche Position. Rechtlich war der Sklave Sache, aber auch Person minderen Rechts. Als Sache konnte er ge- und verkauft werden. Als Person minderen Rechts konnte er freigelassen werden und erwarb damit die Rechte eines freien Bürgers, z. B. das römische Bürgerrecht, wenn auch mit gewissen Beschränkungen für die erste Generation der Freigelassenen.
Um die Institution der Sklaverei unter wirtschaftlichem Aspekt zu würdigen, muß man sich die geringe Produktivität menschlicher Arbeit in der Antike vor Augen halten. Die Arbeitskraft der Sklaven wurde voll ausgebeutet; so wurden Produktionsergebnisse möglich, die einen Teil der antiken Gesellschaft von der direkten Sorge um das tägliche Brot mehr oder weniger freistellten und ihm zu mußevoller Tätigkeit Gelegenheit gaben. Wollten sich die Römer die Arbeitskraft ihrer Sklaven erhalten, mußten sie sie pfleglich behandeln, was wohl auch meist geschah.

Abb. 5 Sklaven bei der Arbeit: Kranwinde zur Errichtung eines Grabmals
(Haterierrelief, Anf. 2. Jh. n. Chr., Rom)
(Kölner Römer-Illustrierte 2/1975, S. 203)

Die erfolgreichen Kriege Roms erhöhten die Anzahl der Sklaven erheblich. Die Massensklaverei ließ die Einbindung der Sklaven in die *familia* des Herrn zurücktreten. Zwischen 130 und 70 v. Chr. fanden deshalb verschiedene große Sklavenaufstände statt, die Rom aber alle niederschlagen konnte. Mit der Verminderung der äußeren Kriege in der Kaiserzeit sank auch die Zahl der Sklaven, und ihr Preis stieg. Jetzt setzten sich auch verstärkt Humanisierungstendenzen durch, die zu umfangreichen Freilassungen von Sklaven führten.

2.1.4 Die Herrschaft Roms

Die Römer verstanden es, durch die Organisation ihrer Herrschaft über eroberte Städte, Völker und Gebiete ihre militärischen Erfolge zu festigen und nutzbar zu machen. Dabei unterschied sich das Herrschaftssystem in Italien grundlegend von der römischen Herrschaft über außeritalische Gebiete.

Zunächst das **italische Herrschaftssystem.** In Mittel- und Unteritalien schloß Rom häufig mit den eroberten Staaten einen „ewigen Bundesvertrag", der den römischen Vertragspartner im Kriegsfall zur Stellung von Truppen verpflichtete, ihm aber sonst weitgehende Freiheit in seiner inneren Verwaltung beließ (*socius*). Der engere Anschluß an Rom bestand darin, dem betreffenden Staat die eigenen Soldaten zu nehmen und sie statt dessen von Rom aus auszuheben. Sie wurden damit zu römischen Bürgern, ohne an der römischen Volksversammlung teilnehmen zu können (Halbbürger, *cives sine suffragio*). In manchen Fällen sog Rom eroberte Gebiete einfach auf und machte deren Bewohner zu römischen Bürgern, die aber – mit bescheidenen Rechten kommunaler Selbstverwaltung ausgestattet – in ihrer Stadt wohnen blieben (*municipium*). Daneben gab es Kolonien für auswanderungsbereite Römer, die auch militärische Sicherungsaufgaben zu erfüllen hatten; sie lagen auf römischem Staatsgebiet und erhielten ebenfalls den Status eines *municipium*. Zuletzt müssen die latinischen Kolonien erwähnt werden. Es waren unter militärischen Gesichtspunkten gegründete Städte für Römer und Bundesgenossen, meist an den Rändern des samnitischen Gebietes. Sie erhielten einheitlich ein latinisches Bürgerrecht, konnten aber bei einer Rück- oder Übersiedlung nach Rom das römische Bürgerrecht erhalten.

So entwickelte sich eine vielschichtig organisierte **italische Wehrgemeinschaft** mit Rom an der Spitze und mit Vertragspartnern, die in je eigener Form an Rom gebunden waren, aber vielfach keine Beziehung untereinander hatten. Rom machte sich die Wehrkraft der italischen Völker zunutze, ohne mit einer Durchdringung des gesamten eroberten Territoriums die Kräfte seines Magistrats zu überfordern.

In der Wissenschaft ist umstritten, ob die Verschiedenheit der Rechtsverhältnisse, die Rom in Italien schuf, auf eine vorrömische Verschiedenheit der Zustände zurückgeht, die Rom bei der Eroberung vorfand und einfach übernahm, oder ob das italische Herrschaftssystem von Rom eigens entwickelt und ausgebaut wurde.

Die wirtschaftliche Basis Roms war agrarisch, der Grundbesitz war das Fundament seiner Verfassung, weil er die Voraussetzung für jede Art politischer Betätigung darstellte. Durch die Expansion in Italien wurde der „römische Acker" für nachgeborene Söhne und Besitzlose vergrößert. Später, als das römische Heer nicht mehr aus Bauern, sondern aus bezahlten Söldnern bestand, brauchten die Soldaten-Veteranen Land zur Besiedlung und agrarischen Nutzung. Die Römer entwickelten deshalb bald Verfahren, um das Land zu messen und es ihren Bauern zuzuteilen *(limitatio)*. In Italien wurden dabei zumeist 100 Bauern auf einer *centuria,* einem großen Quadrat von ca. 50 ha, angesiedelt, wobei jeder Bauer zwei Joch Land (1/2 ha) erhielt. Reste derartiger Feldvermessungen sind heute noch auszumachen und bestimmen das Landschaftsbild (s. Abb. 6). Nach einer auf Romulus zurückgeführten Bestimmung hatte ein römischer Bürger Anspruch auf zwei Joch Land. Nach dem Zweiten Punischen Krieg erhielten die Siedler jedoch größere Landlose zugeteilt, so daß auf einer *centuria* (ca. 50 ha) zwischen vier und 100 Bauern angesiedelt werden konnten.

Das **provinziale Herrschaftssystem,** das zuerst in Sizilien praktiziert wurde, ist gänzlich anders. In den Provinzen war irgendeine Form von Untertänigkeit häufig bereits vor der römischen Eroberung vorhanden: Zum Beispiel herrschte über einen Teil Siziliens die Stadt Karthago. Rom sah davon ab, mit diesen Gebieten vertragliche Abmachungen nach italischem Vorbild zu treffen, weil auf der Seite des römischen Vertragspartners eine substantielle eigene Staatlichkeit nicht

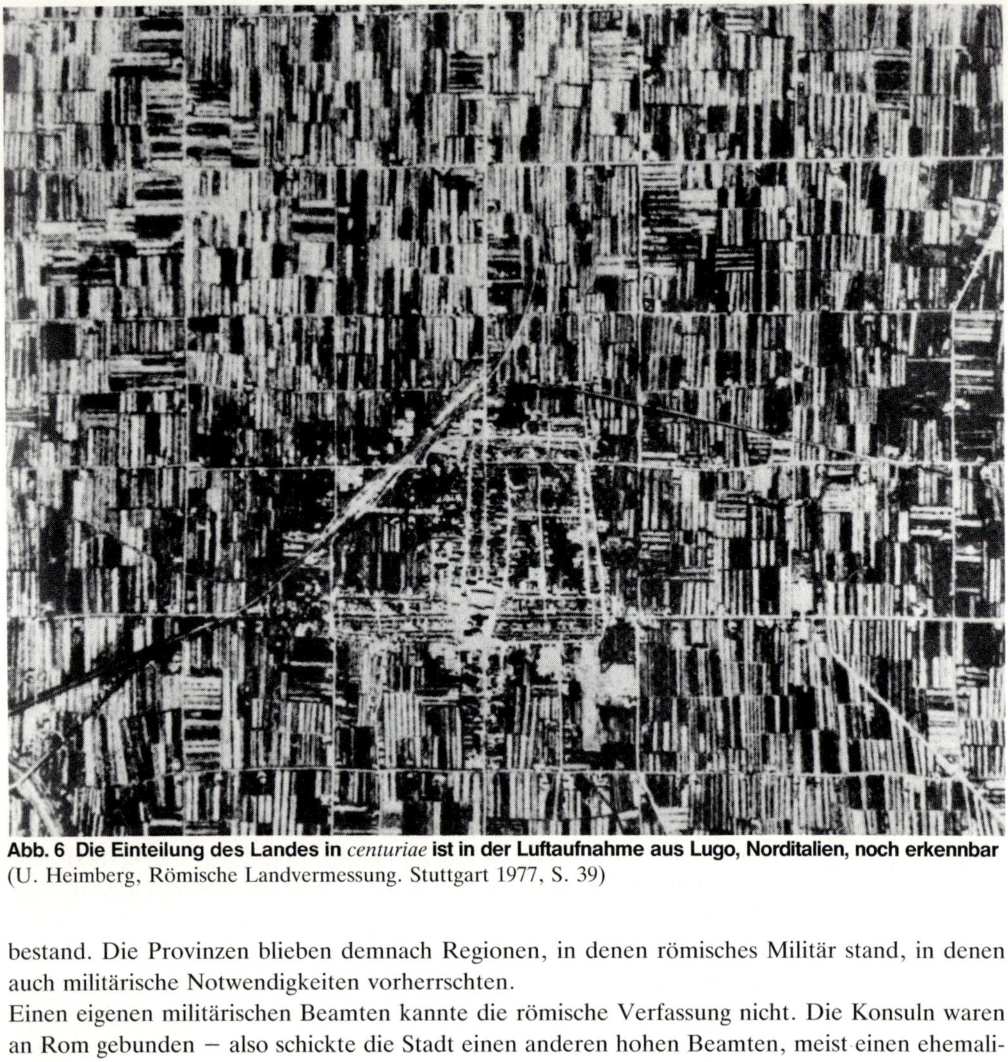
Abb. 6 Die Einteilung des Landes in *centuriae* **ist in der Luftaufnahme aus Lugo, Norditalien, noch erkennbar**
(U. Heimberg, Römische Landvermessung. Stuttgart 1977, S. 39)

bestand. Die Provinzen blieben demnach Regionen, in denen römisches Militär stand, in denen auch militärische Notwendigkeiten vorherrschten.
Einen eigenen militärischen Beamten kannte die römische Verfassung nicht. Die Konsuln waren an Rom gebunden – also schickte die Stadt einen anderen hohen Beamten, meist einen ehemaligen Praetor oder Konsul, als militärischen Oberbefehlshaber in die Provinz. Dort traten dann dessen zivile Funktionen stärker in den Vordergrund. Zusammen mit den militärischen Kompetenzen ergab sich eine Machtfülle, die oft zur ungehinderten Ausbeutung der Provinz führte und die allmählich die dünne, nur für die Stadt Rom gedachte Führungsschicht überforderte und auseinandersprengte, weil die Grenzenlosigkeit der Herrschaft in der Provinz dem Prinzip der römischen Magistratur völlig zuwiderlief.
Mit der Einverleibung von „Provinzen" wurde Roms Herrschaftssystem kompliziert. Die Stadt mit ihren italischen Verbündeten bildete wie zuvor den Kern des Staates. Aber die römische Wehrgemeinschaft hatte sich ausgedehnt, es gab nun Verbündete auch außerhalb Italiens. Die Provinzen waren in den Augen des Senats und der Römer „Güter des römischen Volkes", die von den Römern zum eigenen Vorteil ausgeplündert werden konnten. Freilich war es nicht verboten, über unredliche Statthalter vor dem Volk und dem Senat Klage zu führen. Aber es war für die Provinzbewohner nicht leicht, eine gerechte Untersuchung ihrer Beschwerden zu erreichen, es gelang dies nur wenigen griechischen Städten.

Unter Augustus wurde die Verwaltung der Provinzen neu geregelt. Augustus teilte das Reich in kaiserliche und senatorische Provinzen. Der Kaiser regierte seine Provinzen durch Legaten, die, von ihm ernannt, von Wahlen unabhängig waren und aus der Staatskasse bezahlt wurden. Finanzprokuratoren zogen einheitliche Steuern und Abgaben von den Provinzbewohnern ein, die ungeregelte Ausbeutung und oft planlose Bereicherung nahmen ein Ende, auch in den senatorischen Provinzen.

2.1.5 Krise und Reform von Staat und Gesellschaft

133 v. Chr.	Tiberius Sempronius Gracchus, Volkstribun: Pläne zur Ansiedlung von Veteranen auf Gemeindeland
123	Gaius Sempronius Gracchus: Wiederaufnahme und Erweiterung der Pläne seines Bruders
104	Marius: Heeresreform, Einführung eines Berufsheeres
82-79	Diktatur Sullas
60	1. Triumvirat: Pompeius, Crassus, Caesar
49–46	Bürgerkrieg Caesars gegen Pompeius und den Senat
44	Ermordung Caesars
43	2. Triumvirat: Antonius, Lepidus, Octavian
32–30	Krieg Octavians gegen Antonius (Schlacht bei Actium 31)

Infolge der großen römischen Eroberungen (s. 2.1.2) war nicht nur der römische Staat reicher geworden, auch viele römische Bürger hatten ihren Besitz gewaltig vermehrt. Die wohlhabenden Schichten strebten nun in die politischen Ämter. Die Führungsschicht setzte sich aber energisch dagegen zur Wehr, daß Bürger allein aufgrund ihres Reichtums in den Magistrat gewählt wurden. Im 3. und 2. Jahrhundert sorgte man durch verschiedene Neuerungen dafür, daß der Zusammenhang zwischen der Vermögens- bzw. Zenturienordnung und dem politischen Einfluß aufgehoben wurde. „Ritter", ursprünglich die Reiter Roms in der römischen Heeresordnung, in der das politische Stimmrecht sich nach der militärischen Leistung und Ausrüstung bemaß, wurden 218 v. Chr. durch ein Gesetz vom Amtsadel getrennt, dem das Geld- und Handelsgeschäft verboten wurde. Die Nobilität sollte allein von der Grundherrschaft, von Ackerbau und Viehzucht, leben. Durch Pacht oder Ankauf des von Römern eroberten Landes, das mit der Eroberung in römischen Staatsbesitz übergegangen war, konnte sie ihren Grundbesitz erheblich vergrößern. Die Ritter, die ihren politischen Einfluß verloren, aber als Steuerpächter, im Geldverleih und im Handel neue Aufgaben fanden, gewannen bald neues Gewicht.
Die Leidtragenden dieser gesellschaftlichen Differenzierung waren die Bauern, die sowieso schon durch ihre häufige kriegsbedingte Abwesenheit belastet waren. Die Sklaven auf dem Großgrundbesitz der Nobilität konnten billiger arbeiten und intensiver eingesetzt werden. Die Ritter aber konnten billiges Getreide aus den Provinzen einführen.
Die Bauern waren daher häufig gezwungen, ihre verschuldeten Güter zu verkaufen, zogen dann nach Rom und lebten weitgehend von Spenden und Wahlbestechungsgeldern. Sie waren durch „Brot und Spiele" leicht käuflich. Die Senatoren bekamen die Möglichkeit, neben der Pacht eroberten Staatslandes durch den billigen Ankauf vieler kleiner Betriebe riesige **Latifundien** (Großgrundbetriebe) mit Weidewirtschaft, Oliven- und Weinanbau zu bilden.
Das Problem der wirtschaftlichen Polarisierung in Wohlhabende und Proletarier (*proles* = die Nachkommenschaft) wurde ergänzt und verschärft durch die Frage, wie sich der römische Staat in Zukunft gegenüber seinen italischen Bundesgenossen oder gar den Provinzbewohnern verhalten solle: Hatten die einen selbstverständlich die Lasten der Kriege mitzutragen, ohne von den Siegen zu profitieren, so litten die anderen unter dem Steuer- und Zolldruck privater Gesellschaften, die die Abgaben einzogen, oder unter den Versuchen der Statthalter, sich in den Provinzen zu bereichern.

Gegen die sozialen Mißstände, die vor allem auch die Wehrfähigkeit Roms einschränkten – das römische Milizheer setzte aufgrund seiner Selbstausrüstung eine breite Schicht von Bürgern mit durchschnittlichem Vermögen voraus – trat 133 v. Chr. der Volkstribun Tiberius Sempronius Gracchus auf. Er beantragte ein Gesetz, wonach keine Familie mehr als 1000 Morgen Staatsland besitzen dürfe, das freiwerdende Land solle an besitzlose Bürger vergeben werden.
Die Volksversammlung verabschiedete das Gesetz des Tiberius gegen den Willen der Senatsmehrheit. Sie setzte auch, von Tiberius dazu angestachelt, einen anderen, Einspruch erhebenden Volkstribunen ab – eine unerhörte, revolutionäre Maßnahme und ein Bruch der Verfassung. Bei Tiberius' Versuch, sich ohne zeitliche Unterbrechung und deshalb erneut verfassungswidrig zum Volkstribunen des folgenden Jahres wählen zu lassen, wurde er erschlagen.
Für das Jahr 123 wurde sein jüngerer Bruder Caius Sempronius Gracchus zum Volkstribunen gewählt. Caius versuchte, die Ackergesetzgebung auf breiterer Grundlage durchzusetzen. Er ordnete die Verpflegung der Proletarier auf Staatskosten an. Die Ritter machte er zu Verbündeten, indem er ein Plebiszit durchsetzte, nach dem diese zu Geschworenen bei den Gerichten gewählt werden konnten, was vorher ausschließlich der Nobilität vorbehalten war.
In dieser bewegten Zeit kamen die Parteibezeichnungen **„Optimaten“** (Senatsaristokratie) und **„Popularen“** (Volksfreunde) auf, wobei einzelne Politiker der Aristokratie durchaus zu der Partei der Popularen gehörten. Die innere Geschlossenheit der römischen Gesellschaft ging verloren. An dem Kampf zwischen Optimaten und Popularen zerbrach schließlich die römische Republik.
Die Schäden an Staat und Gesellschaft enthüllte der Krieg Roms gegen den Numiderkönig Jugurtha (111–105 v. Chr.), der sich in die Länge zog, weil Angehörige der Nobilität bestochen worden waren. Die Römer wählten schließlich den *homo novus* Gaius Marius zum Konsul. Marius beendete den Krieg erfolgreich und erhielt erneut das Amt des Konsuls und den Oberbefehl in dem Krieg der Römer gegen die germanischen Stämme der Kimbern und Teutonen (113, 105, 102 und 101 v. Chr.). Marius hatte besitzlose, aus der Staatskasse besoldete Proletarier in das Heer aufgenommen. Aus der **Bürgermiliz** war ein **stehendes Heer** von **Berufssoldaten** geworden. Die besitzlosen Soldaten lebten vom Krieg und mußten nach ihrer Dienstzeit versorgt werden, eine Aufgabe, die dem politischen Einfluß und Geschick des Feldherrn überlassen blieb. Hatte er militärischen Erfolg, so band dies die Soldaten nur noch fester an ihren Feldherrn. Dann konnte er seine Truppen als militärische Klientel sogar gegen den römischen Staat einsetzen.
Der führende Feldherr Roms war jetzt **Marius.** Aber in einem Krieg im Nahen Osten wurde sein ehemaliger Unterführer Lucius Cornelius **Sulla** Oberbefehlshaber des römischen Heeres und beendete den Krieg siegreich (85 v. Chr.). Während Sullas Abwesenheit von Rom wurden dort die Auseinandersetzungen zwischen Popularen und Optimaten mit aller Schärfe ausgetragen. Auf seiten der Popularen wirkten vor allem Marius und der Konsul Cinna, die mit angeworbenen, zuvor freigelassenen Sklaven und Veteranen ihre politischen Gegner ermorden und deren Vermögen konfiszieren ließen. Es kam den Veteranen und den Freigelassenen zugute.
Sulla machte diesem Regiment nach seiner Heimkehr durch die sogenannten **Proskriptionen**, Ächtungen und Verfolgungen vieler Popularen, ein Ende und ließ sich vom Senat zum Diktator ernennen, entmachtete das populare Instrument des Volkstribunats, gab dem Senat die beherrschende Stellung zurück und nahm dem Praetor und dem Konsul das militärische Kommando, das *imperium,* solange sie in Rom und Italien waren. Offensichtlich wollte er zukünftige Bürgerkriege vermeiden. Sulla dankte 79 ab, seine Verfassungsreform wurde bald darauf wieder entschärft und der alte Zustand hergestellt.
Neue Unruhen im Osten des Reiches und in Spanien zwangen Rom, einen Mann mit einem militärischen Kommando zu betrauen, der noch nie vorher ein politisches Amt innegehabt hatte. Gnaeus **Pompeius** wurde mit weitreichenden Vollmachten ausgestattet, befriedete Spanien und

Kleinasien, besiegte die Seeräuber und erneut König Mithradates von Pontus, gegen den Sulla bereits erfolgreich gewesen war. Als Pompeius nach Italien zurückkam, weigerte sich der Senat, seine Veteranen zu versorgen und seine Regelungen in Kleinasien zu bestätigen.

Pompeius verband sich darauf mit **Crassus**, dem reichsten Bürger Roms, und mit dem popularen Politiker Gaius Julius **Caesar** zum sogenannten **1. Triumvirat**, einer in Rom nicht unüblichen privaten Verständigung, die aber kraft ihrer finanziellen Mittel die Heeresversammlung beherrschte und Pompeius die Erfüllung seiner Forderungen sowie Caesar 59 das Konsulat und anschließend das fünfjährige Prokonsulat für Gallien brachte. Crassus fiel 53 gegen die Parther. Caesar eroberte 58 bis 51 ganz Gallien auf eigene Faust. 54 war sein Prokonsulat um weitere fünf Jahre verlängert worden.

Die optimatischen Gegner Caesars arbeiteten an seinem Sturz. Sie konnten Pompeius auf ihre Seite ziehen. Da Caesar sich in Abwesenheit von Rom erneut um das Konsulamt bewerben und sein Heer nicht entlassen wollte, brach der **Bürgerkrieg** aus. Es gelang Caesar, Pompeius und die Senatspartei zu besiegen und als Konsul und Alleinherrscher Rom zu regieren. Sein gelegentlich unverhohlenes Streben nach der Königswürde war der letzte Anstoß zu seiner Ermordung am 15. März 44.

Caesar hatte seinen Großneffen Gaius Octavian zu seinem persönlichen Erben eingesetzt. Octavian wandte sich zunächst mit einem privaten Heer gegen den Konsul Marcus Antonius, verband sich aber dann mit diesem und dem Caesarianer Lepidus zum sogenannten **2. Triumvirat**. Die drei neuen Machthaber schlugen die Caesarmörder, erließen weitere Proskriptionen und teilten das Reich unter sich auf.

Bei dieser Reichsteilung behielt sich Octavian ganz Italien vor. Nach einigen Jahren schaltete er Lepidus aus und wagte dann den Kampf gegen Antonius, der sich – durch seine Ausbeutung Ägyptens und durch seine Beziehung zur ägyptischen Königin Kleopatra – Octavian zunehmend entfremdet hatte. Die Auseinandersetzung mit Antonius bereitete Octavian durch einen Propagandafeldzug vor, in dem er den Rivalen des Verrats an Rom und dessen Sitten und Traditionen beschuldigte. Den militärischen Kampf entschied Octavian 31 v. Chr. zu seinen Gunsten.

2.2 Der Prinzipat

2.2.1 Die Verfassung

31 v. Chr.	Schlacht von Actium; Seesieg Agrippas, des Feldherrn Octavians, über Antonius und Kleopatra
27	Verleihung des Titels „Augustus“ an Octavian
14 n. Chr.	Tod des Imperator Caesar Augustus Octavianus
14-68 n. Chr.	Julisch-claudische Dynastie (Tiberius, Caligula, Claudius, Nero)
69–96	Flavische Dynastie (Vespasian, Titus, Domitian)
96–102	Adoptivkaiser (Nerva, Trajan, Hadrian, Antoninus Pius, Mark Aurel, Commodus)
193–235	Severische Dynastie (Septimius Severus, Caracalla, Elagabal, Alexander Severus)

Der militärische Sieg bei **Actium** verlieh **Octavian** eine unumschränkte Herrscherstellung im römischen Reich. Doch diese Position konnte nicht dauerhaft sein, weil sie den an der republikanischen Verfassung orientierten politischen Vorstellungen der Römer nicht entsprach. Octavian erkannte dies und zog deshalb in einem großen Staatsakt einen Schlußstrich unter die Vergangenheit: 27 v. Chr. gab er seine außerordentliche Gewalt an den Senat und das Volk Roms zurück. Aber diese Geste setzte sich in einer abgesprochenen Szene fort: es tönte der Ruf, Octavian solle

nicht zurücktreten, sondern weiter als Herrscher zur Verfügung stehen. Octavian ließ sich – auch das war verabredet – erweichen, er wurde zum Konsul gewählt, der Senat verlieh ihm dazu den Ehrentitel **„Augustus“** (der Erhabene, entrückt in eine fast göttliche Sphäre). Die Republik schien wieder hergestellt.
Bis 23 v. Chr. bekleidete Octavian-Augustus jedes Jahr das Konsulat, zusammen mit einem anderen Römer, den er jedoch an *auctoritas* übertraf. Weiter besaß er das *„imperium proconsulare“* über alle Provinzen, in denen sich das römische Militär befand (sogenannte „kaiserliche“ Provinzen).
23 v. Chr. trat er als Konsul zurück, übernahm aber das Amt eines **Volkstribun**. Er war damit nicht nur sakrosankt (unverletzlich), sondern konnte auch gegen Beschlüsse des Senats sein Veto einlegen.
12 v. Chr. wurde er zum **Pontifex maximus** gewählt, er leitete damit das Sakralwesen des Staates. Als ordentlicher Konsul trat er nur noch selten auf, stattdessen ließ er sich wichtige konsularische Rechte übertragen, vor allem das Recht, direkt mit dem Senat zu verhandeln.
Augustus übernahm daneben weitere wichtige Ämter und Vollmachten, die oft der republikanischen Verfassung nachgebildet, aber teilweise auch „wild gewachsen“ waren. Zu den letzteren zählte die Getreideversorgung Roms, der Unterhalt des Straßennetzes und das Recht, sich bei jedem ordentlichen Gericht den Geschworenen zuzuordnen, wenn mit seiner Stimme ein Freispruch zu erreichen war. Die Stellung eines **„princeps“** fiel ihm damit automatisch zu, sie war bereits im republikanischen Rom bekannt und bezeichnete (meist als Plural *„principes“* gebraucht) jene, die zu den ersten im Senat und im Staat gehörten. Es kam diesem *princeps* nicht darauf an, eine größere Machtbefugnis zu haben als die anderen Amtsinhaber, er wollte nur jederzeit Zutritt haben zu den politisch wichtigen Gewalten der Republik und mit ihren Amtsinhabern konkurrieren. Dabei setzte er sich bewußt auch der Gefahr aus, daß seine Maßnahmen mit dem Veto eines andern Volkstribunen gestoppt wurden, was allerdings kaum noch vorkam. Seine Verfassungspolitik bestand darin, äußerlich die Wiederherstellung der Republik zu erstreben, in Wahrheit aber seine quasi-monarchische Stellung, die Summe seiner republikanischen und sonstigen Amtsgewalten und Ehren, auszubauen und zu festigen.
Dabei war sein Verhältnis zum Senat besonders delikat. Augustus begegnete diesem mit Hochachtung, überprüfte aber seine Mitglieder auf „Würdigkeit“ und entließ etliche Senatoren, die er durch Bewohner aus den italischen Städten ersetzte. Er machte aus den Senatoren einen geschlossenen Stand, der abhängig war von einer bestimmten Vermögenshöhe (1 Mio. Sesterzen, etwa 200 000 Goldmark) und über dessen Zusammensetzung der Kaiser allein entschied. Die alte Aristokratie sollte nicht vernichtet werden, ihr wurde soziale Achtung zuteil, aber um den Preis des Verlustes an politischem Einfluß. Der Adel wehrte sich nur schwach gegen die Minderung seines Einflusses. Gelegentlich kam es zu Spannungen zwischen ihm und Augustus sowie dessen Nachfolgern.
Auch den **Ritterstand**, aus dessen Mitte hohe Ämter besetzt wurden, band Augustus durch Auswahl und Privilegien stärker an sich. Die Ritterwürde war nicht erblich, erforderte aber ein Mindestvermögen von 400 000 Sesterzen, also konnte Augustus über die Zusammensetzung dieses Verdienstadels entscheiden.
Einen Teil seiner Macht überließ Augustus dem **Senat**: die Oberhoheit über Rom und Italien sowie über jene Provinzen, die schon lange unter römischer Herrschaft standen. Der andere Teil, vor allem die Randprovinzen, in denen das römische Militär stand, kam unter die direkte prokonsularische Gewalt des Augustus. Damit erhielt er den **Oberbefehl** über das **Heer**, seine wichtigste Machtstütze. Jeder Krieg, der geführt wurde, war sein Krieg, jeder Triumph galt nur ihm. Zur Verwaltung seiner Provinzen setzte er **Statthalter** – *legati Augusti* – ein, die für ihre Tätigkeit bezahlt wurden, nur ihm verantwortlich waren und jederzeit abberufen werden konnten. Sie

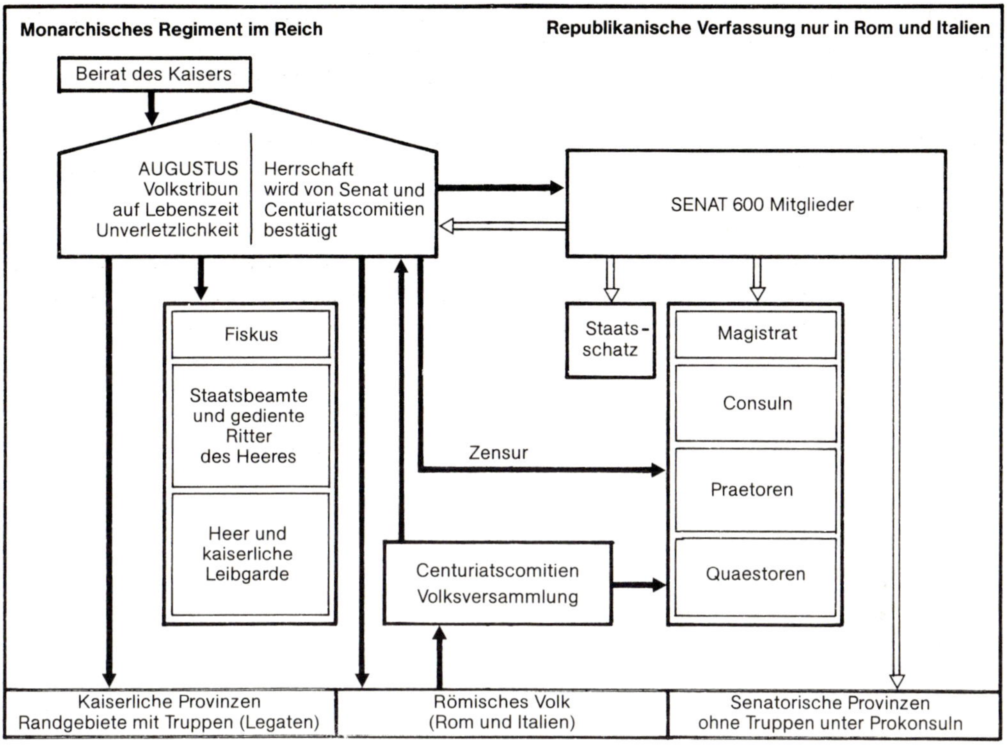

Abb. 7 Schema der Verfassung des Prinzipats

bildeten den Beginn einer geordneten, kontinuierlichen Reichsverwaltung, die das römische Recht in einer für alle Reichsteile verbindlichen Weise auslegte und anwandte und die Verfügungen des Kaisers ausführte.

Augustus griff aber auch in die Verwaltung der Senatsprovinzen ein, weil er ein *imperium proconsulare* besaß, das dem der senatorischen Statthalter übergeordnet war. Die Finanzverwaltung wurde hier wie dort dem zuständigen Statthalter entzogen und einem eigenen *procurator* unterstellt, der die Gelder – zunächst nur der kaiserlichen, später auch der übrigen Provinzen – an den *fiscus*, die vom Kaiser verwaltete Kasse, abführte. Für **Ägypten** galten besondere Bestimmungen, denn Ägypten war keine Provinz, sondern galt als Privatbesitz des Augustus und besaß eine eigene Verwaltung, die von den Ptolemäern übernommen worden war. Die herausgehobenen Stellen in der Verwaltung der kaiserlichen Provinzen wurden von Augustus mit Angehörigen des Senatorenstandes besetzt, während Ägypten von Rittern verwaltet wurde. Neben dem *fiscus* verfügte der Kaiser über ein großes Privatvermögen, das *patrimonium*, das einer eigenen Verwaltung bedurfte und für öffentliche Zwecke, z. B. für den Kauf von Getreide für die Armen – „Brot und Spiele" – oder auch für großzügige Bauten in Rom, eingesetzt wurde.

Als *Pontifex maximus* versuchte Augustus, die alten römischen Kulte wieder zu beleben und die Sittlichkeit zu fördern. Der Appell an die Werte des herkömmlichen Römertums kennzeichnet die Regierungszeit Augustus' seit seiner Auseinandersetzung mit Antonius. Diese Werte und Normen waren sozusagen die ideologische Basis für die Verfassungsreform, die auch danach trachtete, einige der für die Lebensform der Römer wichtige ethische Maßstäbe erneut ins Bewußtsein zu rücken und mit Hilfe von Sittlichkeitsgesetzen zu verwirklichen. Doch dieser Teil seiner Politik war wenig erfolgreich.

So lief nicht nur die gesamte **Verwaltung** des Reiches immer mehr auf den Kaiser zu, der deshalb ein eigenes Sekretariat hatte, in dem er Hilfsbeamte, oft freigelassene Sklaven, in einem privaten Dienstverhältnis beschäftigte, die die Entscheidungen des Kaisers vorbereiteten und die zahlreichen Anfragen bearbeiteten – auch die Machtbefugnis des Senats verlagerte sich auf den *princeps*. Zwar schien es zunächst, als würde der Senat an Macht gewinnen, weil die Wahl der Magistrate vom Volk auf ihn übertragen wurde und die Volksversammlung die Wahlentscheidung nur bestätigte. Doch in der Wahlversammlung des Senats war die *designatio* (Bestimmung) des Kaisers ausschlaggebend – er machte den Kandidatenvorschlag und gab als erster seine Stimme ab.

Die Tatsache, daß mit Augustus' Herrschaft eine von fast keinem Römer mehr in Frage gestellte neue Epoche der römischen Geschichte begann, war bereits den Zeitgenossen bewußt. Für die meisten war der unter ihm erreichte **Friede**, der allen Reichsbewohnern – Verbündeten und Provinzialen – nach vielen Jahren blutiger Bürgerkriege Ruhe und Sicherheit brachte, wichtiger als die freiheitliche Verfassung der Republik. Zu den Maßnahmen des Herrschers kam die Zustimmung der Beherrschten.

Mit Augustus fand eine Verfassungsentwicklung ihren Abschluß, die sich schon seit den Gracchen angekündigt hatte. Große einzelne Politiker hatten sich, oft vom Volk in dessen Versammlungen unterstützt, immer wieder in den Vordergrund geschoben und die politische Führung beansprucht – eine im System der römischen Republik unerhörte Tatsache. Unter **Sulla** hatte diese Entwicklung einen ersten Höhepunkt erreicht, wobei Sulla mit der Entmachtung des **Volkstribunats** und der Restauration der Macht des Senats dem Bedürfnis nach einer Konzentration der politischen Macht Roms keine Rechnung getragen hatte. Erst Caesar versuchte mit seinem Streben nach der Königswürde, die politischen Kräfte des Staates zusammenzufassen, damit das Reich wieder regierbar würde und nicht nur Ausbeutungsobjekt bliebe. Aber Caesar war letztlich gescheitert, und Octavian mußte einen Weg zur Alleinherrschaft finden, der die politischen Vorstellungen der Römer, ihr republikanisches Traditionsbewußtsein und die Erfahrungen, die Caesar mit ihm gemacht hatte, angemessen berücksichtigte.

Augustus starb 14. n. Chr. Als Nachfolger hatte er – nachdem zahlreiche für das Amt von ihm Vorgesehene zuvor verstorben waren – seinen Stiefsohn Tiberius adoptiert. **Tiberius** (14 bis 37 n. Chr.) begründete eine Dynastie von Verwandten, die bis 68 n. Chr. regierte: **Caligula, Claudius, Nero.**

Die besonderen Existenzbedingungen des Prinzipats, einer absoluten Herrschaft in den Formen der Republik, führten immer wieder zu Krisen während der Regierungen einzelner Kaiser. Vor allem war die Nachfolge der Herrscher nicht gesetzlich festgelegt; dies machte jeden Herrschaftsübergang unsicher. Einzelne Senatoren versuchten, den Kaiser zu kritisieren oder sogar Verschwörungen gegen ihn anzuzetteln. Die Kaiser vermuteten, oft ohne Grund, Intrigen und Attentate, sie wurden mißtrauisch und zeigten teilweise krankhafte Züge (Caligula, Nero).

Manchmal versuchten *principes*, einen Nachfolger noch während der eigenen Regierungszeit „aufzubauen" und durch Übertragung von Vollmachten mit *„auctoritas"* auszustatten. Häufig lag die tatsächliche Entscheidung über einen Nachfolger auch bei der Palastwache, den **Prätorianern**.

Die **Adoptivkaiser** des 2. Jahrhunderts **(Trajan, Hadrian, Mark Aurel)** bestimmten ihren Nachfolger durch die Adoption eines geeignet Erscheinenden, wobei die Adoption nach römischem Recht die Aufnahme in den Familienverband an Sohnes Statt, also eine privatrechtliche Bedeutung hatte. Die Adoptierten erbten das riesige Privatvermögen der Kaiser und waren allein dadurch schon jedem anderen Politiker im Reich auch politisch überlegen. Diese Lösung bedeutete einen problemlosen Herrschaftsübergang. Das römische Reich erlebte seine wohl glücklichste Zeit.

Abb. 8 Kaiser Augustus. Marmorstatue (Vatikanisches Museum, Rom)

2.2.2 Das Selbstverständnis der Römer

Der Aufstieg des römischen Reiches, seine Ausdehnung über die Halbinsel und später über den gesamten Mittelmeerraum, machte auf die Zeitgenossen einen ungeheuren Eindruck, ob sie nun römischer oder italischer Herkunft waren und damit selbst zu den Schöpfern dieses Reiches gehörten oder Griechen, Iberer, Gallier und Angehörige anderer Stämme, die gezwungen wurden, sich Rom zu unterwerfen. Viele Denker, Geschichtsschreiber, Philosophen und Staatsmänner fragten nach den Ursachen für die Expansion Roms. Warum hatte gerade diese Stadt, aber keine doch so viel höher entwickelte griechische Polis, ihre Herrschaft zu einem Weltreich ausbauen können?
Von der Überlegung ausgehend, daß das Wohlergehen eines Staates und seiner Bürger zum Teil von den Eigenschaften seiner Bürger, zum Teil auch vom Wert und Nutzen seiner politischen Verfassung abhänge, schrieben viele Griechen den Erfolg Roms eben diesen beiden Tatsachen zu: den Tugenden der Römer und der Vollkommenheit der römischen Verfassung.

Viele Römer übernahmen dieses Denken. Auch für sie lagen die maßgeblichen Gründe für ihre erstaunliche Expansion in ihrer sittlichen und damit politischen Überlegenheit über die Völker und Staaten der übrigen Welt. Sie bezweifelten nicht im geringsten die Legitimität ihrer Herrschaft. Ihre sittliche Überlegenheit zeigte sich nach ihrer Auffassung vor allem darin, daß sie bei allen ihren Unternehmungen den Willen der Götter erfragt und ausgeführt hatten. Ihre Kriegszüge waren alle gerecht, dienten der eigenen Verteidigung, dem Schutz der Bündnispartner oder der Wiederherstellung des Rechts. Ihre imperiale Macht war der Lohn für ihre zivilisatorische Kraft.

Am Beginn der Kaiserzeit verfestigte sich diese Auffassung sogar zu dem Bild, den Römern wohne eine naturgegebene Berufung, eine von den Göttern verliehene Eigenschaft zur Herrschaft über andere Völker inne. Ihre Herrschaft bringe für alle anderen Völker den Frieden, ihre Kriege seien gerecht und sittlich, weil sie der Erhaltung des Imperiums und dem Schutz seiner Bewohner und Verbündeten dienten. Die Konsequenz solchen Denkens war das stete Ringen darum, Gesetz, Recht und Sitte zu wahren und zu erhalten und alles Handeln „rechtsförmig“ zu machen.

Seit der Mitte des 2. Jahrhunderts und dem Beginn der römischen Bürgerkriege gab es jedoch zu dieser vorherrschenden Denkrichtung eine andere, ihr entgegengesetzte. Nachdem der römische Feldherr Scipio Africanus Minor Karthago belagert und 146 v. Chr. zerstört hatte, soll er für das traditionelle Gebet an die Götter, in dem bislang immer eine Ausweitung der römischen Herrschaft erfleht worden war, angeordnet haben, daß man darum nicht mehr bitten solle, Roms Herrschaft sei inzwischen genug gewachsen.

Andere Äußerungen gingen weiter und kritisierten nicht nur den Umfang der römischen Herrschaft, sondern auch ihren Inhalt, die Unterwerfung und schamlose Ausbeutung von Menschen. Manchmal wurde solche Kritik im Zusammenhang mit den Parteibildungen im Bürgerkrieg geäußert: Als die herrschenden römischen Geschlechter noch an den Tugenden der Väter festhielten, war die Herrschaft Roms gerecht, wurden Frieden, Recht und Wohlstand bewahrt. Seit den sozialen Veränderungen des 2. Jahrhunderts waren aber Gier, Gewinn- und Prunksucht und Neid in Rom eingezogen, seine Herrschaft war maßlos und ungerecht geworden. Das politische Bestreben mußte darauf gerichtet sein, zum sittlichen Zustand der Väter zurückzukehren und damit auch Roms Herrschaft erneut zu legitimieren. Derartige Äußerungen sind bis in die römische Kaiserzeit hinein zu verfolgen.

Das römische Denken über dieses Thema blieb, von der griechischen Ausnahme abgesehen, „introvertiert“; daß die Römer als Eroberer fremde Kulturen – zum Beispiel der Iberer, Gallier, Illyrer – zerstörten, blieb außerhalb ihres Bewußtseins (s. M 16–19).

2.2.3 Romanisierung der Provinzen

Die römische Kaiserzeit mit ihrer langen Friedensperiode war für die Ausbreitung der römischen Kultur und Zivilisation im gesamten Reich günstig. Diese Zivilisation bestand vor allem in der städtischen Lebensform. Die römischen Städte in den Provinzen wurden oft als **Kolonien** – mit der Entsendung römischer Kolonisten – gegründet, häufig an Orten ehemaliger römischer Heerlager, die immer nach dem gleichen Schema errichtet worden waren. Manchmal knüpften die römischen Städte auch an bereits bestehende Ansätze städtischer Siedlungsformen an, z. B. in den keltischen *oppida*, den kultischen Mittelpunkten der einzelnen keltischen Stämme.

In den **Provinzstädten** siedelten sich **Veteranen**, Handwerker und Kaufleute aus Italien an, Bauern gesellten sich zu ihnen, und diese Siedlungen wurden dann vom Kaiser mit Selbstverwaltungsrechten ausgestattet (*municipium*). Durch zahlreiche Bauwerke – Tempel, Theater, Triumphbögen, Thermen, aber auch Straßen und Brücken – und große Gewerbeunternehmen übten die Städte große Anziehungskraft aus. Häufig gehörten zu ihnen auch ländliche Gebiete, in denen römische Bauernhöfe (*villae rusticae*) entstanden. Die provinziale Bevölkerung wurde durch die enge Berührung mit der Stadt romanisiert, sie erwarb Kenntnisse des Lateinischen, und einzelne Provinziale erhielten durch einen Rechtsakt, den bis 212 nur der Kaiser vornehmen konnte, das **römische Bürgerrecht**. In jenem Jahr bekamen alle freien Einwohner des Reiches dieses Recht.

Der wichtigste Weg zum Erwerb dieses Rechts bis 212 war der Dienst im römischen Heer. Dieses **Heer** war nicht sehr umfangreich. Schätzungen sprechen von etwa 300 000 Mann. Faktisch handelte es sich um ein Berufsheer aus Freiwilligen, obwohl formell immer noch die allgemeine Wehrpflicht der römischen Bürger galt. Sklaven und Reichsfremde waren vom Heeresdienst ausgeschlossen, letztere konnten allerdings in den „Auxilien" (Hilfstruppen) Dienst tun. Nach 25jährigem Dienst in diesen Truppen wurden die Soldaten entlassen und erhielten das römische Bürgerrecht. Sie gingen dann entweder in ihre Heimat oder siedelten sich in der Nähe ihrer Garnisonen an – die Stadt Xanten etwa verdankt dieser Tatsache ihre Entstehung.

Neben dem römischen Heer wurde die **Reichsverwaltung** zu einem wichtigen Träger der Romanisierung. Die Selbstverwaltung der Städte trug dazu ebenso bei wie die kaiserliche Verwaltung, die den jeweiligen Kaiser in den Mittelpunkt stellte und um seine Person überall Kulte – möglichst in Annäherung an vorhandene Traditionen – organisierte. Durch solche Kulte verstanden sich alle Reichsbewohner im Blick auf den Herrscher als ein Ganzes, was politische Treue und Zuverlässigkeit garantierte. Friede und Wohlstand galten als persönliches Verdienst des jeweiligen Kaisers – so lautete der Inhalt des Kultus nach hellenistischem Vorbild.

Die Romanisierung des Reiches brachte auch die Vereinheitlichung der unterschiedlichen und weit auseinanderliegenden Reichsteile, u.a. durch ein gleich gehandhabtes Recht, auch durch eine „liberale" **Wirtschafts- und Gesellschaftspolitik**, d.h. der Staat verzichtete weitgehend darauf, in die Produktion von Waren und in deren Austausch zwischen den Provinzen und Rom einzugreifen. Zwar ermöglichte die kaiserliche Regierung den **Handel** durch weitsichtigen **Straßenbau** und förderte ihn durch die Prägung von **Reichsgeld**, ohne lokale Geldprägungen zu verbieten, aber sie griff in die Handelsbeziehungen selbst nicht ein. Das römische Reich war somit nicht die Herrschaft der Römer über die Nichtrömer, obwohl Italien zunächst noch eine Sonderstellung hatte: seine Bewohner waren nicht tributpflichtig wie die übrigen Reichsbewohner. Italien war auch wirtschaftlich zunächst am weitesten entwickelt; es produzierte feinere Güter, in der Landwirtschaft z.B. Öl und Wein, im Gewerbe Glas und Keramikwaren. Aber durch den Einfluß der Romanisierung änderte sich dies: schon im 2. Jahrhundert n.Chr. war die italische Spezialisierung auch in anderen Provinzen nachvollzogen worden, die dadurch von Italien unabhängig wurden.

Der gesellschaftlichen Entwicklung gegenüber verhielten sich die Kaiser ebenfalls liberal. Sie förderten die gesellschaftliche Differenzierung, verliehen das römische Bürgerrecht an Provinziale und erhoben auch verdiente Bürger aus den Provinzen – sofern diese über das vorgeschriebene Vermögen verfügten – in den Ritter- oder auch in den Senatorenstand. Beide Stände entwickelten sich folglich zu einem vom Kaiser kontrollierten **Reichsadel**, aus dem die Kaiser immer wieder frisches Blut für hohe Militär- und Verwaltungsstellen erhielten. Selbst die Kaiser lebten davon: seit Trajan (98–117 n.Chr.) stammte kaum noch ein Kaiser aus Italien oder gar Rom.

Allerdings verlief durch das römische Reich eine **Sprachgrenze**, die den lateinischen Westen vom hellenistischen Osten trennte. Dabei hielten es die griechisch sprechenden Bewohner Ostroms kaum je für nötig, Latein zu lernen, während umgekehrt die gebildeten Lateiner auch griechisch sprachen.

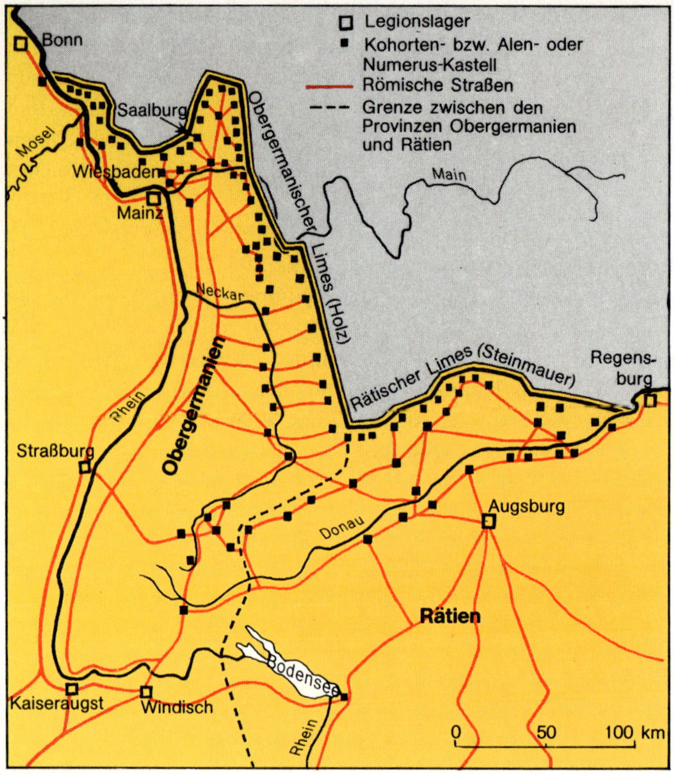

Abb. 9 Die Römer in Deutschland (etwa gegen Ende des 1. Jahrhunderts n. Chr.). Die Abbildung zeigt den Verlauf des Limes, der Grenzmauer der Römer östlich des Rheins und nördlich der Donau.

Legion: römische Heereseinheit, ca. 4000–5000 Mann zu Fuß und 300 Reiter, dazu Troßknechte.
Kohorte: der zehnte Teil einer Legion, also etwa 500, später knapp 1000 Mann.
Ala: 500 bis 1000 Mann starkes Reiteraufgebot der Hilfstruppen, rekrutiert aus den Bewohnern der Provinz.
Numerus: etwa gleich starkes Aufgebot an Fußtruppen, ebenfalls zusammengesetzt aus Eingeborenen.

Das Zentrum des römischen Reiches lag seit Augustus unbestritten beim Kaiser. Dessen Macht stieg immer mehr und war bald nahezu unbegrenzt. Die Bedürfnisse des Staates trugen dazu bei. Das Resultat war der Ausbau einer kaiserlichen Verwaltung, die sich vor allem in den Bereichen bildete, in denen bislang noch keine republikanische Verwaltungstätigkeit bestanden hatte. Das war in erster Linie die Finanzverwaltung, aber auch die öffentliche **Wohlfahrt**, die als staatliche Aufgabe „entdeckt“ wurde.
Der Staatsdienst begann mit der Absolvierung der militärischen Dienstpflicht, später wechselten zivile Verwaltungsstellen mit militärischen Kommandos. Alle Stellen der Verwaltung und des Heeres waren nun besoldet. Die Spitze der Hierarchie bildete der **Präfekt**, entweder als Provinzstatthalter oder als Praetorianerpräfekt der etwa 10000 Mann starken Eliteeinheiten in und um Rom. In der Mitte des 2. Jahrhunderts waren in der Zentralverwaltung des Reiches, das damals etwa 80 Millionen Einwohner zählte, etwa 260 Beamte tätig, da die meisten Verwaltungsaufgaben noch von den städtischen Behörden wahrgenommen wurden. Als der Kaiser immer stärker in die Obliegenheiten der Gemeinden eingriff, stieg auch die Zahl der Beamten. Der Beamtenapparat wuchs von Augustus bis etwa 250 n. Chr. auf das Achtfache.
So gelang es Rom weitgehend, über das riesige Reich mit seinen unterschiedlichen sozialen, wirtschaftlichen und kulturellen Lebensformen eine „Einheitszivilisation“ mit allgemein gültigen Normen auszubreiten. Lediglich die an strenge Vorschriften und Riten gebundenen **Juden** fügten sich in die liberale römische Herrschaft und Zivilisation nicht ein. Es gab immer wieder Auseinander-

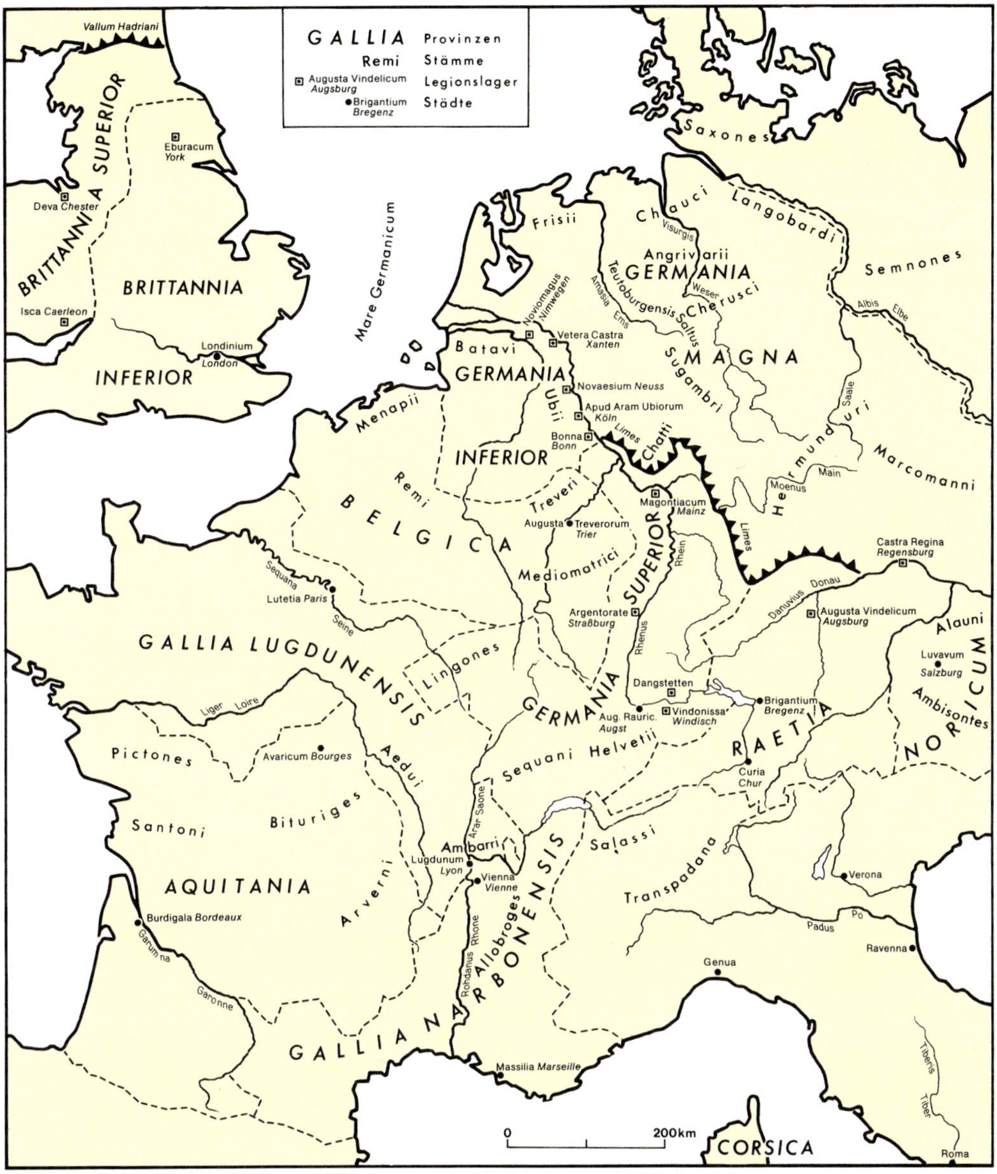

Abb. 10 Die Römer in Mittel- und Westeuropa im 2. Jahrhundert n. Chr.
(Nach: Ph. Filtzinger, Hg., Die Römer in Baden-Württemberg. Stuttgart/Aalen 1976, S. 35)

setzungen zwischen Römern und Juden, aber auch zwischen ausgleichsbereiten und radikalen Juden. 66 n. Chr. weiteten sich diese Auseinandersetzungen zum offenen Krieg aus. Die Römer verwüsteten Palästina und brannten 70 n. Chr. den jüdischen **Tempel in Jerusalem** nieder. Nach diesem endgültigen Untergang des jüdischen Staates verstreuten sich die Juden, sammelten sich aber in kleinen Gemeinden und hielten dort noch fester zusammen.

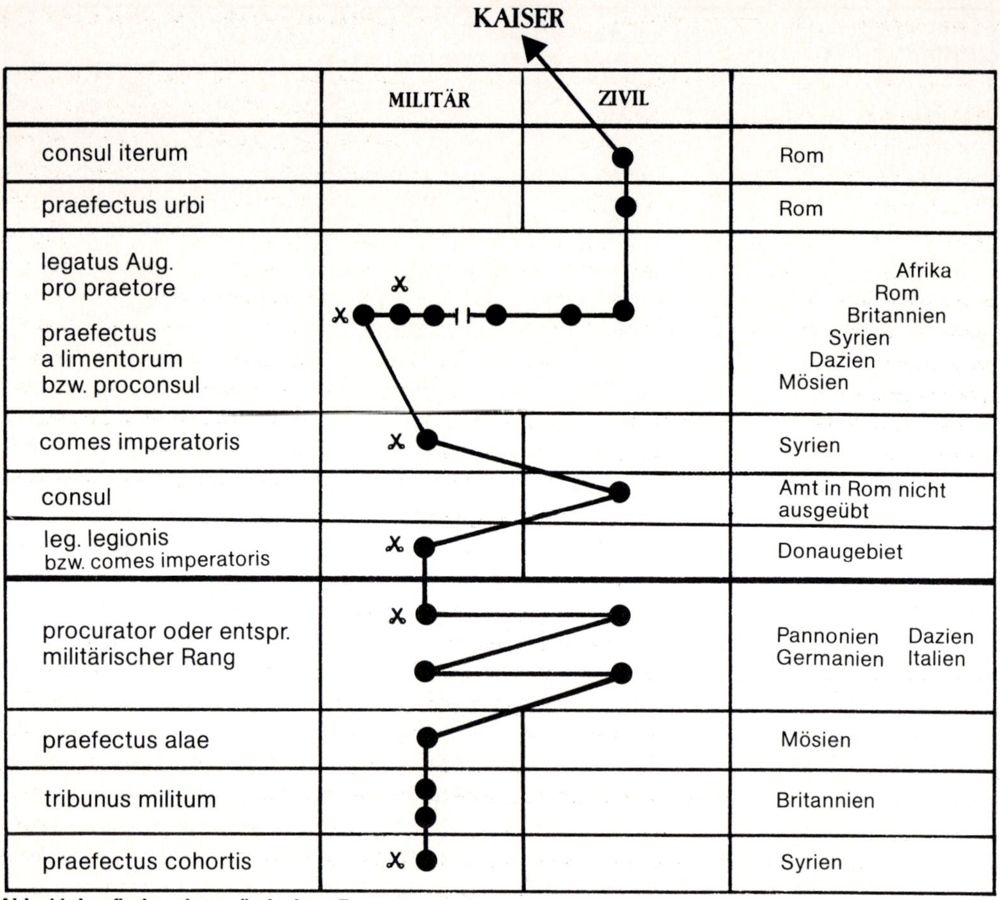

Abb. 11 Laufbahn eines römischen Beamten

Publius Helvius wurde am 1. August 126 n. Chr. als Sohn eines Freigelassenen geboren. Er wirkte zuerst als Lehrer (*grammaticus*) und wurde dann durch Protektion Soldat und bald Präfekt (Chef) einer Kohorte (500 Mann) in Syrien, wo er sich in den Kriegen gegen die Parther bewährte (162–165 n. Chr.). Darauf ging er als *tribunus militum legionis* (Kommandant einer Kohorte von 1000 Mann) nach Britannien, wo er *praefectus alae* (Kommandant einer 500 Mann starken Reitereinheit) wurde. 168 war Publius Helvius zuständig für die Getreideversorgung an der via Aemilia in Norditalien, ein Jahr später Chef der römischen Rheinflotte mit Standort Köln. 170 finden wir ihn als Finanzprokurator (Verwalter der kaiserlichen Kasse) in Dacia an der Donau. 171 hatte er ein selbständiges militärisches Kommando: er sollte die bis nach Oberitalien vorgedrungenen Germanen auf ihrem Rückweg angreifen und vernichten. Dies gelang offensichtlich so gut, daß er persönlich vom Kaiser in den Senatorenstand erhoben wurde. Darauf erhielt er das Kommando über die erste Legion (6000 Mann), die an der Donau lag. 175 war er Konsul in Rom, obwohl er damals nicht in Rom weilte, sondern den Kaiser Mark Aurel bei verschiedenen Kriegszügen begleitete. Dann folgte die Statthalterschaft über zwei Donauprovinzen, 180 bis 182 diejenige über das wichtige Syrien. Kurze Zeit von Neidern „kaltgestellt", berief ihn Kaiser Commodus 185 zum Statthalter Britanniens. 187 war er wieder in Rom als *praefectus alimentorum* tätig (Zahlungen für Bedürftige). An das Amt des Prokonsuls von Africa schloß sich die Stadtpräfektur in Rom an und 192 ein zweites Konsulat. 192 – nach der Ermordung Commodus' – wurde er als 66jähriger bewogen, sich zum Kaiser ausrufen zu lassen, aber schon 193 von aufgehetzten Soldaten ermordet.

(H. W. Böhme, Römische Beamtenkarrieren. Hrsg. von der Gesellschaft für Vor- und Frühgeschichte in Württemberg und Hohenzollern. Stuttgart 1977, S. 59 ff.)

2.3 Der Dominat

2.3.1 Die Krise des 3. Jahrhunderts

227 n. Chr.	Gründung des neupersischen Reiches der Sassaniden; Kämpfe gegen Rom.
235–284	Soldatenkaiser, bewährte Generäle, die durch das Heer berufen und häufig nach kurzer Regierungszeit ermordet werden
um 250	Rückzug Roms aus den Gebieten östlich des Rheins und nördlich der Donau; Franken und Alemannen dringen ins römische Reich ein, zeitweise bis nach Norditalien
260	Gefangennahme des römischen Kaisers Valerian durch den König des Sassaniden-Reiches
284–305	Kaiser Diokletian

Gegen Ende des 2. Jahrhunderts n. Chr. geriet das römische Reich in eine **Krise**, die sich während des 3. Jahrhunderts verschärfte, so daß zeitweise sein Bestand gefährdet war. Diese Krise hatte mehrere Ursachen:

Völkerwanderungen jenseits der asiatischen wie der germanischen Grenzen Roms bewirkten Druck auf die römischen Nachbarn, die nun ihrerseits die Römer bedrängten und immer öfter ins Reich eindrangen. Von diesen Völkerwanderungen gingen vor allem auf die **Germanen** Impulse aus, sich zu Stammesverbänden zusammenzuschließen, die größer und kräftiger waren als die zersplitterten Gruppen zur Zeit Caesars: Franken, Alemannen, Sachsen usw. Schon im 2. Jahrhundert hatten die römischen Kaiser dort, wo das Reich nicht durch natürliche Grenzen, vor allem durch Flüsse, geschützt war, Grenzbefestigungen gebaut: den **Limes**. Jetzt wurden diese Anlagen überrannt.

Das römische **Heer** hatte sich bis zum 2. Jahrhundert vor allem aus städtischen Bevölkerungsschichten des Reiches rekrutiert. Von dort erhielt es jedoch immer weniger Zuwachs, weil die ärmeren sozialen Schichten der Städte durch staatliche und private Hilfeleistungen genügend versorgt wurden und keinen Grund mehr hatten, ins Heer einzutreten. Die Heerführer griffen deshalb verstärkt auf Landbewohner zurück, die weniger romanisiert waren und sich gegen Versetzungen wehrten. Dadurch wurde das römische Heer bodenständig und provinzgebunden. Hinzu kam, daß der Kaiser Septimius Severus den Soldaten gestattete, mit ihren Familien in den Lagerstädten zusammenzuleben. Das minderte die Schlagkraft des Heeres.

Neben der militärischen gab es zu dieser Zeit im Römerreich eine schwere wirtschaftliche und soziale Krise. Die Plünderungen und Zerstörungen der germanischen Stämme minderten die wirtschaftliche Produktion und behinderten den Warenaustausch. Außerdem gab es immer weniger **Sklaven**, weil den Römern die großen militärischen Erfolge nun fehlten und viele Sklaven freigelassen worden waren. Große landwirtschaftliche Güter wurden deshalb in viele kleine Pachtstellen aufgeteilt. Kleinpächter – **Kolonen** – bearbeiteten sie, hatten allerdings nur wenig Möglichkeiten, sie durch Investitionen leistungsstark zu erhalten; die Erträge gingen zurück und mit ihnen die Abgaben der Kolonen an die Grundbesitzer.

Während die staatlichen Ausgaben durch die Vermehrung der Bürokratie und durch die notwendigen Verteidigungsmaßnahmen stiegen, warfen die kaiserlichen und staatlichen Güter immer weniger ab. Also prägten die Kaiser mehr Münzen, was den Wert des Geldes minderte, so daß gegen Ende des 3. Jahrhunderts der Naturalaustausch wieder üblich wurde. Auf die Städte wurde Druck ausgeübt, mehr Steuererträge abzuliefern. Die städtischen Amtsträger mußten dafür ihr eigenes Vermögen angreifen, wodurch die Bereitschaft, ein Amt in der städtischen Selbstverwaltung zu übernehmen, nachließ. Nun begann der Staat, privates Eigentum zu konfiszieren. Auch das half nicht aus den Krisen heraus. Es ist kaum verwunderlich, daß nun das Heer oder Heeresteile nach Siegen oder Erfolgen einen ihrer Generäle zum **Kaiser** ausriefen, oft unfähige Leute,

die die Entwicklung noch weniger steuern konnten. Das Reich erschöpfte sich häufig im Kampf der kaiserlichen Konkurrenten. Dadurch brach der bis 235 noch vorhandene, wenn auch ständig lockerer gewordene Zusammenhang von Kaiser und Aristokratie bzw. Senat vollends zusammen. Der Senatorenstand stellte sich offen gegen die **„Soldatenkaiser“**.
Die öffentliche Sicherheit – ursprünglich eine Angelegenheit der Städte– konnte nicht mehr gewährleistet werden. Barbaren drangen tief ins Reich ein und bedrohten sogar Italien und Rom. Hinzu kamen Streitigkeiten römischer Machthaber, die immer häufiger militärisch, d. h. mit Hilfe von angeheuerten Soldaten oder von Klientel-Kolonenheeren, ausgetragen wurden. Vor allem auf dem Land wurde das Leben so unsicher, daß freie Bauern sich ins Kolonat begaben, um von ihren Pachtherren militärischen Schutz zu bekommen.
Ein Weg aus dieser vielfältig bedingten Krise konnte nur schwer gefunden werden.
Die Kaiser waren meist nicht in der Lage, der Entwicklung wirksam zu begegnen. Einige von ihnen versuchten, neue Wege zu gehen: **Decius** (248–251) machte die Christen für das ausbrechende Chaos verantwortlich und ließ sie verfolgen, **Gallienus** (253–269) besetzte die bisher den Senatoren vorbehaltenen obersten Kommandostellen im Heer mit einfachen Soldaten. Andere Kaiser versuchten eine ideologische Erneuerung des Reiches durch den Rückgriff auf die griechische Philosophie oder auf kleinasiatische Mythen. Kaiser **Diokletian** (284–305) wollte die alten römischen Tugenden und Werte wiederbeleben, was lediglich eine erneute, lang anhaltende Christenverfolgung mit sich brachte, nicht aber den gesuchten Erfolg. Seine politische Reorganisation des Reiches dagegen war erfolgreich (s. 2.3.2).

2.3.2 Verfassungsstruktur Roms

284–305	Kaiser Diokletian
297	Einteilung des Reiches in zwölf Verwaltungsbezirke (Diözesen)
301	Höchstpreistarife gegen zunehmende Teuerung
307–313	Bürgerkriege unter den Nachfolgern Diokletians
313–324	Regierung Konstantins und Licinius’
324	Sieg Konstantins über Licinius, Alleinherrschaft Konstantins (bis 337)
337–361	Regierung der Söhne Konstantins
379–395	Theodosius (Ostrom, ab 394 auch Westrom). Nach dessen Tod Teilung des Reiches unter seine beiden Söhne.
476	Romulus Augustulus (Westrom) wird durch den Germanenfürsten Odoaker abgesetzt.

Diokletians erfolgreiche politische Reform praktizierte einen **„Regierungspluralismus“**: das geregelte Nebeneinander mehrerer Kaiser im Reich. Der Kaiser ernannte 286 seinen Kriegskameraden **Maximian** zum Mitkaiser – vermutlich auch, um einer Empörung vorzubeugen –, und jeder der beiden **„Augusti“** erhielt einen „Kaiseranwärter“, **„Caesar“** genannt. Diese Viererherrschaft nennt man **„Tetrarchie“**. Diokletian beanspruchte in diesem System die Vorherrschaft, was schon dadurch zum Ausdruck kam, daß er seine Stellung in einen Zusammenhang mit dem höchsten römischen Gott Jupiter brachte, während sein Mitkaiser „nur“ Herkules als göttliche Verbrämung erhielt.
Die Aufspaltung der kaiserlichen Herrschaft – etwa zwischen dem Kaiser und seinem Nachfolger – war nicht neu. Diokletian aber entwickelte diese Übung zu einem System. Jeder Herrscher war für seinen eigenen Herrschaftsbereich zuständig, aber die vier Herrscher koordinierten ihre Politik. So konnte die Reichseinheit durch die Aufteilung nicht in Frage gestellt werden.
Der Regierungspluralismus führte selbstverständlich zu einer Vervierfachung der Palast- und Hofhaltung, der kaiserlichen Kanzlei und der Praetorianer, der Leibgarde des Kaisers. Nur wenige Herrscher verzichteten auf dieses Verfassungssystem. Es waren jene, die sich stark genug fühlten, das riesige Reich allein zu beherrschen: **Konstantin** (324–337), **Constantius** (353–360) und **Theodosius** (394–395).

Im 3. Jahrhundert waren die römischen Bürger oft vom Staat ausgepreßt worden. Diokletian legte nun genau fest, was die Beamten von den Bürgern einziehen konnten. Um diese **Steuereintreibung** effektiv zu machen, ordnete er an, daß die Einwohner des Reiches erblich an ihren sozialen Stand zu binden waren – an ihren Beruf und an ihren Wohnort. So standen sie für steuerliche Lasten jederzeit bereit.
Die immer höheren Abgaben wurden nur widerwillig entrichtet. Folglich wurde die Bürokratie ausgeweitet, was neue Belastungen nach sich zog. So wurde das römische Reich zum **Beamtenstaat**, der alles regulierte und kontrollierte. Einer effektiveren Reichsverwaltung diente auch Diokletians Einrichtung neuer Verwaltungssprengel. Das Reich wurde in 12 Verwaltungbezirke **(Diözesen)** eingeteilt, denen mehrere (bis zu 17) neue und kleine Provinzen als „untere Verwaltungseinheiten" zugeordnet wurden. Aber diese waren nicht Provinzen im früheren Sinn. Die gewaltige Bürokratie fand ihre Spitze in den verschiedenen Ministerien und Ämtern am kaiserlichen Hof, von denen der Haus- und Hofmeister, der Personalchef (*magister officiorum*) und der Präfekt der Praetorianer, der auch der Vorgesetzte der Provinzstatthalter war, besonders herausgehoben waren. Zivil- und Militärgewalt, bisher mehr oder weniger eng miteinander verwoben, wurden unter Diokletian streng voneinander getrennt, auch die entsprechenden Beamten- bzw. Soldatenlaufbahnen scharf voneinander geschieden.
Auch die Heeresreform Diokletians verfestigte bereits bestehende Tendenzen. Die Rekrutierung der Soldaten erfolgte ausschließlich aus den Reihen der Landbevölkerung, die eine bestimmte Anzahl von Soldaten stellen mußte, wie sie auch Geld oder Naturalien abzuliefern hatte. Weil das Ergebnis solcher Rekrutierung dürftig war, ging die Armee dazu über, die Soldaten aus Grenzgebieten anzuheuern, wo viele kräftige „Barbaren" lebten. Am meisten wurden Männer aus jenen Völkern geschätzt, die jenseits der Grenzen lebten und keine römischen Bürger waren, z. B. die Germanen. Die Stämme entsandten sogar ihre jungen Männer häufig selbst als Söldner in römische Dienste. Diese **„Barbarisierung"** stärkte die militärische Kraft Roms beträchtlich.
Der **Kaiser** war nach wie vor in erster Linie oberster Heerführer, sein Hof militärisches Hauptquartier, möglichst nahe bei den vermuteten Kriegsschauplätzen. Dadurch verlor die Stadt **Rom** ihre zentrale Bedeutung im Reich. Zu neuen Residenzen wurden die eher am Rande liegenden Städte Nikomedia, Mailand, Trier und York ausgebaut, später auch Konstantinopel.
Unbestrittener Mittelpunkt des Reiches war jetzt ganz offen die Person des Kaisers. Weil er seine Residenz nicht mehr in Rom hatte, war der Senat funktionslos geworden, und auch die Vorherrschaft Roms und Italiens war sichtbar beendet.
Das **Zeremoniell** um den Kaiser herum war bereits im 3. Jahrhundert vorsichtig entwickelt worden; jetzt strebte man offen danach, dem Herrscher über das Reich ein hohes Maß an Würde zu verleihen. Die Untertanen durften sich ihm nur noch auf Distanz nähern, und er selbst begann, stark ritualisiert zu leben. Seine Bezeichnung auf Münzen lautete: *deus et dominus* – Gott und Herr. Von *dominus* leitet sich die Bezeichnung für das Verfassungssystem ab: **„Dominat"**.
Der spätantike römische Staat war also eine „Zwangsanstalt" geworden; er organisierte jede notwendige Handlung selbst und kontrollierte sie. Aber auch in diesem System funktionierte die Nachfolgeregelung nicht reibungslos: Diokletian erlebte nach seiner freiwilligen Abdankung noch, daß erneut ein Bürgerkrieg zwischen den von ihm ernannten Augusti und Caesares ausbrach. Dessen Sieger hieß **Konstantin**, der erfolgreich eine Dynastie gründete, die wie früher durch das Heer gestützt wurde, aber auch – und das war neu – durch die **christliche Religion**, die Konstantin duldete, ja gelegentlich sogar förderte, so daß er eine Stellung „von Gottes Gnaden" erhielt.
Der Kaiser **Theodosius** teilte 395 das Reich unter seine beiden Söhne auf – ein Hinweis auf die Verwurzelung des dynastischen Prinzips, aber auch auf die Wirkung des Teilungsgedankens der Reform Diokletians. Beide Reichshälften trieben durch unterschiedliche Entwicklungen schnell

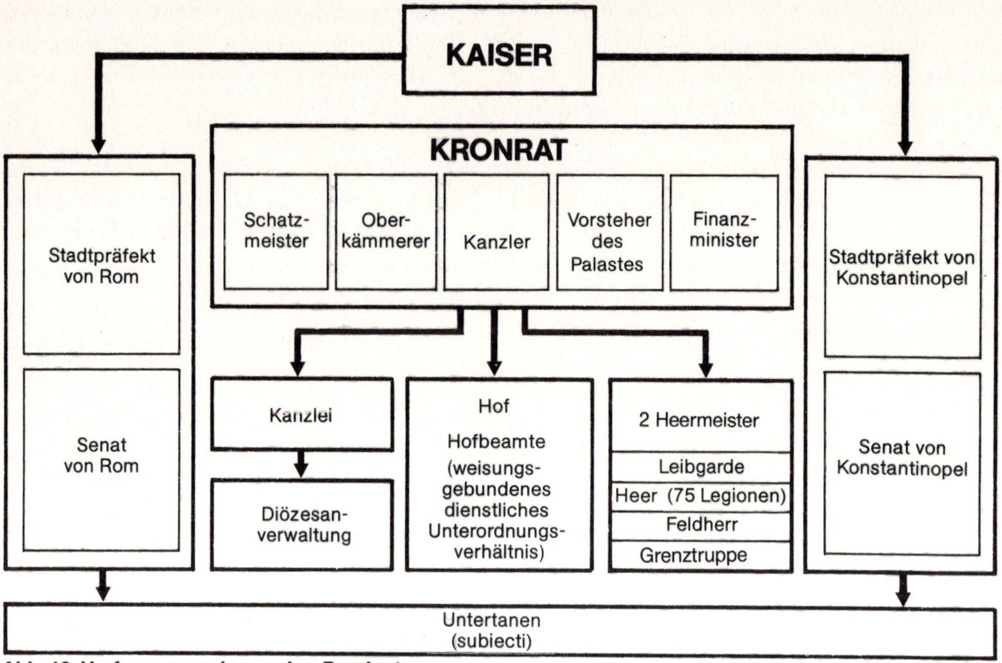

Abb. 12 Verfassungsschema des Dominats

auseinander. 476 wurde der bereits illegitime weströmische Kaiser Romulus Augustulus von dem Germanenfürsten **Odoaker**, der mit seinen Soldaten in römischen Diensten stand, gestürzt. Die westliche Reichshälfte besaß danach keinen Kaiser mehr. Allerdings existierte sie rechtlich weiterhin; Ostrom, z. B. der oströmische Kaiser **Justinian** (527–565), erhob Anspruch auf sie. Zum Zeichen der andauernden Reichseinheit ließ Justinian das römische Recht sammeln und kodifizieren.

2.3.3 Das Christentum im römischen Reich

45–58 n. Chr.	Missionsreisen des Apostels Paulus
64	Enthauptung des Paulus und Kreuzigung des Petrus in Rom
249–251	Allgemeine Christenverfolgung unter Kaiser Decius
303–311	Verfolgung der Christen unter Diokletian
311	Toleranzedikt der Kaiser Galerius und Licinius
313	Toleranzedikt von Mailand durch Kaiser Konstantin
325	Konzil von Nicaea, von Konstantin einberufen, formuliert nach Streitigkeiten innerhalb der christlichen Kirche das Glaubensbekenntnis
392	das Christentum wird durch Edikt des Kaisers Theodosius Staatsreligion, alle anderen Religionen werden untersagt
354–430	Augustinus, nach seiner Bekehrung (386) Bischof von Hippo Regius (Nordafrika), wichtigster christlicher Philosoph der Antike („De civitate Dei“, Vom Gottesstaat)

Die römische Religion war immer **Staatsreligion**. Die Götter Roms waren sowohl Garanten der Blüte des Staates wie der Wohlfahrt seiner Bewohner. Religiosität und Staatsbewußtsein waren identisch, die Religion diente der ideologischen Fundierung staatlicher Herrschaft, auch der

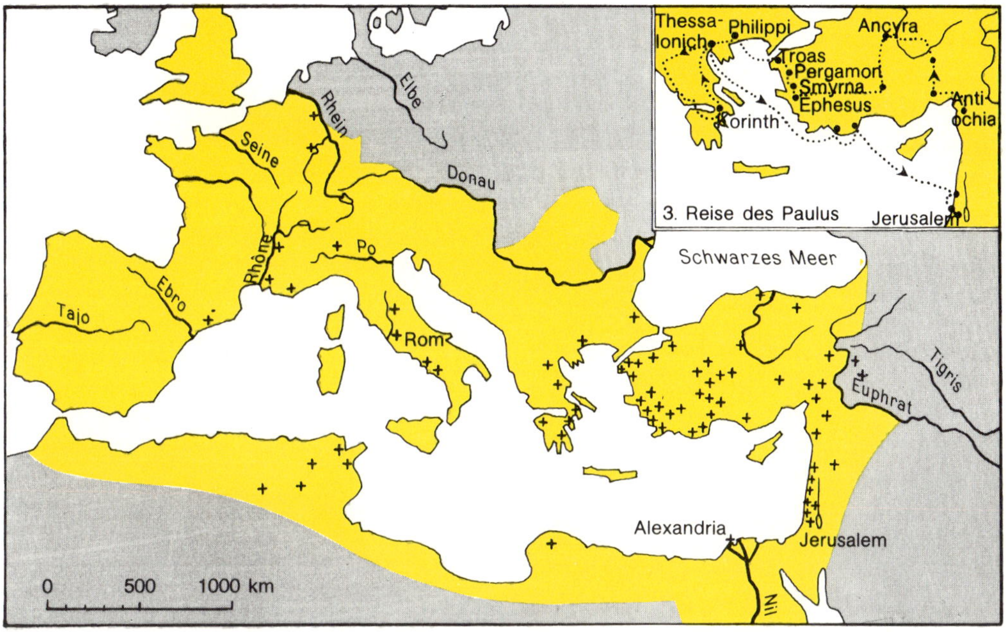

Abb. 13 Die ersten christlichen Gemeinden (2. Jahrhundert n. Chr.)

Zusammenfassung und Integration aller Reichsbewohner. Vor wichtigen politischen Entscheidungen wurde deshalb nach dem Willen der Götter geforscht, um festzustellen, ob sie mit den Plänen der Menschen einverstanden waren. Der staatlich veranstaltete **Kult** war ein wichtiger Sammelpunkt des antiken bürgerlichen Lebens, in seinen Festen und Opferhandlungen wurden die Götter als Segensbringer für Staat und Menschen verehrt. Eine Begegnung zwischen Gott und einzelnem Mensch fand nur im Rahmen dieses Kultes statt. Die meisten römischen Kaiser griffen daher auf den altrömischen Kult zurück, als sie die Romanisierung des Reiches vorantrieben oder später gegen seinen Zerfall arbeiteten.

Aber die Römer waren in der hellenistischen Welt des Ostens mit vielen fremden Kulten in Berührung gekommen. Eine relativ starke Mobilität einzelner Bevölkerungsteile (Soldaten, Beamte, Seeleute, Sklaven) hatte dazu geführt, daß fremde Kulte bis in die entlegensten Teile des Reiches vorgedrungen waren. Den meisten östlichen Kulten war gemeinsam, daß sie viel stärker als die römische Religion Antworten auf ganz persönliche Fragen nach Schuld, Angst, Sünde, aber auch nach Erneuerung, Überwindung von Tod und Sterblichkeit gaben und den persönlichen Bedürfnissen der Menschen entsprachen. Gegenüber diesen fremden Kulten war der römische Staat prinzipiell tolerant, wenn er auch mißtrauisch blieb und einzelne Mysterienkulte gelegentlich verbot.

Eine Sonderstellung innerhalb des römischen Reiches nahmen in religiöser Hinsicht die **Juden** in Palästina ein. Ihr Glaube war streng monotheistisch; sie lehnten aus religiösen Gründen jede bildliche Darstellung ihres Gottes ab. 37 bis 4 v. Chr. regierte der König Herodes über die Juden, der sich geschickt mit den Römern arrangierte, wenn er auch von ihnen abhängig blieb. In einem seiner letzten Regierungsjahre wurde Jesus von Nazareth geboren.

Jesus war ein frommer Jude. Innerhalb des Judentums seiner Zeit gab es verschiedene religiöse Richtungen. Neben den Sadduzäern, die nur die fünf Bücher Mose als verbindlich anerkannten, standen die Pharisäer, die sich in Lehre und Leben um die Erläuterung dieser Bücher Mose für ihre Zeit bemühten.
Die Gruppe der Essener hatte sich in die Abgeschiedenheit eines „Wüstenklosters" zurückgezogen und lebte dort in Gütergemeinschaft. Jesus wirkte wahrscheinlich etwa ein Jahr durch öffentliche Predigt, in der er eine Botschaft verkündete, die durch ihren Anspruch an die Menschen auffiel und vor allem bei den Armen und Niedrigen der Gesellschaft Aufnahme fand. Seine Botschaft brachte ihn in Gegensatz zu manchen Zeitgenossen. Jesus wurde durch den römischen Statthalter Pontius Pilatus verurteilt und durch Kreuzigung, der schändlichsten Todesstrafe der Römer, hingerichtet.
66 n. Chr. brach sowohl ein **Aufstand der Juden** gegen die Römer als auch ein jüdischer Bürgerkrieg aus, dem religiöser Fanatismus eine besondere Schärfe gab. Die Römer eroberten Jerusalem und zerstörten den Tempel. Nach einem weiteren Aufstand 132–135 n. Chr. unter Bar-Kochba wurde der jüdische Widerstand endgültig gebrochen und die Juden außer Landes als Sklaven verkauft.
Die christliche Lehre ging aus einer jüdischen Sekte hervor, die durch **Paulus** – einen Diasporajuden aus der griechischen Stadt Tarsus, vertraut also mit griechischen und jüdischen Traditionen – die jüdischen Gesetze übersprang. Für die judenchristlichen Gemeinden war Jesus Christus der Messias, der das Reich Gottes bringt, griechischem Gedankengut entsprang die Anbetung Christi als Sohn Gottes, die Apotheose. Paulus deutete darüber hinaus Leiden und Tod Christi als eine Übernahme menschlichen Leides und menschlicher Schuld, die dem Menschen die mystische Vereinigung mit Christus ermöglichte.
Indem der Mensch die Leiden Christi im Geiste nachvollzieht, wird er zu einem neuen Geschöpf. Der Tod Christi macht ihn lebendig, weil er den Geist Christi erfährt. Er wird als Individuum von Christus angesprochen, seine soziale Stellung spielt dabei keine Rolle. Das Christentum wurde in dieser Auslegung eine Religion für alle Menschen, eine Weltreligion.
Die frühen Christen lebten darüber hinaus im Bewußtsein einer baldigen Wiederkehr Jesu und eines dann anbrechenden Reiches Gottes. Diese Vorstellung war sehr lebendig und trug dazu bei, daß der christliche Glaube besonders bei den sozial Schwachen des römischen Reiches Aufnahme fand.
Die Apostel Paulus und Petrus sowie andere Missionare gründeten auf ausgedehnten Reisen christliche Gemeinden im ganzen römischen Reich. Die ersten Zentren lagen noch in Palästina und Kleinasien, aber bald gab es Gemeinden in Griechenland, Italien, Frankreich, Nordafrika, Ägypten, Spanien und Deutschland. Gerade im 3. Jahrhundert, als die staatliche Gewalt krisenanfällig wurde, erlebte die christliche Religion mit ihrer Betonung eines wirklichen Lebens nach dem irdischen Tod besonderen Zulauf.
Die **christliche Lehre** stand von Anfang an in der Auseinandersetzung mit dem römischen Staat. Der sich im 3. Jahrhundert steigernde **Kaiserkult**, die religiöse Verehrung des Herrschers, stürzte die Christen in Konflikte, denn ihr Gott, der auch der Gott der Juden war, duldete keine anderen Götter neben sich. Diese Ausschließlichkeit war für die Antike unverständlich und mußte die Christen in den Augen ihrer nichtchristlichen Nachbarn verdächtig machen. Doch es gab nur wenige gezielte staatliche Kampagnen gegen die Christen. Außerdem trugen Verfolgungen viel zur inneren Festigung der Gemeinden und zu deren dauerhafter Organisation in der „Kirche" bei.

Schon vor Konstantin hatten die Kaiser Galerius und Licinius 311 das Christentum in einem Edikt toleriert, aber sie waren noch nicht so weit gegangen wie **Konstantin**, der sich nach 313, dem Jahr, in dem er sein **Toleranzedikt** erließ, erfolgreich bemühte, zwischen dem römischen Reich und der christlichen Lehre ein Bündnis zu stiften. Deshalb regte Konstantin an, den Gott der Christen auch für die anderen, nichtchristlichen Römer verständlicher zu machen, z. B. durch die Feier der Geburt Jesu am 25. Dezember, dem Tag des römischen Sonnengottes Sol Invictus, oder durch die Übernahme des Sonnentages (Sonntags) als Feiertag statt des jüdischen Sabbat, den die Christen bis dahin feierten. Dem starken christlichen Gott wollte Konstantin nahekommen – auch aus Gründen der Staatsräson. Denn dieser Gott gab seinen Anhängern so viel Kraft, er mußte folglich auch dem römischen Reich neue Kraft geben können.
Kaiser und Reich anzuerkennen war schon vorher für die Christen kein unüberwindliches Hindernis gewesen. Zwar konnte kein Christ den Kaiser als Gott anerkennen, aber er konnte ihn in die Nähe Gottes stellen: Kaiser und Reich wurden Werkzeuge Gottes. Konstantins Zeitgenosse Eusebios brachte dies auf die Formel: Ein Gott – ein Reich – ein Kaiser.
Das enge Bündnis von römischem Reich und Staat sowie der christlichen Lehre und Kirche war nicht nur vorteilhaft, es barg auch Gefahren: das Reich lud sich mit der Kirche eine neue Last auf, während sich das junge Christentum an einen alten Staat band und mit ihm unterzugehen drohte. Daß dieses nicht geschah, ist vor allem **Augustinus** zu verdanken, der in seinem Werk „De civitate Dei" (Vom Gottesstaat) den Diesseits-Staat (*civitas terrena*) von dem auf Gott ausgerichteten Jenseits-Staat (*civitas Dei*) trennte und im Untergang des römischen Reiches – Augustinus erlebte die Plünderung Roms durch die Westgoten 410 n. Chr. – die christliche Kirche erneut auf ein weltliche Macht und Ordnung übergreifendes Jenseits ausrichtete. Die christliche Gemeinschaft war zwar der Welt verhaftet, war aber doch wesentlich durch ihre Lehre und ihren Glauben auf ein anderes Reich verwiesen, das Reich Gottes, das jenseits von Zeit und Welt beheimatet war.

2.4 Die Kultur Roms

Im Bereich der Kunst und Kultur gelten die Römer häufig nur als – wenn auch gelehrige – Schüler der Griechen. Faßt man den Begriff der Kultur jedoch weiter und versteht auch den religiösen Kultus und wissenschaftlich-technische Fähigkeiten, auch einen Sinn für Ordnungen darunter, so vollbrachten die Römer durchaus eigenständige kulturelle Leistungen (s. M 31–33).
Als bäuerliches, wenig musisches Volk deckten die Römer in der frühen Zeit ihren Bedarf an Kunst durch Aufträge an etruskische und griechische Künstler, daneben auch durch Kunstraub in den eroberten Städten. Mit dem tieferen politischen Eindringen in Griechenland wurde aber die griechisch-hellenistische Kunst immer stärker von den Römern aufgenommen und verarbeitet, vor allem in der monumentalen Baukunst und in der **Portrait-Plastik** und **Portrait-Malerei**.
Im Gegensatz zu den vom griechischen Vorbild geprägten römischen Tempeln haben die römischen Profanbauten einen eigenständigen Charakter. Die Römer waren praktisch orientiert, sie entwickelten das von den Etruskern übernommene Gewölbe weiter und verbanden es mit der Kunst des Großmauerwerks: Nur noch die Außenschale einer Mauer bestand aus behauenen Quadern, das Innere aber aus einer Masse von Mörtel und kleinen Steinen. Dadurch und durch die Entwicklung der Mathematik und Technik – die Römer kannten die Zahl für π und technische Hilfsmittel wie Flaschenzug und Kran – wurden Großbauten wie Wasserleitungen, Thermen, Brücken, Torbögen, Mauern, Denkmäler, Stadthäuser und Straßenbauten möglich

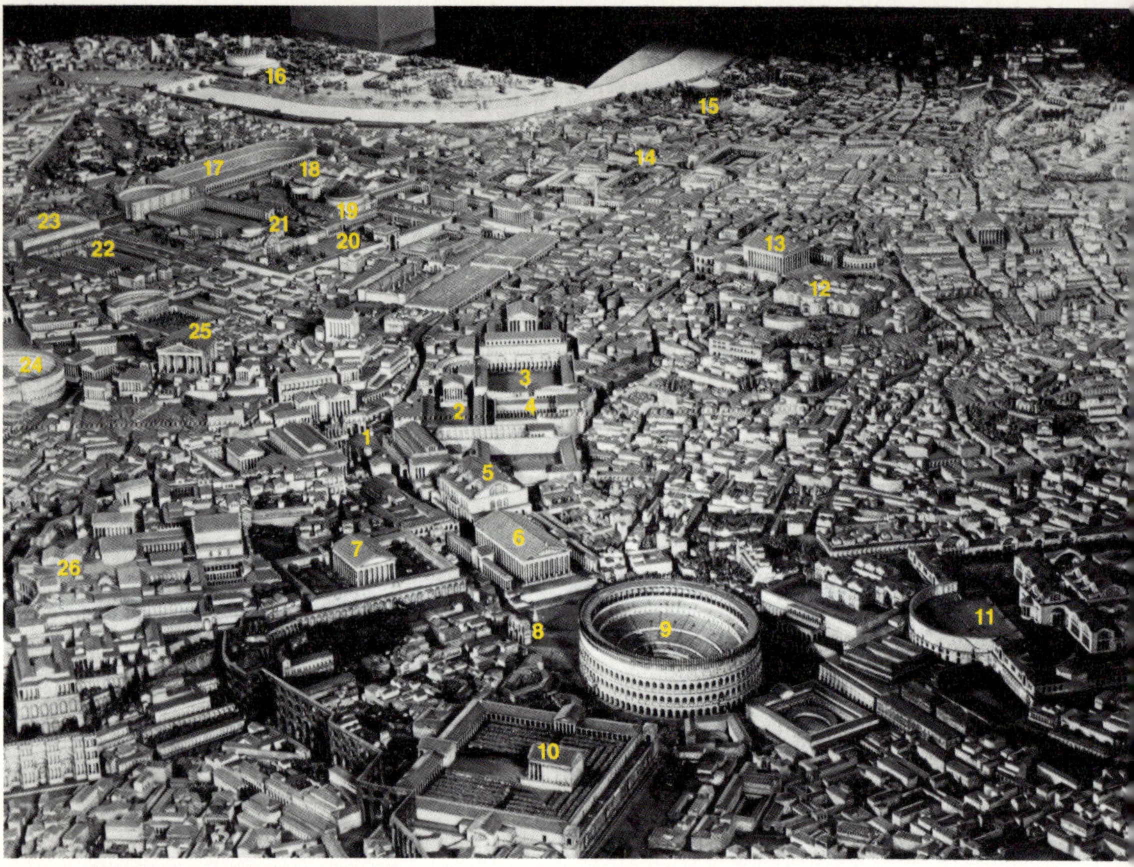

Abb. 14 Das antike Rom, (Modell)
1 Forum Romanum – 2 Caesar-Forum – 3 Trajans-Forum – 4 Augustus-Forum – 5 Konstantins-Basilika – 6 Tempel der Venus und Roma – 7 Aedes Caesarum – 8 Konstantinsbogen – 9 Flavisches Amphitheater (Colosseum) – 10 Tempel des Claudius – 11 Thermen Trajans – 12 Thermen Konstantins – 13 Serapis-Heiligtum – 14 Ara Pacis – 15 Augustus-Mausoleum – 16 Hadrians-Mausoleum (Engelsburg) – 17 Stadion Domitians – 18 Thermen Neros – 19 Pantheon – 20 Saepta Iulia – 21 Thermen Agrippas – 22 Porticus des Pompejus – 23 Theater des Pompejus – 24 Marcellus-Theater – 25 Tempel des Jupiter Capitolinus – 26 Domus Augustana.
(Die Numerierung bezieht sich auf die Abb. 14 und 15)

(s. Abb. 14–16). Das Bedürfnis nach derartigen Bauten entsprang politischer Notwendigkeit (Straßen, Tore, Mauern, Brücken), aber auch privaten Wünschen (Wasserleitungen, Thermen, Heizungen, Häuser).
Zu den Bauformen, die bereits in republikanischer Zeit entwickelt, in der Kaiserzeit aber gesteigert wurden, gehört das Theater, in dem das römische Proletariat durch Spiele bei Laune gehalten wurde (**Kolosseum** mit 20000 Plätzen), sowie die **Basilika,** die überdachte große Markthalle, die von den frühchristlichen Gemeinden als Kultstätte übernommen wurde.
Seit Augustus strebten alle Kaiser danach, der neuen Herrschaftsform des Prinzipats auch architektonisch eine beeindruckende Grundlage zu geben und mit Hilfe der Baukunst politische Propaganda zu treiben. Vor allem Rom – damals über 1 Mill. Einwohner – wurde jetzt mit gewaltigen Großbauten versehen (Tempel, Foren; s. Abb. 14, 15).

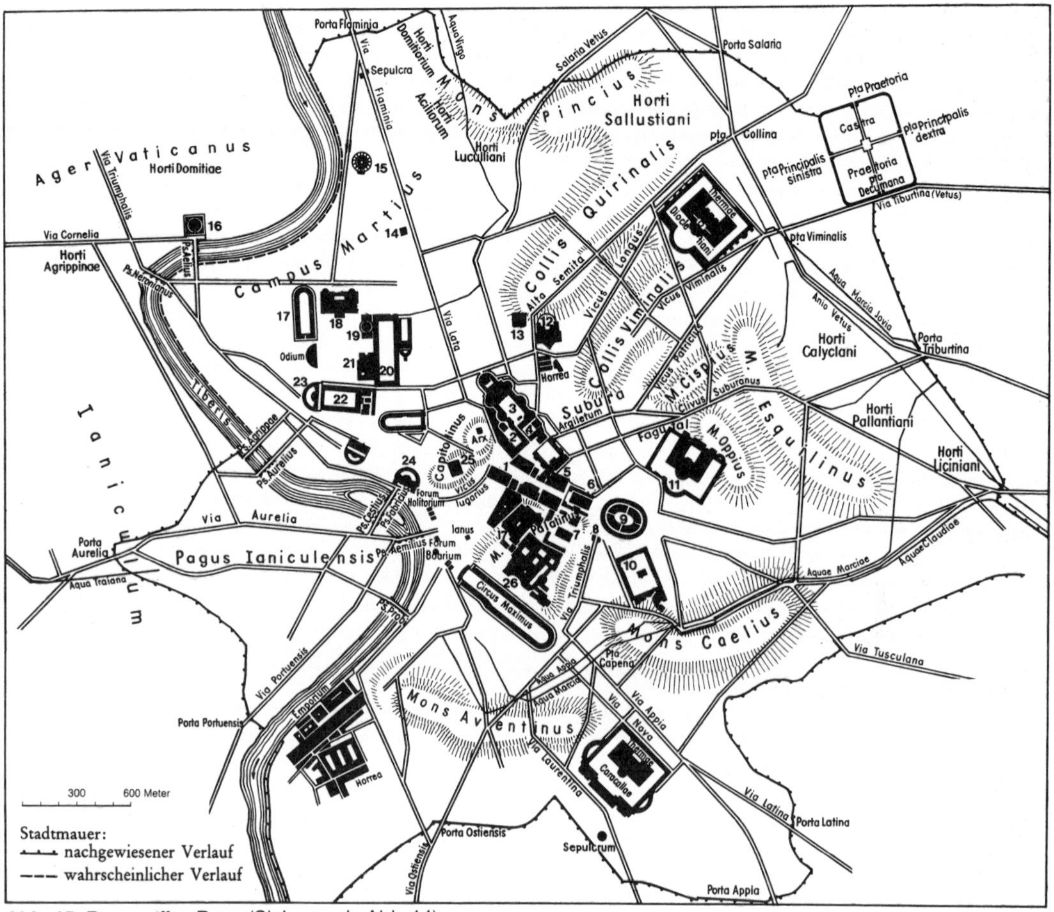

Abb. 15 Das antike Rom (Siehe auch Abb. 14)

Abb. 16 Römische Stadthäuser mit Mietwohnungen

Zur Ausstattung repräsentativer Räume in derartigen Bauwerken verwandten die Römer das **Mosaik** und trieben diese Kunst zu höchster Vollkommenheit.
Die Fülle und Bevölkerungsdichte in Rom und in anderen Städten des Reiches brachte die Wohlhabenden dazu, aus der Stadt zu fliehen und sich in schloßartigen **Villen** auf dem Lande niederzulassen. Auch diese Landhäuser boten alle Bequemlichkeiten der Stadtwohnungen, wie Heizung und Wasserzu- und -abfluß.
Die Ausgrabungen der letzten Jahre vor allem in den Provinzen haben gezeigt, daß auch die handwerkliche Kunstfertigkeit im römischen Reich hoch entwickelt war (Verarbeitung von Metallen, Glas, Elfenbein, Keramikwaren, Textilerzeugnisse, Münzen). Materielle Grundlage dieser Kleinkunst waren die großen Vermögen einer dünnen Schicht von Großgrundbesitzern und deren Bedürfnis nach Verfeinerung aller Lebensäußerungen, zum Beispiel auch im Essen und Trinken, in der Haartracht usw. Diese Verfeinerung und Übersteigerung wirkte stilbildend im ganzen römischen Reich (s. M 35, 36).
Auch die Literatur der Römer ist eng mit der griechischen Kunst verbunden. Das **Alphabet** erhielten die Römer aus der griechischen Kolonie Cumae (Kyme) nahe Neapel. Die Schrift diente praktischen Bedürfnissen, z. B. der Aufzeichnung von Gesetzen (Zwölf-Tafel-Gesetz, um 450 v. Chr.).
Erst durch den engen Kontakt zu den Griechen wandten sich die Römer der Literatur als einer weitgehend zweckfreien Kunst zu und benutzten dabei die griechischen Literaturgattungen als Vorbilder. Der republikanischen Verfassung Roms entsprach es, wenn vor allem die aus der **Redekunst** abgeleiteten prosaischen Literaturformen aufgenommen und entwickelt wurden (Cato 234–149 v. Chr.: Sammlung seiner Reden). Neben der Redekunst genoß die **Geschichtsschreibung** das größte Ansehen. Sie diente der Bildung eines nationalen Selbstbewußtseins sowie der Verständigung über moralische und politische Vorstellungen. Die Dichtung, die auch das Drama mit umfaßte, galt in Rom zwar als von Göttern und Musen inspiriert, daher auch als überzeitlich gültige Aussage, aber als dem Alltag entrückt, wie auch der Vers der Alltagssprache entrückt war.
Zu den besonderen kulturellen Leistungen der Römer zählt das **Recht**. Zwar kannten auch andere antike Völker das Recht als System von Normen zur Bewahrung einer gesellschaftlichen Ordnung, aber erst die Römer übertrugen eine einzige Rechtsordnung auf ihr gesamtes riesiges Reich und schufen für den Mittelmeerraum und Europa eine einzige Rechtsgrundlage. Wenn ein Gesetz für das Reich galt, mußte es überall genau und gleich ausgelegt werden: Die Römer entwickelten eine Wissenschaft der Interpretation von Gesetzen und einen eigens dafür ausgebildeten Berufsstand.
Quelle des römischen Rechts waren zunächst das Zwölf-Tafel-Gesetz, das öffentlich aufgestellt wurde, dann die Beschlüsse des Gesamtvolkes in den Komitien *(leges)*. Später wurden die Beschlüsse der Plebs *(plebiscita)* und des Senats *(senatus consulta)* sowie die edicta des Praetors ebenfalls Rechtsquellen. In der Kaiserzeit kamen die Verordnungen des Kaisers *(constitutiones)* hinzu, während *leges, plebiscita, senatus consulta* und *edicta* verschwanden. Der Kaiser wurde zur einzigen Quelle des Rechts, er zog auch die Rechtsprechung voll an sich.
In der Zeit der Republik galt das römische Recht nur für die Bürger Roms. Die Ausdehnung des Reiches brachte es mit sich, daß sich auch ein ausgeprägtes Fremdenrecht entwickelte. Für Streitigkeiten zwischen den Römern gab es ein formalisiertes Verfahren, um zu Lösungen zu gelangen. Solche Gerichtsprozesse waren durch ein strenges **Prozeßrecht** gekennzeichnet. Je nachdem, ob Rechte des einzelnen verletzt worden waren oder Vergehen gegen die staatliche Gemeinschaft vorlagen, wurde der Rechtsfall zu einem **Zivil-** oder **Strafprozeß** erklärt.
Die römische **Religion** ist kein geschlossenes System wie der Islam oder das Christentum, sie hat

keinen Stifter und kein heiliges Buch. Sie besteht im wesentlichen aus einem bäuerlichen Fruchtbarkeitskult und vielen Anleihen bei anderen Völkern, vor allem Etruskern und Griechen.
Für die Römer sind die Götter immer gegenwärtig. Es gibt keine Mythen als Erzählungen von einer Zeit, in der die Götter dem Menschen näher standen. Das Verhältnis der Römer zu ihren Göttern ist ähnlich einem Vertragsverhältnis, in dem man auf genaue Einhaltung der Vorschriften zu achten hat. Um alles richtig zu machen, muß man den Willen der Götter kennen – daher der Glaube an göttliche Vorzeichen (Eingeweideschau, Deutung des Vogelfluges).
Die römische Religion neigte durch die Betonung der genauen Formen und Opfer zur Erstarrung, sie entsprach oft nicht dem Bedürfnis der Menschen nach persönlicher Hilfe und Trost. Deshalb drangen immer wieder neue Kulte und Religionen, die sich meist an den einzelnen Römer wendeten, in Rom ein, teils auf Veranlassung der Behörden, teils auch gegen deren Widerstand. Zunächst nahmen nur die männlichen Familienoberhäupter und die Beamten für den Staat kultische Handlungen und Opfer vor, später kamen **Priester** und **Priesterkollegien** dazu. Die Volksversammlung wählte den Oberpriester (Pontifex Maximus), der seinerseits die übrigen Priester ernannte. Die Priesterkollegien berieten die Behörden in religiösen Fragen und besaßen dadurch auch politischen Einfluß.

Rom – Stadtstaat und Weltreich
Materialien

Die römische Republik
Die Expansion Roms in Italien

M 1 Livius über das Verhältnis von Patriziern und Plebejern während der Ständekämpfe (5.–4. Jahrhundert)

Titus Livius (59 v. Chr. bis 17 n. Chr.) stellte in 142 Büchern die Geschichte Roms von der Gründung der Stadt bis zum Jahre 9 v. Chr. dar. Er stützte sich dabei sowohl auf ältere römische Annalisten, die zur Zeit der Punischen Kriege die Ereignisse Roms, nach Jahren gegliedert, niedergeschrieben hatten, als auch auf den griechischen Historiker Polybios (um 200 – um 120). Erhalten sind von dem Werk Livius' nur die Bücher 1 bis 10 (bis 293 v. Chr.) und 21 bis 45 (218 bis 167 v. Chr.).

Dies Jahr [um 445 (?)] brachte Widerwärtigkeiten von innen und von außen. Denn einerseits beantragte der Volkstribun Gajus Canulejus, die Ehen zwischen Patriziern und Plebejern für erlaubt zu erklären, andererseits gedieh eine zunächst glimpfliche Anregung der Tribunen, es solle gestattet sein, den einen der Konsuln der Plebs zu entnehmen, schließlich so weit, daß neun Tribunen den Vorschlag machten, es sei dem Volke freizustellen, die Konsuln ganz nach Belieben aus der Plebs oder aus dem Kreis der Patrizier zu wählen. Diese aber fürchteten, dann würde die Regierung ganz in die Gewalt der Plebs übergehen. Folglich freuten sie sich über die Nachricht, daß die Ardeaten [latinische Küstenstadt] das Bündnis gekündigt, die [etruskischen] Vejentiner römisches Gebiet geplündert und die Volsker und Aequer sich gegen die Befestigung von Verrugo [am Albanergebirge] erhoben hätten. Von all dem machten die Patrizier um so mehr Aufhebens, als sie hofften, unter dem Getöse so vieler Kriege die Tribunen zum Schweigen zu bringen. Sie befahlen, Mannschaften anzuwerben und sich mit allen Kräften zum Kriege zu rüsten. Da erklärte Gajus Canulejus im Senat mit knappen Worten, solange er lebe, werde man keine Truppenwerbung durchführen können, wenn nicht zuvor seine und seiner Amtsgenossen Vorschläge vom Senat genehmigt wären. Und ungesäumt berief er das Volk zur Versammlung ein. Als nun auch die Konsuln in die Versammlung traten und auf die zusammenhängenden Reden ein Wortwechsel erfolgte, antwortete einer der Konsuln dem Tribun auf die Frage, warum denn ein Plebejer nicht Konsul werden dürfe, vielleicht der Wahrheit, nur nicht dem Zeitpunkt der Erbitterung gemäß, weil kein Plebejer die Vögel befragen dürfe, deshalb hätten die Dezemvirn diese Ehen nicht zugelassen, damit nicht die gemischte Abkunft derer, welche die Vögel befragen müßten, hierin eine nachteilige Störung verursache. Gerade dies erregte bei den Plebejern höchsten Unwillen, sich für Menschen halten zu lassen, die zur Beachtung des Vogelfluges den unsterblichen Göttern viel zu mißfällig wären. Und da der Stand der Plebejer in diesem Tribun den unternehmendsten Anführer fand und selbst mit ihm in Beharrlichkeit wetteiferte, so hörten die Streitigkeiten nicht eher auf, bis die besiegten Patrizier dem Vorschlag betreffs der Ehen endlich ihre Zustimmung gaben, obgleich nicht ohne den Hintergedanken, daß auf diese Weise die Tribunen den Streit wegen der plebejischen Konsuln noch am ehesten aufgeben oder bis nach dem Kriege verschieben möchten, und die vorerst durch das

Ehegesetz befriedigten Plebejer sich nun anwerben ließen.
(Livius IV, 1ff.; in Anlehnung an die Übersetzung von K. Heusinger. Hrsg. von O. Güthling. Leipzig 1885)

Die Machtausweitung Roms außerhalb Italiens

M 2 Livius über den Beginn des Krieges der Römer gegen Makedonien

Auf den Punischen Krieg folgte sogleich der Makedonische Krieg: hinsichtlich der Gefahr mit jenem keineswegs zu vergleichen, wenn man an die Tüchtigkeit des feindlichen Heerführers oder an die Stärke der Truppen denkt. Mehr Ruhm gebührte ihm aber vor allem wegen der glanzvollen Namen der ehemaligen Makedonischen Könige, durch den alten Ruhm ihres Volkes und durch die Ausdehnung seiner Oberherrschaft, dank der es einst einen großen Teil von Europa, einen größeren von Asien durch seine Waffen unterworfen hatte.
Übrigens hatte der Krieg gegen Philipp, der nach drei Jahren beendet werden konnte, beinahe zehn Jahre früher seinen Anfang genommen, und es waren die Aetoler, die die Entscheidung über Krieg oder Frieden in Gang gesetzt hatten. Später aber, als nach Beendigung der Punischen Kriege die Römer freie Hand hatten, ließen sie sich – zumal in Anbetracht von Philipps unredlicher Handhabung des Vertrages mit den Aetolern und anderen dortigen Bundesgenossen Roms, ganz zu schweigen von der eben erst erfolgten Unterstützung Hannibals und der Punier durch Zusendung von Truppen, die genügend Anlaß zu Beschwerden gab – durch die Bitten der Athener, die nach Philipps Verheerung von Attika in ihrer Stadt zusammengedrängt waren, bewegen, den Krieg wieder aufzunehmen. [...]
Die Anfrage wegen des Makedonischen Krieges wurde am ersten Versammlungstag von fast allen Zenturien verworfen. Durch den langen und schweren Krieg erschöpft, hatten dies die Leute aus Überdruß an Not und Gefahren des Krieges spontan geäußert; gleichzeitig schlug aber auch der Volkstribun Quintus Bäbius den hergebrachten Weg der Klage im Senat ein und machte diesem den Vorwurf, daß er nur Kriege aus Kriegen erwachsen ließe, um das Volk nie eines Friedens froh werden zu lassen. Dies beleidigte die Senatoren sehr, schneidende Schmähungen trafen im Senat den Volkstribun, und jeder von ihnen forderte namentlich den Konsul auf, einen Versammlungstag zur Wiederholung der Anfrage anzusetzen, das Volk über seine Stumpfheit zurechtzuweisen und es über die Größe des Nachteils und der Schande zu belehren, die ein Aufschub des Krieges zur Folge haben müßte.
(Livius 31: 1.2.6)

M 3 „Römischer Imperialismus"? – Zwei unterschiedliche Meinungen

a) V. Wittmütz

Ich würde nun gern den Begriff „Imperialismus" auf Roms gesamte Expansion anwenden, um den Erkenntniswert der Geschichte für eine moderne Theorie und für das Verständnis der Gegenwart zu demonstrieren. Die römische Expansion und der Kolonialismus europäischer Staaten, den wir als Imperialismus bezeichnen, ähneln sich in manchem, aber gerade in ihrer Verschiedenartigkeit erhellen sie sich gegenseitig. [...]
Mit dem Wort Imperialismus wird ein aus der römischen Antike gewonnener moderner Begriff also wieder auf die römische Antike übertragen in dem Bemühen, durch die Anwendung entsprechender moderner Denkmodelle auf eine antike Erscheinung diese unter heute verständlichen Fragestellungen schärfer zu sehen und leichter zugänglich zu machen, natürlich mit den gebotenen Einschränkungen hinsichtlich einer direkten Vergleichbarkeit von Antike und Gegenwart. Indem nun aber verschiedene Imperialismustheorien gewissermaßen „ausprobiert" werden, ob sie der römischen Expansion gerecht zu werden vermögen, wird gleichzeitig unser Bild des modernen Imperialismus entworfen; in der Auseinandersetzung mit der antiken Erscheinung kann auch die moderne besser begriffen werden.
Eine soziologische Imperialismustheorie [...] begreift den Imperialismus der europäischen Großmächte als außenpolitische Ableitung innenpolitischer Schwierigkeiten und sozialer Spannungen, als Ventil für die schweren gesellschaftlichen Konflikte und wirtschaftlichen Krisen, die durch die rasche Industrialisierung und das ungleichgewichtige Wachstum verschiedener Produktionsbereiche wie überhaupt von Produktions- und Konsummöglichkeiten entstanden. [...] Dieser Gedanke könnte auch auf die römische Expansion Anwendung finden, die den Kampf zwischen den römischen Ständen entschärfte, seine Energien nach außen abwendete, äußeren Gegnern zuleitete und folglich in Rom selbst herrschaftsstabilisierend im Sinne des traditionellen Status quo wirkte. [...] Die Dominanz wirtschaftlicher Motive im europäischen Imperialismus, zumindest im Bewußtsein der Zeitgenossen, über die Politik [...] kontrastiert mit den römischen Verhältnissen, bei denen sich eine entwickelte Tauschwirtschaft, Handel und Gewerbe und eine weitergehende Arbeitsteilung erst nach der politischen Eroberung einstellen. Dadurch, daß ökonomische Motive der Erwerbung von Kolonien, wie die Suche nach neuen Absatzmärkten [...] im römischen Imperialismus ausscheiden, erscheint erst das Fundament des europäischen Imperialismus, eine Industriewirtschaft [...] in seinem ganzen Umfang. [...]
(V. Wittmütz, Die Expansion Roms – Zur Relevanz

eines historischen Phänomens. In: Geschichte in Wissenschaft und Unterricht 28/1977, S. 452–454)

b) E. Erdmann

Was ist wirklich für die Erkenntnis auf dem Gebiet der alten Geschichte gewonnen, wenn man von Imperialismus spricht und ihn als Expansion definiert, wobei dann noch einige ergänzende Faktoren dazukommen können? Immer wieder stellt sich die Frage, wieweit die Ausdehnung des römischen Reiches von langer Hand geplant war oder als Reaktion auf vermeintliche Bedrohung erfolgte. Lassen sich diese Erscheinungen nicht besser untersuchen und beschreiben, ohne den von den Sozialwissenschaften verwendeten und von der politischen Polemik belasteten Terminus „Imperialismus" zu gebrauchen? Dazu kommt noch folgendes: was bringt eigentlich ein Ausdruck an begrifflicher Klärung, der einmal von den Sozialwissenschaften [...] für eine bestimmte Zeit, in diesem Fall nach der industriellen Revolution, verwendet wird, und der zum andern völlig verschieden definiert wird, wenn er für die alte Geschichte Geltung haben soll? [...]

Wenn hier die Forderung erhoben wird, künftig nicht von „römischem Imperialismus" zu sprechen, so soll damit nicht in Abrede gestellt werden, daß gewisse Fragestellungen aus den Imperialismustheorien und den Erscheinungen des Imperialismus auf die Historiographie gewirkt und die Untersuchung von bestimmten Aspekten gefördert haben. Aber gerade dadurch wurde auch der Blick dafür geschärft, daß der Begriff Imperialismus nicht auf die Antike übertragbar ist, weil er zu einem tieferen Eindringen in die Probleme der alten Geschichte und zu ihrer begrifflichen Klärung nichts Wesentliches beizutragen vermag.

(E. Erdmann, Römischer „Imperialismus" – Schlagwort oder Begriff? In: GWU 28/1977, S. 472, 447)

Anregungen

1 *Verfolgen Sie das Wachstum Roms! Welche Einschnitte sind zu erkennen? Mit welchen Ereignissen können sie in Verbindung gebracht werden? Vergleichen Sie damit die Entwicklung des römischen Bürgerverbandes (Abb. 3) und klären Sie:*

- *wie diese Zahlen erhoben worden sind;*
- *das Verhältnis von Darstellungsform und Informationswert.*

Untersuchen Sie anschließend den Prozeß der Expansion mit Hilfe der Karten (Abb. 1, 2):

- *Wie sind die Karten gestaltet?*
- *Welche Informationen sind ihnen zu entnehmen?*

2 *Welche Ursachen für die Expansion Roms werden in einigen Texten (M 1, M 2) der antiken Autoren angedeutet?*

3 *Nehmen Sie Stellung zum Problem eines römischen Imperialismus!*

4 *Wie beurteilen Sie die Formel „divide et impera"?*

Die Verfassung der römischen Republik

(M 3)

M 4 Das zeitgenössische Verständnis der römischen Verfassung

a) Polybios (um 200–um 120 v. Chr.)

Polybios war ein griechischer Geschichtsschreiber, der 167 v. Chr. als Geisel nach Rom kam und dort der Freund Scipios wurde. Er verfaßte eine Weltgeschichte, die die Epoche der außeritalischen Expansion Roms von 264 bis 144 v. Chr. umfaßt. Von den 40 Büchern sind nur die ersten fünf vollständig überliefert.

Ich weiß wohl, manche werden sich fragen, weshalb ich die fortlaufende Erzählung unterbreche, um gerade an dieser Stelle die Schilderung der römischen Verfassung einzuschieben. Indessen glaube ich schon an vielen Stellen klar zum Ausdruck gebracht zu haben, daß ich dies von Anfang an als einen wesentlichen, unentbehrlichen Punkt innerhalb des Gesamtplanes angesehen habe, vor allem in der Einleitung, in der ich meine Grundsätze entwickelt und eine vorläufige Übersicht über das Ganze gegeben habe. Dort habe ich es als das schönste Ziel meiner Arbeit, als den größten Gewinn für meine Leser bezeichnet, verstehen zu lernen, wie und durch welche Verfassungsform die Römer einen so vollständigen Sieg davongetragen haben, daß in noch nicht ganz dreiundfünfzig Jahren die ganze bewohnte Erde unter ihre Herrschaft gefallen ist, ein Vorgang, der in der Vergangenheit nicht seinesgleichen hat. Zur Behandlung des Themas der Verfassung aber und zur eingehenden Erörterung dieses Problems schien mir kein Zeitpunkt geeigneter als der gegenwärtige. [...]

Es gab also [...] drei Teile, die im Staat Gewalt hatten. So gerecht und angemessen aber war alles geordnet, waren die Rollen verteilt und wurden in diesem Zusammenspiel die staatlichen Aufgaben gelöst, daß auch von den Einheimischen niemand mit Bestimmtheit hätte sagen können, ob die ganze Verfassung aristokratisch, demokratisch oder monarchisch war. Und so mußte es jedem Betrachter ergehen. Denn wenn man seinen Blick auf die Machtvollkommenheit der Konsuln richtete, erschien die Staatsform vollkommen monarchisch und königlich, wenn auf die des Senats, wiederum aristokratisch, und wenn man auf die Befugnisse des Volkes sah, schien sie unzweifelhaft demokratisch. [...]

Obwohl jeder der drei Teile solche Macht hat, einander zu schaden oder zu helfen, so wirken sie doch in allen kritischen Situationen so einträchtig zusammen, daß man unmöglich ein besseres Verfassungssystem finden kann. Denn wenn eine von außen her sie alle gemeinsam bedrohende Gefahr zum Zusammenstehen und gegenseitigen Beistand zwingt, dann zeigt dieser Staat eine solche Kraft, daß weder eine

notwendige Maßnahme versäumt wird, denn alle wetteifern miteinander, Mittel zu ersinnen, um das Unheil abzuwehren, noch die Ausführung eines Beschlusses zu spät kommt, da alle zusammen und jeder einzelne Hand anlegt, um das Beabsichtigte durchzuführen. Daher ist dieser Staat dank seiner eigentümlichen Verfassung unwiderstehlich, und er erreicht alles, was er sich vorgesetzt hat. Wenn sie dann aber, nachdem die Gefahr abgewandt ist, im Genuß des Reichtums, den ihnen die Siege gebracht haben, in Glück und Überfluß leben und, durch eigenen Leichtsinn oder von Schmeichlern verführt, übermütig werden und außer Rand und Band geraten, wie dies so zu gehen pflegt, da kann man erst richtig erkennen, wie die Verfassung durch sich selbst ein Heilmittel dagegen findet. Denn wenn einer der drei Teile die ihm gezogenen Grenzen überschreitet und sich eine größere Macht anmaßt, als ihm zusteht, dann erweist sich der Vorteil dessen, daß keiner selbstherrlich ist, sondern in den anderen sein Gegengewicht hat und von ihnen in seinen Absichten gehindert werden kann: keiner darf zu hoch hinaus, keiner alle Dämme überfluten. Dem ungestümen Machtdrang wird ein Dämpfer aufgesetzt, oder er scheut von vornherein den zu erwartenden Widerstand der anderen und wagt sich nicht erst hervor, und so bleibt der verfassungsmäßige Zustand sicher erhalten.
(Polybios VI, 11, 18)

b) Cicero

Cicero (106 bis 43 v. Chr.) war schon zu Lebzeiten berühmt als Redner und Politiker, der zunächst auch politische Erfolge in der Endzeit der Republik hatte, aber mit dem Aufkommen Caesars sich resigniert aus der Politik zurückzog und sich ganz seiner umfangreichen schriftstellerischen Arbeit widmete.

Denn dahin geht meine grundsätzliche Einstellung, dahin meine Überzeugung, dahin mein fester Glaube: keine von sämtlichen Staatsformen ist hinsichtlich ihres inneren Aufbaues, hinsichtlich der Verteilung der Gewalten und der geregelten Ordnung mit der zu vergleichen, die unsere Väter schon von den Vorfahren übernommen und uns hinterlassen haben. [...] Cato[1] also pflegte folgendes zu sagen: „Darin zeichnet sich die Verfassung unseres Staates vor den übrigen aus, daß in diesen in der Regel Einzelpersönlichkeiten aufgetreten sind, von denen jede einzelne ihren Staat mit ihren Gesetzen und Einrichtungen aufgebaut hat. So war bei den Kretern Minos, bei den Lakedaimoniern Lykurgos, bei den Athenern, deren Verfassung oftmals verändert wurde, zuerst Theseus, dann Drakon, dann Solon, dann Kleisthenes, dann kamen viele andere [...]. Unser Staat dagegen hat sich nicht auf das Talent eines einzelnen, sondern vieler Persönlichkeiten gegründet, auch nicht auf ein einziges Menschenleben, sondern auf eine ganze Reihe von Jahrhunderten und Generationen. Denn [...] noch nie ist ein Genie aufgetreten, das so umfassend gewesen wäre, daß ihm überhaupt nichts entging, und selbst wenn man alle bedeutenden Geister in einer Person zusammenfassen würde, könnte sie in dieser zeitlichen Zusammenfassung nicht eine so weitgehende Voraussicht walten lassen, daß sie unter Verzicht auf praktische Erfahrung und auf die Lehren der Vergangenheit alles umfassen würde."
(Cicero, De re publica, 1, 70; 2, 1)

1 Cato (234–149 v. Chr.), römischer Staatsmann, unversöhnlicher Gegner Karthagos, Anwalt römischer Sittenstrenge.

M 5 Sklaven in der Landwirtschaft

a) Bericht des Diodorus Siculus

Diodorus, Sizilier, schrieb im 1. Jh. v. Chr. auf griechisch eine zum Teil erhaltene Universalgeschichte.

Da die Sizilier nach der Niederringung Karthagos ihre Lebenshaltung sehr gesteigert und gewaltige Reichtümer angehäuft hatten, kauften sie sich eine Menge von Sklaven zusammen. Herdenweise trieben sie sie aus den Sklavenzuchtanstalten weg und drückten ihnen sogleich Kennzeichen und Brandmale auf ihre Körper. Die jüngeren von ihnen verwendeten sie als Hirten, die anderen so, wie jeder gerade zu gebrauchen war. Sie nutzten sie zu schweren Diensten aus und ließen ihnen, was Nahrung und Kleidung angeht, nur geringe Fürsorge angedeihen. So gewöhnten sich die meisten von den Sklaven daran, sich ihren Lebensunterhalt durch Raub zu verschaffen, und das ganze Land war erfüllt von Mord, da die Straßenräuber sich wie Heere verbreitet hatten. Die Praetoren versuchten zwar, dem Einhalt zu gebieten, wagten sie aber nicht zu bestrafen wegen der Macht und des Einflusses der großen Herren, denen die Räuber gehörten; so mußten sie ruhig zusehen, wie ihre Provinz von Straßenraub heimgesucht wurde. [...]
(Diodorus Siculus 34, 2 ff. Nach: Geschichte in Quellen, Bd. 1 a.a.O., S. 468)

b) Bericht Plutarchs über Cato

Plutarch (ca. 50–125 n. Chr.) war ein griechischer Philosoph und Historiker, der in seinen 46 vergleichenden Lebensbeschreibungen („Vitae parallelae") berühmter Griechen und Römer einen wichtigen Beitrag zur Angleichung von römischer und griechischer Kultur lieferte.

Marcus Porcius Cato (234–149 v. Chr.) war Konsul und Statthalter in Sardinien und Spanien. Er warnte vor dem kulturellen griechischen Einfluß auf Rom und war ein unversöhnlicher Feind Karthagos, dessen Zerstörung er bei jeder Gelegenheit forderte.

Cato kaufte nie einen Sklaven, der über 1500 Drachmen [6 kg Silber] kostete. Denn er brauchte keine zarten und schönaussehenden, sondern arbeitsame, handfeste Leute als Pferdeknechte und Ochsentreiber. Auch diese glaubte er, wenn sie alt würden, verkaufen und nicht unnütz füttern zu müssen. Überhaupt hielt er keine überflüssige Sache für billig. [...] Der Umstand, daß er seine Sklaven wie Lasttiere brauchte, sie bis zum Alter schuften ließ und dann verkaufte, scheint mir einen hartherzigen Mann zu verraten. Er glaubte offenbar, daß Menschen zu Menschen in keinem anderen Verhältnis als dem des Gewinns und Vorteils stehen. [...] Er hielt eine große Menge Sklaven, die er aus den Kriegsgefangenen kaufte. Er bevorzugte solche, die noch klein waren und sich wie junge Hunde oder Fohlen nach seinen Wünschen bilden und erziehen ließen. [...]

Jeder Sklave mußte entweder zu Hause notwendige Arbeiten verrichten oder schlafen. Cato war denen, die einen guten Schlaf hatten, sehr gewogen. Denn er glaubte, daß sie friedfertiger als die Wachbleibenden und nach dem erquickenden Schlaf zu jeder Arbeit besser geeignet seien. In der Meinung, daß Sklaven aus Geilheit die größten Dummheiten anstellen, gestattete er ihnen gegen eine bestimmte Bezahlung den Umgang mit seinen Sklavinnen. [...] Immer versuchte er, seine Sklaven in Streit und Uneinigkeit untereinander zu halten, weil ihre Eintracht ihm Furcht und Verdacht erregte. Die ihr Leben verwirkt hatten, ließ er erst hinrichten, wenn sie von sämtlichen Sklaven in einem Gericht schuldig gesprochen waren.

(Plutarch, Cato d. Ä. 4f., 21)

M 6 Ein weiterer Bericht über die Sklaven

Ein gewisser Lentulus Vatia unterhielt in Capua eine Menge Gladiatoren [Fechtersklaven], größtenteils Gallier und Thraker. Sie waren nicht wegen grober Verbrechen, sondern aufgrund der Ungerechtigkeit des Herrn, der sie gekauft hatte, eingesperrt. Sie sollten zu Kampfspielen gebraucht werden. Zweihundert von ihnen beschlossen, sich durch die Flucht zu retten.

(Plutarch, Crassus 9)

M 7 Behandlung der Sklaven

a) Cato

Lebensmittel für die Sklaven: Im Winter vier Scheffel [je 6,5 kg] Weizen [monatlich] und im Sommer viereinhalb für die Feldarbeiter. Der Verwalter, die Haushälterin, der Aufseher und der Schafhirt sollen drei bekommen. Die an den Füßen gefesselten Sklaven sollen eine Ration von vier Pfunden [je 327 gr.] Brot [täglich] während des Winters haben. Sie steigt auf fünf, wenn sie die Weinstöcke bearbeiten, und sinkt wieder auf vier, wenn sie Feigen essen.

Weinration für die Sklaven: drei Monate nach der Lese laß sie Lauer [Kelterrückstände] trinken. [...] Den Fußgefesselten lege, je nachdem was sie arbeiten, entsprechend zu. Es ist nicht zu viel, wenn sie Jahr für Jahr 10 Krüge [je 26 Liter] Wein vertrinken. Zusatzkost für alle Sklaven: Mache möglichst viele Falloliven ein, später alle überreifen Oliven, die sehr wenig Öl abwerfen! Sei sparsam, damit sie so lange wie möglich reichen! Wenn sie aufgebraucht sind, gib eingelegte Fische und Weinessig und einen Schoppen [1/2 Liter] Öl monatlich je Person! Ein Scheffel Salz jährlich pro Kopf reicht aus.

Kleidungszuteilung für die Sklaven: Eine Tunika dreieinhalb Fuß [je 30 cm] lang und eine Decke jedes zweite Jahr. Wenn du die Tunika oder die Decke ausgibst, nimm erst die alte zurück, um Flicken daraus zu machen. Ein kräftiges Paar Holzschuhe soll auch jedes zweite Jahr zugeteilt werden.

(Cato, Landwirtschaft, 56ff.)

b) Seneca

Seneca (um 1 v. Chr. – 65 n. Chr.), geboren in Cordoba (Spanien), war in Rom Senator und Erzieher des späteren Kaisers Nero. Er verfaßte vor allem philosophische Betrachtungen.

Zu meiner Freude erfuhr ich von Leuten, die dich besucht haben, daß du freundlich mit deinen Sklaven umgehst. Das entspricht deiner Einsicht und deiner Bildung. „Es sind nur Sklaven". Nein, vielmehr Menschen. „Es sind nur Sklaven." Nein, vielmehr Hausgenossen. „Es sind nur Sklaven." Nein, vielmehr Freunde geringeren Ranges. „Es sind nur Sklaven." Nein, vielmehr Mitsklaven, wenn du bedenkst, daß das Schicksal über euch beide die gleiche Macht hat. Daher lache ich nur über die Leute, die es für eine Schande halten, zusammen mit ihrem Sklaven zu speisen. [...] Jener [der Herr] ißt mehr, als sein Bauch fassen kann, und belädt mit ungeheurer Gier seinen aufgetriebenen Bauch, der seiner eigentlichen Arbeit schon entwöhnt ist, [...] aber die unglücklichen Sklaven dürfen [währenddessen] nicht einmal zum Sprechen die Lippen bewegen. Mit dem Stock wird auch das leiseste Gemurmel erstickt, und nicht einmal ein zufälliges Husten, Niesen oder Schlucken bleibt ungestraft. [...] Die ganze Nacht müssen sie mit leerem Magen stumm dabeistehen. [...] Aber jene Sklaven, die nicht nur in Gegenwart ihrer Herren, sondern mit ihren Herren persönlich sprechen durften, denen der Mund nicht zugenäht war, waren bereit, für ihren Herrn den Nacken hinzuhalten, drohende Gefahr auf sich selbst abzulenken. Bei Gastmählern redeten sie, unter der Folter schwiegen sie. Ebenso anmaßend ist das Sprichwort, das immer wieder vorgebracht wird: „Soviel Sklaven, soviel Feinde!" Nein, wir haben an ihnen keine Feinde, wir machen sie erst dazu. Ich will gar nicht reden von anderen unmenschlichen Grausamkeiten, daß wir sie nicht wie Menschen, sondern wie Lasttiere behandeln. Haben wir uns zum Speisen hingelegt, so wischt der eine den Auswurf vom Fußboden, der andere kehrt, unter das Speisesofa gebückt, die Speisereste der Trunkenen auf. [...] Willst du nicht einmal bedenken, daß der Mensch, den du deinen Sklaven nennst, den gleichen Ursprung hat wie du,

daß sich über ihm derselbe Himmel wölbt, daß er die gleiche Luft atmet, daß ihm das gleiche Leben, der gleiche Tod beschieden ist? [...]
(Seneca, Moralische Briefe, 47)

M 8 Sklavenhandel

In Delos wurden an einem Tag bis zu 10000 Sklaven verkauft. Der römische Feldherr Aemilius Paullus machte in Griechenland 168 v. Chr. 150000 Menschen zu Sklaven.
Caecilius Isidorus, selbst ein Freigelassener, hinterließ bei seinem Tod, 8 v. Chr., 4116 Sklaven.
Ende des 1. Jhs. v. Chr. kamen in Italien etwa 3 Sklaven auf 5 Freie.
Durchschnittspreise für einen Sklaven: 500 Denare. (Zum Vergleich: Jahreslohn eines Legionärs im 2. Jh. v. Chr.: 120 Denare.) Ein gebildeter Haussklave kostete 1500 Denare.

Anregungen

1 *Beurteilen Sie, welche Elemente der römischen Verfassung aristokratisch, welche monarchisch und welche demokratisch waren?*
2 *Vergleichen Sie die römische Volksversammlung mit derjenigen Athens! Worin bestehen die Gemeinsamkeiten, worin die Unterschiede?*
3 *Polybios bezeichnet an einer Stelle seines Werkes als „wichtigste Ursache in allem Geschehen [...] den Verfassungszustand". Inwiefern kann die römische Verfassung die Expansion Roms beeinflußt haben?*
4 *Nach Cicero liegt der besondere Vorzug der Verfassung Roms in der Tatsache, daß sie in einer Reihe von Generationen und Jahrhunderten gewachsen ist. Beurteilen Sie diese Aussage Ciceros!*
5 *Welcher Zusammenhang besteht zwischen der Expansion Roms und der wirtschaftlichen Entwicklung der Stadt?*
6 *Welche Aussagen lassen sich über die Stellung der Sklaven in Rom machen? Gehen Sie aus von Abb. 5 und klären Sie zunächst ab, was auf dem Bild dargestellt ist. Inwiefern wird die Bildinformation durch M 5–M 8 erweitert bzw. korrigiert?*
Unter welcher Perspektive wird die Sklavenfrage dabei jeweils betrachtet?

Krise und Reform von Staat und Gesellschaft

M 9 Reformversuche der Gesellschafts- und Verfassungsordnung Roms

Reformversuche der Gracchen

134 v. Chr. wurde Tiberius Sempronius Gracchus, mütterlicherseits mit der hochadligen Familie der Scipionen verwandt, zum Volkstribunen gewählt. Appian, römischer Historiker im 2. Jh. n. Chr., schrieb, in griechischer Sprache, eine Geschichte der römischen Republik.

[...] bis Tiberius Sempronius Gracchus, ein angesehener Mann von außergewöhnlichem Ehrgeiz und einer allen bekannten Redegewalt, als Volkstribun auftrat. Er sprach mit feierlichem Ernst von dem Italikerstamme, seiner großen Kriegstüchtigkeit und seiner Verwandtschaft mit den Römern, wie er nach und nach herabsinke in Armut und Menschenmangel und gar keine Hoffnung auf Abhilfe haben könne. Er sprach voller Empörung über den Sklavenstand, der zum Kriege nicht zu gebrauchen sei und keine Treue gegen seine Herren kenne, wobei er anführte, was erst vor kurzem den Herren in Sizilien von ihren Sklaven widerfahren sei, wo auch die Zahl der Sklaven infolge ihrer Verwendung als Landarbeiter allzu stark angeschwollen sei; und der Krieg der Römer gegen sie sei weder leicht noch von geringer Dauer gewesen, sondern habe sich auf eine lange Zeit hingezogen und mancherlei gefährliche Wendungen mit sich gebracht. Nach dieser Rede erneuerte er das Gesetz, kein römischer Bürger solle mehr als 500 Joch [vom *ager publicus*] zu eigen haben. Über das alte Gesetz hinaus legte er für die Söhne noch jeweils 250 Joch dazu, was aber darüber hinausginge, sollten drei alljährlich gewählte Männer unter die Besitzlosen verteilen. Dieser letzte Punkt nun war es, der den Reichen am meisten Beschwerde machte, da sie mit Rücksicht auf diese Dreimänner nicht mehr wie früher das Gesetz mißachten noch Land, das anderen zugefallen war, aufkaufen konnten; denn Gracchus hatte in weiser Voraussicht den Verkauf von Land verboten. So traten denn die Reichen in Gruppen zusammen, wehklagten und hielten den Armen die Aufwendungen vor, die sie seit langer Zeit für Feldbestellung, Anpflanzungen und Gebäude gemacht hätten; andere wiesen auf die Kaufsumme hin, die sie an die Nachbarn gezahlt hätten, ob sie auch die zusammen mit dem Grundstück einbüßen sollten; andere erwähnten die dort befindlichen Gräber ihrer Väter, [...] andere die Mitgift ihrer Frauen, die sie in diese Grundstücke gesteckt hätten, oder auch, das Land sei ihren Kindern als Aussteuer gegeben worden; die Gläubiger wiesen auf die Schuldtitel hin, die auf diesem Lande hafteten; so herrschte überall nichts als Unordnung, Jammer und Empörung in einem. Auf der anderen Seite klagten die Armen, sie würden aus Wohlstand in die schlimmste Armut gestürzt und dadurch wieder zu Kinderlosigkeit verurteilt, weil sie nicht imstande seien, ihre Kinder aufzuziehen. Dazu zählten sie alle Feldzüge auf, die sie bei der Gewinnung des Landes mitgemacht hätten, und murrten, daß sie um ihren Anteil an dem Gemeinbesitz gebracht werden sollten. [...] Während beide Parteien solche Klagen vorbrachten und sich gegenseitig Vorwürfe machten, kam noch die Menge all der Leute hinzu, die in den Siedlungsstädten [*colonia*] und den freien Landstädten [*municipium*] Italiens oder sonstwie an diesem Lande Anteil genommen hatte und jetzt für ihren

Anteil fürchten mußte, und verteilte sich auf die beiden Parteien. Im Vertrauen auf ihre große Zahl wurden sie ausfällig, zettelten erbitterte Aufstände an und warteten auf die Entscheidung über das Gesetz. [...] Was aber Gracchus mit seinem Gesetz beabsichtigt hatte, war nicht Wohlstand, sondern eine gesunde Bevölkerung zu schaffen. Begeistert von dem Nutzen seines Vorhabens, dem Besten und Herrlichsten, was Italien je geschehen könne, bedachte er in keiner Weise die damit verbundenen Schwierigkeiten. [...]
(Appian, Bürgerkrieg 1,9f. Nach: Geschichte in Quellen, Bd. 1, Hrsg. von W. Arend. München ³1978, S. 47f.)

M 10 Reform des Marius, nach Sallust

Marius, ein homo novus, wurde 104 v. Chr. zum Konsul gewählt und erhielt – entgegen dem Willen des Senats – den Oberbefehl über das Heer, das Rom gegen den Numiderkönig Jugurtha aufbieten wollte. Da er in Afrika erfolgreich war, gab man ihm sofort erneut das Konsulat. Marius vernichtete an der Nordgrenze Italiens die germanischen Kimbern und Teutonen (102/101). – Gajus Sallustius Crispus (86–35 v. Chr.) war Gegner Ciceros und schloß sich Caesar an, der ihn zum Statthalter der Provinz Africa inferior machte. Nach Caesars Tod wandte er sich der Geschichtsschreibung zu.

Marius stellte die Kriegsnotwendigkeiten in die erste Linie. Er verlangte Ersatz für die Legionen, zog Hilfstruppen von freien Völkern, Königen und Bundesgenossen ein, holte außerdem aus Latium herbei, was es an Tapferen gab, von denen er die meisten im Felde, einige bloß nach ihrem Ruf kennengelernt, und veranlaßte durch persönlichen Besuch ausgediente Leute, mit ihm ins Feld zu gehen. Auch wagte der Senat, wie sehr er ihm auch entgegen war, doch nicht, ihm irgend etwas abzuschlagen. Den Ersatz bewilligte er ihm sogar sehr gern, weil er glaubte, der Kriegsdienst sei nicht nach dem Sinn des Volkes und Marius werde entweder um den nötigen Kriegsbedarf oder um die Gunst der Masse kommen. Doch diese Hoffnung trog. Eine solche Begeisterung, mit Marius ins Feld zu gehen, hatte die meisten befallen. Jeder klammerte sich an die Vorstellungen, er werde durch die Beute ein reicher Mann werden, als Sieger heimkehren und anderes mehr [...].

Marius selbst hob inzwischen Soldaten aus, nicht nach dem Brauch der Vorfahren, sondern wie ein jeder Lust hatte, die meisten aus der ärmsten Schicht. Dies habe er getan, berichteten die einen, weil es nicht genug besitzende Bürger gab, die anderen, weil der Konsul sich beliebt machen wollte, da er von Leuten dieser Art gefeiert und erhoben worden war, und einem Manne, der Macht sucht, der Bedürftigste auch immer der Genehmste ist, da dem das Seine keine Sorge macht, weil er nichts besitzt, und ihm alles, was Gewinn bringt, auch ehrenhaft zu sein scheint.
(Sallust, Der Krieg gegen Jugurtha. a.a.O., S. 84ff.)

M 11 Die Umgestaltung des Staatswesens durch Caesar

a) Sueton

Sueton (75 bis 150 n. Chr.) verfaßte u. a. die sogenannten Kaiserbiographien der Herrscher von Caesar bis Domitian. Sie haben die Tradition der europäischen Biographie geprägt.

Ferner ergänzte Caesar den Senat, nahm neue Patrizier auf, erhöhte die Zahl der Prätoren, Ädilen, Quästoren, ja selbst der unteren Beamtenstellen. Personen, welche die Zensoren ihrer Ämter für verlustig erklärt oder die Richter wegen Amtserschleichung verurteilt hatten, setzte er wieder in ihre Würden ein. Das Wahlrecht teilte er mit dem Volke in der Weise, daß – mit Ausnahme der Bewerber um das Konsulat – die eine Hälfte der Kandidaten das Volk, die andere Caesar selbst wählte. Der kurz gefaßte, nur wenige Worte enthaltende Erlaß, den er bei den Wahlkörperschaften herumgehen ließ, lautete: „Der Diktator Caesar an die und die Tribus: Ich empfehle Euch die und die, damit sie durch Eure Wahl ihr Amt erhalten." Zu Ehrenämtern ließ Caesar auch Söhne von geächteten Personen zu. Die Gerichte beschränkte er wieder auf zwei Klassen von Richtern, Ritter und Senatoren.
(Sueton, Gaius Julius Caesar, 40. Nach der Übers. von R. Till. Stuttgart ⁶1961)

b) Cassius Dio

Cassius Dio, hoher Beamter im 3. Jahrhundert n. Chr., verfaßte eine von den Anfängen bis zum Jahre 229 n. Chr. reichende Geschichte Roms.

Außer den bereits erwähnten Senatsbeschlüssen zu Ehren seines Sieges nannten ihn [Caesar] die Bürger Roms „Befreier" und trugen ihn mit dieser Bezeichnung in die Bürgerlisten ein und beschlossen auf Staatskosten die Errichtung eines Tempels der Freiheit. Den Titel „Imperator" führte er nunmehr nicht allein im alten Sinne, wie andere und er selbst oft auf Grund gewonnener Kriege durch Zuruf der Soldaten genannt worden waren, auch nicht wie die Männer, die eine selbständige Führungsaufgabe oder eine andere außerordentliche Befehlsgewalt erhalten hatten, sondern sie legten ihm diesen Titel, der auch heute noch den jeweiligen Inhabern der höchsten Macht gegeben wird, ein und für allemal, zum ersten Male und zuerst für ihn, wie einen Eigennamen bei. Und sie gingen in ihrer Schmeichelei so weit, daß sie beschlossen, auch seine Kinder und Nachkommen sollten so benannt werden, obwohl er doch keine Kinder hatte und schon betagt war. Daher ging denn dieser Titel als eine der höchsten Gewalt eigene Bezeichnung, in gleicher Weise wie die Bezeichnung „Caesar" auf alle ihm nachfolgenden Selbstherrscher

über. Jedoch wurde deswegen die alte Bezeichnung „Imperator“ nicht abgeschafft, sondern beide bestehen noch; so wird denn auch die alte Bezeichnung „Imperator“ den Herrschern ein zweites Mal beigelegt, wenn die Herrscher einen solchen Sieg errungen haben. [...] Wenn das auch übertrieben und über das Herkömmliche hinauszugehen schien, so widerstritt es doch wenigstens nicht ganz dem Begriff Demokratie. Doch man faßte weitere derartige Beschlüsse, durch die man ihn geradezu zum Alleinherrscher [Monarchos] machte. Denn man überließ ihm auch die Besetzung der Ämter, auch derer, über die die Plebs zu bestimmen hatte, und wählte ihn, wie schon früher zum Diktator, so zum Konsul auf zehn Jahre. Er allein sollte Soldaten halten dürfen und die alleinige Verfügung über die Staatskasse haben. [...] Und damals beschlossen sie, es solle ein elfenbeinernes Standbild von Caesar, später sogar ein ganzer Wagen beim Pferderennen zusammen mit den göttlichen Standbildern im Festzuge mitgeführt werden. Ein anderes Bild Caesars stellten sie im Tempel des Quirinus auf, mit der Inschrift „Dem unbesiegten Gotte“, ein weiteres im Kapitol zu den Bildern der einstigen Könige Roms.
(Cassius Dio, 43ff.)

M 12 Heutige Beurteilung der Herrschaft Caesars

a) H. Oppermann

[...]
Diese überzeitliche Bedeutung, die der Name Caesar für zwei Jahrtausende gewann, läßt sich nur daher verstehen, daß das Neue, das mit Caesar in die Welt kam, die neue Form der Herrschaft, die wir mit seinem Namen Kaisertum nennen, nicht als politische Theorie zuerst erschien, nicht als Programm, nicht als Ideal, das ein Dichter kündet, auch nicht als erdachte und beschlossene Institution, sondern als Mensch Caesar. Das Neue dieser Herrschaftsform bestand aber darin, daß hier zum erstenmal ein Mensch als Mensch kraft seiner Größe und Würde die Herrschaft über die Welt in Händen hielt. Die früheren Weltherrscher, die Könige der orientalischen Reiche wie Alexander und seine hellenistischen Nachfolger, waren Götter gewesen und hatten als solche die Welt regiert, eine Aufgabe, die ihrer Zeit über die Möglichkeiten des Menschen hinauszugehen schien. Auch Caesar soll nach der Deutung eines berühmten Althistorikers versucht haben, seiner Monarchie die Form des hellenistischen Gottkönigtums zu geben. Heute wird deutlich, daß das ein Mißverständnis war und daß Caesar eher versucht hat, an das altitalische Königtum anzuknüpfen [...]. Caesar war also der erste, der als Mensch kraft der Größe, Würde und Fähigkeiten des Menschen die Weltherrschaft ausübte. Daß diese neue Form der Herrschaft als der Mensch Caesar zuerst in Erscheinung trat, erklärt den tragischen Irrtum seiner Mörder. Sie glaubten, mit dem Individuum das töten zu können, was mehr war als das Individuum. Erst als das Individuum gefallen war, zeigte sich dieses Plus, löste sich die neue Herrschaftsform als Idee von ihrem ersten Träger und konnte an die Zukunft weitergegeben werden.
(H. Oppermann, Probleme und heutiger Stand der Caesarforschung. In: D. Rasmussen [Hg.], Caesar. Wege der Forschung Bd. XLIII. Darmstadt 1974, S. 487f., 490)

b) J. H. Collins

[...] Um zusammenzufassen: Es gibt hinreichend Zeugnisse dafür, daß Caesar in seinem letzten Lebensabschnitt einen beachtlichen Wandel des Charakters und der Lebensanschauung durchgemacht hat, einen Wandel des Charakters, der sich in Zynismus und „superbia“ (Hochmut) äußerte. Es war ein Wandel, der aus seiner Enttäuschung über seine Mitbürger und über seine früheren politischen Ideale erwuchs. Es ist weniger wahr zu behaupten, daß er die Republik verschmähte, als zu behaupten, daß die Republik ihn verschmähte. Seine außergewöhnliche Begabung scheiterte bei dem undurchführbaren Versuch, die Republik für die Herrschaft über das Imperium zu befähigen, und so wandte er sich aus Verachtung und vielleicht auch in Verbitterung dem Despotismus zu. Ein bedeutender Faktor in der Lebensanschauung seiner letzten Jahre war zweifelsohne Kleopatra und ihr Einfluß. Es wäre zu viel zu behaupten, daß Caesar „orientalisch“ oder „unrömisch“ geworden wäre, aber daß die ägyptische Lebensart ihn überhaupt nicht berührt haben sollte, ist in sich unwahrscheinlich und widerspricht dem Gewicht der Überlieferung. Ein fortschreitender Größenwahn zeigt sich in seinem Benehmen nach Thapsus und besonders nach Munda (zwei Schlachten im Bürgerkrieg, die Caesar gewann). Das Urteil des englischen Dichters Blake, „das stärkste unter allen bekannten Giften floß aus Caesars Lorbeerkrone“, wird durch die Geschichte seiner erstaunlichen Laufbahn bestätigt. Das Urteil seiner Zeitgenossen war genauer als das der meisten modernen Rekonstruktionen, und obgleich das Gute, das er tat, fortwirkte, wirkte es in anderem Sinne und durch andere Kräfte fort, als Caesar dies gewollt hatte.
(John H. Collins: Caesar and the Corruption of Power. Übers. in: D. Rasmussen [Hg.] Caesar. a.a.O., S. 411f.)

M 13 Die Neuordnung des römischen Staates durch Octavian

a) Tacitus

Tacitus (55 bis 120 n. Chr.) gilt als bedeutendster römischer Historiker. Er war Sproß des berühmten

Adelsgeschlechtes der Cornelier, hoher Beamter im kaiserlichen Rom und, 97 n. Chr., Konsul.

Nach dem Tod des Brutus und Cassius war keinerlei staatliche Heeresmacht mehr vorhanden. Sextus Pompeius war bei Sizilien vernichtet, Lepidus beiseite geschoben und Antonius getötet. So hatte auch die Partei der Julier keinen anderen Führer mehr als den Octavianus. Dieser legte nun den Titel eines Triumvirn nieder, wollte nur als Konsul gelten und begnügte sich mit der tribunizischen Gewalt zum Schutz des Volkes. Sobald er aber das Heer durch Geldgeschenke, das Volk durch Getreidespenden, alle zusammen durch die Süßigkeit des Friedens an sich gezogen hatte, erhob er allmählich sein Haupt und nahm die Befugnisse des Senats, der Beamten und der Gesetzgebung an sich.

Dabei fand er keinerlei Widerstand, da gerade die tapfersten Männer auf den Schlachtfeldern oder durch die Ächtung gefallen waren. Der übrige Adel wurde, je bereitwilliger er zur Knechtschaft war, durch Reichtum und Ehrenstellen ausgezeichnet und zog, durch den Umsturz hochgekommen, die gegenwärtige Sicherheit den früheren Gefahren vor. Auch die Provinzen lehnten diesen Stand der Dinge nicht ab, weil ihnen die Herrschaft des Senats und des Volkes durch den Machtkampf der Großen und die Habsucht der Beamten verleidet war. Die Hilfe der Gesetze, die durch Gewalt, durch Einfluß, zuletzt durch Bestechung in Verwirrung gebracht wurden, war unwirksam geworden. [...]

Krieg gab es zu dieser Zeit nirgends mehr, abgesehen von dem Krieg gegen die Germanen, der mehr zu dem Zweck geführt wurde, die Schmach jenes unter Quintilius Varus verlorenen Heeres zu tilgen, als aus dem Verlangen, das Reich weiter auszudehnen, oder wegen eines sonst würdigen Lohnes. Im Innern blieb die Lage ruhig, die Titel der Beamten waren die gleichen. Die jüngeren Leute waren schon nach der Schlacht bei Actium geboren, auch die meisten älteren erst zur Zeit der Bürgerkriege: Wie viele lebten überhaupt noch, die noch den Freistaat gesehen hatten [...]?

So war denn nach dem Umsturz nirgends mehr eine Spur der althergebrachten und reinen Sitte zu finden. Alles hörte nach der Beseitigung der bürgerlichen Gleichheit nur noch auf die Befehle des Herrschers, wobei freilich für den Augenblick keine Furcht herrschte, solange Augustus noch in rüstigem Alter stand und sich, sein Haus und den Frieden aufrecht erhielt. Als jedoch sein bereits vorgeschrittenes Greisenalter noch durch Krankheit geschwächt wurde, als sich sein Ende nahte und neue Hoffnungen auftauchten, da erörtern nur wenige ohne Erfolg die Vorteile der Freiheit, mehr fürchten den Krieg, während andere ihn wünschen. Der bei weitem größte Teil aber verbreitete sich in verschiedenen Gerüchten über die kommenden Herrscher.

(Tacitus, Annalen I, 2–4)

b) Sueton

Die Gesetze unterzog Augustus einer allgemeinen Revision und führte einige neu ein: z. B. das Luxusgesetz, das Gesetz über Ehebruch und Verletzung der Keuschheit, über Amtserschleichung, über die Förderung der Ehen in den einzelnen Ständen.

Den Senat, der durch die übergroße Zahl seiner Mitglieder zu einem Haufen ohne Anstand und Ordnung herabgesunken war – es gab nämlich über tausend Senatoren und zwar darunter ganz unwürdige Leute, ferner solche, die erst nach Caesars Tod durch Protektion oder Bestechung aufgenommen waren [...] –, führte er auf seine früher begrenzte Mitgliederzahl zurück und gab ihm seinen alten Glanz wieder, und zwar durch Vornahme zweier Revisionen. Bei der ersten entschied der Senat selbst nach eigenem Gutdünken seiner Mitglieder, und jeder wählte seinen Mann; bei der zweiten trafen er und Agrippa die Auswahl. Bei diesem Akt soll er mit einem Panzer unter seinen Kleidern und einem Schwert an der Seite den Vorsitz geführt haben, während zehn besonders kräftige Freunde aus dem Senatorenstande seinen Sessel umstanden.

(Sueton, Augustus 32, 34, 35)

M 14 Eigener Bericht des Augustus

Die Diktatur, die mir abwesend und anwesend sowohl vom Volk als auch vom Senat unter dem Konsulat des M. Marcellus und L. Arruntius [22 v. Chr.] angetragen wurde, habe ich nicht angenommen. Nicht von mir gewiesen habe ich bei einer sehr großen Getreideknappheit die Regelung der Getreideversorgung, die ich so durchführte, daß ich innerhalb weniger Tage die gesamte Bürgerschaft aus Furcht und gegenwärtiger Gefahr durch meinen Aufwand und meine Fürsorge befreite. Auch das Konsulat, das mir damals als jährliches und dauerndes angetragen wurde, habe ich nicht angenommen. Als im Konsulat des M. Vinucius und Q. Lucretius [19 v. Chr.] und danach in dem des P. und Cn. Lentulus [18 v. Chr.] und zum dritten Male in dem des Paulus Fabius Maximus und Q. Tubero [11 v. Chr.] Senat und Volk Roms übereinkamen, daß ich allein zum Walter [*curator*] der Gesetze und Sitten mit höchster Machtvollkommenheit [*potestas*] gewählt werde, habe ich kein Amt, das wider den Brauch der Vorfahren übertragen werden sollte, angenommen. Was damals der Senat durch mich ausgeführt haben wollte, habe ich kraft der tribunizischen Gewalt vollendet. [...]

Einer der Triumvirn zur Ordnung des Staates bin ich zehn laufende Jahre hindurch gewesen. Erster des Senats[1] bin ich bis zu dem Tage, an dem ich dies schrieb, 40 Jahre lang gewesen. Oberster Priester

1 *princeps senatus*, der Senatsälteste, der als erster seine Stimme abgab

[*pontifex maximus*], Augur, einer der Fünfzehnmänner zur Besorgung der Kulte, einer der Siebenmänner zur Veranstaltung der Göttermahle, Mitglied der Arvalischen Bruderschaft[2] [...] und der Fetialen[3] bin ich gewesen.
Die Zahl der Patrizier habe ich in meinem fünften Konsulat auf Geheiß des Volkes und des Senats vermehrt. Den Senat habe ich dreimal überprüft und ergänzt und in meinem sechsten Konsulate [28 v. Chr.] mit M. Agrippa als Amtsgenossen die Schätzung des Volkes durchgeführt; das [dazugehörige] Sühnopfer [*lustrum*] war das erste seit 41 Jahren. Bei dieser Musterung sind an römischen Bürgern 4 063 000 Personen geschätzt worden. Dann habe ich zum zweitenmale auf Grund meiner konsularischen Befehlsgewalt allein ein Sühnopfer zum Abschluß der Schätzung vorgenommen unter dem Konsulat des C. Censorinus und C. Asinius [8 v. Chr.]. Bei dieser Musterung sind an römischen Bürgern 4 233 000 Personen geschätzt worden. Und zum drittenmal habe ich auf Grund konsularischer Befehlsgewalt mit Tiberius Caesar, meinem [Stief-]Sohn, als Amtsgenossen im Konsulat des S. Pompeius und S. Appuleius [14 n. Chr.] eine Musterung abgehalten. Bei dieser Musterung sind an römischen Bürgern 4 937 000 Personen geschätzt worden. Durch neue, auf meine Veranlassung eingebrachte Gesetze habe ich viele Vorbilder der Alten, die schon aus [dem Leben] unserer Generation zu verschwinden drohten, wieder erweckt und selbst für viele Dinge nachahmenswerte Beispiele der Nachwelt überliefert.
Gelübde für mein Wohlergehen in jedem fünften Jahre durch die Konsuln und Priester zu vollziehen, hat der Senat befohlen. Auf Grund dieser Gelübde haben zu meinen Lebzeiten zuweilen die vier bedeutendsten Priestergenossenschaften, zuweilen die Konsuln Spiele veranstaltet. Auch privat und gemeindeweise haben alle Bürger einträchtig fortgesetzt in allen Tempeln für mein Wohlergehen Bittfeiern abgehalten.
Mein Name ist auf Senatsbeschluß in das Salierlied[4] eingeschlossen worden, und daß ich für immer unverletzlich [*sacrosanctus*] sein solle und, solange ich lebe, die tribunizische Amtsgewalt innehaben solle, ist durch Gesetz festgelegt worden [23 v. Chr.].
Den Torbogen des Janus Quirinus[5], der nach dem Willen unserer Vorfahren geschlossen sein sollte, wenn im ganzen Machtbereich des römischen Volkes zu Wasser und zu Lande durch Siege Frieden errungen sei, hat der Senat während meines Prinzipates dreimal zu schließen verfügt, während er nach der Überlieferung vor meiner Geburt seit Gründung der Stadt nur zweimal geschlossen war.

2 Priesterschaft zur Feier der Feldsegnung im Frühjahr
3 besondere Priesterschaft
4 Salier, Priesterschaft des Kriegsgottes
5 Doppeltor auf dem Forum, das für den Kriegszug geöffnet wurde, im Frieden geschlossen war

Der römischen Plebs habe ich Mann für Mann, gemäß dem Testament meines Vaters, 300 Sestertien gezahlt und in meinem Namen 400 Sestertien aus der Kriegsbeute in meinem fünften Konsulat gegeben [29 v. Chr.].
(Tatenbericht des Kaisers Augustus. Nach: Geschichte in Quellen, Bd. 1, a.a.O., S. 581 f.)

Anregungen

1 *Analysieren Sie die in den Texten deutlich gewordenen Strukturprobleme Roms! In welcher Beziehung stehen diese Probleme zur Expansion Roms?*

2 *Wie beurteilen Sie die Reformen der Gracchen im Hinblick auf die Probleme, die sie lösen wollten?*

3 *Erklären Sie, welche Konsequenzen die Einstellung mittelloser Soldaten in das römische Heer haben mußte!*

4 *Legen Sie die Absichten für Sullas Verfassungsänderung dar!*

5 *Vergleichen Sie die Reformmaßnahmen Caesars mit denen Octavians!*

6 *Was berichten die antiken Autoren über Octavian? Wie sah er sich selbst?*

7 *Nach welchen Kriterien können wir aus heutiger Sicht die unterschiedlichen Reformansätze beurteilen?*

Der Prinzipat
Die Verfassung

M 15 Wirkung der Alleinherrschaft

a) Nach Cassius Dio

Alles, was danach geschah, kann nicht in der gleichen Weise wie das Frühere erzählt werden. Denn früher wurde alles, auch wenn es in noch so weiter Entfernung geschehen war, vor den Senat und das Volk gebracht; daher erfuhren es alle, und viele schrieben es nieder. [...] Von jetzt an aber begannen die meisten Ereignisse im Verborgenen vor sich zu gehen, ohne daß darüber offen gesprochen worden wäre. Und wenn auch einmal etwas in die Öffentlichkeit gebracht wurde, so begegnete es Mißtrauen, da es nicht nachzuprüfen war. Was auch geredet wird und geschieht, bei allem vermutet man, es sei nach den Wünschen des jeweiligen Herrschers und seiner Nebenherrscher geschehen. Und so wird über vieles, was gar nicht geschehen ist, ausführlich geschwätzt, von vielen anderen, auch noch so realen Geschehnissen erfährt man hingegen gar nichts. Alles wird sozusagen anders, als es in Wahrheit gewesen ist, in Gerüchten verbreitet. Und gerade die Größe des Reiches und die Fülle der politischen Geschehnisse machen eine genaue Wiedergabe so unglaublich schwer.
(Cassius Dio 53, 19)

b) Nach Tacitus

Tiberius lehnte den Ehrennamen „Vater des Vaterlandes" ab, der ihm schon öfters vom Volk angetragen worden war. Auch gestattete er nicht, obwohl der Senat dafür stimmte, daß man den Eid auf seine Verordnungen leiste. Alles auf Erden sei unsicher, pflegte er zu sagen, und je höher er steige, um so schlüpfriger werde der Boden. Trotzdem erweckte er dadurch nicht den Glauben an seine bürgerliche Gesinnung. Er hatte nämlich das Majestätsgesetz erneuert, das zwar auch bei den Vorfahren den gleichen Namen hatte, aber ganz andere Dinge zur Entscheidung brachte: ob nämlich jemand das Heer durch Verrat, die Bürgerschaft durch Aufruhr, überhaupt die Majestät des *ganzen* römischen Volkes durch schlechte Verwaltung des Staates geschädigt habe. Nur Taten kamen unter Anklage, Worte blieben unbestraft. Augustus war der erste, der unter dem Deckmantel dieses Gesetzes auch über Schmähschriften Untersuchungen anstellen ließ, veranlaßt durch die Zügellosigkeit des Cassius Severus, der vornehme Männer und Frauen durch Spottschriften in üblen Ruf gebracht hatte. Als Tiberius später vom Prätor Pompeius Macer befragt wurde, ob Majestätsklagen angenommen werden sollten, gab er die Antwort, Gesetze seien dazu da, daß man sie handhabe. Auch ihn erbitterten nämlich die von unbekannten Verfassern veröffentlichten Spottgedichte gegen seine Grausamkeit, seinen Hochmut und seine Zerwürfnisse mit der Mutter [...]

(Tacitus, Annalen I, 72)

Anregungen

1 *Inwiefern kann Octavian (Augustus) behaupten, er habe die Republik wiederhergestellt?*

2 *Charakterisieren Sie die von Octavian entwickelte Verfassungsreform des Prinzipats! Wo liegen in diesem System die „schwachen Stellen"?*

3 *Beschreiben Sie die Wirkung des Prinzipats! Welche Unterschiede zwischen Republik und Prinzipat sehen Sie?*

Das Selbstverständnis der Römer

M 16 Vergil

Andere mögen Gebilde aus Erz in weicherem Gusse
Formen, ich glaub's, und lebendige Züge dem Marmor verleihen,
Besser mit Reden verfechten das Recht und die Bahnen des Himmels
Zeichnen mit messendem Stab und der Sterne Erscheinen verkünden:
Du aber, Römer, gedenke mit Macht der Völker zu walten,
Dies sei deine Berufung – des Friedens Gesetze zu ordnen.
Schon' den, der sich gefügt, doch brich den Trotz der Rebellen.
(Vergil, Aeneis 6, 847ff. Übers. von W. Plankl. Stuttgart o.J.)

M 17 Livius

[...] Man hält es der alten Welt zu Gute, wenn sie durch die Erzählungen von Göttern die Urgeschichte der Staaten ehrwürdiger zu machen sucht. Und soll irgend ein Volk auf die Erlaubnis, Heiligkeit in seinen Ursprung zu tragen und göttliche Einwirkung ihm zuzuschreiben, ein Recht haben, so hat das Römische Volk des kriegerischen Ruhmes so viel, daß die Völker der Erde es eben so willig sich gefallen lassen können, wenn es nun gerade den Mars für seinen und seines Stifters Vater erklärt, als sie sich seine Herrschaft gefallen lassen. Wie man diese und ähnliche Erzählungen beachten oder beurteilen werde, kann mir ziemlich gleichgültig sein. Aber darauf, wünschte ich, möge jeder seine ganze Aufmerksamkeit richten, wie die Lebensart, wie die Sitten waren; durch was für Männer und was für Mittel im Kriege und Frieden Rom seine Oberherrschaft erwarb und erweiterte. [...] Übrigens täuscht mich entweder Vorliebe für meine übernommene Arbeit, oder es war wirklich nie ein Staat größer, ehrwürdiger, an edlen Beispielen reicher, es war nie eine Stadt, in welche sich Habsucht und Verschwendung so spät eingeschlichen haben; nie eine, in welcher Armut und Sparsamkeit so hoch und so lange geehrt wurden. Man kann nicht darum herum, daß die Menschen je weniger begehrten, je weniger sie besaßen. Es ist ja so lange noch nicht her, daß der Reichtum die Habsucht mit sich führte und übermäßige Wünsche das Verlangen, durch Üppigkeit und Ausschweifung unterzugehen und alles mit sich in den Abgrund zu reißen. Aber Klagen – selbst dann nicht angenehm, wenn sie notwendig werden – sollen bei einem so bedeutenden Vorhaben sich wenigstens nicht an den Anfang drängen. Viel lieber will ich mit den guten Vorzeichen und Gelübden und Gebeten zu den Göttern und Göttinnen beginnen, wenn das bei uns auch wie bei den Dichtern Sitte geworden sein sollte, und sie anrufen, der Unternehmung eines so gewaltigen Werkes einen gesegneten Fortgang angedeihen zu lassen.

(Livius, Vorrede zur Römischen Geschichte. In Anlehnung an die Übersetzung von Heusinger)

M 18 Cicero

[...] [Eine solche Äußerung berechtigt nun aber keineswegs zu der Folgerung, unsere Vorfahren hätten tiefe geistige Bildung nicht gepflegt. Wohl trieben sie keine Philosophie im Sinne der Griechen, aber die staatsmännischen Leistungen eines Romulus, Numa Pompilius, Servius Tullius waren und sind das Ergebnis höchster] Weisheit. Jedoch besteht in der Methode zwischen beiden Arten der Bildung seit eh und je ein Unterschied insofern, als jene die natürlichen Anlagen durch bloße Worte und Pflege von Kunst und Wissenschaft ausbilden, wir Römer aber praktische Einrichtungen und Gesetze. So hat denn unser Staat für sich allein, ich will nicht sagen Weisheit, da man diese Beziehung so sehr einschränkt, aber doch Männer, die höchstes Lob verdienen, hervorgebracht, weil sie die Lehren und Erfindungen der Weisen gehegt und gepflegt haben. Einen Staat zu schaffen, der Dauer verspricht, das ist nun einmal in dieser Welt die Höchstleistung menschlicher Einsicht. Wollten wir hervorragende Männer einzeln Staat für Staat, soweit es solche ruhmwürdigen Staaten gibt und gegeben hat, aufzählen, wie stattlich wäre ihre Zahl! Lassen wir an unserm Auge vorüberziehen Italiens Völker, die Latiner, Sabiner, Volsker, Samniten, Etrusker, weiterhin jenes Groß-Griechenland, Assyrier, Perser, Punier. [...]

[Nichts gefährdet den Dauerbestand des Staates mehr als der Krieg. Wie ist er sittlich zu rechtfertigen?] Ein wahrhaft sittlicher Staat unternimmt einen Krieg überhaupt nur zu seiner Selbsterhaltung oder in Erfüllung einer durch ein Schutz- und Trutzbündnis übernommenen Verpflichtung. Jeder ohne Grund vom Zaun gebrochene Krieg ist ein Unrecht. Denn gerechterweise läßt sich ein Krieg nur führen zur Abwehr und zur Strafe für einen widerrechtlichen feindlichen Überfall. Außerdem muß ein Krieg, um als gerecht angesehen zu werden, vorher angekündigt und formell angesagt sein. Vorausgehen muß dieser Ansage die Forderung der Genugtuung, deren Ablehnung den Krieg erst rechtfertigt. Unser Volk hat sich die Weltherrschaft errungen durch Wahrung der Rechte seiner Bundesgenossen.

[Wenn nun vorhin behauptet worden ist, Knechtung sei in jedem Falle, da gegen die Natur verstoßend, ein Unrecht, so ist darauf zu erwidern], wenn einem ruchlosen Angreifer das Handwerk gelegt und er durch Unterwerfung gebessert wird, so ist das nicht nur gerecht, sondern sogar nützlich und ersprießlich für den Unterworfenen selbst. Oder sehen wir nicht, daß die Natur selbst, was schwach ist, zu seinem eigenen Besten unter die Herrschaft des Starken zwingt? Warum also befiehlt Gott dem Menschen, der Geist dem Körper, die Vernunft der Leidenschaft, dem Zorn und all den anderen fehlerhaften Seiten der Seele?

Es lassen sich ganz verschiedene Arten des Herrschens und Dienens erkennen. Spricht man von der Herrschaft des Geistes über den Körper, dann ist das vergleichbar der Herrschaft von Königen über Bürger oder von Vätern über ihre Kinder, spricht man von Herrschaft des Geistes über die Leidenschaft, dann ist das, wie wenn der Herr über Sklaven gebietet, denn da zügelt der Geist die Leidenschaft und bricht sie. Könige, Feldherren, Magistrate, die Väter, souveräne Völker stehen also über Bürgern und Bundesgenossen, wie der Geist über dem Leib, Herren aber setzen ihren Sklaven zu, wie der beste Teil der Seele, d. h. die Vernunft, den lasterhaften und schwachen Teilen derselben Seele, den Leidenschaften nämlich, den Zornausbrüchen und den sonstigen Affekten.

[Es erweist sich also, daß Knechtschaft sehr wohl naturgemäß und somit sittlich gerechtfertigt sein kann, ja noch mehr, daß sie unter Umständen sogar sittlich geboten ist.] Freilich gibt es demgegenüber auch eine ungerechte Knechtschaft, dann nämlich, wenn sie denjenigen aufgezwungen wird, die frei und selbständig sein könnten. Das ist wider die Natur, ist Ausbeutung aus Selbstsucht und Eigennutz, verstößt gegen Recht und Billigkeit, gegen Treu und Glauben, zerstört die menschliche Gemeinschaft.

(Cicero, Staatslehre, Staatsverwaltung. Übertragen von K. Atzert. München 1958, S. 80, 90 f.)

M 19 Sallust: Brief des Königs von Pontos

[...] Die Römer haben ein einziges und uraltes Motiv dafür, mit allen Nationen und Völkern und Königen Krieg anzufangen: unermeßliche Begierde nach Herrschaft und Reichtum. Und so begannen sie zuerst einen Krieg mit Philipp, dem Makedonenkönig [200 v. Chr.], während sie, solange sie von den Karthagern bedrängt wurden, Freundschaft zu ihm vorgetäuscht hatten. Als Antiochos III. ihm zu Hilfe kam [197 v. Chr.], lenkten sie ihn mit List ab, indem sie ihm Asien überließen; nachdem bald die Macht Philipps gebrochen war, raubten sie Antiochos [188 v. Chr.] alle Länder diesseits des Taurus und 10 000 Talente. Sodann haben sie Perseus, den Sohn des Philipp, der sich nach vielen und wechselnden Schlachten im Tempel der Samothrakischen Gottheiten den Römern auf Treu und Glauben ausgeliefert hatte [168 v. Chr.], gerissen und erfinderisch in Verrat, wie sie sind, durch Schlaflosigkeit umkommen lassen, da sie ihm ja das Leben vertraglich zugesichert hatten. Den Eumenes [II. von Pergamon], auf dessen Freundschaft sie mit großen Worten hinweisen, haben sie anfänglich an Antiochos verraten, um damit den Frieden zu gewinnen; nachdem sie ihn später zum Wächter über das eroberte Land [des Antiochos] gemacht hatten, haben sie ihn durch Ausbeutung und schmähliche Behandlung aus einem König zum elendesten Sklaven gemacht; dann fälschten sie das unnatürliche Testament und führten seinen Sohn Aristonikos, weil er das Reich seines Vaters beansprucht hatte, wie einen Feind im Tri-

umphzug auf: Asien wurde von ihnen besetzt. [...] Was brauche ich jetzt noch auf mich hinzuweisen? [...] Bedenke nun bitte, ob du dich, wenn ich unterdrückt bin, für stärker zum Widerstande hältst oder gar dann an ein Ende des Krieges glaubst. [...] Oder weißt du nicht, daß die Römer, nachdem der Ozean ihrer Ausdehnung nach Westen eine Grenze setzte, ihre Waffen nach hier gewendet haben; daß alles, was sie von Anfang an besitzen, nur durch Raub gewonnen ist: ihre Häuser, ihre Gattinnen, ihre Äcker, ihr Reich: zusammengelaufenes Volk in alter Zeit, das sie sind, ohne Heimat, ohne Ahnen, geschaffen zum Verderben des Erdkreises: Nichts Menschliches, nichts Göttliches hindert sie daran, Bundesgenossen und Freunde, ob nah oder fern, ob schwach oder mächtig, an sich zu ziehen und zu vernichten und alles, was ihnen noch nicht versklavt ist, vor allem die Königreiche, als ihre Feinde anzusehen. [...] Die Römer führten ihre Waffen gegen alle Völker, die schärfsten gegen die, deren Niederlage die meiste Waffenbeute einbringt: durch Wagen und Täuschen und dadurch, daß sie Krieg an Krieg reihen, sind sie groß geworden. Und so werden sie alles vernichten oder selbst zugrunde gehen. [...]
(Sallust, Historien 4, 61)

Anregungen

1 *Wie verstanden viele Römer in der augusteischen Zeit ihre imperiale Herrschaft über die Welt?*

2 *Welche Kritik wurde an der römischen Herrschaft geübt?*

3 *Diskutieren Sie, inwiefern diese Kritik berechtigt war!*

4 *Informieren Sie sich, ob es heute ähnliche Herrschaftsformen gibt. Inwiefern trägt Ihre Kenntnis der römischen Geschichte bei zur Beurteilung heutiger Herrschaftsstrukturen?*

Romanisierung des Reiches

M 20 Bericht über ein römisches Heerlager

Wenn sie sich dem vorgesehenen Lagerplatz nähern, geht ein Tribun mit den dafür bestimmten Centurionen [Hauptleuten] voraus. Nachdem sie den ganzen Platz, an dem das Lager angelegt werden soll, in Augenschein genommen haben, legen sie zuerst nach den oben genannten Gesichtspunkten die Stelle fest, wo das Feldherrenzelt stehen und wo, von dort aus gesehen, die Front und die Seiten des Lagers liegen sollen, durch die die Lagerplätze der Legionen bestimmt sind. Dann stecken sie den Platz um das Feldherrnzelt herum ab, danach die Gerade, an der die Zelte der Tribunen aufgeschlagen werden, und die Parallele dazu, an der der Lagerplatz der Legionen beginnt. Ebenso stecken sie auch auf der anderen Seite des Zeltes die Linien ab, die ich soeben im einzelnen ausführlich besprochen habe.
Wenn das geschehen ist – und es geschieht in sehr kurzer Zeit, denn das Abstecken ist einfach, da alle Entfernungen durch lange Übung genau festgelegt sind –, rammen sie zuerst eine Fahne an der Stelle in den Boden, an der das Feldherrnzelt stehen soll, eine zweite an der Frontseite des Platzes vor diesem *praetorium,* eine dritte in der Mitte der Linie, an der die Zelte der Tribunen liegen, eine vierte an der Parallele hierzu, als Grenze für den Lagerplatz der Legionen. Die letzteren drei Fahnen sind rot, die beim Feldherrnzelt weiß. Auf der anderen Seite des *praetorium* stecken sie manchmal einfache Speere in den Boden, manchmal Fahnen in anderen Farben. Dann messen sie die Gassen ab und richten an jeder Speere auf. Sobald daher die anmarschierenden Verbände den Lagerplatz zu Gesicht bekommen, übersehen sie sofort alles: Sie brauchen nur von der Feldherrnstandarte aus die Entfernung zu berechnen. Da also jeder genau weiß, an welcher Gasse und an welcher Stelle dieser Gasse er zeltet – denn alle haben innerhalb des Lagers immer denselben Platz –, geht es ähnlich vor sich, wie wenn ein Heer in die eigene Stadt einzieht. Denn auch dort wendet sich jeder vom Tor aus sogleich seinem Haus zu und findet mit unfehlbarer Sicherheit den Weg, weil er das Stadtviertel und die Straße genau kennt, in der er wohnt. Ebenso geht es, wenn ein römisches Heer das Lager bezieht.
Während die Römer das Aufschlagen des Lagers in dieser Weise zu erleichtern suchen, machen es die Griechen gerade umgekehrt. Sie halten es für das Wichtigste, das Lager den Gegebenheiten des Geländes anzupassen: Sie suchen einen möglichst festen, schwer angreifbaren Platz, weil sie die Anstrengung des Schanzens gern vermeiden und weil sie der Meinung sind, daß eine künstliche Befestigung nicht den gleichen Schutz bietet wie natürliche Geländehindernisse. Daher sind sie auch gezwungen, die Form des Lagers zu wählen, die das Gelände verlangt; sie müssen die einzelnen Truppenteile immer wieder anders verteilen und an anderen Stellen unterbringen. Das hat zur Folge, daß man den eigenen Platz und den aller anderen einzelnen Truppenteile innerhalb des Lagers nicht kennt. Die Römer dagegen ziehen es vor, die Mühe des Schanzens und der anderen Befestigungsarbeiten auf sich zu nehmen, weil sie davon den Vorteil eines sich gleichbleibenden, genau bekannten Lagers haben.
(Polybios VI)

M 21 **Timgad in Algerien, Luftbild**

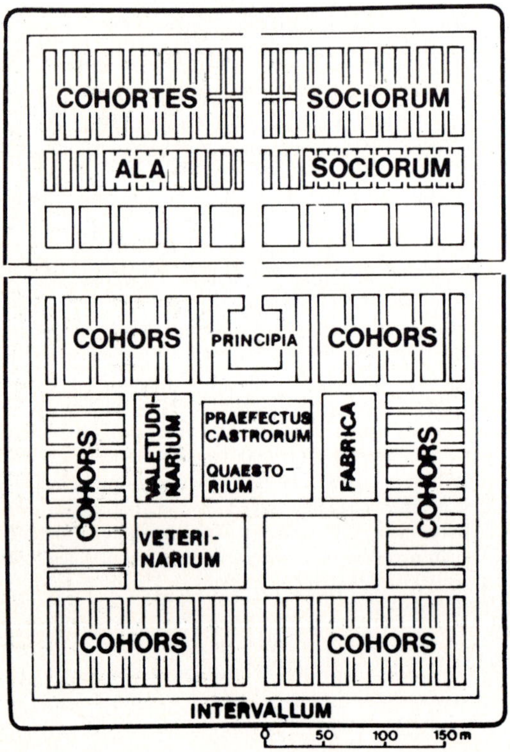

M 22 **Plan des römischen Heerlagers Neuß**
(Nach: Ph. Filtzinger, a.a.O., S. 141)

principia = Feldherrnzelt
via principalis = Hauptstraße
cohors = Kohorte, taktische Untereinheit der Legion (Legion = Einheit der römischen Armee, ca. 6000 Mann, jede Legion bestand aus 10 Kohorten, wobei die erste Kohorte 800 Mann, die zweite bis zehnte 480 Mann umfaßte)
ala = Infanterie- und Reiteraufgebot der Bundesgenossen (*socii*), seit Augustus die selbständige, 500 bis 1000 Mann starke Reiterabteilung der *auxilia* (Hilfstruppen)
quaestorium = Sitz des Quaestors, ursprünglich ein römischer Magistrat, Verwalter der Staatskasse, hier der Beamte, der die Kriegskasse verwaltete
vallum = Erdwall
praefectus castrorum = Lagerkommandant
valetudinarium = Lazarett
fabrica = Werkstätten, auch Fuhrpark
veterinarium = Pferdelazarett.

M 23 Satzung für eine Provinzstadt

Was die künftigen Duovirn[1] anlangt, so soll jeder einzelne von ihnen das Recht und die Möglichkeit haben, je zwei Liktoren, je einen Amtsdiener [*accensus*], je zwei Schreiber [*scribae*], je zwei Boten [*viatores*], einen *librarius* [eine Art Schreiber], einen Ausrufer [*praeco*], einen Eingeweideschauer [*haruspex*] und einen Flötenspieler zu haben. Was die künftigen Aedilen anlangt, so soll jeder von ihnen das Recht und die Möglichkeit haben, je einen Schreiber, vier öffentliche Sklaven mit gegürtetem Schurz, einen Herold, einen Eingeweideschauer und einen Flötenspieler zu haben. [...] Und diese Duovirn und Aedilen sollen für die Dauer ihres Amtes das Recht haben, die *toga praetexta* [mit Purpurstreifen], Wachsfackeln und Wachskerzen zu haben. Alle diese besagten Schreiber, Liktoren [usf.] sollen in dem Jahre, in dem sie ihren Dienst ausüben, vom Kriegsdienst befreit sein. [...] Jeder einzelne von denen, die bei den Duovirn Dienst leisten, soll folgenden Lohn erhalten: jeder Schreiber 1200 Sestertien, jeder accensus 700, jeder Liktor 600, jeder viator 400, jeder librarius 300, jeder haruspex 500, jeder Herold 300. [...] Alle Duovirn, die ihr Amt nach der Einrichtung der Kolonie bekleiden, sollen in den zehn auf den Beginn ihres Amtes folgenden Tagen den Dekurionen[2], von denen mindestens zwei Drittel anwesend sein müssen, die Frage zur Entscheidung vorlegen, welche und wie viele Tage Festtage sein sollen, welche öffentlichen Opfer veranstaltet werden sollen, und welche Personen diese veranstalten sollen. [...]

(CJL I, Tafel I, 3, 11ff.)

M 24 Pax Romana

Aelius Aristides, ein griechischer Rhetor, hielt 156 n. Chr. in Rom die folgende Rede:

[...] Aber ist es möglich, wenn man auf die Stadt blickt und die Grenzen der Stadt, sich nicht zu verwundern, daß von einer solchen Stadt die ganze bewohnte Welt [Oikumene] beherrscht wird? Denn was einer der [alten] Geschichtsschreiber über Asien schrieb: all das Land, soweit die Sonne ziehe, werde von einem Manne beherrscht [...], das ist nun in vollster Wahrheit übertroffen. [...] Und herangeführt wird aus allen Ländern und Meeren, was die Jahreszeiten sprießen lassen und was jedes Land hervorbringt, die Flüsse und Seen und die Künste der Hellenen und Barbaren. [...] So zahllos sind die Lastschiffe, die hier eintreffen und jegliche Ware von jeglichem Lande zu jeder Jahreszeit bringen. [...] Frachten von den Indern, ja, von den Bewohnern von Arabia Felix kann man in solchen Mengen schauen, daß man vermuten könnte, kahl für alle Zeiten seien die Bäume den Einwohnern zurückgeblieben, und jene müßten nach hier kommen, wenn sie etwas bedürften, um Anteil an ihren eigenen Waren zu erbitten. Ägypten, Sizilien und Libyen, soweit es unterworfen ist, sind eure Landgüter. [...] Groß wie ihr seid, machtet ihr die Ausmaße eurer Stadt groß; ihr wolltet nicht großtun und sie nicht dadurch bemerkenswert machen, daß ihr keinem der andern Anteil gabt an ihr, nein, in würdiger Weise suchtet ihr sie mit Bürgern aufzufüllen. Und Römer zu sein, wurde durch euch nicht zur Bezeichnung der Zugehörigkeit zu einer Stadt, sondern zur Bezeichnung eines gemeinsamen Stammes, und zwar nicht eines unter vielen, sondern eines, der allen andern das Gleichgewicht hält. Nicht in Hellenen und Barbaren scheidet ihr nun die Stämme [...], sondern in Römer und Nichtrömer; so weit dehntet ihr den Namen eurer Stadt aus. [...] So kommt kein Haß auf gegen eure Herrschaft. [...] Ihr machtet alles allen gemeinsam und gabt den Leuten, die dazu fähig waren, die Möglichkeit, ebenso beherrscht zu werden wie an ihrem Teile zu herrschen. [...] So sind Arme wie Reiche mit Recht zufrieden mit den jetzt bestehenden Verhältnissen und haben ihren Nutzen davon; eine andere Möglichkeit zu leben gibt es nicht [...], und was früher unmöglich schien, wurde unter euch zur Wirklichkeit, Stärke der Herrschaft verbunden mit Menschlichkeit [...]. So sind denn die Städte frei von Besatzungen, kleine Reiter- und Infanterieabteilungen genügen als Aufsicht für ganze Völker, [...] viele Völker wissen überhaupt nicht, wo ihre Besatzungen stehen. [...] An Kriege, ja, daß es sie gegeben hat, glaubt man nicht mehr; wie man sonst von Mythenerzählungen hört, hört die Menge von ihnen. Und wenn auch einmal Kämpfe an den Grenzen des Reiches stattfinden, [...] dann gehen sie wie Mythen schnell vorüber und mit ihnen das Gerede über sie [...]. Daß die Einwohner der Hauptstadt zu Felde ziehen und Strapazen erdulden, hieltet ihr für unwürdig eurer Herrschaft, [...] aber zu Fremden hattet ihr kein Zutrauen. [...] Welchen Weg habt ihr nun gefunden? Ihr ersannet ein eigenes Heer, ohne die Bürger damit zu belästigen. Das wurde euch möglich [...] dadurch, daß ihr keinen für einen Fremden anseht, wenn ihr ihn für eine Beschäftigung verwenden könnt, die er versehen kann und für die er benötigt wird. [...] Reich besetzt sind die Küsten am Meere und das Binnenland mit Städten, teils neu gegründeten, teils solchen, die unter eurer Herrschaft und von euch gefördert worden sind. [...] Wie an einem Festtage hat der ganze Erdkreis sein altes Gewand, das Eisen, abgelegt, sich festlichem Schmucke und allem, was das Leben froh macht, nach Lust und Belieben zugewandt. Jeder andere Wettstreit ist den Städten fremd geworden: nur darum eifert mit Macht jede einzelne, als die schönste und anmutigste dazustehen. Überall Gymnasien, Springbrunnen, Vorhallen,

1 In den römischen Gemeinden die beiden höchsten Beamten

2 Dekurionen = Mitglieder des Gemeindesenats, meist 100 Personen

Tempel, Werkstätten, Schulen. [...] Unaufhörlich fließen Geschenke von euch zu ihnen, man könnte nicht feststellen, wer mehr bekommen hat, so gleichmäßig wird allen eure menschenfreundliche Hilfe zuteil. Städte stehen strahlend in Glanz und Anmut, die ganze Erde ist wie ein Paradiesgarten geschmückt: Brandrauch aus den Ebenen und Signale von Freund und Feind sind verschwunden, als hätte sie ein Wind davongetragen, jenseits von Meer und Land. An ihre Stelle traten anmutige Schauspiele aller Art und festliche Wettspiele ohne Zahl. So hören, wie ein heiliges, unauslöschliches Feuer, die festlichen Zusammenkünfte nicht auf, sie gehen von Stadt zu Stadt. [...] Man kann nur die bemitleiden, die außerhalb eures Reiches stehen – wenn es überhaupt noch solche gibt –, daß sie von solchen Segnungen ausgeschlossen sind. [...] [W. Arend]
(Geschichte in Quellen, Bd. 1, a.a.O., S. 678f.)

Anregungen

1 *Welche Bedeutung besaß das römische Heer für die Romanisierung des Reiches? Welche die Beamtenschaft? Welche Informationen tragen zur Beantwortung der Fragen die Karten (Abb. 9, 10), die Pläne (M 21, 22), die Quellen (M 20, 23, 24) bzw. die Darstellung 2.2.3 bei?*

2 *Beschreiben Sie, welche Wirkung die Übertragung von Stadtrechten auf Siedlungen in den römischen Provinzen haben mußte!*

3 *Erläutern Sie, welches Gewicht ein funktionsfähiges Straßensystem für die Romanisierung des Reiches hatte!*

4 *Beschreiben und analysieren Sie das Vordringen der Römer in Deutschland anhand der Anlage von Kastellen (s. Abb. 9, S. 76)!*

5 *Analysieren Sie die Rede des Aelius Aristides! Welche Eigenschaften Roms und der Römer preist der griechische Rhetor?*

6 *Diskutieren Sie, ob angesichts der Zerstörung von Städten und Kulturen durch Rom die Ausführungen des Aristides haltbar sind!*

Der Dominat
Verfassungsstruktur Roms

M 25 Höchstpreisedikt Diokletians, 301 n. Chr.

Die beiden Augusti und die beiden Caesares [...] tun kund:

[...] Wer ist so abgestumpft und menschlichem Fühlen entfremdet, daß ihm unbekannt bleiben könnte, ja, daß er überhaupt nicht bemerkt hätte, daß bei den Waren, die entweder im Großhandel oder im täglichen Handelsverkehr der Städte umgesetzt werden, eine solche Willkür der Preise eingerissen ist, daß die schrankenlose Profitgier weder durch die reichlichen Vorräte noch durch die Fruchtbarkeit der Jahresernten gemildert wurde? Und daß man nicht daran zweifeln kann, daß Menschen [...], die in solchen Geschäften Erfahrung haben, ständig voller Spannung, sogar auf Grund der Bewegungen der Sterne, Winde und Wetter zu bestimmen suchen und in ihrem ungerechten Denken es nicht hinnehmen können, wenn, Hoffnung auf künftige Ernten verheißend, Regenströme des Himmels die gesegneten Fluren tränken; fühlen sie sich doch persönlich geschädigt, wenn die Gunst des Himmels Früchte im Überfluß sprießen läßt. [...] Wer wüßte nicht, daß überall, wohin unsere Heere im Interesse der allgemeinen Sicherheit hingesandt werden, nicht nur in Dörfern und Städten, nein, auf jeder Straße die verwegene Gewinnsucht den Interessen der Allgemeinheit auflauert und entgegentritt [...], und schließlich, daß bisweilen beim Kauf eines einzigen Gegenstandes der Soldat seiner Sonderzulage und seines Soldes beraubt wird? Und daß alles, was der ganze Erdkreis aufbringt, um unsere Heere zu erhalten, dem abscheulichen Gewerbe dieser Räuber zur Beute wird? [...] Durch all das [...] mit vollem Recht veranlaßt [...], haben wir uns entschlossen, für die Handelswaren zwar nicht feste Preise zu bestimmen, [...] aber doch ein Maß zu setzen, auf daß, wenn eine Teuerung irgendwo mit Macht hereinbrechen sollte – mögen die Götter ein solches Unglück abwenden! –, die Gewinnsucht [...] durch die Begrenzungen, die in unserem Statut festgesetzt sind, und durch die Schranken eines mäßigenden Gesetzes gezügelt werde. Es ist also unser Wille, daß die Preise, die in der unten angefügten Liste verzeichnet sind, in unserem ganzen Reiche eingehalten werden; und jedermann soll davon Kenntnis nehmen, daß die Freiheit, sie willkürlich zu überschreiten, ihm beschnitten ist; damit soll in keiner Weise der glückliche Zustand billiger Preise an den Plätzen, wo offensichtlich Überschuß an Waren besteht, behindert werden. [...] Wer sich gegen die Ordnung dieses Statutes in frecher Verwegenheit stellt, soll – so ist es mein Wille – einem Gerichtsverfahren auf Leben und Tod unterworfen werden. [...] Unter gleicher Gefahr wird stehen, wer aus Kauflust auf die habgierigen Forderungen des Verkäufers – entgegen diesem Erlaß – eingeht. Aber auch der wird von einer solchen Strafe nicht verschont bleiben, der, im Besitz von Waren, die zum Lebensunterhalt und Verbrauch notwendig sind, diese, nach der Regelung durch dieses Statut, dem Handel entziehen zu dürfen glaubt. [...]
(Geschichte in Quellen Bd. 1, a.a.O., S. 733)

M 26 Steuerung der Gesellschaft

a) Freie Berufswahl

Wenn einer, der von Geburtsstand Transportschiffer ist, Kapitän eines Leichters werden sollte, soll er gleichwohl beständig in dem gleichen Stande verbleiben, dem offensichtlich auch seine Eltern angehört haben.
(Codex Theodosianus 13, 5, 1)

b) Tätigkeit für den Staat

Gewisse Personen, die dem Müßiggang nachgehen, haben sich ihren Verpflichtungen gegenüber ihren Gemeinden entzogen [...]. Solche und ähnliche Personen sollen [...] aus ihren Schlupfwinkeln hervorgeholt und zur Übernahme der Pflichten ihren Heimatstädten gegenüber zurückgerufen werden. [...]
(Codex Theodosianus 12, 1, 63)

Niemand darf Senator werden, bevor er alle obliegenden Dienstleistungen seiner Stadt erfüllt, d.h. mit seinem Vermögen gedeckt hat.
(Codex Theodosianus 12, 1, 57)

c) Die Stellung der Bauern

Mögen sie auch ihrer Lage [*condicio*] nach frei erscheinen, so sollen sie doch angesehen werden als Sklaven des Landstriches, für den sie geboren sind, und sollen nicht die Möglichkeit haben, fortzugehen, wohin sie wollen oder ihren Wohnsitz zu verändern, sondern ihr Eigentümer soll mit Recht Gebrauch machen von der Sorgfalt eines Patronus und der Gewalt eines Hausherrn.
(Codex Theodosianus 11, 52)

Wenn einer der Beamten oder sonst ein einflußreicher Mann dabei entdeckt werden sollte, daß er Dörfer in seine Schutzherrschaft aufgenommen hat, soll er die festgesetzte Strafe zahlen.
(Codex Theodosianus 11, 24, 3)

Anregungen

1 *Warum wurde der Senat im Dominat funktionslos?*
2 *Versuchen Sie, das Höchstpreisedikt Diokletians anhand der Ausführungen über die Intensivierung der römischen Beamtenverwaltung zu erklären! Kennen Sie ähnliche Beispiele aus der Moderne?*
3 *Erläutern Sie die Quellen zur „staatlichen Steuerung der Gesellschaft"!*
4 *Erklären Sie, worin sich die Herrschaftsform des Dominats von der des Prinzipats unterscheidet!*
5 *Definieren Sie den Unterschied zwischen der griechischen Tyrannis und dem römischen Dominat!*

Das Christentum im römischen Reich

M 27 Tacitus über die Christen

Dies waren die Maßregeln, die von der menschlichen Vernunft ergriffen wurden. Bald suchte man aber auch nach Sühnemitteln für die Götter. Man befragte die sibyllinischen Bücher, nach welchen Gebete an Vulcanus, Ceres und Proserpina gerichtet wurden. Juno wurde durch die Frauen versöhnt, zuerst auf dem Kapitol, dann an der nächstgelegenen Küste des Meeres, aus dem man Wasser schöpfte, um Tempel und Bild der Göttin zu besprengen. Und die Ehefrauen, deren Männer noch lebten, feierten Speiseopfermahle und Nachtmetten. Aber nicht durch humane Hilfsmaßnahmen, nicht durch die Schenkungen des Fürsten oder die Sühneopfer für die Götter ließ sich die Schande bannen, daß man glaubte, der Brand sei befohlen worden. Nero schob, um diesem Gerede [der Brand von Rom sei befohlen worden] ein Ende zu machen, die Schuld auf andere und bestrafte sie mit den ausgesuchtesten Martern. Es waren jene Leute, die das Volk wegen ihrer Schandtaten haßte und mit dem Namen „Christen" belegte. Dieser Name stammt von Christus, der unter Tiberius vom Prokurator Pontius Pilatus hingerichtet worden war. Dieser verderbliche Aberglaube war für den Augenblick unterdrückt worden, trat aber später wieder hervor und verbreitete sich nicht nur in Judäa, wo er aufgekommen war, sondern auch in Rom, wo alle Greuel und Abscheulichkeiten der ganzen Welt zusammenströmen und geübt werden. Man faßte also zuerst diejenigen, die sich öffentlich als Christen bekannten, dann auf deren Anzeige hin eine gewaltige Menge Menschen. Sie wurden weniger der Brandstiftung als des Hasses gegen das ganze Menschengeschlecht überführt. Bei der Hinrichtung wurde auch noch Spott mit ihnen getrieben, indem sie in Tierhäute gesteckt und von wilden Hunden zerfleischt wurden. Andere wurden ans Kreuz geschlagen oder, zum Feuertod bestimmt, nach Einbruch der Dunkelheit als nächtliche Fackeln verbrannt. Für dieses Schauspiel hatte Nero seinen eigenen Park hergegeben und veranstaltete gleichzeitig ein Circusspiel, wobei er sich in der Tracht eines Wagenlenkers unter das Volk mischte oder auf einem Rennwagen stand. Daher wurde mit jenen Menschen, obwohl sie schuldig waren und die härtesten Strafen verdient hatten, doch Mitleid rege, als würden sie nicht dem Gemeinwohl, sondern der Grausamkeit eines einzelnen geopfert.
(Tacitus, Annalen XV, 44)

M 28 Gaius Plinius an Kaiser Trajan

Gaius Plinius (61 oder 62 bis 113/114) wurde nach dem frühen Tode seines Vaters von seinem Onkel gleichen Namens erzogen, der eine bedeutende „naturalis historia" schrieb. Plinius absolvierte die römische Beamtenkarriere und wurde als außerordentlicher Statthalter nach Bithynien geschickt. Er verfaßte viele kunstvolle Briefe, die zwar an eine Person adressiert und auch abgeschickt wurden, jedoch vermutlich von vornherein auch für eine spätere Veröffentlichung vorgesehen waren.

Es ist mir heiliges Gebot, o Herr, alles, worüber ich im Zweifel bin, Dir vorzutragen. Wer könnte nämlich besser meinem Zögern eine Richtung weisen oder meine Unwissenheit erhellen? An Verhandlungen gegen Christen habe ich niemals teilgenommen; deshalb weiß ich nicht, was und inwieweit man hier gewöhnlich straft oder untersucht. Auch bin ich nicht wenig im unklaren, ob ein Unterschied im Alter gemacht wird oder ob noch so Junge den

Erwachsenen gleichgestellt sind; ob den Reuigen Verzeihung gewährt wird oder ob es dem, der überhaupt einmal Christ war, nichts nützt, davon abgelassen zu haben; ob der Name an sich, auch wenn er von Schandtaten frei ist, oder ob mit dem Namen verbundene Schandtaten bestraft werden.
Inzwischen habe ich bei denen, die mir als Christen angezeigt wurden, folgendes Verfahren beobachtet. Ich fragte sie, ob sie Christen seien. Die Geständigen fragte ich ein zweites und ein drittes Mal unter Androhung der Todesstrafe: diejenigen, die darauf beharrten, ließ ich hinrichten. Darüber bestand für mich nämlich kein Zweifel, daß Hartnäckigkeit und unbeugsame Starrköpfigkeit auf jeden Fall bestraft werden müssen, was es auch sein mochte, das sie zu gestehen hatten. Es gab andere von ähnlicher Verrücktheit, die ich als römische Bürger für die Weiterleitung nach Rom vormerkte. Wie das zu geschehen pflegt, traten später, da die Anklage im Verlaufe der Untersuchung weitere Kreise zog, mehrere Sonderfälle auf.
Es wurde auch eine viele Namen enthaltende anonyme Schrift vorgelegt. Diejenigen, die leugneten, Christen zu sein oder gewesen zu sein, und nach meinem Beispiel die Götter anriefen und Deinem Bilde, das ich zu diesem Zweck zusammen mit den Götterstatuen hatte herbeischaffen lassen, Weihrauch und Wein opferten, außerdem Christus schmähten – lauter Dinge, zu denen wahre Christen, wie man sagt, nicht gezwungen werden können –, glaubte ich freilassen zu sollen. Andere, deren Name von diesem Anzeiger genannt worden war, sagten, sie seien Christen, und leugneten es später: sie seien es zwar gewesen, hätten aber damit aufgehört, manche vor drei, manche vor mehr Jahren, einige sogar vor zwanzig. Auch diese alle verehrten Dein Bild und die Götterstatuen und schmähten Christus.
Sie behaupteten aber, ihre ganze Schuld – oder ihr ganzer Irrtum – habe darin bestanden, daß sie sich an einem bestimmten Tage vor Sonnenaufgang zu versammeln pflegten, Christus zu Ehren, wie einem Gotte, im Wechselgesang ein Lied anstimmten und sich eidlich nicht etwa zu einem Verbrechen verpflichten, sondern keinen Diebstahl, keinen Raub, keinen Ehebruch zu begehen, kein gegebenes Wort zu brechen, kein anvertrautes Gut, wenn es zurückgefordert wird, abzuleugnen. Darauf seien sie in der Regel auseinandergegangen und wieder zusammengekommen, um ein Mahl einzunehmen, das jedoch ganz gewöhnlich und harmlos war; damit hätten sie aufgehört nach meinem Edikt, worin ich Deinem Auftrag gemäß die Vereine verboten hatte. Um so mehr hielt ich es für notwendig, zwei Sklavinnen, die sie Diakonissen nannten, sogar auf der Folter zu befragen, was wahr sei. Ich fand nichts anderes als einen verkehrten, maßlosen Aberglauben.
(Plinius d.J., Briefe, X, 96)

M 29 Die Christen verteidigen sich

Tertullian (nach 150 bis etwa 225 n. Chr.) war ein karthagischer Jurist und selbst Christ, der in seinem 197 n. Chr. erschienenen Traktat die Christen gegen die Anklage des Majestätsverbrechens verteidigte.

Wir kommen nun zum zweiten Punkt der Anklage, nämlich der Beleidigung einer noch „erhabeneren" Majestät [als der Götter]: denn dem Kaiser huldigt Ihr ja mit noch größerer Furcht und mit schlauerer Knechtseligkeit als dem Jupiter vom Olymp! Und ganz mit Recht, wenn Ihr es klug bedenkt. Denn welcher Lebende, sei er wer immer, ist nicht mächtiger als jeder Tote? Aber Ihr tut dies nicht einmal so sehr aus dieser klugen Überlegung, sondern einfach unter dem Eindruck der so greifbar gegenwärtigen Macht [des Kaisers]. Drum seid Ihr eben dadurch der Gottlosigkeit gegen die Götter schuldig, daß ihr einer menschlichen Herrschaft mehr Ehrfurcht zollt. Und daher kommt es, daß bei Euch mehr Meineide geschworen werden bei allen Göttern zusammen als bei dem einzigen Genius des Kaisers.
Erst möge einmal gerichtlich festgestellt werden, ob denn die Wesen, denen Ihr opfert, den Kaisern oder selbst irgendeinem beliebigen Menschen Heil und Wohlergehen verschaffen können. Wenn Engel und Dämonen, diese Inbegriffe böser Geister, Wohltaten spenden, wenn Verworfene behüten, wenn Verdammte befreien, wenn (Ihr wißt es gar wohl) Tote den Lebendigen helfen können: wohlan, dann sprecht uns des Majestätsverbrechens schuldig! [...]
Wir nämlich beten für das Heil der Kaiser zu Gott dem Ewigen, dem Wahren, dem Lebendigen. Wir beten zu ihm, dessen Huld selbst die Kaiser aller Gunst der Götzen vorziehen. Denn sie wissen gar wohl, wer ihnen die Kaiserherrschaft verliehen hat: sie wissen, weil sie Menschen sind, wer ihnen den Lebensodem gab, sie fühlen deutlich, daß es der eine und einzige Gott ist, in dessen alleiniger Gewalt sie sich wissen. Von Gott aus gesehen sind die Kaiser die Zweiten, aber nach Gott die Ersten, über allen und vorab über allen Götzen. Und wie das? Sie sind über alle Menschen gesetzt und haben jedenfalls als Lebendige vor allen Toten den Vorrang. Gerade wenn sie Macht und Grenzen ihrer Kaiserherrschaft bedenken, kommen sie zur Erkenntnis des einen Gottes: denn sie sehen ein, daß sie stark sind durch eben den, gegen den sie nichts vermögen. Der Kaiser soll doch etwa einmal Krieg führen gegen den Himmel, er soll doch einmal den Himmel als Gefangenen in seinem Triumphzug aufführen, er soll gegen den Himmel seine Wachtposten ausschicken, er soll dem Himmel seine Steuern auflegen. Er kann es nicht! Darum besteht seine Größe eben darin, daß er geringer ist als der Himmel. Denn der Kaiser ist Eigentum dessen, dem der Himmel und alle Kreatur gehört. Kaiser ist er durch Gott, der ihn zum Menschen machte, bevor er Kaiser ward; seine Herrschaft hat er von ihm, der ihm die Seele gab.

Zu diesem Gott blicken wir Christen auf und beten mit ausgebreiteten Händen (denn sie sind unbefleckt von Schuld), mit entblößtem Haupt (denn wir brauchen vor Gott nicht zu erröten), ohne einen Vorbeter (denn wir beten aus der Fülle des Herzens): und wir beten allezeit für alle Kaiser um ein langes Leben, um friedvolle Regierung, um die Sicherheit ihres Hauses, um ein tapferes Kriegsheer, einen getreuen Senat, ein rechtschaffenes Volk, um die Ruhe des Erdkreises, um alles, was sich Untertan und Kaiser wünschen mögen. [...]
So beten wir mit ausgebreiteten Händen zu Gott – nun möge man uns mit Eisenkrallen zerfleischen, am Kreuz aufhängen, nun mögen an uns die Flammen emporzüngeln, mögen Schwerter uns die Kehle durchhauen, die Bestien uns anspringen: schon die Gebetshaltung des Christen ist ein Zeichen, daß er zu allem bereitsteht. Frischauf, Ihr tapferen Staatsbeamten, quält nur ruhig die Seele des Christen aus ihrem Leib, die da für ihren Kaiser betet! Es wird ja wohl so sein, daß dort das „Verbrechen" sitzt, wo die Wahrheit thront und die Furcht vor Gott!
Nun haben wir aber (so höre ich Euch sagen) dem Kaiser tüchtig geschmeichelt und diese erlogenen guten Wünsche nur ausgesprochen, um der verfolgenden Gewalt zu entgehen. Nun denn, fahren wir einmal fort in diesen „erlogenen" Argumenten: Ihr müßt uns nun gerichtlich zulassen zum Nachweis dessen, was wir behaupten.
Wenn Ihr wirklich glaubt, uns liege im Grunde nicht an dem Heil der Kaiser, so werft doch einen Blick in die Aussprüche Gottes, in unsere Heiligen Schriften, die wir nicht heimlich verbergen und die sogar manchmal durch Zufall in heidnische Hände geraten. So wißt denn: In diesen Schriften wird uns die Vorschrift gegeben, in der Überfülle unseres Gutseins auch für unsere Feinde zu Gott zu beten und unseren Verfolgern Gutes zu wünschen. Wer ist nun mehr Feind und Verfolger der Christen als der, um dessentwillen wir als Majestätsverbrecher belangt werden? Aber auch mit Nennung seines Namens und ausdrücklich steht geschrieben: „Betet für die Kaiser und Fürsten und Staatsgewalten, auf daß ihr ein stillruhiges Leben habet!" Denn wenn das Imperium erschüttert wird, so werden auch seine Untertanen betroffen und damit auch wir, obwohl man uns nachsagt, wir sonderten uns von der Masse des Staatsvolkes ab; in irgendeinem Belang trifft es immer auch uns.
(Tertullian, Apologeticum 28, 3ff. Nach: H. Rahner, Kirche und Staat im frühen Christentum. München 1961, S. 45ff.)

M 30 Mailänder Toleranzedikt Kaiser Konstantins, 313

Kaiser Konstantin (306 bis 337) besiegte 312 seinen Gegner Maxentius an der Milvischen Brücke nördlich vor Rom, angeblich im Zeichen des Kreuzes. Nach der Schlacht verkündete er das „Mailänder Toleranzedikt".

[...] Da wir, ich Konstantinus Augustus, und ich, Licinius Augustus, durch glückliche Fügung nach Mailand gekommen und all das, was dem Volke zu Nutz und Vorteil gereiche, erwogen, so haben wir unter den übrigen Verfügungen, die dem Interesse der Allgemeinheit dienen sollten, oder vielmehr zuvörderst, den Erlaß jener Verordnungen beschlossen, die sich auf die Achtung und Ehrung des Göttlichen beziehen, um den Christen und allen Menschen freie Wahl zu geben, der Religion zu folgen, welcher immer sie wollten. Es geschah dies in der Absicht, daß jede Gottheit und jede himmlische Macht, die es je gibt, uns und allen, die unter unserer Herrschaft leben, gnädig sein möge.
In gesunder und durchaus richtiger Erwägung haben wir so diesen Beschluß gefaßt, daß keinem Menschen die Freiheit versagt werden solle, Brauch und Kult der Christen zu befolgen und zu erwählen, daß vielmehr jedem die Freiheit gegeben werde, sein Herz jener Religion zuzuwenden, die er selbst für die ihm entsprechende erachtet, auf daß uns die Gottheit in allem die gewohnte Fürsorge und Huld schenken möge. Demzufolge geben wir in einem Reskripte als unseren Willen kund, daß die Bedingungen, welche bezüglich der Christen unserem früheren Schreiben an deine[1] Ergebenheit beigefügt waren, völlig aufgehoben sind und alles beseitigt werde, was als gänzlich verkehrt und unserer Milde widersprechend erschien, und daß fernab ein jeglicher aus denen, die eben diese Wahl getroffen, nämlich die Religion der Christen zu bekennen, dies frei und ohne weiteres ohne irgendwelche Belästigung üben solle. Und wir haben beschlossen, diese Maßnahmen deiner Sorgsamkeit in vollem Umfange kundzutun, damit du wissest, daß wir eben den Christen ungehinderte und uneingeschränkte Freiheit in Ausübung ihrer Religion verliehen. Da du nun siehst, daß den Christen dieses Recht in uneingeschränktem Maße von uns eingeräumt wurde, so wird das deine Sorgsamkeit dahin verstehen, daß damit auch andern Erlaubnis gegeben sei, die religiösen Bräuche ihrer eigenen Wahl zu beobachten. Ist es doch offensichtlich der Ruhe unserer Zeit angemessen, daß jeder Freiheit habe, gemäß seinem Willen eine Gottheit zu erwählen und sie zu verehren. Dies haben wir verfügt, damit es nicht den Anschein erwecke, als würde irgendein Kult oder irgendeine Religion durch uns Hintansetzung erfahren.
Bezüglich der Christen bestimmen wir weiterhin, daß jene Stätten, an denen sie ehedem zusammenzukommen pflegten, [...] unentgeltlich und ohne Rückforderung des Kaufpreises, ohne Zögern und Zaudern an die Christen zurückerstattet werden.

1 Die Verfügung ist in Form einer Mitteilung Konstantins an seinen Mitkaiser Licinius gehalten.

Auch wer solche Stätten geschenkweise erhält, soll sie so schnell als möglich denselben Christen zurückgeben. Jene aber, die von unserer Hochherzigkeit irgendeine Vergütung hierfür erbitten, mögen sich, ob sie nun auf dem Wege des Kaufes oder der Schenkung Eigentümer geworden, an den am Ort rechtsprechenden Statthalter wenden, damit auch sie die Fürsorge unserer Milde erfahren. All das muß so durch dein Bemühen an die Körperschaft der Christen überwiesen werden. Und da eben diese Christen, wie bekannt, nicht nur jene Orte, an denen sie zusammenzukommen pflegten, sondern auch noch andere Stätten im Besitz hatten, die nicht dem einzelnen unter ihnen gehörten, sondern rechtliches Eigentum ihrer Körperschaft, d.i. der Christen, waren, so wirst du den Befehl erlassen, daß diese insgesamt ohne jeden Widerspruch auf Grund des oben angeführten Gesetzes den Christen, d.i. ihrer Körperschaft und den Versammlungen, zurückerstattet werden, und zwar, wie sich versteht, unter Beachtung der erwähnten Bestimmung, daß diejenigen, die diese Stätten unentgeltlich, wie gesagt, zurückstellen müssen, durch unsere Hochherzigkeit dafür Entschädigung zu erhoffen haben.

Bei all dem sollst du deine Aufmerksamkeit nach besten Kräften der genannten Körperschaft der Christen zuwenden, damit unser Befehl schleunigst durchgeführt und so durch unsere Milde auch nach dieser Richtung für die allgemeine und öffentliche Ruhe gesorgt werde. Auf diese Weise möge uns, wie oben gesagt, das göttliche Wohlwollen, das wir schon bei vielen Gelegenheiten erfahren, für alle Zeit fest erhalten bleiben! Damit aber der Inhalt dieses von uns in hochherziger Gesetzgebung erlassenen Gesetzes zur Kenntnis aller gelange, ist es notwendig, daß dieses unser Schreiben deiner Verfügung voranstehend überall angeschlagen und allen kundgegeben werde, und so die Verfügung, in der diese unsere Hochherzigkeit sich ausspricht, niemand verborgen bleibe.

(Eusebios, Kirchengeschichte. Hg. von H. Kraft. München 1967, S. 430 ff.)

Anregungen

1 *Vergleichen Sie, welche Vorwürfe die Römer gegen die Christen erhoben und wie sich die Christen gegenüber diesen Vorwürfen verteidigten!*

2 *Welche Positionen bekleideten Christen im römischen Reich? Erklären Sie, mit welchen Problemen ein christlicher Amtsträger konfrontiert wurde!*

3 *Analysieren Sie das Mailänder Toleranzedikt! Welche Freiheiten werden den Christen darin gegeben?*

Die Kultur Roms

M 31 Vitruv: Vorschriften für den Hausbau

Vitruvius Pollio, römischer Architekt und Ingenieur, verfaßte um 25 v. Chr. in Anlehnung an griechische Schriften eine Beschreibung der Baukunst und der Mechanik, „De architectura“. Es ist das einzige architekturtheoretische Handbuch der Antike.

Die Staatsgesetze erlauben nicht, daß bei gemeinschaftlichen Mauern größere Mauerstärken als 1½ Fuß [ca. 31 cm] gebaut werden. Die übrigen Wände aber werden, damit die Räume nicht zu eng werden, mit derselben Stärke gebaut, Ziegelmauern aber können wohl bei einer Stärke von zwei oder drei Ziegellängen, nicht aber bei einer Stärke von nur 1½ Fuß mehr als ein Stockwerk tragen. Bei der großen Bedeutung der Stadt aber und der unendlich großen Zahl von Bürgern muß man unzählige Wohnungen schaffen. Da also Häuser, die nur ein Erdgeschoß haben, eine so große Menge zum Wohnen in der Stadt nicht aufnehmen können, zwangen die Umstände selbst dazu, daß man sich damit half, die Häuser in die Höhe zu bauen. So wurden mit Hilfe von Steinpfeilern, Mauern aus gebrannten Ziegeln und Bruchsteinmauern hohe Häuser errichtet; sie wurden auf häufigen Balkenlagen mit Bretterböden versehen mit dem Ergebnis, daß die oberen Stockwerke zum größten Nutzen Aussicht [auf die Stadt] haben. Da also das Fassungsvermögen der Stadtmauern durch die verschiedenen Stockwerke nach der Höhe zu vervielfältigt ist, hat das römische Volk ohne Schwierigkeiten ausgezeichnete Wohnungen.

(Vitruv 2, 8, 17. Nach der Übers. von C. Fensterbusch. Darmstadt 1964).

M 32 Wasserzufuhr

1. Die Leitung des Wassers geschieht auf dreierlei Art: durch Rinnsale in gemauerten Rinnen, durch Bleiröhren oder durch Tonröhren. Ihre Anlage geschieht folgendermaßen: Handelt es sich um gemauerte Rinnen, dann muß das Mauerwerk möglichst fest sein, und die Sohle der Rinne soll ein nivelliertes Gefälle von nicht weniger als 1/4, nicht mehr als 1/2 Fuß auf 100 Fuß haben. Und die gemauerte Rinne soll überwölbt werden, damit die Sonne das Wasser möglichst wenig berührt. Kommt die Leitung an die Stadtmauer, so soll man ein Wasserschloß errichten und mit dem Wasserschloß verbunden zur Aufnahme des Wassers einen aus drei Wasserkästen bestehenden Wasserbehälter. Im Wasserschloß lege man drei Röhrenleitungen an, ganz gleichmäßig verteilt auf die Wasserkästen, die so untereinander verbunden sind, daß das Wasser, wenn es in den beiden äußeren Kästen überläuft, in den mittleren Kasten fließt.

2. In dem mittleren Kasten sollen Röhrenleitungen so angelegt werden, daß sie zu allen Bassinbrunnen und Springbrunnen führen, damit das Wasser nicht in den öffentlichen Anlagen fehlt; aus dem zweiten

M 33 **Bau eines Hauses** (Modell einer römischen Baustelle, Hafentor, Xanten)

Wasserkasten sollen Rohrleitungen zu den Privatbadeanstalten führen, denn so können die Privatbadeanstalten das Wasser nicht wegnehmen, weil sie von den Ausgangsstellen an eine eigene Wasserleitung haben; aus dem dritten Wasserkasten Röhrenleitungen zu den Privathäusern, damit die, die privat Wasser in ihre Häuser leiten, jährlich dem Volk ein Wassergeld zahlen, durch das sie die Unterhaltung der Wasserleitung durch die Steuerpächter sicherstellen. Dies sind die Gründe, weshalb ich diese Einteilung so festgesetzt habe.

3. Wenn aber zwischen Stadtmauer und der Quelle Berge liegen, so wird man so verfahren müssen, daß unterirdische Stollen gegraben und nach dem oben angegebenen Gefälle nivelliert werden. Handelt es sich um Tuff oder Fels, so soll die Kanalsohle in diesen selbst ausgeschnitten werden. Ist jedoch der Boden erdig oder sandig, dann sollen in dem Stollen Sohle und Wände mit der Überwölbung in Mauerwerk ausgeführt und das Wasser so geleitet werden. Luftschächte sind so anzulegen, daß zwischen zweien 120 Fuß liegen.
(Vitruv 8, 6, 1ff.)

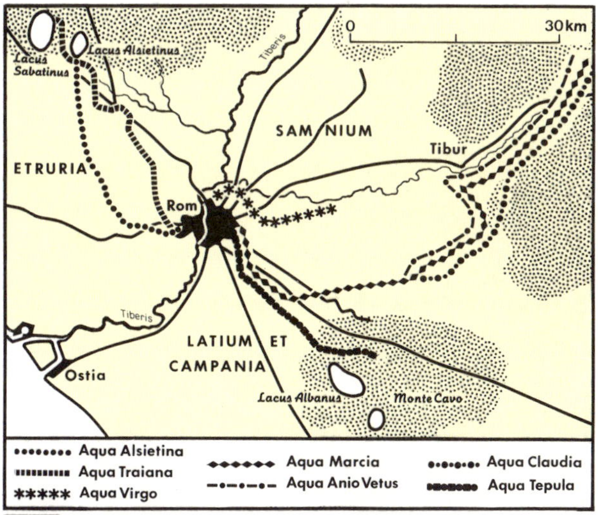

M 34 **Römische Aquädukte in der Umgebung Roms**
(Nach: Pleticha/Schönberger, a.a.O., S. 65)

M 35 Strabon: Lob der Stadt Rom und Italiens, 1. Jahrhundert n. Chr.

Diese Vorzüge nun gewährt die Natur des Landes der Stadt, andere haben die Römer mit Vorbedacht hinzugefügt. Wenn die Griechen bei ihrem Städtebau besonders dadurch glücklichen Erfolg erwarteten, daß sie Schönheit und Festheit, Häfen und ergiebiges Land berücksichtigten, so haben die Römer besonders das bedacht, was jene unberücksichtigt ließen, Steinpflaster der Straßen, Hinleitung des Wassers und Abzugsgräben, welche den Schmutz der Stadt wegspülen können in den Tiber. Sie pflasterten aber auch die Landstraßen, scheuten nicht die Abgrabung der Hügel und die Füllung der Vertiefungen, so daß Frachtwagen die Waren der Handelsschiffe aufnehmen. Die aus gleichmäßigem Quaderstein gewölbten Abzugsgräben lassen zum Teil für Heuwagen gangbare Wege übrig. Und das durch die Wasserleitungen herbeigeführte Wasser ist so umfangreich, daß gleichsam Flüsse die Stadt und die Abzugsgräben durchströmen und fast jedes Haus Behälter und Röhren und reichliche Wassersprudel hat. Diesem allen widmete seine größte Fürsorge Marcus Agrippa [Freund des Augustus], welcher auch durch viele andere Prachtwerke die Stadt verschönert hat.
Überhaupt ließen die Vorfahren, mit anderen größeren und notwendigeren Dingen beschäftigt, die Schönheit Roms unbeachtet, unsere Zeitgenossen hingegen blieben auch hierin nicht zurück, sondern füllten die Stadt mit vielen und schönen Prachtwerken. Denn Pompeius, Caesar, sodann Augustus, seine Söhne und Freunde, seine Gattin und Schwester haben den Aufwand aller für diese Ausführungen übertroffen. Die meisten dieser Werke enthält das Marsfeld, welches mit der Natur die Verschönerung durch weise Fürsorge vereinigt. Denn die bewundernswürdige Größe des Platzes, welche bei der ungeheuren Menge der im Ballschlagen, im Reifenspiel und Kunstringen sich Übenden dennoch sowohl dem Wagenrennen als dem Kunstreiten ungehinderten Spielraum gewährt, sodann die umstehenden Gebäude und der durchs ganze Jahr grüne Rasenboden, endlich der Kranz der malerischen Hügel, dieses alles gewährt einen schwer zu verlassenden Schaugenuß. Dem Marsfeld nahe ist noch ein anderes Feld und viele Hallen umher, Lusthaine, drei Schauspielhäuser und eine Doppelbühne, prächtige und einander berührende Tempel, so daß es überflüssig scheinen dürfte, die übrige Stadt darzustellen. Daher betrachteten die Römer diesen Platz als ein ehrwürdiges Heiligtum und errichteten dort die Denkmäler der ausgezeichneten Männer und Frauen.
(Strabon, 5, 3, 8ff.)

M 36 Römischer Luxus, 1. Jahrhundert n. Chr.

Es folgte das Konsulatsjahr des C. Sulpicius und D. Hatenus, das draußen ruhig war, daheim aber Furcht vor strengen Verordnungen gegen den Luxus erregte, der in allem, was Geldverschwendung betrifft, ins Unermeßliche gestiegen war. Doch ließen sich die anderen Arten von Aufwand, auch wenn sie noch bedeutender waren, bei der üblichen Verheimlichung der gezahlten Preise verbergen. Dagegen hatten die Aufwendungen für die Genüsse des Magens und Gaumens, über die man doch beständig sprach, die Sorge aufkommen lassen, daß der Princeps in seiner altrömischen Sparsamkeit schärfere Maßnahmen ergreifen könnte. Denn nach dem Vorgang des C. Bibulus hatten auch die übrigen Ädilen geäußert, daß das Luxusgesetz nicht beachtet werde, daß die Preise für Hausbedarf täglich stiegen und daß man bei kleineren Abhilfemitteln nicht stehen bleiben könne. Die Senatoren, die darum befragt wurden, hatten diese Sache ohne Entscheidung an den Princeps verwiesen. Tiberius hatte sich aber schon oft überlegt, ob solche ausschweifenden Begierden überhaupt in Schranken gehalten werden könnten und ob nicht Gegenmaßregeln dem Staat noch größeren Schaden brächten. [...]
Endlich verfaßte er ein Schreiben an den Senat etwa folgenden Inhalts: Was soll ich zuerst verbieten oder auf das frühere Maß einzuschränken versuchen? Den grenzenlosen Umfang der Villen? Die riesige und aus allen Nationen zusammengesetzte Dienerschaft? Die Schwere der Silber- und Goldgefäße? Die Wunderwerke der Plastik und Malerei? Die kostbaren Gewänder, die ebenso von Männern wie von Frauen getragen werden? Und dazu noch den eigentlichen Luxus der Frauen, die Edelsteine, für die unser Gold zu entlegenen oder gar feindlichen Völkern abwandert? Ich weiß wohl, daß auch bei Gelagen und geselligen Zusammenkünften über den Luxus geklagt und Einschränkungen gefordert werden. Stellt man aber ein Gesetz darüber auf und kündigt Strafen an, so werden dieselben Leute schreien, die Verfassung werde gebrochen, gerade den vornehmsten Häusern drohe Verderben, jeder sei Anschuldigungen ausgesetzt. Und doch kann man nicht einmal körperlichen Krankheiten, wenn sie alt und festverwurzelt sind, anders beikommen als durch harte und strenge Maßregeln. Die Seele aber ist zugleich Verführte und Verführerin, krank und zugleich lüstern. Ihre Heilmittel müssen ebenso kräftig sein wie die Gelüste selbst sind, von denen sie entbrannt ist. Unsere Vorfahren haben so viele Gesetze ersonnen, der verewigte Augustus hat so viele gegeben. Aber jene sind in Vergessenheit geraten, diese, was noch schändlicher ist, durch Nichtbeachtung abgeschafft worden und haben den Luxus nur noch selbstbewußter gemacht. Denn wer begehrt, was noch nicht verboten ist, der kann doch fürchten, daß es noch verboten wird. Hat man aber

einmal Verbote straflos übertreten, dann gibt es weiterhin weder Furcht noch Scham. Warum herrschte denn ehedem Sparsamkeit? Weil sich jeder selbst zu mäßigen wußte, solange wir Bürger einer einzigen Stadt waren. Auch als wir nur Italien beherrschten, war die Versuchung noch nicht groß. Erst durch unsere Siege über fremde Länder haben wir gelernt, fremdes Gut zu verprassen, durch die Bürgerkriege sogar unser eigenes. [...] Aber, fürwahr, niemand fällt es ein, zur Sprache zu bringen, daß Italien auswärtiger Hilfe bedarf, daß des römischen Volkes Leben täglich das unsichere Spiel der Meereswogen und der Stürme ist. Und wenn der Provinzen Überfluß uns Herren samt den Sklaven und den [wenigen] Äckern eines Tages nicht mehr erhalten kann, so werden uns vermutlich unsere Parks und Villen erhalten!? Diese Sorge, Senatoren, hat der Princeps zu tragen. Wird sie vernachlässigt, dann wird sie den ganzen Staat ins Verderben reißen. Was die übrigen Punkte betrifft, so muß die Gesundung von innen heraus erfolgen. Möge uns, Senatoren, das Ehrgefühl, die Armen die bittere Not, die Reichen die Übersättigung zum Besseren wandeln!
(Tacitus, Annalen III, 52–54)

Anregungen

1 *Welche Beziehung sehen Sie zwischen der Entwicklung bestimmter technischer Fertigkeiten und der Expansion Roms? Untersuchen Sie dazu Abb. 13–15, M 33, 34. Welche Informationen können Sie den Modellen, dem Stadtplan bzw. den Bildern entnehmen? Vergleichen Sie den Aussagewert der Abbildungen mit M 31, 32.*

2 *Analysieren Sie die Texte der Schriftsteller! Welche Vorzüge Italiens preisen sie? Erstellen Sie eine Reihe von Gegenargumenten!*

3 *Inwiefern erfüllte die Kultur Roms auch eine politische, von Augustus bewußt geförderte Funktion? Nehmen Sie dazu aus Sicht eines Provinzbewohners Stellung!*

3. West- und Mitteleuropa im früheren Mittelalter (ca. 500 – ca. 1100)

3.0 Einleitung

Im Kapitel über das frühere Mittelalter sollen die Bedingungen dargestellt werden, unter denen sich der abendländische Strang des weltgeschichtlichen Zivilisationsprozesses entwickelt hat.
Der Mittelmeerraum verlor mit dem Ende des römischen Reiches seine politische Geschlossenheit; verschiedenartige Kräfte, schließlich auch die neuartige Bewegung des Islam, wuchsen hervor. Nördlich der Alpen entstand auf dem Boden römischer Provinzen das Reich der Franken, das schließlich auch auf den germanischen Raum ausgedehnt wurde. In diesem Frankenreich verbanden sich die unverbrauchten Kräfte der Germanen mit der abnehmenden römischen Kultur. Hier erfolgte die Grundlegung der Zukunft West- und Mitteleuropas.
Die mittelalterliche Phase dieses Zivilisationsstranges wird häufig mit dem Begriff Feudalismus gekennzeichnet. Er geht zurück auf das Wort *feudum,* das mit Lehen übersetzt wird. Es ist eine Art von Besitz an dinglichem Gut, die seit der Zeit der Karolinger Bedeutung gewann und diese bis ins spätere Mittelalter behielt. So steht „Feudalismus" einmal für die Epoche des Lehnswesens; darüber hinaus wird mit dem Begriff aber die Gesamtheit der wirtschaftlichen, gesellschaftlichen und politischen Verhältnisse derjenigen europäischen Staaten bezeichnet, in denen sich das Lehnswesen ausgebildet hat. Es liegt hier also eine Übereinkunft vor, Feudalismus als Bezeichnung für diese Gesellschaftsform anzuerkennen.
Die Frage nach Anfang und Ende der Epoche des Feudalismus berührt die immer noch umstrittene Abgrenzung von Altertum, Mittelalter und Neuzeit und auch die Benennung dieser Zeiträume. Die Bezeichnung „Mittelalter", die von den Humanisten zur Abgrenzung der Epoche zwischen dem Altertum und den eigenen Zeiten geprägt wurde, ist aber bis heute üblich. Das Mittelalter zwischen ca. 500 und ca. 1500 ist ein Zeitalter, das nach J. Fleckenstein „eine eigene Welt und eine innere Einheit bildet, die sich in ihren bestimmenden Kräften, in ihren Lebensformen und in den eigenartigen Ordnungen dieser Welt dokumentiert."
Das Mittelalter ist aber nicht nur als Einheit zu sehen, sondern als eine Abfolge von Stufen des in die Gegenwart führenden Zivilisationsstranges unseres Raumes. Oft wird es ausschließlich als Anfang dieses Prozesses gesehen, also statisch, nicht dynamisch. Diese Betrachtungsweise – im Mittelalter war es so und so – soll hier aufgebrochen werden, um zu zeigen, daß schon innerhalb der Epoche viel in Bewegung geriet. So sollen den Ausgangsbedingungen im früheren Mittelalter die Wandlungen im späteren gegenübergestellt werden, um zu verdeutlichen, welcher Art der Wandel gewesen ist und welche Faktoren ihn bewirkt haben.

3.1 Die Entstehung des Frankenreiches

Nach 250	Römische Quellen nennen den Stamm der Franken	486	Sieg über den letzten römischen Statthalter, Syagrius
Seit 4. Jh.	Entstehung einer gallisch-fränkischen Foederatenkultur	Bis 511	Beseitigung der fränkischen Kleinkönige
476	Fall des weströmischen Reiches	498	Taufe Chlodwigs in Reims
482–511	Herrschaft König Chlodwigs	531–534	Eroberung des Thüringer- und Burgunderreichs

Die Entstehung des Frankenreiches muß auf dem Hintergrund der Völkerwanderung gesehen werden (s. 2.3.1). Die Franken waren kein einheitlich organisierter Stammesverband, sondern ein seit dem 3. Jahrhundert aus Chamaven, Brukterern, Chattuariern und Amsivariern unter dem in römischen Quellen nach 250 belegten Namen Franken zusammengefaßter „Stammesschwarm". Teile dieser fränkischen Germanen, die zwischen Elbe und Rhein siedelten, drangen seit dem Ende des 3. Jahrhunderts häufig über den Rhein nach Westen vor und ließen sich schließlich seit dem 4. Jahrhundert im nordgallischen Raum auf römischem Reichsboden nieder, ohne einen geschlossenen Verband zu bilden; es standen mehrere Teilherrschaften von fränkischen Kleinkönigen nebeneinander. Während man früher die fränkische Landnahme als Eroberung verstand, lassen neuere archäologische Erkenntnisse ein kontinuierliches Einsickern waffentragender Bevölkerungselemente vermuten. Danach dürfte die fränkische Ansiedlung im wesentlichen ohne Gewalt, d. h. mit mehr oder weniger Billigung der Römer erfolgt sein. Vertragsverhältnisse zwischen Römern und Franken machten die Fremden zu Foederaten, die unter römischer Oberherrschaft militärische Aufgaben in den römischen Provinzen übernahmen, wobei ihre Führer, wie z. B. der Frankenkönig Childerich in der Provinz Belgica II, zu hohen und höchsten Ämtern aufsteigen konnten. Die neuen Erkenntnisse lassen es sogar zu, von einer großräumigen Foederatenkultur zwischen Elbe und Loire zu sprechen.

Die fränkische Großreichsgründung am Ende des 5. Jahrhunderts setzte den Fall des weströmischen Reiches (476) voraus, mit dem die für den Westen wichtige Grenze an Rhein und Donau entfiel. In Gallien erhielt sich zwischen Seine und Loire eine nun verselbständigte Herrschaft unter Syagrius ein Jahrzehnt über das Ende des Reiches hinaus. Die Westgoten beherrschten das südliche Gallien bis zur Loire und Rhône sowie die Provence und den größten Teil der iberischen Halbinsel. Die Burgunder entfalteten nach ihrer Verpflanzung vom Rhein um Worms in die Genfer Gegend von dort aus ihr Reich in den Lyoner Raum und ins südöstliche Gallien bis zur Durance und den Cevennen. Östlich des Rheins bestanden am Ende des 5. Jahrhunderts die Reiche der Alamannen und der Thüringer. Das Alamannengebiet umfaßte mit dem Elsaß und der Straße von Worms nach Augst (bei Basel) auch Teile westlich des Rheins. Nördlich grenzte es zwischen Worms und Mainz an das Territorium der Franken, östlich dehnte es sich bis zum Lech aus. Die Thüringer beherrschten den Raum zwischen Passau und Zülpich am Niederrhein. Während der Nordthüringgau westlich Magdeburg eindeutig zum thüringischen Reich gehörte, hat die Forschung die westliche Grenze zu den Franken nicht eindeutig bestimmen können.

In dieser Kräftekonstellation entstand das Frankenreich durch die Initiative Chlodwigs, eines der fränkischen Kleinkönige aus der Familie der Merowinger, der dann auch der Einiger aller Franken wurde. Der Vater Chlodwigs, Childerich, besaß ein Reich um Tournai und war gleichzeitig in römischen Diensten Sprengelkommandant der Provinz Belgica II. Dieses Reich ist der späten Nachwelt dadurch bekanntgeworden, daß 1653 sein Grab bei der Kirche St. Brictus vor den Toren von Tournai entdeckt wurde. Viele der Funde sind durch die Ereignisse 1830/31 in Paris verlorengegangen. Erhalten ist u. a. ein Abdruck des Siegelringes, der Childerich eindeutig identifiziert (Abb. 2).

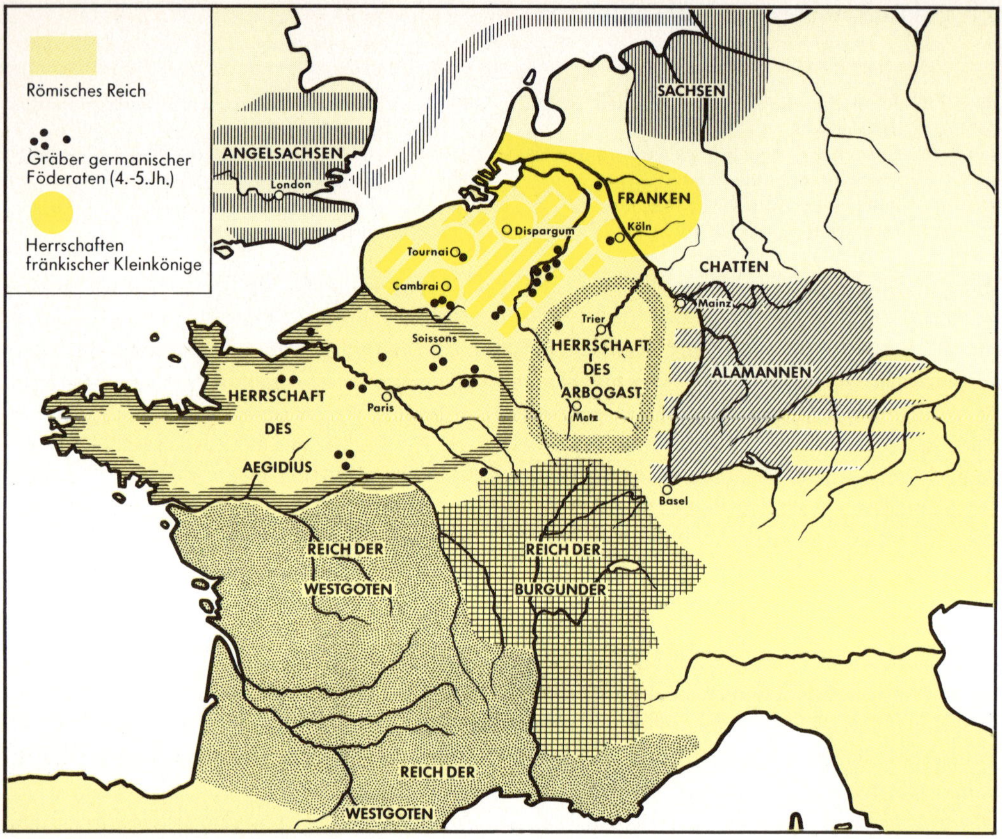

Abb. 1 Die Franken um 460
(Nach: K. Böhner/D. Ellmers/K. Weidemann, Das Frühe Mittelalter. Führer durch das Römisch-Germanische Zentralmuseum in Mainz. Mainz 1972, S. 224)

Abb. 2 Der Siegelring des Frankenkönigs Childerich, Vater Chlodwigs (Reich um Tournai, Familie der Merowinger, † 482)
(Ashmolean Museum London)

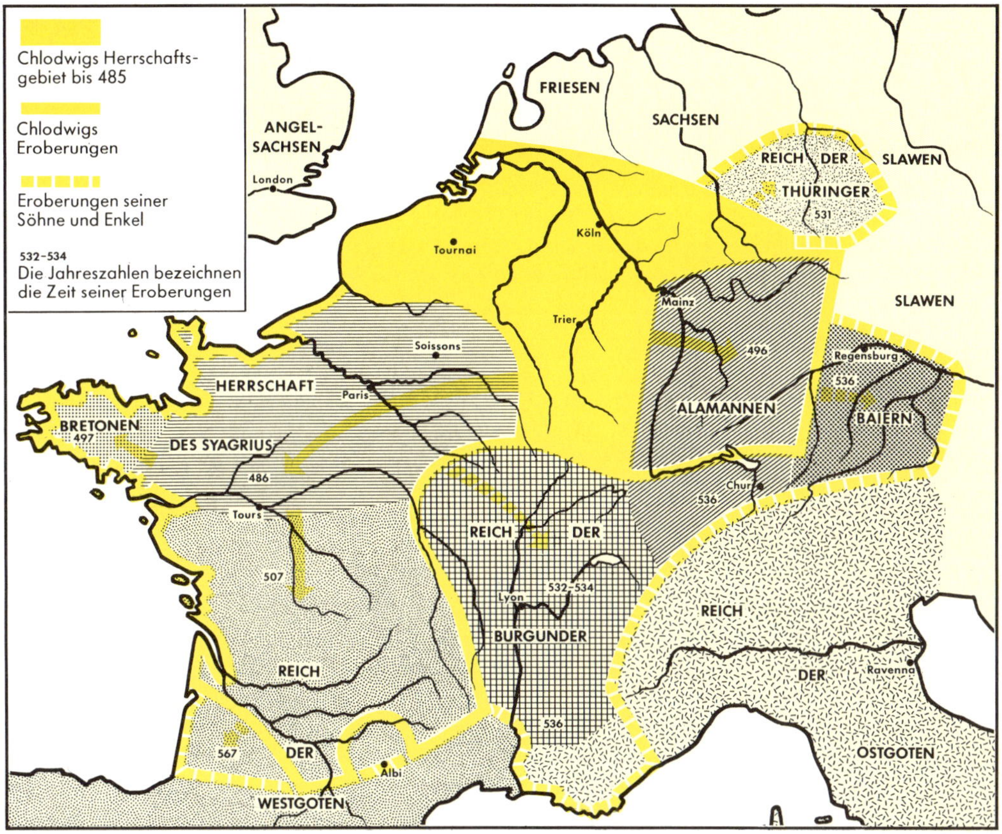

Abb. 3 Das Frankenreich unter König Chlodwig und seinen Nachkommen
(Nach: Ebd., S. 225)

Auf der ovalen Zierplatte seines Siegelringes ist der König als germanischer Herrscher mit gescheiteltem schulterlangem Haar und der Lanze als Königszeichen dargestellt. Gleichzeitig trug er aber die römische Panzertracht mit kurzem Mantel (Paludamentum). Die Umschrift lautet CHILDERICI REGIS. Die Verbindung von Germanischem und Römischem ist eindeutig, der germanische König trägt römische Offizierstracht. Daß Childerich in diesem kurzen römischen Mantel auch bestattet war, läßt eine goldene Zwiebelknopffibel (Spange) vermuten, die ihm als Offizier wohl vom römischen Kaiser verliehen worden war. Das verweist auf die Beigaben des Königsgrabes, die wie der Siegelring Germanisches und Römisches spiegeln, also entgegengesetzte Kulturströmungen, die im späten 5. Jahrhundert in Gallien aufeinandertrafen. Heidnisch-germanische Traditionen kommen am deutlichsten darin zum Ausdruck, daß der König sich mit reichen Beigaben, seinem Schmuck, seinen Waffen und seinem Pferd bestatten ließ. Der goldene Handgelenkring ist ein Würdezeichen germanischer Fürsten. In fränkischer Tradition stehen die Form des Beiles (Franziska: Die fränkische Axt), der Lanzenspitze und des Langschwertes (Spatha). Die Form des Schwertes ist für fränkische Schwerter typisch. Dagegen ist die Verzierung mit flächig gefaßten Granaten (Almandinen) eine Schmuckform, die ihren Ursprung in Innerasien hat und durch Goldschmiede aus dem Schwarzmeergebiet – möglicherweise im Heeresgefolge des Hunnenkönigs Attila – an den fränkischen Königshof gekommen ist. Zu den

Abb. 4 Der senatorische Adel in Gallien
a) **im 4. Jahrhundert**
Burdigala (Bordeaux) = civitates (Städte und ihre Territorien), in denen sich senatorische Adlige nachweisen lassen. Die Provinzbezeichnungen entsprechen der politischen Einteilung Galliens um das Jahr 390
b) **im 5. Jahrhundert**
c) **im 6. Jahrhundert**
Die politischen Grenzen und Bezeichnungen beziehen sich auf das Merowingerreich nach der Mitte des sechsten Jahrhunderts
(K. F. Stroheker, Der senatorische Adel im spätantiken Gallien, Tübingen 1948, S. 232–234)

Die *Karten b und c* zeigen die Südorientierung des senatorischen Adels. Während b noch die Zeit vor Chlodwigs Machtübernahme betrifft, wird in c die Einbeziehung des senatorischen Adels in das Frankenreich deutlich.

römischen Eigenheiten seiner Tracht gehören außer der goldenen Zwiebelknopffibel der Panzer und der kurze Soldatenmantel auf dem Königsbild des Siegelringes, das golddurchwirkte Gewand, das Tragen eines Gürtels und eines Schwertgurtes sowie die Benutzung von Schuhschnallen. Auch der Gebrauch eines Siegelringes war bei den Römern üblich.
Die Verbindung römischer und germanischer Elemente kann deutlicher nicht gezeigt werden.
482 trat **Chlodwig** die Nachfolge seines Vaters Childerich als König des fränkischen Reiches um Tournai ebenso an wie als Sprengelkommandant der Belgica II. Ihm gratulierte der Bischof dieser Provinz, Remigius von Reims. Er bat ihn, besonnen und bürgerfreundlich zu regieren, und empfahl ihm, den Rat der Kirche, der der Heide Chlodwig nicht angehörte, zu nutzen. Als Römer ermahnte er ihn so zu handeln, daß sich vor ihm niemand als ein Fremder fühle. Offensichtlich war den nun seit sechs Jahren ohne Kaiser lebenden Römern die Unterstützung des germanischen Foederatenkönigs wichtig, denn Remigius beschwor die Erinnerung der loyalen Vorfahren Chlodwigs.
Sicher war die Gefahr eigenmächtigen Handelns der Foederaten groß, denn weder Franken noch Westgoten und Burgunder erneuerten ihre Verträge. Dies zu erzwingen, war der in der späteren Erinnerung der Franken als ‚rex Romanorum‘ bezeichnete Syagrius offensichtlich nicht stark genug, und so war es eine Frage der Zeit, bis Syagrius angegriffen werden würde. 486 beseitigten die fränkischen Kleinkönige unter Chlodwig die Herrschaft des Syagrius und übernahmen die voll funktionierende römische Provinz mit umfangreichen Staatsgütern und gutem Verkehrsnetz als neues Zentrum des fränkischen Reiches, das bald zur Maas hin ausgeweitet wurde. Chlodwig beseitigte sodann die anderen fränkischen Könige. Damit „war Chlodwigs regnum Francorum zum Großreich geworden, das eine den Reichen der Ostgoten, Westgoten und Burgunder ebenbürtige Rolle spielen und im Inneren durch Chlodwigs rigoros verwirklichten Monopolanspruch auf die Herrschaft als weitgehend konsolidiert gelten konnte“ (R. Schneider). Die Abbildungen 1 und 3 verdeutlichen die beschriebenen Vorgänge wie auch die weitere Expansion des neuen Reiches unter Chlodwig und seinen Söhnen.
Eine dauerhafte Konsolidierung des Reiches war mit diesen Vorgängen aber noch nicht erreicht. Bischof Remigius hatte Chlodwig 482 die Unterstützung der Kirche angeboten. Chlodwig wußte genau, was er tat, als er 496/497 seinen Übertritt zum Christentum vorbereitete, der wahrschein-

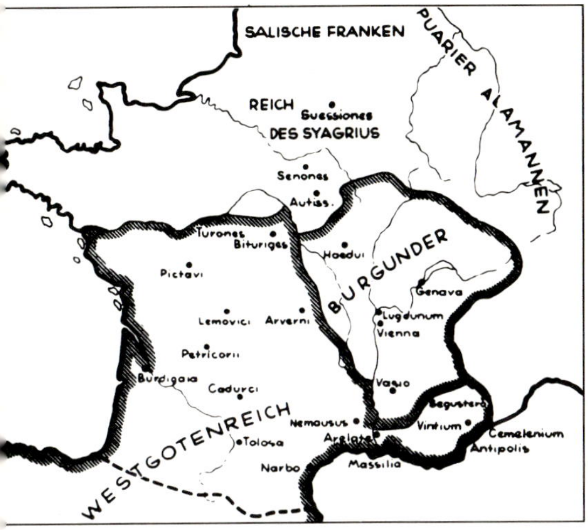

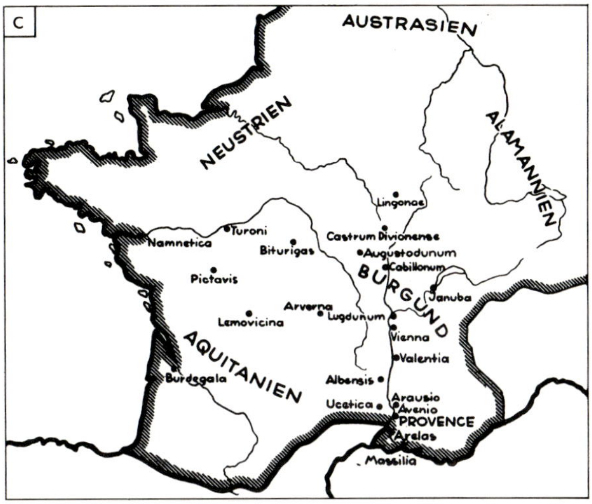

lich 498 mit der Taufe in Reims endete. Das wird besonders deutlich daran, daß er nicht wie die meisten Germanenkönige zum arianischen Bekenntnis übertrat, sondern zum athanasianischen, also katholischen: Mit diesem Schritt konnte er die dauerhafte Unterstützung des im gallischen Teil seines Reiches lebenden romanischen Adels für seine Sache gewinnen. Viele seiner Mitglieder waren im römischen Staatsdienst zu senatorischem Rang aufgestiegen, weshalb man von ‚senatorischem Adel' spricht. Dieser Adel, weitaus stärker als die fränkische Führungsschicht, war wie die die Franken weit überwiegende Bevölkerungsmehrheit Galliens katholisch.

Der senatorische Adel beherrschte mit seinem Großgrundbesitz vorwiegend Südgallien südlich der Loire. Dorthin war er unter dem Ansturm der Germanen im 5. Jahrhundert abgewandert. Neben der Herrschaft über Land und Leute, die im Norden mit der fränkischen Großreichsgründung überwiegend den Franken zufiel, hatten sich die Mitglieder des senatorischen Adels im Zuge politischer Wirren in Italien und der dadurch bewirkten Bedeutungsminderung der staatlichen Ämter stärker der Kirche zugewandt. In wachsender Zahl besetzten sie die Bischofssitze in den antiken Städten (civitates). Auf diese Weise übertrugen sie nicht nur das klassische Bildungsgut der spätantiken weltlichen Oberschichten, sondern auch deren Lebensform in die Kirche. Im selben Maße, wie sie zuvor die staatliche Ordnung getragen hatten, widmeten sie sich nun den kirchlichen Forderungen. Auch das klösterliche Leben eröffnete entsprechende Betätigungsfelder.

So entstand im südöstlichen Gallien eine mönchische Bewegung: im Rhônetal, in Marseille, auf Inseln vor der Mittelmeerküste, bes. Lérins. Das Inselkloster Lérins wurde zwischen 405 und 410 von Honoratus gegründet, der es nach dem Muster des orientalischen Mönchtums ausrichtete. Viele Mitglieder des senatorischen Adels fanden in den südgallischen Klöstern ein neues Betätigungsfeld. Der Weg aus dem Kloster führte in der Regel auf einen Bischofsstuhl.

Unabhängig vom südgallischen Mönchtum hatte sich bereits seit dem 4. Jahrhundert eine monastische (klösterliche) Richtung um Bischof Martin von Tours (316–397) herausgebildet. Martin war Sohn eines römischen Offiziers und kam 15jährig nach Gallien. Der Legende nach teilte er seinen Soldatenmantel mit einem frierenden Bettler vor dem Stadttor von Amiens. 356 schied er aus dem Heeresdienst aus. 373 wurde er Bischof von Tours. Martin sammelte asketische Gefährten im Kloster Marmoutiers bei Tours. Sie lebten dort nach Art der Eremiten.

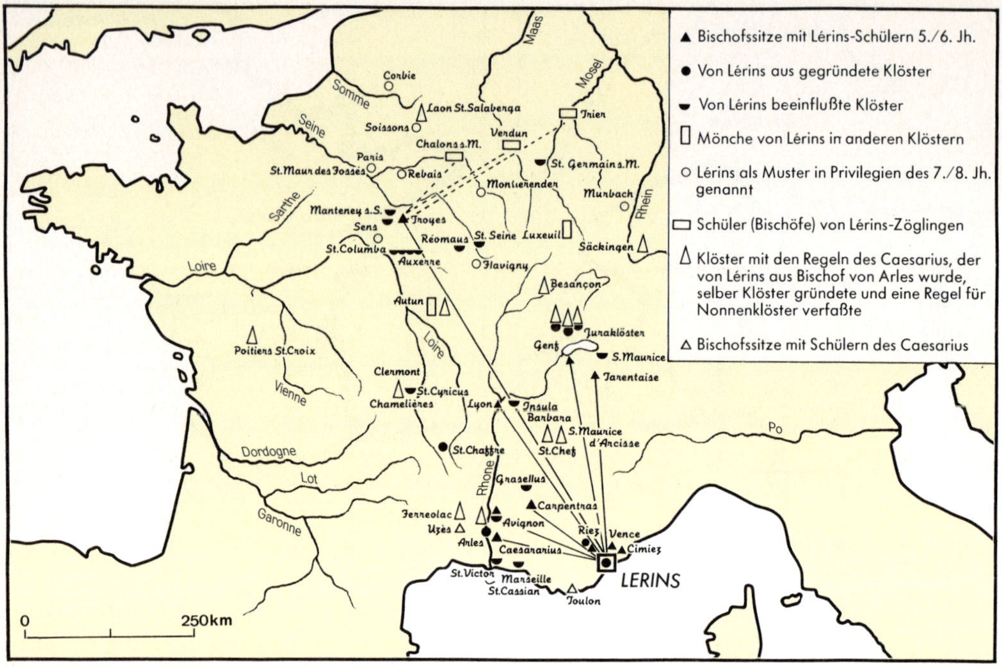

Abb. 5 Gallisches Mönchtum: Der Einfluß des Klosters Lérins in der spätrömischen Provinz und im Frankenreich 410–740
(Nach: F. Prinz, Frühes Mönchtum im Frankenreich. München/Wien 1965, Karte III)

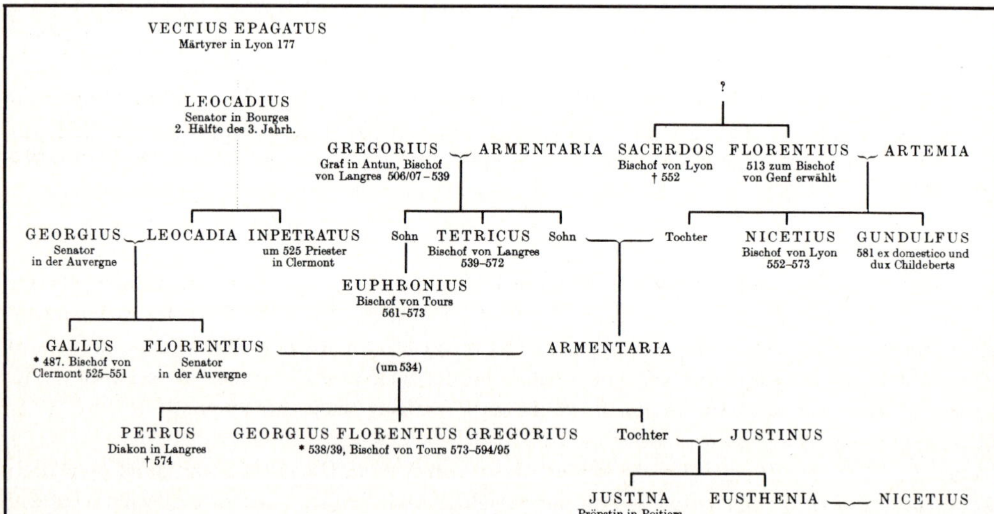

Abb. 6 Eine senatorische Familie im fränkischen Dienst (Stammbaum der Familie Gregors von Tours)
(R. Buchner [Hg.], Ausgewählte Quellen zur deutschen Geschichte des Mittelalters, Bd. 2. Darmstadt 1977, S. IX)

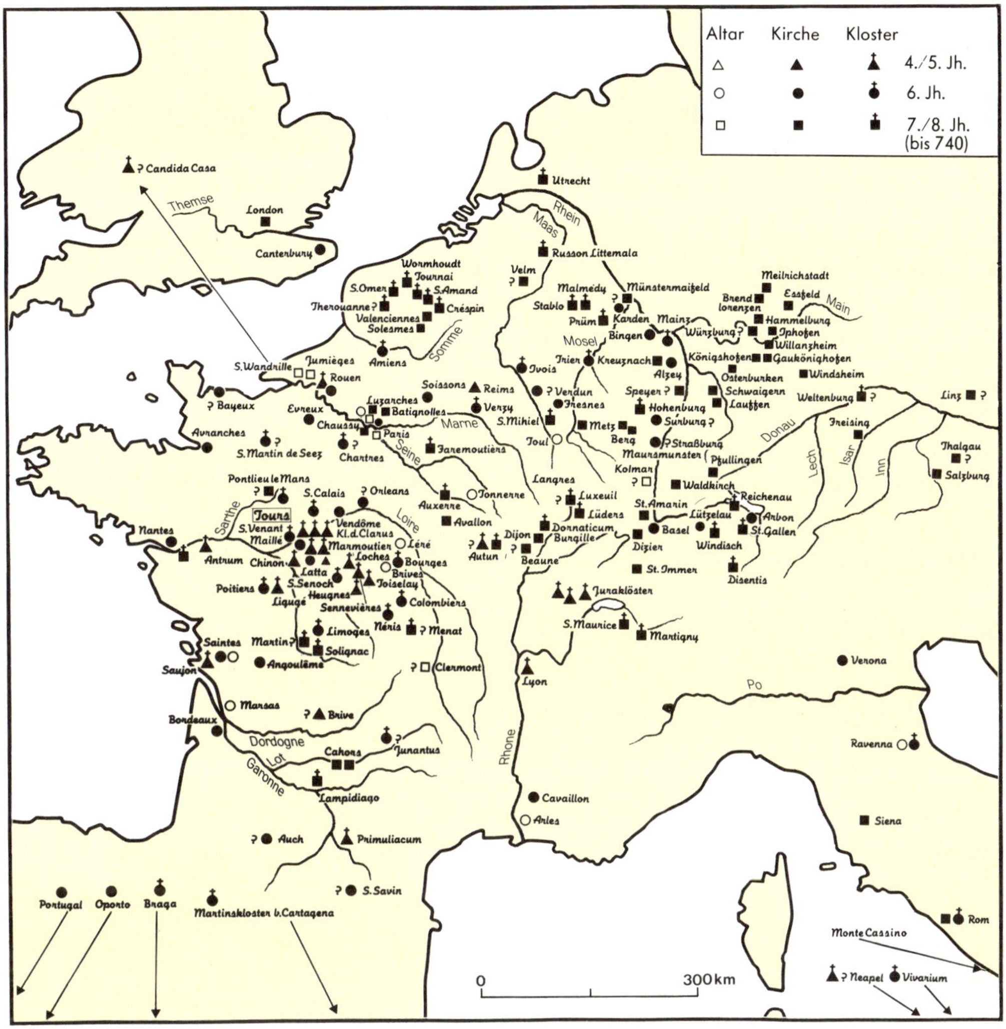

Abb. 7 Gallisches Mönchtum: Martin von Tours und sein Kult im spätantiken Gallien und im Frankenreich von ca. 370 – ca. 740
(Nach: F. Prinz, a.a.O., Karte Ib)

Martin von Tours wurde zu einer zentralen Figur der gallischen Kirche, und nach seinem Tode verbreitete sich ein Kult um den Heiligen. Indem Chlodwig seit Ende des 5. Jahrhunderts Martin gleichsam zum Hauspatron der Merowinger machte, fügte er sich geschickt in die vorhandenen Strukturen ein und versicherte sich damit der Zustimmung der romanischen Oberschicht zu seiner Herrschaft. Und indem er ihren geistlichen Vertretern die Bischofsstühle beließ, machte er sie zu bedeutenden Stützen des Frankenreiches.
Der fränkische Adel stand bildungsmäßig weit hinter dem senatorischen Adel zurück; es dauerte lange, bis er in die kirchliche Hierarchie eindringen konnte. Schneller konnte er sich in den von den Romanen verlassenen großen Gütern und in den Städten des nördlichen und mittleren Galliens zurechtfinden und die vorgefundenen Ordnungen übernehmen. Allerdings war auch hier ein Lernprozeß nötig, denn die Germanen kannten solch große Produktionseinheiten nicht. So

Abb. 8 Die Grundherrschaft des fränkischen Adligen Adalgisel Grimo, 634
(Nach: Böhner u. a., Das Frühe Mittelalter, a.a.O., S. 121)

erklärt es sich, daß neben den übernommenen und weiterentwickelten grundherrschaftlichen Strukturen auch freies bäuerliches Eigengut – Allod – kleiner und mittlerer Größenordnung eingerichtet wurde, wie die Franken es im von Rom unabhängigen Teil Germaniens gewohnt waren. Daher stammen die Pauperes (Armen) der Karolingerzeit, die schließlich in den Sog der sich auch gerade in den germanischen Reichsteilen ausbreitenden Großgrundherrschaften gerieten und von diesen aufgesogen wurden.

Die Verschmelzung der beiden getrennten Herrschafts- und Sozialstrukturen läßt sich eindrucksvoll am Beispiel der ältesten Urkunde des frühen Mittelalters, deren Inhalt die Rheinlande berührt, zeigen, dem Testament des Adalgisel-Grimo aus dem Jahr 634, in dem der Aussteller der Urkunde über seine Grundherrschaft verfügt. Die genannten Orte sind in der Karte erfaßt (Gegend um Lüttich bis Verdun und zur Mosel). Sie zeigt das Ausmaß der Besitzungen, den Streubesitz, der für die mittelalterliche Grundherrschaft charakteristisch wird, die aus römischem Besitz übernommenen Güter, und die Urkunde selber gibt Auskunft auch über die Art der Nutzung der Ländereien (Wiesen, Wald, Weiden, Anbau, besonders Wein, Rinder-, Schaf- und Schweineherden) wie der Rechtsstellung der dort an die Scholle gebundenen Bauern von den Manzipien (u. a. Hirten) bis zu Freigelassenen. Sie sagt aber auch etwas über den Grundherrn selber und seinen Wirkungskreis. Auffälligstes Merkmal: Romanen und Franken sind nicht mehr voneinander getrennt. Seit der Staatsgründung sind 150 Jahre vergangen. Adalgisel-Grimo ist Diakon (Gehilfe des Bischofs) und hat Kontakt zu höchsten kirchlichen Kreisen. Wilhelm Levison drückte es folgendermaßen aus: „Der Aussteller der Urkunde gehört zu dem Kreise der fränkischen Großgrundbesitzer, die [. . .] mit den ‚römischen Senatoren' die hohen Staatsämter versahen und nun auch begannen, sich mit jenen die kirchlichen Ämter zu teilen."

Die römisch-germanische Synthese auf dieser Ebene ging so weit, daß vornehme fränkische Familien ihre eigene christliche Tradition formten und zu ihrem Selbstverständnis als Ersatz für heidnische Legitimation ihrer Stellung den Ahnherrn zum Heiligen machten, so geschehen im 7. Jahrhundert: der erste Familienheilige der im Aufstieg begriffenen Karolinger war Bischof Arnulf von Metz. Hier ist die Wurzel dessen greifbar, was man die „politische Religiosität" des Mittelalters genannt hat.

Der sich aus romanischen und germanischen Elementen formende neue Reichsadel stellte eine neue Qualität dar: das in einem neuen Sinne Fränkische. Überspitzt ausgedrückt: Das Frankenreich der Karolingerzeit war das Ergebnis der römisch-germanischen Synthese.

Der Historiker Friedrich Prinz beurteilt diese Synthese folgendermaßen: „Daß aristokratische Romanen schon in Folge ihrer Bildung die oberen Ränge der Hierarchie besetzten, hatte für den fränkischen König noch einen weiteren Vorteil. Er konnte durch eine kluge Bistumsbesetzung die Romanen in einem ganz bestimmten Sektor seiner Königsherrschaft einbauen, der aus Grün-

Abb. 9 Der neue fränkische Reichsadel. Bildnis eines karolingischen Grundherrn. St. Benedikt in Mals/Südtirol (Fresken um 800)
Das Bildnis des karolingischen Grundherrn ist Teil eines Freskos (Wandgemäldes) auf der Ostwand der Kirche St. Benedikt in Mals in Südtirol. Die um 800 entstandenen Fresken dieser Kirche waren inspiriert von der Hofpropaganda im Umkreis Karls des Großen.
Das gesamte Fresko zeigt ein wesentliches Moment der Herrschaftsauffassung am Hof Karls des Großen. In der Mitte der Darstellung erscheint Christus als Erlöser zwischen zwei Engeln. Eingerahmt wird Christus von einem Kleriker zu seiner Linken und dem hier abgebildeten Grundherrn. Der Kleriker überreicht auf dem Bild Christus die Kirche als Opfergabe, dessen Heilswirkung auf sie zurückgelenkt wird. Hier handelt es sich um das alte Ritual von Gabe und Gegengabe, das im Bild beschworen wird.
Der ernst blickende, bärtige Mann auf der rechten Seite Christi, der mit beiden Händen ein langes Schwert hält, ist vermutlich der Stifter der Kirche. Die vornehme karolingische Hoftracht weist in als Edlen aus. Der Geistliche auf der anderen Seite erfüllt nur eine Mittlerfunktion. Die Kirche gehört dem Herrn des Bodens, auf dem sie steht. In der Gesamtkonzeption des Freskos begegnet uns die karolingische Auffassung vom Wesen der Kirche als ‚Eigenkirche'. Der Grundherr ist der Herr der Kirche und des sie umgebenden Landes. Deshalb handelt es sich vermutlich um Hunfried, den ersten Markgraf Karls des Großen in Rätien.
(Nach: K. Gruber/A. v. Müller: Wunder an den Wänden. In: Merian, Südtirol. Heft 9 v. September 1987, S. 125 ff.)

den der Bildung ohnehin lange Zeit von Franken nicht beansprucht werden konnte. Man darf sogar noch einen Schritt weitergehen und sagen: die Haltbarkeit der fränkischen Königsherrschaft im 6. und bis weit ins 7. Jahrhundert hinein hing, innenpolitisch betrachtet, von der Tatsache ab, daß die Merowinger faktisch ihr Königtum auf zwei getrennte Herrschafts- und Sozialstrukturen stützten, die auch gewissermaßen topographisch geschieden waren: Erstens auf den landsässigen fränkischen Adel und dessen Ländereien, sowie auf die von fränkischen comites (Grafen) verwalteten Staatsgüter, die der Frankenkönig als Rechtsnachfolger vom römischen Fiscus übernommen hatte. Zweitens auf die in den antiken civitates zentrierten Bistümer, mit deren Leitung, die zunehmend mit bischöflicher Stadtherrschaft verbunden war, die gallorömische Oberschicht wenigstens teilweise ihre alten politischen Funktionen fortsetzen konnte."

3.2 Das Frankenreich in karolingischer Zeit

687	Mit dem Sieg bei Tertry wird Pippin der Mittlere Hausmeier über das Frankenreich
732	Sieg Karl Martells bei Tours und Poitiers über die Araber
751	Absetzung des letzten Merowingerkönigs. Pippin der Jüngere wird König der Franken
754	Schutzvertrag von Quierzy: Salbung Pippins durch den Papst und Ernennung zum „Patricius Romanorum". Pippinische Schenkung

756	Entstehung des Kirchenstaates
768/771–814	Karl der Große
800	Kaiserkrönung Karls des Großen in Rom
843	Vertrag von Verdun
870	Vertrag von Meerssen
879/80	Verträge von Verdun und Ribemont

Durch die Erweiterungen des Reichsgebietes im 6. Jahrhundert wurde das Frankenreich ein **„Vielvölkerstaat"**. Zwischen einer romanisch bestimmten Region südlich der Loire und in Rätien (etwa von der Donau bis zu den oberitalienischen Seen und vom Gotthardpaß bis zum Brenner) und einer überwiegend germanischen Region östlich des Rheins lag eine breite Mischzone. Die Franken bildeten gegenüber der gallo-romanischen Bevölkerung mit nur 150000–200000 Menschen im 5./6. Jahrhundert eine kleine Minderheit. Das galt auch für die Burgunder, deren Adel neben Franken und Romanen in den nun in einem neuen Sinn fränkischen Reichsadel einging. Zu den großen, dem Reich einverleibten germanischen Völkern der Alamannen und Thüringer stießen die Bayern, deren Volkbildung aus einer Vielzahl kleiner Gruppen sich unter fränkischer Verwaltung im 6. Jahrhundert vollendete.

Die **Schwierigkeiten der Regierung** dieses Großreiches lagen u. a. in der merowingischen Thronfolgeregelung wie in der Ausdehnung des Territoriums begründet. Nach Chlodwigs Tod wurde die Herrschaft unter den Königssöhnen aufgeteilt, wobei die Zusammengehörigkeit der Reichsteile durch den Gedanken der Gesamtherrschaft der Dynastie gewährleistet wurde. So bildeten sich aus der merowingischen Königsherrschaft Ende des 6. Jahrhunderts die Teilreiche Neustrien, Austrien und Burgund heraus, nach denen sich auch der grundbesitzende Adel als zunehmend wichtigerer Träger organisierte. Aquitanien (im Südwesten des heutigen Frankreich, zwischen Pyrenäen, Atlantik und Garonne), an dem jede der drei Einheiten zunächst einen Anteil hatte, entwickelte sich bis 660/670 zu einem eigenen Herzogtum. Thüringen, Alamannien und Bayern wurden als militärische Statthalterschaften (Dukate) – ohne merowingischen Unterkönig – organisiert, deren Leitungen man in Thüringen und Bayern fränkischen Familien übergab, um die dauerhafte Zuordnung zum Gesamtbereich zu gewährleisten. Das alamannische Herzogsamt gaben die Merowinger einer offensichtlich zuverlässigen einheimischen Familie.

Die **Großeinheiten** wurden zur besseren herrschaftlichen Durchdringung wiederum untergliedert, wobei römische Verwaltungseinheiten wie die *civitas* (Einheit von Stadt und Umland) südlich der Loire genutzt wurden, während sich nach Nordosten hin die größeren *civitates* in *pagi* (sg. *pagus,* meist mit Gau übersetzt) auflösten, die sich meist um ländliche Siedlungen oder Befestigungen gruppierten. In den Herzogtümern östlich des Rheins ist die Untergliederung nur undeutlich erkennbar. In Bayern scheint die *pagus*-Verfassung eingeführt worden zu sein. Der *comes* (Graf), aus verschiedenen Wurzeln entstanden (*comes, grafio, centenarius*), wurde im 7. Jahrhundert mit gerichtlichen, militärischen und verwaltungsmäßigen Aufgaben zum fränkischen Reichsbeamten, der die genannten Untereinheiten leitete und dem zusätzlich weitere Befugnisse und entsprechende Amtsbezeichnungen zuteil werden konnten.

Die **große Ausdehnung des Reiches** mußte zu Schwierigkeiten führen, wenn es der königlichen Zentrale nicht gelang, die größeren und kleineren Amtsträger zu kontrollieren und an eigenmächtiger Herrschaftsentfaltung zu hindern. Die im germanischen **Gefolgschaftsdenken** verwurzelten Merowinger (Gefolgschaft = freiwilliger Eintritt freier Krieger in den Dienst eines Herrn zu gegenseitigem Vorteil) sahen die Durchsetzung ihres Willens zunächst dadurch gesichert, daß

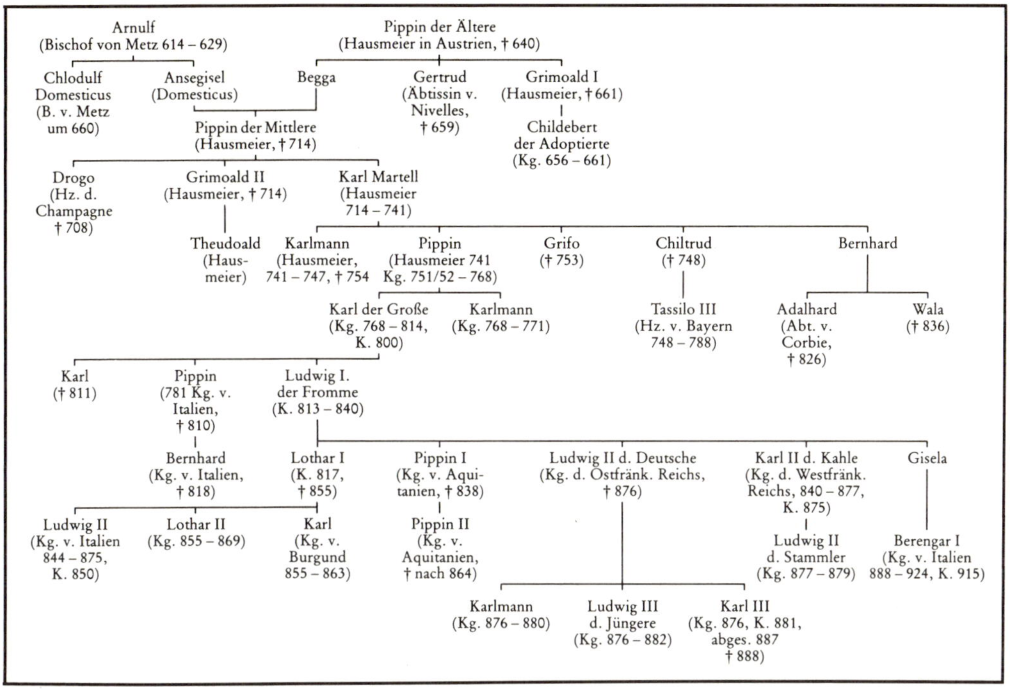

Abb. 10 Stammtafel der Karolinger
(R. Schneider. Das Frankenreich. München/Wien 1982, S. 183)

sie von allen Großen des Reiches den *leudes*, eine Art Waffeneid, verlangten. Das Königtum wollte sich mit dieser neuen eidlichen Bindung ein Instrument zur Sicherung der Machtstellung in allen Teilen des Reiches schaffen.
Man nahm früher an, daß seit der Reichsgründung auch von allen anderen Freien von Anfang an ein dem Eid der *leudes* nachempfundener Eid (*leudesamio*) als allgemeiner Untertaneneid des Personenverbandsstaates verlangt worden sei. Erst in jüngster Zeit wurde dieser Auffassung dahingehend widersprochen, daß der allgemeine Untertaneneid erst Ende des 6. Jahrhunderts in dem Augenblick gefordert worden sei, als die Durchsetzung des königlichen Willens gegenüber den Provinzen und deren sich verselbständigenden Leitern nicht mehr gewährleistet war.
Dennoch wurde der Adel in den Teilreichen ungeachtet der eidlichen Verpflichtungen immer mächtiger und selbständiger. 614 setzte der Adel Austriens durch, daß die hohen Beamten aus der Region genommen werden mußten, in der sie auch wohnten. Folglich konnte der König nicht einen ihm genehmen Neustrier in Austrien als obersten Verwaltungsbeamten einsetzen, Zeichen also wachsenden Einflusses des Adels und abbröckelnder königlicher Durchsetzungsfähigkeit. Der ‚erste Minister' des Königs in den Teilreichen Austrien, Neustrien und Burgund trug seit Ende des 6. Jahrhunderts die Bezeichnung **maior domus** (Hausmeier), und entsprechend der Regelung von 614 war dieser dann im Zweifelsfalle das Haupt des Adels im Teilreich.
In Austrien gelangte dieses Amt seit ca. 624 in die Hände Pippins des Älteren, der seine Tochter Begga mit Ansegisel, Sohn des Bischofs Arnulf von Metz, verheiratete und so mit Bischof Arnulf die Familie der nach den späteren Namensträgern genannten Karolinger begründete (s. Abb. 10). Die **Karolinger** entstammten also dem aus germanisch-romanischer Synthese hervorgegangenen fränkischen Reichsadel. Grundlage ihres Aufstiegs waren große Besitzungen sowohl Arnulfs als auch Pippins.

War die karolingische Familie in der ersten Hälfte des 7. Jahrhunderts in die Führungsposition des austrischen Adels aufgestiegen, so gelang ihr an dessen Ende der Durchbruch zu einer neben dem Königtum zweiten Zentralgewalt im gesamten Frankenreich. Pippin der Mittlere, Sohn Ansegisels und Beggas, errang 687 nahe **Tertry** bei St. Quentin an der Somme in Neustrien einen Sieg über den Hausmeier von Neustrien-Burgund, was ihm gleichsam die Leitung des Reiches und die Verfügungsgewalt über das von jetzt an völlig einflußlose Königtum der Merowinger sicherte. Der Sieg von Tertry entschied sowohl über die Zukunft des karolingischen Hauses, als auch über die zukünftige Entwicklung des Frankenreiches, dessen Zersplitterung vor allem dadurch abgebaut wurde, daß die Herrschaftsteilungen unter den Merowingern aufhörten. Ein Geheimnis des Aufstiegs der Karolinger ist erst von der jüngeren Forschung gelüftet worden: Nahm man vorher an, daß die Karolinger den bisherigen Reichsadel – nicht nur die Gegner ihres Aufstiegs – entmachtet und durch einen selbstgeschaffenen Dienstadel ersetzt hätten, dürfte nun feststehen, daß sie im Gegenteil ohne Unterstützung vieler Adelsgruppen gerade aus den anderen Reichsteilen den Aufstieg nicht geschafft hätten. Sie errangen in enger Zusammenarbeit mit ihresgleichen den Erfolg und stärkten in der Folgezeit gerade diese Gruppen als ihren „neuen" Reichsadel. Gewiß sind viele Aufsteiger auf dem Weg über die karolingischen Privatarmeen in den Adel gelangt (Vasallen, s. u.). Das ändert jedoch nichts an der grundlegenden Vorgehensweise, die die Karolinger auch nach den Erfolgen des 7. Jahrhunderts nicht aufgegeben haben: große Teile des merowingischen Adels an sich zu binden und sich mit diesem gegenüber dem restlichen Adel durchzusetzen.

Dieser Grundsatz leitete auch die Nachfolger Pippins des Mittleren, seinen Sohn Karl Martell (714–741) und dessen Söhne Karlmann (741–747) und Pippin den Jüngeren (741–768) (s. Abb. 10). Pippin gelang es 751, durch **Absetzung des letzten Merowingerkönigs** und **Wahl** durch die fränkischen Großen – mit Rückendeckung des Papstes – für sich und seine Familie die fränkische Königswürde zu erringen.

War die **Kooperation** mit dem Adel das entscheidende Rezept für den Aufstieg der Karolinger, so entwickelten sie ein zweites, das ihrer Herrschaft Dauer verlieh: Das **Lehnswesen** wurde zum Mittel, über die Vasallen der eigenen Klientelen auch den gesamten grundbesitzenden Adel in eine neue Zuordnung zu ihrer Herrschaft zu bringen. **Vasallität** *und* **Leihe von Land und Ämtern**, also die Verbindung von personaler und dinglicher Bindung, gestattete ihnen eine wirksame Kontrolle über „Land und Leute".

Die neue Zentralgewalt stellte auch die Beziehungen von Königtum und Kirche auf neue Grundlagen, indem sie ein „Staatskirchentum" schuf, das in der Regierungszeit Karls des Großen (768–814) seine Vollendung erfuhr.

Um diesen Prozeß zu verstehen, muß zunächst auf die besonderen Bedingungen der Verchristlichung West- und Mitteleuropas verwiesen werden.

Landläufig herrscht die Meinung, das Mittelalter sei das christliche Zeitalter schlechthin. Hier liegt ein Irrtum vor, wenn man damit meint, die breite Bevölkerung sei vom Christentum durchdrungen gewesen. Erst im späteren Mittelalter kann man von einer christlichen Gesellschaft sprechen. So lange hat die Christianisierung gedauert. Mit dem Übertritt des Reichsgründers Chlodwig zum christlichen Glauben (athanasianisch-katholisches Bekenntnis im Gegensatz zum arianischen, dem die meisten Germanenstämme anhingen) und 3000 seiner Getreuen am Ende des 5. Jahrhunderts akzeptierten die Franken zwar die Religion, die seit dem 4. Jahrhundert in der römischen Provinz Gallien – zunächst als Staatsreligion – gültig war und dort eine erste Christianisierungswelle der romanischen Bevölkerung bewirkt hatte. Das Christentum im Frankenreich war dennoch nicht die Religion der kleinen Leute. Das wurde es erst in einem langwierigen Prozeß von 600 bis 700 Jahren. Das Christentum wurde der heidnischen Bevölkerung übergestülpt und übernahm zunächst nur die Stelle der bisherigen Gottheiten.

Die Grundlagen der Entstehung des Lehnswesens (Übersicht)
Staat und Gesellschaft des Mittelalters sind vom Lehnswesen geprägt (s. Einleitung 3.0). Der Lehnsverband ist bestimmt durch das Rechtsverhältnis von Lehnsherren und Lehnsleuten. Man spricht von einem Personenverbandsstaat, der nicht – wie der Flächenstaat – auf der Herrschaft über ein Gebiet beruht, sondern auf der Herrschaft über Personen. Hörigkeits- und Abhängigkeitsverhältnisse entwickeln sich im germanischen Bereich mit der Stammesbildung und dem dazu notwendigen Herrschaftsaufbau, im westlichen, gallo-romanischen Bereich mit dem Zerfall der Römerherrrschaft und dem Erstarken der senatorischen Familien, die über große Ländereien verfügen.
Bereits in der keltisch durchsetzten Bevölkerung der spätrömischen Provinz Gallien gibt es **Vasallität**. Ein Unfreier stellt sich unter den Schutz eines Herren und gelobt diesem für seine gesicherte Versorgung im Unterstellungsakt (**Kommendation**, von se commendare – sich anvertrauen) Dienst und Gehorsam auf Lebenszeit. Der Vasall (vassus – Knecht) steht auf sozial niedriger Stufe. Die Vasallen eines einzelnen Herren bilden eine **Klientel**, die im gegebenen Fall als eine Art **Privatarmee** senatorischer Familien germanische Überfälle abwehrt.
Anders bei den Germanen. Der römische Geschichtsschreiber Tacitus erwähnt um 100 n. Chr. bereits deren **Gefolgschaftswesen** (comitatus). Freie Krieger stellen sich freiwillig in den Dienst eines Freien. Diese führenden Freien sind der Adel der Germanen, der Land und Leute in Besitz hat und mit seinen Gefolgsleuten Angriffe von außen abwehrt.
Um 600 sind in den bewaffneten Klientelen der fränkischen Merowinger beide Elemente – Vasallität und Gefolgschaftstreue – miteinander verschmolzen; die jeweiligen Wurzeln lassen sich nun nicht mehr ausmachen. Jetzt begeben sich auch im gallo-romanischen Raum Freie durch Kommendation in Vasallität (personales Element). Etwa zur gleichen Zeit entwickeln sich die Formen der Landleihe (**beneficium**, dingliches Element): im weltlichen und geistlichen Bereich werden den Beliehenen zunächst nur geringe oder gar keine Gegenleistungen auferlegt.
In den Adelskämpfen Ende des 7. Jahrhunderts setzen sich die Karolinger mit ihrer Privatarmee durch und steigen zur zweiten Zentralinstanz neben dem Königtum auf. Sie verknüpfen nun Vasallität mit Land- und Ämterleihe. Diese sind seit Karl Martell (716–741) für die neuen Berufskrieger zu Pferd Entgeld und auch Grundlage für ihre Selbstausrüstung. Das notwendige Land wird u. a. aus dem Kirchengut entnommen, das durch kleine und große Schenkungen enorme Ausmaße erreicht hat. Die Bedeutung der mit Leihe verknüpften Vasallität nimmt auf diese Weise stetig zu. Sie breitet sich immer mehr – parallel mit der Grundherrschaft – aus. Das **Lehnswesen** im eigentlichen Sinn bildet sich heraus. Vasallen steigen durch erfolgreichen Kriegsdienst sozial auf; Vasallität erreicht ein neues, gehobenes Verständnis: der Lehnsherr gewährt Schutz und Schirm, der Lehnsmann ist ihm zu Rat und Dienst verpflichtet. Grundlage aber ist, daß keinem der beiden die Freiheit genommen wird und daß der Treueid für beide gilt. Verletzt ihn einer der beiden, erlischt das jeweilige Lehnsverhältnis.
Indem Vasallität und Beneficium gemeinsam erscheinen, wird die Lehnsbeziehung auch für den grundbesitzenden Adel attraktiv. Als die Karolinger 751 selber das Königtum übernahmen, akzeptierten auch die weltlichen und geistlichen Großen das neue Modell. Sie können selber Untervasallen haben, an die sie ebenfalls Lehen und Ämter ausgeben, wenn sie diese nicht unmittelbar mit dem Notwendigen versorgen.
Als sich im Spätmittelalter Landesherrschaften herausbilden und die Ritterheere durch Söldnerheere ersetzt werden, während gleichzeitig mit dem Wachsen der Städte Bürgerliche auch in der Verwaltung der Länder tätig werden, verliert das Lehnswesen im Grunde seine Bedeutung. Nach seiner Verfassung aber bleibt das Heilige Römische Reich bis zu seinem Erlöschen 1806 ein Lehnsstaat.
Das Lehnswesen muß auch im Zusammenhang mit der Entwicklung der politischen Ordnung und der Entwicklung der weitgehend bäuerlichen Gesellschaft gesehen werden. Die Abschnitte 3.3 und 3.4 stellen die jeweiligen Hintergründe dar.

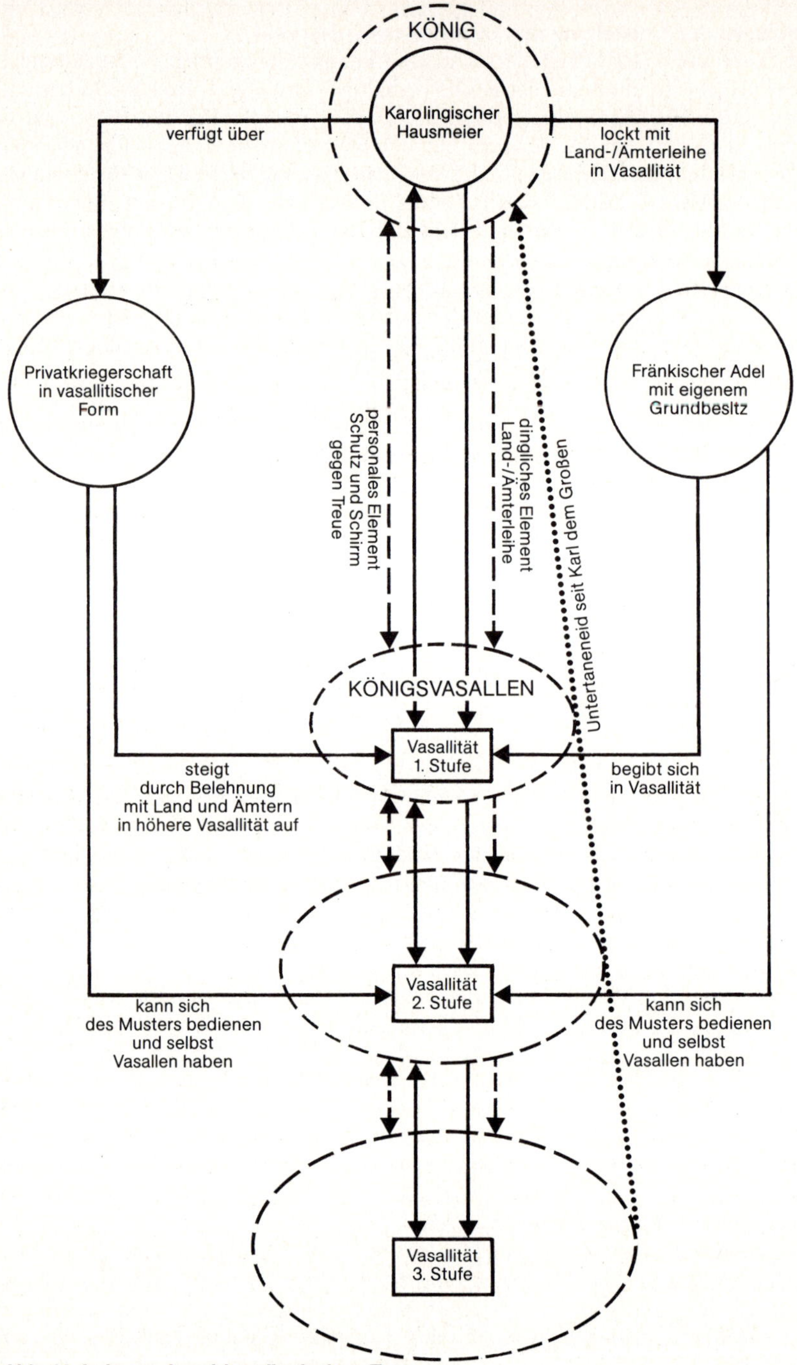

Abb. 11 Lehnsverband karolingischen Typs

Das Lehnssystem wurde als Ordnung stiftendes Instrument im Innern um so wichtiger, als das Reich bis Anfang des 9. Jahrhunderts unter der Herrschaft Karls des Großen (768–814) seine größte Ausdehnung erreichte und an die Grenzen der Regierbarkeit stieß.

Besonders im romfreien Germanien „spielten in der ganzen Gesellschaft, von ihren oberen bis in ihre untersten Regionen und bis hinab in ihre geheimnisvollsten Tiefen, der Aberglaube und die Furcht vor dem Unsichtbaren eine wichtige Rolle. Den überall lauernden Fallen der übernatürlichen Kräfte begegnete man einerseits durch Verbote und andererseits durch weihevolle Handlungen und Opfergaben" (G. Duby). Nicht nur in den Unterschichten überwucherten Vorstellungen von dämonischen Mächten und Wunderkräften das christliche Glaubensgut. Auch die Oberschichten lösten sich zunächst nur zögernd von der heidnischen Kultur, wenngleich sie die Chance erkannt und schnell genutzt hatten, durch Eintritt in kirchliche Ämter ihre gesellschaftliche Stellung zu behaupten und über die Stürme der Völkerwanderungszeit hinwegzuretten. Die Wichtigkeit der kirchlichen Organisation wie ihrer Träger in Gestalt der Familien des senatorischen Adels für die Grundlegung des Frankenreiches wurde bereits erwähnt. Im 7. Jahrhundert konnte die Kirche – nun von dem gesamten Adel getragen – ihre Machtstellung festigen und ausbauen. Einmal wuchsen die *civitas*-Bistümer durch Vereinigung geistlicher und weltlicher Macht in den Händen der Bischöfe zu geistlich-weltlichen Formationen, gleichsam kleinen Staaten heran, zum anderen wurden viele neue Klöster gegründet. Seit etwa 590 wirkten **irische Mönche** (u. a. Columban) im Einverständnis mit dem fränkischen Königtum als Missionare und Klostergründer. Sie wurden Ende des 7. Jahrhunderts von den **angelsächsischen Missionaren** (u. a. Willibrord und Bonifatius) abgelöst, die, gefördert von den karolingischen Hausmeiern, besonders in Austrien tätig wurden.
Mußten sich die merowingischen Könige mit den starken bischöflichen Kräften abfinden, so begannen die Karolinger nach dem Sieg von Tertry, 687, als neue Zentralgewalt eine andere Politik gegenüber den *civitas*-Bistümern. Wo und wann immer sich eine Möglichkeit ergab, setzten sie die bisherigen Bischöfe ab und ernannten eigene Parteigänger als Nachfolger, gaben kirchliches Land an ihre weltlichen Vasallen und entzogen die nach der alten Kirchenverfassung den Bischöfen unterstehenden Klöster der Diözese der geistlichen Aufsicht, indem sie sie unter den Schutz ihrer eigenen Familie stellten. So erklärt sich die große Zahl der **karolingischen Königsklöster**. Daraus wird aber auch leicht ersichtlich, welche Bedeutung diese Methoden für die Festigung und die Steigerung der Macht der Karolinger gewannen. Neben den wirtschaftlichen Gewinnen – die kirchlichen Institutionen waren die größten Landbesitzer, und Land bedeutete gleichzeitig Herrschaft über die darauf lebenden Menschen – brachte ihnen der Zugriff auch die Möglichkeit ein, Bischöfe und Äbte in den Dienst ihrer politischen Interessen zu stellen.
An dieser Stelle muß ein mögliches Mißverständnis ausgeräumt werden: Die Karolinger waren nicht etwa unchristlich oder kirchenfeindlich. Sie förderten nicht nur – wie oben mitgeteilt – die Arbeit der angelsächsischen Missionare, sondern leiteten in den vierziger Jahren des 8. Jahrhunderts zusammen mit ihnen kirchliche Reformen ein. Diese waren notwendig geworden, weil mit dem Verfall der Herrschaft der Merowinger sich die enge Verbindung von antiker Bildung und christlichem Glauben gelöst hatte. Mit dem Verfall der Schulen ging auch das antike Wissen verloren. Für die Missionsarbeit ist **Bonifatius** zu nennen, der als Missionsbischof mit päpstlichem Auftrag eine romverbundene fränkische Landeskirche auszubauen bestrebt war. Außerdem bemühten sich die Karolinger um eine einheitliche Mönchsregel und trugen dazu bei, daß um 800 die Regel des Benedikt von Nursia (6. Jh.) verbindliche Richtschnur für die Klöster wurde. Auch für die Weltgeistlichen schufen sie in der Kanonikerregel eine Ordnung, die ein Leben nach christlichen Grundsätzen gewährleisten sollte. Dazu kamen theologische und liturgische Mindestanforderungen für die Pfarrer. Karl der Große leitete eine Schul- und Bildungsreform im Dienste einer religiös-kirchlichen Reichskultur **(Karolingische Renaissance)** ein; auf Reichssynoden erließ er eine kirchliche Gesetzgebung und war zudem auch an theologischen Fragen interessiert, so daß er in entsprechende Auseinandersetzungen eingreifen konnte. Zur Durchführung des Programms zog Karl der Große bedeutende Gelehrte an seinen Hof. Der Angelsachse Alkuin wirkte

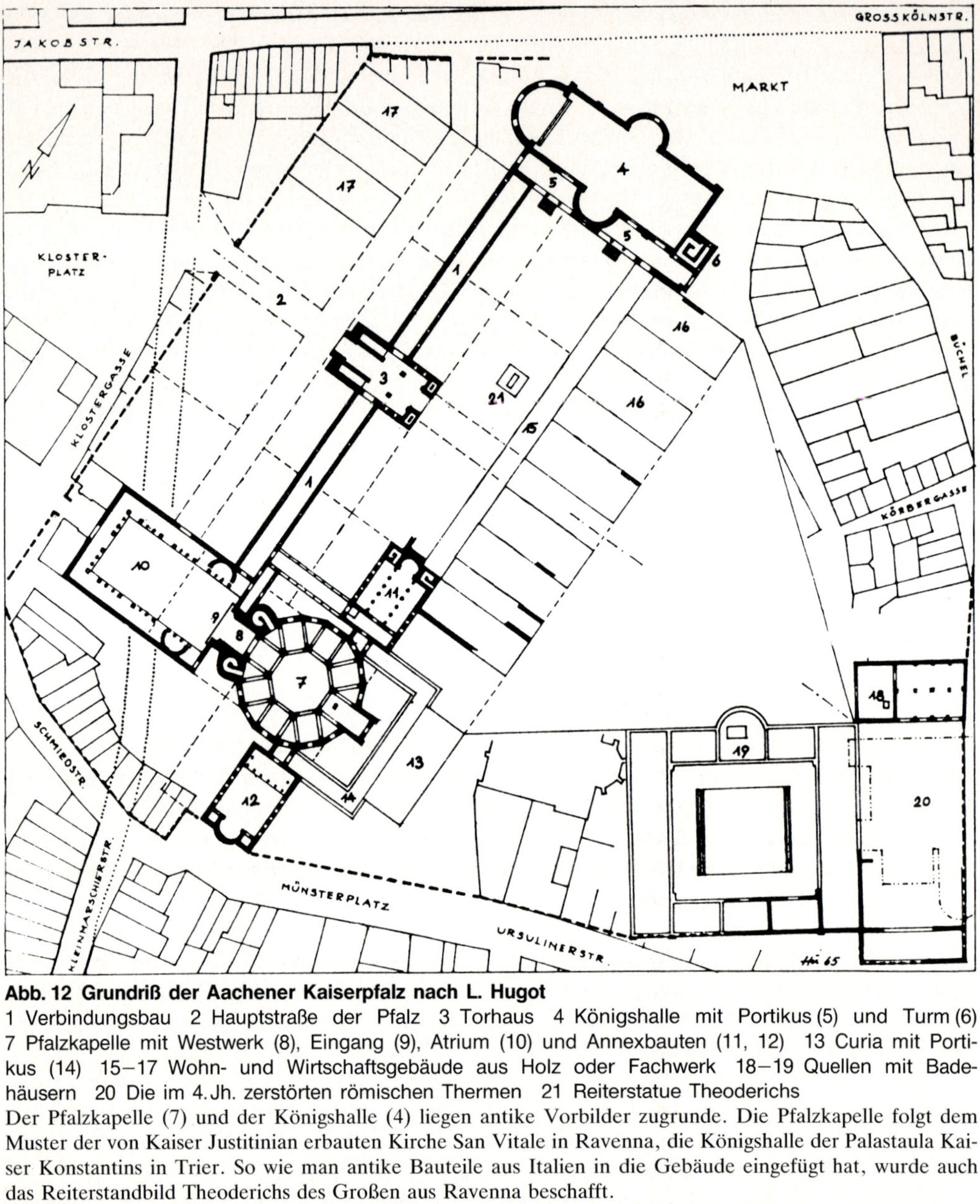

Abb. 12 Grundriß der Aachener Kaiserpfalz nach L. Hugot
1 Verbindungsbau 2 Hauptstraße der Pfalz 3 Torhaus 4 Königshalle mit Portikus (5) und Turm (6) 7 Pfalzkapelle mit Westwerk (8), Eingang (9), Atrium (10) und Annexbauten (11, 12) 13 Curia mit Portikus (14) 15–17 Wohn- und Wirtschaftsgebäude aus Holz oder Fachwerk 18–19 Quellen mit Badehäusern 20 Die im 4. Jh. zerstörten römischen Thermen 21 Reiterstatue Theoderichs
Der Pfalzkapelle (7) und der Königshalle (4) liegen antike Vorbilder zugrunde. Die Pfalzkapelle folgt dem Muster der von Kaiser Justitinian erbauten Kirche San Vitale in Ravenna, die Königshalle der Palastaula Kaiser Konstantins in Trier. So wie man antike Bauteile aus Italien in die Gebäude eingefügt hat, wurde auch das Reiterstandbild Theoderichs des Großen aus Ravenna beschafft.
(Nach: Das Frühe Mittelalter, a.a.O., S. 207)

von 782–803 als einflußreichster Berater des Herrschers im politischen, theologischen und wirtschaftlichen Bereich. Neben dem Langobarden Paulus Diaconus, der eine „Geschichte der Langobarden" schrieb, erarbeitete Petrus von Pisa eine neue lateinische Grammatik. Die in der Hofschule erstellten Werke sollten Vorbildcharakter im ganzen Reich haben.
Eindrucksvolles Zeugnis der Architektur der karolingischen Renaissance ist die sechzehneckige **Pfalzkapelle** Karls des Großen in Aachen (s. Abb. 12). Unter den wenigen erhaltenen Beispielen

des Steinbaus jener Zeit vertritt die Einhardsbasilika bei Michelstadt/ Odenwald die einst weit verbreiteten dreischiffigen Kirchen mit drei Apsiden (s. Abb. 13). Einhard, der Biograph Karls des Großen, ließ sie in den zwanziger Jahren des 9. Jahrhunderts erbauen. Er nahm gewiß selber Einfluß auf die Gestaltung. Schon während seiner Ausbildung im Kloster Fulda gewann er Zugang zur Architektur. Am Aachener Königshof konnte er sie anwenden, denn sein Einfluß auf die Ausschmückung der Pfalzkapelle wird durch seinen Ehrennamen Beseleel – so hieß der Gestalter der biblischen Stiftshütte – angedeutet. Der ursprüngliche Baukern der Einhardskapelle steht noch in voller Höhe. Originalsubstanz erstreckt sich auf das Mittelschiff, die Hauptapsis, den nördlichen Nebenchor und die kreuzförmige Gangkrypta. Das sorgfältig ausgeführte Mauerwerk, Außen- und Innenputz, Rundbogenöffnungen, Sandsteinprofile und Wandmalereien sind Bestandteile der frühen einfachen Bau- und Raumformen.

Dies war die eine Seite der karolingischen Kirchenpolitik, die andere bestand darin, daß man den hohen Klerus zum Instrument für die politischen Interessen der regierenden Dynastie machte (**Instrumentalisierung** der Kirche), so daß von einem **Staatskirchentum** und davon gesprochen werden kann, daß die Kirche in den Verwaltungsaufbau des Frankenreiches Karls des Großen „eingestaatet“ wurde (F. Prinz).

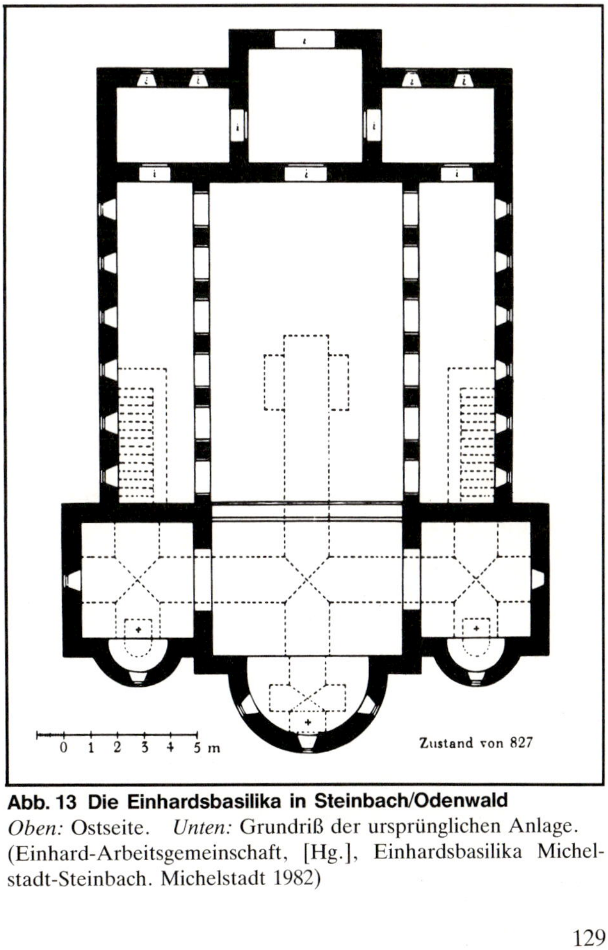

Abb. 13 Die Einhardsbasilika in Steinbach/Odenwald
Oben: Ostseite. *Unten:* Grundriß der ursprünglichen Anlage. (Einhard-Arbeitsgemeinschaft, [Hg.], Einhardsbasilika Michelstadt-Steinbach. Michelstadt 1982)

Das sah einmal so aus, daß kirchliche Würdenträger am Königshof (**Kanzlei**/Schreibstube und **Hofkapelle**/Hofgeistlichkeit) und außerhalb **(Königsboten)** Verwaltungsaufgaben wahrnehmen mußten. Dazu gehörte aber auch, daß Bischöfe und Äbte den König und sein umfangreiches Gefolge auf Regierungsreisen des Hofes durch das Reich für die Zeit ihres längeren oder kürzeren Aufenthaltes bei sich versorgen mußten, sofern nicht eine Königspfalz als Aufenthalt benutzt wurde. Schließlich mußten sie auf den jährlich im Frühjahr stattfindenden Reichsversammlungen erscheinen, eine genau festgelegte Anzahl von ausgerüsteten Reiterkriegern samt Troßwagen, Arbeitsgeräten und Verpflegung für drei sowie Kleidung und Bewaffnung für sechs Monate mitbringen. Aber nicht nur das Erscheinen des hohen Geistlichen war Pflicht, er mußte selbst mit in den Krieg ziehen. Und die Geistlichkeit identifizierte sich mit diesen Aufgaben, obwohl ihr der Konflikt zwischen geistlichen und kriegerischen Funktionen bewußt war. Karl der Große half durch seine Gesetzgebung diesen Konflikt zu mindern, indem er den hohen Klerus von Eigenverantwortung entlastete. So wurde 802 zwar allen Bischöfen, Äbten, Priestern, Diakonen und anderen Klerikern das dem Zeitvertreib, nicht der Ernährung dienende Jagen mit Hunden, Habichten, Falken und Sperbern untersagt und jedem befohlen, ganz und gar nach seinem Stande entsprechend den kanonischen Bestimmungen und der Regel zu leben. In einer Spezialverordnung für die Königsboten aus demselben Jahr hieß es aber zugleich: „... daß weder Priester und Diakone noch die übrigen Kleriker Waffen tragen, sondern mehr auf den Schutz Gottes als den der Waffen vertrauen sollen“ (MG Capit. I, 103). Wer wurde nicht in das Waffenverbot einbezogen? Die Bischöfe und die Äbte! Besser läßt sich die Instrumentalisierung des hohen Klerus nicht belegen. Die Spitzen der kirchlichen Hierarchie wurden ohne viel Aufhebens „entlastet“ und stillschweigend in den Kriegsdienst des Reiches einbezogen. Und sie stellten, da ihre Grundherrschaften – Hochstifte und Reichsabteien – viel größer als die meisten weltlichen waren, den größten Teil der fränkischen Streitkräfte. Den Begriff **‚Reichskirchensystem‘** wendet man meistens erst auf die Kirchenordnung des ostfränkisch-deutschen Reiches im 10. und 11. Jahrhundert an und verbindet ihn besonders mit dem Namen der Kaiser Otto I. (936–973) und Heinrich II. (1002–1024). Das ottonisch-salische Reichskirchensystem war nichts anderes als eine unter veränderten Umständen im ostfränkischen Nachfolgestaat des Frankenreiches mit einigen neuen Akzenten wieder aufgenommene und fortgesetzte Tradition nach den in der Regierungszeit Karls des Großen geschaffenen Mustern. Besonders schicksalhaft für die Zukunft sollte die Verbindung werden, die die Karolinger mit dem Papsttum in Rom eingingen.

Die Verdichtung der Beziehungen zwischen dem Frankenreich und dem Papsttum um 750 muß auf dem Hintergrund des ‚internationalen‘ Kräftespiels gesehen werden. Die Einheit des römischen Reiches war lange zerstört, und mit den muslimischen Arabern kamen seit der ersten Hälfte des 7. Jahrhunderts Kräfte, die den Mittelmeerraum veränderten und sogar das Frankenreich bedrohten, bis ihnen in den **Schlachten bei Tours und Poitiers** 732 und den bis 739 andauernden Kämpfen unter Führung Karl Martells Einhalt geboten wurde. Auch das oströmische Reich mit der Hauptstadt Konstantinopel war gefährdet, aber es blieb bestehen. Seine Position im westlichen Mittelmeerraum hatte es mit der Niederringung der Vandalen in Nordafrika und der Ostgoten in Italien Mitte des 6. Jahrhunderts stärken können. Zwar gingen Nordafrika und der Süden der iberischen Halbinsel an die Araber verloren, in Italien verblieben Ostrom aber trotz der Gründung und Ausdehnung des Langobardenreiches seit 568 neben Sardinien und Korsika der Dukat von Rom, der Exarchat von Ravenna (Exarch = oströmischer Statthalter) mit der Pentapolis (Gebiet um die fünf Städte: Ancona, [heutiges] Rimini, Pesaro, Senigallia und Fano) sowie Kalabrien und Sizilien. Und der Bischof von Rom war damit Teil dieses Reiches und nicht etwa des Staates der Franken. Aber er suchte, als Konstantinopel sie nicht gab, dort Hilfe gegen die expandierenden, Rom bedrängenden Langobarden, die zu einem ernstzunehmenden Faktor im internationalen Kräftefeld des 8. Jahrhunderts geworden waren. 739 suchte der Papst zum ersten Mal Hilfe, aber der Hausmeier Karl Martell lehnte wohl nicht zuletzt deshalb ab, weil er die mögliche Unterstützung der Langobarden im Kampf gegen die Araber nicht gefährden wollte. Als sich Pippin der Jüngere 750 seinerseits nach Rom wandte, um ein Gutachten über die Rechtmäßigkeit seines Griffs nach der Königswürde zu erhalten, mit dem er widerstrebenden fränkischen Adelsgruppen argumentativ entgegentreten konnte, wurde die Antwort ohne Verbindung mit einem Hilfegesuch gegen die Langobarden gegeben. Sie lautete, daß der den Königsnamen (*nomen*) tragen solle, der auch die faktische Macht (*potestas*) habe. Auf der politischen Ebene war damit das Schicksal des letzten Merowingerkönigs entschieden. Die theologische Ebene des päpstlichen Gutachtens lieferte aber eine religiös begründete Herrschaftsauffassung, die der im Kloster St. Denis bei Paris erzogene Pippin in Kenntnis der damals ‚aktuellen' Gedankengänge durch die Art und Weise seiner Anfrage hören wollte. Sie besagte, daß Gott die Könige damit beauftragt habe, die göttliche Weltordnung (*ordo*) zu sichern. Das von Gott direkt vergebene Königsamt beinhaltete natürlich, daß der Amtsträger auch in der Lage sein, die *potestas* haben müsse, diese Ordnung zu garantieren, und daß Gott berechtigt sei, einen, der sich nur König nenne (das *nomen* habe) und das Amt nicht wirklich ausfüllen könne, durch einen anderen, der dies gewährleiste, zu ersetzen.

Hier ist im Kern die Herrschaftsauffassung des **sakralen oder theokratischen Königtums** gegeben, die von Pippin dem Jüngeren bis zum Investiturstreit für die fränkischen, dann die ostfränkisch-deutschen Könige bestimmend wurde. Sie beinhaltete eindeutig, daß der Papst nicht Zwischenstation zwischen Gott und König/Kaiser ist. In dieser Auffassung ist der Papst eine herausragende geistliche Autorität der westlichen Christenheit, aber nicht mehr.

Diese Autorität zu stützen und den Papst vor dem Zugriff der Langobarden auf Rom zu bewahren, wurde die politische Aufgabe der Frankenkönige bis 774. 753/54 kam der Papst mit der Bitte um Hilfe ins Frankenreich, nachdem die Langobarden 751 den Exarchat von Ravenna erobert hatten. König und Papst schlossen im Januar 754 einen Vertrag, in dem eine fränkische Schutzpflicht für die römische Kirche begründet und dem Papst ein Versprechen der Übergabe von Ländereien an den Bischof von Rom gegeben wurde. Pippin und seine Söhne Karlmann und Karl (der Große) wurden bald darauf nach alttestamentlichem Vorbild zu Königen gesalbt – Beginn der fränkisch-deutschen Königssalbungen. „Die schicksalsschwere Beziehung zwischen fränkisch-deutschem Imperium und dem Sacerdotium, die über Jahrhunderte zu erregenden Auseinandersetzungen führen sollte, nahm [...] 754 ihren Ausgang" (R. Schneider). Pippin zog mit einem Heer nach Italien und unterwarf 756 die Langobarden der fränkischen Oberhoheit. Als Preis mußten sie die eroberten Territorien in Mittelitalien zurückgeben, die Pippin dem Sachwalter Petri übergab, so daß das Jahr 756 zum Geburtsjahr des später so berühmten Kirchenstaates um Rom und Ravenna wurde.

Daß Karl der Große 774 das langobardische Königtum beseitigte und das Frankenreich so direkt mit dem päpstlichen Gebiet verband, wurde oben mitgeteilt. Er übernahm den Patricius-Titel, den der oströmische kaiserliche Statthalter, der Exarch von Ravenna, geführt hatte. Das oströmische Reich war in der Tat nicht mehr in der Lage, seine Territorien in Mittelitalien zu halten. Dennoch unterstanden der Exarchat wie der Dukat von Rom staatsrechtlich nach wie vor dem Kaiser in Konstantinopel. So blieb es auch bis zum Jahr 800.

Die Umstände, die zur Erhebung Karls des Großen zum Kaiser am Weihnachtstag 800 führten, können hier nicht ausführlich referiert werden. Wichtig ist, daß der 799 in Rom von Verschwörern einer römischen Adelspartei überfallene und wahrscheinlich abgesetzte Papst Leo III., der daraufhin Karl in Paderborn um Hilfe bat und mit militärischer Macht wieder in Rom eingesetzt wurde, zur Aburteilung der Verschwörer als Majestätsverbrecher einen Kaiser brauchte, aber nicht damit rechnen konnte, den Kaiser in Konstantinopel dafür zu gewinnen. Dieser Wunsch traf auf gleichzeitige fränkische Überlegungen über eine Rangerhöhung des Königs.

Abb. 14 Das Frankenreich zur Zeit Karls des Großen
(Putzger, Historischer Weltatlas. Berlin [100]1979, S. 38 f.)

dunkel lila	Frankenreich um 768		Erzbistümer	Sachsen 772/804	Jahr der Eroberung bzw. endgültigen Erwerbung durch Karl den Großen
hell lila	Erwerbungen Karls des Großen		Bistümer (in Auswahl)		Wichtige Feldzüge im Osten
blau	Grenzmarken		Wichtige Klöster		Von Karl dem Großen häufig besuchte Königshöfe und Pfalzen,
grau	Verbündete Völker	▲	Handelsplätze		Erzbischofssitze, Bischofssitze und Abteien mit Palatium;
gestreift	Unterworfene Völker	Sü. =	Süntel		im Kernraum des Karolingerreiches in roter Schrift, z. B. Aachen
					Slawische Stämme und Gebiete in grüner Schrift

Abschließend soll der Blick noch auf die territoriale Ausdehnung und auf den Verfall des fränkischen Großreichs gerichtet werden. Abb. 14 veranschaulicht das Ausmaß der Expansion. Die wichtigsten Gebietserweiterungen waren:

1. **Langobardenreich:** Seit Pippin dem Jüngeren rückte Italien mit Rom ins Blickfeld der fränkischen Interessen. Das Langobardenreich, vor dessen Zugriff Pippin den Papst schützen wollte, brachte er in lose Abhängigkeit vom Frankenreich, aus der es sich jedoch wieder befreien konnte. In weiterer Unterstützung der römischen Interessen unterwarf sein Sohn Karl der Große 774 das Langobardenreich. Durch seinen Titel *rex Francorum et Langobardorum* bekundete er die Bereitschaft, die Langobarden zwar als zweites Reichsvolk anzuerkennen, ihnen jedoch durch die Personalunion jede Eigenständigkeit zu nehmen. Die politische Selbständigkeit dieses Reichsteils war damit für immer beendet.

2. **Awarenreich:** Die seit Ende des 6. Jahrhunderts im Donaubecken und seinen Randgebieten herrschenden Awaren trieben eine expansive Westpolitik und bedrohten das Reich, indem sie sogar mit dem bayerischen Herzog gegen Karl den Großen paktierten. 795/96 wurden sie durch die Franken besiegt. Erweiterung wie Festigung der dem bayerischen Herzogtum östlich vorgelagerten Marken (bis zum Plattensee) und die Schaffung einer wirksamen Kirchenorganisation mit Hilfe des 798 eingerichteten Erzbistums Salzburg ließen die Awarenaufstände von 799 und 802 scheitern.

3. **Sachsen:** Die Sachsenkriege Karls des Großen zwischen 772 und 804 gehören zum unausrottbaren Bildungsgut unserer Nation. Hier sei nur herausgestellt, daß der zähe Widerstand überwiegend von den Mittel- und Unterschichten (frilingen und lazzen/liten) der Sachsen ausging, während der Adel (edelinge) sich dem fränkischen Zugriff beugte und dadurch mit zum endgültigen Erfolg der Einverleibung Sachsens ins Frankenreich beitrug. Bekannt sind die sehr auf Äußerlichkeiten ausgerichtete Christianisierung und die Brutalität der Maßnahmen zur Niederringung des sächsischen Widerstandes. Mit Hilfe von Kirchenordnung, Grafschaftsverfassung und

Abb. 15 Die Reichsteilungen des 9. Jahrhunderts
(Putzger, Historischer Weltatlas. Berlin ^{100}1979, S. 39)

Grundherrschaft wurde Sachsen ins Frankenreich eingeschlossen. Aber noch 841 bis 843 regte sich im berühmten Stellinga-Aufstand der Widerstand gegen die Frankisierung und die damit verbundene Vernichtung früherer gesellschaftlicher Freiheiten der Mittel- und Unterschichten.

4. **Bayern:** Bei der Färbung des Herzogtums Bayern auf der Karte ist zu bedenken, daß es bereits seit Mitte des 6. Jahrhunderts zum Frankenreich gehörte, allerdings als relativ lose angegliederte Militärstatthalterschaft, aber unter Herrschaft einer wahrscheinlich fränkischen Familie, den Agilolfingern. Der Reichsteil verselbständigte sich in der Folgezeit immer mehr; dennoch versuchten die Karolinger bereits lange vor Karl dem Großen, Bayern wieder fester ans Gesamtreich zu knüpfen. Insofern kann die Kolorierung gerechtfertigt werden, als es erst Karl dem Großen gelang, Bayern wieder vollständig und viel intensiver als je zuvor in den Reichsverband einzufügen. Wie dies geschah, kann mit Hilfe von Materialteil 1 erarbeitet werden. Das Beispiel Bayern wird jedoch in einen größeren inhaltlichen und zeitlichen Zusammenhang gestellt, denn an ihm lassen sich ganz bestimmte Vorgänge in den Herrschaftsordnungen agrarischer Gesellschaften erkennen. Das Problem des Verhältnisses zwischen der Zentralgewalt (Königtum) und den regionalen Gewalten (Adel) ist in der vorausgehenden Darstellung angesprochen worden. Weil ihm eine zentrale Bedeutung für die mittelalterliche Gesellschaftsentwicklung zukommt, wird ihm ein umfangreicher Materialteil gewidmet, der mit einem zivilisationstheoretischen Exkurs (Norbert Elias) schließt.

Die Reichsteilungen des 9. Jahrhunderts sind in Abb. 15 sehr deutlich markiert. Sie zeigen die schrittweise Herausbildung des westfränkischen wie des ostfränkischen Nachfolgestaates. 887 kam es noch einmal zu einer Zusammenfassung aller Teile unter Karl dem Dicken. Mit Karls Absetzung endete das Gesamtreich, das aufgrund der inzwischen erfolgten Strukturveränderungen nicht mehr mit dem Reich Karls des Großen vergleichbar war.

Die Lorscher Annalen, eine dem Hof nahestehende Quelle, gaben, nachdem Karl in Rom vom Papst zum **Kaiser** gekrönt worden war, eine Begründung, die Karls Auffassung von seiner neuen Würde entsprochen haben dürfte. Es handelt sich um dasselbe Denkmodell, das Pippins Königserhebung bestimmt hatte. **Karl** – so heißt es – habe das **nomen imperatoris** (imperator = **Kaiser**) angenommen, weil er die alte Caesarenstadt Rom halte und außerdem *sedes* (Sitze) in Italien, Gallien und Germanien **in potestate eius** (in seiner Gewalt) habe. Gemeint sind die Kaiserstädte Mailand, Arles und Trier. Karl gebührt danach der Kaisername, weil er kaiserliche Gewalt innehat: *potestas* und *nomen* gehören zusammen.

Zwar verurteilte Karl nach der Rangerhöhung die Attentäter Leos III. als Majestätsverbrecher, doch war er offensichtlich nicht mit der Rolle einverstanden, die der Papst bei der Kaisererhebung in der Peterskirche anscheinend selbstherrlich übernommen hatte. Für ihn war der Papst nicht der Kaisermacher, sondern nur der erste Reichsbischof im neuen (west)römischen Kaiserreich, denn das Kaiseramt kam für ihn – wie das Königsamt – ohne Mittelsmann direkt von Gott. 813 erhob Karl im Zuge der Regelung seiner Nachfolge seinen Sohn Ludwig den Frommen bewußt in seiner Lieblingsresidenz Aachen und ohne Anwesenheit des Papstes zum Kaiser.

Das **Papsttum** dagegen entwickelte eine andere Auffassung, die für die Zukunft überragende Bedeutung gewinnen sollte. In Rom wurde – wahrscheinlich Mitte des 8. Jahrhunderts – eine Urkunde geschrieben, in der ein Vorgang aus dem Jahre 317, der wohl niemals stattgefunden hat, so dargestellt wurde, als sei das Aufgeschriebene eine echte Urkunde des Kaisers Konstantin an den Papst Silvester I. Daß es sich hier um eine Fälschung handelt, wurde bereits Ende des 9. Jahrhunderts erkannt, in der ersten Hälfte des 15. Jahrhunderts aber erst bewiesen. In der **Konstantinischen Schenkung** gewährte der nach Neu-Rom (Konstantinopel) übersiedelnde Kaiser dem Papst die Basilika im Lateranpalast, die Stiftung von St. Peter in Vaticano und von St. Paul vor den Mauern, dazu den weltlichen Lateranpalast, dann aber auch die ganze Stadt Rom, alle Provinzen Italiens und der westlichen Region des römischen Reiches sowie die Erlaubnis, Kaiserkrone, Kaisergewänder und kaiserliche Rechte innezuhaben. Für Jahrhunderte wurde diese Fälschung zur Rechtsgrundlage für päpstliche Ansprüche gegenüber dem Kaisertum. Wenn auch um 800 die Fälschung noch nicht ein in allen Konsequenzen genutztes Instrument gewesen sein dürfte, so waren doch die Weichen zukünftiger päpstlicher Politik gestellt.

Ob mit oder ohne gezielte Anwendung der Konstantinischen Schenkung gelang den Päpsten des 9. Jahrhunderts die dem Willen Karls des Großen widersprechende Bindung des Erwerbs der Kaiserkrone an Rom. Das war ein fundamentaler Erfolg. Die Erneuerung des Kaisertums im Westen des römischen Reiches hat Karl in sehr vorsichtiger Politik gegenüber dem oströmischen Reich betrieben. Die Argumentation der Lorscher Annalen, daß es 800 dort keinen Kaiser, sondern nur ein „Weiberkaisertum" gegeben habe, weshalb Karl berechtigt sei, sich Kaiser zu nennen, zeigt die mangelnde Rechtsgrundlage und die entsprechende Unsicherheit des fränkischen Hofes. Am Ende seines Lebens erreichte Karl auf diplomatischem Wege schließlich die Anerkennung seines westlichen Kaisertums, um die er sich seit 800 dauernd bemüht hatte. Für Konstantinopel aber blieb damals und später das Kaisertum im Westen letztlich immer Ausdruck barbarischer Usurpation.

3.3 Das ostfränkisch-deutsche Reich bis zum Ende des Investiturstreites

911–918	Konrad I.
919–936	Heinrich I.
936–973	Otto I.
962	Kaiserkrönung Ottos I.
1003–1024	Heinrich II.
1024–1039	Konrad II.
1039–1056	Heinrich III.
1056–1106	Heinrich IV.
1106–1125	Heinrich V.
1077	Bußgang Heinrichs nach Canossa: Höhepunkt des Investiturstreites
1122	Wormser Konkordat

Seit Ende des 9. Jahrhunderts bildeten sich im ostfränkischen Reich mit Nachlassen der Königsgewalt in den Reichsteilen Bayern, Sachsen/Thüringen, Franken, Alamannien und Lothringen neue Führungskräfte heraus. Der Prozeß ließ die neuen Gewalten zu Trägern des Reiches werden, indem sie aus ihren eigenen Reihen den König bestimmten. Man sprach von einem „jüngeren Stammesherzogtum". Territoriale Grundlage der neuen Herzogtümer waren politische Untergliederungen des Reiches, die sich seit der merowingischen Zeit herausgebildet hatten: regna, provinciae, regiones. Deren Namen wurden trotz „künstlicher" Entstehung meist auf die Stämme (*gentes*) bezogen, die sie bewohnten. Die politischen Grenzen förderten ihrerseits Stammeszugehörigkeiten. Die Bewohner des regnums Bayern waren eben die „baioarii", die des regnums Sachsen „saxones".

In Bayern errang die Familie der Luitpoldinger, die sich bis in die Anfänge des 9. Jahrhunderts zurückverfolgen läßt, zwischen 893 und 907 – begünstigt durch die Ungarneinfälle – die führende Position. Daß Arnulf (907–937) sich nicht mehr als Amtsträger im Auftrag der Karolinger fühlte, zeigt seine den Königsdiplomen genau nachgebildete Urkunde von 908: „Im Namen der heiligen Dreieinigkeit, Arnulf, durch göttliche Vorsehung Herzog (Dux) der Bayern und auch der angrenzenden Gebiete, an alle Bischöfe, Grafen und Ersten dieses Herzogtums [...]" (K. Reindel).

Ähnliches wie für Bayern gilt auch für die Verhältnisse in Sachsen. Dort übernahm der Liudolfinger Otto der Erlauchte 880 die Führung im Kampf gegen Wikinger, slawische Abodriten und Ungarn. Der Tod des thüringischen Herzogs Burchard gab ihm 908 den Weg für die Ausdehnung seiner Führungsposition nach Thüringen hinein frei. In Franken erreichten die Konradiner im Kampf gegen die Babenberger 906 die Macht, in Alamannien (Schwaben) konnten die Burchardinger sich erst 917 durchsetzen. Lothringen, das sich 911 vom Ostreich löste, hatte eine ähnliche Entwicklung zu verzeichnen. Es wurde 925 unter Heinrich I. endgültig zurückgewonnen. Herzog Giselbert wurde mit Heinrichs Tochter Gerberga vermählt.

Abb. 16 Die Herzogtümer des ostfränkisch-deutschen Reiches im 10. Jahrhundert

Die neuen Führungskräfte des Reiches wählten 911 aus ihrer Mitte den Herzog **Konrad von Franken** zum neuen König des Ostfränkischen Reiches **(911–918)**. Das bedeutete einen Bruch mit der karolingischen Tradition und führte zu neuen Problemen. Konrad I. geriet in seiner neuen Rolle in Konflikt mit den Herzögen. Eine Regelung konnte erst sein Nachfolger, der sächsische Herzog **Heinrich**, der wiederum durch Wahl das Königtum erreichte, durchsetzen **(919–936)**. Sie bedeutete zugleich einen Teil der Faktoren, die den Wandel vom fränkischen zum ostfränkisch-deutschen Reich zwischen 900 und 930 ausmachten.

Über die Entstehung des deutschen Reiches hat es viele Forschungskontroversen der Historiker gegeben. Die Ergebnisse lassen sich in knapper Form zusammenfassen.

Folgende Kriterien zeigen den Umschlag in die neue Ordnung an:

1. das gleichzeitige Erreichen der Gleichwertigkeit aller Reichsteile in Gestalt der neuen Herzogtümer;
2. der Eintritt der Herzöge in die Mitverantwortung für das Reich;
3. das Schwinden des Thronvorrangs der karolingischen Dynastie bei der Bevölkerung des Ostreiches und des Frankentums überhaupt;

4. die Durchsetzung des Wahlprinzips, das trotz Etablierung einer neuen Dynastie (Ottonen) nie mehr ganz verschwand und Bestandteil jeder offiziellen Königserhebung blieb;
5. die Konzentration des Königtums seit Beginn des 10. Jahrhunderts auf den einzelnen Herrscher, nicht mehr die gesamte Königsfamilie (*stirps regia*) wie seit der Merowingerzeit, mit der Folge, daß der regierende König für seinen zur Nachfolge ausersehenen Sohn, um dessen Rang zu dokumentieren, nicht mehr eine einheimische Adlige zur Gemahlin wählt, sondern, erstmals 929, eine auswärtige Königstochter;
6. die staatsrechtliche, von Dynastien losgelöste Unabhängigkeit des ost- und westfränkischen Reiches (Vertrag von Bonn 921) mit der Folge des zeitgenössischen Bewußtseins eines Neubeginns.

Die neue Ordnung fand 936 ihren überzeugenden Ausdruck in der Thronerhebungsfeier zu Aachen. **Otto I. (936–973),** schon 929 von seinem Vater Heinrich I. zum König ausersehen und 936 noch einmal offiziell designiert, konnte am 7. August 936 die Nachfolge ohne Störung antreten. Mögliche Widerstände waren im Vorfeld beseitigt worden.

Das Krönungszeremoniell begann im Säulenhof vor dem Aachener Münster mit einer ersten weltlichen Thronsetzung des neuen Königs, mit Treueschwur und Hilfeversprechen der Großen des Reiches. Der Volksakklamation in der Kirche folgte der geistliche Teil, der aus Insignienübergabe, Salbung und Krönung durch den Mainzer Erzbischof unter Assistenz des Erzbischofs von Köln bestand und mit einer zweiten Thronsetzung auf dem Karlsthron im oberen Umgang der Kirche abschloß. Den dritten Teil bildete das Königsmahl in der Aachener Pfalz, bei dem die vier Herzöge – der sächsische Herzog war der König – symbolisch die Hofämter versahen: Giselbert von Lothringen (Kämmerer), Eberhart von Franken (Truchseß), Hermann von Schwaben (Mundschenk) und Arnulf von Bayern (Marschall). Hier „wurde noch einmal die Eintracht und Einheit des auf die Mitwirkung der Herzöge gegründeten neuen Reiches dokumentiert, aber auch der Amtscharakter der Herzöge unter dem König angedeutet. Duces vero minestrabant! Diese Aachener Zeremonie ist in ihren einzelnen Teilen für die weiteren deutschen Königskrönungen traditionsbildend geworden.“ (E. Hlawitschka)

Aber nicht nur der Ort der weltlichen Machthaber in der neuen Ordnung wurde hier sinnfällig markiert. Auch die Kirche erhielt ihren unverwechselbaren Platz im System. Hatte Heinrich I. 919 nach seiner Wahl in Fritzlar noch die kirchliche Salbung abgelehnt, um den unter Konrad I. beachtlich angestiegenen Einfluß des hohen Klerus auf die politischen Entscheidungen auf ein dem neuen König genehmes Maß zurückzuführen, das dessen Entscheidungsfreiheiten nicht beschnitt, so war die Kirche nunmehr voll integriert. Daß Heinrich I. nicht aus glaubensfeindlicher Einstellung die Kirche in die Schranken verwiesen hatte, steht außer Zweifel. Die Distanzierung ermöglichte ihm aber, leichter über sie zu verfügen. Indem er sie in Schwaben und Bayern den Herzögen unterstellte, konnte er mit diesen Mitteln Burchard und Arnulf endgültig für sein Königreich gewinnen.

Mit dem Krönungszeremoniell wurde die Verpflichtung der Kirche auf das Reich sichtbar, die für die Zukunft insofern von großer Bedeutung werden sollte, als Otto I. das karolingische Reichskirchensystem auf der veränderten Grundlage des ostfränkisch-deutschen Nachfolgestaates neu zu beleben begann.

Der König entschied sich dafür nach dem Scheitern seines Versuchs, die Herzogtümer des Reiches mit Mitgliedern seiner Familie besser den Interessen der Zentralgewalt zuordnen zu können (953/54). Seinen ihm ergebenen Bruder Brun, Erzbischof von Köln, machte Otto I. zum weltlichen Herzog von Lothringen, verhalf ihm also zu einer geistlich-weltlichen Doppelherrschaft, für die Ruotger, der Biograph Bruns, die Bezeichnung archidux formte, eine Zusammenziehung von archiepiscopus = Erzbischof und dux = Herzog. Brun wurde zum Prototyp des ottonischen Reichsbischof, dessen lothringische Politik konsequent die Bischofs- und Abtämter den mächtigen adligen Familien, die diese inzwischen mit ihren Mitgliedern besetzt hatten, entriß und der Krone angenehme Kandidaten einsetzte. Der Hohe Klerus wurde in der von Otto erneuerten Hofkapelle auf seine zukünftigen Aufgaben bei der Verwaltung der Kirche und des Reiches ausgebildet. Da viele der Geistlichen dem König persönlich bekannt waren, wurde dieser königstreue Episkopat ein wichtiger Pfeiler der königlichen Gewalt. Wie Otto I. sich das Verhältnis des Klerus zum König vorstellte und es gestaltete, teilt wiederum Ruotger mit. Der König erwartete von Brun noch deutlicher, als die Karolinger das jemals ausgedrückt hatten, aktives Eintreten für das allgemeine Wohl, bis zum Kampf in der Schlacht. Der „Kampf mit der Waffe erscheint jetzt als ein vor Gott und den Menschen wohlgefälliges Werk" (F. Prinz). Das ist die höchste Steigerung der Rechtfertigung der Beteiligung der Geistlichen am Krieg. Hatten die Karolinger schon die Bischöfe und Äbte zur Versorgung des Reisekönigtums eingesetzt, so gestaltete Otto I. dieses Mittel weiter aus und besuchte königliche Pfalzen wesentlich seltener. Und aus der Regierungszeit Ottos II. (973–983) ist ein Dokument für das Aufgebot des Reichsheeres im Jahr 981 überliefert, das mit eindrucksvollen Zahlen den Anteil des hohen Klerus belegt. König Heinrich II. (1002–1024) behandelte sogar das Reichskirchengut wie Reichsgut und verfügte darüber auch gegen den Widerstand der Domkapitel und Klöster. Selbst die Übergabe von Grafschaften an Bischöfe war keine Besonderheit mehr. „Heinrich II. machte aus den verschiedenen Ansätzen ein ‚System'! Und das konnten Konrad II. und Heinrich III. fortführen." (E. Hlawitschka)

Die rechtliche Grundlage für diese Verfügung über die Kirche ergab sich aus einer Verbindung von ‚privater' eigenkirchlicher Herrengewalt (jeder Grundherr konnte eigene Kirchen bauen und unterhalten) und ‚öffenlich-rechtlicher' Hoheit des Königs. Es setzte sich die Sichtweise durch, dem König gehöre eine Art ‚Obereigentum' am Gut aller „im Recht des Reiches stehenden Kirchen – in der Sprache der Quellen: ‚omnes ecclesiae Romani imperii'". (J. Fleckenstein)

Im Recht des Reiches zu stehen, bedeutete aber nicht, daß diese Kirchen volles Eigentum des Reiches waren, sie blieben stets ein Zubehör des Reiches im Sinne von Gliedern des Reiches. Da alle Erzbistümer, Bistümer und die bedeutendsten Klöster und Stifte dem König unterstanden (Hochkirchen), konnte dieser von ihnen ebenso wie von seinen Eigenkirchen im Niederkirchenbereich Abgaben und Leistungen fordern (*servitium regis*), also auch das Heeresaufgebot. Eine Nationalkirche, wie der Begriff der Reichskirche vielleicht gedeutet werden könnte, gab es also nicht, allerdings wurde er in politisch-räumlicher Hinsicht erweitert und meinte die Kirche im Reich im Unterschied zu Frankreich, wo von 75 Hochkirchen nur 15 im Recht des französischen Königs standen und ein enges Zusammenwirken von Kirche und König folglich überhaupt nicht möglich war. Von diesem Doppelsinn her ergab sich die besondere Spannung des Begriffs in den Briefen Heinrichs IV. im Investiturstreit.

Das besondere Interesse der ostfränkisch-deutschen Herrscher, der Ottonen und seit 1024 der Salier, an der Kirche ihres Reiches mußte sich auch auf ihr Verhältnis zum Papsttum auswirken. 962 erneuerte Otto I. das Kaisertum in der Tradition Karls des Großen, wenn auch auf einer territorial kleineren Basis. Das Kaisertum blieb an das deutsche Reich bis 1806 gebunden. Die Kaiserkrone (s. Abb. 17), unter Otto I. begonnen und unter Konrad II. (1024–1039) vollendet, wurde zum Symbol für das Heilige Römische Reich. Sie ist heute in der weltlichen Schatzkammer der Wiener Hofburg zu sehen und zieht jährlich Tausende von Besuchern aus aller Welt in ihren Bann. Ihr ideeller Wert ist ungleich höher als der materielle. Daß sie Inbegriff des Reiches auch in dessen Endphase war, bezeugt Goethes Bericht über die Krönung Josefs II. 1764 in Frankfurt. Mit dem Kaisertum fand Ottos in Europa inzwischen erreichte Vormachtstellung (Einfluß auf das französische Königtum, Schutzabhängigkeit Burgunds, Sieg über die Ungarn auf dem Lechfeld bei Augsburg 955, Slawensieg) ihre deutlichste Anerkennung. Die seit der späten Karolingerzeit vom Papsttum durchgesetzte Bindung des Kaisertums an Rom entsprach auch den Vorstellungen Ottos I. Nach der Krönung empfing Otto vom Papst und dem römischen Volk den Treueschwur.

Er bestätigte dem Papst im Privilegium Ottonianum auf der Basis der seit Pippin geschaffenen Verbindungen Rom und den Kirchenstaat samt Rechten und Einkünften und garantierte deren Schutz unter Vorbehalt der schon von den Karolingern geübten Hoheitsgewalt und speziell des vom römischen Klerus und Adel zu leistenden Eides, daß ein Papst kanonisch zu wählen sei und dem Kaiser ein Treueversprechen abzulegen habe, bevor er sein Amt antrete.
Die Verbindungen zwischen Kaiser und Papst wirkten sich in der Folgezeit auf die Mission im Norden und Osten des Reiches wie die Entfaltung der Metropolitan- und Diözesanordnung fördernd aus. Zu den alten, seit karolingischer Zeit bestehenden Erzbistümern Salzburg, Trier, Mainz, Köln und Hamburg/Bremen wurde 968 Magdeburg als sechstes Erzbistum gegründet. Schon 947/48 waren im Zuge der Dänenmission von Hamburg/Bremen aus die Bistümer Schleswig, Ripen und Aarhus errichtet worden, später kam Oldenburg in Holstein (Wagrier-Mission) dazu. Zur Wendenmission errichtete man 948 die Bistümer Brandenburg und Havelberg, die zuerst zu Mainz, später zu Magdeburg gehörten. Das neu zum Erzbistum erhobene Magdeburg erhielt außerdem die Bistümer Meißen, Merseburg und Zeitz (Sorben-Mission), möglicherweise auch Posen als erstes polnisches Bistum. Schließlich wurde 973/976 das endgültig christianisierte Böhmen als Bistum Prag dem Erzbistum Mainz unterstellt. Polen und Ungarn erhielten im Zusammenwirken von Papst und Kaiser (Otto III. 983–1002) 1000 bzw. 1001 mit Gnesen und Gran eigene Erzbistümer. Den Abschluß der deutschen Diözensanorganisation brachte 1007 die Gründung des Bistums Bamberg als Slavenmissionszentrum, für die Heinrich II. sich besonders einsetzte.
Die innere und äußere Geschichte des aus Deutschland, Italien und Burgund bestehenden Reiches unter den Ottonen und Saliern kann hier nicht ausführlich dargestellt werden. Es war eine Epoche der relativen Stabilität, die im Inneren immer größer wurde, und die sich nach außen in hegemonialer Stellung zeigte. Gerade im Romgedanken drückte sich die übernationale Sicht des Imperiums aus. „Wenn man die Bedeutung des frühmittelalterlichen Reiches zu umschreiben sucht, so wird man demgemäß sagen dürfen, daß in ihm zwar nicht räumlich, aber ideell die Einheit der mittelalterlichen Welt am reinsten verkörpert war. Man braucht diese Einheit nicht zu idealisieren. Sie war in Wirklichkeit nicht vollkommen und schloß zu allen Zeiten starke innere Spannung ein. Aber die Wirklichkeit richtete sich nach einer Ordnungsvorstellung aus, die alles auf eine letzte Einheit bezog und die die Einheitlichkeit der Welt in der Zuordnung und Eintracht ihrer beiden Häupter, Kaiser und Papst, verbürgt und sichtbar verkörpert sah." (J. Fleckenstein)
Die Einheit erfuhr ihren Höhepunkt in der Regierungszeit **Heinrichs III. (1039–1056)**. Er machte in einer Zeit, in der kirchliche Institutionen nach inneren Reformen riefen (Cluniazensische Klosterreform, ausgehend von Burgund; reichsdeutsche Klosterreform, ausgehend von Gorze in Lothringen) und sie praktizierten, die kirchliche Reformbewegung zu seiner eigenen Sache und trat an ihre Spitze. Den Abt Hugo von Cluny wählte er als Paten für seinen Sohn Heinrich IV. (1056–1106). Verfügung über die Reichskirche und Reform standen für ihn nicht in Widerspruch zueinander. So bekämpfte er die Simonie (Käuflichkeit geistlicher Ämter), die einen Hauptangriffspunkt der Reformer bildete, und erreichte, daß die Reformer sich ihm anschlossen. Auch das Papsttum hatte Reformen dringend nötig. Heinrich III. sah in der Auffassung seines Kaisertums als unmittelbaren Amtsauftrag Gottes seine Pflicht in dessen äußerer und innerer Reform. So setzte er auf den Synoden von Sutry und Rom 1046 drei rivalisierende Päpste ab und setzte einen neuen ein. Und 1049 erzwang er der Reformbewegung aus dem Norden mit dem neuen Papst Leo IX. aus Egisheim im Elsaß Eingang in Rom, dem eine Gruppe von Reformern folgte, zu denen auch der Mönch Hildebrand, der spätere Papst Gregor VII., gehörte.

Abb. 17a Die Kaiserkrone des Heiligen Römischen Reiches

Die Kaiserkrone besteht aus acht Goldplatten, vier davon sind mit Bildern aus Emailschmelz verziert.
Auf dem Bügel über der achteckigen Krone steht die Inschrift: Chuonradus Dei Gratia Romano(rum) Imperator Aug(ustus). Gemeint ist Kaiser Konrad II.; doch ist mit der Krone vielleicht schon Otto I. gekrönt worden.
Stirn- und Nackenplatte sind mit jeweils zwölf großen Edelsteinen besetzt.
Unter der Krone trug der König die Mitra, eine Filzkappe, die zur Amtstracht der Bischöfe gehörte.

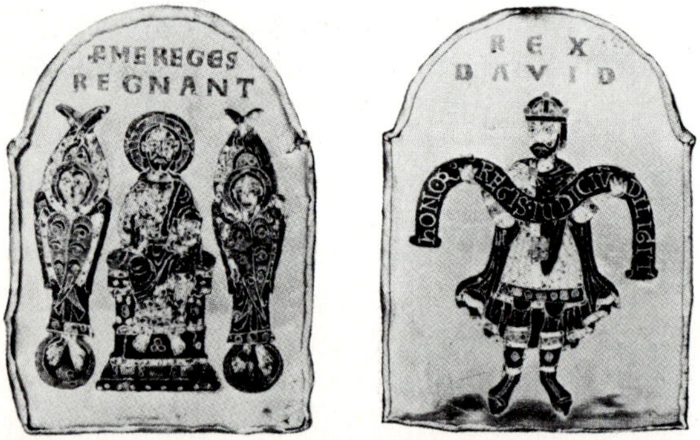

Abb. 17b Darstellungen aus der Kaiserkrone des Heiligen Römischen Reiches

Per me reges regnant (Durch mich regieren die Könige.) Rex David – honor regis iudicium diligit (König David – Des Königs Ehre liebt das gerechte Urteil). König David galt den Juden als Vorbild eines gerechten Königs.

Das Papsttum blieb mit Heinrich III. bis zu dessen Tod im Einklang, so daß die Reform der Kirche primär als eine Leistung des Kaisertums anzusehen ist. Der Kaiser nutzte die Reform nicht machtpolitisch aus, denn er war der Überzeugung, daß der Erfolg der Reform auch ein Erfolg für das Reich sei. Das ottonische System erhielt unter seiner Regierung seine höchste Vollendung. Und dann kam der Zusammenbruch dieses Systems.

„Es ist einer der großen Umbrüche in der deutschen Geschichte, den der Tod Heinrichs III. markiert. War zu seinen Lebzeiten gerade in der Reform des Papsttums in Rom die Einheit der mittelalterlichen Welt als Einheit von Regnum und Sacerdotium besonders sichtbar in Erscheinung getreten, so brach wenig später eben diese Einheit auseinander, als das gerade reformierte Papsttum sich unter einer neuen Devise, dem Ruf nach Libertas ecclesiae, gegen die alte Weltordnung wandte. Während sie sich gerade zu vollenden schien, strebte das neu erstarkte Reformpapsttum vom Kaisertum weg und suchte sich ihm überzuordnen. Der Kampf, der damit begann und den wir Investiturstreit nennen, hat wesentliche Grundlagen der alten, einheitlichen Welt zerstört und eine neue, spannungsreiche Zeit heraufgeführt.“ (J. Fleckenstein)

Dem Investiturstreit ist ein Abschnitt im Quellenteil gewidmet. In der Darstellung soll er nur unter der Frage nach den Folgen berücksichtigt werden.

Mit Papst Gregor VII. (1073–1085) kam der um **Simonie** (Käuflichkeit geistlicher Ämter), **Zölibat** (Ehelosigkeit der Priester) und **Laieninvestitur** (Einsetzung Geistlicher durch Nicht-Geistliche) geführte **Investiturstreit** mit dem deutschen **König Heinrich IV. (1056–1106)** zum Ausbruch. Letztlich ging es darum, ob das deutsche Königtum/Kaisertum seine Auffassung vom Amtsauftrag Gottes und seine darin begründete Verfügungsgewalt über den geistlichen Bereich (Reichskirche mit Bischofs- und Abteinsetzung sowie allen Mitteln der Indienstnahme der Kirche, s. o.) gegen den päpstlichen Anspruch bewahren und tatsächlich durchsetzen konnte. Dieser Anspruch Gregors VII. richtete sich darauf, die weltliche Herrschaft ihrer vom Papst unabhängigen geistlichen Herleitung und der daraus folgenden Befugnisse zu entkleiden und selbst weltliche Rechte nicht nur für sich zu behaupten, sondern auch von sich als dem Statthalter Gottes auf Erden abzuleiten **(Dictatus Papae 1075)**. In anderen Äußerungen Gregors VII., die das Verhältnis Papst–Kaiser ansprechen, bezog sich Gregor auf die Zweigewaltenlehre des Papstes Gelasius I. aus dem Jahre 494.

In dem Streit zwischen Kaiser und Papst unterlag das theokratische Königtum/Kaisertum. Der oft dargestellte Bußgang König Heinrichs IV. nach Canossa 1077 markiert den Höhepunkt des Konfliktes. Wenn auch die königliche Seite nicht aufgab, stand doch das Ergebnis fest. Daran konnte der Kompromiß im **Wormser Konkordat** von **1122** über die Modalitäten der Einsetzung von Bischöfen und Äbten nichts ändern. Wenn auch dem deutschen König ein Einfluß auf die Besetzung geistlicher Institutionen blieb, so war doch das sakrale Königtum trotz allem auch zukünftigen Festhalten der deutschen Könige und Kaiser an diesem Selbstverständnis in der Wurzel getroffen. Die Ordnung des Reichskirchensystems war endgültig zerbrochen.

Das Papsttum aber konnte seine Stellung noch steigern und erfuhr den Höhepunkt der Geltung seiner universalen Ansprüche im vierten Laterankonzil 1215 unter Innozenz III.

Für die **Verfassungsentwicklung Deutschlands** bedeutete der Investiturstreit einen großen Einschnitt nicht nur, weil der regionale Adel infolge der Schwächung des Königtums größeren Einfluß gewonnen und dem Wahlprinzip bei der Königserhebung zur allgemeinen Anerkennung verholfen hatte: Mit dem Wormser Konkordat wurde die Reichskirche offiziell in das Lehnssystem einbezogen. Indem es bei der Abt- und Bischofseinsetzung geistliche Befugnisse, für die der König nicht mehr zuständig war (Übergabe von Ring und Stab), von weltlichen Gütern und Rechten, die er mit dem Szepter übergab, sonderte, gab das Wormser Konkordat den Weg frei, die weltlichen Teile einer geistlichen Institution ganz nach Lehnrecht zu begreifen und zu gestalten.

Dies geschah mit dem Erfolg für das Königtum, daß alle weltlichen Güter und Rechte einer Kirche als **Regalien** (vom *rex* hergeleitete Rechte) aufgefaßt wurden, die sich nur in der zeremoniellen Form – Szepter statt Fahne bei der Vergabe des Lehens – von den Lehen weltlicher Herren unterschieden. Das Ergebnis bestand darin, daß kein Bischof oder Abt Lehnsherr sein konnte, ohne selbst vom König belehnt worden zu sein. Damit war aus der unmittelbaren Reichskirchenverwaltung eine durch lehnrechtliche Beziehungen vermittelte geworden. „Das Lehnrecht, das bisher aus einer Reihe einzelner, nur wenig und lose miteinander verbundener Institutionen bestanden hatte, schließt sich zu einem System zusammen und erfaßt immer weitere Bereiche des öffentlichen Lebens. So werden Bistümer und Abteien zu Lehnsfürstentümern des Reiches... Von den weltlichen Fürstentümern unterscheiden sie sich vor allem dadurch, daß nicht dynastische Erbfolge, sondern Wahl – nicht ganz ohne Beteiligung des Königs – den Fürsten bestimmt" (P. Classen).

3.4 Die bäuerliche Gesellschaft

Der Raum des Frankenreiches und seiner Nachfolgestaaten war ein völlig wildes, unzivilisiertes Land, eine „äußerst primitive Welt“ (G. Duby), die sich zwischen dem 7. Jahrhundert und 12. Jahrhundert langsam aus ihrer Unzivilisiertheit heraus entwickelte. Bestimmt wurde diese Periode durch den mit unzureichenden Mitteln geführten Überlebenskampf der Menschen gegen die Natur. Sie trat ihm zunächst einmal in Gestalt des Waldes, in dessen Lichtungen er lebte, entgegen. Der Wald beherrschte das Land, und selbst der Besitz des Klosters St. Germain-des-Prés (Paris), in dem die Landwirtschaft weiter entwickelt war als irgend sonst, bestand nach 800 noch zu zwei Fünfteln aus Wald.

Wo lebten die Menschen? Ihre Wohnsitze waren „gewissermaßen nur Enklaven innerhalb von Wäldern“. (J. Dhondt). Natürlich lebten viele auch außerhalb der Lichtungen, allerdings war das nicht typisch. Das Stadtumland alter Römerstädte, freie Ackerfluren, Marschen im Küstenbereich sowie manche Flußtäler waren offener und boten sich zur Besiedlung an. Das Klostergut von St. Germain-des-Prés im Dorf Nuviliacus (Nully/Orne) inmitten der großen Perche-Wälder umfaßte (um 820) 220 Hektar Ackerland, 15 Hektar Wiese und etwa 1200 Hektar zusammenhängenden Wald. Auf 171 Hektar Ackerland und Wiese lebten 79 Personen: 37 Erwachsene und 42 Kinder. Der Rest von 64 Hektar war Herrenland, wie auch der Wald von 1200 Hektar. Über die Anzahl der hier Wohnenden ist nichts bekannt, zu viele werden es kaum gewesen sein, zumal die wenigen Bauern auch noch auf dem Herrenland arbeiten mußten.

Wie erging es diesen Menschen? Sie lebten ohne gemessene Zeit, den natürlichen Gegebenheiten von Tag und Nacht unterworfen, welche die Abläufe von Arbeit und Nicht-Arbeit bestimmten. Hatten sie genug zu essen? Rechnet man 2 Hektar Acker und Wiese als Existenzminimum pro Person, so befanden sich die Bewohner sogar noch unter dieser Grenze, mußten sie von ihren Erträgen doch auch noch Abgaben leisten. Die Folgen von Mißernten waren katastrophal.

Nicht erst für die Jahre um 1300 galt eine damals entstandene Erzählung „Vom Lebenslauf des Menschen“, in der ein König einen Philosophen befragt. Auf die vierte Frage, mit welchem Gefährten der Mensch lebe, anwortet der Weise, das seien die sieben Gefährten Hunger, Durst, Hitze, Kälte, Müdigkeit, Krankheit und Tod. Sie waren die täglichen Bedrohungen, die immer mit dem Tod enden konnten. Der Tod verfolgte den Menschen von Geburt an. Eine erschütternde Darstellung auf einem Kapitell der Kirche Sainte Madelaine in Vézelay zeigt einen Bauern, der dem heiligen Benedikt sein totes Kind in der Hoffnung auf ein Wunder zu Füßen legt. „Dieser Tod war allgegenwärtig, er bedrohte die Mutter im Kindbett ebenso wie das Neugeborene [...] Eine Familie, die ein Kind erwartete, erwartete zugleich die Gefahr des Todes für Mutter und Kind“ (K. Arnold).

Wer die Krise der Kindheit überstanden hatte, war nicht etwa auf längere Zeit sicher vor dem Tod. Hunger und Durst waren angesichts der Mißernten Bestandteile des Alltags, und der Tod durch chronische Unterernährung gehörte zu den Ursachen der hohen Sterblichkeit, besonders während der Epidemien. Dem Ende der Pest Mitte des 8. Jahrhunderts folgten andere Seuchen und Krankheiten, denen die Menschen vollkommen hilflos gegenüberstanden. Schließlich existierten auch andere Kräfte als die der Natur, die das Leben begrenzten. Die Kriege der Herrscher und die Einfälle von Arabern, Normannen und Ungarn bedrohten nicht nur das Leben der Krieger, sondern auch der von diesen Kriegen heimgesuchten Bevölkerung.

Welches Verhältnis hatte der Mensch zur Zeit – von deren Ungemessenheit im Alltag einmal abgesehen –, wenn seine Lebenserwartung dreißig Jahre betrug? Der 72jährige Karl der Große und sein 65jähriger Biograph Einhard gehörten zu den Ausnahmen, welche die Zeitgenossen in Erstaunen versetzten. Gewiß hatten die Mitglieder der Oberschicht aufgrund besserer Lebensbe-

dingungen auch längere Lebenserwartungen, dennoch wird man sich auch hier vor Überschätzungen der Lebensqualität hüten müssen. Das Leben im Angesicht des Todes wird wohl ein viel intensiveres als das heutige gewesen sein. Diese Intensität hat sich einmal in besonderer religiöser Inbrunst, zum anderen aber in archaischer Roheit geäußert.
Die Begrenzungen durch Raum und Zeit bildeten den Rahmen, innerhalb dessen frühmittelalterliche Menschen lebten, arbeiteten und Herrschaft erfahren bzw. ausüben konnten. Sie bildeten aber zugleich den Boden, der die Bedingungen für den Wandel und damit den zivilisatorischen Fortschritt enthielt.
Die germanisch-romanische Synthese, die am Beispiel der Herausbildung eines neuen fränkischen Reichsadels aufgezeigt wurde, vollzog sich auch auf anderen Ebenen. Römer und Germanen nutzten auf völlig verschiedene Weise die Naturgegebenheiten, prägten damit also zwei **verschiedene Landschaftstypen.** Indem der römische Typ sich zurückentwickelte, differenzierte sich der germanische. Beide traten in einen Prozeß allmählicher Verschmelzung ein. Die Beschreibung des west- und mitteleuropäischen Raumes zwischen dem 7. und 12. Jahrhundert läßt vermuten, daß die weiterentwickelten romanischen Gebiete, wie St. Germain-des-Prés im 8. Jahrhundert, offenbar nicht mehr grundsätzlich von den archaischeren unterschieden waren. Nach den Ernährungsgewohnheiten der Mittelmeergesellschaft wurden auch in der römischen Provinz Gallien von Süden nach Norden Bedingungen für den Anbau von Brotgetreide und Wein, Bohnen und Erbsen sowie im Garten gezogene Kräuter und Wurzeln geschaffen. Der Olivenanbau mußte auf den Süden beschränkt bleiben. Der Anbau geschah nach den mediterranen Mustern, d. h. für Getreideanbau, Wein- und Olivenpflanzungen, den *ager*, wurden im Flachland große quadratische Einheiten angelegt, bewußt gesondert von dem *saltus*, der für die Viehzucht bestimmten Wald- und Weideregion. Im *saltus* blieben primitivere Siedlungs- und Anbauformen aus der Zeit vor der römischen Eroberung erhalten. Auch wenn die äußeren Formen den Gegebenheiten der Landschaft angepaßt wurden, richtete man sich nach dem Trennungsprinzip. Um den zunehmend auch vom christlichen Kult geförderten Eßgewohnheiten – Brot und Wein – auch in den vom Mittelmeer weiter entfernten Regionen gerecht zu werden, wurde, wo immer es leidlich ging, Weinanbau betrieben. Allein jeder Bischof und jeder Abt benötigte seinen Weinberg für den Meßwein. So wurden Ernährungsgewohnheiten nach Norden transportiert.
Am Beispiel des lichtspendenden und wohlschmeckenden Olivenöls, das nur im Mittelmeerraum gewonnen werden konnte, läßt sich eindrucksvoll der Verfall römischer Verhältnisse beobachten. Mit der Auflösung der Handelsbeziehungen infolge der herrschaftlichen Veränderungen im Mittelmeerraum wurde in Gallien das Öl mit der Zeit durch Speck, Fett und Wachs ersetzt. Die Produkte des *saltus*, der wilden Natur, spielten in der Folgezeit eine zunehmende Rolle bei der Ernährung, nachdem die Galloromanen sich vorher mit Abscheu von der mit Butter und Zwiebeln gekochten Fleischnahrung der Germanen distanziert hatten. Der **Verfall der provinzialrömischen Verhältnisse** war seit dem 6. Jahrhundert unaufhaltsam. „Unmerklich entvölkerten sich die Zonen des *ager* im Flachland und gingen in Verwahrlosung über“, und der „Rückgriff auf Dorfformen und Kultursysteme, die nicht auf dem *ager,* sondern vorher schon aufgrund der Lebensbedingungen im *saltus* und im Zuge einer weitergehenden Nutzung der wilden Natur entstanden waren, also eine ähnliche Entwicklung aufwiesen wie die Germanen, ist ein weiterer Beweis für die Dekadenz Roms“ (G. Duby).
In den romfreien germanischen Regionen gab es nämlich keine prinzipielle Trennung von *ager* und *saltus*. So wie die Menschen in Waldlichtungen lebten, nutzten sie die Inseln um ihre Dörfer herum für Getreide- und Obstanbau. Weiteres Ackerland trotzten sie dem Wald ab. Felder, deren Fruchtbarkeit erschöpft war, blieben mehrere Jahre brach und wurden als Viehweiden benutzt. Auf neuen oder wieder genutzten Ackerfluren wurden Zeichen aufgestellt, die das Betreten verboten. Die Felder wurden eingezäunt, um das bestellte Land vor Wildschäden zu

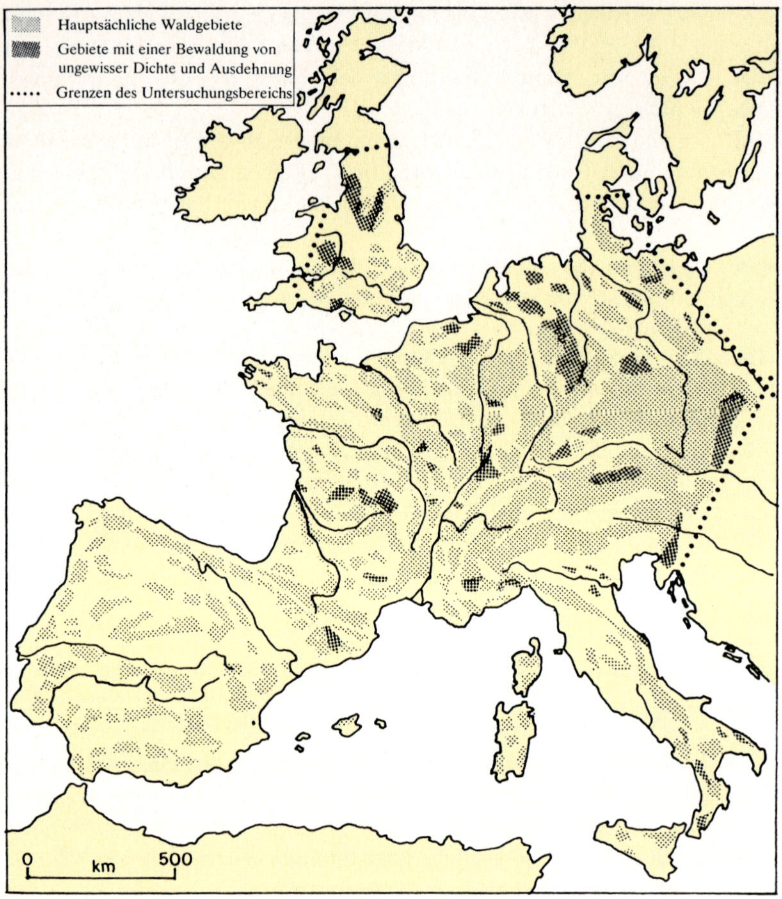

Abb. 18a Waldgebiete im frühen Mittelalter
(G. Duby, Krieger und Bauern. Frankfurt/M. 1977, S. 14)

bewahren. Außerhalb dieser Begrenzungen dehnte sich ein umfangreiches Gebiet aus, das von der gesamten Dorfbevölkerung gemeinsam genutzt wurde. „Dort weideten vom Frühling bis zum Herbst die Viehherden, dort wurden Tiere gejagt, Beeren gelesen und Holz für den Bau der Häuser, für Zäune, Werkzeug und Hausbrand gesammelt. Durch die vielfältige Nutzung war der Wald dieser Zone beansprucht; in etwas weiterer Entfernung dagegen konnte er sich ungestört entwickeln und bedeckte riesige Flächen“ (G. Duby).

Getreideanbau war also keine römische Errungenschaft, allerdings war der Anteil des Getreides an der Ernährung in den germanischen Regionen weitaus geringer als in den romanisierten. Den größten Teil der Nahrung mußte man dem Wald (Viehhaltung, Jagd, Beeren) und dem Wasser (Fisch) entnehmen. Die Strukturen der frühmittelalterlichen Landschaft Europas entsprachen somit einem Produktionssystem, in dem überwiegend Viehzucht und in geringerem Maße Ackerbau betrieben wurde.

Dieses Produktionssystem wurde von der romanisch-germanisch gemischten Oberschicht ausgenutzt, indem sie für ihren eigenen Bedarf die Bauern zwang, den für alle primitiven Wirtschaftsformen kennzeichnenden Überfluß an Freiheit einzuschränken, noch hartnäckiger gegen die Natur zu kämpfen und trotz ihrer völligen Mittellosigkeit einen zusätzlichen Wert für das Haus des Herrn zu produzieren; „genau das war die wichtigste Triebfeder des Wachstums“ (G. Duby).

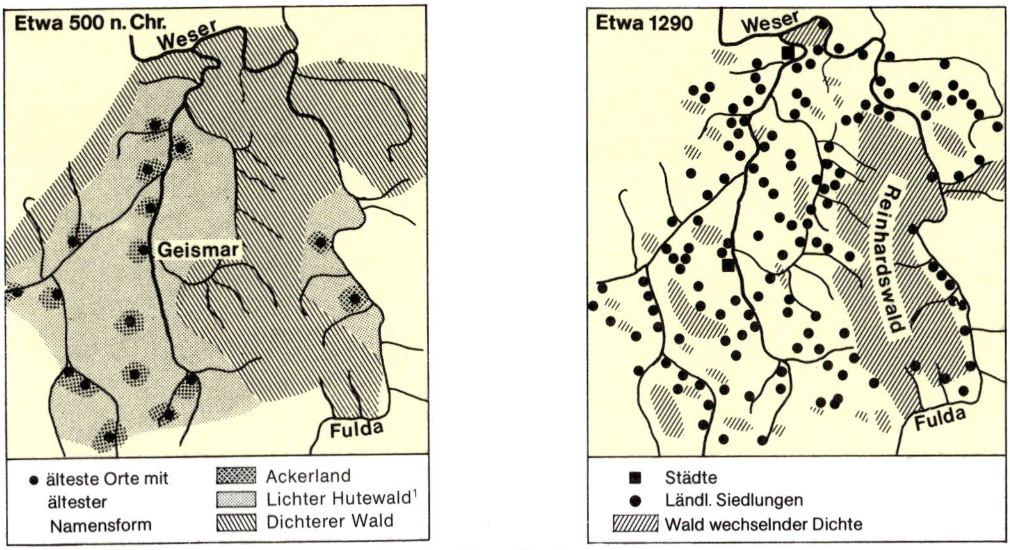

Abb. 18b Wandlungen im Siedlungsgebiet der Diemellandschaft

1 Wald, der zur Weidenutzung freigegeben war

(Nach: H. Jäger, Die Entwicklung der Kulturlandschaft im Kreis Hofgeismar. In: Göttinger geographische Abhandlungen 8, 1951)

Druck als Triebfeder des Wachstums setzte **differenzierte Abhängigkeiten** der ländlichen Bevölkerung von ihren Herren voraus. Vielleicht ist es auch hier ein Zusammentreffen und Vermischen provinzialrömischer und germanischer Besonderheiten, die es den Herren ermöglichten, diesen Druck auszuüben.

Seit dem 3. Jahrhundert bildeten sich in der gallischen Provinz infolge einer reichsweiten Wirtschaftskrise große selbständige Güter in Privat- oder Staatshand heraus, welche die alte Einheit von Stadt und Land, die für die *civitas*-Ordnung kennzeichnend war, sprengten und dem Land gegenüber dem städtischen Kern ein Übergewicht verliehen. Die Politik des römischen Staates zur Erhaltung der Wirtschaftskraft wurde in der sich zuspitzenden Krise immer mehr von Zwangsmaßnahmen bestimmt. Um die landwirtschaftliche Produktion zu sichern, hinderte man einerseits freie Bauern (*colones*) an der Flucht, indem man sie vom Boden abhängig machte und ihr Land in den Großgrundbesitz einverleibte. Andererseits stattete man Sklaven mit einem Stück Land aus dem Großbesitz aus und zwang sie damit zu bäuerlicher Tätigkeit. Auf diese Weise entstand eine bodenabhängige Bauernschicht, über die die Eigentümer und Verwalter der Güter kraft Herreneigentum an Boden mit Polizeigewalt und Gerichtsbarkeit gebieten konnten.

Die Abhängigkeiten in der romfreien Germania waren andere. Neben weit verbreitetem Kleineigentum gab es hier ausgedehnte patriarchalische Sklaverei und Herrschaft über Personen, die in einem Schutzverhältnis standen, Gefolgschafts- und Klientelbeziehungen. Es fehlten aber im Unterschied zu den provinzialrömischen Verhältnissen große herrschaftliche Produktionsverbände und eine herrschaftliche Arbeitsorganisation, die vorwiegend auf dem Herreneigentum an Boden gründete. Die germanischen Abhängigkeitsverhältnisse waren primär durch das Herreneigentum an Menschen bestimmt. Beide Strukturen trafen im Frankenreich aufeinander und durchdrangen sich zu einem Abhängigkeitskomplex, so daß die Herren sowohl durch dingliche Abhängigkeit als auch durch personale die bäuerliche Bevölkerung „in den Griff" bekommen konnten. Damit konnten sie das oben genannte Instrument schmieden, das ihnen gestattete, die Bauern zu intensiverer Produktion für ihren eigenen Bedarf zu veranlassen.

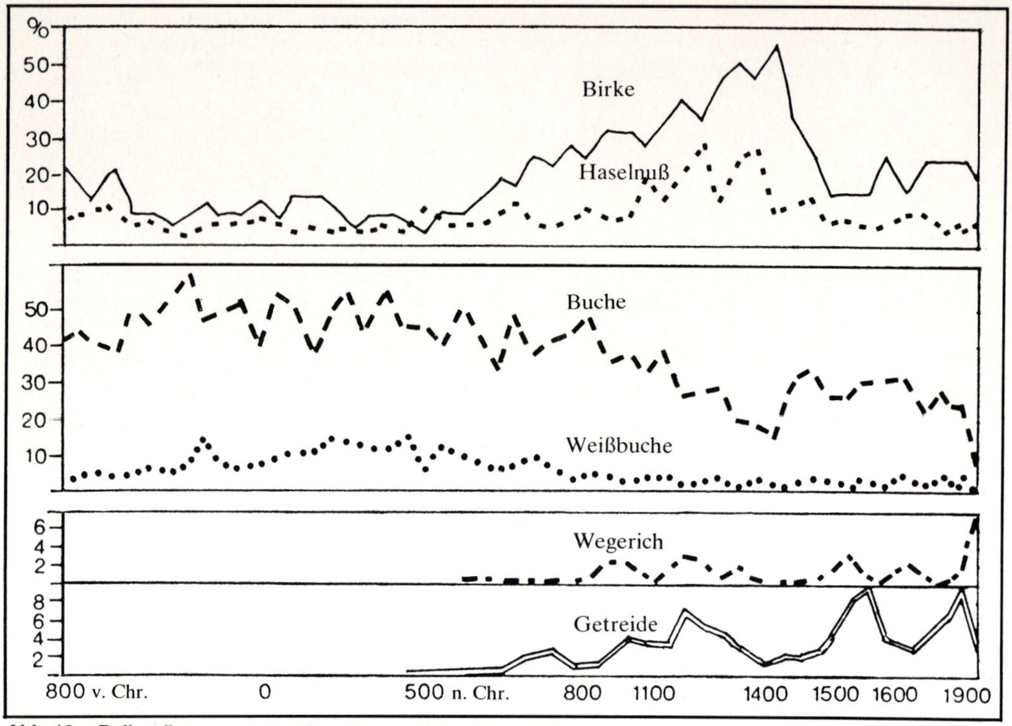

Abb. 18c Pollendiagramm aus dem Roten Moor in der Rhön
Die Prozentzahlen geben die Häufigkeit bestimmter Pollen bezogen auf die Summe vorgefundener, vergleichbarer Pollen (z. B. Baumpollen) wieder.
(G. Duby, Krieger und Bauern, a.a.O., S. 17)

Bei der Suche nach weiteren Triebkräften des Wachstums stößt man auf die Erscheinung des **Landesausbaus.** Er war zunächst einmal Innenausbau schon vorhandener Siedlungen, dann aber auch Neurodung größeren Ausmaßes, für die die Wandlungen im Siedlungsgebiet der Diemellandschaft im heutigen Nordhessen um Hofgeismar und den Reinhardswald zeugen (s. Abb. 18b). Da ein derartiger Ausbau ohne herrschaftliche Arbeitsorganisation kaum möglich gewesen sein kann, liegt es nahe, eine Beziehung zum Faktor „Druck auf die Bauern" herzustellen. Beide Faktoren sollten aber auch im Zusammenhang mit der ersten Welle des europäischen **Bevölkerungswachstums** zwischen dem 7. und 11. Jahrhundert (zweite Welle: 11. bis 14. Jahrhundert) gesehen werden: in Frankreich und in den Niederlanden wuchs die Bevölkerung von 3 auf 6 Millionen, in England von 0,5 auf 2 Millionen, in Deutschland und Skandinavien von 2 auf 4, in West- und Mitteleuropa insgesamt von 5,5 auf 12 Millionen. Diese erste Welle des Bevölkerungswachstums wird oft übersehen.
Aber noch ein vierter, oft unterschätzter Faktor verdient Beachtung: neue Klimaforschung und Gletscheruntersuchungen sowie Pollenanalysen (s. Abb. 18c) lassen vorsichtige Aussagen darüber zu, daß zwischen dem 8. und 12. Jahrhundert nördlich der Alpen eine **Klimaverbesserung** mit 1 Grad Celsius höherer Durchschnittstemperatur und trockeneren Sommern den Getreideanbau gefördert und vielleicht auch zum Rückgang von Kindersterblichkeit beigetragen hat.

Ohne sich voreilig auf den ersten Verursacher festzulegen, sollte man die Faktoren 1) herrschaftlicher Druck auf die Bauern, 2) Landesausbau, 3) Bevölkerungswachstum und 4) Verbesserung der ökologischen Bedingungen im Zusammenhang diskutieren, um zu einer vorsichtigen Erklärung für die Tatsache zu gelangen, daß für die zweite Hälfte des 1. Jahrtausends über eine Dynamisierung der Gesellschaft ein zivilisatorischer Aufschwung eingeleitet werden konnte. Gewiß hat die Stabilisierung der Herrschaftsordnung im karolingischen Frankenreich diesem Aufschwung wichtige Impulse vermittelt.

Die frühmittelalterliche Ausformung der **Grundherrschaft** – der Begriff entstammt nicht den Quellen, sondern wurde von der Geschichtswissenschaft geprägt – hatte ihre Wurzeln im Zusammentreffen der im vorigen Abschnitt gekennzeichneten unterschiedlichen germanischen und römischen Strukturen auf der gesellschaftlichen Basisebene. Die genannten großen herrschaftlichen Produktionsverbände bestanden aus umfangreichen Ländereien des gallo-römischen Adels (s. 3.1.1), auf denen noch in römischer Zeit an den Boden gebundene Bauern (Kolonen) saßen. Da die senatorischen Familien im Zuge der fränkischen Landnahme in den Süden Galliens abwanderten, übernahmen die Franken diese großen Produktionsverbände, in denen das Herreneigentum an Boden viel größere Bedeutung hatte als bei den Germanen, denen das Herreneigentum an Menschen vorrangig war. „Diese Abhängigkeitsverhältnisse haus- und leibherrlicher Natur wurden unter dem Einfluß [...] der römischen Großgrundherrschaften zur **Herrschaft über Land und Leute** weiterentwickelt. Es handelt sich also in der Karolingerzeit nicht um eine Neuentstehung grundherrlicher Verhältnisse, sondern um die Ausweitung, d. h. vor allem um die räumliche Vergrößerung des Besitzes, um die Vermehrung der Hörigen – bei stark weidewirtschaftlicher Nutzung waren weniger Hörige erforderlich als auf den vergetreideten arbeitsintensiven Gütern –, um die Rationalisierung der Grundherrschaft.“ (E. Ennen/W. Janssen)

Das fränkische Reichsgebiet war also nicht von Anfang an grundherrschaftlich organisiert. In den östlichen Teilen überwog noch lange das mittlere oder kleinere Eigentum adeliger und freier Herren. Das Muster des großen herrschaftlichen Produktionsverbandes lockte jedoch zur Nachahmung, und so ging der Trend der Entwicklung vom 5. bis 11. Jahrhundert dahin, derartige Großverbände zu schaffen. Dabei waren diejenigen Kräfte im Vorteil, die schon über Großgrundbesitz verfügten und somit Sog ausüben konnten. Dieser Sog konnte sich unterschiedlich äußern. Ihm kam jedoch ein in der sich verchristlichenden Gesellschaft zunehmend wirksamer Faktor entgegen, von dem die geistlichen Institutionen wie Bistümer und Klöster besonders profitierten: die Schenkungen von Land und Leuten aus religiösen Motiven.

Betrachtet man dieses Phänomen, so sollte man nicht übersehen, daß nicht nur Personen, die schon über Großgrundbesitz verfügten, Teile ihrer Güter verschenkten, sondern daß auch die kleinen Leute freiwillig ihr Land preisgaben. Auch aus vielen Kleinschenkungen wurde auf diesem Wege Großgrundbesitz. Auf die Frage, wie derartiger Großgrundbesitz in Streulage in einem Land mit nur geringen Verkehrsmitteln verwaltbar war, gibt das Beispiel der Grundherrschaft des Klosters Prüm Antworten und gewährt zugleich Einblick in die Lebens- und Arbeitsverhältnisse der abhängigen Landbevölkerung (s. Materialteil 4.).

Die gesellschaftliche Dynamik, deren Bedingungen oben gezeigt wurden, beschleunigte sich im 11. Jahrhundert und führte zu Entwicklungen, die abschließend in Form zweier Übersichten angedeutet werden sollen.

Während die Übersicht Abb. 19 die Bereiche erfaßt, auf die sich der Wandel auswirkte bzw. die er hervorbrachte, bezieht sich Abb. 20 auf den gesellschaftlichen Aufbruch aus der allumfassenden frühmittelalterlichen *familia* als der Gesamtheit der von einem geistlichen oder weltlichen Herrn abhängigen Eigenleute. Der Entwicklung neuer Stände aus der *familia* heraus ging eine ausgeprägte Differenzierung innerhalb der *familia* voraus. Ein Kennzeichen dieses Vorgangs war die Ausbildung von Sonderrechten für einzelne Gruppen innerhalb der *familia*. So schied sich

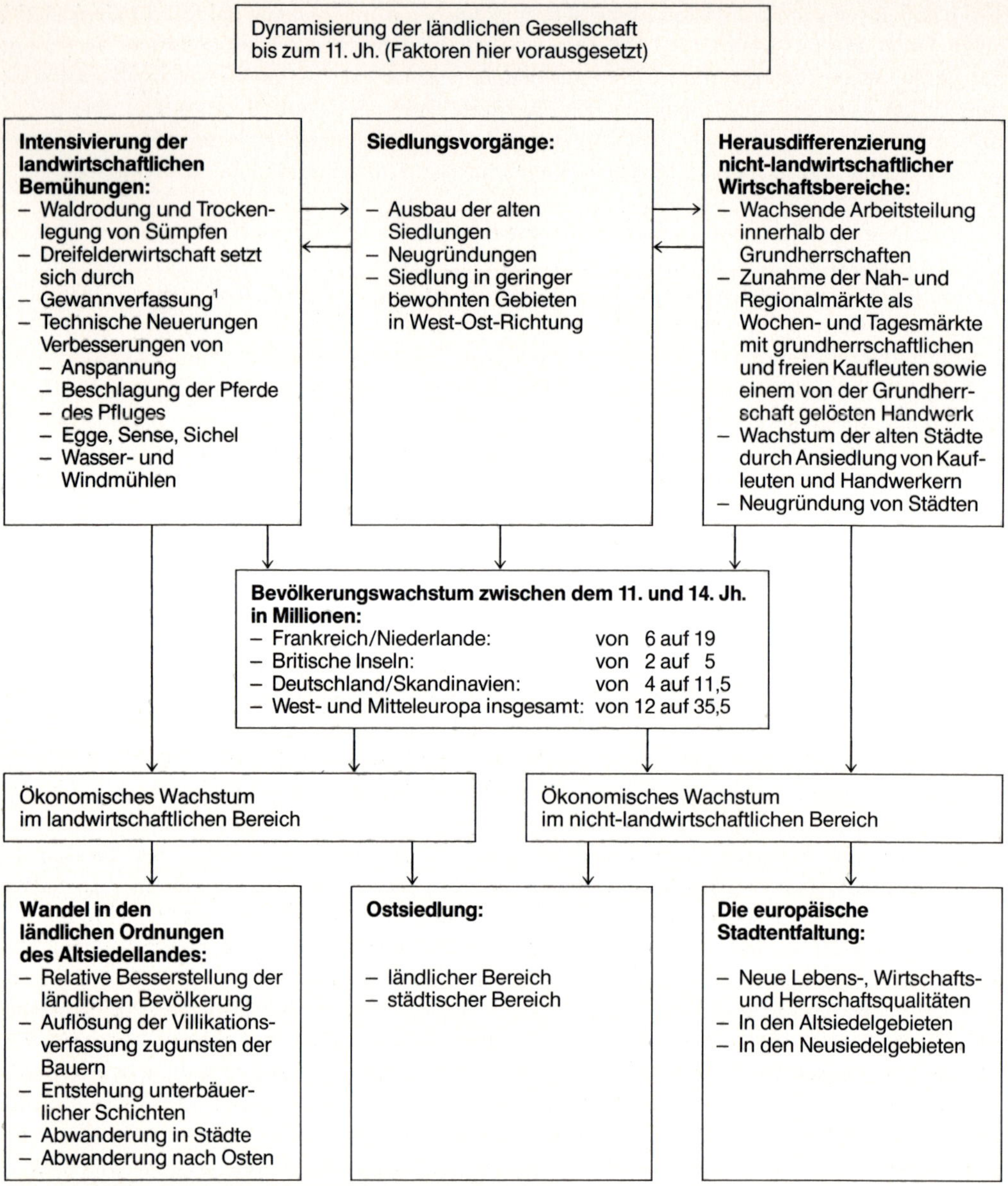

Abb. 19 Richtungen des Wandels seit dem 11. Jahrhundert

1 Gewannverfassung = Einteilung der Gesamtheit der Felder eines Dorfes in drei Großfelder (Gewanne). Jeder Hufeninhaber hatte einen Anteil in Streifenform an jedem Feld. Organisationsform der Dreifelderwirtschaft.

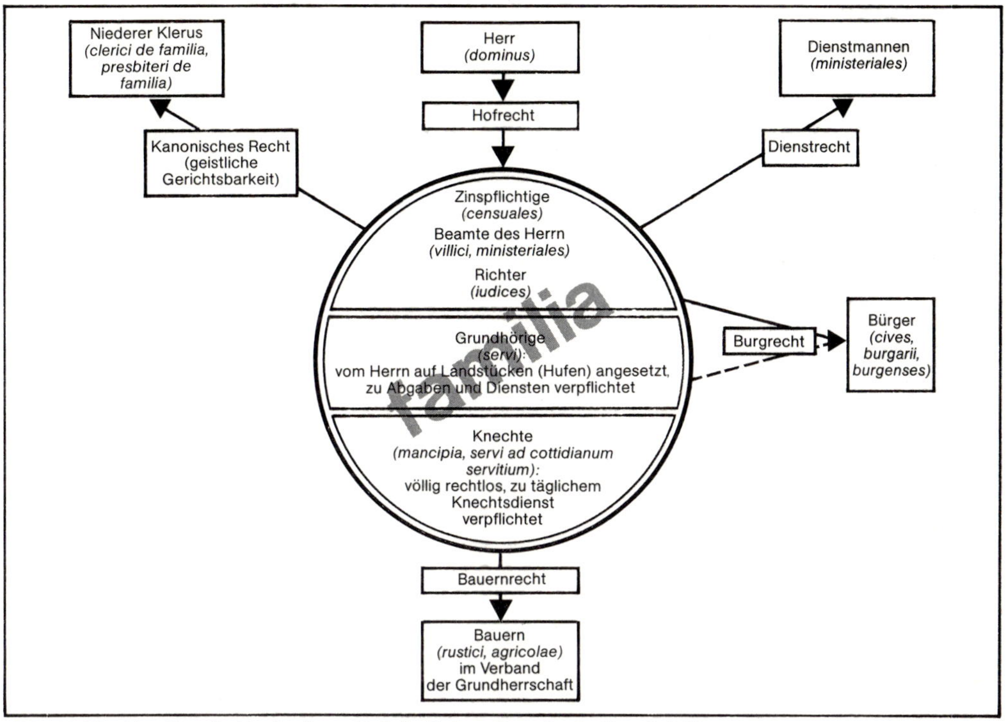

Abb. 20 Die Familia als Basis der mittelalterlichen Gesellschaftsentwicklung
(Mit freundlicher Genehmigung von H. Dopsch, angefertigt nach: Ders., Freiheit und Unfreiheit. Zur Dynamik der mittelalterlichen Gesellschaftsentwicklung. In: C. A. Lückerath/U. Uffelmann, Hrsg., Geschichte des Mittelalters, a.a.O., S. 23ff.)

von der großen Masse der Hörigen die Oberschicht der Zinspflichtigen, die nur einen jährlichen Geldzins an den Herrn bezahlen mußten. Für die Unterschicht der *familia* galt das besonders ungünstige Recht der Knechtschaft. Diese Entstehung unterschiedlicher Rechtsverhältnisse war der wesentliche Ansatzpunkt für das Herauswachsen bestimmter sozialer Gruppen aus dem gemeinsamen Personenverband. Die wehrfähigen Ministerialen (unfreie Dienstmannen, die den „Herrschaften" ritterliche Dienste leisteten und dafür ein „Dienstlehen" erhielten, das schließlich erblich wurde) wurden durch ihr Dienstrecht, die Bürger durch das Burgrecht aus der *familia* herausgehoben. Die bäuerliche Landbevölkerung, für die das alte Hofrecht in Form der Stiftsrechte weitgehend bestehen blieb, schaffte als einzige den Sprung aus dem alten Verband der *familia* nur teilweise oder gar nicht. Sie blieb in eine gegenüber der älteren Grundherrschaft zwar veränderte, jetzt rein agrarisch strukturierte grundherrschaftliche Ordnung einbezogen und bildete den im engeren Sinn Landwirtschaft betreibenden Bauernstand (s. Abb. 20).

1. Probleme der mittelalterlichen Herrschaftsordnung

M 1 Die Entstehung des bayerischen Herzogtums

Die Gliederung der rechtsrheinischen Teile des Frankenreiches in der Merowingerzeit ist nur in Umrissen erkennbar. Das bayerische Herzogtum, das für die folgenden Überlegungen wichtig wird, ist auf besondere Weise entstanden. Anders als die Alamannen sind die Bayern nicht als Erobervolk in die Raetia II und die benachbarten Gebiete Noricums eingerückt (s. 2.2.3, Abb. 10), sondern dort erst aus einer Vielzahl kleinerer Verbände zusammengewachsen. Die Besiedlung dieses Raumes begann schon Ende des 4. Jahrhunderts, zog sich aber bis Mitte des 6. Jahrhunderts hin. Die Volksbildung erfolgte unter der Herrschaft eines von König Theudebert I. ernannten Herzogs *(dux)*. Die Herkunft der Herzöge aus dem Haus der Agilolfinger ist wahrscheinlich fränkisch. Welchen Nutzen hatten die Merowinger von diesem neuen Herzogtum? Vermutlich war die Heerfolge, deren Bedeutung in den Quellen wiederholt aufscheint, entscheidend. Eine feste Eingliederung des Herzogtums über eine militärische Statthalterschaft hinaus ist nicht erkennbar. So war es möglich, daß sich das bayerische Herzogtum sehr selbständig entwickeln konnte. Wie ein Fürst mit entsprechendem Selbstverständnis und nicht wie ein fränkischer Amtsträger herrschte Herzog Tassilo III. seit den 50er Jahren des 8. Jahrhunderts in Bayern.
Nachdem die Karolinger die fränkische Königsmacht für sich gewonnen hatten, versuchte König Pippin 757, Tassilo und damit das bayerische Herzogtum wieder stärker an das Reich zu binden. Das Mittel dazu war das Lehnrecht, das jetzt auf dieser Ebene zum ersten Mal offiziell angewendet wurde (d. V.).

M 3 Aufstand gegen den fränkischen Lehnsherrn

a) Herzog Tassilo III. wird Vasall König Pippins 757

Und König Pippin hielt seinen Reichstag in Compiègne mit den Franken, dorthin kam der Herzog der Baiern, Tassilo, und wurde Pippins Vasall, indem er seine Hände in die des Königs legte. Daraufhin schwur er viele Eide ohne Zahl [...] und gelobte Treue dem König Pippin und seinen [...] Söhnen Karl (der Große) und Karlmann, als Vasall aufrecht und ergeben nach dem Recht, wie ein Vasall gegen seinen Herrn sein soll.

b) Herzog Tassilo verläßt Pippins Heer 763

König Pippin hielt seinen Reichstag in Nevers ab und machte den vierten Zug gegen Aquitanien. Da schob Herzog Tassilo von Baiern die Eide und Versprechungen, die er gemacht hatte, alle bei Seite und entfernte sich böswillig; alles, was sein Oheim König Pippin ihm Gutes getan hatte, setzte er beiseite. Indem er sich arglistig entfernte, zog er nach Baiern und wollte nie mehr den genannten König von Angesicht sehen.

c) Tassilo vor König Karl in Worms, 781

Und dann wurden zwei Boten von dem obengenannten Papst, nämlich die Bischöfe Formonsus und Damasus, an den Herzog Tassilo abgeschickt zusammen mit Boten des Königs Karl (es waren der Diacon Riculf und der Obermundschenk Eberhard), um ihn zu warnen und zu beschwören, er solle seiner alten Eide gedenken und nicht anders handeln, als wie er schon lange eidlich versprochen hatte gegenüber dem König Pippin und dem großen König Karl und den Franken. Und da willigte der Baiernherzog Tassilo ein, vom König Karl Geiseln anzunehmen und daraufhin vor sein Angesicht zu kommen. Das

M 2 Der Tassilo-Kelch aus dem Kloster Kremsmünster
Die Inschrift auf dem Fuß des Kelchs lautet: „Der tapfere Herzog Tassilo – Liutpirc aus königlichem Geschlecht." *Tassilo war mit Liutberga (Liutpirc), der Tochter des von Karl d. Gr. besiegten Langobardenkönigs Desiderius, verheiratet. Der Kelch war ein Geschenk Tassilos und Liutbergas an das von ihnen gegründete Benediktinerstift Kremsmünster.*

lehnte auch der vorgenannte König nicht ab. Und es erschien der vorgenannte Herzog vor dem frommen König in der Stadt Worms. Dort erneuerte er seine Eide und stellte zwölf auserlesene Geiseln, dafür daß er alles halten wolle, was er dem genannten König Pippin eidlich versprochen hatte, gegenüber dem König Karl und seinen Getreuen. Und diese Geiseln wurden auch auf dem Hofgut Quierzy entgegengenommen aus der Hand des Bischofs Sinbert. Aber der genannte Herzog Tassilo hielt nicht lange die Versprechungen, die er gemacht hatte.

d) Der Konflikt zwischen König und Tassilo spitzt sich zu, 787

Dorthin kamen Boten des Herzogs Tassilo, Bischof Arn und Abt Hunrich, und sie baten den Papst, den Frieden zwischen König Karl und Herzog Tassilo herbeizuführen. Darum setzte sich der Papst sehr ein mit Forderungen gegenüber dem genannten König. Und der König selbst gab dem Papst zur Antwort, das habe er gewollt und lange Zeit hindurch zu erreichen gesucht, und er konnte es keineswegs erreichen. Und er schlug vor, das sofort zu machen. Und es wollte der genannte König in Gegenwart des Papstes mit diesen Boten den Frieden abmachen, aber die genannten Boten lehnten ab, weil sie von sich aus nicht wagten eine Zusicherung zu geben. Der Papst aber verhängte, sofort nachdem er ihre Unzuverlässigkeit und Unwahrhaftigkeit erkannt hatte, den Bannfluch über ihren Herzog und seine Genossen, wenn er dem König Pippin und dem König Karl seine Eide nicht halte. Und er beschwor die genannten Boten, dem Tassilo zu bestätigen, daß er nicht anders handeln würde, wenn dieser nicht in allem dem König Karl und seinen Söhnen und dem Frankenvolk gehorsam wäre, damit nicht etwa ein Blutvergießen oder eine Gebietsverletzung erfolge. Und wenn der Herzog in seiner Verstocktheit den Worten des genannten Papstes nicht gehorchen wolle, dann seien König Karl und sein Heer von jeder Gefahr der Sünde frei, und was in seinem Lande geschehe an Brand, Mord oder sonstiger Übeltat, das solle über Tassilo und seine Genossen kommen, und König Karl und die Franken blieben von jeder Schuld hieraus unberührt. Nach dieser Rede wurden die Boten Tassilos entlassen. Nachdem sich dann der Papst und der ruhmreiche König Karl voneinander verabschiedet hatten, kehrte der genannte erhabene König nach Empfang des Segens und nach Vollendung seines Gebets nach Francien zurück.

Und es kam dieser milde König zu seiner Gemahlin, der Königin Fastrada, nach Worms, wo sie sich miteinander freuten und ergötzten und Gottes Erbarmen priesen. Denn der genannte König versammelte einen Reichstag in dieser Stadt und berichtete allen seinen Geistlichen und den übrigen Großen, wie alles auf seinem Zuge vor sich ging. Und als er darauf zu sprechen kam, daß er alles über Tassilo, wie es auch der Fall war, dargelegt habe, da beschloß der König die Absendung von Boten und wies den Tassilo an, alles nach der Weisung des Papstes und wie es gerecht war, zu vollziehen, weil er unter Eid versprochen hatte, in allem treu und gehorsam zu sein dem König Karl und seinen Söhnen und den Franken und sich ihm persönlich zu stellen. Aber dieser weigerte sich und lehnte es ab zu kommen. Da sah König Karl mit den Franken auf sein Recht und begann mit seinem Heer nach Baiern zu ziehen und kam selbst auf das Lechfeld oberhalb der Stadt Augsburg. Und er ließ ein zweites Heer aufstellen, Ostfranken, Thüringer und Sachsen, und sich an der Donau bei Pföring sammeln. Und ein drittes Heer ließ er in Italien aufstellen, daß König Pippin mit seinem Heer bis nach Trient vorrücke, selbst dort bleibe und sein Heer vollzählig weiter nach Bozen schicke. Wie nun Tassilo erkannte, daß er von allen Seiten umschlossen war, und mitansah, wie die Baiern alle dem König Karl mehr treu waren als ihm und das Recht des erwähnten Königs anerkannten und lieber ihm sein Recht zubilligen als sich widersetzen wollten, da kam er, von allen Seiten gezwungen, persönlich und gab sich dem König Karl als Vasall in die Hände und gab das ihm von König Pippin übertragene Herzogtum heraus und gestand, in allem gefehlt und übel getan zu haben. Dann erneuerte er wieder den Eid und stellte zwölf auserlesene Geiseln und seinen Sohn Theodo als dreizehnten. Nach Empfang der Geiseln und des Eides kehrte der genannte ruhmreiche König nach Francien zurück.

e) Der König setzt sich gegenüber Tassilo durch, 788

Da versammelte König Karl einen Reichstag auf dem genannten Hofgut Ingelheim, dorthin kam Tassilo auf Weisung des Königs wie auch seine andern Vasallen, und zuverlässige Baiern fingen an zu sagen, Tassilo halte sein Wort nicht, vielmehr erwies er sich nachher als eidbrüchig, nachdem er schon unter andern Geiseln auch seinen Sohn gegeben und den Eid geleistet hatte, und zwar auf Betreiben seiner Frau Luitberga. Das konnte auch Tassilo nicht bestreiten, sondern mußte gestehen, daß er nachher Boten zu den Awaren geschickt, die Vasallen des genannten Königs zu sich entboten und ihnen nach dem Leben getrachtet habe. Wenn seine Leute Treue schworen, forderte er sie auf, eine andere Gesinnung festzuhalten und den Schwur arglistig zu leisten. Ja er bekannte sich sogar zu der Äußerung, auch wenn er zehn Söhne hätte, wollte er sie alle verderben lassen, ehe die Abmachungen gültig bleiben und er zu dem stehe, was er beschworen habe. Nachdem all das gegen ihn erwiesen war, zeigte sich, daß die Franken und Baiern, Langobarden und Sachsen und wer aus allen Ländern auf diesem Reichstag versammelt war, in Erinnerung an seine früheren Übeltaten und wie er bei einem Heereszug den König Pippin verließ, diesen Tassilo zum Tode verurteilten. Während aber alle einstimmig ihm

zuriefen, er solle den todbringenden Richterspruch fällen, erreichte der genannte fromme König Karl voll Erbarmen aus Liebe zu Gott und weil er sein Vetter war, bei diesem Gott und ihm getreuen Männern, daß er nicht sterben mußte. Und auf die Frage des genannten milden Königs, was sein Begehren sei, bat Tassilo darum, sich scheren lassen, in ein Kloster eintreten und seine vielen Sünden bereuen zu dürfen, um seine Seele zu retten. Desgleichen wurde sein Sohn Theodo abgeurteilt, geschoren und ins Kloster gesteckt, und einige Baiern, die in Feindschaft gegen König Karl verharren wollten, wurden verbannt.
(Die Reichsannalen. In: R. Buchner [Hg.], Ausgewählte Quellen zur deutschen Geschichte des Mittelalters V. Darmstadt 1968, S. 16–57)

M 4 Bayern im 9. Jahrhundert

Eine von Karls Biographen Einhard überlieferte Formulierung, die Provinz (*provincia* [!]) Bayern sei damals Grafen zum Regieren übergeben worden, ist so interpretierbar, daß nur eine neue Verwaltungsspitze geschaffen wurde. Grafen als königliche Amtsträger mit militärischer und richterlicher Befugnis gab es schon vor 788, nur waren sie zum größten Teil durch Tassilo ihrem eigentlichen Auftrag entfremdet worden. 788 wurde Karls schwäbischer Verwandter Gerold mit dem Titel eines Präfekten *(praefectus)* Leiter des jetzt als Provinz bezeichneten Herzogtums Bayern. 799 wurde die Präfektur, nachdem die östlichen Marken Bayerns infolge des Siegs über die Awaren erweitert worden waren, noch einmal untergliedert. Allerdings blieb der Markenpräfekt dem Präfekten der Gesamtprovinz, dessen besonderer Amtsbereich nun das altbayerische Gebiet wurde, unterstellt. Als man 821 schließlich die Markenpräfektur wiederum untergliederte, wurde der Präfekt der engeren Ostmark dem des gesamten Markengebietes untergeordnet. Das gut ausgeklügelte hierarchische System der Provinzverwaltung funktionierte bis 876, also fast 100 Jahre lang, d. h. das Königtum konnte allen Bestrebungen einer erneuten Verselbständigung der Präfekten und Grafen entgegenwirken.
Ludwig der Deutsche, der nach dem Tode Ludwigs des Frommen 840 das ostfränkische Reich regierte, dessen territoriale Ausdehnung in den **Reichsteilungen** des 9. Jahrhunderts, beginnend mit dem Vertrag von Verdun 843, festgelegt wurde, hatte die Provinz Bayern fest im Griff. Bereits seit 817 war er bayerischer Unterkönig gewesen. Unter seiner Herrschaft entwickelte sich Bayern zum Kerngebiet des ostfränkischen Reiches, an dessen Muster sich auch die anderen Provinzen dieses Reiches – Franken, Alamannien, Sachsen und Lothringen – orientierten. Mit der Schwächung des ostfränkischen Königtums nach 876 entglitt die Provinzialverwaltung in Bayern – wie in den anderen ostfränkischen Reichsteilen – der königlichen Lenkung. In Bayern wie in den anderen Provinzen kam es zu Machtkämpfen zwischen den Familien der bedeutenden Amtsträger. In Bayern gelang es den Luitpoldingern, sämtliche Präfekturen in ihre Hand zu bekommen. Seit 900 regierte der letzte ostfränkische Karolinger, Ludwig das Kind. Er hatte offensichtlich keinerlei Einfluß darauf, daß bei Luitpolds Tod 907 dessen Sohn Arnulf die alleinige Nachfolge der Präfekturen antrat. Arnulf nannte sich Herzog *(dux)*. (d. V.)

M 5 Graf oder Herzog Arnulf? (Sohn Luitpolds)

Aus einer Urkunde des fränkischen Königs Ludwigs des Kindes für einen bayerischen Empfänger (908):
(König Ludwig das Kind schenkt Bischof Erchanbold von Eichstätt mehrere Ortschaften im Nordgau) „in der Grafschaft Arnulfs“ (5. 2. 908).
Graf Arnulf stellt selber eine Urkunde aus (908):
Im Namen der heiligen Dreieinigkeit, Arnulf, durch göttliche Vorsehung Herzog der Baiern und auch der angrenzenden Gebiete, an alle Bischöfe, Grafen und Ersten dieses Herzogtums [...] (13. 9. 908).
(K. Reindel, Die Bayerischen Luitpoldinger 893–989. München 1953, S. 76 f.)

M 6 Zentralisation und Dezentralisation

a) Der Soziologe N. Elias über Herrschaftsverhältnisse in agrarischen Gesellschaften

Der Kaiser und König konnte nicht allein über das ganze Reich wachen; er schickte seine Vertrauten und Diener ins Land, um an seiner statt nach dem Rechten zu sehen, um für das Einkommen der Abgaben, für die Leistung der geforderten Dienste zu sorgen, und um Widerstand zu bestrafen. Er bezahlte ihre Dienste nicht mit Geld; das fehlte in dieser Phase gewiß nicht ganz, aber es war nur in relativ geringem Umfang vorhanden. Der größte Teil des Bedarfs wurde mehr oder weniger unmittelbar vom Boden, von den Äckern, den Wäldern, den Ställen und durch Verarbeitung in Haus und Hof gedeckt. Auch die Pfalzgrafen, die Herzöge oder wie immer die Beauftragten der Zentralgewalt hießen, sie alle ernährten sich und ihr Gefolge von dem Land, über das sie gesetzt, von den Böden, mit denen sie von der Zentralgewalt belehnt waren. Die Herrschaftsapparatur in dieser Phase der Gesellschaft hatte entsprechend der Wirtschaftsstruktur einen anderen Charakter als in jener Zeit, in der es „Staaten“ im genaueren Sinne des Wortes gab. Die meisten „Beamten“, so ist von dieser Phase gesagt worden, „waren Landwirte, die nur zu bestimmten Fristen und sonst beim Eintreten unvorhergesehener Ereignisse ‚dienstlich‘ zu tun hatten, am ehesten vergleichbar dem Gutsherren, der Polizei- und Gerichtsgewalt hat“. Sie verbanden mit dieser Polizei- und Gerichtsfunktion die militärischen Funktionen; sie waren Krieger, Befehlshaber über ein kriegerisches Gefolge und über alle anderen Bodenbesitzer der Landschaft, die ihnen der König gegeben hatte, im Fall der Bedrohung durch einen äußeren

Feind. Sie vereinten mit einem Wort in ihrer Hand alle Herrschaftsfunktionen.
Aber diese eigentümliche Herrschaftsapparatur – Beispiel für den Stand der Arbeitsteilung und Differenzierung in dieser gesellschaftlichen Phase – führte immer und immer wieder zu ganz bezeichnenden Spannungen, die in der Art ihres Aufbaus begründet lagen. Sie erzeugte bestimmte typische Abläufe, die sich – mit gewissen Modifikationen – ständig wiederholten.
Wem einmal für ein bestimmtes Gebiet von dem Zentralherrn die Herrschaftsfunktionen anvertraut waren, und wer damit tatsächlich über dieses Gebiet als Herr verfügte, der war, um sich und die Seinen zu ernähren und zu schützen, auf den Zentralherrn kaum noch angewiesen, wenigstens solange kein stärkerer Feind von außen oder aus der Nachbarschaft drohte. Daher suchte er oder seine Nachkommen, sobald es irgend ging, sobald die Zentralgewalt das mindeste Zeichen von Schwäche zeigte, sein Herrenrecht, seine Herrschaft über das einmal verliehene Gebiet auch deutlich zu zeigen und seine Unabhängigkeit gegenüber der Zentralgewalt zu demonstrieren.
Über Jahrhunderte hin zeigen sich immer wieder die gleichen Tendenzen und Figuren in dieser Herrschaftsapparatur: Die jeweils vorhandenen Herren über ein Teilgebiet des Zentralherren, die Stammesherzöge oder Stammeshäuptlinge, sind jederzeit der Zentralgewalt gefährlich. Erobernde Fürsten und Könige, stark als Heerführer und Schützer gegen äußere Feinde, suchen zunächst mit Erfolg dieser Gefahr im Innern ihres Herrschaftsgebietes zu begegnen. Sie setzen nach Möglichkeit an Stelle der vorhandenen Stammesfürsten ihre eigenen Vertrauten, Verwandten oder Diener, als Herrschaftsrepräsentanten über die Teilgebiete ihres Reichs. In verhältnismäßig kurzer Zeit, oft schon im Laufe einer Generation, wiederholt sich das Spiel. Die ehemaligen Repräsentanten der Zentralgewalt suchen das Gebiet, über das sie ursprünglich als Delegierte und Diener des Zentralherrn gesetzt waren, nach Möglichkeit der Verfügung des Zentralherrn zu entziehen und darüber zu verfügen, wie über ein erbliches Eigentum und Herrschaftsgebiet ihrer Familie. [...]
Die Belehnten, die Repräsentanten der Zentralgewalt, auf der anderen Seite hielt kein Lehnseid und keine Vasallentreue von dem Kampf um die Selbständigkeit des Gebiets, über das sie verfügten, zurück, wenn sich die wechselseitige Angewiesenheit des Zentralherrn und seiner ehemaligen Delegierten zu deren Gunsten verschoben hatte. Sie, die Territorialherrn oder Stammesfürsten, haben das Land, über das ehemals der König zu ihren Gunsten verfügte, tatsächlich zu eigen. Sie brauchen, von bestimmten Fällen der äußeren Bedrohung abgesehen, den König nicht mehr. Sie entziehen sich seiner Gewalt. Wenn sie ihn brauchen, wenn die Funktion des Königs als Kriegsherr in Erscheinung tritt, wird die Bewegung wieder rückläufig, und das Spiel fängt unter Umständen von neuem an, vorausgesetzt, daß der Zentralherr im Kriege erfolgreich ist. Dann erhält er durch die Kraft und Bedrohung, die von seinem Schwert ausgeht, wieder die tatsächliche Verfügung über die Böden des ganzen Gebiets und kann eine Neuverteilung dieser Böden vornehmen. Das ist eine der stehenden Figuren oder Prozesse im Entwicklungsmechanismus der abendländischen Gesellschaft im frühen Mittelalter und, etwas modifiziert, auch noch gelegentlich in der späteren Zeit.
(N. Elias, Über den Prozeß der Zivilisation II. Bern/München 1969, S. 17–20)

b) Elias über das Verhältnis von Wirtschaft und Herrschaft in agrarischen Gesellschaften

Es ist für das Verständnis des Prozesses der Zivilisation von besonderer Wichtigkeit, daß man von diesen gesellschaftlichen Prozessen, von dem, was „Natural- oder Hauswirtschaft“, „Geldwirtschaft“, „Verflechtung größerer Menschenmengen“, „Änderung der gesellschaftlichen Abhängigkeit des Einzelnen“, „zunehmende Funktionsteilung“ und Ähnliches eigentlich meinen, eine ganz anschauliche Vorstellung hat. Allzu leicht werden diese Begriffe zu Wortfetischen, aus denen jede Anschaulichkeit verschwunden ist und damit im Grunde jede Klarheit. Dies mag – in aller Kürze, die hier unvermeidlich ist – eine gewisse Anschauung von den gesellschaftlichen Verhältnissen geben, auf die der Begriff „Naturalwirtschaft“ hier hinweisen soll. Was er zeigt ist eine ganz spezifische Form, in der die Menschen aneinander gebunden und voneinander abhängig sind. Er bezieht sich auf eine Gesellschaft, in der der Übergang der Güter von dem, der sie aus dem Boden holt, der sie der Natur abgewinnt, zu dem, der sie verbraucht, unmittelbar, nämlich nicht oder nur in ganz geringem Maße durch Zwischenglieder, erfolgt und die Verarbeitung im Hause des Einen oder des Anderen, die gegebenfalls eins sein können. Dieser Weg differenziert sich ganz allmählich. Es schalten sich langsam immer mehr Menschen als Funktionäre der Verarbeitung und Verteilung in den Übergang des Gutes vom ersten Erzeuger zum letzten Verbraucher ein. Wie das geschieht, und vor allem, warum das geschieht, was dieser Verlängerung der Ketten die Antriebe gibt, ist eine Frage für sich. Jedenfalls ist das Geld nichts anderes als ein Instrument, das man braucht und das die Gesellschaft sich schafft, wenn diese Ketten länger werden, wenn Arbeit und Verteilung sich differenzieren, und das unter gewissen Umständen diese Differenzierung zu verstärken neigt. Gebraucht man die Begriffe „Naturalwirtschaft“ und „Geldwirtschaft“, dann sieht es leicht so aus, als bestehe zwischen diesen beiden „Wirtschaftsformen“ ein absoluter Gegensatz, und die Vorstellung von einem solchen Gegensatz hat manche Dispute entfesselt. Im konkreten, gesellschaftlichen Prozeß verlagern und differenzie-

ren sich die Ketten zwischen Erzeugung und Verbrauch sehr allmählich, ganz abgesehen davon, daß in bestimmten Sektoren der abendländischen Gesellschaft eine wirtschaftliche Kommunikation über längere Strecken und damit der Gebrauch des Geldes nie ganz aufhörte. Ganz allmählich vergrößert sich also auch in der abendländischen Gesellschaft der geldwirtschaftliche Sektor, die Differenzierung der gesellschaftlichen Funktionen, die Verflechtung der verschiedenen Gebiete, die Abhängigkeit größerer Menschenmengen voneinander; alles das sind verschiedene Aspekte des gleichen gesellschaftlichen Prozesses. Und nichts anderes als eine Seite dieses Prozesses ist auch die Veränderung der Herrschaftsform und der Herrschaftsapparatur, von der die Rede war. Die Struktur der Zentralorgane korrespondiert dem Aufbau der Funktionsteilung und Verflechtung. Die Stärke der zentrifugalen, auf lokale, politische Autarkie gerichteten Tendenzen in den vorwiegend natural wirtschaftenden Gesellschaften entspricht dem Grad der lokalen, ökonomischen Autarkie.
(Ebenda, S. 34f.)

M 7 Der Stellenwert des Lehnswesens

N. Elias hat die zentralisierenden und dezentralisierenden Kräfte in der mittelalterlichen Herrschaftsapparatur dargestellt. Abgesehen davon, daß er die Rolle und das Selbstverständnis des über Land und Herrschaft ohne königliche Legitimierung verfügenden Adels zu wenig berücksichtigt und einseitig vom starken Erobererkönig ausgeht, der die Herrschaft im Land an von ihm eingesetzte Vertraute, denen er den Boden als Lohn für ihre Dienste überläßt, delegiert, da er das ganze Reich wegen der fehlenden Infrastruktur und geringen wirtschaftlichen Erschließung allein nicht überwachen kann, gelingt es ihm, die charakteristischen Spannungen zwischen Zentralinstanz und regionalen Gewalten in angemessener Abstraktion zu erfassen [...] [Elias' Darstellung] läßt erkennen, daß die Entwicklung des üblicherweise stark thematisierten Lehnswesens in diese Grundstruktur eingebettet ist und als ein Versuch der Zentralgewalt gesehen werden muß, die zentrifugalen Kräfte zu neutralisieren. Die Ausdifferenzierung und Ausbreitung dieses Instrumentariums von der frühen Karolingerzeit bis hin zum staufischen Lösungsversuch der Heerschildordnung, verbunden mit der Erbmonarchie, macht deutlich, daß die ‚Lösung Lehnswesen' den zentrifugalen Kräften selbst immer wieder Nahrung vermittelt. Auf der anderen Seite läßt sich mit Hilfe der verschiedenen Lösungsversuche (Karolingische Lehnsordnung, Ottonisch-Salisches Reichskirchensystem, Staufische Heerschildordnung) der Systemwandel neben der langen Dauer herausarbeiten, da ohne Bedingungsveränderungen neue Lösungsversuche der Zentralgewalt nicht möglich und nicht nötig wären.
Das Lehnswesen ist der spezifisch west- und mitteleuropäische Lösungsversuch, Herrschaft in agrarisch bewirtschafteten und verkehrstechnisch wenig erschlossenen Räumen durchzusetzen und zu bewahren. Auch in Japan haben sich vergleichbare Formen entwickelt. Das Spannungsverhältnis Zentralinstanz – regionale Gewalten aber ist die übergeordnete Größe. Es ist das schlechthinnige Kennzeichen agrarisch geprägter Herrschaftgefüge in großen Räumen.
(d.V. In: Das Mittelalter im Historischen Unterricht. Düsseldorf 1978, S. 54ff.)

Anregungen

1 *Analysieren Sie die Beziehungen zwischen den Königen Pippin und Karl d. Gr. einerseits und Herzog Tassilo III. andererseits, und versuchen Sie, den Konflikt zu erklären (M 1–3)!*

2 *Verbinden Sie die Informationen, die Ihnen M 4 und M 5 geben, mit dem Tassilo-Konflikt und prüfen Sie, ob Ihre Erkenntnisse Verallgemeinerungen zulassen!*

3 *Norbert Elias hat charakteristische Erscheinungsformen im mittelalterlichen Herrschaftssystem zu einer Theorie über Herrschaftsmechanismen in agrarischen Gesellschaften generell verdichtet. Diskutieren Sie die in M 6 dargelegten Beziehungen von herrschaftlichen und wirtschaftlich-gesellschaftlichen Faktoren, und ermitteln Sie mit Hilfe von M 7 den Stellenwert des Lehnswesens innerhalb dieses Beziehungsgefüges!*

2. Schwierigkeiten bei der Verchristlichung einer getauften Gesellschaft

M 8 Bonifatius klagt Aldebert an

Der Angelsachse Winfried, nach 719 Bonifatius genannt, missionierte seit 716 in enger Anlehnung an Rom auf dem Festland, ab 737/38 als „legatus Germaniens".

Am 25. Oktober 745 wurde vor der römischen Konsistorialsynode, die unter Vorsitz von Papst Zacharias im Lateran tagte, ein lateinisches Schreiben des Erzbischofs Bonifatius verlesen. Darin heißt es:
Nachdem Ihr, ehrwürdiger Vater, mir Unwürdigem befohlen habt, an der Kirchenprovinz der Franken, auch auf deren eigenen Wunsch, Konzil und Synode der Priester zu leiten, möchte ich Euch mitteilen, daß ich seitdem viele Beleidigungen und Verfolgungen erlitt, fast durchweg seitens falscher Priester, abtrünniger Presbyter oder Diakone und unzüchtiger Geistlicher. Die größte Last hatte ich aber mit zwei ganz schlimmen und offenkundigen Ketzern, die Gott und dem katholischen Glauben Hohn sprachen. Der eine, der Aldebert heißt, ist Gallier von Herkunft, der andere, der Klemens heißt, Ire von

Herkunft: sie unterscheiden sich in der Art ihres Irrtums, gleichen sich aber in der Schwere ihrer Sünden. Ich beschwöre Eure apostolische Macht: Bemüht Euch, meine Wenigkeit gegen sie zu beschützen und zu unterstützen und durch Eure schriftliche Stellungnahme das Volk der Franken und Gallier zurechtzuweisen. Sie sollen nicht mehr dem Geschwätz der Ketzer und den nichtigen Wundern und Zeichen des Antichrist-Vorläufers folgen, sondern sich zu den kirchenrechtlichen Ordnungen und zum Weg der wahren Lehre bekehren. Und diese zwei Ketzer sollen auf Euer Geheiß in den Kerker geschickt werden, wenn Euch das gerecht erscheint, nachdem ich Euch ihr Leben und ihre Lehre dargelegt habe. [...] Denn ihretwegen leide ich Verfolgungen, Feindseligkeiten und Schmähungen vieler Leute, und die Gemeinde Christi wird in Glauben und rechter Lehre behindert.
Die Leute sagen nämlich, ich hätte ihnen mit Aldebert einen hochheiligen Apostel weggenommen, einen Schutzhelfer, Fürbitter, Wundertäter und Zeichenwirker entzogen. Doch Eure Heiligkeit möge seinen Lebenslauf hören und nach dem Ertrag beurteilen, ob er mit Schafskleidern angetan, aber inwendig ein reißender Wolf war (Matthäus 7, 15) oder nicht. In seinen jungen Jahren behauptete der Schwindler, daß ihm ein Engel des Herrn in Menschengestalt aus Ländern am Ende der Welt Reliquien von wunderbarer und doch ungesicherter Heiligkeit gebracht habe und daß er seitdem von Gott alles habe erreichen können, was er verlangte. Aufgrund dieser Vorspiegelung fand er dann, wie es der Apostel Paulus vorausgesagt hat, ‚Eingang in viele Häuser und fesselte schwache Frauen an sich, die mit Sünden beladen waren und sich von allerlei Gelüsten leiten ließen‘ (2. Timotheus 3, 6); er gewann auch eine Menge Bauern, die sagten, er sei ein Mann von apostolischer Heiligkeit und habe viele Zeichen und Wunder getan.
Dann brachte er unwissende Bischöfe dazu, ihn gegen die Vorschriften des Kirchenrechts ohne Einschränkung zu weihen. Dann verstieg er sich zu solchem Hochmut, daß er sich den Aposteln Christi gleichstellte. Er verschmähte es, eine Kirche zu Ehren eines Apostels oder Märtyrers zu weihen, und fragte, was die Menschen denn mit dem Besuch der heiligen Apostelgräber (in Rom) wollten. Danach weihte oder, um es richtiger zu sagen, beschmutzte er Kapellen zu seinen eigenen Ehren. Er errichtete kleine Kreuze und Kapellen auf Feldern, bei Quellen, oder wo es ihm paßte, und ließ dort öffentliche Andachten feiern, bis die Menge der Leute die anderen Bischöfe verachtete, die alten Kirchen verließ, an solchen Orten Versammlungen feierte und sagte: ‚Die Verdienste des heiligen Aldebert werden uns helfen.‘ Er ließ seine Nägel und Haare verehren und zusammen mit den Reliquien des heiligen Apostelfürsten Petrus umhertragen. Schließlich tat er, was wohl die größte Freveltat und Gotteslästerung war. Wenn nämlich die Leute kamen, sich vor ihm niederwarfen und ihre Sünden beichten wollten, sagte er ihnen: „Ich kenne alle eure Sünden, denn eure Geheimnisse sind mir bekannt. Ihr braucht nicht zu beichten, eure vergangenen Sünden sind euch vergeben. Geht unbesorgt und losgesprochen in Frieden heim!“ In seinem Verhalten, Auftreten und Lebenswandel ahmte er alles das nach, was das heilige Evangelium als Taten von Schwindlern bezeugt.
(A. Borst, Lebensformen im Mittelalter. Berlin 1973, S. 513f.)

M 9 Karlmann über die Beschlüsse des Concilium Germanicum, 742/43

Karlmann, Sohn Karl Martells und fränkischer Hausmeier 741–747, führte mit Bonifatius seit 741 Kirchenreformen durch.

Im Namen unseres Herrn Jesus Christus. Ich Karlmann, Herzog und Fürst der Franken, habe im Jahre 742 nach der Fleischwerdung Christi am 21. April unter dem Beirat der Knechte Gottes und meiner Großen die Bischöfe meines Reiches mit ihren Priestern in der Furcht Christi zu einem Konzil und einer Synode versammelt, und zwar den Erzbischof Bonifatius und Burghard, Reginfred, Winta, Willibald, Dadanus und Edda mit ihren Priestern, um mit mir zu beratschlagen, wie das Gesetz Gottes und die kirchliche Ordnung, die unter den früheren Fürsten sich aufgelöst hat und zusammengebrochen ist, wiederhergestellt werden soll und wie das christliche Volk zum Seelenheil gelangen kann, statt von falschen Priestern verführt zugrunde zu gehen.
(I a) Und wir haben nach dem Rat der Priester und meiner Großen in den Städten Bischöfe eingesetzt und über sie als Erzbischof den Bonifatius bestellt, den Abgesandten des heiligen Petrus.
(b) Wir haben beschlossen, jährlich eine Synode zu versammeln, damit in unserem Beisein die Konzilsbeschlüsse und Rechtsordnungen der Kirche erneuert und die Ordnung in der Christenheit verbessert wird.
(c) Und das entzogene Vermögen der Kirchen haben wir den Kirchen wiederzugestellt und zurückgegeben.
(d) Falschen Priestern und ehebrecherischen oder unzüchtigen Diakonen und Klerikern haben wir ihre kirchlichen Pfründen entzogen, sie abgesetzt und zur Buße genötigt.
(II a) Allen Dienern Gottes haben wir es durchaus untersagt, Waffen zu tragen, zu kämpfen, ins Feld und gegen den Feind zu ziehen, ausgenommen diejenigen, die wegen des Gottesdienstes, d. h. wegen der Feier des Meßopfers und wegen der Mitnahme der Reliquien der Heiligen, hierzu ausersehen sind: d. h. der Fürst soll einen oder zwei Bischöfe und die Priester der fürstlichen Kapelle bei sich haben, und jeder

Befehlshaber einen Priester, der denen, die ihre Sünden bekennen, ihr Urteil sprechen und die Buße auferlegen soll.
(b) Wir haben auch allen Dienern Gottes das Jagen und Herumstreifen in den Wäldern mit Hunden untersagt, ebenso das Halten von Habichten und Falken.
(III) Wir haben auch gemäß den Satzungen der heiligen Apostel verordnet, daß jeder Priester innerhalb seines Bezirks dem Bischof, in dessen Bezirk er ansässig ist, untergeordnet sein soll. Und immer in der Fastenzeit soll er dem Bischof einen Rechenschaftsbericht über seine Amtsführung vorlegen, über die Taufen, die katholische Glaubenslehre und die Gebets- und Meßordnung. Und jedesmal wenn der Bischof nach kanonischem Recht seinen Bezirk bereist, um dem Volk die Firmung zu spenden, soll er stets bereit sein, mit Beisteuer und Hilfe des Volkes, das gefirmt werden soll, den Bischof aufzunehmen. Und am Gründonnerstag soll er immer bei seinem Bischof neues Salböl holen, um vor dem Bischof die Reinheit seiner Lebensführung, seinen Glauben und seine Lehre zu bezeugen.
(IV) Wir haben bestimmt, daß gemäß der Warnung in den kirchlichen Satzungen wir keine aus der Fremde, gleichgültig woher, gekommenen Priester und Bischöfe vor der Billigung durch die Synode zum Kirchendienst zulassen.
(V) Wir haben beschlossen entsprechend den Satzungen, daß jeder Bischof in seinem Bezirk unter Mitwirkung des Grafen, der der Beschützer der Kirche ist, dafür zu sorgen hat, daß das Volk Gottes nichts Heidnisches treibe, sondern allen Unflat des Heidentums ablege und von sich weise, als da sind Totenopfer, Losdeuterei, Zauberei, Amulette, Wahrsagerei, Beschwörungen, Schlachtopfer, die von törichten Menschen nach heidnischem Brauch neben den Kirchen im Namen der heiligen Märtyrer und Bekenner vorgenommen werden, womit sie den Zorn Gottes und seiner Heiligen herausfordern, oder jene gotteslästerlichen Feuer, die man Niedfyr nennt, und überhaupt sollen sie jeglichen heidnischen Brauch, welcher Art er auch sei, gewissenhaft unterbinden.
(VI) Wir haben ebenso beschlossen, daß nach dieser Synode, die am 11. Tag vor den Kalenden des Mai abgehalten wurde, jeder Diener Gottes und jede Magd Christi, die sich der Unzucht schuldig machen, in Kerkerhaft bei Wasser und Brot Buße tun sollen; und wenn es ein geweihter Priester ist, soll er zwei Jahre im Kerker sitzen und zuvor blutig gegeißelt werden, und nachher soll der Bischof dies noch verschärfen. Wenn aber ein Kleriker oder Mönch in diese Sünde fällt, soll er nach dreimaliger Geißelung in den Kerker geführt werden und dort ein volles Jahr büßen. Ebenso sollen auch Nonnen mit Schleier derselben Buße verfallen und kahl geschoren werden.

(VII a) Wir haben auch bestimmt, daß Priester und Diacone nicht kurze Kleider wie Laien, sondern wie die Diener Gottes lange Gewänder tragen. Und daß keiner ein Weib in seinem Hause wohnen lasse.
(b) Und daß Mönche und Gottesmägde in Klöstern nach der Regel des heiligen Benedikt geleitet werden, damit sie ihr eigenes Leben darnach zu richten trachten.
(R. Mokrosch/H. Walz, Mittelalter. Kirchen- und Theologiegeschichte in Quellen Bd. II. Neukirchen-Vluyn 1980, S. 24 f.)

M 10 Aus den Beschlüssen der Aachener Synode zur Klosterreform, 816

Im Jahr nach der Geburt des Herrn Jesus Christus 816, im 3. Jahr der Herrschaft des ruhmreichen Kaisers Ludwig, am 23. 8., haben die Äbte, die im sogenannten Lateranpalast zu Aachen zusammen mit zahlreichen Mönchen versammelt waren, die folgenden Bestimmungen einstimmig beschlossen und als für alle Mönche verbindlich erklärt:
1. Die Äbte sollen, sobald sie in ihre Klöster zurückgekehrt sind, die Benediktsregel Wort für Wort lesen und erklären und sich bemühen, ihren Sinn zu erkennen und ihn mit Gottes Hilfe zusammen mit ihren Mönchen zu erfüllen.
2. Die Mönche sollen, soweit sie es können, die Regel auswendig lernen.
3. Sie sollen das Stundengebet halten, so wie es in der Regel ausgeführt ist. [...]
(Synodi primae Aquisgranensis decreta authentica, 816. Hg. J. Semmler. Siegburg 1963. Nach: F.-J. Jakobi, Klosterkultur des Früh- u. Hochmittelalters. Paderborn 1982, Materialheft, S. 6)

M 11 Aus der Aachener Kanonikerregel[1], 816

117. Über die Verpflichtung, Klöster für die Kanoniker zu errichten

Es ist die Pflicht der Pröpste, den Geist der ihnen Untergebenen beständig durch Lesungen aus der Hl. Schrift zu wappnen, damit nicht der unsichtbare Wolf einen Zugang finde, durch den er in den Schafstall des Herrn eindringen und eines der Schafe reißen kann. Und so wie das zu ihren geistlichen Pflichten gehört, so müssen sie auch die Klöster, in denen der ihnen anvertraute Klerus nach den kirchlichen Vorschriften leben soll, überall mit starken Mauern umgeben, so daß niemand irgendwo Aus- und Eingang findet außer durch die Pforte. Innerhalb der Mauern aber sollen sich Schlafsäle, Speisesäle, Vorratsräume und die übrigen für das Gemeinschaftsleben der Brüder benötigten Räume befinden. Wer es aber ablehnt, sich nach dem, was vorher aufgezählt

1 Kanoniker: Weltliche Priester an Bischofs- und Pfalzkirchen, genannt nach den „canones“, kirchlichen Rechtsbestimmungen, die sich der Disziplin wegen zu einem gemeinschaftlichen Leben verpflichteten.

wurde, entsprechend den gegebenen Möglichkeiten zu richten, der soll als unwürdig und ungeeignet für die übrigen kirchlichen Ämter angesehen werden und so, wie er der Rache des Herrn anheimfällt, entsprechend der Synodalgesetzgebung bestraft werden.
131. Über die Verpflichtung der Kanoniker zum Stundengebet
Die Kanoniker sollen bemüht sein, unter allen Umständen die genannten Gebetsstunden *entsprechend der Benediktinischen Mönchsregeln* auf das sorgfältigste zu beachten und in ihnen den Gottesdienst in Demut und Ehrfurcht abhalten. [...]
145. Aus dem Schlußkapitel
[...] Sie sollen ihre Hoffnung auf Gott richten, ihrem Bischof in allem gemäß der Kanonikerregel gehorchen, ihre Lehrer nicht leichtfertig kritisieren. Schließlich sollen sie sich um die geistlichen Lehren bemühen. Bereitwillig sollen sie sich den Schriftlesungen, dem Singen der Psalmen, Hymnen und Lieder sowie den sonstigen frommen Übungen widmen. Alle sollen im Schlafsaal schlafen, außer wenn jemand krank ist; gemeinsam sollen sie im Speisesaal essen, täglich sollen sie zur Versammlung erscheinen; sofort wenn das Zeichen gegeben wird, sollen alle zur Kirche eilen und gemeinsam das Stundengebet mit religiösem Eifer feiern. [...] Auf jeden Fall sollen sie sich hüten, sich außerhalb des Klosters aufzuhalten, es sei denn ein Vorgesetzter hat es ihnen befohlen, und auch dann nur so lange wie nötig. Im Kloster sollen sie sich nicht dem Müßiggang hingeben, sondern dem Gottesdienst oder nützlicher Arbeit, oder aber den Anordnungen ihrer Lehrer gehorchen. [...]
(Monumenta Germaniae Historica, Concilia 2, 1. Hg. A. Werminghoff. Hannover 1906, S. 398 ff. Nach: F.-J. Jakobi, Klosterkultur... a.a.O., S. 6f.)

M 12 Einleitung zum Gedenkbuch von Remiremont, 820

Im siebenten Jahr der Herrschaft des ruhmreichen Kaisers Ludwig. Wir unwürdigen Dienerinnen Christi im Coenobium des hl. Romaricus und unseres seligen Vaters Amatus haben unter Zustimmung unseres Vaters, des Herrn Theodricus, und unserer Mutter, der gottgeweihten Äbtissin Theothild, festgelegt, täglich eine Messe zu feiern, und zwar für alle Personen beiderlei Geschlechts, die diesen Ort um der Liebe Gottes willen aus ihren Besitztümern als Nonnenkloster ausgestattet haben, die uns bzw. unseren Vorgängerinnen Gebetshilfe für die Lebenden und die Verstorbenen anvertrauten. Deshalb haben wir die Namen derer, die zur Zeit unserer Vorgängerinnen lebten, hier aufgeschrieben. Wir wollen dafür sorgen, daß auch die Namen unserer Zeitgenossen stets in dieses Gedenkbuch eingetragen werden, und mahnen unsere Nachfolgerinnen die gemäß der Regel des hl. Benedikt hier (für das Gottesreich) streiten werden, die Namen ihrer Freunde und Freundinnen ebenfalls hier zu verzeichnen und für alle Vorgenannten täglich die unten aufgeschriebene besondere Messe zu feiern.
[Es folgen die Gebetstexte für eine besondere, den lebenden und verstorbenen Verbrüderten gewidmete Gedenkmesse.]
(Liber Memorialis von Remiremont, Hg. Eduard Hlawitschka, Karl Schmid und Gert Tellenbach. MGH, Libri Memoriales 1, Dublin/Zürich 1970 S. 1 Nach: F.-J. Jakobi, Klosterkultur... a.a.O., S. 28)

M 13 Aus Verbrüderungsverträgen zwischen den Klöstern St. Gallen und Reichenau, 800 und 945

Im Jahr nach der Geburt des Herrn 800, zur Zeit der Herrschaft des erhabenen Kaisers Karl, wurde zwischen dem hiesigen Kloster des hl. Gallus und dem Kloster Reichenau unter den Äbten Werdo und Walto eine Gebetsverbrüderung geschlossen. Die Äbte trafen zusammen mit den Mönchen beider Klöster, die der Verbrüderung zustimmten, folgende Vereinbarung: Immer wenn ein Mönch gestorben ist und das am anderen Ort den dort weilenden Brüdern bekannt wird, sollen noch am selben Tage die Priestermönche drei Messen für ihn lesen und die übrigen einen Psalter und eine Vigil singen. [...] Ebenso sollen am siebten Tag für ihn 30 Psalmen gesungen werden sowie am 30. Tag die Priestermönche eine Messe für ihn lesen und die übrigen Brüder 50 Psalmen für ihn singen. Außerdem wollen wir nach altem Brauch am ersten Tag jeden Monats eine feierliche Vigil für die Toten abhalten, bei der aller Verstorbenen gedacht wird, die zu unserer Gemeinschaft gehören; am selben Tage wird das Totengedenken für den jüngst Verstorbenen gefeiert. [...] Und schließlich wird noch einmal im Jahr, und zwar am 14. November, das Totengedenken gemeinsam für alle Verstorbenen des vergangenen Jahres begangen; an diesem Tage lesen die Priestermönche je drei Messen und die übrigen singen einen Psalter. [...]
(Im Jahre 945 wurde der Vertrag erneuert; die vereinbarten Gebete und liturgischen Handlungen, die bei der Meldung des Todes eines Verbrüderten zu vollziehen waren, wurden erheblich erweitert; darüber hinaus enthielt der Vertrag einen neuen Passus:)
Von jenem Tag an soll eine Lebensmittelration, wie sie einem Mitbruder zusteht, dreißig Tage lang zugunsten seines Seelenheils unverkürzt an die Armen verteilt werden.
(Dasselbe sollte sich in jedem Jahr am Todestage eines Verbrüderten wiederholen.)
(MGH, Libri Confraternitatum. Hg. Paul Piper, Berlin 1884, S. 140f., Nach: F.-J. Jakobi, Klosterkultur... a.a.O., S. 29)

M 14 Paulinus von Aquileia nennt Strafen

Der Patriarch von Aquileia schrieb um 800 an einen Rechtsbrecher, der seine Frau wegen des Verdachtes auf Ehebruch getötet hatte:

Du darfst künftig keinen Wein und kein Bier trinken, außer an Ostern und Weihnachten darfst du auch kein Fleisch essen, du mußt bei Wasser und Brot fasten. Du hast deine Zeit mit Fasten, Nachtwachen, Gebeten und Almosengeben zu verbringen. Es ist dir verboten, jemals Waffen zu tragen oder einen Kampf anzunehmen. Du darfst dich nicht wieder verheiraten, dir keine Konkubine nehmen und keine Unzucht treiben. Künftig wirst du kein Bad mehr nehmen und an keinem Gastmahl mehr teilnehmen. An der Kirche hast du dich, abgesondert von den übrigen Gläubigen, noch außerhalb der Vorhalle aufzuhalten. Empfiehl dich dem Gebet derer, die hinein- und herausgehen. Während deines ganzen Lebens sollst du zur Kommunion gehen, sooft du die Gnade erfährst, einen Priester zu treffen, der sie dir spenden kann. Dies ist die einzige Gunst, die wir dir zugestehen können.

(zit. nach P. Riché: Die Welt der Karolinger. Stuttgart 1981, S. 285)

M 15 Aus einem Bußbuch

Wer die Psalmen nicht auswendig kennt und vor Schwäche unfähig ist, zu fasten, zu wachen, auf den Knien oder in Kreuzesform zu liegen, sich zu Boden zu werfen, der darf sich einen Stellvertreter suchen und ihn dafür bezahlen, die Buße zu erfüllen. Denn es steht geschrieben: Einer soll die Bürde des anderen tragen.

(zit. nach ebd., S. 284)

M 16 Einhard über die Reliquien der Heiligen Marcellinus und Petrus

Der für den dritten Friedhofsbezirk Roms verantwortliche Diakon Deusdona bot Einhard heimlich seine Hilfe an, um die für die Weihe der im Odenwald fertiggestellten Kirche ersehnten Reliquien zu beschaffen. Gemeinsam reisen Deusdona und Einhards Notar Ratleicus nach Rom.

Nach einem dreitägigen Fasten gelangten sie, unbemerkt von den Bürgern Roms, bei Nacht zum (Kirchen-)Gebäude. Sie gingen in die Basilika des hl. Tiburtius hinein; zuerst versuchten sie den Altar zu öffnen, unter dem man den Körper jenes Heiligen vermutete. Aber ihre Bemühungen hatten wenig Erfolg. Denn die aus äußerst widerstandsfähigem Marmor ausgeführte Grabstätte wies leicht die Anstrengung schwacher Hände, die sie öffnen wollten, zurück. Daher ließen sie vom Grab jenes Märtyrers ab und stiegen zum Grab der Heiligen Marcellinus und Petrus hinab, und dort wagten sie, während sie unseren Herrn Jesus Christus anriefen und zu den heiligen Märtyrern beteten, den Stein, der das Grab bedeckte, von seinem Platz zu heben. [Sie sahen den Körper des Heiligen daliegen, und] sie holten diesen von höchster Verehrung gerührt heraus, hüllten ihn in ein reines Leinentuch und gaben es dem Diakon, der es wegtrug und verwahrte. Nachdem sie den Stein an seinen Ort wieder hingerückt hatten, damit sie keine Spuren zurückließen, kehrten sie in die Stadt zu ihren Herbergen zurück.

[Nachdem man sich auf ähnliche Weise noch die Reliquien des hl. Petrus beschafft hatte, reiste Ratleicus nach Francien zurück. In Michelstadt angekommen, zeigen die Heiligen durch mancherlei Zeichen, daß sie mit dem ihnen zugedachten Ort unzufrieden sind. Deshalb wird eine Translation in die würdigere Abtei Seligenstadt beschlossen.]

Hier flehte und küßte jene Menge, die mit uns von der Pfalz aufgebrochen war, die heiligen Reliquien unter vielen Tränen, die der überaus großen Freude entsprangen, und wandte sich dem Nachhauseweg zu. Eine andere Schar von Gläubigen zog uns entgegen und begleitete uns; dabei sangen sie ununterbrochen das Kyrieeleison, bis zu dem Ort, an dem sie auf die gleiche Weise durch eine neue uns entgegenkommende Gruppe ersetzt wurde.

[Seit ihrer Ankunft in Francien reißen die Wunder in der Umgebung der Reliquien des Marcellinus und Petrus nicht ab, z. B.:]

Aber wegen der überaus großen Menge des Volkes, die – indem sie vorwärtsdrängte – alles ausfüllte, konnten wir uns weder der Kirche nähern noch den Heiligenschrein in diese hineintragen. Deshalb stellten wir im benachbarten Feld am nämlichen Ort, einen Altar unter freiem Himmel auf, und nachdem wir den Heiligenschrein beim Altar niedergestellt hatten, hielten wir eine feierliche Messe. Nachdem diese vorbei war und die Menge nach Hause ging, trugen wir auf Befehl der Heiligen ihre Körper in die Kirche. Wir stellten den Schrein in der Nähe des Altars auf und lasen wieder eine Messe; dort war unter den Anwesenden ein Junge im Alter von ungefähr 15 Jahren namens Daniel, aus dem Pagus Porcianus (d. h. aus der Campagne), der hierher mit den anderen Armen heilungssuchend gekommen war und der so bucklig war, daß er nur rücklings liegend den Himmel anschauen konnte. Dieser näherte sich dem Schrein, und plötzlich, wie von jemanden gestoßen, stürzte er zu Boden. Er blieb lange wie schlafend liegen, dann erhob er sich vor unser aller Augen unversehrt, mit geraden Gliedern und gestärkter Lebenskraft. Dies geschah an den 16. Kalenden des Februar.

(Translatio et miracula sanctorum Marcellini et Petri auctore Einhardo. MGH. SS. Bd. 15, 1, S. 238 ff. Die gesamte Translatio in Übersetzung: K. Esselborn, Die Übertragung und Wunder der Heiligen Marzellinus und Petrus von Einhard. Darmstadt 1977)

Anregungen

1 *Analysieren Sie die Vorwürfe des Bonifatius gegen Aldebert (M 8), arbeiten Sie die Beziehungen zwischen ihnen und den Bestimmungen des von Bonifatius inspirierten Concilium Germanicum (M 9) heraus und schreiben Sie eine Verteidigungsrede für Aldebert!*

2 *Untersuchen Sie die Mönche und Priester betreffenden Beschlüsse der Aachener Reichsversammlung von 816 (M 10, M 11), und diskutieren Sie über die Gründe für die Bestimmungen! Informieren Sie sich über Benedikt von Nursia und seine Mönchsregel!*

3 *Erklären Sie den Sinn von Gebetsverbrüderungen, und skizzieren Sie die Folgen für die innerkirchliche Kommunikation (M 12, M 13)!*

4 *M 14, 15 und 16 zeigen, wie die Kirche auf die Bevölkerung einzuwirken versuchte. Finden Sie Gründe für die unterschiedliche Handhabung von Bußvorschriften, und diskutieren Sie über die Funktion von Reliquien!*

3. Kaiser und Papst im Investiturstreit

M 17 Lampert von Hersfeld zu den Reformmaßnahmen des Papstes Gregor, 1075

Lampert, um 1025–1081/85, Mönch in Hersfeld und Geschichtsschreiber, berichtet in seinen „Annales" über die Zeit von 1069–1077.

Der Erzbischof veranstaltete jedoch im Oktober desselben Jahres zu Mainz eine Synode. Unter anderen, die erschienen waren, war der Bischof [Heinrich] von Chur dort anwesend und überbrachte einen Brief und mündliche Aufträge des apostolischen Stuhles, in denen ihm unter Androhung des Verlustes seines Ranges und seines Amtes befohlen wurde, sämtliche Priester seiner Diözese zu zwingen, entweder sofort ihren Ehefrauen zu entsagen oder für immer auf den Altardienst zu verzichten. Als er das aber tun wollte, sprangen die zahlreichen anwesenden Geistlichen auf, protestierten so heftig mit Worten und tobten mit Fäusten und drohenden Gebärden des ganzen Körpers dermaßen gegen ihn, daß er schon die Hoffnung aufgab, heil von der Synode fortzukommen.

(Frhr.-v.-Stein-Gedächtnisausgabe, Bd. XIII. Übersetzt v. A. Schmidt. Darmstadt 1973)

M 18 Petrus Damiani zum Priesterzölibat

Petrus Damiani, 1007–1072, ital. Kardinal und Kirchenlehrer, trat im Klerus für strenge Zucht ein.

Die römische Kirche hält sich auch heutigentags noch an einen Brauch, der sich bei ihr zu einer Art Gesetz entwickelt hat: Man untersucht wohl, wie es rechtens ist, alle erdenklichen Verstöße gegen die Kirchenzucht, nur über die Unzucht der Kleriker hüllt man sich aus Angst vor dem Spotte der Laien sorgsam in tiefes Schweigen. Das muß durchaus anders werden, damit nicht die Leiter der Kirche gerade darüber mit ihrer Verurteilung zurückhalten, worüber das Volk ganz allgemein klagt. Denn bliebe das Übel verborgen, so könnte man vielleicht darüber hinwegsehen; aber – welch ein Greuel! – das Verbrechen kennt keine Scham mehr und zeigt sich so frech, daß man sich im Volke von Mund zu Mund erzählt, wo man Unzucht treibt, wer die Dirne ist, wie Vater, Mutter, Brüder und sonstige Verwandte heißen. Beweise für meine Behauptungen sind die hin- und hereilenden Boten, mutwilliges Geschäker, heimliches Geflüster und schließlich, was jeden Zweifel widerlegt: Schwangerschaft und Kleinkindergeschrei. Man kann nun doch wohl nicht aus Scham auf der Synode totschweigen wollen, was man sich auf der Straße zuruft. Infolgedessen häuft sich nicht nur auf die Sünder Schande, sondern auch auf die, welche hätten einschreiten sollen und nun als Mitschuldige erscheinen. Nun wende ich mich an euch, ihr Klerikerhäschen und Teufelswild, Paradiesauswurf, Verstandesgift und Seelendolch, Wolfswurz im Becher und Pfeilgift in der Schüssel, Sündenanreiz und Anlaß zum Verderben, an euch, Metzenhaus des alten bösen Feindes, Wiedehopfe, Käuzinnen, Nachteulen, Wölfinnen und Blutegel, die ihr ohne Unterlaß rufet: „Geld her, Geld her!" Also her und hört mich, ihr Huren, Lasterweiber, Kußmäuler und Sausulen, ihr Lager unsauberer Geister, ihr Nymphen, Sirenen, Lamien, Dianen und wie sonst die Ungeheuer und Unholde heißen mögen, deren Namen man euch mit Recht an den Kopf wirft! Opfer des Teufels seid ihr und zum ewigen Verderben und zur ewigen Vernichtung bestimmt; denn an euch, an euren maßlosen Gelüsten mästet sich wie an leckeren Bissen Satan, „haust er doch", wie es in der Schrift steht, „im Röhricht und im Schlamme". Ihr seid die Gefäße des Zornes und des Grimmes des Herrn, die aufbewahrt werden für den Tag der Rache. Ihr greulichen Tigerinnen, eure bluttriefenden Mäuler gieren einzig nach Menschenblut. Harpyen seid ihr, die des Herrn Opfer umkreisen und erraffen, und ihr verschlinget grausam die Geweihten des Herrn. Löwinnen seid ihr, die wie wilde Tiere mit emporgesträubten Mähnen leichtsinnige Männer zu ihrem Verderben in blutiger Umarmung an sich zerren. Ihr Sirenen und Charybdisstrudel lasset süß betörenden Gesang erschallen und führt so zu unentrinnbarem Schiffbruch im gefräßigen Meere; wütende Nattern seid ihr, die ihr in unerträglichem Sinnenbrand Christus, das Haupt, von seinem Leibe, den Klerikern, euren Liebhabern, reißt. Wie einstmals die Medianiterinnen durch ihren Stirn- und Brustschmuck die Herzen der Israeliten zum Buhlen verführten, so macht auch ihr durch die Reize ausgesuchten Putzes und eure geschminkten

Larven die unglücklichen Männer dem Dienste am hochheiligen Altare abspenstig, um sie in euren verführerischen Liebesbanden zu ersticken. [J. Bühler] (Petrus Damiani, De coelibatu sacerdotum. Migne, Patrologia series latina 145, S. 379 ff. Nach: W. Lautemann [Hg.], Geschichte in Quellen Bd. 2. München 1975, S. 245 f.)

M 19 Aus der Bibel: Apostelgeschichte 18

Als nun die Apostel in Jerusalem hörten, daß in Samaria eine christliche Gemeinde entstanden sei, sandten sie Petrus und Johannes. Die reisten hinab und beteten für sie, Gott möge auch ihnen den heiligen Geist verleihen, denn keiner von ihnen hatte bisher den heiligen Geist empfangen, sie waren lediglich getauft und so zum Gehorsam gegenüber Jesus Christus verpflichtet worden. Die Apostel legten ihnen also die Hände auf, und sie empfingen den heiligen Geist.
Als nun Simon sah, daß die Apostel den Geist durch Handauflegung weitergeben konnten, brachte er ihnen Geld und bat: Gebt auch mir diese Kraft, den heiligen Geist jedem weiterzugeben, dem ich die Hände auflege! Petrus aber fuhr ihn an: Zur Hölle sollst du fahren mitsamt deinem Geld, wenn du meinst, du könnest Gottes freies Geschenk mit Geld kaufen! Du hast an Christus kein Teil und kannst nicht zu seiner Kirche gehören, denn dein Herz ist nicht lauter in Gottes Augen! Ändere also deine Gesinnung und laß deine niedrigen Gedanken fahren! Bitte Gott, er möge dir deine unsaubere Absicht vergeben! Denn ich sehe, daß die Bosheit tief in dir sitzt und du vom Unrecht nicht loskommst. Simon antwortete: Bittet ihr den Herrn für mich, daß mich die Strafe nicht treffe, von der ihr gesprochen habt! Die beiden Apostel aber kehrten, nachdem sie den christlichen Glauben vor aller Ohren dargestellt und ausgelegt hatten, nach Jerusalem zurück und predigten unterwegs in vielen samaritischen Dörfern.
(Das Neue Testament, übertragen von J. Zink. Stuttgart/Berlin 1965, S. 282 f.)

M 20 Die Kirche zum Erwerb geistlicher Würden gegen Geld

Humbert, Kardinalbischof von Silva Candida seit 1051 und Vertrauter des Papstes Leo IX., stellte die Entscheidungen zusammen.
Canones apostolorum cap. 30.
Wenn ein Bischof oder ein Presbyter oder ein Diakon seine Würde durch Geld erwirbt, dann sollen er und derjenige, der ihn ordiniert hat, ihr Amt verlieren, und wie Simon, der Magier, von Petrus, so sollen sie mit allen Mitteln von der Kommunion ausgeschlossen werden.
Canones apostolorum cap. 31.
Wenn ein Bischof sich weltlicher Macht bedient und von ihr eine Kirche bekommt, so werde er ausgeschlossen mit all denen, die mit ihm Gemeinschaft haben. Wer sich entgegen dieser Bestimmung für einen Preis eine Macht geneigt macht, dann wird sie, sei sie auch (vorher) kirchlich, ohne Zweifel weltlich, und so spricht der heilige Gregor: „Wenn in geistlichen Dingen Platz für Geld ist, dann wird profan, was heilig war.“
(Humbert von Silva Candida, I, cap. 18. MG Libelli de lite I, S. 130 f. Nach: Geschichte in Quellen Bd. II. Hg. W. Lautemann, a.a.O., S. 248)

M 21 Humbert: Die Einsetzung der Geistlichen und die weltliche Macht

Während also die hochwürdigen und allerhöchsten Päpste auf das Diktat des Heiligen Geistes selbst hin vorgeschrieben haben, daß die Wahl des Klerus durch das Urteil des Metropoliten, das Verlangen von Volk und Ständen aber durch die Zustimmung des Fürsten bekräftigt werde, so ist es jetzt zur Umkehr der heiligen Kanones und zur Mißachtung der ganzen christlichen Religion gekommen, und alles geschieht in umgekehrter Reihenfolge. Die ersten sind die letzten, und die letzten sind die ersten. Denn an erster Stelle steht bei der Wahl und Einsetzung die weltliche Gewalt, und ihr folgt, ob willentlich oder nicht willentlich, der Ordo, das Volk und dann der Klerus mit seiner Zustimmung, und dann endlich die Meinung des Metropolitans. Deshalb kann man auf diese Weise gewählte Männer, wie wir oben ausgeführt haben, nicht unter die Bischöfe zählen, weil ihre Einsetzung mit dem Kopfe nach unten hängt. Denn was zuletzt geschehen mußte, geschah zuerst, und getan haben es Leute, die es gar nichts angeht. Denn was geht Laien die Austeilung von kirchlichen Sakramenten an, was kümmert sie die Austeilung der bischöflichen oder der priesterlichen Weihe? Was geht sie der Krummstab und der Ring an, mittels derer in erster Linie die ganze Bischofsweihe durchgeführt, belehnt und gestützt wird? [...] Wer also mit diesen beiden Dingen irgend jemanden weiht, der hat damit ohne Zweifel die ganze Hirtengewalt an sich gebracht. Denn was bleibt dem Klerus, dem Ordo, dem Volke und auch dem Metropoliten nach einer solchen Weihe noch übrig an freier Meinung, wenn ein solcher Vorgesetzter ihnen schon gegeben ist? [...] Was geht es sie noch an, oder welchen Nutzen hätte es, Stab und Ring, die er doch schon trägt, ihm noch einmal zu verleihen? Etwa weil sie von einem Laien dargereicht sind? Aber auch eine von einem Laien vollzogene Taufe soll nicht wiederholt werden. Wenn der Getaufte am Leben bleibt, dann soll sie durch den Priester durch Gebet und Salbung ergänzt werden. Wenn der betreffende Mensch nicht am Leben bleibt, kann er ohne Zweifel ohne diese beiden das himmlische Reich betreten, niemand aber

kann das ohne den Tropfen Taufwassers. Also ist es deutlich, daß alle bischöfliche Gewalt mit Ring und Stab ihnen gegeben ist.
(Humbert von Silva Candida III, cap. 6. MG Libelli de lite I, S. 205. Nach: Geschichte in Quellen Bd. II. a.a.O., S. 249)

M 22 A. Michel: Humbert und die Folgen

Den lautesten, aber auch oft grollenden Widerhall in der Geschichte fand Humberts Wirksamkeit auf kirchen- und staatspolitischem Gebiet. Indem er die Superiorität der Kirche über den Staat verficht, will er eine neue, wahre Ordnung aufstellen, die das germanische Eigenkirchenwesen hinwegfegt.
Kirche und Staat verhalten sich bei ihm wie Seele und Leib, wie Haupt und Glieder, wie Sonne und Mond. Besondere Ehrfurcht gebührt, wie er nach einer alten Vorlage dem byzantinischen Kaiser vor Augen führt, dem römischen Stuhle, dessen ganz besondere Höhenstellung Christus selbst gewollt und der nachfolgende Konsens der gesamten Kirche allezeit gefeiert habe. Die beiden Kaiser des Ostens und des Westens vergleicht der Kardinal mit den beiden Armen des Papstes. Von der gelasianischen Gewaltentheorie fallen bei der Zitierung wichtige Sätze unter den Tisch, so die unmittelbare Bestellung des Herrschers durch Gott. Der Ostkaiser verdankt seine Stellung Konstantin, den Altrom und die römische Kirche so hoch erhoben habe, eine im weiteren Text offensichtliche Anlehnung an die Ordination des Westkaisers durch den Papst. Es ist Sache der Könige, den Geistlichen zu folgen, wie es den Laien zukommt, den Königen nachzugehen. Nur so gedeihen Kirche und Vaterland. Die innerlich hohle weltliche Gewalt erhält ein ganz anderes Gewicht, wenn sie Gottes Stimme hört und der Kirche zu willen ist. Diese Willfährigkeit gegen die Kirche findet ihre Krone in dem Schutzrecht und der Schutzpflicht. Die weltlichen Könige würden als Schützer und Verteidiger der Kirchen Gottes bezeichnet, ein Amt, das ihnen von oben übertragen sei. Als Diener Gottes und seine Rächer trügen sie das Schwert zur Schau. Sie empfangen das Schwert von den Priestern Christi, deshalb werden sie gesalbt, daß sie Kriegsdienste tun für die Verteidigung der Kirche Gottes. Herrscher wie Heinrich III., die der Reform sich dienstbar machen, werden geradezu in den Himmel erhoben. Versagen sich aber die Fürsten der Reform, dann muß das Volk aufgerufen werden, ein Gedanke, der zur Revolutionierung der Massen in der Gregorianischen Reform führen mußte.
(A. Michel: Die folgenschweren Gedanken des Kardinals Humbert und ihr Einfluß auf Gregor VII. Studi Gregoriani 1. Rom 1947, S. 84ff.)

M 23 Die Mehrheit der deutschen Bischöfe an Papst Gregor VII. auf der Synode von Worms am 24. Januar 1076

Erzbischof Siegfried von Mainz, Udo von Trier, Wilhelm von Utrecht, Hermann von Metz, Heinrich von Lüttich, Ricbert von Verdun, Bibo von Toul, Hozmann von Speyer, Burkhard von Halberstadt, Werner von Straßburg, Burkhard von Basel, Otto von Konstanz, Adalbero von Würzburg, Rotbert von Bamberg, Otto von Regensburg, Ellinard von Freising, Udalrich von Eichstätt, Friedrich von Münster, Eilbert von Minden, Ezil von Hildesheim, Benno von Osnabrück, Eppo von Naumburg, Imadus von Paderborn, Tiedo von Brandenburg, Burkhard von Lausanne, Bruno von Verona an ihren Bruder Hildebrand.
Als du zuerst das Steuer der Kirche an dich gerissen hattest, waren wir uns zwar völlig darüber im klaren, welch eines verbotenen und frevelhaften Unterfangens gegen Recht und Gerechtigkeit du dich mit der dir eigenen Anmaßung erfrechtest, doch glaubten wir, stillschweigend über deinen schlimmen Amtsantritt hinwegsehen zu sollen, weil wir hofften, deine Regierung werde durch Rechtlichkeit und Eifer das Verbrechen am Beginn austilgen und einigermaßen vergessen machen. Jetzt aber schreit es der beklagenswerte Zustand der gesamten Kirche laut klagend in alle Winde, daß deinem argen Beginn in unseliger Folgerichtigkeit und Hartnäckigkeit ein weit üblerer Fortgang in deinen Taten und Erlassen entspricht. Denn unser Herr und Erlöser hat seinen Gläubigen Frieden und Nächstenliebe als einzigartigen Stempel aufgedrückt, und dafür gibt es mehr Zeugnisse, als der beschränkte Raum eines Briefes aufnehmen kann. Du aber führst profane Neuerungen ein, du freust dich mehr an einem weit bekannten als an einem guten Namen, du blähst dich auf in unerhörter Überhebung. Als ein wahrer Bannerträger des Schismas hast du alle Glieder der Kirche, die vor dieser deiner Zeit im Sinne der Apostel ein ruhiges und friedvolles Leben führten, mit hochmütiger Grausamkeit und grausamen Hochmut zerrissen und hast die Flamme der Zwietracht, die du in der römischen Kirche durch bittere Parteiung entzündet hast, durch alle Kirchen Italiens, Deutschlands, Frankreichs und Spaniens in deinem rasenden Wahnsinn entfacht. Den Bischöfen hast du, soweit es an dir lag, alle Gewalt genommen, die ihnen doch von Gott durch die Gnade des heiligen Geistes, der doch ganz besonders bei den Ordinationen tätig ist, verliehen ist, dann hast du dem rasenden Pöbel die gesamte Verwaltung der Kirche preisgegeben, so daß für niemanden mehr ein Bischof oder Priester gilt, der nicht in tiefer Entwürdigung durch diese Zustimmung sein Amt von deiner Hoffart wie ein Bettler empfängt. Alle Kraft der apostolischen Institution und alle jene schöne Ordnung der Glieder Christi, die der Lehrer der Völker so oft dringend

einschärft, hast du in ein entsetzliches Durcheinander gestürzt. So ging durch deine berühmten Erlasse – nur unter Tränen kann man davon reden – der Name Christi fast unter. Wer aber wird nicht von Unwillen und Staunen erfaßt, daß du dir eine neue und dir nicht gebührende Gewalt einfach anmaßest und die Rechte, die der gesamten Bruderschaft zukommen, aufhebst? Denn du versteigst dich bis zu der Behauptung, keiner von uns habe mehr die Macht zu binden und zu lösen, wenn die Kunde von irgendeinem Vergehen eines Untertanen unserer Sprengel, und sei es auch nur als Gerücht, zu deinen Ohren komme, nur du allein oder der, den du ausdrücklich damit beauftragst. Welcher der Heiligen Schrift Kundige sollte wohl nicht sehen, daß ein solcher Spruch über alle Maßen unsinnig ist?

Durch den Geist dieser und anderer deiner Anmaßungen halten wir die Kirche Gottes für schwer bedroht, ja beinahe zugrundegerichtet. Wir können dieses äußerste Übel nicht mehr länger dulden, und wir haben in gemeinsamem Rate einstimmig dir zu offenbaren beschlossen, worüber wir bisher geschwiegen hatten: Du kannst die Kirche nicht leiten, und du hast es niemals gekonnt.

Du hast dich zur Zeit des Kaisers Heinrich guten Angedenkens selbst durch einen gültigen Eid verpflichtet, niemals zu Lebzeiten dieses Kaisers oder seines Sohnes, unseres Herrn und glorreichen Königs, der nun an der höchsten Stelle der Welt steht, selbst nach dem Papsttum zu streben oder zuzulassen, daß ein anderer ohne Zustimmung und Anerkennung des Vaters, solange er lebte, oder seines Sohnes während dessen Lebenszeit es annehme, so weit dein Einfluß reichte. Und diesen deinen Eid können noch heute die meisten Bischöfe bezeugen, die ihn damals gesehen und gehört haben. Auch daran erinnere dich, wie du damals, als einige Kardinäle der Ehrgeiz reizte, Papst zu werden, unter der Bedingung, daß sie ein Gleiches täten, dich eidlich verpflichtet hast, niemals Papst werden zu wollen um die Auseindandersetzung aus der Welt zu schaffen. Bedenke, wie heilig du diese beiden Eide gehalten hast!

Zur Zeit des Papstes Nikolaus wurde außerdem eine feierliche Synode gehalten, an der 125 Bischöfe teilnahmen. Dort wurde unter der Androhung des Anathems beschlossen und festgesetzt, niemand sollte jemals Papst werden anders als durch die Wahl der Kardinäle und die Zustimmung des Volkes und die Einwilligung und Autorität des Königs. Und du selbst bist der Urheber dieses Gesetzes gewesen, du hast es durchgesetzt und unterschrieben. [Papstwahldekret 1059, d. V.]

Endlich hast du die ganze Kirche mit dem Gestank eines sehr üblen Skandals erfüllt, weil du mit einer Frau zusammenwohnst und vertraulicher mit ihr umgehst, als es nötig wäre. Hierdurch leidet unser Schamgefühl mehr als unsere Sache, aber das ist die allgemeine Klage, die man überall hört: Jedes Urteil, jeder Erlaß am apostolischen Stuhl werde von Weibern verfaßt, und schließlich regiere dieser neue Weibersenat die ganze Kirche.

Keine Klage reicht aus für die Kränkungen und die Schande, die du den Bischöfen zufügst, wenn du sie als Hurensöhne und mit anderen höchst ungehörigen Ausdrücken belegst. Dir, der du dein Amt mit schweren Meineiden angetreten, der du die Kirche Gottes durch entsetzliche Mißbräuche, die du eingeführt hast, in gefährliche Stürme gestürzt, der du deinen eigenen Lebenswandel in Schmach und Schande entehrt hast, dir werden wir den Gehorsam, den wir dir nie gelobt haben, auch in Zukunft nicht leisten, und du, der du vor aller Welt deklamiert hast, daß keiner von uns für dich ein Bischof sei, du sollst von nun an auch für keinen von uns mehr Papst sein.

(Episcoporum epistola Gregorio VII. missa MG Constt. I, Nr. 58, S. 106 ff. Nach: Geschichte in Quellen, Bd. II. a.a.O., S. 294 ff.)

M 24 Synode von Worms. Verpflichtungsschreiben der Bischöfe, 24. Januar 1076

Ich N., Bischof der Stadt N., kündige dem Hildebrand Unterwerfung und Gehorsam von dieser Stunde an und für die Zukunft auf und werde ihn von jetzt an weder für den Papst halten noch so benennen.

(Brunos Buch vom Sachsenkrieg, cap. 65. Nach: ebd., S. 296)

M 25 König Heinrich IV. fordert Papst Gregor VII. zur Abdankung auf, 1076

H., von Gottes Gnaden König, an Hildebrand.

Während ich bisher das von dir erwartete, was dem Verhalten eines Vaters entspricht, und dir in allem zur großen Entrüstung unserer Getreuen gehorchte, habe ich von dir eine Vergeltung erfahren, wie sie nur von jemandem zu gewärtigen war, der der verderblichste Feind unseres Lebens und unserer Herrschaft ist. Denn nachdem du mir zunächst die gesamte erbliche Würde, die mir jener Stuhl schuldet, in vermessenem Beginnen entrissen hattest, gingst du noch weiter und versuchtest, mir das italienische Reich durch die schlimmsten Machenschaften zu entfremden.[1] Und auch damit nicht zufrieden, hast du dich nicht gescheut, an die verehrungswürdigen Bischöfe Hand anzulegen, die als die liebsten Glieder mit uns vereint sind, und gegen göttliches und menschliches Recht hast du sie, wie sie selbst sagen, mit den hochmütigsten Beleidigungen und

1 Damit kann Gregors Investiturverbot von 1075 (für Mailand) und seine Haltung gegenüber den von Heinrich eingesetzten Bischöfen von Fermo, Mailand und Spoleto (vgl. Gregor VII., Reg. III, 8. 9) gemeint sein, aber auch die allgemeine Unterstützung der oberitalienischen Pataria.

den bittersten Schmähungen traktiert. Da ich alles mit einiger Geduld hingehen ließ, hieltest du dies nicht für Geduld, sondern für Feigheit und wagtest es, dich gegen das Haupt selbst zu erheben und ließest verbreiten, was dir ja bekannt ist, nämlich – um deine eigenen Worte zu gebrauchen – daß du entweder sterben oder mir die Seele und Herrschaft nehmen wolltest.

Diese unerhörte Verhöhnung glaubte ich nicht mit Worten, sondern durch die Tat zurückweisen zu müssen, und ich hielt einen Hoftag mit allen Fürsten des Reiches auf deren eigene Bitten hin ab. Sobald das an die Öffentlichkeit gebracht wurde, was man bisher aus Scheu und Ehrfurcht verschwiegen hatte, da wurde aufgrund der wahrheitsgetreuen Darlegungen dieser Fürsten verkündet – du kannst sie aus ihrem eigenen Schreiben entnehmen –, daß du auf keinen Fall mehr auf dem apostolischen Stuhl bleiben kannst. Da ihr Spruch vor Gott und den Menschen gerecht und billigenswert schien, stimmte auch ich zu und spreche dir jedes Recht, das du bisher am Papsttum zu haben schienst ab; aufgrund des Patriziats über die Stadt Rom, der mir als von Gott gewährt und infolge der beschworenen Zustimmung der Römer rechtmäßig zusteht, befehle ich dir, von ihrem Thron herabzusteigen.

(R. Buchner, F.-J. Schmale [Hg.], Ausgewählte Quellen zur deutschen Geschichte im Mittelalter Bd. 12, Darmstadt 1968, S. 62 ff.)

M 26 König Heinrich IV. an Klerus und Volk von Rom, 1076

Heinrich, durch die Gnade Gottes König, entbietet dem gesamten Klerus und dem Volk der heiligen römischen Kirche seine Huld, seinen Gruß und alles Gute.

Diejenige Treue gilt als fest und unerschüttert, die immer und in gleicher Weise dem Anwesenden wie dem Abwesenden bewahrt wird und die sich weder infolge der langen Abwesenheit dessen, dem sie geschuldet wird, noch aus Überdruß infolge der langen Zeit ändert. Daß ihr sie uns solcherart bewahrt, wissen und danken wir, und daß sie Bestand habe, bitten wir; nämlich daß ihr, so wie ihr es bereits haltet, immerdar unseren Freunden Freunde seid und unseren Feinden Feinde. Unter diese rechnen wir auch den Mönch Hildebrand, gegen den wir euch zur Feindschaft aufrufen, weil wir ihn als Eindringling in die Kirche, als ihren Bedrücker, als den hinterhältigen Feind des römischen Gemeinwesens und unseres Reiches erkennen, wie aus dem folgenden Brief, den wir an ihn richteten, leicht zu erkennen ist.

(Hier folgt nun Brief Nr. M 25)

Dies der Wortlaut unseres Briefes an den Mönch Hildebrand. Wir haben ihn deshalb auch euch mitgeteilt, damit euch unser Wille und uns, vielmehr Gott und uns, eure Liebe kund werde. Erhebt euch also gegen ihn, Getreueste, und der erste in der Treue sei der erste, der ihn verdammt. Wir sagen aber nicht, daß ihr sein Blut vergießen sollt, da ja das Leben nach der Absetzung für ihn eine größere Strafe ist als der Tod; vielmehr sollt ihr ihn, falls er nicht abdanken will, dazu zwingen und einen anderen zum Papst annehmen, der nach dem gemeinsamen Rat aller Kardinalbischöfe und eurem Rat von uns erwählt wurde und der alle Wunden heilen will und kann, die jener in der Kirche schlug.

(ebd., S. 60 ff.)

M 27 Eine deutsche Historikerin zum Ausbruch des Investiturstreites

Die Frage, an der sich der bittere Streit zwischen Heinrich IV. und Gregor VII. über das Verhältnis zwischen der weltlichen und der geistlichen Gewalt entzündete, war die Investitur mehrerer oberitalienischer Bischöfe durch den König. Soweit sich feststellen läßt, war es wie schon zu Zeiten Papst Alexanders II. Heinrichs Unnachgiebigkeit bei der Besetzung des Erzbistums Mailand, die Gregor auf der Fastensynode des Frühjahrs 1075 veranlaßte, fünf von Heinrichs Räten zu bannen. Das letzte Schreiben des Papstes an Heinrich vor der Gehorsamsaufkündigung von Worms, ein Brief vom 8. Dezember 1075, erhebt heftige Vorwürfe gegen den König, weil dieser weiter mit den damals Gebannten verkehren würde. Außerdem beklagt sich Gregor, daß Heinrich, im Gegensatz zu seinen Briefen und zu seiner Haltung in Verhandlungen mit seiner Mutter, der Kaiserin Agnes, in denen er seine Ergebenheit bekundet und Gehorsam versprochen habe, sich jetzt in Mailand gegenteilig verhalten habe (Heinrich hatte dort nach einem vollständigen Sieg der Mailänder Majorität über die Pataria den Kleriker Tedal investiert), und ferner jetzt auch noch gegen die Dekrete des hl. Stuhls die Kirchen von Fermo und Spoleto vergeben habe, und zwar an Kandidaten, die dem Papst unbekannt waren, obwohl nach der Heiligen Schrift – Gregor bezieht sich wohl auf I Tim. 5:22 – solche nicht geweiht werden dürften. Nach allgemeiner Ermahnung an den König, päpstlichen Aussprüchen zu gehorchen, schließt Gregor sein Schreiben mit einem leider unklaren Bericht über die Frühjahrssynode, auf der nichts Neues beschlossen worden sei. Er erwähnt dabei auch ein dort erlassenes Dekret, das er zwar nicht näher beschreibt oder gar wiederholt, das aber, so kann man aus dem begleitenden Bibelwort schließen, mit Bistumsbesetzungen zu tun gehabt haben muß. Gregor fügte noch die Aufforderung bei, Boten zu Verhandlungen nach Rom zu entsenden. Den Boten, die den Brief des Papstes überbrachten, wurden schließlich noch mündliche Botschaften mitgegeben, die aber unbekannt sind. Es wird vermutet, daß sie dem König im Auftrag Gregors den Bann androhten.

Trotzdem ist es schwer einzusehen, daß die Gehorsamsaufkündigung von Worms auf diesen Brief zurückgehen soll. Der hortatorische, brüske Stil Gregors, der viel zu beschäftigt war, um sich lange mit Höflichkeiten aufzuhalten, war für den König nichts Ungewohntes. Sicherlich muß Heinrich IV., der sich damals zu Weihnachten 1075 auf einem ersten Höhepunkt der Macht befand, über Gregors Vorhaltungen alles andere als begeistert gewesen sein, aber es scheint doch so, als ob die Wormser Schreiben gegen den Papst in erster Linie ein Ausdruck der Mißstimmung unter dem deutschen Episkopat gewesen sein müssen, der sich nach dem bekannten Ausspruch Erzbischof Liemars von Bremen vom Papst wie Dienstboten behandelt fühlte und sich seiner gewohnten Selbständigkeit beraubt sah.
(U.-R. Blumenthal, Der Investiturstreit. Stuttgart 1982, S. 131 f.)

M 28 Die Fastensynode in Rom, 1076

Im Jahr seit der Geburt des Herrn 1075, in der 14. Indiktion. Derselbe Herr Papst Gregor feierte in der Kirche des Erlösers, auch konstantinische genannt, eine Synode. Dort waren zahlreiche Bischöfe und Äbte, Kleriker verschiedener Grade und Laien anwesend.
Auf ihr, abgesehen von den übrigen Verfügungen, die dort zustandekamen, exkommunizierte er den Erzbischof Sigfrid von Mainz folgendermaßen: Den Erzbischof Sigfrid von Mainz, der die Bischöfe und Äbte des deutschen Reiches von der heiligen römischen Kirche, d. h. ihrer geistigen Mutter, loszureißen suchte, suspendieren wir durch das Urteil des Heiligen Geistes und in der Vollmacht der heiligen Apostel Petrus und Paulus vom Bischofsamt und trennen ihn von der Gemeinschaft mit dem Leib und dem Blut des Herrn, es sei denn, daß ihn etwa Todesgefahr überrascht, mit der Bestimmung jedoch, daß er von Reue geleitet zur Besinnung kommt. Die übrigen aber, die seiner Spaltung aus eigenem Antrieb zustimmten und unterschrieben und in diesem Unrecht verharren wollen, suspendieren wir ebenso von jeder bischöflichen Amtshandlung. Jenen dagegen, die nicht freiwillig zustimmten, geben wir Aufschub bis zum Fest des heiligen Petrus, allerdings mit dem Vorbehalt, daß sie, falls sie innerhalb dieses Zeitraumes uns nicht persönlich oder durch ihre Boten angemessene Abbitte leisten, danach ihres bischöflichen Amtes entsetzt werden.
Die Bischöfe der Lombardei, die in Mißachtung der kanonischen und apostolischen Autorität sich gegen den heiligen Apostelfürsten Petrus eidlich verschworen, suspendieren wir durch die Vollmacht desselben heiligen Petrus von jeder bischöflichen Amtshandlung und von der Gemeinschaft mit der heiligen Kirche.
Den Bischof Berengar von Agde, der Gemeinschaft mit dem exkommunizierten Bischof von Narbonne hielt und an seiner Stelle die bischöflichen Amtshandlungen vornahm, exkommunizieren wir. Den Bischof Hermann von Vienne, der zu Recht abgesetzt wurde wegen Simonie, Meineids, Gottesfrevels und Apostasie, exkommunizieren wir, weil er nicht davon abließ, die Kirche von Vienne zu beunruhigen. Und den Kirchen von Romans und St. Irenäus in Lyon untersagen wir den Gottesdienst, so lange er sie besetzt hält. Desiderius und die Kleriker der Kirche von Romans, die unsere Regularen aus ihr vertrieben und mit Exkommunizierten Gemeinschaft hielten, exkommunizieren wir, bis sie Abbitte leisten. Ebenso den Abt von St. Gilles. Überdies den Grafen von St. Gilles wegen Verwandtschaft. Auch den Grafen von Forçalquier. Und den Umbert von Beaujeu wegen der Angriffe auf die Kirche von Lyon. Wir exkommunizieren den simonistischen Mörder Stephan von Le Puy, wie er auch von unseren Legaten exkommuniziert wurde, und Pontius von Grenoble, bis er in sich geht. Und das, was der Bischof von Dié im Bistum Dié über Zehnten, Neubruch-Zehnten und Kirchen verfügte, sowie das übrige, was er als unser Legat anordnete, bestätigen auch wir.
Seliger Petrus, Apostelfürst, neige, so bitten wir, deine gütigen Ohren zu uns und höre mich, deinen Knecht, den du seit der Kindheit ernährt und bis zu diesem Tage aus der Hand der Ungerechten befreit hast, die mich als deinen Getreuen haßten und hassen. Du bist mir Zeuge, und Zeugen sind mir meine Herrin, die Mutter Gottes, und der selige Paulus, dein Bruder unter allen Heiligen, daß deine heilige römische Kirche mich wider meinen Willen an ihr Steuer gerissen hat: und ich erachtete es nicht für Raub, auf deinen Stuhl zu steigen, und hätte lieber mein Leben in Pilgerschaft enden als um Erdenruhmes willen in weltlichem Geiste deinen Platz erhaschen mögen. Und deswegen glaube ich, nach deiner Gnade, nicht nach meinen Werken, hat es dir gefallen und gefällt es dir, daß das dir eigens anvertraute Christenvolk mir eigens gehorche um deines mir anvertrauten Amtes willen. Und durch deine Gnade ist mir die Macht von Gott gegeben, zu binden und zu lösen im Himmel und auf Erden. Hierauf also vertraue ich, und für die Hoheit und den Schutz deiner Kirche, im Namen des allmächtigen Gottes, des Vaters und Sohnes und Heiligen Geistes, durch deine Macht und Vollmacht untersage ich dem König Heinrich, Sohne Kaiser Heinrichs, der gegen deine Kirche in unerhörtem Hochmut aufgestanden ist, die Lenkung des ganzen Reiches der Deutschen und Italiens und löse alle Christen vom Bande des Eides, den sie ihm geleistet haben und leisten werden, los und verbiete, daß ihm irgendwer wie einem Könige diene. Geziemend ist es ja, daß, wer die Hoheit deiner Kirche zu mindern strebt, selber die Hoheit verliere, die er scheinbar hat.

Und weil er als ein Christ zu gehorchen verachtete und nicht zu Gott zurückkehrte, den er verließ, da er mit Gebannten umging und meine für sein Heil gesandten Mahnungen, du weißt es, verschmähte und sich von deiner Kirche, im Begehr sie zu spalten, trennte, binde ich ihn an deiner Statt mit der Fessel des Anathems, und so binde ich ihn im Vertrauen auf dich, daß die Völker es wissen und anerkennen: du bist Petrus, und auf deinen Felsen hat der Sohn des lebendigen Gottes seine Kirche gebaut, und die Pforten der Hölle werden sie nicht überwältigen.

(Buchner/Schmale, Ausgewählte Quellen Bd. 12a. Darmstadt 1978, S. 206–209; Bd. 12, S. 288f.)

M 29 Leitsätze des Papstes Gregor VII., „Dictatus papae“[1], 1075

1. Daß die Römische Kirche allein vom Herrn gegründet sei.
2. Daß allein der römische Papst (*pontifex*) zu Recht universal genannt wird.
3. Daß dieser allein Bischöfe absetzen oder begnadigen dürfe.
4. Daß sein Legat allen Bischöfen im Konzil vorsitze, auch wenn er geringeren Weihegrades ist, und daß er gegen sie einen Absetzungsanspruch fällen dürfe.
5. Daß der Papst Abwesende absetzen dürfe.
6. Daß man mit von ihm Exkommunizierten unter anderem nicht im gleichen Hause weilen dürfe.
7. Daß ihm allein zukomme, nach der Zeit Notwendigkeit neue Gesetze zu erlassen, neue Gemeinden zu bilden, aus einem Kanonikat eine Abtei zu machen und umgekehrt, ein reiches Bistum zu teilen und arme zu vereinen.
8. Daß er allein die kaiserlichen Insignien führe[2].
9. Daß allein des Papstes Füße alle Fürsten küssen sollen.
10. Daß sein Name (Papst) allein in den Kirchen angerufen werde.
11. Daß dieser Name einzig in der Welt sei.
12. Daß ihm zukomme, Kaiser abzusetzen.
13. Daß ihm zukomme, im dringenden Notfall Bischöfe von einem Bischofssitz zum anderen zu versetzen.
14. Daß er von jeder Kirche, wo immer er wolle, einen Geistlichen weihen dürfe.
15. Daß ein von ihm Geweihter einer anderen Kirche vorstehen, aber nicht dienen kann, und daß er von einem anderen Bischof nicht eine höhere Weihe empfangen darf.
16. Daß keine Synode ohne seinen Befehl eine allgemeine genannt werden dürfe.
17. Daß kein Rechtssatz (*capitulum*) und keine Rechtssammlung (kein kirchenrechtliches Buch) ohne sein Billigung gelte.
18. Daß sein Spruch von keinem anderen widerrufen werden dürfe und daß von allen allein er widerrufen könne.
19. Daß er von niemandem gerichtet werden dürfe.
20. Daß keiner jemanden zu verdammen wage, der an den apostolischen Stuhl appelliert.
21. Daß die *Causae maiores*[3] jeder Kirche vor ihn gebracht werden sollen.
22. Daß die Römische Kirche niemals geirrt hat und, nach Zeugnis der heiligen Schrift, in Ewigkeit niemals irren wird [Lukas, 22,32].
23. Daß der römische Papst, wenn er rechtmäßig geweiht ist, durch die Verdienste des heiligen Petrus unbezweifelbar heilig wird, wie der hl. Ennodius, Bischof von Pavia, bezeugt, dem viele heilige Väter beipflichten, wie in den Dekreten des hl. Papstes Symmachus steht[4].
24. Daß auf seinen Befehl und mit seiner Erlaubnis Untertanen klagen dürfen.
25. Daß er ohne Zusammentritt einer Synode Bischöfe absetzen und begnadigen dürfe.
26. Daß nicht für katholisch gehalten werde, wer nicht mit der Römischen Kirche übereinstimmt.
27. Daß er die Untertanen von der Treue gegen ungerechte (Herrscher) lösen kann.

(J. Leuschner, Hg.: Die Kirche des Mittelalters, Stuttgart 1966, S. 18f.)

M 30 Gregor VII. über die Vorgänge in Canossa, Januar 1077

Bischof Gregor, Knecht der Knechte Gottes, sendet allen Erzbischöfen, Bischöfen, Herzögen, Grafen

1 Das Register Gregors VII., hg. v. E. Caspar (MGH. Epp. sel. 2, 1920–23) 201ff. Nr. II 55a; Mirbt 146 Nr. 278. – Nach den neuesten Forschungen G. B. Borinos kann mit großer Wahrscheinlichkeit angenommen werden, daß der D. p. als Index einer geplanten oder einmal vorhandenen, heute aber nicht bekannten Sammlung von kirchenrechtlichen Texten über Privilegien des päpstl. Stuhles von G. (vielleicht schon in seiner vorpäpstl. Zeit) angelegt ist; vgl. K. Hofmann, Der „D. p.“ Gregors VII. als Index einer Kanonessammlung?, Studi Gregoriani 1 (1947) 531ff. – Die Übers. behält daher auch die „Daß“-Anfänge (*Quod*...) der Sätze bei.

2 Vgl. die in der – im 8. Jh. entstandenen, 1440 von dem Humanisten Laurentius Valla endgültig als Fälschung erwiesenen – „Konstantinischen Schenkung“ genannten Abzeichen: Stirnreif, Phrygium (ein Art weißer Fellmütze), Purpurkleidung, Aufzug mit Fahnen und Vorreitern, weiße Pferdedecken, die roten senatorischen Schuhe für das priesterliche Gefolge u. a., vor allem den Reitknechtdienst des Kaisers.

3 *Causae maiores* (auch *C. arduae*) sind die eigentlich dem Bischof, jetzt dem Papst vorbehaltenen wichtigsten Rechtsfälle und Verwaltungsakte der Kirche, z. B. Gericht über weltliche Fürsten, Ein- und Absetzung von Bischöfen, aber auch Heiligsprechung u. a.

4 Ennodius (†521), Libellus adversus eos qui contra synodum scribere praesumpserunt (a. d. Jahre 502). Diese Schrift wandte sich ebenso wie die gefälschten Dekrete Papst Symmachus' (498–514) gegen die Ansprüche des Gegenpapstes Laurentius (498–508) und seiner Partei; vgl. J. Haller, Das Papsttum 1 ([2]1950), 235ff. Zu D. p. 23 W. Ullmann in Studi Gregoriani 6 (1959–61), 229ff.

und sonstigen Fürsten des Königreichs der Deutschen Gruß und apostolischen Segen.
Da Ihr aus Liebe zur Gerechtigkeit gemeinsam mit uns im Kampf der Streiter Christi Last und Gefahr auf Euch genommen habt, möchten wir Euch Lieben in ungeschminkter Wahrheit mitteilen, wie der König, zur Buße sich demütigend, die Gnade der Lossprechung erlangte und wie die ganze Angelegenheit nach seinem Eintritt in Italien bis heute weitergeführt worden ist.
Wie es ausgemacht war mit den Gesandten, die Ihr zu uns schicktet, kamen wir in die Lombardei etwa 20 Tage vor dem Termin, an dem einer der Herzöge uns bei den Klausen entgegenkommen sollte, und erwarteten ihre Ankunft, auf daß wir in jene Gebiete ziehen könnten. Als aber mit dem Herannahen des Termins uns gemeldet wurde, zu dieser Zeit könne man uns wegen zahlreicher Schwierigkeiten, was wir ja auch glauben, kein Geleit entgegenschikken, und wir keine andere Gelegenheit zu Euch zu ziehen besaßen, befanden wir uns in nicht geringer Sorge, was wir denn als nächstes tun sollten.
Inzwischen erhielten wir sichere Nachricht, der König nahe. Auch sandte er, bevor er Italien betreten hatte, untertänig Boten zu uns voraus und bot an, Gott, dem heiligen Petrus und uns in allem Abbitte zu leisten, und versprach, zur Besserung seines Lebens völligen Gehorsam zu wahren, sofern er nur Lossprechung und die Gnade des apostolischen Segens zu erlangen verdiene. Da wir dies unter vielfältigen Überlegungen lange hinausschoben und ihn durch all die Boten, die hin und her wechselten, heftig wegen seiner Ausschreitungen zurückwiesen, gab er schließlich durch sich selbst keinerlei Feindschaft oder Unbesonnenheit zu erkennen und kam in geringer Begleitung nach Canossa, wo wir uns aufhielten. Dort harrte er während dreier Tage vor dem Tor der Burg ohne jedes königliche Gepränge auf Mitleid erregende Weise aus, nämlich unbeschuht und in wollener Kleidung, und ließ nicht eher ab, unter zahlreichen Tränen Hilfe und Trost des apostolischen Erbarmens zu erflehen, als bis er alle, die dort anwesend waren und zu denen diese Kunde gelangte, zu solcher Barmherzigkeit und solchem barmherzigen Mitleid bewog, daß sich alle unter vielen Bitten und Tränen für ihn verwandten und sich fürwahr über die ungewohnte Härte unserer Gesinnung wunderten; einige aber klagten, in uns sei nicht die Festigkeit apostolischer Strenge, sondern gewissermaßen die Grausamkeit tyrannischer Wildheit.
Schließlich wurden wir durch seine ständige Zerknirschung und solches Bitten aller Anwesenden besiegt, lösten endlich die Fesseln des Anathems und nahmen ihn wieder in die Gnade der Gemeinschaft und den Schoß der heiligen Mutter Kirche auf, nachdem wir von ihm die Sicherheiten erhalten hatten, die unten aufgeführt sind. Auch erhielten wir deren Bestätigung durch die Hände des Abtes von Cluny und unserer Töchter Mathilde und Gräfin Adelheid sowie anderer Fürsten, Bischöfe und Laien, die uns dazu von Nutzen schienen. Nachdem dies so zuende geführt ist, daß wir – so wie wir es seit langem wünschten – zum Frieden der Kirche und zur Eintracht des Reiches alles mit Gottes Hilfe besser fügen können, möchten wir bei der ersten sich bietenden Gelegenheit in Euer Gebiet kommen. Wir wünschen, daß Eure Liebe dies unzweifelhaft weiß, da ja – wie ihr aus den schriftlichen Sicherheiten ersehen könnt – gegenwärtig das Verfahren in dieser ganzen Angelegenheit so in der Schwebe ist, daß unsere Anwesenheit und Euer einmütiger Rat äußerst notwendig erscheinen. Deshalb bemüht Euch alle, in der gläubigen Treue, mit der Ihr angefangen habt, und in der Liebe zu Gerechtigkeit zu verharren, wohl wissend, daß wir dem König nur insofern verpflichtet sind, als wir ihn mit klaren Worten – sowie es meine Art ist – in den Dingen auf uns hoffen hießen, in denen wir ihm zu seinem Heil und seiner Ehre entweder mit Recht oder Barmherzigkeit ohne Gefahr für unsere und seine Seele helfen könnten.
(Buchner/Schmale, Ausgewählte Quellen, Bd. 12a, a.a.O. S. 240ff.)

M 31 Der Eid König Heinrichs in Canossa, Januar 1077

Ich, König Heinrich, werde hinsichtlich der Unzufriedenheit und Meinungsverschiedenheit, die zur Zeit mir gegenüber bestehen bei Erzbischöfen und Bischöfen, Herzögen, Grafen und sonstigen Fürsten des Reiches der Deutschen sowie bei den anderen, die ihnen eben dieser Meinungsverschiedenheit halber folgen, innerhalb des Zeitraumes, den der Herr Papst Gregor bestimmt, entweder Gerechtigkeit gemäß seinem Urteil oder Einvernehmen entsprechend seinem Rat schaffen, sofern nicht ein eindeutiges Hindernis mir oder ihm entgegensteht; wenn dies nicht mehr besteht, bin ich bereit, dasselbe durchzuführen.
Desgleichen wird der Herr Papst Gregor, wenn er über das Gebirge oder in andere Länder gehen möchte – soweit es mich angeht und diejenigen, die ich zwingen kann –, sicher sein vor jeder Schädigung an Leben und Leib sowie vor Gefangennahme; das gilt für ihn selbst, für sein Geleit und seine Begleitung sowie für diejenigen, die von ihm gesandt werden oder ganz gleich aus welchem Land zu ihm kommen; auf dem Hinweg, bei dem dortigen Aufenthalt und auf dem Rückweg. Und es soll für ihn keinerlei weiteres Hindernis aufgrund meiner Zustimmung [zu einem solchen] geben, das gegen seinen berechtigten Anspruch ist; und wenn einer ihm ein solches bereitet, werde ich ihm in aufrichtiger Treue nach meinem Vermögen helfen.
Geschehen zu Canossa, am 28. Januar, in der 15. Indiktion (ebd., S. 244f.)

M 32 **Die Historikerin U.-R. Blumenthal zum Ergebnis des Investiturstreiks für das deutsche Königtum**

Die Nachricht von seinem Kommen verbreitete sich schnell, und italienische Anhänger versammelten sich um ihn, da sie annahmen, er wäre mit militärischen Absichten gekommen. Heinrich aber kam als Büßer, um sich Gregor zu unterwerfen, der sich damals, im Januar 1077, auf seiner Reise nach Deutschland befand, doch diese unterbrach, als er hörte, daß der König in Italien sei, um sich vorsichtshalber auf die Burg Canossa der Markgräfin Mathilde zurückzuziehen. Als Heinrich wahrscheinlich nach Vorverhandlungen im Büßergewand im Burghof erschien, zögerte der Papst zunächst, den Reuigen wieder mit der Kirche zu versöhnen, aber nach drei Tagen gab er auf das Drängen seiner Umgebung nach. Besonders Abt Hugo von Cluny, Heinrichs Taufpate, und die Gräfinnen Adelheid von Turin und Mathilde von Canossa selbst traten für Heinrich ein. Nachdem sich Gregor von Heinrich einen schriftlichen Eid hatte geben lassen, daß er sich dem Urteilsspruch des Papstes fügen würde und dessen Reise über die Alpen nicht hindern würde, hob Gregor den König, der vor ihm in Kreuzesform auf dem Boden lag, auf und nahm ihn und seine Begleiter durch die Feier des Abendmahls wieder in die Kirche auf. Ob er ihn damit auch wieder in sein Herrscheramt einsetzte, ist eine müßige Frage. Nach der Buße von Canossa behandelte Gregor Heinrich als König, obwohl er 1080 erklärte, daß er Heinrich im Januar 1077 nicht wieder in das Königsamt eingesetzt hätte. Canossa war ein pastoraler Akt, der alle weiteren Angelegenheiten in der Schwebe ließ, allerdings mit der Einschränkung, daß Gregor seine vorgesehene Reise nach Deutschland aufgab. Nicht, weil er sie nunmehr für unnötig hielt, sondern mehr oder minder gezwungenermaßen, da die deutschen Fürsten ihm das versprochene Geleit nicht geschickt hatten, und Gregor die Reise nach Deutschland kaum in Begleitung Heinrichs machen konnte, wenn er als unparteiischer Schiedsrichter anerkannt werden wollte.

Durch seine Demütigung vor dem Papst zu Canossa errang Heinrich einen Teilerfolg: der Papst verzichtete auf ein sofortiges Eingreifen in Deutschland, und Heinrich, der mit seinen Getreuen absolviert worden war, gewann dadurch Zeit, in Deutschland wieder um seine Krone zu kämpfen und um Anhänger zu werben. Aber dieser politische Erfolg war teuer erkauft, denn durch seine öffentliche, spektakuläre Buße erkannte Heinrich IV. in feierlicher, überall bekannt werdender Form die päpstliche Sentenz von der Februarsynode in allen Aspekten an. Er räumte dem Papst damit das Recht ein, sich zum Richter weltlicher Fürsten und weltlicher Belange zu machen, ein Recht, das Gregor zwar als Selbstverständlichkeit betrachtete, das aber durch seine völlige Abkehr vom gewohnten Gewaltendualismus tiefgreifende Veränderungen mit sich brachte, an denen die mittelalterliche Vorstellung von der einen christlichen *res publica* zerbrechen sollte, eine Vorstellung, der Gregor selbst noch vollständig verhaftet war. Die unmittelbare Verantwortung des Herrschers Gott gegenüber entfiel, und die Monarchie wurde ihrer sakralen Elemente entkleidet, die seit der Karolingerzeit auch im Westen des ehemaligen römischen Reiches so scheinbar unauflösbar mit ihr verbunden schienen. Die alte Formel vom König als Diener der Kirche wurde jetzt unter Gregor sehr deutlich zu der sehr viel konkreteren Formel von Fürsten als Lehnsleuten des hl. Petrus und damit des Papstes gewandelt; obwohl sich dieses Ziel praktisch nur in sehr geringem Umfang durchsetzen ließ, war das Konzept, das man mit einiger Wahrscheinlichkeit auf den Archidiakon Hildebrand und späteren Papst Gregor VII. zurückführen kann, von nicht zu unterschätzender Bedeutung.

(U.-R. Blumenthal, Der Investiturstreit, a.a.O., S. 134ff.)

M 33 **Das Wormser Konkordat zwischen Kaiser Heinrich V. und Papst Calixt II., 1122**

Privileg des Kaisers

Im Namen der heiligen und unteilbaren Dreifaltigkeit.

Ich, Heinrich, von Gottes Gnaden Imperator Augustus der Römer, verzichte aus Liebe zu Gott und der heiligen römischen Kirche und zum Herrn Papste Calixtus und wegen meines Seelenheils zugunsten Gottes und der heiligen Apostel Petrus und Paulus und der heiligen römischen Kirche auf alle Investitur mit Ring und Stab, und ich gestatte in allen Kirchen, die in meinem Regnum und Imperium liegen, kanonische Wahl und freihe Weihe.

2. Besitzungen und Regalien des heiligen Petrus, die vom Beginn dieses Streites an bis zum heutigen Tage zur Zeit meines Vaters oder auch durch mich entfremdet worden sind, erstatte ich der heiligen römischen Kirche zurück, soweit ich sie im Besitz habe, falls aber nicht ich sie besitze, werde ich die Rückerstattung getreulich unterstützen.

3. Besitzungen aller anderen Kirchen oder von Fürsten oder anderen Laien und Klerikern, die in diesem Streite verlorengegangen sind, werde ich nach dem Rate der Fürsten und der Rechtsgewalt, die ich habe, zurückgeben; was ich aber nicht selbst besitze, werde ich getreulich zurückzugeben befehlen.

4. Und dem Herrn Papste Calixtus und der römischen Kirche und allen, die auf ihrer Seite sind oder waren, gebe ich wahren Frieden.

5. Auch werde ich in allen Fällen, in denen die römische Kirche Hilfe von mir erbitten sollte, ihr getreulich helfen und in allen Stücken, über die sie mir Beschwerden vorträgt, für schuldige Gerechtigkeit sorgen.

Das alles ist geschehen mit Zustimmung und nach Beratung mit den Fürsten, deren Namen unterschrieben sind:
Erzbischof Adalbert von Mainz, Erzbischof F[riedrich] von Köln, [Hartwig] Bischof von Regensburg, O. Bischof von Bamberg, B[runo] Bischof von Speyer, H[ermann] von Augsburg, G. von Utrecht, O. von Konstanz, E. Abt von Waldis, Herzog Heinrich, Herzog Friedrich, Herzog S., Herzog Berthold, Markgraf Teibold, Markgraf Engelbert, Pfalzgraf Otto, Graf Berengar.
Ich, Friedrich, Erzbischof von Köln und Erzkanzler, habe gegengezeichnet.

Privileg des Papstes
Ich Bischof Calixtus, servus servorum Dei, gestehe dir, o mein geliebter Sohn Heinrich, von Gottes Gnaden Imperator Augustus der Römer, das Recht zu, daß die Wahlen von Bischöfen und Äbten im Deutschen Reiche, die zum Regnum gehören, in deiner Gegenwart geschehen sollen, frei von Simonie und Gewalttat; sollte zwischen den Parteien dabei Streit entstehen, dann sollst du mit dem Metropoliten und den Kronprovinzialen gemeinsam beraten und entscheiden und dem Würdigsten deine Zustimmung und Hilfe leihen. Der Erkorene aber soll von dir mit dem Zepter die Regalien erhalten und dir dafür das leisten, was er von rechtswegen schuldig ist.
2. In den anderen Teilen deines Imperiums soll der Gewählte binnen sechs Monaten mit dem Zepter von dir die Regalien erhalten und dir dafür leisten, wozu er von rechtswegen verpflichtet ist; ausgenommen davon aber seien alle die bekannten Leistungen an die römische Kirche.
3. In allen Stücken, in denen du bei mir Beschwerde erhebst und Hilfe erbittest, werde ich dir nach Amt und Schuldigkeit beistehen.
4. Ich gebe dir wahren Frieden und ebenso allen, die auf deiner Seite stehen oder gestanden haben zur Zeit dieses Streites.
(MG Constt, I. Nr. 107, 108, S. 159 ff. Nach: Geschichte in Quellen, Bd. II, a.a.O., S. 353 f.)

Anregungen

1 *Analysieren Sie, ausgehend vom Mainzer Protest des deutschen Klerus (M 17), das Reformprogramm des Papsttums (M 18–22), und erklären Sie dessen Bedeutung für den deutschen König und römischen Kaiser! Beachten Sie dabei Abb. 18 a, b. Informieren Sie sich über Petrus Damiani und Humbert von Silva Candida!*

2 *Kennzeichnen Sie mit Hilfe von M 23–27 den Ausbruch des Konflikts! Charakterisieren Sie die dem Papst gemachten Vorwürfe, und beurteilen Sie, welche Chancen bestanden, die Wormser Maßnahmen durchzusetzen!*

3 *Beschreiben Sie die Reaktion des Papstes (M 28), setzen Sie diese in Beziehung zum Dictatus Papae (M 29), und erörtern Sie den Schweregrad des Konflikts!*

4 *Untersuchen Sie anhand von M 30–31 die Vorgänge von Canossa, diskutieren Sie das Ergebnis für Heinrich IV. unter Berücksichtigung der fachwissenschaftlichen Bewertung (M 32)! Informieren Sie sich, ausgehend von M 30, über die Rolle eines Teils der deutschen Fürsten in diesem Konflikt!*

5 *Untersuchen Sie das Wormser Konkordat (M 33) von 1122 unter der Frage nach Sieg und Niederlage, diskutieren Sie über die Folgen für das deutsche Reich mit Hilfe des betreffenden Abschnitts im Darstellungsteil 3.3, und versuchen Sie eine Gesamtbewertung des Investiturstreites!*

4. Lebens-, Arbeits- und Herrschaftsverhältnisse der Bevölkerung

A. Faktoren der Herausbildung von Großgrundbesitz

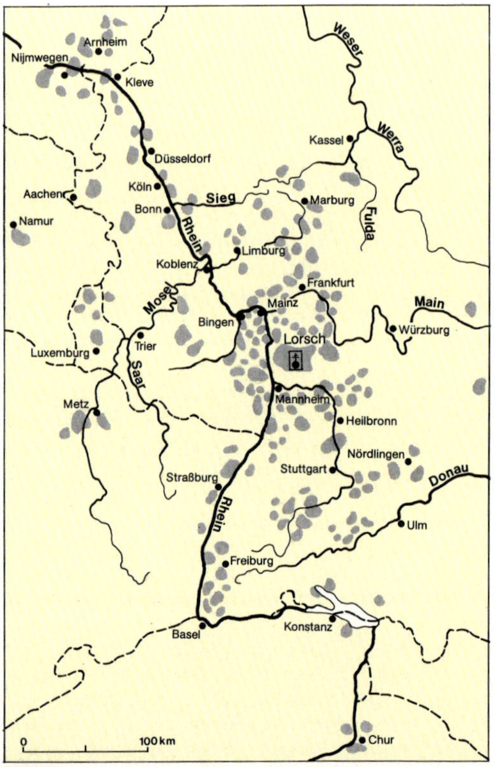

M 34 Die Besitzungen des Klosters Lorsch
(Nach: Führer zu vor- und frühgeschichtlichen Denkmälern 3: Mannheim – Odenwald – Lorsch – Ladenburg. Mainz 1973, S. 145) (– – – heutige Staatsgrenzen)

M 35 Die Lorscher Besitzungen in Michelstadt im Odenwald

a) Einhard (um 770–840), Vertrauter und Biograph Karls des Großen, schenkt Lorsch 819 seinen Besitz

Unser Herr und Erlöser, leibhaftig auf Erden wandelnd, würdigte die mit den verschiedensten Sündenmakeln befleckten Menschen seiner Ermahnungen und sagte: „Gebet Almosen und, siehe, alles an euch ist rein“ [Luk. 11, 41]; und wiederum: „Machet euch Freunde vom ungerechten Mammon, und sie werden euch aufnehmen in die ewigen Gezelte“ [Luk. 10, 9]. Daher haben wir, Einhard und Imma, in jenes allmächtigen Gottes Namen und auf sein Geheiß, zugleich unseres Seelenheiles und des Nachlasses unserer Sünden gedenkend und gleichermaßen in frommer Gesinnung nach dem Lohne des ewigen Lebens strebend, beschlossen, dieses Testament zu machen. Kraft dessen schenken wir aus freiem und reinem Willen, mit Gültigkeit vom heutigen Tage an, die uns gehörige Zelle Michelstadt, gelegen im Plumgau im Odenwald, am Flusse Mimilingun [Mümling, linker Nebenfluß des Maines, mündend unweit Aschaffenburg], welche uns der ruhmreiche fürstliche Herr, der Kaiser Ludwig, in seiner übergroßen Freigebigkeit gewährt hat. Mit feierlichem Übertragungsakt hat er sie aus seinem Rechte in das unsere überführt und durch das Gewicht seiner Vorschrift als unser Eigentum bestätigt. Wie gesagt, geben und übertragen wir diese Zelle in ihrer unberührten Gesamtheit und mit allen ihren Grenzgebieten und allem Dazugehörigem, mit Basiliken, Wohnhäusern und anderweitigen Bauten, mit Ländereien, Wiesen, Wäldern, Feldern, Weiden, stehenden und fließenden Gewässern, Pflanzland und Brachland, mit beweglichem, unbeweglichem und fahrbarem Gut, mit hundert Manzipien [Knechten] jeglichen Geschlechts und Alters, der Basilika beziehungsweise dem Kloster des hochzuverehrenden Märtyrers Christi Nazarius. Dieses Kloster, Lorsch genannt, ist errichtet im Oberrheingau am Ufer des Flusses Weschnitz. Der Hirte und Leiter jener Vereinigung von Dienern Gottes ist zu gegenwärtiger Zeit ein ehrwürdiger Mann, nämlich Abt Adalung. Wir machen die öfters erwähnte Schenkung und Übergabe mit der Bestimmung, daß die besagte Zelle in unseren Händen bleibe, solange wir auf Gottes Geheiß in dieser Sterblichkeit verweilen. Wir ordnen an, daß ohne Widerspruch irgendeiner Person oder irgendeines Machthabers und unbehindert durch irgendeine auftretende Schwierigkeit die Nachfolge für uns beide gemeinsam oder einzeln gesichert sein soll. Wenn eines von uns beiden früher stirbt, wird der überlebende Teil in des Verstorbenen Rechte eintreten. Sollten wir Söhne hinterlassen, so soll einer von ihnen uns im Besitze nach dem Rechte der Nutznießung folgen. Nach unserem Hinscheiden soll die in Rede stehende Zelle in ihrer Gesamtheit an das vorbenannte verehrungswürdige Kloster ohne irgendwelchen Widerspruch übergehen und in dessen Besitz und Herrschaft ewig bleiben. Falls jemand gegen das Testament unserer Schenkung Vorbehalte machen oder versuchen sollte, dasselbe zu bestreiten oder zu entwerten, so möge er zunächst bedenken, daß der in seinem frevelhaften Unterfangen Christum und seinen heiligen Märtyrer Nazarius zu Gegnern habe, und überdies bezahle er nach Vorladung vor die königliche Kammer und durch dieselbe gezwungen, aus seinem eigenen Vermögen zugunsten des vorgenannten ehrwürdigen Klosters eine Buße von einem Pfund Gold und zwölf Mark Silber. Diese unsere letztwillige Verfügung und unsere Schenkung aber soll fest und unverletzt bestehen bleiben. Sollte zu irgendeiner Zeit durch irgendjemand eine andere, angeblich in unserem Namen ausgestellte Urkunde, welche der vorliegenden entgegensteht und nach Maßgabe des Datums früher oder später ausgefertigt wäre, auftauchen, so soll sie als null und nichtig gelten, auch wenn sie anscheinend und angeblich von unserer Hand bekräftigt sei. Sie sei wertlos, denn diese unsere vorliegende Schenkung soll, wie gesagt, in ewiger Dauer fest und unverletzbar bestehen bleiben. Zu Urkund dessen die untenstehende Fertigung. Und damit dieses Testament nach gesetzlichem Brauche seine volle Gültigkeit erlange, haben wir beschlossen, dasselbe durch eigenhändige Unterschrift zu sichern und mit den Handzeichen geeigneter Zeugen, welche die feierliche Übergabe sahen, versehen zu lassen. Der Schenkungsakt erfolgte im Kloster Lorsch am 12. September [819] im sechsten Jahre der Regierung unseres Herrn, des ruhmreichen Kaisers Ludwig, im Namen Gottes. Möge sie Glück bringen! Ich, Einhard, der Sünder und Schenkgeber, habe die Urkunde gelesen, anerkannt und eigenhändig unterschrieben. Ich, Imma, habe beigestimmt und unterschrieben. Handzeichen von Rabangar, Warbot, Wolfbert und anderen. Ich, Hirminmar, Diakon und kaiserlicher Geheimschreiber, habe dieses Testament auf Ersuchen Einhards geschrieben und unterschrieben.

(Nach: K. Glöckner [Hg.], Codex Laureshamensis I. Darmstadt 1929. Neudruck Darmstadt 1963, Urkunde 20 [Reg. 3151])

b) Bestandsaufnahme 1095

Im Namen der heiligen Dreifaltigkeit und ihrer unteilbaren Einheit habe ich, Anshelm, der demütige Sachwalter des Vermögens des Hl. Nazarius, es für richtig gehalten, für die Nachwelt aller Gläubigen den Besitzstand der Zelle Michelstadt schriftlich festzuhalten. Dieses Klösterchen ist uns vor alter Zeit übergeben worden. In neuester Zeit befindet sich hier eine Gott dienende Ordensniederlassung. Zu ihrem Unterhalt sind ihr Güter geschenkt worden. Wegen der örtlichen Verhältnisse sind manche derselben ausgetauscht, manche in besseren Zustand gesetzt und weitere auch angekauft worden. Einzelne besonders erwähnenswerte und erinnerungswürdige sollen hier der Reihe nach angeführt werden. Zur Zeit des Kaisers Ludwig mit dem Beinamen des Frommen übergaben ein gewisser Einhard, hervorragend in der Ehre seines Adels und seiner Würde, und seine Gemahlin Imma, eine Tochter Karls des Großen, die vorgenannte Zelle voll ergebener Frömmigkeit dem Hl. Nazarius in Lorsch, ausgestattet mit derselben Freiheit und Unabhängigkeit, mit der sie dieselbe vom genannten Kaiser selber zu eigen erhalten hatten. Wer sich eingehender über diese Schenkung unterrichten möchte, möge ihr Testament nachlesen, das in unserem Archiv [Urkunde 20] verwahrt liegt. Einhard behielt die Zelle auf Lebenszeit für sich zurück, da er dort später eine Schar von Gottesdienern ansiedeln wollte. Im Augenblick aber war dieses Vorhaben nicht ausführbar, weil Gott für die Heiligen Marcellinus und Petrus, welche er von Rom überführt hatte, einen anderen, günstiger gelegenen Ort vorbestimmt hatte [Seligenstadt, Baubeginn der Basilika etwa 831/34]. Und so blieb die vorgenannte Zelle bis in die neueste Zeit einigermaßen verödet und verlassen. Als aber die Zeit der Erbarmung anbrach, „da die Ungerechtigkeit getilgt" [Psalm 51,3] und die ewige Gerechtigkeit erfüllt würde, geschah die Güte des Herrn, „dessen Wege eitel Barmherzigkeit und Wahrheit sind" [Psalm 25, 10]. Die göttliche Vorsehung schickte einige Mönche, denen sie es eingegeben, als Freiwillige [1072, unter Fürstabt Udalrich] dorthin, um das wiederherzustellen, was 253 Jahre lang [seit 819] vernachlässigt worden war. Ihnen stand der liebevolle göttliche Gönner in der Vollendung ihres Werkes bei, der auch die Kleinsten zu ruhmreicher Tat befähigt, er, der in allen seinen Entschlüssen und Werken als Wundertäter gesehen und erkannt wird. Unser frommer Vater und Hirte, unser Herr Odalricus [Udalrich], ein Liebhaber des heiligen Ordenslebens oder vielmehr ein hervorragender Verkünder desselben, vernahm ihre Bitten, erfüllte sie bereitwillig und gab ihnen zum Unterhalt Mardbach [Wüstung unweit Erbach], Buolaha [Bullau unweit Erbach] und Rossebuoch [Roßbach nordwestl. Erbach] mit allen Rechten. Nach seinem Hinscheiden wünschte sein Nachfolger, der Herr Adalbert, übervoll von der Süßigkeit verdoppelter Liebe, daß die frisch angelegte Pflanzung kräftige Wurzeln schlage und erstarke. Dem früher Geschenkten fügte er als Auffrischung Neues hinzu, nämlich fruchtbares Neuland mit Wiesen als Garten und Einnahmequelle für die Gemeinschaft. Ihm folgte der Herr Winitherus, auch er der Mehrung des Dienstes Christi ergeben, vermehrend auch das bisher Geschenkte durch 14 Morgen Land mit allem Recht in Winenheim [Weinheim] und Ameslabrunno [Asselbrunn nordwestl. Michelstadt], den Zehnten in Cunticha [Bad König nördl. Erbach], Cella [Zell unweit Erbach] und Steinbach [bei Michelstadt], durch die Dienstleute in Stocheim [Stockheim bei Erbach], eine Hufe in Steinbach, eine und eine halbe Hufe in Bisitat [Bürstadt zwischen Lorsch und Worms] und durch eine Waldparzelle im Ried bei Bensheim. Außerdem schenkte König Heinrich IV. ein Weingut bei Eichholz in Ingilenheim [Flur Eichholz in Ingelheim = Ober- und Nieder-Ingelheim am Rhein]. Bezecha von Obbenheim [Oppenheim a. Rh.] gab einen Weinberg und einen Bauernhof in Basinsheim, Diemar von Niderenburc [Niedernburg bei Aschaffenburg] eine halbe Hufe in Phungestat [Pfungstadt südwestl. Darmstadt]. Ich, als deren letzter, vielmehr geringster von allen, der ich „nur durch Gottes Gnade das bin, was ich bin" [1 Cor. 15, 10], haben beschlossen, diesen Vergabungen oder Schenkungen über dies zu deren Mehrung noch einiges beizufügen und zu bestätigen, nämlich Erichesbuoch [bei Ernsbach westl. Erbach], Alingisbach [Elsbach westl. Erbach], eine Hufe in Steinbach, zwei Hufen in Ertbach [Erbach], eine Mühle und fünf Hufen in Stocheim [Stockheim bei Erbach], einen Anteil Neuwald in Biuron [unbekannt] bei Weinheim, den Zehnten jenes Waldes mit allen Rechten, vier Morgen und einen Bauernhof in Weinheim, Ertrag und Gerechtsame von zwölf Hufen in Rehbach [nordw. Erbach], Steinbach, Stockheim und für eine halbe Hufe, die Herbert von Lorsch, seine Frau und ihr Sohn in Strazheim [Straßenheim, nördl. Stadtteil von Mannheim] geschenkt hatten, habe ich ihnen im Tauschwege 14 Morgen in Bisitat [Bürstadt zwischen Lorsch und Worms] gegeben. Auch Vogt Berthold [d. Ältere] und seine Gattin Liutgarda [Lütgard] schenkten zwei Hufen in Winemundesdale [unbekannt zwischen Stockheim und Neustadt im Kreis Erbach]. Die Mönche selbst haben noch eine Hufe in Cunticha [Bad König] dazugekauft, auch einen Weinberg in Basinsheim [Bensheim], ferner einen Bauernhof, zwei Wiesen und neun Weinberge in Weinheim. Hildibert von Weinheim kaufte für sie einen Weinberg in demselben Ort. Die Gruppe der Ordensleute ist nun endgültig niedergelassen, Christi Gnade hat sie vereinigt. Ich hielt es daher für angezeigt, ihr diese Urkunde schreiben zu lassen, in der alles gewährte, geschenkte, eingetauschte oder erkaufte Gut schriftlich und für immer festgehalten wird. Zu ihrer Erhärtung und Beglaubigung für unsere Nachkommen wollten wir sie in umsichtiger Weise nicht mit unserem Siegel, sondern mit jenem unseres Patrons Nazarius fertigen lassen, jenes von Gott geliebten Märtyrers, des besonderen Schutzherrn derjenigen, welche seine Hilfe suchen. Die Übergabe der Zelle erfolgte am 12. September im Jahre 819 nach des Herrn Fleischwerdung, in der 12. Indiktion, im 6. Jahre des Kaisers Ludwig, im 16. Jahre des Abtes

Adalung. Die Ankunft der Brüder in der Zelle erfolgte am Karfreitag, welcher der 29. März des Inkarnationsjahres 1073 war, in der 11. Indiktion, im 17. Königsjahre Heinrichs [IV.] und im 19. Abtjahre Udalrichs. Vorliegende Erklärung wurde gegeben im Jahre 1095, in der 4. Indiktion, im 40. Jahre des vorgenannten Königs, im 8. des Abtes Anselm. Ich, Notker, Priester und Mönch, wenn auch unwürdig, habe dies auf Befehl unseres Herrn, des Abtes Anselm geschrieben und die Tage und Zeiten genau ausgemacht. Gegeben am 27. Oktober [1095], in Gottes Namen zum Heile bestimmt. Amen.
(Ebd., Urkunde 141 [Reg. 3628])

M 36 Schenkung des Priesters Gerhelm an Lorsch

Ich, der Geistliche Gerhelm, schenke zum Heil meiner Seele an den heiligen Nazarius, welcher im Rheingau im Kloster Lorsch ruht, wo der ehrwürdige Adalung als Abt vorsteht, und will es für immer geschenkt wissen, was ich immer an Eigentum besitze in Offtresheim an Hufen, Feldern, Ländereien, Wiesen, Weiden, Wegen, Wäldern, Häusern, Gebäuden, alles übergebe ich und übertrage ich im Namen Gottes zum ewigen Besitztum, durch Stipulation [Vertrag] gesichert. Geschehen im 16. Jahr der Regierung des Herrn Kaisers Ludwig [...]" (829)
(F. Volk, Oftersheim. Ein Dorf und seine Geschichte. Mannheim 1968, S. 30 f.)

M 37 Weitere Gründe für das Anwachsen von Großgrundbesitz

a) Bericht über Klagen freier Bauern 811

Die Armen [freien Bauern] beklagen sich, sie würden aus ihrem Eigentum vertrieben [...]. Wenn jemand sein Eigentum dem Bischof, Abt, Grafen [...] nicht geben will, suchen diese nach Gelegenheiten, diese Armen zu verurteilen und sie immer wieder gegen den Feind ziehen zu lassen, bis sie arm geworden sind und ihr Eigentum übergeben oder verkaufen müssen; andere aber, die es schon übergeben haben, können von niemand belästigt zu Hause bleiben. [...]
(Buchner/Schmale. Ausgewählte Quellen, Bd. 31, a.a.O., S. 72/73)

b) Bestimmungen über den Kriegsdienst 808

Jeder Freie, der 4 Hufen[1] als Eigentum [...] besitzt, soll sich selbst ausrüsten und gegen den Feind ziehen [...]. Wer nur 3 Hufen hat, soll auch in den Krieg ziehen, aber er soll bei der Ausrüstung unterstützt werden von dem, der nur 1 Hufe hat. Wer 2 Hufen hat, schließt sich zusammen mit einem, der auch 2 Hufen besitzt, und einer von ihnen zieht in den Krieg. Von Leuten, die 1 Hufe besitzen, schließen sich vier zusammen, und einer von ihnen zieht in den Krieg.
(Nach: H. D. Schmid, Hg., Fragen an die Geschichte 1. Frankfurt 1983, S. 202)

c) Eintritt freier Bauern in die Grundherrschaft Guntrans in Wohlen im Aargau um 1040

In Wohlen lebte einst ein sehr mächtiger Laie [weltlicher Grundherr] namens Guntran, dort und andern Orts mit vielen Besitzungen begabt und gierig auf seiner Nachbarn Eigentum. Einige Freie nun, die in diesem Dorfe wohnten, übergaben ihm in der Meinung, er sei gütig und milde, ihr Land gegen den gesetzmäßigen üblichen Zins mit der Bedingung, daß sie unter seinem Schutz und Schirm sicher sein könnten. Jener verlegte sich übermütig und voller Arglist sogleich darauf, diese Leute zu unterdrükken, begann zunächst, sie mit weisen Forderungen anzugehen, machte dann von seiner unbeschränkten Machtfülle Gebrauch und befahl ihnen, fast als wären sie seine Grundhörigen, ihm Dienst zu leisten, und zwar in seiner Landwirtschaft, beim Schneiden und Einbringen des Heues, und bedrückte sie bei jeder Gelegenheit, wo es ihm paßte. Und als jene laut klagend Einspruch erhoben, hielt er ihnen entgegen, von ihrem Besitz komme nichts aus ihren Hütten, sie aber verwüsteten seine Äcker und Gärten und schlügen seine Wälder nieder. Er untersagte den Leuten, die diesseits des Flusses (Bünz) wohnten, zum Holzfällen seinen Wald zu betreten, wenn sie ihm nicht jährlich zwei Hühner gäben, eines für ihr Haus, ein anderes für die Waldnutzung; die Leute jenseits des Flusses (brauchten ihm) nur ein Huhn (zu geben). Jene, unfähig sich zu widersetzen, taten unter Zwang, was er befahl.
Unterdessen kam der König zur Burg Solothurn; da zogen die Bauern dort hin und begannen wegen ihrer ungerechten Bedrückung Klage zu erheben. Doch unter einer so großen Zahl von Fürsten und wegen der unbeholfenen Rede ihrer Wortführer gelangte ihre Klage nicht vor den König. Waren sie in übler Lage gekommen, so zogen sie in noch schlimmerer wieder nach Hause. So verfuhr dieser Edle mit ihnen bis zu seinem Tode und hinterließ seiner Tochter Euphemia, diese wiederum ihrem Sohne Rudolph das auf so ungerechte Weise erworbene Erbe.
(Buchner/Schmale. Ausgewählte Quellen, Bd. 31, a.a.O., S. 134–137)

1 Hufe = kleiner Bauernhof; Hufengrößen schwanken, Mittelwert: 7,5–18 Hektar (30–72 Morgen); größere Hufen vgl. M 38.

M 38 Der Hof Rommersheim nach dem Güterverzeichnis (Urbar) des Klosters Prüm/Eifel von 893 und dem Kommentar des Abtes Caesarius von 1222

Urbar	Kommentar
Hier beginnt das Verzeichnis von Rommersheim. Es gibt in Rommersheim 30 volle Knechtshufen und 7 Hufen Salland.	
	Es ist zu beachten, daß in diesem Verzeichnis sehr oft vier verschiedene Arten von Hufen erwähnt werden, nämlich Knechtshufen, Litenhufen, Freienhufen und unbestellte Hufen. Knechtshufen müssen uns ständig Dienste leisten, d.h. das ganze Jahr hindurch wöchentlich drei Tage. Außerdem erfüllen sie viele andere von Rechts wegen geschuldete Pflichten, wie es im Buch verzeichnet ist. Litenhufen erfüllen uns viele von Rechts wegen geschuldete Pflichten, leisten aber nicht so ununterbrochene Dienste wie die Knechtshufen. Die Freienhufen befinden sich in den Ardennen, und zwar in Oisling, dort wo Bleialf, Holler und Vilance liegen[1]. Jede dieser Hufen umfaßt 160 Tagewerke Land – zu deutsch „Königshufen“ genannt. Unbestellte Hufen haben keine eigenen Bebauer, sondern der (Grund-)Herr hat sie unter seiner Verfügungsgewalt; zu deutsch heißen sie „Fronland“. Ferner findet man in dem Verzeichnis Hufen und Salland erwähnt. Das sind Ländereien des Meierhofes; (wir nennen sie zu deutsch Salland oder „Achten“ und „Cunden“).
Widrad hat eine Vollhufe; er gibt als Schweinezins einen Eber im Wert von zwanzig Pfennigen,	
	„Sualis“ bedeutet das gleiche wie „porcus“; es heißt „sualis“ nach Sau. Ein Franzose nämlich schrieb das alte Buch und verwendete viele fremdländische Ausdrücke in ihm aus dem Französischen; der Altehrwürdigkeit halber haben wir sie auch in diesem Buch niedergeschrieben in der Meinung, sie nicht ändern zu sollen.
1 Pfund Garn, 3 Hühner, 18 Eier. Er leistet jährlich die Weinfuhre, im Mai und Oktober jeweils die Hälfte, fährt 5 Wagenladungen von seinem Mist; gibt 5 „Daurastufen“, fährt 1 Klafter Holz – 6 Fuß breit, 12 Fuß lang, zu 12 Wagenladungen –	
	Daurastufen sind Rinden, die von den Bäumen geschält werden; zu deutsch nennen wir sie „Lohe“. Die Hufe gibt 5 Bündel solcher Rinden, das Bündel zu 15 anständigen Stücken. Diese Rindenbündel dienen zur Beleuchtung im Herrenhof, gemeinhin „Fronhof“ genannt. Wenn die Hufner im Dezember das herrschaftliche Getreide dreschen, wird auch ihnen davon Beleuchtung gegeben, weil zu dieser Zeit die Tage kurz sind. Jede Hufe hat nach Prüm 1 Klafter [Holz] zu fahren, also einen Holzstoß oder Holzhaufen von 12 Fuß Länge und 6 Fuß Breite; für diesen Holzstoß fährt jede Hufe 12 Wagenladungen an. Das Holz heißt zu deutsch „Königsholz“ oder „wideglage“[2]. Dieses Holz erhält der Klosterkämmerer und besorgt davon den Brüdern reichlich Feuerung im Wärmezimmer während des ganzen Winters, von Allerheiligen [1. Nov.] bis Ostern; das Feuer wird zu Beginn der Frühmette angelegt und brennt durch bis zum Vespergottesdienst.

1 Oisling: ein Teil der Eifel; Bleialf, Kreis Prüm; Holler, Luxemburg; Vilance bei Bastogne, Belgien
2 Königsholz: wohl Holz, das für die in der Nähe liegenden Königspfalzen (Schüller, Manderfeld) als Brenn- und Bauholz verwandt wurde. Wideglage zu Weide?

bäckt Brot und braut Bier.

Auf jedem Fronhof kann der Abt sein Back- und Bräuhaus sowie seine Mühle haben. Back- und Bräuhaus nennt man zu deutsch „Backhaus" und „Bräuhaus". In dem Back- und Bräuhaus müssen die Leute des Fronhofs ihr gesäuertes Brot backen und ihr Bier brauen. Ferner: wenn der Abt dorthin kommen will und es den Hufnern vom Meier – das ist der Verwalter – oder vom Boten des Abtes geheißen wird, so müssen sie Getreide vom Herrenhof zur Mühle bringen und mahlen, das Mehl zum herrschaftlichen Backhaus befördern, Teig anrichten und Brot backen und ebenso Bier brauen. Ferner: verrichtet das Gesinde Herrendienste, wofür es Brot und Bier empfängt, so soll es der Reihe nach backen und brauen. Das Back- und Bräuhaus aber wirft gleich den Mühlen dem Kloster recht erhebliche Einnahmen ab.

Jede Hufe liefert dem Kloster 50 Latten und tut im Wald bei den Schweinen 1 Woche [Hirtendienst], wenn sie an der Reihe ist.

Jede Hufe ist verpflichtet, jährlich 50 Latten und 100 Schindeln zu Dachreparaturen am Kloster zu liefern. Die Latten nennt man zu deutsch „Eßlinge", die Schindeln „Schundeln".

Sie bestellt drei Morgen Landes, das ganze Jahr hindurch, jede Woche drei Tage,

Wie die Hufner die herrschaftlichen Äcker zur rechten Zeit pflügen, besäen, abernten und die Ernte in die Scheuern bringen, Zäune errichten und Getreide dreschen müssen, ist so gut wie allgemein bekannt; so haben wir nicht aufgezeichnet, was man wissen kann oder weiß.

fährt von Holler zum Kloster 5 Scheffel Getreide und leistet Wachdienst.

Wachdienste leisten heißt: nachdem das Getreide in die Herrenscheuer eingebracht ist, müssen die Hufner es dreschen, wie das alte Verzeichnis es berichtet. In der Zwischenzeit aber, vor dem Drusch, sind die Dienstpflichtigen gehalten, der Reihe nach das Getreide zu bewachen und bei Nacht Wächter zu stellen, damit nicht Übeltäter es anzünden. Wird es infolge ihrer Säumigkeit nicht richtig verwahrt, so müssen sie den Schaden dem Kloster erstatten. Ferner: wenn der Herr Abt kommt und es ihnen so vorgeschrieben wurde, so haben sie auch ihn und sein Gefolge der nächtlich drohenden Gefahren wegen zu behüten, damit kein Unglück geschieht.

Wenn sie 15 Nächte fronen, Heu ernten und Handdienste leisten, erhalten sie Brot, Bier und Fleisch in reichen Jahren, zu anderen Zeiten nichts.

Man muß wissen, daß alle Leute unserer Güter und unseres Gebietes uns Handdienste zu leisten haben, und zwar nicht nur die Hufner, sondern auch die Scharmannen, d.h. die Dienstleute und Haistalden[1], also diejenigen, die von dem Fronhof keine liegenden Gründe besitzen, aber an unseren Weiden und Gewässern Gemeinschaftsnutzung haben.
Handdienste leisten heißt: für uns so wie für sich selber pflügen. Diese Handdienste nennt man zu deutsch „atepluge"[2]. Wer aber kein taugliches Pflugvieh oder -tier besitzt, kommt auf Geheiß unseres Beamten mit seinem Grabscheit und arbeitet mit den anderen Leuten das, was ihm auferlegt worden ist.

1 Haistaldi, Hagustaldi: Hagbesitzer, heute in anderer Bedeutung Hagestolze. (Hag = Gehege, umfriedeter Ort.)
2 atepluge: Achtpflug, Pflugland

Jeder Hufner umhegt Ernte in einem Umfang von 6 Ruten, Weideland [Brühl] 3 Ruten

6 Ruten Ernteland und 3 Ruten Weideland einzäunen heißt: jede Hufe macht einen Zaun von 9 Ruten – 9 Normalmaß Länge – um unser Bannland und unsere Wiesen, jedes Normalmaß zu 15 Fuß Länge.

säubert eine Fläche im herrschaftlichen Garten; seine Frau muß Beinkleider nähen.

Die Ordensregel erlaubt es den Mönchen, auf Reisen Beinkleider zu tragen. So ist es von alters her bestimmt – wie das alte Buch berichtet –, daß unsere Hufen jährlich leinene Hemdenstoffe fertigen, leinene Tücher aus reinem Flachs 8 Ellen lang und 2 Ellen breit. Daraus müssen die Frauen unserer Leute Beinkleider nähen, und die Meier haben sie pflichtgemäß dem Klosterkämmerer zu übergeben. Der Kämmerer muß sie ordnungsgemäß und nach der Vorschrift seines Abtes verteilen bzw. verwahren.

Als Kriegssteuer muß Rommersheim 1 Wagen und 4 Ochsen stellen von Mitte Mai bis Ende August.

Jeder Meierhof muß dem Abt Kriegssteuer leisten. Kriegssteuer heißt gemeinhin „natselde". Will der Abt die Meierhöfe seines Klosters besichtigen, so müssen diese ihm Fuhrwerk stellen, um den notwendigen Bedarf von Hof zu Hof zu befördern oder auch, wie es von alters her Sitte war, als diese Rechte festgelegt worden sind: sooft die Herren durch ihre Ländereien reisen wollten, ließen sie ihre Wagen bespannen und setzten sich samt ihrem Gefolge hinein. Die Ochsen, die man als Kriegssteuer auf den Meierhöfen stellt, müssen geschlachtet und verzehrt werden. Wenn der Abt Ablösung in Geld verlangt, zahlt jede Hufe 5 Pfennig. Die dreißig Hufen von Rommersheim nämlich stellen, wie gesagt, 4 Ochsen, also 7½ Hufen 1 Ochsen; lösen sie das in Geld ab, so zahlen sie 37 Pfennige und 1 Heller; dafür konnte man zu der Zeit, da dies festgesetzt wurde, 1 Ochsen oder 1 auf der Brache gemästetes und zum Verzehr besonders geeignetes Kalb kaufen.

Reimbald hat 3 Tagewerk Ackerland und einen Bauernhof; dafür muß er wöchentlich 2 Tage [Botendienst] leisten, auf 15 Tage eine Woche [fronen] und ein Huhn [zinsen]. Die Frauen der Pfründner leisten je 2 Tage Dienst die Woche, einen mit und einen ohne Brot, sonst aber hechelt jede ½ Pfund Flachs oder fertigt ½ Hemdenstoff. Aeduins Weib hat einen Bauernhof und Land; sie leistet Dienst und fertigt ½ Hemdenstoff. Nantcher hat einen Hof und eine Wiese, seine Frau hat vom Kloster einen Hof und zahlt 4 Pfennige.

Gesamtertrag: Es gibt in Rommersheim 30 Hufen; sie liefern 30 Eber oder ebensoviel Unzen, 30 Pfund Garn, 90 Hühner, 540 Eier, 30 Fronfuhren, 150 Karren Mist, ebenso 150 Bündel Kienfackeln, 30 Klafter Holz, 1500 Latten, 3000 Schindeln, bestellen 90 Tagewerk Ackerland; sie transportieren von Holler 150 Scheffel Korn; als Kriegssteuer geben sie 4 Ochsen und 1 Wagen.

(Buchner/Schmale. Ausgewählte Quellen, Bd. 31, a.a.O., S. 80/81–96/97)

M 39 **Die Arbeitsweisen**

a) Ochsen als Zugtiere und Hakenpflug, Sichelschnitt generell wohl noch hoch, obwohl er bei der zweiten Person tiefer angesetzt scheint, Rinderzucht und Schafzucht, Schweinezucht im Wald
(Utrechter Psalter, Pl. 22. In: Les illustrations du psautier d'Utrecht. Sources et apport carolingien. Paris 1978)

b) Schmiedevorgang an der Esse, Glätten und Schärfen des Schwertes, Garnvorbereitung und Verarbeitung am Webstuhl, Wiegen und Tauschen von Gegenständen
(Ebd., Pl. 20 u. 21)

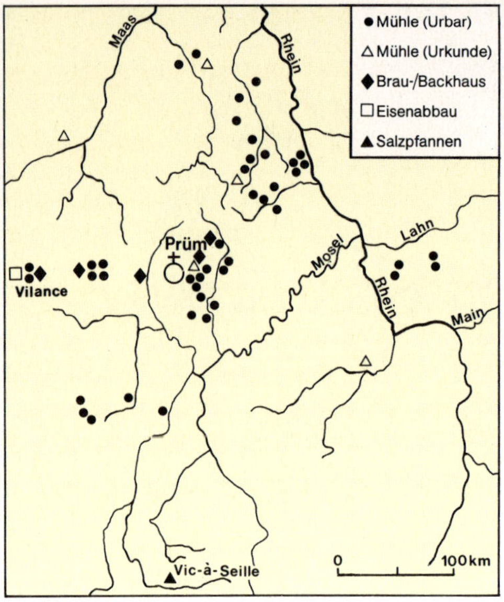

M 40 **Gewerbe in der Grundherrschaft Prüm**
(Nach: L. Kuchenbach, Bäuerliche Gesellschaft und Klosterherrschaft im 9. Jh. Studien zur Sozialstruktur der familia der Abtei Prüm. Wiesbaden 1978, S. 283)

M 41 **Die Villikationsverfassung**
Die klassische fränkische Grundherrschaft ist in der Form der Villikationsverfassung organisiert.
Zum Fronhof, Herrenhof, den der *villicus* verwaltete – daher: Villikationsverfassung –, gehörten: Das Salland, Herrenland, das der Herr oder sein Verwalter im Eigenbau mit unfreiem Gesinde bestellte, die im Umkreis dieses Hofes liegenden, ihm zugeordneten selbständigen Bauernwirtschaften, das sind seit der Karolingerzeit die *mansi,* deren Inhaber auf dem Herrenland fronen und aus dem eigenen Betrieb noch Abgaben leisten müssen; schließlich der Fronhofsverwaltung nur lose angegliederte Grundstücke und außerhalb der Fronhofverfassung vergebenes Land. Eine große Grundherrschaft besteht aus einer Vielzahl solcher Fronhöfe mit Zubehör. Die Gesamtheit der in einer Villikation wirtschaftlich tätigen Leute wird als *familia* bezeichnet, die eine genossenschaftlich geprägte Zusammengehörigkeit entwickelt.
(E. Ennen/W. Janssen, Deutsche Agrargeschichte. Wiesbaden 1979, S. 136)

M 42 **Die familia**
Als *familia* erscheint in den Quellen des 8. bis 12. Jahrhunderts die Gesamtheit der von einem geistlichen oder weltlichen Herrn abhängigen Eigenleute. Aus dieser *familia* heraus hat sich innerhalb von 250 Jahren fast die gesamte moderne Gesellschaft entwickelt.
(H. Dopsch, Freiheit und Unfreiheit – Zur Dynamik der mittelalterlichen Gesellschaftsentwicklung. In: C. A. Lückerath/U. Uffelmann, Hg., Geschichte des Mittelalters. Düss. 1982, S. 26)

M 43 **Familie und Haushalt in der Prümer Grundherrschaft**
Das, was zu diesem Problem in den vorangegangenen Untersuchungen zum Vorschein gekommen ist, läßt sich vielleicht so zusammenfassen: Man braucht sich künftig nicht mehr mit nur allgemeinen Hinweisen auf die weitgehend unbekannte Struktur der abhängigen Bauernfamilien bzw. -haushalte zu begnügen. Gesichert ist:
1. die Vorrangstellung des Mannes vor der Frau, die aber nicht völlig rechtlos ist (zeitweilige Inhaberschaft im Verwitwungsfall), die des älteren Mannes vor dem jüngeren, die des verheirateten Mannes vor dem ledigen, wobei ständische Unterschiede wohl nur eine untergeordnete Rolle spielen:
2. die vorwiegend patrilineare de-facto-Vererbung des Mansus,
3. die vorwiegende Patrilokalität;
4. die Zugehörigkeit nicht verwandten Gesindes zum Haushalt.
In Umrissen erkennbar sind weiter verschiedene Haushaltsstrukturen, womit die zu Beginn dieses Abschnittes zunächst unterstellte allgemeine Geltung der ‚Gattenfamilie' korrigiert werden muß:
1. Der Mansushaushalt mit ungeteilter Inhaberschaft, als dessen Kern der älteste verheiratete Mann (Hausvater) mit Frau und Kindern zu gelten hat (Gattenfamilie). Darum können sich gruppieren: die verwitwete Mutter des Ehemannes, dessen nicht verheiratete Geschwister, seine Kindeskinder und das ‚Gesinde' (soweit nicht mit der Gattenfamilie verwandt).
2. Dieses Gebilde kann sich dadurch differenzieren und erweitern, daß neben dem ältesten verheirateten Mann dessen ebenso verheiratete Brüder bzw. Söhne mit ihren Frauen und Kindern als Mitinhaber (*socii*) fungieren. Die Vergrößerung tendiert aber zugleich zur Zellteilung sowohl der Gesamtfamilie in einzelne, mindestens getrennt wohnende bzw. haushaltende Gattenfamilien (Entstehung mehrerer *foci* innerhalb des Mansus) als auch des Mansus im ganzen (Halbierung, Viertelung).
Beide Strukturen können zum einen auseinander hervorgehen sowie ineinander münden. Der Haushalt kann also zur Gattenfamilie schrumpfen wie zur Erbengemeinschaft mehrerer Gattenfamilien ‚expandieren'. Dies dürfte einerseits von den wichtigsten Gegebenheiten des Familienzyklus' (Eheschluß, Geburten[rate], Tod von Ehepartnern), andererseits von der Größe des Mansus abhängen, die als relativ konstante Ernährungsgrundlage entweder den ledigen Stand bestimmter Kernfamilienmitglieder zeitweise oder dauerhaft erzwingt oder deren Heirat und Verbleib erlaubt.

Zum zweiten legt der Quellenbefund nahe, beide Strukturen als relativ verfestigte Formen – ganz grob – bestimmten Regionen zuzuordnen. In den ausführlichen westfränkischen Quellen ist die Haushaltsstruktur der mehrere Gattenfamilien vereinenden Erbengemeinschaft (lateral expandierter Haushalt) häufig anzutreffen. Dort aber fehlt das ‚Gesinde' fast völlig. Die ostfränkischen Quellen – weniger ausführlich – sprechen nur von der Familie, in der ein einziger Inhaber dem Mansus vorsteht. Zugleich sind hier die Belege für (nicht verwandtes?) Gesinde häufiger.
Die Prümer Grundherrschaft mit ihren Gütern in der Francia media weist beide Typen auf: in den Ardennen besonders den Typ ‚westlicher', im Lahngau den ‚östlicher' Prägung.
(L. Kuchenbuch: Bäuerliche Gesellschaft und Klosterherrschaft im 9. Jahrhundert. Franz Steiner Verlag, Wiesbaden 1978, S. 92f.)

C. Ansehen der Abhängigen

M 44 Das Ansehen

a) Eine bäuerliche Kleiderordnung um 1150

Dem Bauern ist nach dem Recht nur Schwarz oder Grau zu tragen erlaubt. Gere [keilförmige Verzierungen des Gewandes] darf er nur an der Seite tragen; rindlederne Schuhe sind genug; für das Hemd sieben Ellen und für die Kniehose Tuch aus Rupfen. [...] An den Sonntagen soll er zur Kirche gehen. Doch darf er nur einen Stecken in der Hand tragen. Kommt er mit einem Schwert, soll man ihn gebunden an den Kirchenzaun führen, ihm den Hut wegnehmen und das Haar abschneiden. Wenn er angegriffen wird, darf er sich nur mit einem Krückstock verteidigen.
(G. Franz, Quellen zur Geschichte des deutschen Bauernstandes im Mittelalter. a.a.O., Nr. 82)

b) Eine Legende vom hl. Liudger um 800

Was gegen die trotzigen Bauern geschehen ist: Die folgende Geschichte hat uns ein sehr wahrheitsliebender Mann [...] berichtet. In der Stadt Oefte, nicht weit von unserem Kloster Werden gelegen, kaufte der Heilige [Liudger] eine Hufe von einem Manne, der später, von bösen Freunden beraten, den Kauf ableugnete. Er und seine Freunde hatten beschlossen, wenn sie das Land mit Fug und Recht nicht behalten könnten, wollten sie es mit Gewalt und Unrecht zurückhalten. Denn sie verachteten den Heiligen und haßten ihn. Bei der ersten und zweiten allgemeinen Versammlung, die der Bischof hielt, fochten sie jedoch den Kauf nicht an. Als bei der dritten Versammlung dem Bischof schon viele schmähliche Worte entgegengehalten worden waren, sprach ein ziemlich verächtlicher und ganz ungestalter Bauer zu den Umstehenden: „Ist es nicht eine große Schmach, daß dieser fremde unbekannte Mensch sich unser Erbe aneignen will?" Da der ehrwürdige Bischof das hörte, sah er sich um und wollte wissen, wer solche Worte gesprochen hätte. Der Bauer aber scheute den Blick des Bischofs und wandte seinen Kopf nach rückwärts, als ob nicht er, sondern ein ganz anderer das gesprochen hätte. Da konnte er seinen Hals nicht wieder umbiegen, und so blieb ihm das Haupt also sitzen bis zu seinem Tode, und deswegen wurde er Caco, der Gucker, genannt. Da die Bauern ein solches Wunder sahen, gaben sie dem Bischof gern das zurück, was sie ihm bisher zäh vorenthalten hatten.
(Buchner/Schmale, Ausgewählte Quellen, Bd. 31, a.a.O., S. 62–65)

c) Die Ständelehre des Bischofs Burchard von Worms (965–1025) um 1010

Wegen der Sünde des ersten Menschen ist dem Menschengeschlecht durch göttliche Fügung die Strafe der Knechtschaft auferlegt worden, so daß Gott denen, für die, wie er sieht, die Freiheit nicht paßt, in großer Barmherzigkeit die Knechtschaft auferlegt. [...] Die einen hat er zu Knechten, die anderen zu Herren eingesetzt, damit die Möglichkeit zu freveln für die Knechte durch die Macht der Herren eingeschränkt würde. (Ebd., S. 122–125)

Anregungen

1 *Nennen Sie die Auffälligkeiten der Karte des Lorscher Klostergutes (M 34)! Erarbeiten Sie anhand von M 35–37 die verschiedenen Faktoren, die zur Bildung von Großgrundbesitz geführt haben!*
2 *Listen Sie die Leistungen der Hufeninhaber des Hofes Rommersheim auf (M 38), und erläutern Sie die Vielfältigkeit der Besitz- und Abhängigkeitsverhältnissse! Versuchen Sie zu erklären, warum der Abt von 1222 das Verzeichnis aus dem 9. Jahrhundert nicht veränderte, sondern nur erläuterte!*
3 *Zeichnen Sie die Struktur des Hofes Rommersheim und seine Beziehung zum Kloster Prüm!*
4 *Beschreiben Sie die einzelnen Bildelemente und deuten Sie die dargestellten Tätigkeiten. Ziehen Sie aus Tätigkeiten, Werkzeugen sowie Arbeitsmethoden (M 39) Schlüsse über das Verhältnis von Verfahren und Ertrag, und diskutieren Sie anhand von M 40 über den Stand der Arbeitsteilung innerhalb der Grundherrschaft!*
5 *Untersuchen Sie Abb. 20, M 41–43!*
a) Beschreiben Sie die mittelalterliche „familia" und „Familie und Haushalt"! b) Erklären Sie den Unterschied zwischen diesem Familienbegriff und gegenwärtigen Vorstellungen von Familie! c) Formulieren Sie dazu Thesen über die jeweilige Lebensqualität der Menschen!
6 *Fragen Sie nach Beweggründen zur Einführung von Kleiderordnungen (M 44) wie nach der gesellschaftlichen Funktion der Heiligenlegende um Liudger, der zum Patron der Bauern wurde. Diskutieren Sie Folgen der Ständelehren für Stellung und Ansehen der Bauern in der mittelalterlichen Gesellschaft!*

4. Kaiser und Reich im Spätmittelalter

4.0 Einleitung

Bei der Darstellung des Spätmittelalters liegt der Schwerpunkt auf den neuen gesellschaftlichen und politischen Entwicklungen, mit denen für die Folgezeit prägende Strukturen geschaffen werden. Es werden hier vor allem zwei Entwicklungen behandelt und dokumentiert: die Herausbildung der Stadt und die Territorialisierung des Reichs.
Mit der Stadt und ihren Bürgern tritt ein neues, dynamisches Element in die feudale Welt des Mittelalters, von der neue wirtschaftliche, soziale und kulturelle Anstöße ausgehen und die auch eine erhebliche Ausstrahlungskraft auf andere gesellschaftliche Gruppen gewinnt. Zum ersten Mal löst sich eine nicht mehr ausschließlich von Grund und Boden abhängige Schicht aus den feudalen Bindungen des Landes und entwickelt in ihrem Zusammenleben auf engem Raum neue Formen der Selbstbestimmung und der städtischen Freiheit, wie sie im Rechtssatz „Stadtluft macht frei“ ihren sichtbaren Ausdruck finden. Diese Freiheit ist aber eingebunden in die genossenschaftliche Ordnung, die alle Bereiche der Stadt von den Gilden über die Zünfte bis hin zur Wehrgemeinde durchzieht. Die neu entstehende bürgerliche Kultur, die mit zukunftsweisenden zivilisatorischen Prozessen einhergeht (Durchsetzung der Geldwirtschaft, neues Zeitbewußtsein, Rationalisierung, Säkularisierung), erreicht im Spätmittelalter ihren Höhepunkt und schafft wesentliche Grundlagen für die Herausbildung der modernen Welt.
Neben der Urbanisierung stellt die Territorialisierung des Reichs eine wesentliche Wandlung im Spätmittelalter dar. Anders als in Westeuropa, wo in dieser Zeit Ansätze für die Nationalstaaten entstehen, lassen in Deutschland das Wahlkönigtum und die Schwäche der Zentralgewalt die Territorialherren erstarken, was bereits unter den Staufern deutlich sichtbar wird. Die Geschichte dieser großen Dynastie wird verfolgt, weil sich das Spannungsverhältnis von Zentralgewalt und partikularen Kräften mit seinen gesellschaftlichen Wandlungsprozessen hier gut beobachten läßt. Um die Wirtschaftskraft ihrer Länder zu mobilisieren, beginnen die Territorialherren in Anlehnung an städtische Verwaltungsformen, mit Hilfe der neuen Schicht der „Beamten“ ihre Länder in Ansätzen zu „durchstaatlichen“, ein Prozeß, der über Jahrhunderte andauern sollte.
Von zentraler Bedeutung ist dabei das Verhältnis der Territorialherren zu den Ständen, mit denen es im Spätmittelalter nach längeren Auseinandersetzungen oft zu umfassenden Verträgen kommt. Damit verschiebt sich das Schwergewicht der Politik vom Reich stärker in die Territorien, womit die Grundlagen für den Föderalismus in Deutschland gelegt werden.
Urbanisierung und Territorialisierung dürfen aber nicht als gradlinige Prozesse verstanden werden. Gerade das Spätmittelalter ist bestimmt durch einschneidende Krisen, die diese Prozesse teils fördernd, teils hemmend beeinflussen. So lassen die schweren Bevölkerungsverluste durch die Pest, der bereits Hungersnöte vorangingen, den Ausbau der Städte und auch die Ostsiedlung stagnieren. Die Dynamik des Hochmittelalters wird tief getroffen und verebbt zeitweilig. Auf dem Hintergrund erheblicher wirtschaftlicher Wandlungen wie der Lohn-Preis-Schere des Spätmittelalters, des einsetzenden Verlagswesens und des Anwachsens der Unterschichten in den Städten entstehen neue Probleme, die die mittelalterliche Ordnung zunehmend in Frage stellen und die zu Beginn der Neuzeit nach neuen Antworten verlangen.

4.1 Das Stauferreich

1152–1190	Friedrich I. Barbarossa
1129–1195	Heinrich der Löwe, Herzog von Sachsen (1142–1180) und Bayern (1156–1180)
1183	Friede zu Konstanz zwischen Friedrich I. und den lombardischen Städten
1198–1208	Philipp von Schwaben und } Doppelkönigtum
1198–1218	Otto IV. v. Braunschweig } Doppelkönigtum
1215–1250	Friedrich II. (*1194)
1220	Confoederatio cum principibus ecclesiasticis: Friedrich beschränkt Königsrechte in den geistlichen Territorien
1232	Statutum in favorem principum: Beschränkung der Politik des Königs auch in den Gebieten der weltlichen Fürsten
1235	Mainzer Reichslandfrieden betont die Oberhoheit des Reiches besonders in Fragen der Rechtsprechung, des Zoll- und Münzwesens
1268	Hinrichtung Konradins
1256–1273	Interregnum in Deutschland

4.1.1 Die Anfänge der Staufer

In den Auseinandersetzungen des Investiturstreits zwischen Kaiser und Papst in der zweiten Hälfte des 11. Jahrhunderts erstarkten die großen Adelsgeschlechter. Auch der Stammvater der Staufer, Friedrich von Büren (nach der Burg Büren, dem heutigen Wäschenbeuren), konnte seinen Einfluß in dieser Zeit ausbauen und Gebiete im Elsaß erwerben. Sein Sohn Friedrich (1079–1105) heiratete die einzige Tochter Kaiser Heinrichs IV. und wurde zum Herzog von Schwaben ernannt. Damit geriet die Familie, die sich nun nach der von Friedrich I. erbauten Burg Hohenstaufen nannte, in die Nähe des deutschen Königshauses.

Sein Sohn Friedrich II. (1090–1147) baute sein Territorium zielstrebig aus, indem er Städte und Burgen gründete. Im Volksmund hieß es: „Herzog Friedrich schleift am Schweif seines Rosses stets eine Burg mit“. Nach dem Tod des kinderlosen Heinrich V. erbte er die salischen Güter um Worms und Speyer. Zum König wurde aber nicht Friedrich II., der Erbe Heinrichs V., sondern sein Rivale, der Welfe Lothar III. von Supplinburg (1125–1137), gewählt. Seitdem bestimmte der staufisch-welfische Gegensatz die Reichspolitik entscheidend mit.

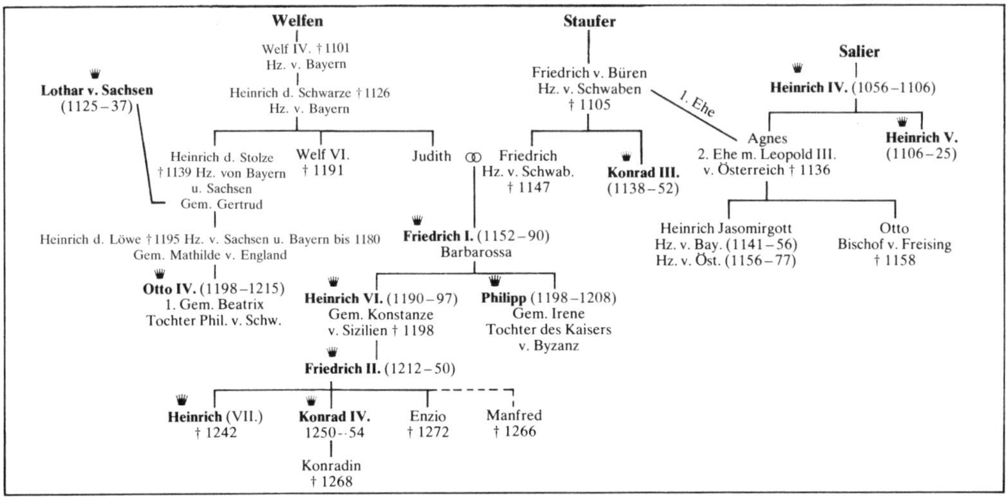

Abb. 1 Staufer und Welfen

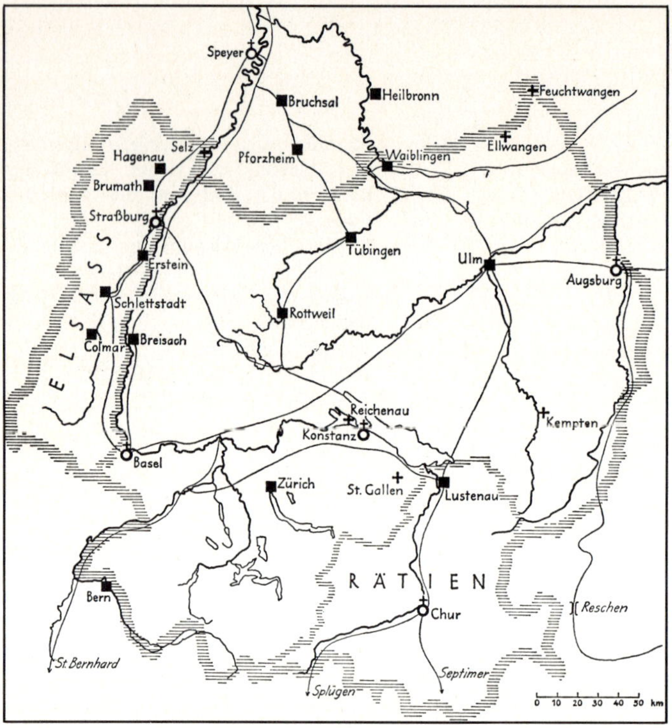

Abb. 2 Das Herzogtum Schwaben zu Beginn der Stauferzeit
(H. Schwarzmaier, Die Heimat der Staufer. Sigmaringen [2]1977, S. 13)

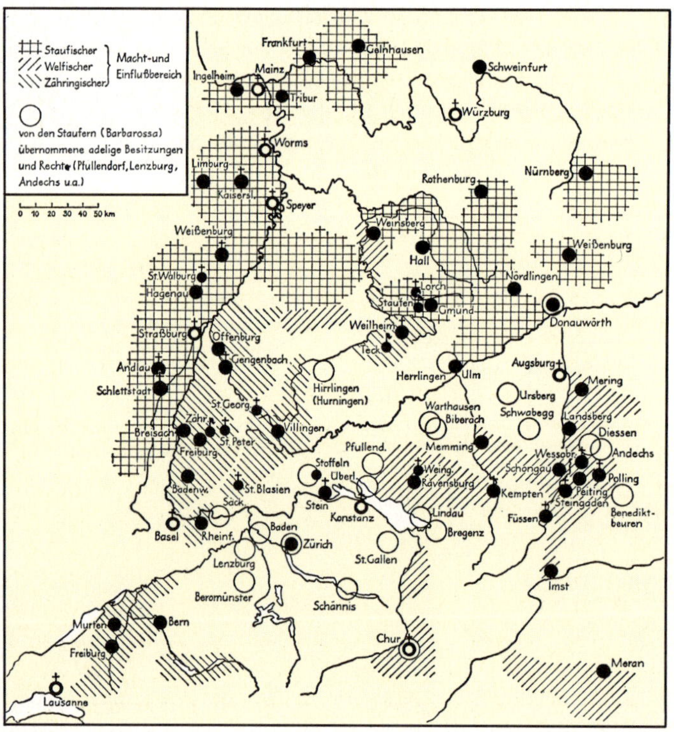

Abb. 3 Territorialpolitik der Staufer in Schwaben, Bayern und Franken
(Ebd., S. 52)

Abb. 4 Kaiser Friedrich I. Barbarossa mit seinen Söhnen König Heinrich VI. und Herzog Friedrich von Schwaben
(Buchmalerei um 1180)

Erst nach Lothars Tod wurde nun – unter Umgehung seines Erben Heinrich des Stolzen – der Bruder Friedrichs II., der Staufer Konrad III. gewählt (1138–1152), da die Reichsfürsten die Macht Heinrichs des Stolzen fürchteten, weil er sowohl die Herzogtümer Bayern und Sachsen als auch die Mathildischen Güter – umfangreiche Reichslehen und Eigengüter des Hauses Canossa in der Toskana, Emilia, Lombardei – in seiner Hand vereinigte.
In den Auseinandersetzungen zwischen Konrad III. und den Welfen, die sich jahrelang hinzogen, mußten die Welfen auf Bayern verzichten, das an den Babenberger kam. Nach dem Tode Konrads III. wurde Friedrich von Schwaben (Friedrich I. Barbarossa, 1152–1190) zum König gewählt. Als Sohn des Herzogs Friedrich II. und der Welfin Judith schien er den Fürsten die Gewähr zu bieten, die Gegensätze der beiden verfeindeten Geschlechter zu überbrücken, und im Unterschied zu seinem Onkel Konrad III. erstrebte er auch einen Ausgleich mit den Welfen.

4.1.2 Friedrich Barbarossa (1152–1190)

Friedrich I., den die Italiener später wegen seines blonden Bartes Barbarossa nannten, entsprach im hohen Maße dem Idealbild der mittelalterlichen Könige. Auch wenn die Darstellung seines Chronisten Otto von Freising (s. M 1a) sicherlich überhöht ist, zeichnete er sich doch durch Tapferkeit, „Mâze“, und durch seinen Sinn für Gerechtigkeit aus. Er gab das Herzogtum Bayern

an seinen Vetter Heinrich den Löwen, der damit zum mächtigsten Reichsfürsten aufstieg. Allerdings wurde davon Österreich abgetrennt und kam als Herzogtum an die Babenberger. Das Herzogtum Schwaben gab Barbarossa später an seinen eigenen Sohn Friedrich V. (1164–1191).
Unter Barbarossa vollzog sich ein starker Ausbau der staufischen Länder. Eine Kette staufischer Güter erstreckte sich vom Oberrhein bis nach Thüringen. Wesentlich stützte sich Barbarossa dabei auf die **Ministerialen** (Dienstmannen), die aufgrund ihrer Fähigkeiten zum Teil sogar aus dem Stand der Unfreien aufstiegen und in ihren Funktionen in der Regel als absetzbare Gefolgsleute gleichsam Vorläufer der späteren Beamtenschaft waren. Edelfreie und Ministeriale glichen sich allmählich im Rittertum an. Durch den verstärkten Bau von Burgen und Städten wurde das Land gesichert **(Reichslandpolitik)**. Damit entstand im Süden ein einheitlich verwaltetes Territorium der Staufer, das als Vorbild auf andere Geschlechter ausstrahlte.

4.1.2.1 Italienpolitik

Zur Erlangung der Kaiserkrönung schloß Friedrich bereits im Frühjahr 1153 mit Papst Eugen III. den Vertrag von Konstanz, in dem er dem Papst Hilfe gegen die Römer und die Normannen in Süditalien versprach. Auf dem ersten Italienzug 1155 schlug er den Aufstand der Römer nieder und wurde von dem neuen Papst Hadrian IV. gekrönt. Hilfe gegen die Normannen konnte er dem Papst aber nicht bieten, da die deutschen Fürsten die Rückkehr nach Deutschland verlangten. Dies führte zu einer Schwenkung der päpstlichen Politik und zu einer Verständigung mit Wilhelm von Sizilien, der vom Papst mit Sizilien, Apulien und Capua belehnt wurde. Indes wuchs die königliche Macht durch Friedrichs Heirat mit Beatrix, der Erbin von Hochburgund, wodurch ihm 1178 das **burgundische Gesamtreich** zufiel.
Die Spannungen zwischen Kaiser und Papst entluden sich auf dem Reichstag zu Besançon (1157) durch einen päpstlichen Brief, in dem die Kaiserkrone doppelsinnig als „Beneficium“ bezeichnet wurde, was der Kanzler Rainald von Dassel mit „Lehen“ übersetzte (*beneficium* = Wohltat, Lehen). Damit kam es zum offenen Bruch. Auf dem zweiten Italienzug ging es dem Kaiser zunächst darum, die oberitalienischen Städte wieder unter seine Herrschaft zu bringen, da ihre Steuern eine unverzichtbare Hilfsquelle für ihn darstellten. Auf dem **Reichstag auf den Ronkalischen Feldern** (1158) verlangte Barbarossa die Wiederherstellung der alten Rechte (Regalien) und ließ sich diese Rechte von den Rechtsgelehrten der Universität Bologna bestätigen. Kaiserliche Beamte (Podesta) sollten die Rechte verwalten. Als Mailand sich dagegen erhob, wurde es erobert und zerstört.
Nach neuen Auseinandersetzungen gelang es dem Kaiser sogar, die Römer bei Tusculum zu schlagen, so daß Papst Alexander III. fliehen mußte. Aber eine Seuche zwang ihn zum Rückzug, der einen allgemeinen Aufstand der lombardischen Städte (Lombardischer Bund) auslöste.
Nach einer letzten Entscheidungsschlacht bei Legnano (1176) mußte der Kaiser einlenken. Durch geschickte Verhandlungen gelangte er zum Frieden von Venedig (1177) mit dem Papst und später mit den lombardischen Städten. Den Städten gestand er wesentliche Rechte zu, vor allem das Zoll- und Münzrecht und das Recht auf eigene Konsuln. Dafür erhielt er eine jährliche Steuersumme; gleichzeitig blieb die Oberherrschaft über die Städte bestehen.

4.1.2.2 Die Auseinandersetzung mit Heinrich dem Löwen

Während der langjährigen Abwesenheit Barbarossas in Italien konnte der mächtigste Reichsfürst Heinrich der Löwe seine Kraft sowohl auf die Binnenkolonisation als auch auf die Erweiterung seines Landes im Osten richten. Barbarossa stützte ihn, um den Gegensatz zwischen Welfen und Staufern nicht neu aufflammen zu lassen, obwohl Heinrichs Stolz und seine harte Politik ihm viele Feinde verschafften.

Auf dem Höhepunkt der Kämpfe in Italien, kurz vor der Schlacht von Legnano, weigerte sich Heinrich der Löwe, dem Kaiser Truppen zur Verfügung zu stellen, wenn ihm dieser nicht als Preis dafür die Goslarer Silberbergwerke übertrüge. Der Kaiser lehnte dies entschieden ab. Nach seiner Rückkehr ließ er Heinrich den Löwen auf den Reichstag und vor ein Lehnsgericht laden und verurteilen, als dieser nicht erschien. Heinrich verlor seine beiden Herzogtümer und behielt nur die angestammten Besitztümer um Braunschweig. Er selbst mußte außer Landes gehen. Sachsen wurde geteilt, Bayern kam an das Geschlecht der Wittelsbacher. So hatten aus dem Sturz Heinrichs des Löwen vor allem die Reichsfürsten ihren Nutzen gezogen.
Friedrich Barbarossa nahm 1188 auf dem glanzvollen Hoftag zu Mainz das Kreuz und übernahm die Führung des Dritten Kreuzzuges (1189–1192). Nach Erfolgen gegen die Seldschuken fand er im Fluß Saleph in Kleinasien den Tod.

4.1.3 Heinrich VI. (1165–1197)

Friedrichs Sohn Heinrich VI. unterschied sich in vielem von seinem Vater. Äußerlich klein und schwächlich, war er doch geistig hochbegabt. Er verfolgte seine Ziele hartnäckig und schreckte auch vor Grausamkeit und Treuelosigkeit nicht zurück. Er war mit Konstanze, der Erbin des Normannenstaates in Süditalien, verheiratet und 1186 zum König der Lombardei gekrönt worden. Nach dem Tod Wilhelms II. von Sizilien (1189) versuchte er dessen Erbe anzutreten, scheiterte aber zunächst, da die sizilianische Nationalpartei den Grafen Tankred von Lecce zum König wählte, der auch von der Kurie unterstützt wurde, da diese eine staufische Umklammerung des Kirchenstaates befürchtete.
Auch in Deutschland kam es zu einer erneuten Erhebung der antistaufischen Opposition. In dieser bedrängten Situation konnte Heinrich VI. durch die Gefangennahme des englischen Königs Richard Löwenherz, der vom Kreuzzug zurückkehrte, eine hohe Lösegeldsumme erpressen und gleichzeitig seine welfischen Gegner isolieren. Richard Löwenherz mußte sogar für England den Lehnseid leisten. Nach dem Tod Tankreds konnte sich Heinrich 1194 in Palermo krönen lassen. Auf dem Höhepunkt seiner Macht verstärkten sich bei ihm die universalen **Weltreichsgedanken**. So versuchte er sowohl durch Lehen an Cypern, Armenien und Syrien als auch durch die Ehe seines Bruders Philipp mit der byzantinischen Erbtochter Irene seinen Einfluß nach Osten auszudehnen. Um die Personalunion zwischen Sizilien und Deutschland auf die Dauer zu sichern und das deutsche Königtum an seine Dynastie zu binden, versuchte er, die Fürsten für einen **Erbreichsplan** zu gewinnen, indem er diesen die Erblichkeit ihrer Lehen anbot. Die Mehrheit der Fürsten war aber dazu nicht bereit und wählte nur seinen zweijährigen Sohn Friedrich II. zum König. Bevor Heinrich VI. seine Vorbereitung für einen Kreuzzug beenden konnte, starb er in Messina und wurde im Dom von Palermo beigesetzt. Sein Tod 1197 bedeutete eine tiefe Zäsur in der deutschen Kaisergeschichte, da nun das Papsttum und die partikularen Kräfte in Deutschland ihre Macht neu stärken und zur Geltung bringen konnten.

4.1.4 Das deutsche Doppelkönigtum

Nach dem Tod Heinrichs VI. kam es in Deutschland 1198 zu einer Doppelwahl. Eine Gruppe von Fürsten unter der Führung des Kölner Erzbischofs Adolf wählte den Welfen Otto IV. (1178/80–1218), eine andere den Bruder Heinrichs VI., Philipp von Schwaben (1176/77–1208). In diesen Thronstreitigkeiten konnte der Papst Reichsgüter in Italien besetzen (Rekuparationen) und den Kirchenstaat erweitern. Heinrichs Witwe Konstanze mußte ihn sogar als Vormund für ihren Sohn Friedrich II. einsetzen, um wenigstens Sizilien für diesen zu retten.

Da Otto IV. mit England und Philipp von Schwaben mit Frankreich verbündet war, wirkte sich der englisch-französische Gegensatz auch auf die deutsche Reichspolitik aus. Nach dem Tod Philipps von Schwaben konnte sich Otto zwar durchsetzen und nach erheblichen Zugeständnissen sogar die Kaiserkrönung erreichen, als er aber die alte staufische Politik in Italien wiederaufnahm und versuchte, Sizilien wiederzuerlangen, wurde er vom Papst gebannt. Um ein Gegengewicht zu ihm zu schaffen, setzte sich der Papst für die Wahl Friedrichs II. zum deutschen König ein, die auch 1212 vollzogen wurde.

4.1.5 Friedrich II. (1194–1250)

Mit Friedrich II. gelangte ein Herrscher auf den Thron, der im Unterschied zu den frühen Staufern zum Teil recht moderne Züge trägt. Aufgewachsen in Sizilien, am Schnittpunkt christlicher, islamischer und antiker Kultur, versuchte er, einen Ausgleich zu finden. Für das Mittelalter ungewohnte, zentralistische und rationalistische Strukturen bestimmten seine Herrschaft mit. Besonders augenfällig wurde dies bei der Neuordnung Siziliens seit 1220. Da seit dem Tode seines Vaters dort viele königliche Rechte in die Gewalt der Adligen und Barone geraten waren, erklärte er zunächst alle seit dem Tode seines Großvaters, des Normannenkönigs Roger II. (1189), erworbenen Privilegien für nichtig. Diese wurden anders als bei seinen Vorgängern zum Teil nicht wieder neu ausgegeben, sondern königlichen Verwaltern unterstellt. An die Stelle der erblichen Lehnsträger trat eine fest an den König gebundene Beamtenschaft, die juristisch ausgebildet und besoldet war. Sogar die Städte wurden in diesen zentralistisch ausgerichteten Staat eingefügt. Ein stehendes Heer, in dem auch sarazenische Söldner dienten, und eine Flotte sicherten seine Macht. Staatliche Handelsmonopole, Zölle und Steuern schufen die finanziellen Voraussetzungen für einen fast absolutistisch anmutenden modernen Staat in Sizilien und Süditalien. Mit den Konstitutionen von Melfi wurde ein Gesetzeswerk geschaffen, das weit über seine Zeit hinauswies, weil byzantinisch-römische, normannische und arabische Einrichtungen verschmolzen und durch die hervorgehobene Herrscheridee zusammengefaßt wurden. Friedrich förderte auch die Wissenschaften, wobei er arabische Anregungen aufnahm. In Neapel gründete er eine Landesuniversität.

4.1.5.1 Die Politik Friedrichs II. in Deutschland

In Deutschland war aufgrund der starken Stellung der Landesherren eine zentralistische Politik wie in Sizilien nicht möglich. Für die Zustimmung der Fürsten zur Krönung seines Sohnes Heinrich zum deutschen König mußte Friedrich II. den geistlichen Fürsten die **„Confoederatio cum principibus ecclesiasticis“** (1220) gewähren, in der er auf wichtige Regalien wie Münzrecht und Zollrecht in den Gebieten geistlicher Fürsten verzichtete. Ausdrücklich wurden die Fürsten als „domini terrae“ angesprochen.

Heinrich VII., dem der Kaiser die Regierung in Deutschland übertrug, versuchte, im Gegensatz zu seinem Vater, aber im Grunde in staufischer Tradition, sich auf die Städte und Reichsministerialen zu stützen und so eine Politik gegen die Landesherren zu betreiben, womit er zunehmend in Gegensatz zu seinem Vater geriet. Im Jahre 1232 mußte er im **„Statutum in favorem principum“** auch den weltlichen Fürsten wichtige Rechte bestätigen, die zum Teil über die „Confoederatio“ hinausgingen. Mit den Bestimmungen gegen die Städte gelang es den Fürsten sogar, dem König das wichtige Mittel der Reichslandpolitik – Einziehung heimgefallenen Krongutes – weitgehend aus der Hand zu nehmen. Der Kaiser, der das Privileg 1232 bestätigen mußte, setzte seinen Sohn Heinrich VII., der sich gegen den Vater gewandt hatte, 1235 ab. Auf der glanzvollen Reichsversammlung zu Mainz 1235 ließ er ein erstmals auch in deutscher Sprache veröffentlichtes Landfriedensgesetz verkünden **(Mainzer Reichslandfrieden)**.

4.1.5.2 Die Kämpfe zwischen Kaiser und Papst

Abb. 5 Kaiser Friedrich II.
(Aus dem Falkenbuch, 3. Viertel des 13. Jhs.)

Das anfängliche Einvernehmen zwischen Friedrich II. und dem Papst endete bereits 1227, als Friedrich II. nach dem Aufbruch zum Kreuzzug wegen einer Krankheit zurückkehrte und der neue Papst Gregor IX. (1227–1241) ihn bannte. Der gebannte Kaiser unternahm im nächsten Jahr einen neuen Kreuzzug und erreichte auch durch geschickte Verhandlungen die Überlassung der Heiligen Stätten und einen Waffenstillstand auf zehn Jahre. Im Frieden von Ceprano (1230) gelang ihm daraufhin ein Ausgleich mit dem Papst, der ihn vom Bann löste.
Auf dem Höhepunkt seiner Macht versuchte er jetzt, die lombardischen Städte wieder unter seine Herrschaft zu zwingen, für deren bürgerliche Autonomiebestrebung er kein Verständnis aufbrachte. Zwar siegte er bei Cortenuova über die Mailänder (1237), doch brach der Angriff an der Stadt Brescia. Jetzt kam es auch erneut zum Bruch mit dem Papst, der ihn wiederum bannte. In Streitschriften bezeichnete der Papst den Kaiser als Ketzer und Antichristen, während dieser dem Papst vorwarf, ein unwürdiger Nachfolger Petri zu sein. Das Konzil zu Lyon beschloß sogar die Absetzung des Kaisers, dessen Stellung aber bis zu seinem Tode 1250 nicht entscheidend erschüttert werden konnte.

4.1.6 Das Ende der Staufer

Nach dem Tod Friedrichs II. zog der einzige legitime Sohn Konrad IV. (1228–1254) nach Sizilien, um die Herrschaft zu übernehmen. Nach seinem Tod 1254 übernahm der illegitime Sohn Friedrichs II. Manfred (1232–1266) die Herrschaft. Er konnte sich nach anfänglichen Erfolgen aber nicht gegen Karl von Anjou, den Bruder des französischen Königs Ludwig IX., durchsetzen, den der Papst mit Sizilien belehnt hatte. In der Schlacht von Benevent, in der Manfred sein Leben verlor, gewann Karl von Anjou Sizilien (1266).
Der Sohn Konrads IV., Konradin (1252–1268), versuchte 1267 noch einmal sein Erbe zurückzugewinnen. In der Schlacht bei Tagliacozzo (1268) wurde sein schwaches Heer aber geschlagen, er selbst geriet in Gefangenschaft, und Karl von Anjou ließ ihn in Neapel öffentlich hinrichten. Damit endete das Staufergeschlecht, das das mittelalterliche Kaisertum noch einmal zu glanzvoller Blüte geführt hatte.

4.1.7 Reichsfürstenstand und Heerschildordnung

In der Stauferzeit vollzog sich der Übergang von den großen Stammesherzogtümern zur Territorialisierung, wie er besonders in der Zerschlagung der Stammesherzogtümer Sachsen und Bayern (1180) beim Sturz Heinrichs des Löwen zum Ausdruck kam. Mit Hilfe der Reichslandpolitik und der Förderung des Städtewesens hatte Barbarossa versucht, seine Territorien auszubauen. Auf der Ebene des Reichs fand diese Politik eine Entsprechung in dem Bemühen um eine verbesserte Reichsgesetzgebung. So bildete sich um 1180 der **Reichsfürstenstand** heraus, der den großen Reichsfürsten eine bessere Vertretung ihrer Interessen gegenüber dem König ermöglichte und sie von den anderen Herren deutlich absetzte. Zum Reichsfürstenstand gehörten im Gegensatz zu der Zeit vor 1180 nur diejenigen Reichsfürsten, die ihr Lehen direkt vom König erhalten hatten, aber auch von der Kirche noch Lehen nehmen konnten.
Die Abstufung in den Lehnsverhältnissen fand ihren Niederschlag in der **Heerschildordnung**, wobei die alte Bezeichnung des Heerschilds für das militärische Aufgebotsrecht auf die Stellung in der Lehnshierarchie überging. Diese Ordnung schloß den König von den unteren Vasallen ab und stärkte den Reichsfürstenstand, zumal sich der „Leihezwang“ durchsetzte, der den König verpflichtete, heimgefallene Lehen binnen Jahr und Tag wieder auszugeben. Diese Entwicklung mußte die Territorialisierung des Reiches beschleunigen.

4.1.8 Die Entwicklung in Frankreich im 12. und 13. Jahrhundert

Der französische König Philipp II. August (1180–1223) verfügte dagegen nur über eine geringe Machtbasis in Zentralfrankreich um eine Mittellinie Senlis–Paris–Orléans, die erheblich kleiner war als die vieler seiner Vasallen. Dennoch entschied sich in seiner Regierungszeit, daß Frankreich einen anderen Weg gehen sollte, der in der absolutistischen Politik Ludwigs XIV. seinen Höhepunkt fand. Dank der glücklichen Tatsache, daß im Haus der Kapetinger immer ein Thronfolger vorhanden war, hatten sich die Erblichkeit des Königtums und die Primogenitur (Vorrecht des Erstgeborenen) durchgesetzt, seit 1180 wurde kein französischer König mehr gewählt. Die Salbung mit dem heiligen Öl in Reims verlieh dem französischen König ein Charisma, über das keiner seiner adeligen Konkurrenten verfügte. Heimfallende Lehen wurden direkt dem König unterstellt, der diese neuen Bestandteile der Krondomäne als Apanagen [= Zuwendungen] für Mitglieder des Königshauses verwendete. Zudem hatte der König die Aftervasallen durch einen Treuevorbehalt an sich gebunden, der sie bei Konflikten zwischen dem König und den Fürsten zwang, die Sache ihres obersten Lehnsherrn zu vertreten. Obwohl die französischen Könige unter dem Einfluß der Reformbestrebungen zu Beginn des 12. Jahrhunderts auf das Ernennungsrecht der Bischöfe verzichtet hatten, blieb die Kirche eine wesentliche Stütze ihrer Macht, weil sich die Könige die Befugnis bewahrt hatten, die Wahlen geistlicher Fürsten zu genehmigen und zu bestätigen, ihre Investitur mit den Regalien vorzunehmen und ihren Treueid entgegenzunehmen.

4.1.9 Die Staufer auf der Suche nach neuen Herrschaftsgrundlagen

Der Investiturstreit hatte die Stellung des deutschen Königtums geschwächt, so daß die Voraussetzungen für die Staufer ungünstiger waren als für ihre Vorgänger. Die Kirche blieb dem unmittelbaren Einfluß des Königs nun weitgehend entzogen. Das Lehnswesen war zum System durchgebildet. Die weltlichen Fürsten erstarkten dadurch und strebten nach dem Ausbau ihrer Territorien. Schließlich war auch die theokratische Stellung des Königtums erschüttert.

Unter dem Einfluß dieser gesellschaftlichen Wandlungsprozesse mußten die Staufer nach neuen Mitteln zur Stärkung ihrer Position gegenüber den partikularen Kräften und nach einem neuen Selbstverständnis suchen (Staufischer Lösungsversuch).
Zuerst versuchten sie ähnlich wie die Fürsten Territorialpolitik zu treiben, um durch ihre Reichslandpolitik gegen die territorialen Gewalten ihre Zentralgewalt zu stärken. Sie stützten sich dabei wesentlich auf die sich ausweitende Schicht der Ministerialen. Ihre Bemühungen um die Sicherung des Regalienrechts werden besonders in Italien sichtbar, dessen wirtschaftliche Kraft sie für ihre Stellung benötigten und auch zu nutzen trachteten. Auf dem Reichstag zu Roncaglia (1158) fanden diese Bestrebungen ihren Höhepunkt (s. M 2). Zugleich bemühten sich die Staufer – wie später auch die Territorialherren – durch die Rezeption des römischen Rechts die eigene Machtstellung zu sichern und auszubauen. Die großen Stammesherzogtümer wurden zerschlagen; in der Heerschildordnung wurde schließlich der Reichsfürstenstand endgültig abgeschlossen.
Das Scheitern des staufischen Lösungsversuchs wurde vor allem sichtbar in der Ablehnung des Erbmonarchieplans durch die Reichsfürsten. Die veränderte Machtkonstellation tritt nach dem frühen Tod Heinrichs VI. in der Doppelwahl von 1198 deutlich zu Tage, in der sich im Gegensatz zur älteren Wahl nach dem Geblütsrecht die freie Fürstenwahl durchsetzt. Die Fürstengesetze von 1220 und 1231/32 stärken die Stellung der Landesherren, auch wenn im Mainzer Reichslandfrieden (1235) der König noch einmal die Hoheit des Reiches feststellt und das Recht einer von der Zentralgewalt ausgehenden Gesetzgebung betont (Kgl. Hofgericht). Das Scheitern der Staufer setzte den Territorialisierungsprozeß endgültig frei. Bei den Auseinandersetzungen zwischen Zentralgewalt und partikularen Gewalten setzten sich die Fürsten weitgehend durch und stellten damit die Weichen für die Territorialisierung Deutschlands im Spätmittelalter.

4.1.10 Die Bedeutung der Staufer

Die Bewertung der Staufer ist im Laufe der Geschichte recht unterschiedlich ausgefallen. In das ältere Stauferbild gingen stark Vorstellungen und Wünsche vom Kaisertum im 19. Jahrhundert ein. Denn die Staufer schienen die Macht der Kaiser und die Einheit des neuen Reiches schon im Mittelalter vorweggenommen zu haben. Allerdings löste ihre Italienpolitik einen großen Streit in der deutschen Geschichtswissenschaft des 19. Jahrhunderts aus und stieß auf die schroffe Ablehnung durch Historiker (Heinrich von Sybel), die sich stärker am Nationalstaat orientierten und die demgegenüber die Bedeutung Heinrichs des Löwen und seine Verdienste um die Ostsiedlung hervorhoben. Denn in dieser Zeit vollzog sich die Erweiterung der Ostsiedlung unter den Schauenburgern (Holstein), Askaniern (Brandenburg) und Wettinern (Meißen und Lausitz). Allerdings unterstützte Kaiser Friedrich II. den Deutschen Orden, einen aus den Kreuzzügen hervorgegangenen Zusammenschluß von Rittern, die ihre ritterlichen Ideale mit den Zielen der christlichen Mission verbanden. Unter seinem vierten Hochmeister Hermann von Salza verlegte der Orden sein Schwergewicht auf die Unterwerfung und Missionierung der Ostgebiete (Culmer Land, Livland, Kurland und Preußen). Durch die Gewährung der Goldenen Bulle von Rimini (1226) bestätigte Friedrich II. dem Orden das Land, das dieser erobern und missionieren würde. Damit wurden die Grundlagen für den selbständigen Ordensstaat geschaffen.
Daß die Geschichtswissenschaft des 19. Jahrhunderts damit neuzeitliches Denken in das Mittelalter hineinprojizierte und den Staufern nicht gerecht wurde, erwies die Erforschung der Territorialgeschichte. Gerade hier zeigten sich die Probleme der Staufer in den Auseinandersetzungen der einzelnen Adelsgeschlechter und ihre Verdienste in der Reichslandpolitik, mit der sie weite Gebiete, vor allem des Südwestens, entwickelten. Hier wird auch das Bemühen um den „Verstaatungsprozeß“ sichtbar, der vor allem bei Friedrich II. ins Auge fällt und in dem die zukunfts-

weisende Bedeutung der Staufer lag. Allerdings trugen sie den Bestrebungen des aufstrebenden Bürgertums nach mehr Autonomie nicht voll Rechnung. Beide zukunftsweisenden Entwicklungen, die Ansätze zur Herausbildung des modernen Staates und die Bestrebungen nach bürgerlicher Autonomie, waren indes mit der Welt des Feudalismus nicht in Einklang zu bringen.

4.2 Die mittelalterliche Stadt

4.2.1 Die Herausbildung urbaner Strukturen in der Feudalgesellschaft

4.2.1.1 Der Stadtbegriff

Der Begriff „Stadt" taucht erst im 12. Jahrhundert auf. In den Quellen werden die stadtartigen Siedlungen des frühen Mittelalters unter recht unterschiedliche Begriffe gefaßt *(civitas, burgus, oppidum, vicus),* die jeweils den unterschiedlichen Charakter der Anlagen herausheben. Es ist problematisch, Städte im Mittelalter allein nach dem Kriterium der Bevölkerungszahl zu kennzeichnen. Großstädte im mittelalterlichen Sinne waren schon Städte mit 20000 Einwohnern, während die Masse der Städte weit unter 5000 Einwohnern blieb, so daß die Definition der Stadt auf erhebliche Schwierigkeiten stößt, zumal die antike und auch die moderne Stadt die für das Mittelalter kennzeichnende rechtliche Trennung von Stadt und Land nicht kennt. Die Städteforscherin Edith Ennen umschreibt die Stadt dem Erscheinungsbild nach als **Zusammensiedlung**, der Funktion nach als **zentraler Ort** und der inneren Struktur nach als eine beruflich **spezialisierte und geschichtete Gesellschaft**. Aus der Kombination dieser drei Elemente ergibt sich die besondere Individualität einer Stadt. Mit diesem weiten Stadtbegriff lassen sich auch jene Phänomene erfassen, die – wie die Siedlungen der Slawen – von der deutschen Forschung lange Zeit nicht als Städte angesehen wurden, weil sie kein besonderes Stadtrecht kannten.

4.2.1.2 Städtische Ansätze auf ehemaligem römischen Gebiet

Zur Zeit der Römerherrschaft hatte es an Rhein und Donau ein blühendes Städtewesen und eine ausgeprägte städtische Kultur gegeben. So war Köln der Sitz des Statthalters von Niedergermanien und Hafen der Rheinflotte, und seine Keramikproduktion und die Glasherstellung waren weit bekannt. Die Bevölkerung Kölns stieg zeitweilig über 30000 Einwohner, und Trier war unter Constantius und Konstantin Residenz römischer Kaiser. Beeindruckende Bauten wie die Porta Nigra und die Kaiserthermen künden noch heute von Triers Bedeutung in dieser Zeit.
Aber schon vor Ende der Römerherrschaft im 5. Jahrhundert zeigte sich – besonders seit der Krise des 3. Jahrhunderts – eine Rückbildung der Städte durch Bevölkerungsrückgang und wirtschaftlichen Niedergang, und in der Völkerwanderungszeit wurde die römische Stadtkultur weitgehend vernichtet. Denn die Germanen mieden im allgemeinen zunächst die Städte und siedelten sich an deren Rändern oder in Dörfern an. So verfielen die großen Bauten, die später oft als Steinbrüche benutzt wurden. Vor allem gingen viele der römischen Einrichtungen der Verwaltung und der Wirtschaft und des Handels zugrunde. Damit entstand für die Geschichtswissenschaft die Frage nach der Kontinuität zwischen der römischen Stadt und der mittelalterlichen, die je nach Standpunkt und Erkenntnisstand unterschiedlich beantwortet wurde. Dabei sind aber auch die regionalen Unterschiede zu beachten. Manche Städte, wie die alte Colonia Trajana (Xanten), wurden ganz aufgegeben, in anderen ließen sich durch die Ausgrabungen nach dem

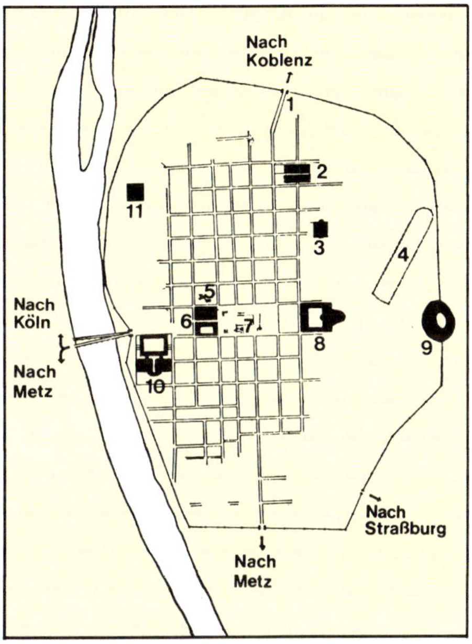

Abb. 6a Das römische Trier
mit Eintragung der wichtigsten Bauten: 1 Porta Nigra, 2 Dom, 3 Basilika, 4 Circus, 5 Palast des Victorius, 6 Palastanlage, 7 Forum, 8 Kaiserthermen, 9 Amphitheater, 10 Barbarathermen, 11 Speicher.

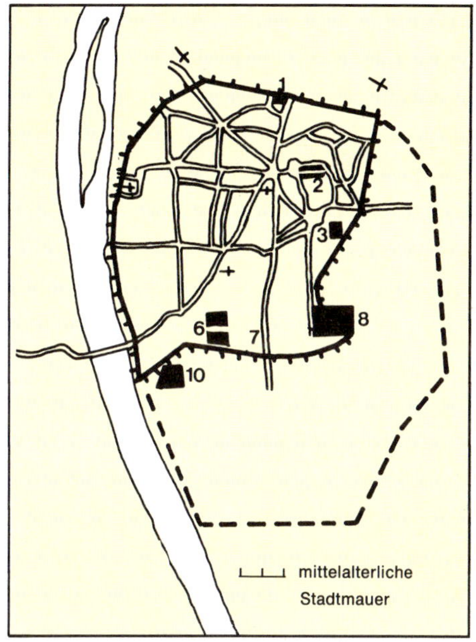

Abb. 6b Das mittelalterliche Trier
mit Römerbauten und Kirchen der Merowingerzeit (siehe Erklärungen Abb. 6a).

Zweiten Weltkrieg in den Innenstädten (Stadtkernforschung) allerdings gewisse Kontinuitäten in der Siedlung nachweisen, wobei aber flächenmäßig – wie das Beispiel Trier eindrucksvoll belegt – im frühen Mittelalter nur ein Teil der römischen Stadtanlage ausgefüllt wurde (s. Abb. 6). Manche der Städte behielten als **Bischofssitze** und Mittelpunkte der Diözesen eine gewisse Bedeutung für das Umland, wenn auch ihre wirtschaftliche Bedeutung im frühen Mittelalter sehr gering blieb. Denn angesichts des Rückgangs der Geldwirtschaft waren sie bei ihren Einkünften ganz auf das umgebende Land angewiesen. Allerdings blieb in allen Bischofsstädten eine gewisse Kontinuität im handwerklichen Bereich bestehen.

„Die Stadt als Lebensform hat in einigen Spitzenpositionen in den Rhein-, Maas- und Mosellanden die Völkerwanderungszeit überstanden, aber eine städtische Lebensform als die Lebensform schlechthin hat sich nicht erhalten“ (E. Ennen).

Die Karolingerzeit stellt den eigentlichen Tiefpunkt im Städtewesen nördlich der Alpen dar. Das zeigt sich schon daran, daß die karolingischen Herrscher nicht mehr in Städten residierten, wie zeitweilig die Merowinger, sondern von Pfalz zu Pfalz zogen. Die städtischen Lebensformen spielten kaum noch eine Rolle in der agrarischen Umwelt. Mit ihnen verfielen Geldwesen und Schriftlichkeit. Allerdings boten die Ruinen der Römerstädte in den Wirren der Normannen- und Ungarneinfälle einen gewissen Schutz und konnten so einige Ansätze für ein städtisches Wiederaufleben bieten.

Auch im rechtsrheinischen Gebiet schufen sich Adelige in den unruhigen Zeiten der späten Karolinger befestigte Plätze, die in den Quellen meist als **„Burgus“** auftauchen. Sie waren mit Wall und Graben geschützt und konnten der umwohnenden Bevölkerung bei Gefahr einen gewissen

Schutz bieten. Noch mehr als die Bischofsstädte blieben sie ganz auf das umgebende Land angewiesen.
Eine erhebliche Wandlung vollzog sich seit dem 9. Jahrhundert mit der „Renaissance des Handels" (Pirenne). Es entstanden jetzt vor allem entlang der Flüsse und Handelswege Niederlassungen der Fernhändler, die sich oft an befestigte Plätze anlehnten. Meist bestanden sie nur aus einer ein- oder beidseitig bebauten Straße, auf der der Markt abgehalten wurde. Ihre Bewohner, die Fernhändler, standen unter dem besonderen Schutz des Königs (Königsmunt), dem sie dafür eine Abgabe zu entrichten hatten. Sie waren persönlich frei und verbanden sich auf ihren gefährlichen Fahrten zu Fahrgenossenschaften, wobei sie schworen, bei Gefahr füreinander einzustehen. Damit brachten sie ein **genossenschaftliches Element** in die entstehende Stadtentwicklung ein, das sich deutlich von der Civitas und vom Burgus abhob, in denen der Wille des Herrn oder des Bischofs galt. Überhaupt mochten die reisenden Fernhändler, die nicht wie Bauern und Adel an Grund und Boden gebunden waren, in der Gesellschaft des früheren Mittelalters zunächst als Fremdkörper empfunden werden, da sie sich kaum in die Feudalordnung dieser Zeit einfügen ließen. Ihr Bedürfnis nach Schutz und das Gefühl der Zusammengehörigkeit fanden in der **Gilde**, einem genossenschaftlichen Zusammenschluß, ihren Ausdruck. Hier trafen sich die Fernhändler und pflegten ihre Interessen; zum Teil mochte die Gilde in früher Zeit auch die fehlende Sippenbildung ersetzen.
Die durch den Handel reich gewordenen Fernhändler trieben in der Folgezeit die Verfassungsentwicklung der Städte voran. Ihr Verdienst war es, durch den auf den Kaufmannsgilden aufbauenden Schwurverband gegenüber den Rechten der Stadtherren eine eigene autonome Ordnung für die Bürgergemeinde und deren Freiheit durchzusetzen (s. M 5). Dies geschah in einem langwierigen, von vielen Kämpfen erfüllten Prozeß. In der zweiten Hälfte des 11. Jahrhunderts kam es in mehreren rheinischen Städten zu Erhebungen gegen die Bischöfe (z. B. 1074 in Köln), in deren Verlauf es den Bürgern gelang, den Stadtherren wesentliche Rechte abzutrotzen. So wurde den Bürgern eine eigene Gerichtsbarkeit, das Befestigungsrecht sowie das Recht auf Verwaltung ihrer eigenen Finanzen zugestanden. Damit verloren die einzelnen Stadtherren praktisch die Gewalt über ihre Städte. Es war nur folgerichtig, wenn sich einige der größten Städte nun unmittelbar dem Schutz von Kaiser und Reich unterstellten.
Im Inneren bestand das Ergebnis dieser Kämpfe in einer **Ratsverfassung,** in der sich die führenden Fernhändlerfamilien, das Patriziat, die Macht gegenüber den anderen Schichten der Stadt sicherten. Damit hatte sich bis etwa 1150 der Typ der mittelalterlichen Stadt in seiner wesentlichen Form ausgeprägt, der nun zum Vorbild für neue Städtegründungen werden konnte.

4.2.1.3 Die Neugründungen

Das aufblühende Städtewesen mußte auch auf die Feudalherren und Fürsten eine große Attraktivität ausüben, da sich damit ihre finanziellen Einnahmen erhöhen und ihre militärische Macht erweitern ließen. Gerade die Aufgaben der Städte reizten in einer Zeit, in der sich die Geldwirtschaft in Deutschland endgültig durchsetzte, zu **Neugründungen**. Zudem boten die Städte auch Absatzmöglichkeiten für die landwirtschaftlichen Produkte der Grundherrschaften. Überhaupt ist eine Welle von Städtegründungen, die in der Stauferzeit das Städtenetz in Deutschland verdichtete, eng verbunden mit den Verbesserungen in der Landwirtschaft (Durchsetzung der Dreifelderwirtschaft, schollenwendender Pflug, Verbesserung der Zugleistung der Pferde durch das Kummet) und durch den für damalige Verhältnisse enormen Bevölkerungsanstieg, der mit einem weiteren Landesausbau einherging.
Schon Friedrich I. und Heinrich VI. förderten im Zuge der Reichslandpolitik eine ganze Reihe von Städten im Elsaß (Kolmar, Hagenau), in Schwaben (Biberach), Mittelfranken (Rothenburg)

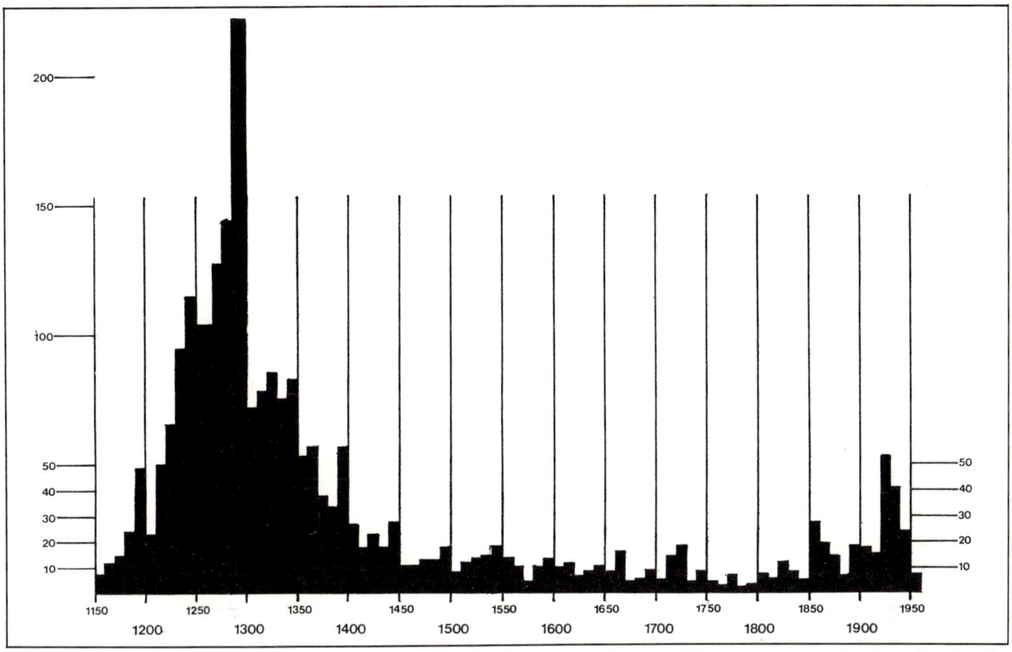

Abb. 7 Die Städtegründungswelle des Hohen Mittelalters verändert Mitteleuropa – Stufen der Stadtentstehung (rd. 2000 Städte erfaßt)
(Nach: H. Stoob, Kartographische Möglichkeiten zur Darstellung der Stadtentstehung in Mitteleuropa, besonders zwischen 1450 u. 1800. In: H. Stoob, Forschungen z. Städtewesen in Europa, Bd. 1. Köln 1970, S. 21.)

und in Thüringen. Einen neuen Ansatzpunkt lieferte die Zähringergründung **Freiburg** (s. M 6). Hier errichtete der Zähringerherzog auf eigenem Grund und Boden einen Markt und zog begüterte Kaufleute vor allem aus dem westdeutschen Raum heran. Die Stadtverfassung entstand nach dem Vorbild Kölns. Mehrere weitreichende **Privilegien** wurden den Bürgern zugestanden (s. M 4 und M 6).
Die Ostsiedlung löste auch eine Welle neuer Stadtgründungen aus (s. Abb. 7). Meist wurden sie bewußt geplant und schachbrettartig angelegt, mit Markt und Kirche im Mittelpunkt. So entstanden, ausgehend von Lübeck, das 1159 als erste deutsche Stadt an der Ostsee gegründet worden war, entlang der Küste eine ganze Reihe von Städten, bis weit ins Baltikum (Wismar, Rostock, Riga, Reval). Zum Teil wurden die deutschen Siedler auch von den einheimischen Fürsten im Osten ins Land geholt, da mit ihrer Hilfe die Einkünfte der Landesherren vermehrt werden konnten. So förderte u. a. das polnische Herrschergeschlecht der Piasten im 13. Jahrhundert zeitweise die Ansiedlung. Allerdings bildete sich auch schon früh ein gewisser Widerstand gegen die Siedlung bei Teilen des polnischen Adels und des Klerus. Oft orientierten sich die Neugründungen in ihrem Recht an älteren Städten, an die sie sich bei rechtlichen Problemen auch um Rat wandten. So bildeten sich ausgedehnte Stadtrechtsfamilien heraus, von denen das Lübecker, das Magdeburger und das Nürnberger Recht eine besondere Bedeutung gewannen. Im 12. Jahrhundert setzte sich auch der Rechtsgrundsatz **„Stadtluft macht frei"** durch, nach dem ein in der Stadt wohnender Unfreier nach Jahr und Tag nicht mehr von seinem Herrn zurückgefordert werden konnte. Damit gewann die Stadt eine erhebliche Anziehungskraft auf die unfreien Bewohner des Landes, gegen die die Fürsten trotz ihrer Verbote in den Reichsgesetzen (Verbot der Aufnahme von Leibeigenen, Verbot von Pfahlbürgern) nicht viel ausrichten konnten.

4.2.2 Die Entstehung neuer gesellschaftlicher und wirtschaftlicher Strukturen

4.2.2.1 Die Wirtschaft der Stadt

Das aufblühende Städtewesen und die allmähliche Durchsetzung der Geldwirtschaft sind eng miteinander verbunden. Als **Nahmärkte** dienten die Städte auch den Bauern der Umgebung, die hier ihre Produkte absetzten und sich mit dem Verdienst zum Teil aus den feudalen Abhängigkeiten freikaufen konnten. An den Märkten siedelten sich zunehmend Handwerker an, die vom Aufschwung des Handels profitierten und zur Vergrößerung der Siedlungen beitrugen. Zunächst waren es Handwerker für die Grundversorgung der Bevölkerung, wie Bäcker, Schuster, Schneider und Zimmerleute. Doch das Handwerk differenzierte sich, als es um die Versorgung des gehobenen Bedarfs ging. Eine Reihe der Fernhandelsorte wandelte sich zu Gewerbestädten, in denen viele Produkte für den Fernhandel hergestellt wurden. Manche Städte wiesen einen beachtlichen Export an handwerklichen Erzeugnissen auf. In Hamburg war das Bier zeitweise das wichtigste Exportgut; Nürnberg wurde schon früh durch Metallwaren berühmt.
Die **Differenzierung der Handwerker** nahm im Spätmittelalter stetig zu, wozu neue Techniken und Erfindungen beitrugen. So entstand die Barchentweberei, bei der Stoffe aus Baumwolle und Leinen hergestellt wurden. Vor allem in der Metallwarenerzeugung und in der Waffenherstellung entwickelte sich eine große Spezialisierung, die mit dem Aufkommen der Schußwaffen noch verstärkt wurde. Manche Städte mußten im Spätmittelalter beträchtliche Summen in die Umrüstung auf die neuen Geschütze investieren.
Ein erheblicher Wandel vollzog sich im Spätmittelalter durch das zunehmende **Verlagswesen**, bei dem einzelne Kaufleute den Handwerkern, später auch Bauern, die Rohprodukte, zum Teil auch die Werkzeuge und Produktionsmittel zur Verfügung stellten und gleichzeitig für den Absatz der Produkte sorgten, wodurch viele Handwerker in starke Abhängigkeiten gerieten. Dieses Verlagswesen war vor allem im Nürnberger Metallgewerbe und im Tuchgewerbe Augsburgs und Ulms verbreitet.

4.2.2.2 Kulturelle und zivilisatorische Neuerungen im Spätmittelalter

Mit der Stadt trat neben die ritterlich-höfische Kultur und die bäuerliche Volkskultur ein dritter, der urbane, bürgerliche Kulturbereich, der für die Herausbildung der modernen Welt eine große Bedeutung erlangen sollte und dessen neue Lebensformen mit ihrem Fühlen und Denken auch unser heutiges Leben noch bestimmen. Vor allem die **Schriftlichkeit**, die sich seit dem 13. Jahrhundert durchsetzte, brachte große Veränderungen mit sich. Diese beschränkten sich nicht nur auf die Fernhändler, die ihr Geschäft jetzt von ihrer „Skrivekamer“ aus leiten konnten, sondern führte zur Entstehung eigener **städtischer Schulen**, mit denen die Bürger das Bildungsmonopol der Kirche zu durchbrechen begannen, eine Entwicklung, die im Humanismus des 15. und beginnenden 16. Jahrhunderts ihren Höhepunkt finden sollte. Darüber hinaus entwickelte sich eine eigene **Stadtverwaltung**, die die Wirtschafts- und Steuerkraft der Stadt möglichst rational erfassen sollte und mit der Aufzeichnung und Beurkundung von Kaufverträgen eine größere Rechtssicherheit schuf. Rationalisierung und Ansätze zur Säkularisierung, u. a. im Bildungswesen, stellten so wesentliche neue Strukturen in der mittelalterlichen Stadtgesellschaft dar.
Diese Entwicklungen waren nur auf dem Hintergrund der sich durchsetzenden **Geldwirtschaft** möglich, auf der Handel und Gewerbe in der Stadt basierten. Anders als im feudalen Bereich entstanden in der Stadt einerseits die bezahlte Lohnarbeit, andererseits die Zusammenfassung großer Kapitalien in Handelsgesellschaften. In der Stadt gab es eine größere horizontale und vertikale **Mobilität**, die auch eine größere Dynamik in die Gesellschaft hineinbrachte.

Abb. 8 Ratssitzung in Augsburg 1368 (Miniatur, 16. Jahrhundert)

Die städtische Lebens- und Arbeitsweise ging zudem einher mit einer Veränderung der Einstellung zur Zeit. Anders als auf dem Lande, wo die Arbeit durch den Ablauf der Natur bestimmt wurde, teilte in der Stadt die Uhr die Zeit ein und nahm Einfluß auf das Leben der Bürger. Technische Erfindungen, wie die Taschenuhr (Peter Henlein, 1480–1542) oder auch der Buchdruck 1455 (Gutenberg, Bibeldruck) dokumentierten die Vorreiterfunktion der Stadt für die gesamte Gesellschaft.
Bedeutende Fortschritte finden sich in der Stadt auch im sozialen Bereich. Da sich die sozialen Probleme gerade hier verschärften, mußte der Rat vor allem im Spätmittelalter für den Bau von Badehäusern, Spitälern und Siechenhäusern sorgen. Die Enge der Stadt verlangte zudem Vorschriften für die unterschiedlichsten Bereiche vom Baurecht über die Kontrolle der städtischen Brunnen bis hin zur Überwachung der Gesundheit durch angestellte Ärzte, die sich schon seit dem 13. Jahrhundert nachweisen lassen.

Nicht minder bedeutsam waren jene Veränderungen, die vom Markt selbst ausgingen; Kauf, Verkauf und Verträge brachten häufiger Rechtsstreitigkeiten mit sich als das Leben auf dem Lande. So richtete sich das Bestreben der Kaufleute darauf, von den älteren Formen der Rechtsentscheidung wie dem Zweikampf oder dem Gottesurteil ausgenommen zu sein. In den **Stadtrechten** werden diese abgeschafft oder auf besondere Fälle eingeschränkt. Auch die Eideshelfer verloren an Bedeutung, und statt dessen versuchte der städtische Richter durch Tatzeugen die Wahrheit zu ergründen. So enthielt die Ausbildung des städtischen Rechts wesentliche Elemente eines Modernisierungsvorganges (Boockmann).
Die größere Kommunikation des Marktes und der Austausch an Erfahrungen ließen zudem große Leistungen entstehen. Gegenüber der Öffentlichkeit des Marktes bildete sich der private Bereich heraus, wie ihn die feudale Gesellschaft so ausgeprägt nicht kannte. Davon blieb auch die Lage der Frau nicht unberührt, die in der Stadtgesellschaft meist eine bessere Rechtsstellung besaß, selbst erbte, wie es schon im Gründungsprivileg für Freiburg (1120) dokumentiert ist, und zum Teil auch ein Geschäft führen konnte. Die Anteilnahme am öffentlichen Geschehen, der Versuch, an städtischen Entscheidungen mitzuwirken, wie er besonders in den Bürgerkämpfen des Spätmittelalters sichtbar wird, stellten zudem weiterwirkende Kräfte der bürgerlichen Stadtgesellschaft des Mittelalters dar.

4.2.2.3 Das Patriziat

Die Stadtgesellschaft kannte trotz der Freiheit der Bürger erhebliche soziale Unterschiede. An der Spitze der Rangordnung stand das Patriziat, das in den Handelsstädten sich zum großen Teil aus den reichen **Fernhändlern** zusammensetzte, die zugleich bedeutenden Grundbesitz in der Stadt hatten. In den älteren Städten, besonders in Süddeutschland, stellten auch die **Ministerialen**, die Verwalter stadtherrlicher Rechte, eine nicht unbeträchtliche Gruppe dar, die aber mit den Fernhändlern zum Patriziat verschmolz. Nur diese – oft miteinander verschwägerten – **Geschlechter** besaßen Sitz und Stimme im Stadtrat. Sie trafen sich in besonderen Patriziergenossenschaften wie der Zirkelgesellschaft in Lübeck, den Schwarzhäuptern in Riga oder der Stubengesellschaft in Ulm. In den Quellen erscheinen sie als die „meliores", „optimi" oder „divites", die sich durch ihren Reichtum und ihre Macht von der übrigen Stadtgesellschaft absetzten. Die Patrizier verfügten neben ihrem Grundbesitz oft über Verkaufsstände, Mühlen, Brau- und Schlachthäuser und über Rentenbesitz.
Im Spätmittelalter gingen einige reichgewordene Fernhändlerfamilien dazu über, ihr Geld in Grundherrschaften außerhalb der Stadt anzulegen und damit in Beziehung zum Landadel zu treten. Die Familien der Pirkheimer aus Nürnberg und der Fugger aus Augsburg sind dafür Beispiele. Zwar war das Patriziat im Spätmittelalter zunehmend auf eine relative Geschlossenheit bedacht, doch gab es eine nicht unerhebliche horizontale und vertikale Mobilität, da durch die wechselnden Konjunkturen Familien verarmten, während andere aufstiegen und dann über Heirat Aufnahme ins Patriziat fanden (s. M 7–10).

4.2.2.4 Die Zünfte

Dem Patriziat stand die große Masse der Handwerker gegenüber, die im 12. Jahrhundert sich genossenschaftlich in Zünften zusammenschloß (lateinisch: *fraternitas, officium, societas, consortium*). Wesentlich ging es den Zünften um die **wirtschaftliche** und **soziale Sicherung ihrer Mitglieder**. Dafür kontrollierten sie die Qualität der Waren, setzten Preise und Löhne fest und bestimmten über die Auswahl der Lehrlinge und Gesellen. Deren Ausbildung war durch die Zünfte, in denen nur die Meister Mitglieder waren, streng festgelegt. Nach der Aufnahme in die Zunftrolle,

der Lehrzeit und der Gesellenzeit folgte die Wanderschaft, und danach mußte ein Meisterstück vorgelegt werden. Lehrlinge und Gesellen lebten in der „Familie“ des Meisters. Aber lange nicht alle Gesellen hatten im Spätmittelalter die Möglichkeit, zum Meister aufzusteigen, da die Zahl der Meisterstellen aus Konkurrenzgründen bald begrenzt und gesenkt wurde und diese Stellen meist nur noch Meistersöhnen und Schwiegersöhnen vorbehalten blieben. Als aber die Gesellenzeit nicht mehr nur ein Abschnitt auf dem Berufsweg des Handwerkers war, sondern ein Dauerzustand wurde, schlossen sich die Gesellen zu Bruderschaften zusammen, die eigene Lebensformen ausbildeten. Auf Dauer abhängig, „konnten sich die Gesellen nicht mehr überall mit den Meistern solidarisch fühlen“ (E. Pitz, Wirtschafts- und Sozialgeschichte, 1979). Auf dieser Basis konnte es in wirtschaftlich schlechten Zeiten zu Gesellenaufständen kommen. Zeiten der „Konjunktur des städtischen Handwerks verschafften [den Gesellen allerdings] Einkünfte, die dem Ertrage eines mittleren Bauernhofes entsprachen und ihn sogar übertreffen konnten“ (ebenda). Gesellen konnten also auch heiraten und Familien gründen.
Die **Aufgabe der Zünfte** erstreckte sich nicht nur auf den wirtschaftlichen Bereich. Die Zünfte stellten Gemeinschaften dar, die das Leben ihrer Mitglieder wesentlich mitbestimmten (Sittenkontrolle, Hilfe in der Not). Zudem besaßen die Zünfte auch eine religiöse Bedeutung (Gebetsbruderschaften, Zunftaltäre). Meist wohnten die Meister einer Zunft in einer Straße. Sie trafen sich zu geselligen Zusammenkünften in ihren oft repräsentativen Zunfthäusern. Bei der Verteidigung der Stadt hatten die Zünfte einzelne Abschnitte der Stadtmauern zu übernehmen.
Die **strenge Ordnung** der Zünfte deckte damit einerseits wesentliche wirtschaftliche, soziale und militärische Bedürfnisse der Stadtgesellschaft ab, andererseits schalteten die Zünfte die Konkurrenz völlig aus, wodurch die Entwicklung neuer Fertigungsmethoden weitgehend unterbunden wurde. Da im Spätmittelalter bei den Zünften die beharrenden Elemente überwogen, ist die Kritik nicht überraschend, die in der „Reformatio Sigismundi“, einer Flugschrift von 1439, an ihnen geübt wird (M 14).

4.2.2.5 Unterständische Gruppen

Lange nicht alle Bewohner der Stadt besaßen das Bürgerrecht, das bei Zuzug durch Bürgergeld, Eid und Vorzeigen des Harnisch erworben werden mußte. Unterhalb des Patriziats und der Zünfte standen die Tagelöhner, das Gesinde, die Armen und Bettler sowie die „unehrlichen Berufe“ wie Scharfrichter und Abdecker. Da viele dieser Menschen ohne jegliche soziale Absicherung lebten, konnte ihre Zahl bei den wechselnden wirtschaftlichen Konjunkturen rasch anschwellen. Und dann konnten auch Teile der Handwerkerschaft leicht in drückende Not geraten. Zwar gab es in den Städten mit Spitälern und reichen Stiftungen Ansätze zur sozialen Fürsorge, doch reichten diese in Notzeiten kaum aus.
Eine besondere Gruppe in der mittelalterlichen Stadt stellten die Juden dar, die in den Städten am Rhein schon in römischer Zeit nachweisbar sind. So erhielten sie unter Konstantin (306–337) in Köln ein besonderes Privileg, das sie von der Amtstätigkeit befreite. Seit dem 10. Jahrhundert entwickelten sich die Judengemeinden in Mainz, Speyer und Worms zu Zentren jüdischer Kultur, wo wichtige Werke jüdischer Gelehrsamkeit entstanden. Gleichzeitig nahmen die Juden im friedlichen Zusammenleben in der Stadt mit den anderen Gruppen teil an der allgemeinen Kultur ihrer Umwelt.
Wirtschaftlich lebten die Juden meist vom Warenhandel und der Geldleihe, da sie im Gegensatz zu den Christen Geld gegen Zins verleihen durften. Seit den Kreuzzügen verschlechterte sich aber die Situation der Juden, was sich besonders in den schweren Judenverfolgungen dieser Zeit offenbart. Seit Friedrich II. (1212–1250) unterstanden sie zum Teil gegen hohe Geldzahlungen dem königlichen Schutz und galten als „königliche Kammerknechte“, wobei dieser Schutz bei

jeder Thronbesteigung neu bestätigt werden mußte. Dieses Judenregal gelangte, zum Teil durch Verpfändung, mit der Goldenen Bulle von 1356 auch in der Hand der Kurfürsten und anderer Territorialherren, die daraus ebenfalls finanziellen Gewinn zu erlangen trachteten.
Im Spätmittelalter wurde die wirtschaftliche Tätigkeit der Juden vor allem aus Konkurrenzgründen immer stärker auf den Geldverleih beschränkt. Erst jetzt setzte auch der Zwang ein, daß die Juden in geschlossenen Gettos der Städte wohnen mußten. Die um die Mitte des 14. Jahrhunderts einsetzende Pest führte erneut zu schweren Judenverfolgungen, so daß ganze Gemeinden vernichtet wurden und viele Überlebende nach Polen auswanderten. Trotz dieser Verfolgungen hat es aber immer wieder lange Phasen friedlichen Zusammenlebens zwischen Juden und Christen gegeben.

4.2.3 Die Bürgerkämpfe

Obwohl die Zünfte die Mehrheit der männlichen Stadtbevölkerung stellten und sowohl im wirtschaftlichen Leben als auch bei der Verteidigung der Stadt eine entscheidende Rolle spielten, blieben sie bis ins 14. Jahrhundert von der Stadtregierung ausgeschlossen, da die Ratsbesetzung an die allein ratsfähigen Patriziergeschlechter gebunden war. Vor allem seit dem Einbruch der Pest (1348–1352), die die kleine Oberschicht weiter schwächte, erhob sich der Ruf der durch wirtschaftlichen Erfolg selbstbewußteren Zünfte nach **Teilhabe am Stadtregiment**. Oft bot die finanzielle Mißwirtschaft des patrizischen Rats und die sich daraus ergebende Erhöhung der städtischen Steuern und Abgaben Anlaß für die Auseinandersetzungen. Mit Ausnahme von Handelsstädten wie Lübeck oder Hamburg, in denen der Widerstand der reichen Handelskaufleute zu stark war, konnten die Zünfte sich meist durchsetzen oder erreichten einen Kompromiß mit den ratsfähigen Geschlechtern. So wurde in Köln nach dem Weberaufstand von 1396 die Richerzeche (Gilde der reichen Kaufleute in Köln) abgeschafft und ein neuer Rat aus 22 Gaffeln (Zünften) gebildet. In Augsburg wurde 1368 unter dem Druck der Zünfte ein Kompromiß erreicht, nach dem im neuen Stadtrat neben den 15 Patriziern 29 Zunftmeister vertreten waren und jede der beiden Parteien einen Bürgermeister stellte.
In der Stadtgeschichtsschreibung sind diese Auseinandersetzungen je nach dem Standpunkt des Betrachters mit recht unterschiedlichen Begriffen wie Zunftkämpfe, Ständekämpfe, Zunftrevolution oder gar „demokratische Bewegung“ umschrieben worden, die alle nicht aus den Quellen stammen. In der neueren Forschung hat der Begriff der „Bürgerkämpfe“ immer mehr Anerkennung gefunden, weil an diesen Auseinandersetzungen zum Teil recht unterschiedliche Gruppen und Interessen beteiligt waren. Oft waren gerade die zu Reichtum aufgestiegenen, aber noch nicht ratsfähig gewordenen Kaufleute entscheidend in den Kampf verwickelt. Daß es hierbei nicht um eine Gleichberechtigung aller Bürger ging, zeigt das Beispiel Köln, in dem sich im neuen Rat die Weberzunft die meisten Sitze sicherte. Zudem blieben große Teile der Stadtbevölkerung weiterhin völlig von jeder Teilhabe am Stadtregiment ausgeschlossen.

4.2.4 Die Städtebünde

4.2.4.1 Stadt und Territorium

Die Stadtmauer, ein wesentliches Kennzeichen der mittelalterlichen Stadt, diente nicht nur der Verteidigung, sondern markiert zugleich die Rechtsgrenze, die den Bürger deutlich vom Bewohner des platten Landes unterschied. Die Städte waren **Inseln eines freieren Rechts** in einer weithin von feudalen Abhängigkeiten bestimmten Welt. Die Attraktivität, die sie auf die abhängigen Bauern ausübten, mußte sie in Gegensatz zu den weltlichen und geistlichen Herren bringen, die über städtefeindliche Artikel in den Reichsgesetzen bis hin zur Goldenen Bulle (M 18) immer wieder versuchten, die Möglichkeiten der Städte und die Zuwanderung einzuschränken. Die Städte ihrerseits unternahmen den Versuch, auch das Vorfeld vor den Mauern zu sichern, um ihre Handelswege und ihre landwirtschaftliche Versorgung zu schützen. Dabei brachten sie durch Pfandschaft oder Kauf wichtige Burgen, Grundherrschaften oder ganze Gebiete in ihre Hand, so daß vor allem in Süddeutschland sich große **Stadtterritorien** ausbreiteten. So erwarben etwa die Nürnberger den für ihre Gewerbe wichtigen Reichswald mit vielen Dörfern.
Einen besonderen Streitpunkt zwischen Stadt und Territorialherren bildeten die **Pfahlbürger**, die außerhalb der Stadt wohnten, aber sich der Stadt unterstellt hatten. Ganze Dörfer konnten Pfahlbürger sein, und die Städte schlossen selbst mit Rittern Verträge, um sich im Kriegsfall deren Hilfe zu versichern.

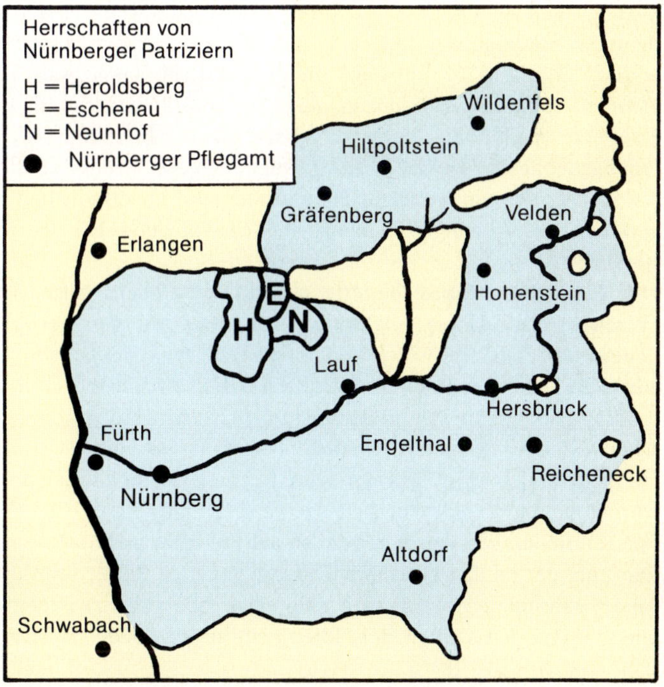

Abb. 9 Das Territorium der Stadt Nürnberg (16. Jahrhundert)
(Nach: Ch. Weigert/K. G. Kaster, Mittelalterliche Stadtentwicklung – Entstehung, Topographie und Funktionen der Stadt am Beispiel Nürnbergs. Nürnberg 1979, Abb. 19)
Grundlage des Territoriums war die „Alte Landschaft" zwischen Erlangen, Schwabach und Schwarzach, die seit 1200 zu Nürnberg gehörte: Sie bestand aus Gebieten, in denen die Stadt oder Nürnberger Patrizier die hohe oder niedere Gerichtsbarkeit besaßen, die von städtischen Behörden verwaltet wurden (wie die Reichswälder um Nürnberg) oder die durch Pfleger der Stadt beaufsichtigt wurden (wie der Besitz der Klöster und Kirchen).

Aus dem dauernden Gegensatz zwischen Städten und Territorialherren und aus dem Bestreben, Sicherheit und Schutz auf den Straßen zu gewährleisten, entwickelten sich **Städtebünde**, zumal die deutschen Könige in ihrer Geldnot immer wieder Reichsstädte an die Fürsten verpfändeten. So entstand während der unruhigen Zeit des Interregnums 1254 der **1. Rheinische Städtebund**, dem an die 100 Städte von Basel bis Bremen sowie Bischöfe und Grafen angehörten (s. M 16). Er wurde 1255 auch von Wilhelm von Holland anerkannt. Der **Schwäbische Städtebund** siegte 1377 sogar über Ulrich von Württemberg, erlitt aber 1388 bei Döffingen durch Eberhard II. eine schwere Niederlage. Bei Worms siegte der Pfalzgraf Ruprecht II. über den Rheinischen Städtebund (1381–1389). Damit hatte sich im Spätmittelalter zumindest das militärische Schwergewicht endgültig von den Städten zu den Territorialherren verschoben. Zwar konnten die Reichsstädte auf den Reichstagen noch Sitz und Stimme durchsetzen, aber viele der kleineren Landstädte waren dem Druck der Territorialherren nun immer stärker ausgeliefert. Am Ende des Mittelalters wirkten sich auch die Neuerungen der Kriegstechnik und die gewachsenen Kräfte der Territorialherren gegen die Städte aus, so daß die Territorialherren sogar viele kleinere Städte ihrem Territorium wieder einverleiben konnten.

4.2.4.2 Die Hanse

Im Unterschied zu den süddeutschen Städtebünden konnte sich die Hanse bis zum Ende des Mittelalters behaupten. Der Begriff Hanse bedeutet Schar oder Genossenschaft, bezeichnet auch die Abgabe, die diese Genossenschaft für den König zu leisten hatte. Seit Mitte des 14. Jahrhunderts ist der Ausdruck Hanse für die gesamte Gemeinschaft der norddeutschen Kaufleute belegt *(stede van der dudeschen hense)*. In dieser Zeit wandelten sich die ursprünglich sehr lockeren Kaufmannsgenossenschaften (Kaufmannshanse) zu der enger zusammenarbeitenden Städtehanse.
Die Anfänge der Kaufmannshanse reichen ins 12. Jahrhundert zurück. Bereits 1157 gewährte der englische König Heinrich II. den Kölner Kaufleuten den besonderen Schutz für ihre Niederlassung, dem späteren Stalhof. Im Osten wuchs mit der Neugründung Lübecks 1158/59 die erste deutsche Stadt an der Ostsee heran, die zum großen Auswandererhafen für die Ostsiedlung wurde. Bereits 1161 entstand die gotländische Genossenschaft *(universi mercatores Imperii Romani Gothlandiam frequentantes)*, der sowohl lübische als auch westfälische und sächsische Kaufleute angehörten. Noch vor Ablauf des 12. Jahrhunderts gelang es, die Gotländer im Rußlandhandel abzulösen und in Novgorod ein eigenes Kontor zu errichten (Peterhof). Damit erlangten die Hansen ein wichtiges Handelsmonopol im Osten, und auch der skandinavische Handel geriet in ihre Abhängigkeit, wogegen sich vor allem bei den einheimischen Kaufleuten Widerstand regte.
Der **Handel der Hanse** basierte wesentlich auf dem Austausch der Rohprodukte des Ostens (Wachs, Pelze, Honig, Getreide, Pottasche) mit den gewerblichen Produkten des Westens (Tuche aus Flandern, Salz, Bier, handwerkliche Erzeugnisse). Lübeck lag an der Nahtstelle des Verkehrs. Mit dem Bau des Stecknitzkanals verschaffte es sich eine Wasserstraße zur Elbe, auf der das Lüneburger Salz in den Osten verschifft werden konnte. An den Endpunkten des hansischen Handels lagen die **Kontore**: Peterhof (Novgorod), Stalhof (London), Deutsche Brücke (Bergen) und Brügge. Mit der Durchsetzung der Schriftlichkeit seit Ende des 13. Jahrhunderts wurden die Fernhändler in die Lage versetzt, ihre Geschäfte von ihrer Heimatstadt aus mit Hilfe von Kaufmannsgesellen zu leiten, so daß sie nicht mehr selbst auf den Reisen mitfahren mußten. Die Zahl der an den **Hanseprivilegien** beteiligten Städte schwankte im Laufe der Zeit erheblich. Im 15. Jahrhundert betrug ihre Zahl etwa 180, wobei zwischen den 70–80 vollberechtigten Mitgliedern und den kleinen Beistädten noch unterschieden werden muß. Wichtige, die Gesamtheit

der Hansestädte angehende Probleme wurden auf den **Hansetagen** besprochen und entschieden, die meist in Lübeck stattfanden, worin der Vorrang dieser Stadt ihren Ausdruck fand.
Ein lebenswichtiges Problem für die Hanse stellte die Aufrechterhaltung ihrer Handelsprivilegien in den einzelnen Ländern dar, für das sie auch das Druckmittel der Handelssperre oder der Blockade einsetzte. Mehrfach kam es deshalb zu Auseinandersetzungen mit Dänemark, das den Sund kontrollierte. Als König Waldemar IV. Atterdag 1361 Gotland und Wisby eroberte, schlossen sich viele Hansestädte zu einem Kriegsbündnis (Kölner Konföderation, 1367) zusammen. Im Frieden von Stralsund (1370) erreichte die Hanse die Bestätigung ihrer Privilegien, die Übergabe von vier Festungen am Sund auf fünfzehn Jahre sowie ein gewisses Zustimmungsrecht bei der dänischen Thronfolge.
Der Stralsunder Friede stellte den politischen Höhepunkt der Hanse dar. Innerhalb der Kaufmannschaft, vor allem bei den großen Fernhändlerfamilien, läßt sich aber ein **Nachlassen des Unternehmergeistes** feststellen. Bei manchen der reichgewordenen Fernhändlerfamilien zeigen sich Tendenzen, ihr Kapital in Renten oder Grundherrschaften anzulegen. Auch die Auseinandersetzungen zwischen Patriziat und Zünften konnten sich zeitweise negativ auf den Handel auswirken. Neue Handelsformen aus dem Süden, wie die doppelte Buchführung oder die großen Handelsgesellschaften, setzten sich nur sehr zögernd im Hansebereich durch, so daß die Hanse der Konkurrenz der Fugger und der süddeutschen Handelsgesellschaften meist nicht gewachsen war. Zudem nahm der Druck der Territorialherren zu, obwohl manche der großen Handelsstädte mit dem Ausbau eines eigenen Territoriums sich zu wehren versuchten. So entstand längs des Handelsweges von Lübeck nach Hamburg eine ganze Kette städtischer Besitzungen.
Vor allem verschärfte sich der Druck aus dem Ausland. Die Auseinandersetzungen mit Dänemark zogen sich durch das ganze Spätmittelalter. In diesen Auseinandersetzungen wurde der Seeverkehr zeitweise stark durch die Seeräuber beeinträchtigt, die erst 1401 geschlagen und vernichtet werden konnten (Klaus Störtebeker und Godeke Michels). Im Jahre 1494 wurde der Peterhof in Novgorod von Iwan dem Schrecklichen geschlossen, und in England löste Elisabeth 1598 den Stalhof auf. Vor allem die Niederländer entwickelten sich seit dem 15. Jahrhundert zur stärksten Konkurrenz, die vom burgundischen Staat unterstützt wurde, während die Hanse keine Hilfe vom Kaiser erhielt. Bald beherrschten die Niederländer den Getreideverkehr mit dem Baltikum und verschifften auch das Meersalz von Bourgneuf (frz. Atlantikküste) in die Ostsee. Auf dem letzten Hansetag von 1669 waren neben Lübeck, Hamburg und Bremen, die sich zu einem engeren Bündnis zusammenschlossen, nur noch Köln, Braunschweig und Danzig vertreten.

4.3 Verfassungsrechtliche Entwicklungstendenzen des Reichs im Spätmittelalter

1273–1291	Rudolf I. v. Habsburg
1291	Zusammenschluß der Schweizer Waldstädte Uri, Schwyz und Unterwalden zu einem „ewigen Bund"
1338	Kurverein von Rhense: Kurfürsten schließen sich zusammen – für Kaiser Ludwig d. Bayern und gegen Papst Johannes XXII.
1347–1378	Karl IV. aus dem Hause Luxemburg
1348	Gründung der Universität Prag
1356	Goldene Bulle

4.3.1 Partikularismus und Territorialisierung seit Friedrich II.

4.3.1.1 Die Fürstengesetze

Der Investiturstreit und die erbitterten Auseinandersetzungen zwischen Kaiser und Papst erweiterten den Freiraum für die territorialen Gewalten in Deutschland, die seitdem immer stärker bemüht waren, Rechte und Regalien an sich zu ziehen und so ihre Machtstellung auszubauen. Damit bahnte sich in Deutschland ein Sonderweg an, bei dem langfristig die partikularen Gewalten über die Zentralgewalt siegen sollten. Schon Barbarossa hatte im „privilegium minus" 1156 dem neugebildeten Herzogtum Österreich besondere Privilegien, wie die Kontrolle über die Gerichte, zugebilligt. Sein Enkel Friedrich II. mußte den geistlichen Fürsten zur Wahl seines Sohnes Heinrich in der „Confoederatio cum principibus ecclesiasticis" von 1220 wesentliche Regalien zugestehen. Schon der Begriff „Confoederatio" deutete an, daß es sich hier um Gleichberechtigte handelte (s. auch 4.1.5.1).
Diese Rechte wurden im „Statutum in favorem principum" (1231/32) auch auf die weltlichen Fürsten übertragen und zum Teil erweitert, wobei allerdings zu berücksichtigen ist, daß es meist nur um die Bestätigung schon usurpierter Rechte ging (s. M 17). Da aber im Laufe des Spätmittelalters die Hohe Gerichtsbarkeit durch das „ius de non evocando et appellando" – der König konnte nun Rechtssachen nicht mehr unter Umgehung der Instanzen an sich ziehen – auf viele Fürsten überging, kam es auch zu einer Territorialisierung des Rechts. Mit dem Begriff „domini terrae" (Landesherren) wurde die Territorialisierung jetzt auch vom Königtum anerkannt und legalisiert.

4.3.1.2 Der Kurverein von Rhense (1338) und die Goldene Bulle (1356)

Nutznießer der Territorialisierung des Reichs waren vor allem die Kurfürsten, die seit der Mitte des 13. Jahrhunderts allein zur Königswahl berechtigt waren und ihre Zustimmung zur Wahl an immer neue Zusagen der Könige knüpften. Verfügungen des Königs waren meist an ihre „Willebriefe" gebunden. Im „Kurverein zu Rhense" (1338) legten die Kurfürsten fest, daß ein von ihnen mit Mehrheit gewählter König nicht mehr der Bestätigung durch den Papst bedürfe.
Ihren Abschluß fand die Entwicklung zum Kurfürstenkolleg in der Goldenen Bulle Karls IV. von 1356 (s. M 18), die sowohl die Königswahl als auch die Rechte der Kurfürsten festlegte. Gleich nach der Wahl mußte der neue König den Kurfürsten jeweils ihre Privilegien bestätigen. Im Reichstag bestand seit dem Ende des 15. Jahrhunderts ein besonderes Kurfürstenkolleg. Damit bildete die Goldene Bulle die Grundlage für die deutsche Königswahl bis zum Ende des Reiches und zur Auflösung des Reichstages 1806.

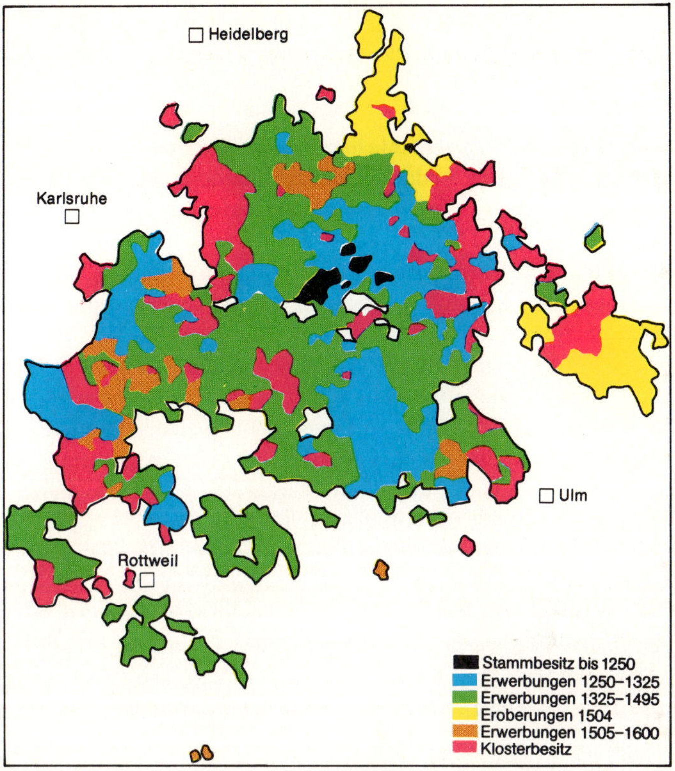

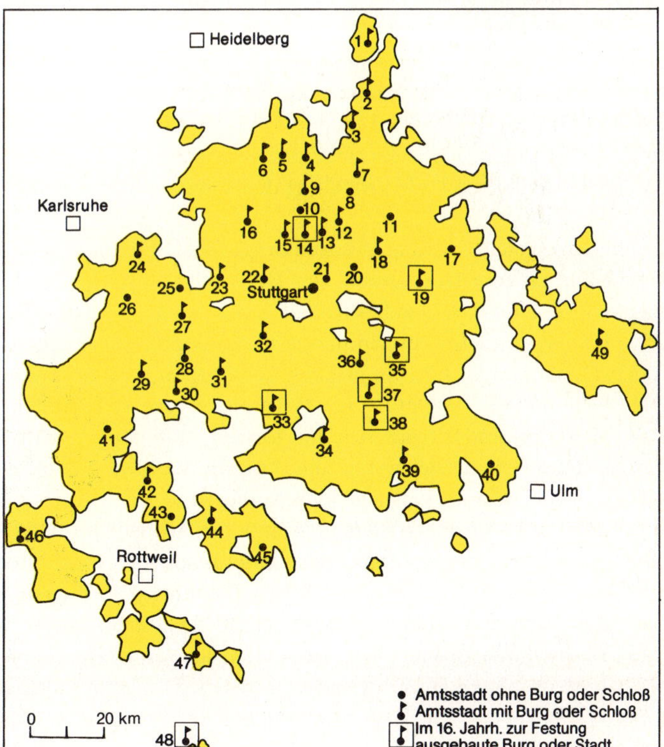

Abb. 10 Die Entwicklung des Herzogtums Württemberg

a) Entwicklung des Herzogtums Württemberg 1250–1600

b) Das Herzogtum Württemberg um 1600
1 Möckmühl; 2 Neuenstadt (Kocher); 3 Weinsberg; 4 Lauffen (Neckar); 5 Brackenheim; 6 Güglingen; 7 Beilstein; 8 Bottwar; 9 Besigheim; 10 Bietigheim; 11 Backnang; 12 Marbach (Neckar); 13 Hoheneck; 14 Asperg mit Hohenasperg; 15 Markgröningen; 16 Vaihingen (Enz); 17 Welzheim; 18 Winnenden; 19 Schorndorf; 20 Waiblingen; 21 Cannstatt; 22 Leonberg; 23 Heimsheim; 24 Neuenbürg; 25 Liebenzell; 26 Wildbad; 27 Calw; 28 Wildberg; 29 Altensteig; 30 Nagold; 31 Herrenberg; 32 Böblingen; 33 Tübingen; 34 Pfullingen; 35 Kirchheim (Teck); 36 Nürtingen; 37 Neuffen mit Hohenneuffen; 38 Urach mit Hohenurach; 39 Münsingen; 40 Blaubeuren; 41 Dornstetten; 42 Sulz (Neckar); 43 Rosenfeld; 44 Balingen; 45 Ebingen; 46 Hornberg; 47 Tuttlingen; 48 Hohentwiel; 49 Heidenheim.

4.3.2 Die Herausbildung des Territorialstaats – das Beispiel Württemberg

Die Herkunft der Grafen von Württemberg ist in der Geschichtswissenschaft umstritten. Ihre Stammburg lag wahrscheinlich auf dem Rotenberg am Westrand des Schurwaldes bei Untertürkheim. Seit dem Ende des 12. Jahrhunderts sind sie als Anhänger der Hohenstaufen nachweisbar, und um 1130 nahmen sie den Grafentitel an. Der Aufstieg der Familie vollzog sich vom Remstal ausgehend am Ende der Stauferzeit, wobei die Schwächung der Reichsgewalt für die **Ausdehnung des Territoriums** genutzt werden konnte (s. Abb. 10, 11).
So erwarb Ulrich I. (1241–1265) die Grafschaft Urach und gewann durch Heirat die Stadt Stuttgart, die zum Mittelpunkt des Territoriums wurde. Sein Sohn Eberhard I. (1279–1325) erweiterte den Besitz um fast das Doppelte. Unter ihm kamen Backnang, Calw, Hohenstaufen und Göppingen zu seiner Herrschaft. Das Territorium wuchs aber nicht nur durch den Erwerb von Herrschaften und Städten, von mindestens gleicher Bedeutung war die Gewinnung der Schutzvogteien über Klöster, Abteien und Stifte. Eine bedeutende Aufwertung erfuhr das Geschlecht durch die Gewinnung der Stadt Markgröningen (1336) durch Kauf, da damit das Lehen der Reichssturmfahne verknüpft war (s. M 19).
Die tatkräftige und zielstrebige Ausdehnungspolitik, die sich neben den Mitteln des Kaufes und der Heirat auch der Gewalt bediente, mußte auf den Widerstand der anderen Territorialherren und vor allem der Städte stoßen, die sich im Schwäbischen Städtebund vereinigt hatten. Im großen Städtekrieg wurde Württemberg stark verwüstet, nachdem es bereits vorher unter der Pest schwer gelitten hatte. In der Schlacht bei Döffingen (1388) gelang es Eberhard II. (der Greiner) jedoch, die Städte zu schlagen, womit sich das politische Übergewicht von den Städten endgültig auf das Territorium verschob.
Nachdem unter Eberhard IV. (1417–1419) die Grafschaft Mömpelgard durch Heirat erworben war, kam es nach dessen frühem Tod zu einem Rückschlag durch die Teilung des Landes (Nürtinger Vertrag 1442) unter seinen beiden Söhnen, die den Ausbau des Landes für mehr als eine Generation lähmte. Die Einheit wurde erst 1482 im Münsinger Vertrag durch Eberhard V. (1459–1496) mit Hilfe einer hohen Abfindung überwunden, wobei die 1457 zuerst in Stuttgart zusammengetretenen Stände Eberhard V. wesentlich unterstützten. In die Regierungszeit Eberhards, der die kulturelle Entwicklung des Landes förderte, fällt auch die Gründung der Universität Tübingen.
Die herausragende Stellung Württembergs fand 1495 ihren sichtbaren Ausdruck in der **Erhebung der Grafschaft zum Herzogtum**. Der Herzogsbrief an Eberhard I. bestätigte den Münsinger Vertrag und legte die Unveräußerlichkeit und Unteilbarkeit des Herzogtums fest, das damit wesentliche Rechte eines Kurfürstentums erhielt. Württemberg war damit in die Reihe der mittleren Reichsfürstentümer und zum größten Territorium in Südwestdeutschland aufgestiegen.
Die Macht und die Bedeutung der Württemberger wuchsen nicht nur durch ihre Ausdehnungspolitik; vielmehr stützten sie sich im Inneren auf den tatkräftig vorangetriebenen **Ausbau des Territoriums**. Schon früh wirkte das Vorbild der Hohenstaufen, die mit Hilfe der Ministerialen als königliche Beamte versucht hatten, die Kraft des Landes zu verstärken. So teilten auch die Württemberger ihre Herrschaft in Ämter ein, wobei sie oft an ältere Grenzen anknüpften. Die Ämter, die meist eine Stadt als Mittelpunkt besaßen, wurden Vögten unterstellt. Diese hatten für die Gerichtsbarkeit, die herrschaftlichen Bauten und die Finanzen zu sorgen, wobei die Grafen wesentliche Mittel aus den Zöllen erhielten. Angesichts der Gefahr der Entfremdung von gräflichem Besitz durch Lehensträger bedienten sich die Grafen beim Ausbau zunehmend abhängiger absetzbarer Beamter, oft bürgerlicher Juristen. Das landesherrliche Regiment wurde auch auf die Klöster übertragen. Die Zentralverwaltung unterstand dem Landhofmeister, der zugleich Stellvertreter des Grafen war.

	Städte von Württemberg		davon				
	gegründet	erworben	verpf./verl. im 14./15. Jh.	zeitw. in Württ. Bes.	Stadtrechte verloren im 13. Jh.	vor 1500	im 16./18. Jh.
13. Jh.	■ (4)	● (3)			(●) (1)		
14. Jh.	◨ (5)	◑ (47)	▲ (8)	⊗ (3)		[◑▲] (3)	⟨◑▲⟩ (5)
15. Jh.		○ (10)		⊕ (2)			

Umrisse: Historischer Atlas von Baden-Württemberg 1972, Bl. VI, 2 — Entwurf: R. Seigel

Abb. 11 Die württembergischen Städte im Mittelalter
(R. Seigel, Die Württembergische Stadt am Ausgang des Mittelalters. Probleme der Verfassungs- und Sozialstruktur. In: Die Stadt am Ausgang des Mittelalters. Hrsg. von W. Rausch. Linz/Donau 1974, S. 177–193, S. 178.)

Der Aufbau der Verwaltung führte zur Einrichtung einer Kanzlei (s. M 21) mit einer zentralen Finanzkasse, an deren Spitze der Kanzler stand, der seit 1496 ein juristisch gebildeter Beamter war. Im Jahre 1495 wurde auch eine umfassende Landesordnung erlassen, um die Rechtseinheit des Territoriums durchzusetzen und um konkurrierende Gewalten im Territorium auszuschalten (s. M 22).

4.3.3 Fürsten und Landstände am Beispiel Württembergs

Die Territorien des Spätmittelalters dürfen nicht nur unter dem Gesichtspunkt der Zersplitterung des Reiches gesehen werden, vielmehr werden auch neue Grundlagen des frühmodernen Staates gelegt. An die Stelle der lockeren, durch das Lehnswesen zusammengehaltenen Personalverbände des frühen Mittelalters traten allmählich die durch Beamte und Verwaltung erschlossenen Territorien; die „Durchstaatlichung“ der Territorien stieß aber auf erhebliche Widerstände, vor allem bei den Ständen, so daß die spätmittelalterlichen Territorien noch weit entfernt vom absolutistischen Staat der frühen Neuzeit waren.

Bereits 1231 hatte ein Rechtsspruch eines Hoftages unter Heinrich VII. (s. M 23) die Landesfürsten angewiesen, Gesetze und Anordnungen nur mit Zustimmung ihrer „Stände“ zu erlassen (meliorum et maiorum terrae consensu). Dieser Rechtsspruch trug einer Entwicklung Rechnung, die im Laufe des Mittelalters in vielen deutschen Territorien zur **Institutionalisierung der Stände („Landstände“)** führte, so daß – wenn auch mit Einschränkungen – im Spätmittelalter von einem „dualistischen Ständestaat“ gesprochen werden kann. Zu den Ständen gehörten vor allem die Prälaten (hohe kirchliche Würdenträger, die Rechtsprechung ausübten, z. B. Bischöfe, Erzbischöfe, Äbte), die Adeligen und die Vertreter der Städte, während die Bauern mit einigen Ausnahmen (Tirol, Ostfriesland) meist ausgeschlossen blieben. Die Landesfürsten waren bei Steuern und Geldforderungen, die in den Quellen oft als Bede (Bitte) bezeichnet wurden, auf die Zustimmung der Landstände angewiesen.

In Württemberg entwickelten sich die Stände im Vergleich zu anderen deutschen Territorien erst spät, da die Grafen aufgrund ihrer guten Einkünfte zunächst nicht auf ihre Hilfe angewiesen waren. Immerhin trugen die Stände, die seit dem ersten Landtag von 1457 nachweisbar sind, wesentlich zur Einheit des Landes bei, wie ihre Mitwirkung im Münsinger Vertrag zeigt. Sie bestanden hier aus den Prälaten der Klöster (13 Äbte), der Ritterschaft, die allerdings nur zur Hilfe im Krieg verpflichtet war, und der eigentlichen „Landschaft“, in der sich die Vertreter der Ämter und Städte versammelten.

Die Macht der Stände wurde sichtbar, als diese 1498 den Herzog Eberhard II. (1496–1498) wegen seiner Willkür und Mißwirtschaft absetzten. Zum ersten Mal wendeten sie damit ein Widerstandsrecht gegen den Landesherren an, wie es die Stände zwar nach ihrem Grundverständnis in Anspruch nahmen, aber nur selten praktizieren konnten. Bis 1503 wurde Württemberg sogar von einem landständischen Regiment beherrscht, in dem die städtische „Ehrbarkeit“ dominierte.

Unter dem neuen Herzog Ulrich (1503–1519) verschärfte sich die Lage durch Kriege, Mißwirtschaft und hohe Ausgaben für die Hofhaltung, so daß sich ein großer Schuldenberg ansammelte. Ulrich versuchte zunächst vergeblich, eine direkte Steuer einzuführen. Die darauf eingeführte indirekte Steuer auf Getreide, Wein und Fleisch (Ungeld), die vor allem die unteren Schichten belastete, führte 1514 zum **Bauernaufstand** des „armen Konrad“ unter Peter Gais. Neben der Klage über die wachsenden Lasten äußerte sich hier die Kritik am neuartigen Verwaltungsstil eines „frühmodernen Staates“, von dem die Bauern immer stärker ausgeschlossen wurden. In dieser Notlage mußte Ulrich einen Landtag nach Tübingen einberufen, auf dem die Prälaten und die aus den Vertretern der Ämter und Landstädte bestehende „Landschaft“ mit dem Herzog verhandelten. Aus den Forderungen der Landstände und den Zugeständnissen des Herzogs entstand der **Tübinger Vertrag** vom 8. Juli 1514, in dem die Stände – die „Ehrbarkeit“ – ihre Mitregierung, ausbauen konnten und der bis 1806 das „Staatsgrundgesetz“ Württembergs blieb (s. M 24). Mit diesen Zugeständnissen war der Herzog sowohl in der Finanz- wie in der Außenpolitik auf die Mitwirkung der Stände angewiesen. Deren Macht war so groß, daß sie auch über den Absolutismus hinaus bis 1806 in den Angelegenheiten des Staates mitwirken konnten.

Abb. 12 Graf Eberhard III. († 1417) von Wirtemberg inmitten seiner Räte
Rechts vom Grafen (1) sitzen (No. 2–15): (2) Der Bischof von Augsburg; (3) Herzog Friedrich von Teck; (4) Der Abt von Ellwangen; (5) Graf Friedrich von Helfenstein; (6) Graf Eberhard von Nellenburg; (7) Graf Rudolf von Sulz d. Ältere; (8) Graf Eberhard von Werdenberg; (9) Graf Rudolf von Sulz d. Jüngere; (10) Graf Bernhard von Eberstein; (11) Graf Heinrich von Löwenstein; (12) Bruno von Lupfen; (13) Jörg von Rechberg; (14) Schwicher von Gundelfingen; (15) Albrecht von Rechberg.

4.3.4 Papsttum und Konzilien

Im Zusammenhang der Auseinandersetzungen zwischen dem Papst und dem französischen König hatte Papst Bonifaz VIII. in der Bulle „Unam sanctam" von 1302 in übersteigerter Form noch einmal den päpstlichen Machtanspruch formuliert und als Bedingung für die ewige Seligkeit die Unterordnung unter den Papst verlangt. Doch unter dem Druck des französischen Königs mußten die Päpste 1309 ihren Sitz nach Avignon verlegen, so daß sie völlig in die Abhängigkeit der französischen Könige zu geraten drohten **(Babylonische Gefangenschaft 1309–1377)**, worunter das Ansehen der Kirche in der europäischen Christenheit erheblich litt, zumal das Papsttum nach

dem Verlust des Kirchenstaates versuchte, seine Einnahmen für die Hofhaltung durch die Ausweitung des Ablaßhandels und durch die Erhebung von Geldern beim Antritt kirchlicher Ämter zu steigern.
Als der Papst 1377 seinen Sitz wieder nach Rom verlegen konnte und dort 1378 ein neuer italienischer Papst gewählt wurde, erhoben die in Avignon verbliebenen Kardinäle einen französischen Papst. Das war der Beginn eines 40 Jahre dauernden (1378–1417) **Schismas**, in dem sich zwei Päpste gegenseitig bekämpften. Die ganze abendländische Christenheit wurde in den Streit hineingezogen, gespalten und finanziell belastet, da sie sich jeweils zu einer Seite bekennen mußte. Das Erlebnis des Schismas hinterließ einen tiefen Eindruck auf die Christenheit und förderte die Tendenz zu Nationalkirchen. Immer lauter erhob sich der Ruf nach einer grundlegenden Reform der Kirche, die aber angesichts der beiden Päpste nicht vom Papsttum ausgehen konnte. In dem theologischen und rechtlichen Streit um die Lösungsmöglichkeiten des Schismas verschlimmerten sich die Auseinandersetzungen, und so setzte sich in breiteren Kreisen allmählich die Überzeugung durch, daß allein ein Konzil, das als Versammlung der Bischöfe über dem Papst stehe, auch das Recht und die Gewalt zu Reformentscheidungen besäße (konziliare Theorie).
Nach dem Scheitern des Konzils in Pisa 1409, auf dem ein dritter Papst gewählt wurde, trat 1414 ein allgemeines **Konzil in Konstanz** zusammen. Die prunkvolle Versammlung, auf der 33 Kardinäle und 900 Bischöfe unter kaiserlichem Vorsitz zusammenkamen, sollte drei Problemkreise lösen: Die Einheit der Kirche *(causa unionis)*, die Kirchenreform *(causa reformatoris)* und die Herstellung der Glaubenseinheit *(causa fidei)*. Nur das erste Problem wurde gelöst, da die drei Päpste Gregor XII., Johann XXIII. und Benedict XIII. abgesetzt bzw. zum Rücktritt veranlaßt wurden, so daß ein neuer Papst Martin V. gewählt werden konnte. Die Beseitigung der Ketzerei und die Herstellung der Glaubenseinheit gelangen hingegen nicht. Der tschechische Priester Johannes Hus (geboren um 1370), der nach dem Vorbild des Engländers John Wiclif (1320–1384) den Laienkelch und die Armut der Kirche gefordert hatte, konnte nicht zum Widerruf seiner Lehre veranlaßt werden und wurde 1415 trotz des kaiserlichen freien Geleits als Ketzer verbrannt. Sein Tod löste in Böhmen einen großen Aufstand aus. Die Hussiten, die sich dabei selbst in zwei Parteien spalteten, schlugen mehrere Reichsheere und richteten Verwüstungen in den angrenzenden Ländern an.
Auch die Reform der Kirche gelang nicht, wenngleich das Konzil festsetzte, daß in Zukunft regelmäßig Konzilien stattfinden sollten. Doch das Papsttum konnte unter Martin V. den Kirchenstaat wiederherstellen und somit seine Stellung festigen. Auf dem nächsten **Konzil in Basel** (1431–1449) gelang es zwar, in den „Prager Kompaktaten" einen Ausgleich mit den Hussiten zu erreichen, doch in der zentralen Frage des Verhältnisses von Papst und Konzilien verschärften sich die gegenseitigen Standpunkte, so daß der Papst schließlich das Konzil aufhob und nur eine Minderheit in Basel blieb. In Konkordaten versuchte der Papst jeweils einen Ausgleich mit einzelnen Fürsten zu erreichen, womit die Tendenzen zu Nationalkirchen ebenfalls verstärkt wurden. Die konziliare Theorie wurde 1459 von Pius II. endgültig für ketzerisch erklärt. Das Papsttum wurde mehr und mehr in die politischen Auseinandersetzungen in Italien hineingezogen und verweltlichte unter dem Einfluß der Renaissance immer stärker, so daß der Ruf nach einer Reform der Kirche bis zur Reformation nicht wieder verstummte (s. auch 5.4.1).

4.4 Wirtschaftliche und soziale Krisen im Europa des Spätmittelalters

4.4.1 Der Einbruch der Pest

Es ist in der Geschichtswissenschaft umstritten, ob der moderne Begriff der Krise die Wandlungen im 14. Jahrhundert zu charakterisieren vermag und ob es sich hier um eine säkulare Krise handelte, die alle Bereiche des Lebens erfaßte. Die Auswirkungen in den einzelnen Bereichen waren nämlich recht unterschiedlich, und die Wandlungen zogen sich oft über einen langen Zeitraum hin.

In der Zeit von 1000 bis um die Mitte des 14. Jahrhunderts hatte Mitteleuropa ein rasches Bevölkerungswachstum erlebt (s. M 27), mit dem der Ausbau des Landes, die Vermehrung der Städte und die Ostsiedlung einhergingen. Wesentliche Verbesserungen im Bereich der Landwirtschaft hatten die Grundlage für diese Prozesse geschaffen. So setzte sich jetzt die Dreifelderwirtschaft gegen die ältere Feld-Graswirtschaft durch, wobei Winterfrucht (Weizen), Sommerfrucht (Hafer) und Brache einander abwechselten. In einigen Gegenden war bereits die Mergeldüngung bekannt. Der schollenwendende Pflug mit eisenbeschlagener Pflugschar erbrachte gegenüber dem älteren Hakenpflug nicht nur eine erhebliche Arbeitsersparnis und eine Verbesserung des Ertrags, sondern ermöglichte jetzt auch den Anbau auf schwereren Böden. Allmählich setzten sich als Neuerungen Egge, Sense und Dreschflegel durch, und das neu eingeführte Kummet steigerte die Zugleistung des Pferdes um das Doppelte (s. Abb. 13).

Abb. 13 Verbesserter Pflug – verbesserte Anspannung
Der auch bei den Römern übliche Hakenpflug riß den Boden lediglich auf, ließ aber unberührte Teile zwischen den Furchen zurück und verlangte deshalb ein zweites Querpflügen. Der auf einem Pflugkarren ruhende „Beetpflug" wendete mit seiner eisernen Pflugschar den Boden. Das ungleich schwerere Gerät verlangte – wie die schweren Wagen der Fernhändler – eine verbesserte Anspannung. Während der Zugstrang bis dahin noch an Seilen befestigt wurde, die den Pferden um den Hals gelegt waren, wurde nun das in sich starre, gepolsterte Kummet eingesetzt, das die Zuglast auf Schulter und Brust der Tiere legte und sie nicht im Atmen behinderte.

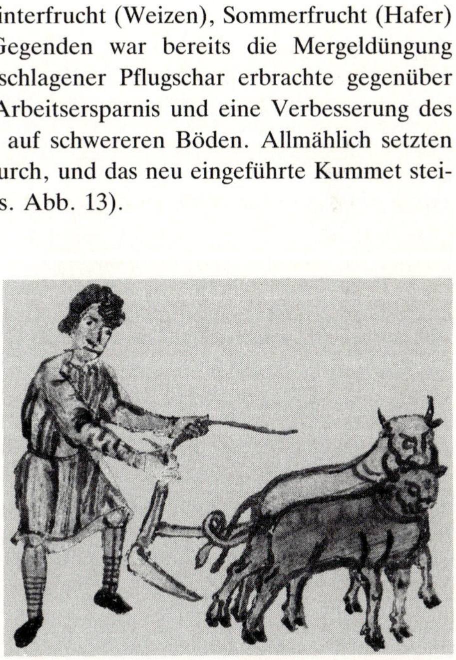

a) Hakenpflug. Buchmalerei aus der Benediktinerabtei St. Peter in Salzburg, 809 (Österr. Nationalbibliothek)

b) Schar- oder Beetpflug. Buchmalerei aus dem Kodex des Prager Erzbischofs Hanz Jenstejna, 1397 (Vatikanbibliothek)

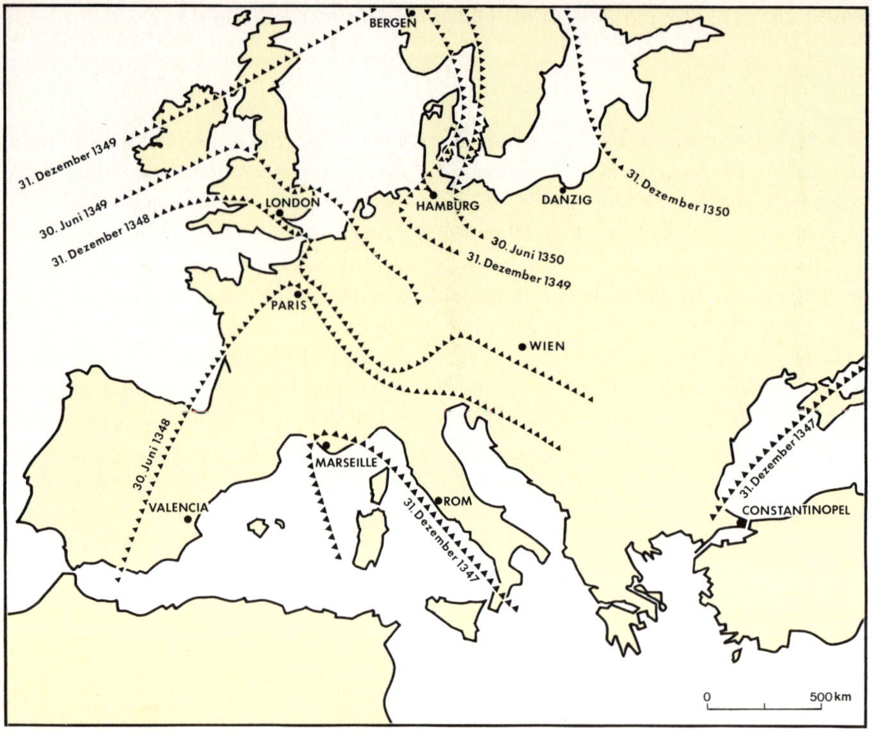

Abb. 14 Die Ausbreitung der Pest in Europa (1347–1350)
(Nach: W. Abel, Agrarkrisen und Agrarkonjunktur. Hamburg u. Berlin ³1978, S. 49)

Die Bevölkerung Deutschlands und Skandinaviens war so von 4 Millionen (um 1000) auf 11,5 Millionen (um 1350) gewachsen. Aber bereits im 14. Jahrhundert verlangsamte sich dieser Wachstumsprozeß durch eine Reihe von Naturkatastrophen, Mißernten und Hungersnöten. So traf vor allem in den Jahren 1315 bis 1318 eine Kälteperiode den Weizenanbau, wodurch die Landwirtschaft stellenweise sehr zurückging.
Das einschneidenste Ereignis war aber der Einbruch der Beulenpest, die vor allem in den Jahren 1347 bis 1351 in Europa wütete und die etwa ein Drittel der schon durch vorangehende Hungersnöte geschwächten Bevölkerung Mitteleuropas dahinraffte (s. M 25, 26 und Abb. 14). Auch später wiederholten sich die Pestwellen, vor allem 1357 bis 1362 sowie 1370 und 1376, so daß sich die Bevölkerungszahl im Spätmittelalter nicht mehr erholen konnte. Besonders schwer betroffen waren aufgrund der Enge und der hygienischen Verhältnisse die Städte. Die Stadt Bremen verlor innerhalb des Jahres 1350 mit annähernd 7000 Menschen fast zwei Drittel ihrer Bevölkerung.

4.4.2 Die „Agrarkrise"

Im Agrarbereich führten die Bevölkerungsverluste zu einem Rückgang der Ackerfluren und des bebauten Landes um etwa ein Viertel, wodurch sich das Landschaftsbild erheblich änderte. Ganze Dörfer wurden aufgegeben und überwucherten wieder mit Wald. Es entstanden **Wüstungen**, die bis in die Neuzeit nicht mehr besiedelt wurden und nur in den Flurnamen weiterlebten (s. Abb. 15). Damit entspannte sich allerdings auch das Verhältnis von Nahrungsspielraum und

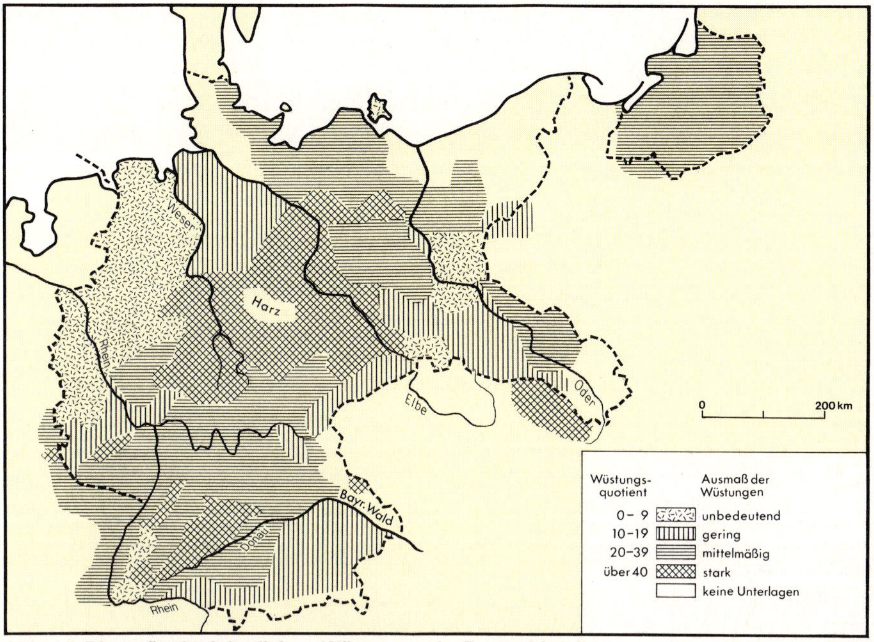

Abb. 15 Die spätmittelalterlichen Wüstungen in Deutschland
(Nach: W. Abel, Agrarkrisen und Agrarkonjunktur, a.a.O., S. 64)

Periode I (Rodungsperiode, 11.–13. Jahrhundert)		*Periode II* (Wüstungsperiode, 14.–15. Jahrhundert)	
Geburtenrate	42 v. T.	Geburtenrate	39 v. T.
Sterberate	36 v. T.	Sterberate	41 v. T.
Geburtenüberschuß	6 v. T.	Sterbefallüberschuß	2 v. T.

Abb. 16 Geburten und Sterblichkeit in Deutschland im 11./13. und 14./15. Jahrhundert

Bevölkerung, das im Hochmittelalter in einzelnen Gegenden bereits an seine Grenzen gestoßen war (Abb. 16). Als Folge ergab sich ein längerfristiges Sinken der Getreidepreise, das bis zum Ende des 15. Jahrhunders anhielt, so daß man für den Agrarbereich, wenn auch mit Einschränkungen, von einer Depressionsphase von 1350 bis 1500 sprechen kann (s. M 28).
Die sinkenden Einkommen der **Bauern** verstärkten die Landflucht, zumal die Löhne in den Städten angesichts der gesunkenen Zahl der Arbeitskräfte stiegen. Zum Teil ging der Rückgang des Getreideanbaus aber auch mit einer Zunahme der Weiden und der damit zusammenhängenden Viehzucht einher, so daß man nicht überall von einer Agrarkrise sprechen kann.
Diese Entwicklungen waren nicht nur auf Deutschland beschränkt. So läßt sich in England eine Vermehrung der Schafherden und der Wollprodukte beobachten. Auch bestimmte Sonderkulturen für Flachs oder Färberwaid weiteten sich aus, und der Weinanbau nahm zu. Im Umkreis der Städte entstanden sogar Obst- und Gemüsekulturen. Der Fleischverbrauch stieg bei wachsenden Löhnen in den Städten.
Die krisenhafte Entwicklung in der Landwirtschaft traf aber nicht nur die Bauern, sondern auch die **Ritter** und **Grundherren**. Denn während gewerbliche Güter, Luxusartikel und die immer komplizierter werdenden militärischen Ausrüstungen erheblich teurer wurden, stagnierten die

Einkommen der Grundherren oder gingen gar zurück. Selbst Grundherrschaften sanken im Wert, so daß reiche Bürger sie zum Teil günstig erwerben konnten. So gerieten viele Ritter im Spätmittelalter in wirtschaftliche Schwierigkeiten (s. M 31). Wenn sie nicht in das „Strauchrittertum“ abgleiten wollten, mußten sie in den Dienst der Landesherren treten. Denn es war Ihnen kaum möglich, die Abgaben der Bauern zu erhöhen, wenn sie diese nicht zur Abwanderung in die Städte treiben wollten. Viele Grundherren gingen deshalb dazu über, ihr Land zu verpachten und die Dienste in Geld abzulösen, womit sich die rechtliche Stellung der Bauern, vor allem im Westen, verbesserte. Hier im Westen Deutschlands wandelten sich die Grundherrschaften so in Rentengrundherrschaften (s. M 30).
Im Osten Deutschlands trat hingegen eine andere Entwicklung ein. Auch hier kam es im Gefolge der Pest zu großen Wüstungen, die als billiges Land aber von den Rittern ihren eigenen Gütern zugeschlagen wurden. Die dadurch vergrößerten Güter ermöglichten im 16. Jahrhundert, als die Getreidepreise wieder anstiegen, eine Spezialisierung auf den Getreideanbau. Allerdings boten auch die schwachen Territorialgewalten im Osten den Gutsherren die Möglichkeit, über das Recht der Besteuerung und die Gerichtsherrschaft die Stellung der Bauern herabzudrücken und diese schließlich als „erbuntertänige Bauern“ an die Scholle zu binden. Diese **Gutsherrschaft** mit ihrer Tendenz zur Einziehung von Bauernstellen (Bauernlegen) sowie zur Verschlechterung der bäuerlichen Rechtsstellung bestimmte das Bild der ostelbischen Landwirtschaft bis weit ins 19. Jahrhundert.

4.4.3 Wandlungen im gewerblichen und städtischen Bereich

Die Bevölkerungsverluste durch die Pest trafen die Städte zwar ungleich härter als das Land, doch konnten die Städte durch die gesteigerte Zuwanderung und durch das **Lohn- und Preisgefälle** (Lohn-Preis-Schere) von den krisenhaften Erscheinungen in der Landwirtschaft auch profitieren und so im 14. Jahrhundert ihre Stellung gegenüber dem Land festigen, was deutlich in den sich ausbildenden städtischen Territorien sichtbar wird. Indessen vollzogen sich auch, in den Städten, bedingt durch die Krise, strukturelle Wandlungen, vor allem im Wirtschaftsleben.
So führte das Aussterben ganzer Bürgerfamilien zum Teil zu einer erheblichen Konzentration des Kapitals in den Händen der Nachkommen, das wiederum auf Anlage drängte. Es bildete sich immer stärker das **Verlagswesen** heraus, bei dem reiche Kaufleute durch die Bereitstellung von Rohstoffen und durch die Übernahme des Absatzes der Produkte bald große Bereiche der Textilherstellung und der Metallwarenerzeugung beherrschten. Angesichts der gestiegenen Löhne breitete sich der Verlag auch auf dem Lande aus, so daß zum Teil ländliche Gebiete über die Wirtschaftskraft der städtischen Verlage in Abhängigkeiten gerieten. Insgesamt führte die gesteigerte Kaufkraft der städtischen Bevölkerung zu einem Ansteigen der Löhne und Preise.
Auch das **Handelsvolumen** wuchs vor allem im 15. Jahrhundert, wobei sich das Schwergewicht von der Hanse vor allem in den oberdeutschen Raum verschob, wo sich modernere Handelsformen, wie Handelsgesellschaften und doppelte Buchführung, erheblich früher durchsetzten. Beide wurden durch die Verbreitung der arabischen Ziffern seit der 2. Hälfte des 14. Jahrhunderts sicher gefördert. So entstand Ende des 14. Jahrhunderts die Ravensburger Handelsgesellschaft aus drei Familiengesellschaften, von denen uns ein Teil der Geschäftspapiere erhalten ist. Solche großen kapitalkräftigen Gesellschaften begannen die mittelalterlichen Handelsformen zu sprengen.
Im Handwerk ging die Spezialisierung der Berufe angesichts der zunehmenden Nachfrage weiter, wodurch es zu einer wachsenden Differenzierung im Besitz in dieser Schicht kam, so daß einzelne Meister über den Verlag zu beachtlichem Reichtum gelangen konnten, während andere, wie uns

die städtischen Steuerlisten zeigen, in Armut lebten. Insgesamt brachte das Spätmittelalter allerdings eine Blüte des Handwerks. Das gestiegene Selbstbewußtsein der Handwerker und ihre Forderung nach Anteil am Stadtregiment entluden sich in den Bürgerkämpfen, die das ganze Spätmittelalter durchzogen (s. auch 4.2.3).
Eine Sonderstellung nahmen im Spätmittelalter der **Bergbau** und das **Hüttenwesen** ein, bei denen es nach einem tiefen Einbruch im 14. Jahrhundert durch technische Innovationen im 15. Jahrhundert zu einem großen Aufschwung kam. Mit Hilfe kunstvoller Pumpanlagen erschlossen sich die Bergleute, die in Gewerken organisiert waren, Tiefen bis über 100 Meter. Große Schmelzöfen produzierten flüssiges Roheisen und Gußeisen; Walz- und Drahtziehtechniken wurden erfunden. Vor allem die Kupfer- und Silbergewinnung erlebte einen großen Aufschwung. Da die Verhüttung beträchtliche Mengen an Holz erforderte, kam es im Spätmittelalter zu starken Abholzungen, die in einzelnen Gegenden schon zu Ansätzen einer Holzarmut führten.

4.4.4 Die sozialen, politischen und geistigen Wandlungen im Europa des 14. Jahrhunderts

Ähnlich wie Deutschland litt auch Westeuropa unter der Agrarkrise. Hier kam es im 14. Jahrhundert unter der zunehmenden Steuerlast und der Erhöhung der Frondienste zu ausgedehnten **Bauernaufständen**. 1358 brach in Frankreich der Aufstand der Jacquerie (Bauern) aus, der aber, ähnlich wie die Pariser Revolte unter Étienne Marcel, blutig unterdrückt wurde. Auch in England erhoben sich 1381 die Bauern unter Wat Tyler und John Ball, wobei es hier, ähnlich wie in Frankreich, zu Verbindungen zwischen Bauern und Städtern kam. Im selben Jahr brach in Gent ein großer Aufstand los. Die zweite Hälfte des 14. Jahrhunderts ist erfüllt von Aufständen vor allem im städtischen Bereich (Aufruhr in Gent unter Philipp von Artevelde 1381, Ciompiaufstand in Florenz 1378), die deutlich Tendenzen im Spätmittelalter ankündigten.
Die wirtschaftlichen Krisen des 14. Jahrhunderts untergruben besonders die wirtschaftliche und militärische Stellung des Rittertums und des Adels, die sich in Frankreich und in England zudem gegen die wachsende Macht der Herrscher zu wehren hatten. Weithin sichtbar wurde ihr Niedergang in der vernichtenden Niederlage des französischen Ritterheeres in der Schlacht bei Kortrijk (1302) durch das flandrische Fußvolk und im Sieg der Schweizer über die habsburgischen Rittertruppen (1315). Auch die neue waffentechnische Entwicklung der Artillerie wirkte sich gegen das Rittertum und seine Burgen aus. Nunmehr traten an die Stelle der Ritterheere die Söldnerheere. In Westeuropa wurde die Krise des 14. Jahrhunderts überlagert durch den 100jährigen Krieg zwischen England und Frankreich (1339–1453), der sich auf französischem Boden aus einem Machtkampf der feudalen Gewalten zunehmend zu einem Krieg mit nationalen Akzenten wandelte, in dem es um die Vorherrschaft in Westeuropa ging. Dieser Wandel wird vor allem in der Schlußphase sichtbar, als Jeanne d'Arc den französischen Widerstandswillen entfachte. Das Ende des 100jährigen Krieges markierte für Frankreich zugleich den Sieg des Königtums, das sich auf eine zentralistische Verwaltung mit geregelten Staatseinnahmen, bürgerlichen Beamten sowie auf ein besoldetes Heer stützen konnte. Auch in England erfuhr das Nationalbewußtsein durch den 100jährigen Krieg eine erhebliche Stärkung. Gleichzeitig bedeutete der verlustreiche Ausgang des Krieges aber eine gewisse Schwächung, da England zudem durch innere Gegensätze zerrissen war. Diese erreichten in den Rosenkriegen um die englische Krone zwischen den Häusern Lancaster (Rote Rose) und York (Weiße Rose) ihren Höhepunkt (1455–1485). Da der Hochadel sich in diesen Kämpfen selbst schwächte und das Parlament in die Auseinandersetzungen hineingezogen wurde, konnte das Königtum unter Heinrich VII., dem Erben des Hauses Lancaster aus dem Hause Tudor, gestärkt daraus hervorgehen.

4.4.5 Geistige Wandlungen

Die wirtschaftlichen und sozialen Krisen und Wirren der Zeit konnten nicht ohne Einfluß auf das geistige Leben bleiben. Die Not der Pest löste, wie der Bericht des Boccaccio zeigt, viele menschliche Bande und führte zu einer tiefen Erschütterung der Menschen. Das übertrug sich sicherlich auf das Verhältnis zu kirchlichen und weltlichen Gewalten, deren Autorität ebenfalls erschüttert wurde, weil sie den Seuchen und Krisen weitgehend hilflos gegenüberstand. Mochte die Kirche den Einbruch der Pest noch als Strafe Gottes erklären und angesichts des großen Sterbens Ablaß der Sünden gewähren, wurde doch gerade ihr Ansehen schwer geschädigt, zumal die Tendenzen der Verweltlichung bei ihr allzu offenkundig wurden. So bereiteten der Rückgang des Ansehens und die Kritik an der Kirche den Boden für die spätmittelalterlichen Forderungen nach einer Reform der Kirche und des Reichs (s. M 32).

Kaiser und Reich im Spätmittelalter
Materialien

Das Stauferreich

M 1 Friedrich I. („Barbarossa"), 1152–1190

a) Aus der Kaiserbiographie Ottos von Freising: Die Wahl Friedrichs I.

*Otto (*nach 1111–†1158) war Bischof von Freising und der bedeutendste Geschichtsschreiber des deutschen Mittelalters. Er verfaßte eine „Weltchronik" (Chronica sive Historia de duabus Civitatibus), in der er die Weltgeschichte in der Tradition Augustins (354–430) als Gegensatz zwischen den himmlischen und irdischen Reichen darzustellen versuchte. Zudem schrieb er eine Geschichte Friedrich Barbarossas (Gesta Friderici Imperatoris).*

1. Nachdem der fromme König Konrad [...] aus diesem Leben geschieden war, konnte [...] in Frankfurt wunderbarerweise trotz der ungeheuren Ausdehnung des transalpinen Reiches der bedeutendste Teil der Fürsten einschließlich einiger Barone aus Italien gewissermaßen zu einem Leibe vereinigt werden. Als dort die Fürsten über die Wahl des Königs berieten – denn dieses Recht, nämlich daß das Königtum sich nicht nach der Blutsverwandtschaft vererbt, sondern daß die Könige durch Wahl der Fürsten eingesetzt werden, beansprucht das römische Reich als sein besonderes Privileg –, wurde schließlich Herzog Friedrich von Schwaben, der Sohn des Herzogs Friedrich, von allen gefordert und durch die Gunst aller zum König gewählt.

2. Der tiefste Grund für diesen Entschluß und die einmütige Zustimmung zu dieser Person war, so meine ich, folgender. Es gab im römischen Reich im Gebiet von Gallien und Germanien bisher zwei berühmte Familien; die eine war die der Heinriche von Waiblingen, die andre die der Welfen von Altdorf, die eine pflegte Kaiser, die andre große Herzöge hervorzubringen. Wie es unter bedeutenden und ruhmgierigen Männern zu gehen pflegt, wetteiferten sie häufig miteinander und hatten schon oft die Ruhe des Reiches gestört. Es geschah aber, wie man glaubt, nach dem Ratschluß Gottes, der die Ruhe seines Volkes für die Zukunft sichern wollte, unter Heinrich V., daß Herzog Friedrich, der Vater des jetzigen, der aus der einen, nämlich der königlichen Familie stammte, die Tochter des Bayernherzogs Heinrich aus der anderen heiratete und mit ihr den jetzt regierenden Friedrich zeugte. So zogen also die Fürsten nicht nur die Tatkraft und Tüchtigkeit des oft genannten jungen Fürsten in Betracht, sondern auch, daß er, der beiden Familien angehörte, gewissermaßen als Eckstein die Feindschaft dieser beiden Häuser überwinden könnte; deshalb beschlossen sie, ihn zum Oberhaupt des Reiches einzusetzen, in der Erwartung, daß es für das Reich außerordentlich nützlich sein würde, wenn die schwere und langwierige Rivalität unter den höchststehenden Männern des Reichs um privater Vorteile willen nun endlich mit Gottes Hilfe bei dieser Gelegenheit beseitigt würde. So wollten sie nicht aus Haß gegen König Konrad, sondern, wie gesagt, zum allgemeinen Besten diesen Friedrich Konrads kleinem Sohne, der auch Friedrich hieß, vorziehen. Dies war die Überlegung bei der Wahl Friedrichs und ihr Verlauf.

(Otto von Freising und Rahewin, Die Taten Friedrichs oder richtiger Cronica. Übersetzt von A. Schmidt, hrsg. von F.-J. Schmale. In: R. Buchner, Hg., Ausgewählte Quellen zur deutschen Geschichte des Mittelalters, Bd. 12. Darmstadt 1974, S. 285 ff.)

b) Privileg für das Herzogtum Österreich, 1156 (Privilegium minus)

Im Namen der heiligen und ungeteilten Dreifaltigkeit. Friedrich, durch das Walten von Gottes Gnaden Römischer Kaiser, allzeit Mehrer des Reiches. [...]

(2) Wissen soll daher die gegenwärtige Zeit und künftige Nachkommenschaft, daß Wir [...], auf dem

allgemeinen Hoftag, der an Mariä Geburt [8. Sept.] zu Regensburg feierlich begangen wurde, in Anwesenheit vieler frommer und rechtgläubiger Fürsten, Rechtsstreitigkeit und Auseinandersetzung, die zwischen Unserem hochverehrten Oheim Heinrich Herzog von Österreich und Unserem hochgeschätzten Vetter Heinrich [d. Löwe] Herzog von Sachsen lange um das Herzogtum Bayern ging, in der Weise beigelegt haben, daß der Herzog von Österreich Uns das Herzogtum Bayern aufgelassen hat und Wir dieses sofort dem Herzog von Sachsen zu Lehen gegeben haben; *(3)* als *nunmehriger* Herzog von Bayern aber hat er Uns die Markgrafschaft Österreich aufgelassen mit all ihrem Recht und allen Lehen, die früher einmal Markgraf Leopold vom Herzogtum Bayern besaß. *(4)* Damit aber durch diesen Vorgang Ehre und Ruhm Unseres hochverehrten Oheims keinesfalls gemindert schiene, haben Wir nach Ratschlag und auf Beschluß der Fürsten – wobei der erlauchte Herzog von Böhmen Wladislaw den Spruch verkündete und alle Fürsten einwilligten –, die Markgrafschaft Österreich in ein Herzogtum umgewandelt und dieses Herzogtum mit allem Recht Unserem genannten Oheim Heinrich und seiner hochedlen Gemahlin Theodora zu Lehen gegeben; und dabei haben Wir durch ein immerwährendes Gesetz verordnet, daß sie und ihre Kinder nach ihnen, Söhne und Töchter ohne Unterschied, das eben genannte Herzogtum Österreich zu erblichem Recht vom Reiche innehaben und besitzen sollen. *(5)* Wenn aber der genannte Herzog von Österreich, Unser Oheim, und seine Gemahlin kinderlos dahinscheiden sollten, dann sollen sie die Freiheit haben, dieses Herzogtum, wem sie wollen, zuzueignen.

(6) Auch bestimmen Wir, daß sich niemand – weder hoch noch niedrig – vermessen und unterstehen soll, im Hoheitsbereich dieses Herzogtums ohne Einverständnis oder Zustimmung des Herzogs irgendwelche Herrschaft auszuüben. *(7)* Der Herzog von Österreich aber soll wegen seines Herzogtums dem Reich keinen anderen Dienst schulden, außer daß er auf Einladung hin zu den Hoftagen kommt, die der Kaiser in Bayern ansetzt. Auch schuldet er keine Heeresfolge, außer derjenigen, die der Kaiser etwa gegen Königreiche oder Länder in der Nachbarschaft von Österreich anordnet.

(8) Damit im übrigen dieser Unser kaiserlicher Erlaß für immer und ewig rechtsgültig und unantastbar bleibt, haben Wir vorliegendes Schriftstück abfassen und mit dem Aufdruck Unseres Siegels versehen lassen – unter Hinzuziehung geeigneter Zeugen, deren Namen die folgenden sind: Pilgrim Patriarch von Aquileja, Eberhard Erzbischof von Salzburg, Otto Bischof von Freising, Konrad Bischof von Passau, die Bischöfe Eberhard von Bamberg, Hartmann von Brixen, Hartwig von Regensburg, der von Trient; Herr Herzog Welf, Konrad Bruder des Kaisers, Friedrich Sohn König Konrads, Heinrich Herzog von Kärnten, Markgraf Engelbert von Istrien, Markgraf Albrecht von Stade, Markgraf Diepold, Hermann Pfalzgraf bei Rhein, Otto Pfalzgraf und sein Bruder Friedrich, Gebhard Graf von Sulzbach, Rudolf Graf von Schweinhausen, Engelbert Graf von Hall, Gebhard Graf von Burghausen, der Graf von Pitten, der Graf von Peilstein, und recht viele andere. Handzeichen des Herrn Friedrich, des unüberwindlichsten Römischen Kaisers. Ich Kanzler Rainald habe in Vertretung Arnolds, des Erzbischofs von Mainz und Erzkanzlers, die Ausfertigung beglaubigt. Gegeben zu Regensburg, am 17. September, in der 4. Indiktion; im Jahre der Geburt des Herrn 1156, unter der Herrschaft des Herrn Friedrich, Römischer Kaiser, allzeit Mehrer des Reiches; in Christus Heil und Segen. Amen. Im 5. Jahr seines Königtums, dem 2. seines Kaisertums.

(L. Weinrich, Hg., Quellen zur deutschen Verfassungs-, Wirtschafts- und Sozialgeschichte bis 1250. Darmstadt 1977, S. 233 ff.)

c) Prozeß und Absetzung Heinrichs des Löwen, 1180

Kaiser Friedrich I. überträgt einen Teil des eingezogenen Herzogtums Sachsen an den Erzbischof von Köln unter Bericht über den Prozeß gegen Heinrich den Löwen (Gelnhäuser Urkunde).

Im Namen der heiligen und unteilbaren Dreieinigkeit. Friedrich, durch die Gunst göttlicher Milde erhabener Kaiser der Römer. Da das menschliche Gedächtnis hinfällig ist und nicht hinreicht für die Vielzahl der Dinge, haben Unsere mächtigen Vorgänger, die verewigten Kaiser und Könige, verfügt, schriftlich aufzuzeichnen, was der Abstand der verflossenen Zeit der menschlichen Kenntnis zu entrücken pflegt. Allen Getreuen des Reiches, gegenwärtigen wie zukünftigen, tun Wir daher kund und zu wissen: da Heinrich, ehemals Herzog von Bayern und Westfalen, die Freiheit der Kirchen Gottes und der Edlen des Reiches schwer bedrückt hat durch Einnahme ihrer Güter und durch Schmälerung ihrer Rechte, da er, auf dringende Klage der Fürsten und zahlreicher Adligen vorgeladen, sich Unserer Majestät zu stellen verschmäht hat und wegen dieser Säumnis dem auf Unsere Acht lautenden Spruch der Fürsten wie der Schwaben [die Welfen galten als Schwaben] seines Standes verfallen ist, da er auch fernerhin gegen die Kirchen Gottes und gegen Rechte und Freiheit der Fürsten und Edlen zu wüten nicht aufgehört hat, so ist er sowohl wegen der Beleidigung jener als auch wegen der Uns erwiesenen vielfachen Nichtachtung, und zwar insbesondere wegen des offenkundigen Majestätsverbrechens, da er, nach Lehnsrecht durch gesetzmäßige dreimalige Ladung vor Uns beschieden, sich nicht gestellt und keinen Bevollmächtigten gesandt hat, als Säumiger abgeurteilt worden; und so sind durch einmütigen Fürstenspruch auf dem feierlichen Tage zu Würz-

burg die Herzogtümer Bayern und Westfalen-Engern wie auch alle Reichslehen ihm aberkannt und Unserem Recht und Unserer Gewalt zugesprochen worden.
Daher haben Wir nach Beratung der Fürsten und auf ihren gemeinsamen Vorschlag das Herzogtum Westfalen und Engern in zwei Teile geteilt. Und in Erwägung der Verdienste, durch welche Unser lieber Fürst Philipp, Erzbischof zu Köln, der die Ehre der kaiserlichen Krone befördert und bewahrt hat und weder Vermögensaufwendung noch persönliche Gefahren gefürchtet hat, das Vorrecht kaiserlichen Dankes erworben hat, haben Wir den Teil, der sich in das Kölner Bistum und über das ganze Paderborner Bistum erstreckt, mit allem Recht und Gericht, nämlich mit den Grafschaften, Vogteien, Geleit, mit den Hufen, Gehöften, Lehen, Ministerialen, Hörigen und mit allem, was zu diesem Herzogtum gehört, der Kölner Kirche rechtmäßig zugewendet und aus kaiserlicher Freigebigkeit übertragen. Und nachdem Wir von den Fürsten das Urteil erfragt haben, ob das geschehen dürfe, und nachdem dies so ausgesprochen und mit allgemeiner Zustimmung der Fürsten und des ganzen Hofes gebilligt worden war, endlich auch Unser lieber Verwandter Herzog Bernhard, dem Wir den restlichen Teil des Herzogtums verliehen haben, öffentlich zugestimmt hat, haben Wir den genannten Erzbischof Philipp in jenen Teil des Herzogtums, der seiner Kirche übertragen wurde, mit der kaiserlichen Fahne feierlich investiert.
Folglich bestätigen Wir der Kölner Kirche und Unserem oftgenannten Fürsten, Erzbischof Philipp, und allen seinen Nachfolgern diese Unserer Majestät rechtmäßige Übertragung und Belehnung und wollen, daß sie für alle künftigen Zeiten Bestand habe. Wir verbieten auch durch kaiserliches Gebot, daß sie jemand durch verwegenes Wagnis zu beeinträchtigen oder sonst zu verletzen versucht. Wir bekräftigen diese Unsere Verordnung zuverlässig durch das gegenwärtige Privileg, das durch Unser goldenes Majestätssiegel gekennzeichnet ist, unter Aufführung der Zeugen, die bei dieser Handlung zugegen waren. Diese sind: [Es folgen die Namen von 35 Zeugen.]
Das Zeichen des Herrn Friedrich, des unbesiegbaren römischen Kaisers (M.).
Ich, Gotfried, Kanzler des kaiserlichen Hofes, habe dies anstelle des Erzbischofs Christian von Mainz und Erzkanzlers von Deutschland beglaubigt.
Geschehen im Jahre der Fleischwerdung 1180, in der 13. Indiktion, unter der Herrschaft Herrn Friedrichs, des unbesiegbaren Kaisers der Römer, im 29. Jahr seines Königtums, im 26. Jahr seines Kaisertums, Gesegnet. Amen.
Gegeben in der feierlichen Versammlung in Gelnhausen, im Mainzer Gebiet, am 13. April.
(Nach: K. Kroeschell, Deutsche Rechtsgeschichte 1 [bis 1250]. Reinbek 1972, S. 166–168.)

M 2 Die vier ronkalischen Definitionen

a) Regalien:
Arimannen [Hoheit über und Abgaben von Freien]; öffentliche Wege; schiffbare Flüsse und die Wasserläufe, durch die sie schiffbar werden; Häfen; Uferrechte [Hafengelder]; Verkehrsrechte, die gemeinhin Zölle heißen; Münzen; Gewinne aus Strafen und Bußen, erledigte Güter und das, was Unwürdigen kraft Gesetzes weggenommen wird, mit Ausnahme dessen, was einigen besonders überlassen wird; ferner die Güter derer, die blutschänderische Ehen eingehen; die Güter der Verurteilten und Geächteten, so wie es in den Neuen Erlassen verfügt ist; die Leistung von Hand- und Spanndiensten, Wagen und Schiffen; die außerordentliche Abgabe für die überaus glückliche Heerfahrt der königlichen Hoheit; die Befugnis, Beamte einzusetzen zur Wahrung der Gerechtigkeit; Wechselstuben; Pfalzen in den (gewohnten) Städten; Einkünfte von Fischwassern und Salinen; die Güter der Hochverräter; die Hälfte eines Schatzfundes auf Grund und Boden des Kaisers und der Kirche, wenn keine Mühe dafür aufgewendet wurde; wenn aber Mühe dafür aufgewendet wurde, gehört ihm das Ganze.

b) Hoheitsrechte:
Alle Rechtshoheit und alle Gerichtsgewalt liegt beim Herrscher, und alle Richter müssen sich ihr Amt vom Herrscher erteilen lassen und einen Eid schwören, wie es vom Gesetz festgelegt ist.

c) Burgenrecht:
Pfalzen und Höfe darf der Herrscher haben an den Orten, an denen es ihm gefällt.

d) Steuern:
Eine Steuer wurde als Kopfsteuer gezahlt, eine andere wurde als Grundsteuer gezahlt. Je Kopf wurde gezahlt: ein Goldpfennig, der 10 Silberpfennige enthielt und Namen und Bild des Kaisers trug. Je Acker wurde gezahlt: entweder Korn oder Gold, Silber, Kupfer, Kleidungsstücke, Kronengeld oder Schiffsführerabgabe; denn den verschiedenen Gegenden entsprechend gab es verschiedene Leistung. Für das Korn wurde, wie einige Gesetze vermuten lassen, der Zehnte gezahlt. Es wurden die Abgaben aber auch den verschiedenen Zeiten entsprechend auf verschiedene Weise entrichtet: Einiges in einem Zeitraum von fünf Jahren – nach dessen Ende wurde für die Stadt Rom ein Sühneopfer dargebracht, woher der Steuerabschnitt seine Bezeichnung hat; dann alljährlich – deshalb wurde von Augustus die Ära eingeführt; anderes an allen Monatsanfängen – danach hat das Schuldbuch seine Bezeichnung.
(L. Weinrich, Hg., Quellen zur deutschen Verfassungs-, Wirtschafts- und Sozialgeschichte bis 1250. A.a.O., S. 247 ff.)

M 3 Heerschildordnung, um 1220

Die im Sachsenspiegel des Eike von Repgow zuerst schriftlich festgehaltene Rangordnung der Lehnsempfänger bestand bereits im 12. Jahrhundert. Die Lehnsstufung besagt, wessen Vasall man werden konnte, ohne seinen „Schild" (Rang) zu „niedern".

Zwei Schwerter verleiht Gott auf Erden, die Christenheit zu beschirmen [Zweischwerterlehre]. Dem Papst ist das geistliche gesetzt, dem Kaiser das weltliche. Dem Papst ist auch gesetzt, zu bestimmter Zeit auf einem weißen Pferde zu reiten, und der Kaiser soll ihm den Steigbügel halten, auf daß der Sattel sich nicht wende.

[Der Heerschildordnung ist die Lehre von den sieben Weltzeitaltern vorangestellt.] In derselben Weise sind die Heerschilde ausgelegt, unter denen der König den ersten hat, die Bischöfe, Äbte und Äbtissinnen den zweiten, die Laienfürsten den dritten, wenn sie Lehensleute der Bischöfe geworden sind. Die Freiherrn haben den vierten, die Schöffenbarfreien und Mannen der Freiherrn den fünften, deren Mannen fortan den sechsten. Wie aber die Christenheit im siebenten Weltzeitalter keine Beständigkeit hat und nicht weiß, wie lange sie bestehen soll, also weiß man auch von dem siebenten Schild nicht, ob er Lehnsrecht oder Heerschild haben möge. Die Laienfürsten haben aber den sechsten Schild mit dem siebenten gebracht, seit sie der Bischöfe Mannen geworden sind.

[Rechte und Pflichten des Königs.] Die Deutschen sollen den König rechtmäßig wählen. Wenn er dann geweiht wird von den Bischöfen, die dazu gesetzt sind, und auf den Thron zu Aachen kommt, so hat er königliche Gewalt und königlichen Namen. Wenn der Papst ihn weiht, so hat er des Reiches Gewalt und kaiserlichen Namen. – Den König wählt man zum Richter über Eigen und Lehen und über jeglichen Mannes Leib. Der Kaiser kann aber nicht in allen Landen sein und nicht zu jeder Zeit über alles Unrecht richten. Darum verleiht er den Fürsten Grafschaft und den Grafen Schultheißtum.

Einen lahmen und aussätzigen Mann noch einen, der mit Recht in des Papstes Bann gekommen ist, darf man nicht zum König wählen. Der König soll frei und ehelich geboren sein und sein Recht behalten haben. – Der König soll nach seiner Wahl fränkisches Recht haben, welcher Abstammung er auch sei. [...]

Den Kaiser darf weder der Papst noch sonst jemand nach seiner Weihe bannen, es sei denn wegen dreier Sachen: wenn er an dem rechten Glauben zweifelt, seine rechtmäßige Frau verläßt oder Gotteshäuser zerstört. [J. Leuschner]

(Geschichte in Quellen, Bd. 2. A.a.O., S. 570f.)

Anregungen

1 *Klären Sie zunächst mit Hilfe von Abb. 1 die Beziehung zwischen Otto von Freising und Friedrich I.! Untersuchen Sie die Darstellung Ottos von Freising über die Wahl Friedrichs I.! (M 1 a) Wie erklärt er die Wahl Friedrichs? Wie wurde der Konflikt zwischen den Staufern und Welfen gelöst? (M 1 b, c)*

2 *Inwiefern gelingt Friedrich I. auf dem Reichstag zu Roncaglia eine Stärkung der königlichen Machtstellung? (M 2)*

3 *Untersuchen Sie das Verhältnis von Kaiser und Papst nach dem Sachsenspiegel! (M 3) Stellen Sie die Rangfolge der Heerschildordnung heraus! Welche Interessen stehen hinter der Heerschildordnung?*

4 *Vergleichen Sie M 1 a mit M 1 b, c. Welche Unterschiede inhaltlicher und formaler Art sind feststellbar und welche Folgen ergeben sich daraus für die Interpretation?*

5 *Beschreiben Sie die Herrscherdarstellungen Abb. 4, 5. Welche Gemeinsamkeiten erkennen Sie? Erklären Sie, welche Gestaltungsprinzipien die bildliche Darstellung bestimmen.*

Die Herausbildung urbaner Strukturen

M 4 Die Erlangung eines neuen Rechtsstatus durch Privilegien – Privileg Heinrichs V. für Speyer (1111)

Wir haben kraft kaiserlicher Gewalt auf den Rat unserer Fürsten beschlossen, die Rechte (dieser Stadt) zu stärken. Wir haben unsere Bürger von jedem Zoll befreit, der in der Stadt bisher gezahlt wurde. Wir haben ihnen jedes Geld erlassen, das in der Volkssprache Bannpfennig heißt, samt dem Geld, das sie Schoßpfennig genannt haben, dazu auch den Pfeffer, der von den Schiffen verlangt wurde. Wir wollen auch, daß keiner unserer Bürger gezwungen werde, außerhalb der Stadtgrenze die Gerichtsverhandlung seines Vogtes zu besuchen. [...] Kein Beauftragter unterstehe sich, [...] das Schiff seines Bürgers wider dessen Willen mit Gewalt in den Dienst seines Herrn zu stellen. Wir wollen auch, daß nichts von denen gefordert werde, die eigene Waren auf eigenen oder gemieteten Schiffen verfrachten. Keine Obrigkeit darf auch [...] das Geld leichter oder schlechter machen, außer auf den gemeinsamen Beschluß der Bürger hin. [...] Der Bischof oder eine andere Obrigkeit kann nicht erzwingen, daß eine Gerichtssache, die in der Stadt bereits begonnen ist, außerhalb der Stadt entschieden werde.

(F. Keutgen, Urkunden zur städtischen Verfassungsgeschichte. Berlin 1901, Nr. 21b.)

M 5 Versuche des Verbots der entstandenen Schwureinungen – Trier (1161)

Konrad[1], von Gottes Gnaden Pfalzgraf bei Rhein, entbietet seinen geliebten Bürgern von Trier seinen Gruß und alles Gute.

1 Halbbruder Kaiser Friedrichs.

Eurer Gemeinde teilen Wir mit, daß mein Herr, der Erzbischof eurer Stadt, vor dem Herrn Kaiser und dem allgemeinen Hoftag schwere Klage darüber erhoben hat, daß ihr wider seine Ehre und die alten Rechte eurer Stadt gewisse neue Gewohnheiten und gewisse ungewöhnliche Rechte einer gewissen Schwureinung euch geschaffen und zu diesem eurem Vorhaben in gewissen Fällen Unsere Einwilligung angeführt habt – sogar das! –; und so wurde denn diese Klage verhandelt, und von allen Fürsten wurde gebilligt, daß Uns in gerichtlicher Anordnung aufgrund kaiserlicher Verfügung und Macht solche Einwilligung gänzlich untersagt wurde.

Wir beauftragen euch daher und befehlen unter Beauftragung, daß ihr von solcher Gewohnheit gänzlich ablaßt und meinem Herrn, dem Erzbischof, in diesem und allem anderen die schuldige Ehre erweist und euch nicht herausnehmt, etwa unter Unserem Namen irgendwie seinem Willen und Gebot zuwiderzuhandeln.

(L. Weinrich, Hg., Quellen zur deutschen Verfassungs-, Wirtschafts- und Sozialgeschichte bis 1250. A.a.O., Nr. 69, S. 265ff.)

M 6 Die Ausbreitung der Urbanisierung durch neue Städtegründungen – Der Freiburger Stadtrodel (1120)

Die Gründung Freiburgs steht am Anfang der Stadtgründungswelle im 12. Jahrhundert und nimmt in der deutschen Städtegeschichte eine besondere Rolle ein. Freiburgs Stadtgründer, der Herzog von Zähringen, war in Köln gefangen gewesen und mochte sich an den Rechten dieser Stadt orientieren. Freiburg erhielt Kölner Recht. Es wurde zum Vorbild für viele Neugründungen im 12. Jahrhundert. Die Urkunde, die uns nicht im Original erhalten ist, wurde aus jüngeren Ableitungen erschlossen.

Es sei allen jetzt lebenden und zukünftigen Menschen bekannt, daß ich Konrad an einem mir gehörenden Ort, nämlich Freiburg, im Jahre der Fleischwerdung des Herrn 1120 einen Markt gegründet habe. Nachdem dazu aus anderen Orten Kaufleute benannt und hierher zusammengerufen worden waren, habe ich nach Bildung einer Schwurgemeinschaft (quadam coniuratione) den Marktort anfangen und ausbauen lassen. Dabei habe ich jedem einzelnen Kaufmann eine Hofstelle an dem gegründeten Markt zugeteilt, um darauf Häuser zu Eigenbesitz zu erbauen. Ich habe festgelegt, daß mir und meinen Nachkommen von jeder Hofstelle jährlich ein Schilling Zins am St.-Martinstag gegeben werden soll. (Jedes Hausgrundstück soll eine Länge von 100 Fuß und eine Breite von 50 Fuß haben[1].) Auch sei allen bekannt, daß ich nach ihrer Bitte und ihren Wünschen die folgenden Privilegien zugestanden habe. Und es schien mir ein reiner Plan, wenn dies in Gestalt einer Urkunde niedergeschrieben würde, damit es für lange Zeit in Erinnerung bleibt, so daß meinen Kaufleuten und ihren Nachkommen dieses Privileg von mir und meinen Nachkommen in Ewigkeit eingehalten werden wird.

1. Ich verspreche aber allen, die meinen Markt besuchen wollen, in meinem Machtbereich Frieden und Sicherheit (pacem et securitatem). Wenn aber einer von ihnen innerhalb dieses Raumes beraubt werden sollte, so werde ich, wenn er die Räuber nennen kann, ihm entweder zur Rückgabe des Weggenommenen verhelfen oder den Wert ersetzen.
2. Wenn einer meiner Bürger stirbt, soll seine Frau mit seinen Kindern alles besitzen ohne jeden Einspruch, was er hinterlassen hat.
3. Allen am Marktort Begüterten gestehe ich zu, daß sie teilhaben sollen an den Rechten meiner Landleute, soweit ich kann, daß sie unter Befreiung von öffentlichen Verboten Weide, Wasser, Hain und Wald nutzen können.
4. Allen Kaufleuten erlasse ich den Zoll.
5. Niemals werde ich meinen Bürgern einen Vogt, niemals einen Geistlichen ohne ihre Wahl vorsetzen, sondern, wen sie auch immer erwählen, den werden sie mit meiner Zustimmung erhalten.
6. Wenn sich ein Streit zwischen meinen Bürgern erhebt, soll er nicht nach meiner Entscheidung oder der ihres Rektors verhandelt werden, sondern es soll nach allgemeinem gesetzlichen Kaufmannsrecht, namentlich dem in Köln üblichen, gerichtlich verfahren werden,
7. Wenn einer durch Mangel an allem Lebensnotwendigen in eine Zwangslage kommt, darf er seinen Besitz verkaufen, wem immer er will. Der Käufer soll aber von der Hofstätte den festgesetzten Zins geben.

Damit aber meine Bürger den obengenannten Versprechungen Glauben schenken, habe ich mit zwölf meiner namhaftesten Ministerialen über die Reliquien geschworen, daß ich und meine Nachkommen alles, was oben gesagt worden ist, einhalten werden. Und daß ich diesen Eid nicht wegen einer Notlage brechen werde, dem zum Zeichen habe ich meine Rechte Hand dem freien Mann (Name?)[2] und den Marktgeschworenen unverbrüchlich gegeben. Amen.

(W. Schlesinger, Das älteste Freiburger Stadtrecht. In: Zeitschrift der Savignystiftung für Rechtsgeschichte, germ. Abt., 1966. S. 63–116, S. 96ff., und B. Diestelkamp, Hrsg., Elenchus fontium historiae urbanae. Leiden 1967, Bd. 1, S. 82ff.)

Anregungen

1 *Analysieren Sie den Grundriß von Trier am Übergang von der Antike zum Mittelalter! (Abb. 6) Zeigen Sie die Veränderungen und die Verlagerung städtischer Einrichtungen auf!*

1 Nach Schlesinger ein Zusatz. Diese Arealgröße wurde aber wohl bald nach der Gründung festgelegt.

2 Nicht überliefert.

2 *Welche Privilegien werden den Bürgern von Speyer gewährt? (M 4) Welche Interessen der Bürger lassen sich herauslesen? Welche Bedeutung gewinnt der Investiturstreit in diesem Zusammenhang? Wogegen wendet sich Konrad Pfalzgraf bei Rhein? (M 5) Vergleichen Sie diese Quelle mit dem Privileg Heinrichs V.! Wie läßt sich diese unterschiedliche Politik erklären?*

3 *Beschreiben Sie den Vorgang der Stadtgründung und zählen Sie auf, welche Rechte den Bürgern Freiburgs gewährt werden! (M 6) Wodurch heben sich die Bürger von den Bewohnern des Landes ab? Worin besteht die Attraktivität für die Ansiedlung in der neuen Stadt?*

4 *Interpretieren Sie die Graphik von Stoob zur Stadtentstehung in Mitteleuropa! (Abb. 7) Versuchen Sie, Erklärungen für die unterschiedliche Zahl der Stadtgründungen in den einzelnen Zeitabschnitten zu finden!*

5 *Definieren Sie den in den Quellen auftauchenden Begriff Privileg!*

Neue gesellschaftliche und wirtschaftliche Strukturen

M 7 Der Augsburger Lukas Rem über die Vermögensverhältnisse seines Urgroßvaters

Mein seliger Urgroßvater Hans Rem ist am 2. Februar 1340 geboren worden und meine Urgroßmutter Catarina Bechin acht Tage nach Ostern 1350. Sie hatten ihre Hochzeit am 1. März 1365. Mein Urgroßvater verkaufte 1357 alles, was er hatte, und erzielte etwa 500 Gulden dafür. Damit fing er an zu handeln. Auf seiner ersten Reise nach Venedig verlor er 100 Gulden an Waren. Den Rest 400 Gulden legte er an und hatte damit Erfolg. Er fuhr immer wieder hin. Gott gab ihm Gnade, großes Glück und Gewinn. Wie ich es in seinem Verzeichnis gefunden hab, hat er in den ersten 10 Jahren durch Raub und Wegnahme bei Überfällen und durch nicht eintreibbare Schulden einen Schaden erlitten von . . 7200 fl
Er hat 8 Töchter ausgestattet und ihnen zur Heirat an Gut gegeben . . . . 10 800 fl
Er hat den genannten 8 Töchtern nach seinem Tode hinterlassen . . . . 7350 fl
Er hat eine Tochter ins Kloster St. Katharina getan und ihr gegeben . . . . 400 fl
Er hat 4 Söhne ausgestattet und jedem 1300 fl gegeben . . . . 5200 fl.
Es stand auch in dem besagten Verzeichnis, er habe seinen 8 Töchtern und 4 Söhnen eine ehrbare Versorgung gegeben und alle mit ihren Ehemännern und Ehefrauen ein Jahr in seinem Haus und auf Kost gehalten. Er ist 1396 gestorben. Gott sei seiner Seele gnädig. Und er hat den Rest seines Gutes (was eine bedeutende Summe gewesen sein soll), seinen 4 Söhnen hinterlassen. Es steht nicht darin, wieviel es war. Darin ist die Gnade und Hilfe Gottes augenfällig zu erkennen, daß er ein solches bedeutendes Gut mit so kleinem Stammkapital erwarb. Wie oder mit welchen Waren er das erworben hat, steht nicht in dem besagten Verzeichnis. [...] Wie ich von meinem seligen Vater gehört habe, hat er als erster Baumwolle [für die zu dieser Zeit aufblühende Barchentindustrie] eingeführt und damit seinen Reichtum erworben.

(Bearbeitet nach: Quellen zur Wirtschafts- und Sozialgeschichte mittel- und oberdeutscher Städte im Mittelalter. Hrsg. von G. Möncke. Darmstadt 1982, S. 210f.)

M 8 Der Konkurs eines Augsburger Patriziers, 1456

Hans von Hoy war ein sehr reicher Kaufmann, der sich aber mit über 30 000 Gulden verschuldete. Denn er hatte zum Nachteil der anderen Kaufleute die gesamte Wolle aufgekauft, teurer als der allgemeine Kaufpreis war. Und es begab sich eines Tages, daß er alle seine Freunde zu Gast einlud, damit sie seinen Reichtum sehen sollten; denn er hielt sich für den Reichsten in der Stadt Augsburg. Doch er wußte noch nicht, daß ihm ein ganzes Schiff mit Spezereien und andern Gütern untergegangen war. Aber die, denen er das Geld schuldete, wußten schon davon, berieten sich und verlangten, daß das gesamte Hab und Gut des von Hoy, Liegenschaften und bewegliches Gut, Bargeld, Kleinodien und Hausrat, beschlagnahmt werden sollten. Und so ist es geschehen, daß, als er mit seinen Freunden bei Tisch saß, der Stadtvogt in sein Haus kam und ihm und seiner Frau die Schlüssel vom Gürtel nahm und allen Besitz beschlagnahmte. Und so ist er innerhalb einer einzigen Stunde zuerst reich, herrlich und angesehen gewesen und dann ganz arm und verachtet. Man hat seinen Besitz öffentlich auf dem Marktplatz ausgerufen und versteigert. Seinen Hausrat hat man für 3000 Gulden versteigert.

(Die Chroniken der deutschen Städte vom 14. bis ins 16. Jahrhundert. Hrsg. von der Historischen Kommission der Bayer. Akademie der Wissenschaften. Leipzig 1894, Bd. 23 [Augsburg, Bd. 4, Chronik des Clemens Sender], S. 36f.)

M 9 Zunftordnung der Leinweber, Ulm 1346

1. Zum ersten haben sie festgesetzt, daß sie alle Zeit einen vereidigten Leinwandmesser haben sollen: Dieser soll jährlich vor den Meistern einen festgelegten Eid bei den Heiligen schwören, Reichen und Armen, Bürgerkindern, Fremden und einem jeden die Leinwand richtig zu messen.

3. Auch sollen sie allzeit zwölf Geschworene haben, die das Handwerk in allen Stücken besorgen und ausrichten sollen nach dem Recht und der Gewohnheit des Handwerks.

4. Und die vereidigten zwei Beschauer sollen mit dem vereidigten Leinwandmesser alle Leinwand überall in der Stadt, in den Häusern und auf dem Markt deutlich und ausdrücklich wöchentlich besehen und beschauen.
5. Wenn sie in den Häusern oder auf dem Markt eine Leinwand finden, die zu dünn ist [...], so soll ein Meister dem Handwerk einen Schilling Heller geben; stammt aber die Leinwand von einem Handwerksgesellen, der soll und muß sechs Heller geben. [...]
6. Wo auch die vereidigten zwei Beschauer und der vereidigte Messer hier in Ulm in unserer Stadt auf ungebleichte Leinwand stoßen, [...] die besonders das Handwerk betrifft, so sollen sie sie in drei Stücke schneiden, wenn sie zu dünn ist, und niemand soll sie deswegen mißgünstig ansehen noch hassen.
9. Und wenn ein Fremder, es seien Frauen oder Männer, der das Handwerkerrecht vorher nicht besaß, das Handwerk treiben und ihr gemeinsames Recht haben will, der soll das haben und erwerben und gewinnen, wie das früher durch Gewohnheit geregelt worden ist.
11. Diejenigen Auswärtigen oder Gäste, die ihre Leinwand und ihre Stücke ungebleichter Leinwand mit den Handwerksgenossen hier in Ulm anbieten sollen und sich zu ihnen auf den offenen Markt setzen, die sollen auch das vorgeschriebene Geld mit dem Handwerk leiden und tragen. Wem das nicht paßt, der soll seine Leinwand anderswo feilhalten, wo er will in der Stadt, aber nicht bei ihnen (auf dem Markt).
(F. Keutgen, a.a.O., Nr. 286.)

M 10 Aus der Chronik des Augsburger Bürgers Burkhard Zink (1396–1474)

Danach, als man das Jahr 1419 schrieb, kam ich nach Augsburg zu einem reichen Mann, Jos Kramer, der ein gewaltiger Mann hier war. Er war ein Baumeister, doch war er einer aus der Gemeinde, aus der Weberzunft. Er betrieb das Handwerk aber nicht. Denn er bedurfte seiner nicht. Er trieb Handel mit Pelzwerk von der Steiermark, auch anderen Handel von Venedig wie Wolle und anderes. Er hatte wohl hundert Ballen Barchent. Dem trieb ich sein Gewerbe nach Venedig, Frankfurt und Nürnberg. Er war wahrlich ein frommer Mann und tat mir Gutes. Gott vom Himmel dank ihm und müsse seiner Seele pflegen. [...]
Als ich bei diesem meinen Herrn war, da nahm ich mein Weib. Sie war die Tochter einer armen Witwe aus Möringen, genannt die Störklerin. Es war eine fromme, arme Frau, und sie gab mir nicht mehr als ein klein Bettlein und eine kleine Kuh und sonst kleine Dinge von geringem Wert wie Pfannen u. a. Es war alles keine zehn Pfund Heller wert. So hatte ich sicher auch nicht viel. [...]
Und als wir nun Hochzeit miteinander gehabt hatten, da war ich nicht sicher, was ich machen sollte; denn ich hatte nichts. Ich hatte nicht mehr die Huld meines Herrn, die ich verloren hatte, da es ihm leid war, daß ich mein Weib genommen und ihn nicht um Rat gefragt hatte, und so wollte er mir weder raten noch helfen. Deshalb wußte ich nicht, was ich anfangen sollte. Doch war mein Weib lieb, und ich war gern bei ihr, und so besprach ich mich mit meiner Hausfrau. Sie war mir noch hold, tröstete mich und sagte: „Mein Burkhard, gehab dich wohl und verzage nicht. Laß uns einander helfen, dann werden wir wohl unser Auskommen finden. Ich will am Rad spinnen und will alle vier Wochen wohl vier Pfund Wolle aufspinnen, das sind 32 Heller.“ Und da meine Frau so trostreich war, faßte ich auch Mut und dachte: Ich kann doch ein wenig schreiben, ich will sehen, ob ich einen Pfaffen haben kann, der mir zu schreiben gibt. Wie wenig du dann auch verdienst, so verdient deine Frau 32 Heller, vielleicht geht es gut, daß wir unser Auskommen haben. [...]
Und mein Weib und ich saßen zusammen, und ich schrieb und sie spann und wir erzielten oft drei Pfund Heller in einer Woche. Doch wir saßen oft beieinander die ganze Nacht. Und es ging uns ganz gut und wir gewannen, was wir bedurften. Man muß wissen, als wir heirateten, da war ein großes Sterben, das im Herbst 1420 anfing, und es starben viele, und alle Dinge waren sehr billig. [...]
[...] Es war jedermann reich, wer nur leben sollte, aber es starben sehr viele in der Stadt und auf dem Land. [...]
[Zink kehrt zu seinem Herrn zurück und ist danach zehn Monate Soldat im Heer der Augsburger.]
So schickte mein Herr Jos Kramer mich nach Venedig auf Jakobi 1424, und ich kaufte ihm 16 Säcke Baumwolle aus Cypern, den Zentner für 4 Dukaten und 17 Groschen. Und so trieb ich meinem Herr wieder sein Gewerbe, wo er damit zu schaffen hatte bis 1427. Da schickten mich meine Herren nach Rom. [...] Als ich nun wieder heimkam, da war ich meines Herrn Diener wie zuvor und trieb für ihn Handel und für mich in Gemeinschaft, und es ging mir wohl von der Gnade Gottes.
Danach im Jahr 1431 bedachte ich mich, ich wäre reich, und es verdroß mich, so viele Wege zu reiten, und ich gedachte, ob ich eine Anstellung daheim in der Stadt haben könnte, daß ich nicht mehr so arbeiten müßte. Nun fügte es sich zufällig, daß einer, genannt Hans Drittmer, der an der Waage war, davon ging, so daß Peter Egen [...] keinen Waagemeister hatte. Er schickte zu mir und ließ mich fragen, ob ich sein Waagemeister sein wollte, er wollte mir gütlich tun. Also in Kürze versprach ich mich ihm und wurde sein Diener, er gab mir 53 Gulden im Jahr. Und man muß wissen, daß er mir erlaubte, nach Venedig zu reiten, wann ich wollte. Also ritt ich alle Jahr mindestens ein- oder zweimal nach

Venedig und trieb mein Gewerbe also an der Waage wie zuvor, und mein Herr Peter Egen war mir sicherlich sehr gnädig. Er lieh mir Geld, wann ich wollte, viel oder wenig, Gott vom Himmel dank ihm. Ich blieb an der Waage sieben Jahre bis 1438. Danach ging ich wieder von der Waage weg. Ich wollte lieber arbeiten und reiten, wie ich es früher getan hatte.
Im Jahr 1440 am St. Michaelstag kaufte ich mein Haus an der weiten Kirchgasse für 200 Gulden und baute darin das hintere Gemach, Stube, Kammer und Küche und ließ den Söller und die Kammer daran grün malen und ließ zwei Keller darin machen. Ich behielt das Haus zwei Jahre und verkaufte es wieder einem Weber Heinz Wagner genannt. Ich habe es ihm für 300 bare Gulden gegeben, was im Jahr 1444 geschah. [...]
Als man das Jahr 1441 schrieb am Heiligen Kreuz Tag versprach ich mich mit Hansen Meuting in eine Gesellschaft auf drei Jahre. Und er gab mir 60 Gulden als Lohn im Jahr und legte mir 200 Gulden zuvor in die Gesellschaft, und ich legte auch 500 Gulden bar in die Gesellschaft und blieb also drei Jahre bei ihm. Man muß wissen, daß wir in den drei Jahren 23 Gulden per cento gewannen. Ich war damit sehr zufrieden, Gott sei gedankt; ich habe im Jahr wohl 200 Gulden gehabt mit allen Dingen, die ich vielleicht aufgebraucht habe. Und nachdem die drei Jahre verstrichen sind, bin ich aus der Gesellschaft gegangen. [...]
(Die Chroniken der deutschen Städte. Leipzig 1866. Bd. 5, [Augsburg, Bd. 2, Chronik des Burkhard Zink], S. 128ff.)

M 11 Nürnberger Volkszählung, Ende 1449/Anfang 1450

Zusammenfassung nach den Aufzeichnungen Erhardt Schürstabs über eine während des Markgrafenkrieges durchgeführte Volks- und Lebensmittelzählung. Die Zählung wurde für die acht Stadtquartiere durchgeführt und bezog auch die in die Stadt geflohenen Bauern ein. Es ergeben sich gewisse Differenzen zwischen den in den acht Stadtquartieren erhobenen Zahlen und der von Schürstab überlieferten Summe.

Viertel (Zählbezirk)	Bürgerliche Personen	darunter					Nichtbürger
		Bürger	Bürgerinnen	Kinder[1]	Knechte	Mägde	
	1	2	3	4	5	6	7
1.	1850	349	367	642	492		106
2.	1566	337	332	488	177	232	115
3.	2356	493	602	784	210	267	126
4.	3888	749	905	1394	353	487	439[2]
5.	2045	469	559	801	90	126	299
6.	2121	492	600	714	123	192	287
7.	1939	440	565	691	119	124	370
8.	1818	424	453	659	147	135	244
Insgesamt *errechnet*	*17583*	*3753*	*4383*	*6173*	*3274*		*1986*
%	100	21,4	24,9	35,1	18,6		
überliefert	17824	3756	4565	6173	1475	1855	
%	100	21,1	25,6	34,6	8,3	10,4	

	Geistliche mit Anhang	Juden	Bäuerliche Personen	darunter			Ortsanwesende Bevölkerung Sp. 1 – 13	Wohnbevölkerung Sp. 1 – 9
				Bauern und Knechte	Bäuerinnen und Mägde	Kinder		
	8	9	10	11	12	13	14	15
Ingesamt *errechnet*	.	.	*10032*	.	.	.	*30197*	*20165*[3]
überliefert	446	150	9912	2951	2604	4357	30318	20406

1 Vielleicht nur die Unterzwölfjährigen (mit Ausnahme der Säuglinge?). Töchter über 12 Jahre scheinen zusammen mit den Bürgerfrauen gezählt worden zu sein, Söhne dieses Alters möglicherweise mit den Bürgern.
2 Geschätzt aufgrund des Verhältnisses aller Nichtbürger zur Gesamtzahl der bürgerlichen Personen in den anderen 7 Vierteln.
3 Nürnberg hatte also zu Beginn des Jahres 1450 eine ständige Einwohnerschaft von 20 – 21 000 Personen. Die Zahl dürfte in normalen Zeiten höher gelegen haben, da ein Teil der Bevölkerung, besonders Männer, bei Ausbruch des Krieges die Stadt verlassen hatte. Doch ist der Bevölkerungsrückgang gegenüber den Jahren 1430/31 (rund 22 800 Einwohner) und 1397 (rund 28 000 Einwohner) wohl auch auf die Pestepidemien zurückzuführen, von denen die Stadt im ersten Jahrzehnt des 15. Jahrhunderts und zuletzt im Jahre 1437 heimgesucht wurde.

(Quellen zur Wirtschafts- und Sozialgeschichte Mittel- und Oberdeutscher Städte im Spätmittelalter, a.a.O., S. 317ff.)

M 12 **Vermögensschichtung in deutschen Städten** (in Prozenten der steuerpflichtigen Bevölkerung)

	Lübeck	Rostock			Dresden		Görlitz		Mühlhausen		Esslingen		Augsburg	Basel		Frankfurt a. M.
	1460	1409	1482	1533	1488	1502	1443	1528	1418	1504	1403	1458	1475	1446	1475	1405
Oberschicht	22,3	10,5	15,6	15	5,3	3,4	0,6	8,7	17,2	27,9	4,7	9,7	8,5	5,4	7,5	8,3
Vermögensgrenze	600 m	600 m			500 fl		500 m		(S = 50 m)		500 fl		400 fl	1000 fl		1000 fl
Mittelschicht	38,3	55,1	28,6	21,4	36,9	26,5	16,7	19,9	30,5	25,2	18,9	36,5	5	26	26,4	20,2
Vermögensgrenze	150 m	150 m			100 fl		100 m		(S = 10 m)		100 fl		100 fl	100 fl		100 fl
Unterschicht	39,4	34,4	55,8	63,6	57,8	70,1	82,7	71,4	52,3	46,9	76,4	53,8	86,5	68,6	66,1	72,5

S = Steuersummengrenze, m = Mark, fl = Gulden
(Handbuch der deutschen Wirtschafts- und Sozialgeschichte. Hrsg. von H. Aubin u. W. Zorn. Stuttgart 1971. Bd. 1, S. 377)

M 13 **Pest und Judenverfolgung am Oberrhein (1349)**

Nach der um 1400 verfaßten Chronik des Jakob Twingers von Königshofen

Als man das Jahr 1349 zählte, gab es das größte Sterben, das jemals vorher gewesen war. Das Sterben ging von einem Ende der Welt zum anderen, diesseits und jenseits des Meeres. In der Heidenschaft war das Sterben größer als in der Christenheit. Manches Land starb ganz aus, so daß niemand mehr da war. Man fand auch Schiffe auf dem Meer mit Kaufmannswaren, auf denen die Leute alle tot waren, so daß niemand die Schiffe mehr steuerte. [...] Und wovon dieses Sterben kam, darüber konnten alle Weisen und Ärzte nichts sagen, außer es sei Gottes Wille. Und so das Sterben jetzt hier war, so war es auch anderswo, und es währte mehr als ein Jahr. Dieses Sterben kam auch nach Straßburg im Sommer des vorhergenannten Jahres, und es starben da, wie man schätzte, an die 16 000 Menschen.

Aufgrund dieses Sterbens wurden die Juden in der Welt verleumdet und in allen Ländern bezichtigt, daß sie es mit Gift verursacht hätten, das sie ins Wasser und in die Brunnen getan hätten. [...] Und darum wurden die Juden verbrannt vom Meer und im deutschen Land, nur nicht in Avignon, wo sie der Papst beschützte. [...]

An diesem Freitag (13. 2. 1349) fing man auch die Juden in Straßburg. Am Samstag, dem Sankt Valentinstag, verbrannte man die Juden auf ihrem Kirchhof auf einem hölzernen Gerüst. Es waren an die Zweitausend. Die sich aber taufen lassen wollten, die ließ man leben. Es wurden auch viele junge Kinder aus dem Feuer genommen gegen den Willen ihrer Eltern, um sie zu taufen. Was man den Juden schuldig war, galt als bezahlt. Und es wurden alle Pfänder und Schuldbriefe, die sie für die Schuld hatten, zurückgegeben. Aber das Bargeld, das sie besaßen, das nahm der Rat und verteilte es unter die Handwerker im Verhältnis. Das Geld war auch die Ursache, warum die Juden getötet wurden. Wären sie arm und die Landesherren ihnen nichts schuldig gewesen, so hätte man sie nicht verbrannt. [...]

So wurden die Juden zu Straßburg verbrannt und im selben Jahr in allen Städten am Rhein, sei es in freien Städten, in Reichsstädten oder in landesherrlichen Städten. In einigen Städten verbrannte man sie mit Urteil, in einigen ohne Urteil. In einigen Städten stießen die Juden ihre Häuser selbst ein und verbrannten sich darin.

(Übersetzt nach: Die Chroniken der deutschen Städte. Hrsg. von der Historischen Kommission bei der Bayerischen Akademie der Wissenschaften. Bd. 9 [Straßburg], Leipzig 1871, S. 759–764.)

M 14 **Reformgedanken aus der sogenannten „Reformatio Sigismundi“**

Der unbekannte Verfasser hat die Schrift für ein Werk des Königs ausgegeben, um ihr größeres Gewicht zu verschaffen. Sie ist wohl 1439 während des Basler Konzils in Augsburg entstanden.

Von den Zünften in den Städten; die sollen abgeschafft werden. Es ist auch zu wissen, daß in den guten Städten, d.h. in den Reichsstädten, Zünfte sind; die sind nun gar mächtig geworden, und der Eintritt in die Zünfte ist sehr teuer. Sie geben sich selber Handwerksordnungen, was früher die Stadtobrigkeit getan hat. Sie bestimmen in vielen Städten, wie viele aus jeder Zunft in den Rat gehen sollen. Dabei vertreten sie ihre Sonderinteressen, nicht die der Gemeinschaft. Es kommt vor, daß man eine Zunft wegen ihrer Versuche, das Allgemeinwohl zu schädigen, strafen muß, z.B. die Metzger, die das Fleisch zu teuer verkaufen, oder die Bäcker, die zu

kleines Brot backen, oder die Schneider, die zu hohen Verdienst nehmen – dann hilft doch von den Zünften, die im Rat sitzen und der Stadt sowie der Gemeinde Treu' und Wahrheit geschworen haben, oft genug die eine der andern nach dem Grundsatz: Hilf du mir, so helfe ich dir, indem ich über deine Sünden hinwegsehe. Damit ist dann die Gemeinde betrogen, und nirgends gibt es rechte Ware. [...]
Wenn man eine dauernde Besserung herbeiführen und dafür sorgen will, daß einer dem andern die Treue hält, so schaffe man die Zünfte ab; dann treten alle für den gemeinsamen Nutzen ein; keiner unterstützt den andern zum Schaden aller, und der Rat ist ohne Tadel. Die Ratsherren haben dann keinen Hammerschlag [Nutzen] noch Vorteil von ihren Beschlüssen, wie es leider jetzt der Fall ist; rechte Ware würde gegeben, und die Städte würden sich stark vergrößern. Jetzt aber spricht jedermann, der in die Stadt wandern will: Ich würde übersetzt [in Bedrängnis gebracht durch die Zunftgenossen], es ist alles in der Stadt übersetzt; darum sind Herren und Landleute den Städten gram. Wenn in den Städten Handel und Gewerbe allen zugänglich wären, so würden Herren und Bauern in ihnen Aufnahme finden können. Heute ist die ganze Zunft erzürnt, wenn einer in ihr erzürnt ist; man sorge doch für das gemeine Beste, das wird niemand gereuen.
(Nach: W. Auener, Vom Zeitalter der Hohenstaufen bis zum Ende des 15. Jahrhunderts. Leipzig 1928, S. 24ff.)

Anregungen

1 *Untersuchen Sie den Tagebuchauszug des Augsburgers Lukas Rem! (M 7) Worauf beruht der kaufmännische Erfolg des Hans Rem? Wie beurteilt dies Lukas Rem? Vergleichen Sie damit die Quelle über Hans von Hoy! (M 8)*

2 *Untersuchen Sie die Zunftordnung der Leinenweber von Ulm! (M 9) Welche Interessen lassen sich erkennen? Vergleichen Sie die Zünfte mit modernen Handwerksinnungen!*

3 *Wie vollzieht sich der soziale Aufstieg des Burkhard Zink? (M 10) Wo liegen die wirtschaftlichen und sozialen Ursachen für den Aufstieg?*

4 *Analysieren Sie die Statistik zur Vermögensschichtung in Augsburg und in den deutschen Städten, sowie zu der Bevölkerung Nürnbergs! (M 11, 12) Lassen sich in der Vermögensentwicklung Tendenzen erkennen? Vergleichen Sie die Statistik auch mit den Angaben zur Krise des Spätmittelalters! (Abschnitt 4.4) Welche Angaben über das Vermögen hinaus können für den Status noch eine Rolle spielen? Lassen sich Vergleiche mit der heutigen Gesellschaft anstellen? Worin liegt die Problematik solcher statistischer Zusammenstellungen?*

5 *Welche Zusammenhänge bestehen zwischen der Pest und den Judenverfolgungen? (M 13) Wie beurteilt der Chronist die Judenverfolgung am Oberrhein? Gibt es Beziehungen zum Antisemitismus des 19. und 20. Jahrhunderts?*

6 *Welche Reformgedanken entwickelt der Verfasser der „Reformatio Sigismundi"? (M 14) Nehmen Sie Stellung dazu!*

Die Bürgerkämpfe

M 15 Kampf um die Teilhabe am Stadtregiment in Augsburg

a) Die Augsburger Stadtchronik über die Auseinandersetzungen

Im Jahre des Herrn 1368 [am 22. Okt.] da kam viel Volk bewaffnet auf den Platz vor dem Rathaus zusammen und sie sagten, sie wollten eine Zunftverfassung haben. Sie wollten diese in Frieden erlangen und niemand sollte für Leib noch Gut fürchten, sie wollten nur Gerechtes tun. [...] Sie verlangten das städtische Statutenbuch, [...] das Stadtsiegel und die Schlüssel zu der Sturmglocke. Das geschah alles in friedlicher Weise, und sie nahmen auch die Schlüssel, die zu den Toren der Stadt gehörten, und sie gingen alle, reich und arm, auf den Platz vor dem Rathaus und schworen da, eine Zunftverfassung einzuführen auf hundert Jahr und einen Tag [auf ewige Zeiten] [...], und der Redner und Fürsprecher aller war der Weber Haintz Weiß.
(Übersetzt nach: Die Chroniken der deutschen Städte... Bd. 4 [Augsburg], a.a.O., S. 21f.)

b) Der sogenannte zweite Zunftbrief, 16. Dez. 1368

Wir Ratsmitglieder, die wir zu dieser Zeit Ratsmitglieder waren, und wir die Bürger reich und arm der Stadt Augsburg, setzen fest und tun kund öffentlich mit diesem Brief für uns und alle unsere Nachkommen, daß wir gesehen und erkannt haben, daß in allen Städten des Heiligen Römischen Reiches, in denen es eine Zunftverfassung gibt, Einigkeit, Friede und gute Gerichte bestehen und sich weiterentwickeln. Darum haben wir alle gemeinsam in Einigkeit und Freundschaft mit vereintem Rat und gutem Willen reich und arm, dem Heiligen Römischen Reich zur Würde, unserer Stadt und unseren Nachkommen zu Nutz und Frommen [...] auch eine Zunftverfassung mit Gottes Hilfe aufgestellt und eingerichtet in der Weise, wie nachfolgend aufgeschrieben ist. [...]
Erstens haben wir unseren Rat so geordnet und besetzt und durch diesen Brief das auch bestätigt, damit alles seinen besten Fortgang und Bedeutung haben möge. Wir setzen fest, daß sich aus allen Handwerken der Stadt 18 Zünfte bilden sollen, von denen jede einen Zunftmeister haben soll, der dem Rat angehört. Und ist es eine große und ehrbare Zunft, so soll einer aus dieser Zunft mit ihrem Zunftmeister in den Rat gehen, so daß aus einer sol-

chen Zunft zwei in den Rat gehen sollen. Alle anderen Zünfte, die keinen Zunftmeister im Rat haben, sollen sich diesen achtzehn Zünften verpflichten und anschließen. Und wir haben es so geordnet und festgesetzt, daß aus den achtzehn Zünften 29 Personen in den Rat gehen sollen. Diese 29 sollen dann aus den ehrbarsten und angesehensten Bürgern 15 weitere in den Rat wählen. [...]
Und die vorher genannten 29 Zunftmeister und Ratsmitglieder von der Gemeinde [...] wählen zwei Bürgermeister, einen von den Bürgern und einen von den Zünften der Gemeinde. [...]
Es soll auch jeder Zunftmeister, der in den Rat geht, zwölf der Ehrbarsten aus seiner Zunft zur Seite haben, die dem Rat geschworen haben. Und wenn man den Großen Rat zusammenrufen will, so soll man sie hineinschicken. [...]
Man soll auch jedes Jahr reich und arm wissen lassen, wofür ihre Steuergelder verwendet wurden, welche Schulden die Stadt noch hat und welche ihr mit Gottes Hilfe noch bevorstehen. Wir haben auch ernstlich versprochen [...], daß [...] keine weiteren Steuern in unserer Stadt, wie sie auch immer genannt werden, erhoben werden. [...]
(Übersetzt nach: Die Chroniken der deutschen Städte, Bd. 4. A.a.O., S. 135 ff.)

Anregungen

1 *Untersuchen Sie die Materialien zu den Bürgerkämpfen des Spätmittelalters! (M 15a, b, Abb. 8 in 4.2.3) Welche Interessen der Zünfte lassen sich erkennen? Inwieweit hilft Ihnen M 15a bei der Beschreibung und Interpretation von Abb. 8?*

2 *Versuchen Sie die neue Stadtverfassung aus dem zwischen Rat und Bürgern abgeschlossenen Zunftbrief herauszuarbeiten! Stellen Sie die Zunftverfassung in einem Schaubild dar!*

3 *Wie bewerten Sie die Bürgerkämpfe und ihre Auswirkungen?*

4 *Welche Phasen lassen sich in der mittelalterlichen Stadt hinsichtlich der Forderung nach „politischer Teilhabe" erkennen? Berücksichtigen Sie dabei auch die Quellen! Welche Unterschiede gibt es zur modernen Stadt?*

M 16 Aus den Akten des Rheinischen Städtebundes (1254–1256)

I. [Wegen der allgemeinen Unsicherheit und Gefahren in Land und Straßen wollen die Richter, Räte und Bürger von Mainz, Köln, Worms, Speier, Straßburg, Basel u. a.] allen zu wissen geben, daß wir [...] geschworen haben, auf zehn Jahre einen allgemeinen Frieden fest zu wahren. Diesen Frieden beschworen mit uns auch die ehrwürdigen Väter und Herren, die Erzbischöfe Gerhard von Mainz, Konrad von Köln, Arnold von Trier, die Bischöfe Richard von Worms, Heinrich von Straßburg, Jakob von Metz, Berthold von Basel und viele Grafen und Edle des Landes und ließen uns ihre Zölle als gleichsam ungerechte zu Lande und zu Wasser gütig und freigebig nach. Durch diesen Bund der Sicherheit wird das Versprechen gewahrt werden, daß nicht nur die Großen unter uns sich des allgemeinen Schutzes erfreuen, sondern auch alle Kleineren mit den Größeren, Weltpriester und alle Mönche gleich welchen Ordens, Laien und Juden diesen Schutz genießen und in der Ruhe des heiligen Friedens bleiben können.
II. Wir haben beschlossen, daß keinem Herrn, der dem von uns beschworenen Frieden widersteht, Lebensmittel von irgendeiner Stadt oder irgendeinem mit uns verschworenen Herrn, Waffen oder andere Hilfsmittel geliefert werden sollen, sei es von Christen oder Juden. Ferner, daß ihnen nichts geborgt werden soll. [...]
III. [...] Und weil jetzt das Reich [*imperium*] ledig ist und wir des Herrn und Königs bedürfen, wollen wir alle Güter des Reiches, solange es ledig ist, mit allen Kräften verteidigen und schützen als die unsrigen. Wir haben auch unsere vornehmsten Boten zu den Fürsten geschickt, denen die Königswahl zukommt, und sie voller Sorge gebeten, daß sie zum Heil des ganzen Vaterlandes sich würdiglich auf Eine Person einigten, damit nicht aus ihrer Zwietracht die Sache des heiligen Friedens gestört werden kann. Wir haben auch mit geziemendem Eid beschlossen, daß, wenn in Zwietracht mehrere gewählt würden, keinem von ihnen der Zugang in irgendeine Stadt oder einen festen Platz offen stehen soll, daß wir ihnen in keiner Weise Treue oder das Servitium gewähren, ihnen mit Lebensmitteln nicht dienen, kein Geld borgen und weder heimlich noch öffentlich irgendwelche Hilfe leisten werden. [...]
(J. Leuschner, Das Reich des Mittelalters. Stuttgart 1963, S. 33.)

Anregung

Welche Ziele lassen sich aus den Akten des Rheinischen Städtebundes erkennen? Was sagt die Quelle über das Verhältnis zum Reich aus?

Partikularismus und Territorialisierung

M 17 Privileg Friedrichs II. zugunsten der deutschen Reichsfürsten (Statutum in favorem principum, 1232)

Im Namen der heiligen und unteilbaren Dreifaltigkeit. Friedrich II., durch Gottes gnädige Fügung Kaiser der Römer und immer Augustus, König von Jerusalem und Sizilien.
Hoch erhaben ist der Thron unseres Reiches, und in Gerechtigkeit und Frieden handhaben wir seine Regierung, wenn wir mit gebotener Aufmerksamkeit an das Recht unserer Fürsten und Magnaten den-

ken, durch die, wie das Haupt auf kräftigen Gliedern ruht, blüht und feststeht, unsere Herrschaft und unsere gewaltige kaiserliche Größe gedeihend aufsteigt, von ihren Schultern gestützt und getragen. Unsere Zeit und die fernste Zukunft soll also wissen, daß wir gemeinsam mit unserem sehr geliebten Sohne Heinrich, dem Könige der Römer, auf einem Hoftag in Cividale auf Bitten der Fürsten und Magnaten, deren eine große Zahl aus Liebe zu uns erschienen war, beschlossen haben, die Gnadenerweise, die ihnen auf dem großen Hoftag zu Worms[1] unser geliebter Sohn gewährt hatte, durch die Kraft unserer Autorität für gültig zu erklären. Wir haben ihren Bitten gnädige Gewährung gegönnt, weil wir erwarten, in ihrer wohlverdienten Erhöhung auch uns und das Reich gebührend zu fördern.

1. Wie schon unser königlicher Sohn, so gestehen auch wir ihnen für immer zu, daß keine neue Burg oder Stadt auf geistlichem Gebiet, sei es auch unter dem Vorwand der Vogtei, von uns oder einem andern [Fürsten] errichtet werden darf, ganz gleich unter welchem Vorgeben.
2. Neue Märkte sollen alte in keiner Weise stören.
3. Niemand darf gegen seinen Willen zum Besuche eines Marktes gezwungen werden.
4. Alte Straßen sollen nicht ohne den Willen der Benutzer verlegt werden.
5. In unseren neuen Städten soll die Bannmeile beseitigt werden.
6. Ein jeder Fürst habe freien Gebrauch seiner Freiheiten, Gerichtsbefugnisse, Grafschaften und Zehnten, nach den Gewohnheitsrechten seines Landes, sie seien sein Eigentum oder ein Lehen.
7. Die Zentgrafen sollen die Zehnten vom Landesherrn [dominus terrae] oder von dem empfangen, den der Landesherr mit ihnen belehnt hat.
8. Ohne Zustimmung des Landesherren darf niemand die Gerichtsstätte verlegen.
9. Kein Semperfreier[2] darf vor das Zentgericht geladen werden.
10. Die Bürger, die man „Pfahlbürger" nennt, sollen ganz und gar vertrieben werden.
11. Die Abgaben an Wein, Geld, Korn und anderen Waren, die alle Bauern bisher zu erlegen hatten, sollen abgeschafft und nicht mehr erhoben werden.
12. Eigenleute der Fürsten, Edlen, des Dienstadels und der Kirchen sollen in unseren Städten keinen Schutz mehr finden.
13. Eigentum und Lehen der Fürsten, Edlen, des Dienstadels und der Kirchen, das sich in den Händen unserer Städte befindet, soll zurückgegeben werden und darf nicht wieder weggenommen werden.

1 Die meisten Bestimmungen der Constitutio in favorem principum finden sich schon in der Urkunde Heinrichs (VII.), auf die der Kaiser hier anspielt. Er konnte die einmal verliehenen Rechte den Fürsten nicht wieder entziehen.

2 Befähigt zum Auftreten vor dem Sendgericht.

14. Weder wir noch unsere Leute sollen das Geleitrecht der Fürsten in ihrem Lande, das sie von uns zu Lehen haben, beeinträchtigen oder stören dürfen.
15. Niemand soll durch unsere Schultheißen gezwungen werden, Dinge herauszugeben, die er schon vor sehr langer Zeit von irgendeinem Menschen empfangen hat, bevor sie in unseren Städten angesiedelt waren; sind sie aber unmittelbare Untertanen des Kaisertums, dann müssen sie ihnen vor dem zuständigen Gericht zu ihrem Rechte verhelfen.
16. Unsere Städte sollen nicht wissentlich einen Landschädling oder gerichtlich Verurteilten oder einen Geächteten aufnehmen; bereits Aufgenommene sollen ausgewiesen werden.
17. Im Lande eines Fürsten wollen wir keine neue Münze schlagen lassen, durch welche die Münze des Fürsten im Werte gemindert werden könnte.
18. Unsere Städte sollen ihre Gerichtsbarkeit nicht über ihren Umkreis hinaus ausdehnen, es sei denn, daß uns eine Sonderjurisdiktion zukommt.
19. In unseren Städten soll der Kläger sich an den Gerichtsort des Beklagten wenden, wenn nicht der Beklagte oder Hauptschuldige auch dort ergriffen wird; in diesem Falle muß er sich auch dort verantworten.
20. Ohne Zustimmung und aus der Hand des fürstlichen Lehnsherrn soll niemand Güter zu Pfand nehmen, mit denen ein anderer belehnt ist.
21. Zu städtischen Arbeiten können nur Leute gezwungen werden, die durch das Recht dazu verpflichtet sind.
22. Bewohner unserer Städte sollen von ihren außerhalb der Städte gelegenen Gütern ihren Herren und Vögten die schuldigen und gewohnten Abgaben leisten, aber nicht mit ungebührlichen Beitreibungen belästigt werden.
23. Eigenleute, Leute der Vögte und der Lehen, die zu ihren Herren gehen wollen, dürfen durch unsere Beamten nicht zum Bleiben gedrängt werden. [W. Lautemann]

(Geschichte in Quellen, Bd. 2, a.a.O., S. 568f.)

M 18 Die Goldene Bulle Karls IV. (1356)

Die Urkunde trägt ihren Namen nach ihrer goldenen Siegelkapsel. Sie sicherte das Recht der Kurfürsten, den König zu wählen, und gab diesen bevorrechtigten Reichsfürsten auch andere Privilegien. Dieses „Grundgesetz" behielt Gültigkeit bis zur Auflösung des Heiligen Römischen Reiches, 1806.

Im Namen der heiligen und unteilbaren Dreifaltigkeit Glück und Segen. Amen. Karl IV., von Gottes Gnaden römischer Kaiser, zu allen Zeiten Mehrer des Reichs und König von Böhmen, zu ewigem Gedächtnis der Sache.

Jedes Reich, das in sich selbst uneins ist, wird veröden; denn seine Fürsten sind Diebsgesellen geworden. [...]

Da wir nun kraft des Amtes, das wir vermöge unserer Kaiserwürde innehaben, den künftigen Gefahren der Uneinigkeit und Zwietracht unter den Kurfürsten, zu deren Zahl wir als König von Böhmen bekanntlich gehören, aus zwei Gründen, nämlich sowohl wegen unseres Kaisertums als auch wegen des von uns ausgeübten Kurrechtes, entgegenzutreten gehalten sind, haben wir, um die Einigkeit unter den Kurfürsten zu fördern, um Einhelligkeit bei der Wahl herbeizuführen und um der vorerwähnten schmählichen Uneinigkeit und den mannigfachen, aus ihr erwachsenden Gefahren den Zugang zu verschließen, die hiernach geschriebenen Gesetze auf unserem feierlichen Reichstag zu Nürnberg [...] kraft kaiserlicher Machtvollkommenheit erlassen, aufgestellt und zu bestätigen für gut befunden im Jahre des Herrn 1356 [...]
Und weil Nachfolgendes nach alter anerkannter und löblicher Gewohnheit bisher stets unverbrüchlich beobachtet worden ist, bestimmen auch wir und verordnen aus kaiserlicher Machtvollkommenheit, daß wer besagtermaßen zum römischen König gewählt worden ist, sogleich nach vollzogener Wahl, bevor er in irgendwelchen andern Angelegenheiten oder Geschäften aus Vollmacht des heiligen Reiches seine Tätigkeit beginnt, allen und jeden geistlichen und weltlichen Kurfürsten, die bekanntlich die nächsten Glieder des heiligen Reiches sind, alle ihre Privilegien, Briefe, Rechte, Freiheiten und Vergünstigungen, alten Gewohnheiten und auch Würden und alles, was sie vom Reich bis zum Tag seiner Wahl empfangen und besessen haben, ohne Verzug und Widerspruch durch seine Briefe und Siegel bestätigen und bekräftigen soll. [...]
Damit nicht unter den Söhnen besagter weltlicher Kurfürsten wegen des Rechts, der Stimme und der Befugnis, die vorhin erwähnt wurden, inskünftig Anlaß zu Ärgernis und Zwietracht entstehen und so das allgemeine Wohl durch gefährliche Verzögerungen beeinträchtigt werden kann, bestimmen wir, da wir künftigen Gefahren mit Gottes Hilfe heilsam vorzubeugen willens sind, und gebieten kraft kaiserlicher Machtbefugnis durch dieses Gesetz, das für ewige Zeiten gelten soll, daß jeweils nach dem Ableben eines weltlichen Kurfürsten Recht, Stimme und Befugnis zu solcher Wahl auf seinen erstgeborenen rechtmäßigen Sohn weltlichen Standes, falls aber dieser nicht mehr am Leben wäre, auf dieses Erstgebornen erstgebornen Sohn weltlichen Standes ungehindert und ohne jemands Widerspruch übergehe. Wenn aber ein solcher Erstgeborner ohne rechtmäßige männliche Erben weltlichen Standes aus dieser Welt schiede, dann soll kraft dieses kaiserlichen Erlasses Recht, Stimme und Befugnis zu besagter Wahl auf seinen ältesten, aus echter väterlicher Linie stammenden Bruder weltlichen Standes, und sodann auf dessen Erstgebornen weltlichen Standes übergehen, und diese Erbfolge der erstgebornen Söhne und Erben der Kurfürsten in Recht, Stimme und Befugnis, die oben erwähnt sind, soll auf ewige Zeiten beobachtet werden. [...]
Wenn aber eines von diesen Kurfürstentümern dem heiligen Reiche ledig wird, dann soll und kann es der jeweilige Kaiser oder römische König wieder verleihen als etwas, das ihm und dem Reiche rechtmäßigerweise heimgefallen ist.

XI. Von der Gerichtsfreiheit der Kurfürsten
Wir stellen auch fest, daß keine Grafen, Freiherren, Edelleute, Lehensleute, Vasallen, Burgvögte, Ritter, Ministerialen, Bürger, Burgmannen und keinerlei Personen, Mann oder Frau, die den Kirchen von Köln, Mainz und Trier untertan sind, von welcherlei Stand, Rang oder Würde sie auch sein mögen, auf Ansuchen irgendeines Klägers außerhalb des Gebietes und der Marken und Grenzen derselben Kirchen und was dazu gehört vor irgendeinen andern Gerichtshof oder vor das Gericht eines andern als der Erzbischöfe von Mainz, Trier und Köln und ihrer Richter weder in vergangenen Zeiten geladen werden konnten noch fürderhin auf ewige Zeiten gezogen oder gefordert werden dürfen oder können so wie wir dies in vergangenen Zeiten beobachtet gefunden haben. Wir verordnen, daß dawider eingelegte Berufungen zurückgewiesen werden sollen, und erklären sie für null und nichtig. Im Falle verweigerten Rechtes aber soll allen Vorgenannten gestattet sein, ausschließlich an das kaiserliche Hofgericht oder an den Richter, der zu der Zeit am kaiserlichen Hofgericht unmittelbar den Vorsitz führt, zu appellieren; auch in diesem Fall aber dürfen diejenigen, denen das Recht verweigert worden ist, nicht an irgendeinen andern ordentlichen oder stellvertretenden Richter appellieren. Wir wollen, daß ebendiese Verordnung kraft dieses unseres kaiserlichen Gesetzes auch auf die erlauchten weltlichen Kurfürsten, den Pfalzgrafen bei Rhein, den Herzog von Sachsen und den Markgrafen von Brandenburg, und ihre Erben, Nachfolger und Untertanen in vollem Umfang ausgedehnt werde mit allen obgenannten Bestimmungen und Bedingungen.

XII. Von Zusammenkunft der Kurfürsten
Inmitten der mannigfaltigen Sorgen für den Staat, die unsern Geist unablässig beschäftigen, hat unsere Majestät nach gründlicher Erwägung als notwendig erkannt, daß die Kurfürsten des heiligen Reiches zur Beratung über das Wohl des Reiches und der Welt öfter als bisher zusammenkommen; denn als Grundfesten und unverrückbare Säulen des Reiches, die voneinander durch weite Länderstrecken getrennt sind, können sie so über Übelstände, welche die ihnen bekannten Gebiete heimsuchten, Bericht erstatten und sich besprechen und vermögen mit klugen und vorsorglichen Ratschlägen durch geeignete Maßnahmen wirksam Abhilfe zu schaffen. Daher haben wir zu verordnen geruht, daß dieselben Kur-

fürsten in Zukunft einmal in jedem Jahre, nach Verfluß von vier Wochen, von Ostern, dem Fest der Auferstehung des Herrn an gerechnet, in einer von den Städten des heiligen Reiches persönlich zusammenkommen sollen.

XVI. Von den Pfahlbürgern
Häufige Klagen haben vor uns gebracht, daß manche Bürger und Untertanen von Fürsten, Freiherren und andern Leuten das Joch ursprünglicher Untertänigkeit abzuschütten trachten, oder vielmehr in dreister Vermessenheit mit Füßen treten, sich als Bürger anderer Städte aufnehmen lassen, was sie früher noch häufiger getan haben, und, obschon sie in den Ländern, Städten, Flecken und Dörfern ihrer früheren Herren, denen sie durch solchen Betrug zu entziehen sich erdreistet haben oder erdreisten, persönlich wohnen, dennoch die Freiheiten jener Städte, an die sie sich solchermaßen anschließen, genießen und von ihnen beschützt werden wollen. Derlei Leute pflegt man in deutschen Landen insgemein Pfahlbürger zu nennen. Da nun Betrug und Arglist niemanden zustatten kommen sollen, so verordnen wir kraft kaiserlicher Machtvollkommenheit, mit dem besonnenen Beirat aller geistlichen und weltlichen Kurfürsten und mit sicherem Wissen, und bestätigen durch gegenwärtiges, immerdar gültiges Gesetz, daß obbesagte Bürger und Untertanen, die ihre Herren solchermaßen hintergehen, in allen Ländern, Orten und Gebieten des heiligen Reiches von diesem Tage an inskünftig der Rechte und Freiheiten jener Städte, als deren Bürger sie sich durch solchen Betrug aufnehmen lassen oder bisher aufnehmen ließen, in keiner Weise teilhaft sein sollen, es sei denn, daß sie persönlich und tatsächlich in diese Städte ziehen, sich dort dauernd niederlassen und wirklich und ohne Trug ihren Wohnsitz nehmen und die schuldigen Lasten und Bürgerpflichten daselbst auf sich nehmen.

XVII. Von Fehden
Wir erklären, daß diejenigen, welche in Zukunft unter dem Vorwand, eine rechtmäßige Ursache zur Befehdung anderer zu haben, denselben an Orten, wo sie ihre Wohnung nicht haben oder gewöhnlich nicht wohnen, zur Unzeit Fehde ansagen, wegen alles durch Brandstiftungen, Raub oder Plünderung zugefügten Schadens ehrlos sein sollen. Und weil Betrug und Arglist niemanden zustatten kommen sollen, bestimmen wir, ... daß es nicht erlaubt sei, unter dem Vorwand der Fehde jemanden mit Brandstiftungen, Raub oder Plünderung anzugreifen, außer wenn die Fehde drei natürliche Tage zuvor dem zu Befehdenden persönlich oder an dem Ort, wo er zu wohnen pflegt, öffentlich angesagt worden ist und diese Fehdeansage durch glaubwürdige Zeugen zuverlässig bewiesen werden kann.
(Die Goldene Bulle Kaiser Karls IV. Bearbeitet von K. Müller. Bern [2]1964, S. 15ff.)

Anregungen

1 *Analysieren Sie das „Statutum in favorem principum“! Welche Rechte werden den Fürsten zugestanden? In welchen Artikeln wird die Städtefeindlichkeit des Privilegs deutlich?*

2 *Analysieren Sie die Goldene Bulle Karls IV.! Arbeiten Sie heraus, wie die Wahl des Königs geregelt wurde! Welche besonderen Rechte erhielten die Kurfürsten?*

3 *Diskutieren Sie die Frage, weshalb die Versuche zur Abschaffung der Fehde immer wieder auf Schwierigkeiten bei der Durchsetzung stießen!*

M 19 Verleihung der Reichssturmfahne an die Grafen von Württemberg, 1336

Die Reichssturmfahne war die Gefechtsfahne des Reichsheeres. Durch diese Verleihung wurde die Führung der Reichssturmfahne endgültig mit dem Reichslehen Markgröningen verknüpft. Graf Ulrich III. erhielt sie von Kaiser Ludwig zum Lohne für Waffenhilfe gegen Böhmen.

Wir Ludowig von gotes genaden roͤmischer keiser ze allen ziten merer dez riches veriehen und tuͦn chunt offenlichen an disem brief, daz wir unsern und dez riches sturmvanen enpfolhen haben dem edlen manne Uͦlrichen grafen ze Wirtenberg unserm liben oheim und lantvogt, und darzuͦ haben wir im und allen sinen erben, die suͦn sint, ze rechtem lehen verlihen und verleihen in oͧch mit disem unserm brief Gruͤningen stat und burch mit luͤten mit guͦten und mit alle diu, daz darzuͦ gehoͤrt, besuͦchts [untersucht] und unbesuͦchts, ez sin aigen oder lehen, und daz si oͧch dieselben lehen, wie die genant sin, fuͤrbaz leihen sullen und mugen, wan daz zuͦ unserm und dez richs sturmvanen lehen ist und oͧch darzuͦ gehoͤrt, mit der bescheidenheit [Bedingung], daz der vorgenant grav Uͦlrich von Wirtenberg und sin erben, die suͦn sint, uns und unsern nachkomen an dem riche kuͤnigen und keisern owiklichen die dienst tuͦn sullen getriwlichen, die man dovon ze recht und billich tuͦn sol. Si suͤllent oͧch und habent geheizzen, daz si den sturmvanen besorgen und bewarnen, als man den ze recht und billich besorgen und bewarnen sol.
Und daruͤber ze einem urchund geben wir disen brief versigelten mit unserm keiserlichen insigel, der geben ist ze Ulme an dem sunntag vor Mittervasten, do man zalt von Christus geburt driuzehenhundert jar darnach in dem sechsten und dreizzigstem jar, in dem zwei und zweinzigstem jar unsers richs und in dem niunden dez keisertuͤms.
(Ausgewählte Urkunden zur Württembergischen Geschichte. Hrsg. von Eugen Schneider. Stuttgart S. 13.)

M 20 Kaiserliche Bestätigung der eigenen Gerichtsbarkeit für Graf Eberhard den Greiner, 1361

Wir Karl von gotes genaden römischer keiser zu allen zeiten merer dez reichs und kung zu Beheim bekennen und tun kunt offentlichen mit disem briefe allen den, die in sehent und horent lesent, daz wir haben angesehen die getrewen steten dienste und grozzen fleizze dez edlen grafen Eberhartz ze Wirtenberg, unser lieber getrewer, damit er uns und daz heilig reiche mit fleizzigen steten trewen meinet [wünschet] und noch kunfticlichen gentzlichen meinen wird, und darumbe haben wir im, seinen erben und nahkomen grafen ze Wirtenberg und tun auch in mit disem briefe die besundern nahgeschrieben genade mit rehter unser wizzent und wellen auch daz mit vollekomenheit keiserlicher mehte, daz man ir diener und ander ir man und leute gemeinlichen noch besunder fur dehein [kein] gerihte oder lantgerihte niht laden sulle. Wer aber daz ir einer oder ir mer ir diener, man oder arm lute, fur ein gerihte oder lantgerihte oder fur ir mer geladen wurden, so sol derselb rihter oder lantrihter, wann oder als oft im der vorgenant grafe Eberhard oder sein erben drumbe schreiben oder schreiben werdent, den oder die, ir sei einer oder mere, die also furgeladen werdent und als oft daz not geschiht für grafen Eberharten und sein erben und fur ir gerihte wider weisen, also daz der egenant graf Eberhart, sein erben und nahkomen von dem oder denselben dem clager als ofte ez not geschiht unvertzogenlichen fur in und iren gerihten rehtes gestaten und helffen sullen in den nehsten vier wochen von dem tag ze zelen, als si fur sie geweiset werdent. [...]

(Ausgewählte Urkunden zur Württembergischen Geschichte, a.a.O., S. 14f.)

M 21 Kanzleiordnung, um 1420

Ordnung, wie die Rechnung [Haushalt des Landes] aufzustellen und aufzuschreiben ist

Zum ersten soll man die gewöhnliche Bede und Steuer als Einnahme zusammenstellen und nichts darunter oder dazwischen.

Desgleichen soll man dahinter setzen die ständigen Einkünfte, die jährlich anfallen und sich nicht verändern.

Was von den ständigen Einkünften abgeht, das sollen die Amtleute den Statthaltern sagen, wovon das komme [...], wo sich aber die Einkünfte mehren, da soll man den Statthaltern sagen, woran das liege, und soll das zu den anderen ständigen Einkünften ziehen. Ebenso soll man zu den Einnahmen Einkünfte und Zinsen nehmen, die jährlich verliehen sind und sich erhöhen und vermindern. Merke: Man soll alle Einkünfte an Geld, Früchten, Wein, Hühnern und anderem [...] aufschreiben und davon ein Register und Zahlbuch machen. Davon soll ein Exemplar auf Pergament geschrieben in das Archiv gelegt und dort aufbewahrt werden, das andere soll auf Papier geschrieben werden, und die Schreiber in der Kanzlei sollen es behalten, damit man aus diesem Register und Zahlbüchern jeglichem Amtmann schriftlich gebe, was er einbringen soll, und damit sie sich danach zu richten wissen.

Die Ordnung des Ausgebens:

Ebenso soll er seine Ausgaben nach der Ordnung der Einnahmen aufstellen, in der Form die vorgeschrieben ist. [...]

Ebenso soll man die Statthalter und Räte, denen man Jahresgehalt gibt, dahintersetzen und denjenigen, der sie bezahlt. Dieser soll auch von jedem eine Quittung nehmen, und damit gelte es als verrechnet. Ebenso soll man die Diener der Herrschaft besonders aufführen und ein besonderes Register davon machen und von jedem eine eigene Quittung nehmen.

Danach soll man den Knecht- und Gesindelohn besonders aufsetzen sowie den Handwerkerlohn und was in der Küche zu kaufen wäre. Ebenso in welchem Schloß man baut, soll man besonders unter die Ausgaben setzen, und kein Vogt oder Amtmann soll über zehn Pfund Heller verbauen ohne den Befehl der Statthalter. Würde es aber notwendig, über die zehn Pfund Heller zu bauen, dann sollen die Statthalter oder zumindest einer ihrer Räte das ansehen und wenn es nötig zu bauen ist, in Auftrag zu geben möglichst schnell und gut zum Nutzen der Herrschaft.

(F. Winterlin, Geschichte der Behördenorganisation in Württemberg, Bd. 1. Stuttgart 1904, S. 109ff.)

M 22 Landesordnung vom 11. November 1495

Wir wollen auch, daß unsere Amtleute überall im Fürstentum gewissenhaft die Aufsicht führen über die Handlungen unserer Untertanen, (daß sie) sich, was diese Angelegenheiten betrifft, freundlich und wie es sich gebührt verhalten und auch ihre Ämter und was darin vorfällt (entsprechend) versehen und guten Bescheid geben und nehmen. Auch sollen sie bei allen Handwerkern auf ordentliche Erfüllung der Vorschriften achten, damit Beschwerden über Unziemlichkeiten vermieden werden und bleiben. Bei Metzgern, Krämern, Wirten und anderen sollen sie gewissenhaft Aufsicht führen, was Maß, Gewicht und anderes dergleichen angeht. Und wenn jemand Unrecht geschieht, sollen sie die Untertanen nicht einfach an die Kanzlei verweisen, außer wegen Angelegenheiten, die sie selbst nicht verstehen oder die einen Amtmann oder das Gericht selbst betreffen oder die so wichtig sind, daß man sie deshalb an die Kanzlei verweisen muß. Doch daß die Eingabe, die einen Amtmann nicht selbst betrifft, durch den Amtmann unterschrieben wird und (er) guten Bericht geben soll, worum es geht, zu welcher Zeit und an welchem Ort und seine Auffassung dann mitteilen soll. Damit unsere Untertanen mit den gering-

sten Kosten und ohne große Mühe und Last ihre Handlungen ausrichten mögen, deshalb wollen wir, daß unsere Untertanen keine Eingabe und keine Anklage, sie betreffe denn den Amtmann selbst, ununterschrieben in die Kanzlei geben; nur (im letzteren Falle) sollen sie die Angelegenheit vor uns oder unseren Landhofmeister oder den Kanzler bringen.
(F. Winterlin, a.a.O., S. 15f.)

Anregungen

1 *Untersuchen Sie die Karten zum Aufbau des Württembergischen Territoriums! (Abb. 10 und 11a, b in Abschn. 4.3.2) Welche Richtungen und Tendenzen lassen sich in der Erwerbspolitik erkennen? (Abb. 11a) Welche Rolle spielten der Klosterbesitz und die Städte in der Territorialpolitik?*

2 *Welche Bedeutung hatten die Verleihung der Reichssturmfahne (M 19) und die kaiserliche Bestätigung der Gerichtsbarkeit (M 20) für die Stellung des Territoriums? Analysieren Sie die Kanzleiordnung! (M 21) Welche Ordnungsprinzipien werden für den Landeshaushalt aufgestellt? Welche Aufgaben haben die landesherrlichen „Beamten“? (M 22)*

3 *Erläutern Sie den Aufstieg der Grafen von Württemberg bis 1495 als Problem von Zentral- und Partikulargewalt!*

M 23 Das Recht der Landstände (1231)

Heinrich, von Gottes Gnaden römischer König und allzeit Mehrer des Reiches, entbietet allen Getreuen des Reiches seine Huld und alles Gute.
Wir wünschen, es möge allen bekannt sein: Als Wir zu Worms einen feierlichen Hoftag durchführten, wurde der Antrag gestellt, in Unserer Gegenwart möge entschieden werden: Darf einer der Landesherren irgendwelche Erlasse oder neue Gesetze machen, ohne daß die Vornehmen und Großen des Landes [meliores et maiores terrae] irgendwie hinzugezogen worden wären. In dieser Sache wurde unter der erbetenen Zustimmung der Fürsten folgendes entschieden: Weder Fürsten noch andere sonst dürfen Erlasse oder neue Gesetze machen, es sei denn, man erlangt zuvor die Zustimmung der Vornehmen und Großen des Landes. Zur Rechtskraft dieses Spruches also, die für immer und ewig gelten soll, haben Wir dieses Schriftstück abfassen und mit Unserem Siegel versehen lassen.
(L. Weinrich, Hg., Quellen zur deutschen Verfassungs-, Wirtschafts- und Sozialgeschichte bis 1250, a.a.O., S. 422f.)

M 24 Tübinger Vertrag (8. Juli 1514)

Der Tübinger Vertrag zwischen Herzog Ulrich von Württemberg und den Ständen stellte als „Herrschaftsvertrag“ die Verfassungsgrundlage für Württemberg bis 1806 dar.

Des allerdurchleuchtigsten großmechtigsten fürsten und herren hern Maximilian von gots gnaden romischen Kaysers etc. gesandt räte [...] [folgen die Namen weiterer fürstlicher Vermittler] bekennen ofenlich und von gottes gnaden wir Wilhälme bischofe zu Straßburg landgrafe in Elsäss, ouch von denselben gnaden wir Hug bischof zu Costantzs bekhennen ofenlich in diesem briefe und thund kund allermenniglich: Nachdem sich zwischen dem durchleuchtigen hochgebornen fürsten und hern hern Vlrichen herzogen zu Wirttemberg [...] ains und den erwürdigen und ersamen prelaten und gemainer landschaft, siner lieb und gnaden fürstenthumbs verwanten und unterthanen anderstails etlich spen [Streit] und gebrechen gehalten, derenhalb etwas ufruren under gemainer landschaft sich erwegt und begeben, aber darzwischent sovil in der gütin fürgenommen und gehandelt, das dieselbige zu gemainem siner lieb und gnaden usgeschrieben landtag alher und zu ferrer handlung gebracht, [...] das wir sie solicher aller und sonderlich mit ir baidertailen gutem wissen und willen in der güte entschaiden und vertragen haben. wie hernach folgt:
1. Nemlich und zum ersten söllent die landschaft für sich obgemeltem herzog Vlrichen fünf jar lange die nesten ains jeden jars geben und raichen 22 000 guldin, darzu sollent im die prelaten stift clöster, ouch die ämpter Mümpelgart Nürtingen Plawmont und Rychenwyler ouch geben und raychen, als vil by denselben allen erraicht werden mag. Und sölichs alles, so die angezögten fünf jar lang allenthalp, wie obstet, gefellt, söllent zu herzog Vlrichts wachender schuld und zu stattlicher bezalung der gilten bewendt werden.
2. Darnach und nach usgang der fünf jaren obgemelt söllent gemaine landschaft mit sampt den prelaten stiften clöstern, ouch den aemptern Mümpelgart Nürtingen Plawmont und Rychenwyler, so vil by denselben ämptern ouch erlangt werden mag, 800 000 guldin houptguts zu ablösung der zins und gilten, damit das fürstenthumb beswert ist, uf sich nemen und bezalen, [...]
6. Der houptkrieg halben, so die zu rettung land leut und siner, herzog Vlrichs, verwandten, zu handhabung siner ober- und herlicheit ouch gerechtigkait, hilf und haltung siner aynung bisher angenomen und beschlossen. [...], so soll das geschehen mit rat und wissen gemeiner landschaft. Würde aber herzog Vlrich usserhalb der obgemelten stück ainich krieg fürnemen und yemand us freundschaft oder sunst fürschub oder hilf thun, so soll dasselbig geschehen mit rat wissen und willen gemainer landschaft, sover anders herzog Vlrich von inen hilf haben wölt. [...]
7. [...] wa ein regierender fürst, das got verhüt, gefangen würde, soll die landschaft alsdann zu erledigung irs regierenden landsfürsten trewlich helfen und soliche hilf mit irem rat und wissen fürgenom-

men werden, wie dann by herzog Vlirchs voreltern geschehen ist. [...]

14. Und hieruf söllent land leut schloß stett und dörfer one rat wissen und willen gemainer landschaft nit mehr versetzt oder verendert [werden] ... Dergly-chen soll ouch ainich schatzung oder sonst ander unordenlich hilf oder beschwerde, wie die namen haben mügen, fürter uf prelaten oder landschaft nit mer gelegt werden. Wie aber die töchtern von Wirtemberg usgestürt und was inen in erbfals wyse zusteen, soll sich Herzog Vlrich mit siner landschaft deshalb underreden und veraynigen. [...]

17. Es soll ouch niemands in pynlichen sachen, wa es eer lyb oder leben antrifft, anders dann mit urtail und recht gestraft oder geötet, sonder ainem yeden nach sinem verschulden rechts gestattet werden; es were dann in fellen, darin die kayserlichen recht anders zu thond zulassen. Und mit gefengnus und frag soll es, wie von alter herkomen ist, gehalten werden. [...]

20. Und sollent die obangezögt fryhait von herzog Vlrichen und darnach für und für von aller herschaft allweg in anfang irs regimentz zu halten gelobt, des ir brief und sigel, darinnen sie sich by iren fürstlichen wirden im wort der warheit dieselben fryhait zu halten verpflichten sollen, gemainer landschaft übergeben werden und davor sie ynzulassen oder inen gehorsami zu laisten nit schuldig sein.

21. Dagegen söllen gemaine landschaft gemeltem herzog Vlrichen, sin erben und nachkhomen regierenden globen und schweren, wie inen fürgehalten wirdet, von worten zu worten also lutende: „Ihr werdent schweren aide zu got und den hailigen, unserm gnedigen fürsten und herren, siner fürstlichen gnaden erben und nachkommen des herzogthumbs zu Wirtemberg trew und hold zu sind, siner gnaden, dero räten und verordneten amtleuten geboten und verboten von siner gnaden wegen gehorsam und gewertig zu sein, sinen fürstlichen gnaden fromen und nutz zu schaffen, dero schaden zu warnen und zu wenden nach uwerm besten vermügen, euch erzögen und halten, wie from gehorsam underthan sich gegen ir naturlichen herschaft erzögen und halten sol [...].

(Geschichte in Quellen, Bd. 2, a.a.O., S. 105f.)

Anregungen

Untersuchen Sie das Verhältnis von Landesherrn und Ständen! (M 23, 24 und Abb. 12 in 4.3.3). Auf welche Bereiche richteten sich die Interessen der Stände? Welche Rechte werden den Ständen im Tübinger Vertrag zugebilligt? Vergleichen Sie die Art der Mitwirkung mit heutigen demokratischen Institutionen!

Wirtschaftliche und soziale Krisen im Europa des Spätmittelalters

M 25 Aus Giovanni Boccaccios Beschreibung der Pest von 1348 in Florenz

Giovanni Boccaccio (1313–1375), Sohn eines florentinischen Kaufmanns, war einer der bedeutendsten italienischen Dichter der Renaissance.

Etwa zu Frühlingsanfang des genannten Jahres begann die Krankheit schrecklich und erstaunlich ihre verheerenden Wirkungen zu zeigen. Dabei war aber nicht, wie im Orient, das Nasenbluten ein offenbares Zeichen unvermeidlichen Todes, sondern es kamen zu Anfang der Krankheit gleichermaßen bei Mann und Weib an den Leisten oder in den Achselhöhlen gewisse Geschwulsten zum Vorschein, die manchmal so groß wie ein gewöhnlicher Apfel, manchmal wie ein Ei wurden, bei den einen sich in größerer, bei den anderen in geringerer Anzahl zeigten und schlechtweg Pestbeulen genannt wurden. Später aber gewann die Krankheit eine neue Gestalt, und viele bekamen auf den Armen, den Lenden und allen übrigen Teilen des Körpers schwarze und bräunliche Flecke, die bei einigen groß und gering an Zahl, bei andern aber klein und dicht waren. Und so wie früher die Pestbeule ein sicheres Zeichen unvermeidlichen Todes gewesen und bei manchen noch war, so waren es nun diese Flecken für alle, bei denen sie sich zeigten. [...]

Aus diesen und vielen anderen ähnlichen und schlimmeren Ereignissen entstand ein allgemeiner Schrecken, und mancherlei Vorkehrungen wurden von denen getroffen, die noch am Leben waren. Fast alle strebten zu ein und demselben grausamen Ziele hin, die Kranken nämlich und was zu ihnen gehörte, zu vermeiden und zu fliehen, in der Hoffnung, sich auf solche Weise selbst zu retten. Einige waren der Meinung, ein mäßiges Leben, frei von jeder Üppigkeit, vermöge die Widerstandskraft besonders zu stärken. Diese taten sich in kleineren Kreisen zusammen und lebten, getrennt von den übrigen, abgesondert in ihren Häusern, wo sich kein Kranker befand, beieinander. Hier genossen sie die feinsten Speisen und die ausgewähltesten Weine mit großer Mäßigkeit und ergötzten sich, jede Ausschweifung vermeidend, mit Musik und anderen Vergnügungen, die ihnen zu Gebote standen, ohne sich dabei von jemand sprechen zu lassen, oder sich um etwas, das außerhalb ihrer Wohnung vorging, um Krankheit oder Tod zu kümmern.

Andere aber waren der entgegengesetzten Meinung zugetan und versicherten, viel zu trinken, gut zu leben, mit Gesang und Scherz umherzugehen, in allen Dingen, soweit es sich tun ließ, seine Lust zu befriedigen und über jedes Ereignis zu lachen und zu spaßen, sei das sicherste Heilmittel für ein solches Übel. Diese verwirklichten denn auch ihre Reden nach Kräften. Bei Nacht wie bei Tag zogen sie bald in diese, bald in jene Schänke, tranken ohne Maß und Ziel und taten dies alles in fremden Häusern noch weit ärger, ohne dabei nach etwas anderem zu fragen als, ob dort zu finden sei, was ihnen zu Lust und Genuß dienen konnte. Dies wurde ihnen auch leicht gemacht, denn als wäre sein Tod gewiß, so hatte jeder sich und alles, was ihm gehörte, aufgegeben. Dadurch waren die meisten Häuser herrenlos geworden, und der Fremde bediente sich ihrer, wenn er sie zufällig betrat, ganz wie es der Eigentümer selbst getan hätte.

Wie sehr aber auch die, welche so dachten, ihrem viehischen Vorhaben nachgingen, so vermieden sie doch auf das sorgfältigste, den Kranken zu begegnen. In solchem Jammer und in solcher Betrübnis der Stadt war auch das ehrwürdige Ansehen der göttlichen und menschlichen Gesetze fast ganz gesunken und zerstört; denn ihre Diener und Vollstrecker waren gleich den übrigen Einwohnern alle krank oder tot oder hatten so wenig Gehilfen behalten, daß sie keine Amtshandlungen mehr vornehmen konnten. Darum konnte sich jeder erlauben, was er immer wollte.

Viele andere indes schlugen einen Mittelweg zwischen den beiden obengenannten ein und beschränkten sich weder im Gebrauch der Speisen so sehr wie die ersten, noch hielten sie im Trinken und in anderen Ausschweifungen so wenig Maß wie die zweiten. Vielmehr bedienten sie sich der Speise und des Tranks nach Lust und schlossen sich auch nicht ein, sondern gingen umher und hielten Blumen, duftende Kräuter oder sonstige Spezereien in den Händen und rochen häufig daran, überzeugt, es sei besonders heilsam, durch solchen Duft das Gehirn zu erquicken; denn die ganze Luft schien von den Ausdünstungen der toten Körper, von den Krankheiten und Arzneien stinkend und beklemmend.

Andere aber waren grausameren Sinnes – obgleich sie vermutlich sicherer gingen – und erklärten, kein Mittel gegen die Seuche sei so wirksam und zuverlässig wie die Flucht. In dieser Überzeugung verließen viele, Männer wie Frauen, ohne sich durch irgendeine Rücksicht halten zu lassen, allein auf die eigene Rettung bedacht, ihre Vaterstadt, ihre Wohnungen, ihre Verwandten und ihr Vermögen und flüchteten auf ihren eigenen oder gar einen fremden Landsitz; als ob der Zorn Gottes, der durch diese Seuche die Ruchlosigkeit der Menschen bestrafen wollte, sie nicht überall gleichmäßig erreichte, sondern nur diejenigen vernichtete, die sich innerhalb der Stadtmauern antreffen ließen, oder als ob niemand mehr in der Stadt verweilen solle und deren letzte Stunde gekommen sei. [...]

So war denn, teils wegen des Mangels gehöriger Pflege, teils wegen der Heftigkeit der Seuche, die Zahl der bei Tag und Nacht in der Stadt Gestorbenen so groß, daß man sich entsetzte, wenn man sie erfuhr, geschweige denn, wenn man das Elend selbst mit ansah. Daraus entstand fast unvermeidlich unter denen, die am Leben blieben, manche Unregelmäßigkeit, die den früheren Sitten widersprach. So war es früher üblich gewesen – wie wir es auch heute noch sehen –, daß die Nachbarinnen und die weiblichen Verwandten mit den nächsten Angehörigen eines Verstorbenen in dessen Haus zusammenkamen und klagten, während sich die männlichen Mitglieder der Familie sowie Nachbarn und andere Bürger vor seiner Tür in Menge versammelten. Auch kam die Geistlichkeit dazu, je nach dem Stande des Verstorbenen, und dann wurde die Leiche auf den Schultern seiner Genossen bei angezündeten Wachskerzen mit Gesang und anderen Begräbniszeremonien zu der Kirche getragen, die jener noch vor seinem Tode bestimmt hatte. Als indessen die Heftigkeit der Seuche zunahm, hörten alle diese Bräuche ganz oder teilweise auf, und neue traten an ihre Stelle. Denn nicht allein starben die meisten, ohne daß viele Frauen zusammengekommen wären, sondern gar manche verließen dieses Leben ohne die Gegenwart eines einzigen Zeugen. [...]

Da für die große Menge Leichen, die, wie gesagt, in jeder Kirche täglich und fast stündlich zusammengetragen wurden, der geweihte Boden nicht lange langte, besonders wenn man nach alter Sitte jedem Toten eine besondere Grabstätte hätte einräumen wollen, so machte man, statt der kirchlichen Gottesäcker, weil diese bereits überfüllt waren, sehr tiefe Gruben und warf die Neuhinzugekommenen in diese zu Hunderten. Hier wurden die Leichen aufgehäuft wie die Waren in einem Schiff und von Schicht zu Schicht mit ein wenig Erde bedeckt, bis die Grube bis zum Rand voll war. [...]

(Giovanni Boccaccio, Das Dekameron. Übertragen von K. Witte, durchgesehen von H. Bode. 1979, S. 15 ff. Nach: J. Leuschner/H. Boockmann, Europa im Hoch- und Spätmittelalter. Stuttgart 1982, S. 204 f.)

M 26 Folgen des großen Sterbens von 1348/49 – (Protokoll) aus Kastelruth, Südtirol, um 1380

Niklein der Purgklitter erkärt: Nach dem großen Sterben chom er dahin [auf den Hof Planetsch] und fant nimant darinnen newr eine alte Frawen und ein klains Kindel, ir Enichel [Enkel]. Do het er ain klains Kindel, verheiratten die Kindel mit einander und hiet er, Nyklein, den Hof an der Kindlein Stat inne.

(Quellen zur Geschichte des deutschen Bauernstandes im Mittelalter. Hrsg. von Günther Franz. Darmstadt 1974, S. 483)

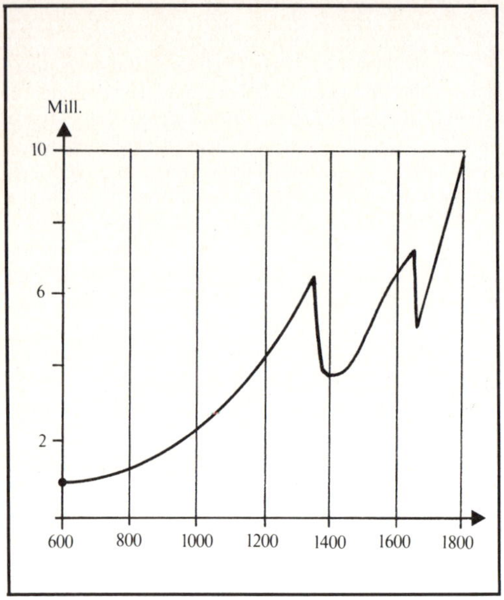

M 27 **Bevölkerungszahl Westdeutschlands von 600–1800**
(Nach: F.-W. Henning, Das vorindustrielle Deutschland 800–1800. Paderborn 1974, S. 19)

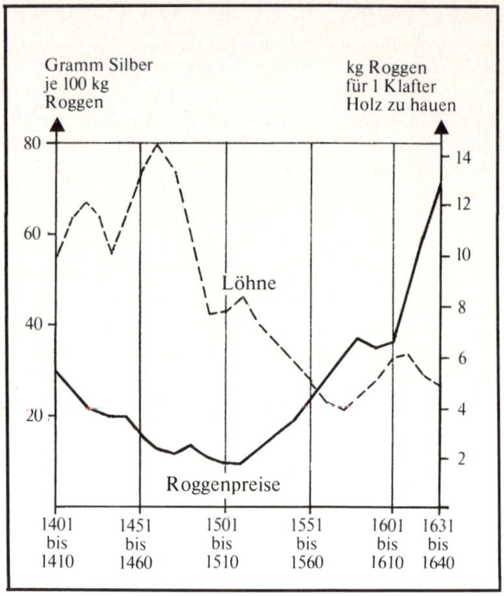

M 28 **Preis- und Lohnbewegungen in Mitteleuropa im Spätmittelalter**
Löhne und Roggenpreise in Göttingen 1401–1640
(Nach: W. Abel, Agrarkrisen und Agrarkonjunktur. Hamburg u. Berlin [3]1978, S. 64)

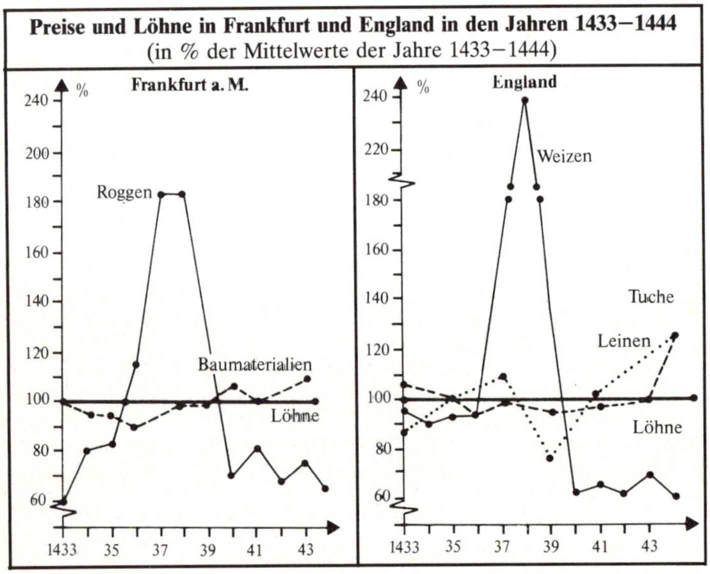

M 29 **Die Hungersnot der Jahre 1437/38**
Die Menschen des 14. und 15. Jahrhunderts hatten nicht nur unter mehreren Pestwellen zu leiden, immer wieder gab es auch Mißernten und darauf folgende Hungersnöte, so daß die Epidemien auf eine gesundheitlich geschwächte Bevölkerung trafen. Eine besonders schwere Hungersnot erfaßte Europa 1437/38.
(Nach: W. Abel, Strukturen und Krisen der spätmittelalterlichen Wirtschaft. Stuttgart/New York 1980, S. 85)

M 30 **Auflösung der Villikationsverfassung im Nahbereich niederrheinischer Städte**

Die wachsende Bevölkerung der Städte steigerte seit dem 13. Jahrhundert nicht nur die Nachfrage nach Getreide, sondern vor allem auch nach Fleisch und Hülsenfrüchten. Da die Anbauflächen kaum mehr erweitert werden konnten und eine regelmäßige überregionale Versorgung mit Getreide und Vieh vor dem ausgehenden 14. oder beginnenden 15. Jahrhundert noch nicht möglich war, mußte man versuchen, die Blockaden, die Dreifeldersystem, Flurzwang, Düngermangel und Besitzzersplitterung infolge von Erbteilungen darstellten, auszuschalten – und das gelang wiederum am leichtesten im Rahmen der großen und groß bleibenden Pachthöfe. Aus diesen Entwicklungszusammenhängen ist ein starkes Interesse der Stadtbevölkerung an den Pachtbetrieben als Zentren der Ertragssteigerung abzuleiten. [...] Noch größer war das bürgerliche Interesse an den für Innovationen offenen Pachtbetrieben, wenn es um den Anbau von Färbe- und Gewerbepflanzen ging, vor allem Waid und Hanf, die gerade auch im Brachfeld ihren Platz finden konnten. [...]

Der Zusammenhang von Pachtsystemen und Ausweitung der Sonderkulturen läßt sich auch für Krapp, Wau [Färbereseda] und später Hopfen herstellen. Entscheidend ist, daß die Steigerung der Nachfrage nach Färbemitteln, Textil- und Braugewerberohstoffen tatsächlich am besten von der marktorientierten Pachtwirtschaft aufgefangen werden konnte. Auffallend ist auch hier wieder die zeitliche Koinzidenz von rapidem Wachstum der Kölner und Aachener Tuchindustrie seit ca. 1230 einerseits und Ausbildung des Pachtsystems andererseits.

Die Umbildung der Grundherrschaft am Niederrhein durch die Umwandlung der alten Fronhöfe in Zeitpachtbetriebe vollzog sich im Nahbereich der Städte, vor allem der Großstadt Köln, zwischen 1200 und ca. 1320–50. Die regionale Ausprägung war verschieden. Am nördlichen Niederrhein, im Klevischen, setzten sich Erbpacht und Fixpacht stärker durch; die klevische Domänenordnung von 1431 schrieb die Fixpacht als anzustrebendes Ziel geradezu vor. Die Pachthöfe erbrachten überall den überwiegenden Teil der Herreneinkommen aus der Landwirtschaft – Zehnten, landesherrliche Steuern, Zölle, Akzisen usw. bleiben hier außer acht. Seit dem beginnenden 13. Jahrhundert bildete sich ein neuer wohlhabender Pächterstand, dessen Position gegenüber dem Pachtherrn durchwegs sehr gut war. In der Umgebung Kölns gab es schon 1266 Pächter, die mit eigenem Inventar aufzogen und zur Absicherung des Pachtgutes Eigenbesitz zum Pfand setzen konnten. Die Einführung des niederrheinischen Pachtsystems ist nicht nur eine indirekte Folge der sich rasch entwickelnden städtischen Verkehrswirtschaft, sondern ebenso bedingt durch die Krise des grundherrlichen Systems infolge der sinkenden Herreneinkommen aus den Fronhofsverbänden und der hohen sozialen Mobilisierung der ländlichen Bevölkerung. Sicher ging von den Städten ein starker innovatorischer Impuls aus, aber es muß doch eine offene Frage bleiben, ob das Zeitpachtsystem am Niederrhein eine bürgerliche Erfindung ist.

(F. Irsigler, Die Auflösung der Villikationsverfassung und der Übergang zum Zeitpachtsystem im Nahbereich niederrheinischer Städte während des 13./14. Jahrhunderts. In: Die Grundherrschaft im späten Mittelalter. Hrsg. von H. Patze. Sigmaringen 1983 S. 308ff.)

M 31 **Ulrich von Hutten über die Lage der Ritter**

Der deutsche Humanist und Publizist Ulrich von Hutten (1488–1523) trat als Angehöriger des Reichsritterstandes vor allem für ein gegenüber den Fürsten starkes, auf die Reichsritterschaft gestütztes Kaisertum ein.

Vergleiche nicht dein Leben mit dem meinen, denn es steht um uns Ritter so, daß mir die Zeit keine Ruhe gönnte, auch wenn ich ein noch so ansehnliches Erbe besäße und von den Einkünften meines Besitzes leben könnte. Man lebt auf dem Feld, im Wald und auf jenen Burgen. Die uns ernähren, sind bettelarme Bauern, denen wir unsere Äcker, Wiesen und Wälder verpachten. Der Erwerb, der daraus eingeht, ist im Verhältnis zur Arbeit, die er kostet, schmal; doch wird alle Mühe angewandt, um ihn reich und ergiebig zu machen, denn wir müssen sorgsame Hausväter sein. Sodann müssen wir uns in den Dienst eines Fürsten stellen, von dem wir Schutz erhoffen dürfen: denn andernfalls glauben alle, sie könnten sich alles gegen mich herausnehmen. Stehe ich aber im Dienste, so ist auch jene Hoffnung wiederum gepaart mit Gefahr und täglicher Furcht. Gehe ich nämlich von Haus fort, so muß ich fürchten, daß ich auf Leute stoße, mit denen der Fürst, einerlei wer er sei, Fehde oder Krieg hat, und sie mich unter diesem Vorwand anfallen und wegschleppen. Wenn es dann mein Unstern will, so geht die Hälfte meines Erbgutes darauf, mich wieder loszukaufen, und so droht gerade da ein Angriff, wo ich Schutz erhofft hatte. Daher müssen wir uns Pferde und eine Wehr bereithalten und uns mit zahlreicher Begleitschaft umgeben – alles unter schweren Kosten. Währenddem gehen wir nicht einmal in einem Umkreis von zwei Joch ohne Waffen aus. Kein Vorwerk können wir unbewaffnet besuchen; zu Jagd und Fischfang können wir nur in Eisen erscheinen.

Außerdem entstehen häufig Streitigkeiten zwischen unseren und fremden Vögten, und es vergeht kein Tag, an dem uns nicht irgendeine Reiberei hinterbracht wird, die wir möglichst vorsichtig beilegen müssen; denn sobald ich etwas eigensinniger mein Recht vertrete oder Unrecht ahnde, entsteht Krieg; wenn ich aber allzu sanftmütig nachgebe und auch noch etwas von dem Meinigen darangebe, dann bin

ich gleich dem ungerechten Sinn von aller Welt preisgegeben, denn alle wollen für sich als Lohn ihres eigenen Unrechts, was einmal einem einzigen zugestanden worden ist. Aber unter welchen Leuten geschieht dies? Nicht unter Fremden, mein Freund, nein, zwischen Nachbarn, Verwandten und Familienangehörigen, ja, sogar unter Brüdern.
Das sind unsere ländlichen Freuden, das ist unsere Muße und Stille! Die Burg selbst, mag sie auf dem Berge oder im Tal liegen, ist nicht gebaut, um schön, sondern um fest zu sein: von Wall und Graben umgeben, innen eng, da sie durch die Stallungen für Vieh und Herden versperrt wird. Daneben liegen die dunklen Kammern, angefüllt mit Geschützen, Pech, Schwefel und dem übrigen Zubehör der Waffen und Kriegswerkzeuge. Überall stinkt es nach Pulver, dazu kommen die Hunde mit ihrem Dreck, eine liebliche Angelegenheit, wie sich denken läßt, und ein feiner Duft! Reiter kommen und gehen, unter ihnen sind Räuber, Diebe und Banditen. Denn fast für alle stehen unsere Häuser offen, entweder, weil wir nicht wissen können, wer ein jeder ist, oder weil wir nicht weiter sehr danach fragen. Man hört das Blöken der Schafe, das Brüllen der Rinder, das Hundegebell, das Rufen der Arbeiter auf dem Felde, das Knarren und Rattern von Fuhrwerken und Karren; ja wahrhaftig, auch das Heulen der Wölfe wird im Hause vernehmbar, da der Wald so nahe ist.
Der ganze Tag, vom frühen Morgen an, birgt Sorge und Plage, beständige Unruhe und dauernden Betrieb. Die Äcker müssen gepflügt und gegraben werden, die Weinberge kosten Mühe, Bäume müssen gepflanzt, Wiesen bewässert werden; man muß eggen, säen, düngen, mähen und dreschen. Es kommt die Ernte und Weinlese. Wenn es dann einmal ein schlechtes Jahr gewesen ist, wie es bei jener Magerkeit häufig geschieht, so tritt furchtbare Not und Bedrängnis ein, bange Unruhe und tiefe Niedergeschlagenheit ergreift alle.
(H. Holborn, Ulrich von Hutten. Göttingen 1968, S. 22 f.)

M 32 Klagen und Reformvorstellungen aus der sogenannten „Reformatio Sigismundi"

Die 1439 entstandene Flugschrift war weit verbreitet. Ihr unbekannter Verfasser, der sich besonders für die Verbesserung der Lage des gemeinen Mannes einsetzt, führt viele Mißstände auf und gibt Besserungsvorschläge. (Siehe auch M 14.)

Vom Bauernstande.

Es ist eine unerhörte Sache, daß man in der heiligen Christenheit das große Unrecht auseinandersetzen muß, welches darin besteht, daß einer vor Gott den Mut hat auszusprechen: „Du bist mein eigen." Denken wir doch daran: unser Herrgott hat mit seinem Tod und seinen Wunden und Martern um unsertwillen freiwillig gelitten, damit er uns befreite und von allen Banden erlöste; niemand kann sich darin über den andern erheben, sondern wir sind alle im gleichen Stand der Erlösung und Befreiung, der Edle und der Unadlige, der Reiche und der Arme, der Große und der Kleine. Wer getauft ist und glaubt, der wird zu Christi Gliedern gezählt. Darum wisse jedermann: wer seinen Mitchristen als eigen anspricht, der ist kein Christ; er ist ein Feind Christi, und alle Gebote Gottes helfen ihm nichts. [...]
Auf dem Lande sind gute Äcker, Wiesen und Höfe; die sind jetzt mit Zinsen schwer überladen. Und jetzt werden auch Wiese und Weide, Holz und Feld, das der Bauer mit seinem Vieh benutzen kann, mit dem Eigenbesitz verzinst. Dann erhöht man noch die Abgaben: man entzieht den Bauern die Waldungen; man schätzt sie ab und nimmt ihnen ohne Erbarmen die Weide weg. Man beraubt sie frech und lebt doch von ihrer Arbeit; denn ohne sie kann niemand bestehen. Die Tiere im Walde, die Vögel in der Luft leben vom Bauer. Man soll wissen, daß man ihnen weder Holz noch Feld entziehen darf, es sei denn, sie verzichten freiwillig darauf. Nur der Hochwald auf der Ebene und in den Gebirgen soll den Herren gehören, da sie hier für das Geleit sorgen, damit niemand zu Schaden komme. Aber jetzt erhöhen sie auch die Kosten für das Geleit wie für die Benutzung der Straßen und nehmen, was sie kriegen können. Diesen Mißbrauch soll man abschaffen; denn es ist wider Gott und Recht.
Ebenso nimmt man den Bauern auch die freie Nutzung der Gewässer, die ihren Lauf haben müssen, die allen Landen dienen; so hat es Gott geordnet, und niemand kann das ändern. Die schiffbaren Gewässer sollen nun frei sein; nur wo Brücken sind, soll Zoll erhoben werden. Die kleinen Bäche aber sollen ganz frei sein. Es ist leider dahin gekommen: wenn die Herren das ganze Erdreich zwingen könnten, sie täten es. Wir sehen ja: Gottes Ordnung wird nicht innegehalten. Es sollten schier unvernünftige Tiere über uns jammern und wehklagen! Fromme getreue Christen, lasset euch nach aller Vermahnung, die hiervor steht, alles große Unrecht zu Herzen gehen; es ist wahrlich an der Zeit, sonst wird es Gott furchtbar rächen! [...]

Wie man den Fürkauf verhindern soll

[Aufkauf zum Zweck der Spekulation].
Man soll auch wissen, daß es für die gemeine Christenheit notwendig ist, den gesamten Verkauf zu regeln, es sei Wein, Korn, Fleisch, Schmalz und allerlei Gemüse, das man genießen muß. Wenn in einem Lande diese Nahrungsmittel geraten, in einem anderen aber nicht, so finden sich viele, die darauf achten und fürkaufen, wie es ihnen paßt; nachher schlagen sie ungewöhnlich hohen Gewinn auf und bedrücken damit die Armen. Die Folge davon ist, daß oft nichts wächst, daß der Hagel kommt, dazu schlagende Ungewitter, Wassergüsse, was die Elemente in ihrer Gewalt haben. Die Elemente traten

wegen unserer Sünde, die wir vergessen haben, in den Dienst der Gerechtigkeit Gottes, indem sie bald Mißwachs, bald Hagel, bald Sturm schicken; wenn dann die Frucht Wärme haben soll, so hat sie kaltes Wetter; das geben die vier Elemente zu einem gerechten Gericht und zur Strafe. Wenn nun solch Unglück geschieht, erschrecken wir und heißen die Glocken läuten. Das ist gut zur Warnung. Wenn wir aber unsere Vernunft warnten und die Schwere unserer Sünden und ihre schädlichen Folgen bekennten, so wäre das das beste Geläut. [...] Wenn einer nun beim Handel seinen Nächsten mit sehenden Augen und voller Absicht zu viel Geld abnimmt, so bricht er Gottes Gebot und begeht eine Todsünde. [...]

Um für dies alles zu sorgen, soll man in jeder Stadt einen weisen, frommen Mann von jedem Handwerk wählen und sie alle bei Gott und den Heiligen schwören lassen; sie sollen dann nach der Früchte Jahrgang [dem Ertrag der Jahresernte] den Preis von Korn, Wein und allen anderen Lebensmitteln überschlagen, damit Bauer und Rebmann bei ihrer Arbeit bestehen können und damit jeder Handwerksmann mit seinem Lohn auskommt; auch sollen sie dem Schneider seinen Lohn festsetzen wie jedem andern Handwerker; ebenso muß dem Taglöhner sein Sommerlohn von St. Georg bis zu unserem Frauentag im Herbst [23. 4. bis 8. 9.] und auch der Winterlohn bestimmt werden. [...]

(W. Auener, Vom Zeitalter der Hohenstaufen bis zum Ende des 15. Jahrhunderts. Leipzig 1928, S. 26 und 31 f.)

Anregungen

1 *Untersuchen Sie den Bericht Boccaccios über die Pest von 1348! (M 25) Welche Auswirkungen beschreibt er? Welche Reaktionen der Menschen und welcher Verhaltenswandel lassen sich feststellen? (M 26) Wie verbreitete sich die Pest? (Abb. 14 in 4.4.1) Diskutieren Sie die Frage, welche Auswirkungen die Pest auf die Wirtschaft und das Sozialgefüge des Mittelalters hatte! (M 27 u. 4.4.2)*

2 *Analysieren Sie die Statistik zu den Preis- und Lohnbewegungen in Mitteleuropa im Spätmittelalter! (M 28) Welche Bedeutung besaß der Getreidepreis? Diskutieren Sie die Frage, ob es zu einer Verbesserung oder Verschlechterung der Lebenssituation der Menschen im Spätmittelalter kam! Berücksichtigen Sie dabei auch M 29 und Abb. 13, bei 4.4.1!*

3 *Untersuchen Sie die spätmittelalterlichen Wüstungen in Deutschland! (Abb. 15, 16) Welche Ursachen lassen sich erkennen? Welche Auswirkungen hatten die Wüstungen für die wirtschaftliche Entwicklung im Spätmittelalter? Welche Ursachen für die Auflösung der Villikation lassen sich erkennen? (M 30) Vergleichen Sie die spätmittelalterliche Abwanderung vom Land mit der Landflucht des 19. und 20. Jahrhunderts!*

4 *Untersuchen Sie den Bericht Ulrich von Huttens! (M 31) Worin sieht er die besonderen Schwierigkeiten und Zwänge der Ritter? Diskutieren Sie die Frage, welche Tätigkeiten und Möglichkeiten dieser Schicht im Spätmittelalter verblieben! Kann man hier von einer „Krise des Feudalismus" sprechen? (Siehe dazu 4.3.2 und 4.4.2 u. M 30!)*

5 *Wie stellt der unbekannte Verfasser der „Reformatio Sigismundi" die Lage der Bauern dar? (M 32) Welche Gedanken der Reformation klingen hier bereits an? Wie beurteilt er die Situation des Handels in den Städten? Welche Maßnahmen schlägt er vor? Versuchen Sie, die Realisierungsmöglichkeiten der Vorschläge abzuschätzen!*

6 *Versuchen Sie, die unterschiedlichen Entwicklungen in den einzelnen Wirtschaftsbereichen zusammenzustellen und ihre Auswirkungen auf die einzelnen Bevölkerungsschichten zu erfassen! Diskutieren Sie die Frage, ob man das Spätmittelalter als „Krisenzeit" bezeichnen kann!*

7 *Erörtern Sie, welche Erkenntnismöglichkeiten die Beschäftigung mit der Geschichte des Mittelalters beinhaltet! Wo sehen Sie Ähnlichkeiten, wo Unterschiede zu heute?*

5. Die Auflösung der mittelalterlichen Welt

5.0 Einleitung

Zwischen 1350 und 1600 veränderte sich der Prozeß der europäischen Zivilisation. Teils langsam und unmerklich, teils in plötzlichen Umbrüchen vollzog sich ein Wandel, der Kirche und Staat, Wirtschaft und Gesellschaft, Kultur und Kunst ergriff und wichtige Grundlagen der Moderne schuf. Die Geschichtswissenschaft hat für diese Epoche tiefgreifender Veränderungen noch keinen allseits akzeptierten Begriff gefunden: Bezeichnungen wie „Zeitalter der Renaissance", „Zeitalter der Reformation" oder „Zeitalter der Entdeckungen" treffen jeweils nur Teilaspekte eines umfassenden Wandels, dessen Eigenart sich am besten im Vergleich mit der Gegenwart erschließt.

Diese Epoche scheint unserer Gegenwart in vielem zu gleichen: Sie wurde erschüttert von zahlreichen Krisen, denen ein vielfältiger Ruf nach Reformen folgte. Die Zunahme des Verkehrs und die Erfindung des Buchdrucks schufen die Grundlage für eine europaweite Diskussion und Kommunikation von bislang unbekannter Schnelligkeit und Intensität. Allenthalben wuchs die Bereitschaft, überkommene Traditionen, Überzeugungen und Institutionen in Frage zu stellen und sie im Wege rationaler Planung zu verbessern oder gar zu ersetzen. Staat, Handel und Gewerbe wurden von einer neuartigen Dynamik ergriffen mit dem ersichtlichen Willen, Monopole politischer oder wirtschaftlicher Macht zu begründen. Paradoxe Grundstimmungen breiteten sich aus oder lösten einander ab: Die Zuversicht in die Vernunft, das Bedürfnis nach Individualität und diesseitigem Lebensgenuß stand neben dem Rückfall in Aberglauben, neben der Furcht vor ungeheuren Katastrophen, ja neben dem Gefühl, daß das Ende der Zeit gekommen sei und die Menschheit keine Zukunft mehr habe. Gleichzeitig weitete sich der Erfahrungsraum der Menschen in bislang unbekannter Geschwindigkeit und Dichte aus: Forschungsreisen und wissenschaftliche Entdeckungen veränderten das Weltbild. Eine immer exaktere Forschung schuf Grundlagen und Hilfsmittel für eine immer bessere Daseinsbewältigung.

Ebenso auffällig und unübersehbar sind jedoch auch die Unterschiede dieser Epoche zur Gegenwart. Die meisten Menschen lebten noch auf dem Lande und von den Erträgen ihrer Ernte. Der Ernährungsspielraum war begrenzt, das Leben ungleich stärker als heute durch Hunger, Krankheit und Seuchen gefährdet. Die Menschen waren eingebunden in die Hierarchie korporativer und ständischer Ordnungen. Ihr Erfahrungsbereich beschränkte sich zumeist auf die Orte und Landschaften ihrer Geburt. Ihr Leben gliederte sich durch den Rhythmus von Arbeit und Brauchtum, war geprägt vom Herkommen, von der alles durchdringenden Frömmigkeit und wurde letztlich getragen vom Glauben an die Gottgewolltheit von Schicksal und Ordnung. Damit gehört diese Epoche dem Mittelalter und der Neuzeit zugleich an; oder besser: in ihr bahnt sich auf mittelalterlichem Hintergrund in vielfältigen, sich fördernden oder sich hemmenden, teils von wenigen, teils von vielen getragenen Prozessen die Neuzeit an.

Die Bedeutung dieser Epoche erschließt sich aus ihrem Ergebnis. Denn in der Vielzahl von unterschiedlichen Prozessen, die im folgenden darzustellen sind, hat die europäische Zivilisation ihren Sonderweg begonnen, der letztlich zur „Europäisierung" der Erde geführt hat: In erstaunlicher Einheit entwickelten sich im menschlichen Selbstverständnis, in Kunst, Wissenschaft und Technik, in Wirtschafts- und Staatsordnung jene Elemente, die heute selbstverständliche Grundlagen einer gemeinsamen Weltkultur geworden sind, während gleichzeitig die europäische Expansion über die Erde begann, durch die immer mehr Völker damit Kontakt gewannen.

Im folgenden Kapitel werden deshalb keine langdauernden, strukturellen Entwicklungen, sondern eine Vielzahl unterschiedlicher und relativ kurzfristiger Verläufe zur Sprache kommen. Die Eigenart der Epoche verlangt – je nach den Schwerpunkten ihrer Entwicklung – einen raschen Wechsel der Perspektiven. Die Darstellung springt deshalb zwischen einzelnen Ländern, Europa im Ganzen und Übersee hin und her, stellt bald Ideen und Programme, bald Persönlichkeiten und Abläufe in den Mittelpunkt.

5.1 Die Renaissance: Merkmale und Ziele

Im Verlauf des 14. Jahrhunderts setzte in Italien ein geistiger und kultureller Prozeß ein, der allmählich ganz Europa ergriff und die kulturelle Führungsrolle Italiens bis ins 18. Jahrhundert begründete. Gemeint ist die Renaissance, die die Antike zur Norm aller Lebensbereiche erhob und einen neuen, am Altertum orientierten Stil in Kunst, Literatur und Wissenschaft hervorbrachte. Sie setzte sich in teils offener, teils verhaltener Kritik von mittelalterlichen Traditionen ab und leitete damit die Neuzeit ein. Charakteristisch für diesen Wandel ist ein **neuartiges Geschichtsbild.** Während das Mittelalter in der Menschwerdung Christi das Ziel der Geschichte, die „Fülle der Zeit" gesehen und die jeweilige Gegenwart nur als „Zwischenzeit" bis zur Wiederkunft Christi empfunden hatte, sah die Renaissance in Antike und Gegenwart zwei lichte Gipfel der Menschheitsentwicklung, zwischen denen ein dunkles Tal, das „Mittelalter", lag. Dessen Kunst und Kultur erschienen im Vergleich zur Antike als barbarisch, als „gotisch", denn die kulturlosen Goten hatten einst (zusammen mit anderen Völkern) während der Völkerwanderung das antike Römerreich zerstört und dessen Kultur vernichtet.
Ein weiteres Merkmal der Renaissance ist die Vorstellung, daß man nicht nur an **antike Kultur** anknüpfen, sondern sie auch schöpferisch fortentwickeln könne. Sollte dies gelingen, sollte Weisheit und Vernunft, Kunst und Wissenschaft der Antike immer mehr Menschen ergreifen, dann würde sich die menschliche Gesellschaft insgesamt verbessern, würde das Leben für alle bequemer, schöner und gerechter werden, würde ein **„goldenes Zeitalter"** anbrechen.
Der Erfolg dieses utopischen Zieles hing entscheidend von einer scheinbaren Nebensächlichkeit ab: Es mußte engagierten Vertretern der Renaissance vor allem darauf ankommen, die Kenntnis der **antiken Kultursprachen** – des Latein und Griechischen – bei immer mehr Menschen zu verbreiten, damit diese an den Schätzen antiker Lebensart, Weisheit, Kunst und Wissenschaft Anteil gewännen. Die erwünschten Reformen in Gesellschaft, Staat, Kirche usw. würden sich dann von selbst ergeben. Reform – verstanden als Rückkehr zur Antike und Aufbruch zu neuen Ufern – war für die Renaissance also vor allem ein Bildungsproblem. In diesem Optimismus, daß der Mensch aus eigenen Kräften in der Lage sei, das Leben in dieser Welt grundlegend und dauerhaft zu verbessern, liegt ein weiterer Unterschied zum Mittelalter: Dieses hatte ein wesentlich pessimistischeres Urteil über den Menschen und konnte sich eine grundlegende Verbesserung der Welt nur von Gott als dessen verheißene Tat am Ende der Zeiten erhoffen.
Freilich muß vor einem Mißverständnis gewarnt werden: Auch für die Renaissancemenschen war – von wenigen Ausnahmen abgesehen – die christliche Religion noch die grundlegende und selbstverständliche Richtschnur für Leben und Denken. Hervorragende Vertreter der neuen Bewegung hatten einen Gutteil ihrer intellektuellen Energie darauf verwendet, die grundsätzliche Harmonie von Antike und Christentum aufzuweisen. Gleichwohl aber verschoben sich die Akzente: Das Diesseits, die Gegenwart, die Welt mit ihrem Reichtum an Erscheinungen, Individualitäten und Chancen wurde zunehmend wichtiger, ohne daß dadurch der grundsätzliche Rahmen der christlichen Glaubensüberzeugung gesprengt worden wäre.

Abb. 1 Raffael (1483–1520), Die Schule von Athen (1509–1510)
Teil der Freskenbemalung des Vatikanpalastes.

Bereits die Zeitgenossen hatten diesen Wandel vom Mittelalter zur Renaissance lebhaft empfunden und ihn häufig mit dem bildhaften Gegensatz von Licht und Dunkel beschrieben: So, wenn **Boccaccio** (1313–1375) im „Decamerone" (um 1350) den Florentiner Maler **Giotto** (1266–1337) als denjenigen preist, der die Kunst wieder ans Licht geholt habe, die viele Jahrhunderte im Dunkeln gelegen sei. 1550 taucht bei dem Florentiner Maler und Kunsthistoriker **Vasari** (1511–1574) erstmals der Epochenbegriff „Wiedergeburt der Künste" **(rinascita dell'arte)** auf, mit der er die Zeitspanne zwischen Giotto und seiner Gegenwart als einen sich stetig zu immer höherer Vollkommenheit steigernden Prozeß beschrieb. Zuvor hatte Erasmus von Rotterdam (1466–1536) vom „Wiedererwachen der guten Wissenschaften" gesprochen, hatten französische Quellen den Ausdruck „renaissance des belles lettres" verwendet.
Zum kunst- und kulturgeschichtlichen Periodenbegriff für die Zeit zwischen dem 14. und 16. Jahrhundert wurde der Begriff „Renaissance" allerdings erst im 19. Jahrhundert, insbesondere durch das epochemachende Werk des Basler Historikers Jacob Burckhardt „Die Cultur der Renaissance in Italien" (erstmals 1860 erschienen).
Eng mit dem Begriff „Renaissance" hängt der des **„Humanismus"** zusammen. Auch er wurde als Epochenbegriff erst im 19. Jahrhundert geprägt und in der Folge – losgelöst von der frühen Neuzeit – auch auf ähnliche Erscheinungen in anderen Perioden und Kulturen übertragen (z. B. *„Humanismus der Spätantike"*, *„Humanismus des Islam"*, *„Der Humanismus Goethes"*).

Seine Wurzeln reichen aber (ebenso wie beim Begriff *„Renaissance"*) in die Zeit selbst hinein. Unter „studia humanitatis" verstand man im Italien des 14. und 15. Jahrhunderts die Dichtung, die Philosophie und andere Wissenschaften antiker Herkunft, die „den Menschen vervollkommnen und schmücken" (**Bruni Aretino,** 1369–1444). Wer sich nachhaltig oder professionell solchen Studien widmete, wer antike Handschriften sammelte, bearbeitete und verbreitete, wer insbesondere literarische, philosophische, historische Werke nach antikem Vorbild schuf, galt ab dem 15. Jahrhundert als „Humanist" *(humanista)*.
Kennzeichnend für die Humanisten – besonders außerhalb Italiens – war, daß sie untereinander engen Kontakt hielten – schon um gegenseitig Handschriften, Meinungen und Neuigkeiten auszutauschen, daß sie sich im Interesse der gemeinsamen Sache gegenseitig nach Kräften förderten – was der Karriere einzelner in Wissenschaft, Staat oder Kirche zugute kam –, und daß sie sich schließlich gegen einen Angriff auf ein einzelnes Mitglied gemeinsam zur Wehr setzten. Diesem Umstand verdankte beispielsweise Luther die anfängliche Solidarität vieler deutscher Humanisten, weil sie ihn irrtümlich als einen der ihrigen betrachteten.

5.1.1 Petrarca und die Anfänge der Renaissance

Die erste bedeutende Persönlichkeit der neuen Geistesbewegung war der Florentiner Francesco **Petrarca**, der 1304 im toskanischen Arezzo geboren wurde und 1374 auf seinem Landgut Arquà bei Padua starb. Seine Jugend verbrachte er mit seinen Eltern am päpstlichen Hof in Avignon, in seinen reiferen Jahren führten ihn ausgedehnte Reisen – oft in hochdiplomatischer Mission – quer durch ganz Europa. Am liebsten weilte er aber in der ländlichen Abgeschiedenheit seiner Güter Vaucluse und Arquà, wo er als Dichter und Gelehrter Grundlagen der kommenden Jahrhunderte schuf.
Seine Leidenschaft erschöpfte sich nicht in der Suche nach verschollenen antiken Handschriften – gleichwohl war seine Bibliothek berühmt – und auch nicht in vollkommener Nachahmung des klassischen lateinischen Stils – die von ihm herausgegebenen Briefsammlungen galten für die kommenden Jahrhunderte als beispielgebende Muster eleganter Latinität. Sie galt vor allem den Inhalten der klassischen Literatur: den antiken Wissenschaften. Er wurde nicht müde, die Beschäftigung mit ihnen zu empfehlen, nicht als Selbstzweck, sondern als Mittel, um den Menschen zu verbessern, ihm die Liebe zur Tugend zu vermitteln.
Von Petrarca ging eine starke Wirkung aus: Seine volkssprachig-italienische Dichtung, besonders der „Canzoniere", erreichte nicht nur die Oberschichten, sondern drang tief in das Volk hinein und gab der italienischen Lyrik für Jahrhunderte Form und Vorbild. Seine lateinischen Werke, besonders die Briefsammlungen, regten die „studia humanitatis" bei den gebildeten Laien an; seit dem 15. Jahrhundert vermochte sich kaum ein gebildeter Italiener dem Einfluß und Beispiel Petrarcas zu entziehen (s. M 1–4).

5.1.2 Die Entfaltung der Renaissance in Florenz

Der Stadtstaat von Florenz war im Verlauf des 14. Jahrhunderts durch den unternehmerischen Elan seiner Fernhändler und Bankiers sowie durch den Aufbau eines exportorientierten Großgewerbes (besonders zur Tuchproduktion) zu einem Wirtschaftszentrum von europäischem Rang aufgestiegen. Der Reichtum seiner Oberschicht war eine wichtige Voraussetzung dafür, daß sich in Florenz früher und glänzender als sonstwo in Italien die Kultur der Renaissance entfaltete.

Aber so wichtig die materiellen Voraussetzungen auch immer waren, sie erklären nicht, warum gerade in Florenz und nicht in einer anderen, ebenso wohlhabenden Stadt Italiens die kapitalstarke Oberschicht an der Renaissance als Förderer, Auftraggeber und Mitwirkende so begeisterten Anteil nahm.

Wichtiger als sein Reichtum war für den kulturellen Aufstieg von Florenz der Umstand, daß von 1375 an Coluccio **Salutati** (1331–1406) – ein Schüler Petrarcas – als Kanzler der Stadtverwaltung vorstand. Nach seinem Tode (1406) folgte ihm sein Freund und Schüler Leonardo **Bruni Aretino** († 1444) im Amt. Beiden gemeinsam war das Anliegen, die **Freiheit der Bürger** und die **Freiheit des Staates** nach außen (besonders gegenüber dem Ausdehnungsdrang des Mailänder Herzogs) zu sichern und bürgerliches Selbstbewußtsein aus den Quellen antiker Bildung für sich und ihre Mitbürger zu schöpfen. Dies verwies sie besonders auf das republikanische Rom, auf dessen politische Tugenden wie Pflichtbewußtsein, Gerechtigkeit, Freiheit usw., auf ein Bürgerideal also, in dem sich die Fürsorge für Haus und Familie mit der wachen Verantwortung für Staat und Vaterland verbindet.

Als unübertroffenes Vorbild dieses Ideals erschien ihnen der römische Staatsmann und Philosoph **Cicero**, seine moralischen und staatstheoretischen Schriften waren ihre Lieblingslektüre. Wie bereits Petrarca bewunderten sie die beispielhafte Eleganz seiner Sprache, die ihnen nicht nur aus stilistischen Gründen nachahmenswert erschien. Wie die antiken Rhetoren waren sie davon überzeugt, daß schöne Sprache und treffsichere Argumentation in einem republikanischen Staat unentbehrliche Hilfsmittel seien, um Meinungsunterschiede zu klären und der besseren Sache zum Sieg zu verhelfen. Und folgerichtig war ihnen die gediegene rhetorische Schulung anhand antiker Quellen ein wichtiges Bildungsanliegen – besonders bei der **Erziehung der Jugend.**

Daß in einer Republik noch etwas anderes wichtig war, lehrte der begeisterte Handschriftensammler und zynische Kritiker Poggio **Bracciolini** (1380–1459), der von 1453 bis zu seinem Tode Kanzler war. In seinem Werk „Über die Habsucht“ *(De Avaritia)* betonte er – in Kontrast zur mittelalterlichen Wertordnung – die Rolle des Reichtums für die Freiheit des einzelnen und für die Macht des Staates. Die zum Reichtum führende Arbeit sei deshalb gut, ebenso der Eigennutz, der den Drang nach Reichtum beflügle. Poggio Bracciolini gab damit dem Erwerbsstreben der Oberschicht eine vernunftmäßige Rechtfertigung. Von ihm führt eine direkte Linie zu Willibald Pirckheimer, der erstmals die „liberale“ These vertreten hatte, daß die Summierung der Einzelegoismen das Allgemeinwohl fördere.

Das Engagement seiner Kanzler traf in der Oberschicht von Florenz auf einen durch Petrarca wohlvorbereiteten Boden. Eine rege Sammlertätigkeit nach antiken Handschriften setzte ein (s. M 5), gelehrte Gesprächs- und Arbeitskreise bildeten sich, Bücher wurden geschrieben und diskutiert, Kontroversen lebhaft ausgetragen. Das geistige Leben der Stadt am Arno – die bislang beileibe kein Bildungszentrum wie etwa Paris oder Bologna gewesen war – geriet in ungeahnte Bewegung. Mit das Bedeutsamste an dieser Entwicklung war, daß nunmehr das mittelalterliche (aber freilich nicht immer unbestrittene) Bildungsmonopol der Geistlichkeit endgültig gebrochen wurde, daß eine **„Laienkultur“** auf hohem Niveau entstand, höhere und möglichst umfassende Bildung zum Lebensideal einer – im Verlauf der Neuzeit – immer breiteren Bürgerschicht wurde (s. M 6 und M 7).

Das humanistische Bemühen um das antike Erbe gipfelte gegen Mitte des 15. Jahrhunderts im Ideal des **Universalmenschen** *(uomo universale)*, der durch seine klassische Bildung für Hauswesen, Staat und die verschiedensten Künste gleichermaßen befähigt ist und durch diese umfassende Tüchtigkeit *(virtù)* den Lebenskampf mit Zufall und Schicksal *(fortuna)* nicht zu scheuen braucht. Der erste bedeutende Vertreter dieses neuen Menschenideals war Leon Battista **Alberti** (1404–1472), der als Diplomat weit gereist war, in hohen Ämtern der römischen Kurie gedient hatte, daneben ein berühmter Architekt war, sich als Kunsttheoretiker für Jahrhunderte einen

Namen machte, lateinische Gedichte schrieb, sowie philosophische Schriften von hohem Rang verfaßte. Sein Wahlspruch war: „In nichts mißfalle ich mir!“ Von Alberti führt die Linie zu weiteren „genialen Alleskönnern“, an denen die Renaissance so reich war, so vor allem zu Leonardo da **Vinci** (1452–1519) und **Michelangelo** (1475–1564). Baldassare **Castiglione** (1478–1529) hat in seinem Erziehungsbuch **„Cortegiano“** („Der höfische Mensch“) dem Ideal des *„Uomo universale“* zu weltweiter Anerkennung verholfen: Es wirkte weiter im französischen *„Gentilhomme“*, im englischen *„Gentleman“* oder im deutschen *„Kavalier“* und formte Bildung, Geschmack und Lebensart vieler kommenden Generationen in Europa (s. 6.3).
In der zweiten Hälfte des 15. Jahrhunderts gewann in Florenz die **griechische Antike** an Einfluß. Das ökumenische Konzil von Florenz (1438) hatte sich das ehrgeizige Ziel gesteckt, die 1054 verlorene Einheit zwischen der lateinischen und griechischen Kirche wiederherzustellen (woran der byzantinische Kaiser wegen seiner wachsenden Bedrängnis durch die Türken interessiert war). Im Gefolge griechischer Kirchenfürsten kamen damals bedeutende byzantinische Gelehrte nach Florenz, so beispielsweise die Platon-Kenner Gemistos **Plethon** († 1450) und Basilios **Bessarion** († 1472).
In Vorlesungen und Gesprächskreisen vertraten sie die These, daß der strenge, auf Aristoteles gründende Rationalismus des Westens ein Irrweg sei, da er zwar zu immer mehr Wissen, aber zu immer weniger Verstehen geführt habe. Demgegenüber verwiesen sie auf **Platon** und seine antike Schule, die eine tiefere Einsicht in das Wesen des Menschen und seine Stellung zu Gott und Mensch eröffne. Sie stießen auf Kritik und begeisterte Zustimmung; der antike Streit zwischen den Anhängern Platons und Aristoteles' flammte in der Arno-Stadt erneut auf. Gleichgültig aber, auf wessen Seite man auch stehen mochte, die genauere Kenntnis des Griechischen – der Muttersprache beider Philosophen – wurde von jetzt an für jeden Gebildeten unerläßlich. Im Gefolge dieser Kontroverse entstand ein wachsendes Bedürfnis nach griechischen Texten: Unersetzliche griechische Handschriften fanden so den Weg nach Westen, bevor sie durch die türkische Eroberung von Byzanz (1453) wahrscheinlich für immer verloren gewesen wären.
Zu den frühen Anhängern des Gemistos Plethon zählte der erfolgreichste Florentinische Kaufmann und Bankier Cosimo de'**Medici**, der seit 1434 auch zum eigentlichen Stadtherrn aufgestiegen war. Er blieb zwar rechtlich gesehen ein einfacher Bürger, der die Formen der republikanischen Stadtverfassung äußerlich wahrte; aber durch abhängige Amtsträger lenkte er faktisch die Innen- und Außenpolitik der Stadt: Die Oberschicht war von ihm wirtschaftlich weitgehend abhängig und konnte es sich nicht leisten, seine Gunst zu verscherzen; die unteren Schichten schätzten ihn wegen seiner Großzügigkeit; als hochgebildeter Humanist stand er mit den Gelehrten der Stadt in vertrautem Umgang. 1459 erneuerte er in Florenz die **Platonische Akademie**, die 529 n. Chr. vom christlichen Kaiser Justinian in Athen geschlossen worden war. Zu ihrem Leiter bestimmte er den Arzt und Platon-Kenner Marsilio **Ficino** (1433–1499).
Ficino verfaßte bedeutende Kommentare zu den wichtigsten Schriften Platons und versuchte in seinem Hauptwerk („Über die Platonische Theologie“) Christentum und Platonismus zu einer Art Universalreligion zu verschmelzen. Er vertritt hierin die Lehre, daß der Mensch die Mitte des Kosmos sei, da nur er an Materie und Geist, an Ewigem und Vergänglichem, an Licht und Finsternis gleichermaßen Anteil habe. Um die Menschen aus dieser letztlich unentschiedenen Lage im Schnittpunkt von Gegensätzen zu befreien, habe Gott sich den Menschen im Laufe der Geschichte immer wieder offenbart – so etwa in der altägyptischen oder persischen Religion, durch Platon oder Christus –, damit sie sich in Freiheit und Liebe für seine lichte Nähe entscheiden könnten.
Diese Gedanken, die sein Schüler Pico della **Mirandola** (1463–1494) vertiefen sollte, sprachen die Menschen der Renaissance vielfältig an – eben weil sie den Menschen in den Mittelpunkt der Welt stellten und antike mit christlicher Weisheit harmonisch verbanden (s. M 8). Sie führten

nicht nur zu einer vertieften Auseinandersetzung mit Platon (die bis ins 17. Jahrhundert anhielt), sondern bestimmten auch letztlich den auf den Menschen bezogenen (anthropozentrischen) Denkansatz der neuzeitlichen Philosophie.
Während der zweiten Hälfte des Jahrhunderts nahm die Führungsrolle von Florenz für Humanismus und Renaissance allmählich ab: Die Stadtherrschaft der Medici, die unter dem Sohn Cosimos, **Lorenzo il Magnifico** († 1492), immer unverhüllter hervortrat und mit den republikanischen Formen auch den republikanischen Geist aushöhlte, der Einmarsch der Franzosen (1494) und schließlich die Neuorientierung des europäischen Handels nach der Entdeckung der atlantischen Seewege, markieren Stufen ihres allmählichen Abstieges. Zwar wurde die Republik nach dem Sturz der Medici (1494) mit Unterbrechungen wieder hergestellt, aber Florenz hatte jeden politischen Spielraum zwischen den um Italien ringenden Franzosen und Habsburgern verloren. Gestützt auf den Kaiser Karl V. kehrten die Medici 1531 endgültig nach Florenz zurück und wurden 1532 mit dem erblichen Titel „Herzöge der Toscana" ausgezeichnet.
In diesen bewegten Jahren innerer und äußerer politischer Auseinandersetzungen brachte Florenz noch einmal zwei Denker von Weltrang hervor, die sich tiefgründig und unkonventionell mit dem Wesen der Politik befaßten, deren Auswirkungen sie handgreiflich als eigenes Schicksal erlebt hatten. Niccolò **Machiavelli** (1469–1527), ein hochgebildeter Humanist, war seit 1498 Sekretär der Staatskanzlei gewesen. 1512 verlor er politischer Auseinandersetzungen wegen diesen untergeordneten Posten und wurde auf ein kleines Landgut in der Toscana verbannt. Dort verfaßte er 1513 sein Hauptwerk „Der Fürst" *(Il Principe)*. Das Buch beschreibt, von einer Analyse des Menschen ausgehend, die Eigendynamik der Politik und gibt dem erfolgsuchenden Herrscher eine Reihe detaillierter Handlungsanweisungen. Sein eigentliches Ziel enthüllt erst das letzte Kapitel: Dieser Herrscher soll Italien von der Herrschaft der Barbaren, von den rivalisierenden Franzosen und Habsburgern befreien (s. M 9).
Hatte Machiavelli auf die Frage, wie Italien befreit werden könne, die Eigendynamik der Politik entdeckt, was in den kommenden Jahrhunderten eine gewaltige Wirkung zeigte – und ihm den Ruhm eintrug, „Begründer der wissenschaftlichen Politik" zu sein –, so interessierte sich der jüngere Francesco **Guiccardini** (1483–1540) in seiner „Geschichte Italiens" (nach 1537) für die Grundprinzipien der Außenpolitik. Auf die Frage, warum das blühende und kulturell führende Italien so plötzlich das Opfer ausländischer Invasoren hatte werden können, entdeckte er die Gesamtheit der europäischen Politik als Bedingung für das Schicksal seiner Heimat. Der Kampf um europäische Vorherrschaft zwischen Franzosen und Habsburgern hatte notwendigerweise auch auf Italien übergegriffen, da sein Besitz das entscheidende Gewicht für das Erringen der europäischen Hegemonie darstellte. Kampf um Hegemonie und dessen Überwindung durch Herstellen eines Gleichgewichtes waren also für Guiccardini die wichtigsten Elemente der Außenpolitik. Wer sie richtig handhabte, beherrschte die Bedingungen für Krieg und Frieden.

5.1.3 Die Renaissance in der Kunst

Man darf den Umstand, daß während des 15. Jahrhunderts geistig führende Kreise von Florenz so begeistert neue Wege einschlugen, nicht vorschnell verallgemeinern. Aus der florentinischen Alltagsgeschichte sind genügend Klagen betulicher Väter überliefert, die sich ihre Söhne lieber als tüchtige Unternehmer denn als Bücherwürmer wünschten.
Trotzdem aber hatte die neue Geistigkeit in der ganzen Stadt – vielleicht für viele noch unbemerkt – tiefe Wurzeln geschlagen. Dies zeigt das Beispiel der Kunst. Denn ab 1400 vergaben Familien der Oberschicht immer häufiger immer kostspieligere Aufträge an namhafte Künstler

(Bau und Ausgestaltung von Palazzi und Villen, Ausgestaltung von Kapellen und Kirchen, Stiftung von Altären, Bildern usw.). Sie folgten damit zweifellos ihrem standesgemäßen **Repräsentationsbedürfnis**, zeigten aber – schon in der Wahl der Künstler – daß sie an den zukunftsweisenden Tendenzen lebhaften Anteil nahmen.

Große öffentliche Bauvorhaben wurden traditionell von den einzelnen Zünften getragen. So etwa oblag die Erhaltung und Ausgestaltung der Taufkirche (Baptisterium) der Fernhändlerzunft. Für den Dom war die Tuchmacherzunft zuständig. Da die Zunftämter (ebenso wie die staatlichen Ämter) durch Wahl nur für kurze Zeit vergeben wurden, gewannen verhältnismäßig viele Bürger Einfluß auf die Kulturpolitik – ein Umstand, der etwa die häufigen Verzögerungen oder Konzeptionsänderungen bei öffentlichen Bauten erklärt. Andererseits wurden dadurch zwangsläufig immer mehr Bürger veranlaßt, sich mit künstlerischen Fragen zu beschäftigen und ihr Urteil durch Rat und Diskussion abzuklären.

Vor größeren Projekten pflegte man seit dem 14. Jahrhundert durch Wettbewerbe die Entwürfe interessierter Künstler einzuholen. So schrieb 1402 die Fernhändlerzunft einen Wettbewerb zur Gestaltung der nördlichen Bronzetür des Baptisteriums aus. Neuartig war das unerwartete Interesse, das die Öffentlichkeit an diesem Vorgang nahm. Unter dem Jubel von ganz Florenz gewann der junge Lorenzo **Ghiberti** (1378–1455) mit einem Entwurf, der die Bronzetür in 28 Felder einteilte und darin überwiegend Begebenheiten aus dem Neuen Testament darstellte, und zwar in erstaunlich charakteristischer Raffung und mit sparsamer Andeutung eines Architektur- oder Naturhintergrundes. Die Anfertigung dauerte 21 Jahre, brachte neue Einsichten in seit der Antike vergessene Geheimnisse des Bronzegusses und begeisterte die Auftraggeber so, daß sie ihm spontan auch den Auftrag für die letzte Bronzetür des Baptisteriums erteilten. Ghiberti hat hier – völlig anders als in seinem ersten Werk – in 10 Feldern Szenen aus dem Alten Testament in ungeheurer Bewegung, mit detailliert ausgestaltetem Hintergrund und mit exakter Perspektive dargestellt. Für die ganze Renaissance galt sie als unübertroffenes Kunstwerk, das Plastik und Malerei gleichermaßen beflügelte. Die Bronzetüren Ghibertis markieren den Beginn der Renaissance in der Kunst und sind zugleich das älteste Indiz dafür, daß die Bürgerschaft von Florenz die Abkehr von mittelalterlichen Kunsttraditionen engagiert mitgetragen hat (s. Abb. 2).

1368 hatte sich die Wollmacherzunft dafür entschieden, den vor längerem begonnenen Neubau des Domes als Kreuzbasilika zu gestalten. Zu Beginn des 15. Jahrhunderts waren die Arbeiten bis auf die riesige, 41 Meter umfassende Kuppel vollendet, die die Vierung krönen sollte. Freilich: niemand wußte, wie dies zu machen sei, denn seit der Römerzeit waren derart gewaltige Flächen nicht mehr überkuppelt worden. Filippo **Brunelleschi** (1377–1446), als Sieger eines Wettbewerbs mit der Bauleitung betraut, löste das Problem mit einem gewagten Entwurf aus mittelalterlich-gotischen und römischen Bauprinzipien, profilierte sich dadurch als der führende Architekt seiner Zeit und gewann zahlreiche weitere Bauaufträge, so den Bau des von der Seidenweberzunft getragenen Waisenhauses *(Ospedale degli Innocenti)*, den Neubau der wichtigen Kirche S. Lorenzo oder den des Augustinerklosters S. Spirito. Allen seinen Bauten gemeinsam ist das Bemühen, antike Formprinzipien neu zu beleben, Ruhe, Gleichmaß und Wohlproportioniertheit zu verwirklichen. Die Stilelemente der Gotik – ihre Spitzbögen, Wandpfeiler und Kreuzgewölbe – sind verschwunden, die gotische Vertikale ist einer bewußten Betonung der Horizontalen gewichen. Die Architektur Brunelleschis formte das Stilempfinden kommender Architektengenerationen in ganz Italien und führte zu einer immer intensiveren Besinnung auf antike und spätantike Formprinzipien, aus denen heraus dann (besonders beim Neubau von St. Peter in Rom) der Durchbruch zur Hochrenaissance erfolgte.

Abb. 2 a Lorenzo Ghiberti (1378–1455), Verkündigung an Maria.
(Feld der nördlichen Bronzetür des Baptisteriums, Florenz)

Abb. 2 b Lorenzo Ghiberti, Erschaffung von Adam und Eva, Sündenfall und Vertreibung.
(Erstes Feld der Paradiestür des Baptisteriums, Florenz)

Abb. 3 Masaccio (1401 bis 1428), Zinsgroschen. Um 1427 (Santa Maria del Carmine, Florenz)

Abb. 4 Leonardo da Vinci (1452–1519), Mona Lisa. 1503–1507 (Louvre, Paris)

Parallel zur Architektur vollzog sich der Stilwandel in der Malerei. Nachdem bereits **Giotto** († 1337) bei Heiligenbildern den mittelalterlichen Gold- oder Dunkelhintergrund zugunsten geraffter Naturandeutungen aufgegeben hatte, benutzte der Florentiner **Masaccio** (1401–1428) erstmals konsequent das von Brunelleschi entdeckte Prinzip der Zentralperspektive (Fresken in S. Maria del Carmine, vgl. Abb. 3). Dadurch wurde es möglich, räumliche Phänomene auf den zweidimensionalen Rahmen eines Bildes zu übertragen und Geschehnisse glaubhaft mit einem differenzierten Vorder- und Hintergrund zu verbinden. Dies war die Voraussetzung, um nach antikem Vorbild das Ideal der **„Naturwahrheit"** zu verwirklichen: aber nicht verstanden als schlichtes Kopieren von Natur, sondern als Aufweis ihres Wesens; nicht als Abbild individueller Schönheit, Würde usw., sondern als Sinnbild für Schönheit und Würde an sich. Vom früh verstorbenen Masaccio ging – ebenso wie von Brunelleschi – eine ungeheuere Wirkung aus, durch die sich die Malerei der Renaissance in einem weiten Spielraum von Formen, Motiven und Techniken entfaltete. Wenn sich die Malerei stärker differenzierte als die Architektur (vgl. M 10–M 14), so hängt das schlicht mit den Kosten zusammen: Bilder werden häufiger in Auftrag gegeben als die um ein Vielfaches teureren Bauten.
Mit dem Florentiner Leonardo da **Vinci** (1452–1519), der als Begründer der Hochrenaissance gilt, tauchen in der Vielfalt unterschiedlicher Malschulen neuartige Elemente auf. Sie zeigen sich einmal in der vollendeten Maltechnik, mit der er feinste Details erfaßte, mit Licht und Schatten spielte, flüchtige Stimmungen andeutete und dadurch häufig mehr verbarg als offenbarte (vgl. sein Meisterwerk „Mona Lisa", Abb. 4). Damit ist Leonardo zum tieferen Deuter der „Naturwahrheit" geworden als alle seine Vorgänger. Zum anderen betrieb er die Suche nach der „Naturwahrheit" auch fundamentaler als sie: Sein künstlerisches Wirken begleitete das exakte Analysieren des in der Natur gegebenen Formenreichtums; mathematische Proportionsstudien gehörten dazu ebenso wie eingehende anatomische Untersuchungen über die Muskel-, Sehnen- und Knochenstrukturen der Organismen. Dadurch stellte er die Malerei auf eine neuartige wissenschaftliche Grundlage (s. M 17, M 18).

5.1.4 Die Renaissance außerhalb von Florenz: Der deutsche Humanismus

In Deutschland hielt die Renaissance – wie übrigens auch in England und Frankreich – erst in der zweiten Hälfte des 15. Jahrhunderts Einzug. Sieht man von der tatkräftigen Unterstützung durch Kaiser Maximilian I. (1493–1519) ab, so fehlte hier zunächst das großzügige Mäzenatentum, das die Entfaltung der Renaissance in Italien so gefördert hatte: Die meisten deutschen Fürsten waren von verfeinertem Kultur- und Bildungssinn weit entfernt.
Dies erklärt, warum zunächst nur die gelehrte Tradition der Renaissance, der **Humanismus**, in Deutschland Fuß faßte und von Gelehrtenstuben und Klosterzellen aus für die Belebung der *„studia humanitatis"* wirkte. Die schlechtere Ausgangslage macht auch verständlich, warum hier der lehrhaft-pädagogische Aspekt des Humanismus, sein Interesse an Bildung und Bildungsreformen besonders ausgeprägt waren.
Die für Italien so typische Verbindung von Humanismus und Stadt entstand zunächst fast ausnahmslos im Süden oder Südwesten Deutschlands. Große Bedeutung gewannen hier **Stadtschulen**, an denen Humanisten als Lehrer wirkten (so entwickelte sich etwa die Stadtschule von Schlettstadt zur bedeutenden Pflanzstätte des südwestdeutschen Humanismus). Um 1500 hatte der Humanismus auch an den meisten Universitäten Fuß gefaßt.

Bis 1520 bildeten sich im deutschen Humanismus drei Richtungen heraus:
1. Ein Zweig (der von Kaiser Maximilian I. aus politischen Gründen auch besonders gefördert wurde) begann sich – neben der klassischen Literatur – besonders für die **deutsche Geschichte** und ihr literarisches Erbe zu interessieren. Conrad **Celtis** (1459–1509), vom Kaiser mit dem ersten deutschen Rhetoriklehrstuhl an der Universität von Wien belohnt, gab die älteste Druckfassung der „*Germania*“ heraus, in der der Römer Tacitus die einfache, ehrliche und kraftvolle Lebensart der Germanen preist. Er lenkte damit das Interesse weiterer Zeitgenossen auf die deutsche Frühgeschichte. Der Elsässer Jakob **Wimpfeling** (1450–1528) verfaßte 1501 auf dieser Grundlage die erste deutsche Geschichte, die er ebenfalls „Germania“ nannte und die das Bemühen erkennen läßt, die Anfänge der deutschen Geschichte als ebenso alt und ehrwürdig wie die römische zu erweisen: ein Indiz für die beginnende Rivalität mit dem italienischen Humanismus. Bei dem Ritter, Abenteurer und Humanisten Ulrich von **Hutten** (1488–1523) weitete sich der neu entdeckte deutsche Nationalstolz dann zu einem ausgesprochenen Anti-Rom-Effekt, verbunden mit einer hitzigen Kampfansage an die römische Kurie, ihre Herrschsucht und Geldgier. Die von ihm beeinflußten Humanisten sahen in der wenig später beginnenden Auseinandersetzung zwischen Luther und Papst ihren patriotischen Kampf gegen Rom (vgl. 5.4.1).
2. Neben dieser nationalen bildete sich eine wissenschaftlich orientierte Richtung aus, die der Pforzheimer Gelehrte Johannes **Reuchlin** (1455–1522) vielleicht am besten verkörperte. Er war in jungen Jahren Schüler an der Florentinischen Akademie gewesen, hatte Marsilio Ficino und Pico della Mirandola gehört und war durch sie auf die außerbiblische, mystische Literatur des Judentums, die Kabbala, aufmerksam geworden. Mit leidenschaftlichem Interesse widmete er sich fortan ihrer Erforschung, was ihm zeitweise Ärger durch die Kirche wegen Häresieverdachts einbrachte. Neben anderen Schriften verfaßte er die erste **Grammatik der hebräischen Sprache**. Es ist vor allem sein Verdienst, daß fortan neben Latein und Griechisch auch Hebräisch als humanistische Bildungssprache anerkannt wurde und in den Unterricht von Schulen und Universitäten Eingang fand.
3. Der bedeutendste außeritalienische Humanist war der bewußte Kosmopolit und vielseitige Gelehrte **Erasmus von Rotterdam** (1469–1536). Er kannte Italien, Frankreich und England durch längere Aufenthalte. Aber der Schwerpunkt seines Lebens lag entlang der Rheinlinie zwischen den Niederlanden im Norden und Basel und Freiburg im Süden. Wie schon Petrarca erstrebte er die Wiedergeburt jener **Synthese von klassischer Bildung und Christentum**, die die Spätantike bereits geleistet hatte. Eine seiner Hauptaufgaben sah er deshalb darin, bedeutende christliche Schriftsteller der Spätantike durch moderne Druckausgaben der gelehrten Welt zugänglich zu machen. Dahinter stand das leidenschaftliche Interesse, Kirche und Gesellschaft nach Maßgabe der Vernunft und eines ursprünglichen, von mittelalterlichen Verkrustungen befreiten Christentums zu erneuern. In seiner glänzenden Satire „Lob der Torheit“ *(Encomion Morias)* hielt er mit einer Fülle von Beispielen den verschiedenen Ständen, aber auch staatlichen und kirchlichen Institutionen ihre Torheiten und Laster vor. Dieser Zeitkritik entsprach ein Reformprogramm, das für Erasmus über den ungetrübten Urtext des Evangeliums (er selbst hat 1516 die erste moderne Ausgabe des griechischen Neuen Testaments herausgegeben) zur Weisheit Jesu *(Philosophia Christi)* führt – verstanden als einfache, aber tätige Nächstenliebe. In dieser Einheit von antiker Vernunft und christlicher Moral sah Erasmus die Brücke, die seine Epoche aus Unwissenheit, Aberglauben, Dummheit, Haß, Streit und Unduldsamkeit ins „Goldene Zeitalter“ hinüberführen konnte.

5.1.5 Neue wissenschaftliche Methoden und Erfindungen

5.1.5.1 Der Buchdruck

Ohne eine Erfindung wären viele andere nicht möglich gewesen, hätte die Renaissance keinen solchen Aufschwung genommen und wäre vielleicht die Reformation anders verlaufen: den Buchdruck mit beweglichen Lettern. 1454 erstmals vom Mainzer Goldschmied Johannes Gensfleisch, genannt **Gutenberg** (um 1400–1468), angewandt, breitete er sich rasch über ganz Europa aus. Die Druckerpresse – dieses „beinah göttliche Instrument" (Erasmus von Rotterdam) – verbreitete Literatur weitaus schneller und billiger als das traditionelle Abschreiben und machte damit Gedanken gleichsam allgegenwärtig. In ihrem Gefolge wuchs rasch die Zahl jener Menschen, die lesen lernten. Das gedruckte Wort erreichte innerhalb weniger Jahrzehnte um ein Vielfaches mehr Menschen als je zuvor das geschriebene Wort, informierte, beeinflußte oder belehrte eine unabsehbare, anonyme Lesergemeinde. Flugblätter und Flugschriften, die Vorläufer der Zeitungen, informierten über Neuigkeiten verschiedenster Art, warben für Meinungen und Parteien (besonders im bald ausbrechenden Religionskonflikt). Die Werke von antiken Autoren und von Kirchenvätern erscheinen in wachsender Zahl als Druckausgabe. Wissenschaftliche Ergebnisse oder sich daran anknüpfende gelehrte Kontroversen gelangten in gedruckter Form an eine weitere Öffentlichkeit. Und schließlich profitierte auch der Staat von der „Schwarzen Kunst", indem seine Bekanntmachungen, Erlasse und Gesetze rasch und unmißverständlich die Beamten oder Bürger erreichten und damit die Verwaltung erleichterten und vereinheitlichten.

5.1.5.2 Die Anfänge systematischer Naturforschung

Zu den großen Leistungen der Renaissance gehört, daß sie Naturwissenschaft und Technik auf eine neue Grundlage gestellt hat. Dieses „Neue" besteht einerseits aus einem tiefgründig-exakten **Beobachten von Naturphänomenen**, das sich nicht mehr mit dem bloßen Augenschein oder mit überkommenen Theorien zufrieden geben will, andererseits aus dem konsequenten Gebrauch **mathematischer Methoden**.

Der erste, der diese neue Methode auf bereits hohem Niveau angewandt hat, war **Leonardo da Vinci.** Seine Skizzenbücher mit ihren zahllosen Maschinen und Geräten aller Art vermitteln faszinierende Einblicke in den Reichtum an Möglichkeiten, den die Kombination von Naturbeobachtung und Mathematik für die Technik bot (s. M 15–M 19). Diese neuartige Naturforschung ist – bei aller Genialität des Leonardo – kein Zufallsergebnis: ihre Wurzeln reichen tief in das Mittelalter. Bereits Roger **Bacon** (1219–1292) hatte die Ansicht vertreten, daß nur exakte Beobachtung – und nicht die Spekulation – zur Naturwahrheit führe; er selbst verfaßte bereits bedeutende Studien zur Optik und Mechanik. Im Verlauf des Spätmittelalters war dann das imposante Gebäude der mittelalterlichen, auf Aristoteles beruhenden Naturphilosophie immer brüchiger geworden und vermochte (so besonders in der Astronomie) immer weniger neue Beobachtungen zu erklären. Die Einsicht verbreitete sich, daß man mit Hilfe der Erfahrung neu damit beginnen müsse, ein gesicherteres Bild von der Natur zu gewinnen.

Neben vielen anderen hatten auch die Begründer der Florentinischen Akademie auf Lücken und Widersprüche der aristotelischen Naturphilosophie hingewiesen und – im Sinne Platons – auf die Bedeutung der Mathematik aufmerksam gemacht: Zahlen und einfache geometrische Muster waren nämlich für Platon geradezu die Musterbeispiele für jene geistigen Vorbilder (Ideen), die nach seiner Lehre die konkrete Wirklichkeit und damit die Natur begründen. Zahlenverhältnisse und geometrische Strukturen mußten deshalb auch die vielfältigen Erscheinungen der Natur prägen: es kam nur darauf an, sie zu finden!

Bereits der griechische Forscher **Archimedes** (285–212 v. Chr.) hatte in der Antike erfolgreich mathematische Methoden mit exakter, durch Experimente abgesicherter Naturbeobachtung kombiniert. Seine im späten 15. Jahrhundert wiederentdeckten Schriften machten ihn – gefördert von der Florentinischen Akademie – zum Vorbild für das 16. Jahrhundert; auch Leonardo da Vinci empfing von ihm die entscheidenden Impulse. Den von Leonardo begonnenen Weg vollendete im 17. Jahrhundert Galileo **Galilei** (1564–1642) (s. M 25, 26). Er verfeinerte die Regeln naturwissenschaftlicher Erkenntnis zu einer allgemeinen Methodenlehre, hinter die es für die Physik kommender Jahrhunderte kein Zurück mehr gab. Nach Galilei setzt das Forschen mit der exakten Beobachtung ein, entwickelt durch deren Analyse Hypothesen, leitet daraus Folgerungen ab und prüft diese durch Experimente. Experimente waren aber nur dann sinnvoll, wenn es gelang, das zu beobachtende Phänomen möglichst rein zu isolieren, also Fremdeinwirkungen auszuschalten. Sie mußten zu meßbaren Regelmäßigkeiten führen, also zahlenmäßig faßbare Ergebnisse erbringen, die sich als mathematische Beziehungen ausdrücken und als „Naturgesetz" verallgemeinern ließen. Beide Bedingungen hat Galilei mit seinen Experimenten zur Ermittlung der Fallgesetze ideal erfüllt. Galilei ging es also – im Unterschied zur mittelalterlichen Naturphilosophie – nicht mehr um das Wesen der Natur, die „Dinge an sich", sondern ausschließlich um die meßbare Quantität ihrer Eigenschaften und Beziehungen. Sein Ideal war es, die Natur als eine Sammlung mathematischer Formeln darzustellen.

Zwischen Leonardo da Vinci und Galilei lag ein weiter Weg. Voraussetzung für die **„Mathematisierung der Natur"** waren zunächst Fortschritte in der Mathematik selbst, die sich erstaunlich schnell entwickelte, seitdem 1482 die erste gedruckte Ausgabe des griechischen Mathematikers Euklid (um 300 v. Chr.) erschienen war. Aber bedeutsamer wurde der Umstand, daß sich im Verlauf des 16. Jahrhunderts die mathematisch gestützte Naturbeobachtung in einem Bereich erproben und bewähren konnte, der nahezu ideale Bedingungen für sie bot: die **Astronomie**.

Aristoteles hatte bekanntlich die These aufgestellt, daß die Erde der Mittelpunkt des Sternensystems sei; andere Gelehrte, besonders **Ptolemaios** (87–150 n. Chr.), hatten sie bestätigt und verfeinert (s. M 21). Mit dieser Lehre geriet die im Spätmittelalter (besonders für die Bedürfnisse der Seefahrt, s. 5.1.6.1) genauer gewordene Sternenbeobachtung in einen auffälligen Widerspruch. Dies veranlaßte Nikolaus **Kopernikus** (1473–1543), nach einer neuen Erklärung zu suchen. Er fand sie in der Annahme, daß sich die Erde täglich um ihre eigene Achse und jährlich einmal kreisförmig um die Sonne drehe (s. M 23). Mit dieser Preisgabe des geozentrischen Weltbildes wurden die Ergebnisse der Sternenbeobachtung schlüssiger; freilich noch nicht schlüssig genug! Mit Hilfe genauerer Sternentabellen kam Johannes **Kepler** (1571–1630) dann nach langwierigen Berechnungen zu dem Ergebnis, daß sich die Planeten auf elliptischen Bahnen bewegen, in deren einem Brennpunkt die Sonne steht. Galilei hat die Theorie des Kopernikus schließlich empirisch bestätigt (u. a. mit Hilfe des Fernrohrs), weiter verfeinert und physikalisch mit seinen Erkenntnissen über die gleichförmige Bewegung untermauert. Und schließlich erbrachte der Engländer Isaac **Newton** (1643–1727) den mathematischen Beweis dafür, daß die Schwerkraft den Himmelskörpern ihre elliptischen Bahnen um die Sonne vorzeichnet.

Der Weg zu diesem **neuen Weltbild** wurde somit markiert vom Wechsel zwischen einer immer genaueren Beobachtung und einer sich daran stetig verfeinernden Theorie, die – schließlich bewiesen und in mathematischen Formeln konzentriert – jederzeit eine sichere Voraussage über das Verhalten der Natur und damit schließlich deren „Beherrschung" ermöglichte. An einem besonders eindrucksvollen Beispiel hatte die junge Naturwissenschaft ihre Leistungsfähigkeit demonstriert und dadurch ihre Autonomie gegenüber überkommenen Autoritäten, aber auch gegenüber der Religion gewonnen (s. 6.3). Der Beweis war erbracht, daß die Natur mathematischen Gesetzmäßigkeiten folge, ja, ein gleichsam mechanisches Gefüge von Ursachen und Wirkungen darstelle, zu deren Entschlüsselung die Vernunft allein ausreiche (s. M 24).

Abb. 5 Phantasien begleiten die Entdeckungen: Fabelwesen aus Sebastian Münsters Cosmographia Universalis, 1544

5.1.6 Zeitalter der Entdeckungen

5.1.6.1 Der Beginn der Entdeckungen und die Gründung des portugiesischen Seereiches

Die verbreitete These, daß das Vordringen der Türken an den Bosporus (Eroberung von Byzanz, 1453) Anlaß gewesen sei, störungsfreie Handelswege nach Indien und China zu suchen, trifft die Wirklichkeit nur zum Teil. Weder riß der mittelmeerische Transithandel nach 1453 ab, noch waren die vom türkischen Vordringen am ehesten betroffenen Handelsstädte Venedig und Genua die Urheber der Entdeckungen. Diese Rolle fiel den iberischen Staaten zu; hinter ihrer scheinbar plötzlich ausbrechenden Energie stehen vor allem Kreuzzugstraditionen, die durch die lange **Reconquista**, die „Rückeroberung" des arabisch-islamischen Spaniens, lebendig geblieben waren.

1415 eroberte der portugiesische König Johann I. (1358–1433) die zwischen Atlantik und Mittelmeer gelegene nordafrikanische Stadt Ceuta, wobei sich sein jüngerer Sohn Heinrich (1394–1460) besonders auszeichnete. Die Herkunft der in den Basaren Ceutas gefundenen kostbaren Waren begann den Prinzen zu interessieren; ebenso wurde ihm schnell klar, daß Portugal nicht aus eigenen Kräften das islamische Nordafrika erobern könne. Als natürlicher Verbündeter bot sich der legendäre christliche „Priesterkönig Johannes" an, dessen Reich – unklaren Berichten zufolge – im östlichen Afrika liegen sollte (gemeint war das christliche Königreich Äthiopien); es galt also, mit ihm Kontakt zu gewinnen. Profitstreben und Kreuzzugsidee waren also die entscheidenden Motive hinter dem Lebenswerk von Prinz **Heinrich „dem Seefahrer"**.

Mit eigenen Mitteln gründete er die „Seefahrerschule" von Sagrès an der äußersten Südwestecke Portugals und leitete von dort die planmäßige Erforschung der Westküste Afrikas (s. M 27–M 29). Die iberischen Staaten verfügten infolge ihrer Seelage über ein hohes Niveau im Schiffsbau und in der Nautik: Ihre Schiffe waren berühmt; die Kapitäne kannten den **Kompaß** (der sich seit dem frühen 14. Jahrhundert eingebürgert hatte) sowie immer genauer werdende **Seekarten**.

Diese Grundlagen entwickelte Prinz Heinrich weiter. Seine Ingenieure konstruierten die hochseetaugliche **Karavelle**, die gegen den Wind kreuzen konnte und mit ihren Geschützen keine unerwünschte Begegnung auf hoher See zu scheuen brauchte. Systematisch sammelte er alle naturwissenschaftlichen und mathematischen Erkenntnisse seiner Zeit, mit deren Hilfe Tabellen und Instrumente zur genauen Standortbestimmung der Schiffe anhand des Sternenstandes entwickelt wurden (z.B. das sogenannte **Astrolabium**). Zusammen mit Kompaß und Seekarte machten sie die Kursbestimmung der Schiffe von der Landsicht unabhängig. Beim Tod von Prinz Heinrich (1460) war die Westküste Afrikas bis zum Kap Verde bekannt. König Johann II. (1481–1495) setzte dessen Lebenswerk tatkräftig fort: 1487 segelte Bartolomeo Diaz erstmals um das Kap von Afrika in den Indischen Ozean; 1498 erreichte Vasco da Gama schließlich die Südwestküste Indiens.

Den neu entdeckten Seeweg nach Indien bauten die Portugiesen in der Folge systematisch aus. Entlang der Küste Afrikas entstanden befestigte **Stützpunkte**, die sowohl der Versorgung der Flotte als auch dem lokalen Handel dienten. Sodann eroberten sie geeignete Stützpunkte an der indischen Küste (so 1510 die Insel Goa, die zum Zentrum des asiatischen Kolonialreiches Portugals wurde), drangen über Ceylon nach Hinterindien (Handelsstützpunkt Malakka 1511) und erreichten 1514 das chinesische Kanton. Damit hatten sich die Portugiesen ein Handelsimperium geschaffen, das auf zentralen Stützpunkten beruhte, politisch möglichst wenig in das Hinterland eingriff und die in dieser Region bislang führenden arabischen Kaufleute – gegebenenfalls durch rücksichtslosen Einsatz ihrer überlegenen Feuerkraft – zurückdrängte; die alten Handelswege zum Mittelmeer begannen zu veröden.

Allerdings war dem portugiesischen Handelsimperium keine Dauer beschieden. Ab dem 17. Jahrhundert drangen Engländer und Holländer in die gewinnbringenden Seerouten der Portugiesen ein und bemächtigten sich der südostasiatischen Herkunftsländer der Gewürze (so besonders Holland) sowie des Indienhandels (so besonders England).

5.1.6.2 Die Entdeckungen Spaniens

Während die portugiesischen Entdeckungen auf staatlicher oder halbstaatlicher Initiative beruhten, ging in Spanien der Anstoß von einem Privatmann aus, dem die Krone nur zögernd Hilfe lieh. Der Italiener Christoph **Kolumbus** (1451–1506) war um 1470 als Angestellter eines genuesischen Handelshauses nach Lissabon gekommen, hatte eine Portugiesin geheiratet und geriet wohl durch Materialien aus dem Nachlaß seines Schwiegervaters mit dem Gedanken an eine Westfahrt nach Indien in Berührung. Theoretisch gründete sie auf der Annahme einer Kugelgestalt der Erde, die bereits der antike Gelehrte Aristarch von Samos (320–250 v. Chr.) errechnet und der große **Ptolemaios** (87–150 n. Chr.) seinen zahlreichen geographischen Schriften zugrundegelegt hatte. Das griechische Gesamtwerk des Ptolemaios war dem Florentiner Humanismus seit der Mitte des 15. Jahrhunderts bekannt geworden. Seine Theorien lagen einem gelehrten Briefwechsel zwischen dem Beichtvater des portugiesischen Königs und dem Florentiner Humanisten **Toscanelli** zugrunde, den Kolumbus im Nachlaß seines Schwiegervaters vorfand. Wahrscheinlich setzte er sich daraufhin selbst mit Toscanelli in Verbindung (s. M 30–32).

Nachdem Kolumbus am portugiesischen Hof vergeblich für das Projekt einer Westfahrt geworben hatte, begab er sich nach Spanien, wo er zunächst ebenfalls erfolglos seine Idee vertrat (s. M 33). Allerdings hatte Spanien zu dieser Zeit auch andere Sorgen. Infolge der Heirat Isabellas von Kastilien und Ferdinands II. von Aragon waren beide Länder 1479 vereinigt worden. Da der kastilische Adel darüber nicht glücklich war, kam es für das Königspaar zunächst darauf an, den Widerstand seiner Untertanen zu überwinden. Dem diente die Erneuerung der Reconquista, die schließlich 1492 zur **Eroberung Granadas** führte, dem letzten islamischen Reich auf spanischem Boden. Nach dem Willen des Königspaares sollten die vereinten Energien dann auf die Eroberung Nordafrikas gelenkt werden und eben dadurch beide Länder verschmelzen.

Es war deshalb vielleicht nur eine Siegerlaune, wenn Isabella kurz nach der Einnahme von

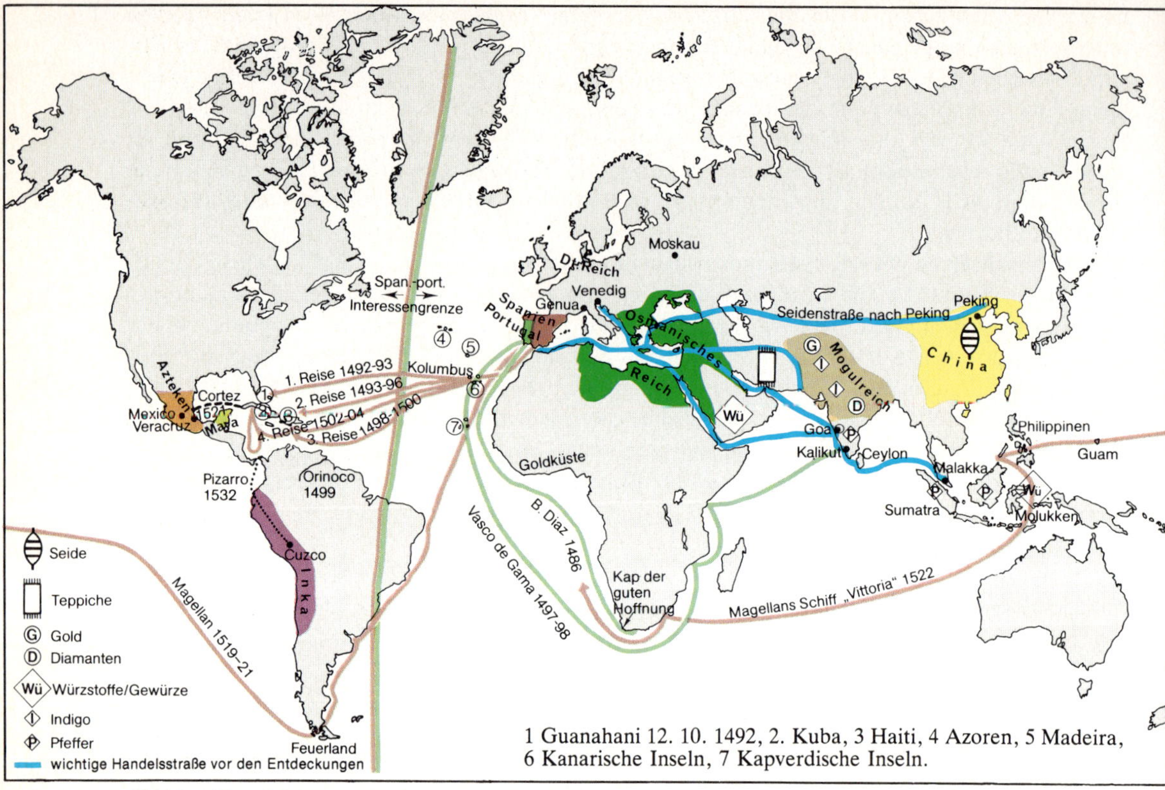

Abb. 6 a Die wichtigsten Entdeckungen bis 1522

Granada – und gegen den Rat ihrer Experten – Kolumbus ein Geschwader von drei Schiffen anvertraute, mit denen er am 3. 8. 1492 den Hafen des andalusischen Palos verließ. Am 12. 10. sichtete er erstmals wieder Land: eine kleine Insel westlich von Kuba (s. M 34). Nach der oberflächlichen Erkundung von Kuba und Haiti kehrte er nach Spanien zurück, im festen Glauben, den Seeweg nach Indien gefunden zu haben.

Die spanische Krone reagierte auf diese Nachricht schnell und umsichtig. Bereits am 4. 5. 1493 erwirkte sie vom Papst als höchster Autorität Europas eine Bulle, in der dieser Spanien das Entdecker- und Besitzrecht allen Landes 100 Meilen westlich der Azoren bestätigte. Dies wiederum störte die Portugiesen, die einwandten, diese Linie verlaufe zu nahe an ihren eigenen Seewegen. In Verhandlungen kamen Spanier und Portugiesen schließlich überein, die Demarkationslinie 370 Meilen westlich der Kap-Verdischen Inseln anzusetzen (**Vertrag von Tordesillas**, 2. 7. 1494), ein Umstand, dem es das 1500 entdeckte Brasilien verdankte, in den portugiesischen Einflußbereich zu geraten.

Mochten auch Portugal und Spanien darauf vertrauen, die außereuropäische Welt mit dem Brief und Siegel apostolischer Autorität unter sich aufgeteilt zu haben, die anderen europäischen Nationen nahmen – fasziniert durch die neuen Möglichkeiten – von diesem Rechtsvorgang keine Kenntnis. Der englische König beauftragte 1496 den Venezianer Giovanni **Caboto** damit, im Nordwestatlantik eine Passage nach Indien zu suchen. Obwohl dieses von Spanien argwöh-

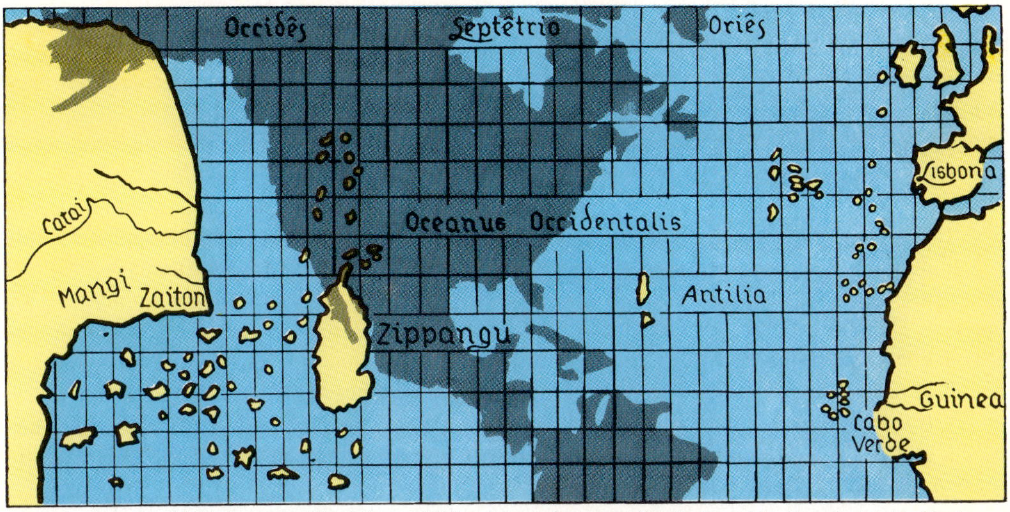

Abb. 6b Das Weltbild Toscanellis (Die wirkliche Lage des amerikanischen Kontinents ist in Konturen angedeutet.)

nisch beobachtete Unternehmen scheiterte, hielten England und Frankreich unentwegt an der Auffassung fest, daß eine pauschale Verteilung ganzer Ozeane und unabsehbarer, noch gar nicht entdeckter Landmassen nicht Rechtens sei, während Spanien nachdrücklich die Meinung vertrat, der Atlantik und seine angrenzenden Küsten seien spanisch (was gelegentlich gefangenen englischen und französischen Kapitänen die Verurteilung als Piraten zuzog).

Die Frage löste sich – bedingt durch den Niedergang der spanischen Seemacht nach dem englischen Sieg über die Große Armada (1588) – im 17. Jahrhundert im Sinne der noch heute gültigen Auffassung, daß Ozeane frei seien und dem Handelsverkehr aller Völker dienten. Der große niederländische Völkerrechtslehrer Hugo **Grotius** (1583–1645) hat hierzu die theoretische Begründung geschaffen.

Bevor aber jenseits des Atlantiks die Dinge in geregelte Bahnen gerieten, schlug die große Stunde der Forscher und Eroberer. Der Florentiner **Amerigo Vespucci** hatte zwischen 1499 und 1502 als Teilnehmer einer portugiesischen Expedition weite Teile der südamerikanischen Küste erforscht und war dabei zur Überzeugung gekommen, daß es sich bei den Entdeckungen des Kolumbus nicht um Indien handeln könne. In seinem 1503 gedruckten Reisebericht nannte er deshalb die von ihm erforschten Gegenden „neue Welt". Der aus Freiburg stammende Humanist Martin **Waldseemüller** machte dann in seiner 1507 erschienenen *„Cosmographia"* (Weltbeschreibung) den erfolgreichen Vorschlag, die „neue Welt" zu Ehren des Amerigo Vespucci **„Amerika"** zu nennen.

Mit der Einsicht, daß der 1506 verstorbene Kolumbus nicht Indien, sondern eine neue Welt entdeckt habe, war erneut die Frage aufgeworfen, ob es möglich sei, auf der Westroute Indien zu erreichen. Die Frage wurde im frühen 16. Jahrhundert in Spanien schon deswegen aktuell, weil der Blick auf die Portugiesen zeigte, daß der Indienhandel weitaus höhere Profite abwarf, als man damals je aus dem eigenen Südamerika herauszuholen hoffte. Der im spanischen Dienst stehende Portugiese Ferdinand **Magellan** segelte 1519 im Auftrage Karls V. mit fünf Schiffen nach Westen, folgte der südamerikanischen Küste, navigierte durch die später nach ihm benannte Seestraße in den Pazifik und erreichte schließlich 1521 Südostasien. Auf den Philippinen wurde er bei einem Gefecht mit Eingeborenen getötet. Unter großen Schwierigkeiten (auch seitens der Portugiesen) gelang schließlich einem einzigen Schiff der Flotte die Fahrt um Afrika herum nach Spanien. Der Kapitän schrieb selbstbewußt an Karl V.: „(Majestät) werden es zu schätzen wissen, daß wir die Rundheit der Erde entdeckt und umfahren haben." Das Auftauchen spanischer Schiffe in „portugiesischen" Gewässern führte zu diplomatischen Verwicklungen, die schließlich im **Vertrag von Zaragoza** (1529) mit einer zweiten Demarkationslinie westlich von Neu-Guinea bereinigt wurden. Westlich dieser Linie behielt Spanien nur die Philippinen, die als Stützpunkte für den Chinahandel eine gewisse Bedeutung erlangten.

5.1.6.3 Amerika vor Kolumbus

Die Ureinwohner Amerikas, die „Indianer", waren während der letzten Eiszeit, vor etwa 25000 Jahren, über die damals zugefrorene Beringstraße von Asien nach Amerika eingewandert und hatten dort – entsprechend den unterschiedlichen Bedingungen von Landschaft und Klima – ganz unterschiedliche Kulturen hervorgebracht. Als die Spanier die Neue Welt zu erobern begannen, trafen sie auf Indianer, die teils auf der einfachen Kulturstufe von Jägern und Sammlern verharrt waren und in vorstaatlichen Gemeinschaftsverbänden wie Sippen und Stämmen lebten, teils begegneten sie entwickelten Staaten mit einer Kultur, deren hohes Niveau sich in monumentalen Bauten, raffinierten Bewässerungssystemen und entwickelten handwerklichen Fertigkeiten äußerte. Sie trafen aber – und dies erklärt zu einem guten Teil ihre raschen Erfolge – auf keine kulturell oder politisch einheitliche oder gar geeinte Welt.

Der friedliche Stamm der Taino beispielsweise, den die Spanier auf den westindischen Inseln als erste Indianer kennengelernt hatten, erhoffte sich von ihnen Schutz gegen ihre südlichen Nachbarn, die räuberischen Kariben. Und der noch junge kriegerische Staat der **Azteken** in Mexiko hatte bei der Landung der Spanier gerade eine längere Eroberungsperiode abgeschlossen; frisch unterworfene und mit hohen Abgaben belastete Stämme (dazu gehörten auch Menschen, die nach den religiösen Traditionen der Azteken als regelmäßige Opfer für die Götter benötigt wurden) sahen in den Neuankömmlingen ihre willkommenen Befreier, denen sie bereitwillig gegen ihre neuen und grausamen Herren halfen. Eine unerwartete Hilfe bot den Spaniern zudem eine alte indianische Legende, wonach ein im Osten erscheinender weißer Gott dem Land einst den Frieden bringen werde, was zumindest am Anfang den Widerstand der Azteken gegen die Eindringlinge gelähmt hatte.

Größer, mächtiger und einheitlicher als das Aztekenreich war der Staat der **Inka**, der sich seit dem Beginn des 15. Jahrhunderts vom Hochland Perus ausgedehnt hatte und beim Eintreffen der Spanier auch weite Teile des heutigen Kolumbiens und Chiles beherrschte. Unter dem Befehl des Inka, der als Gottkönig, als Sohn des Sonnengottes verehrt wurde, verwaltete eine befähigte und geschulte Beamtenschaft das Riesenreich zentral und planmäßig: Sie dirigierten Scharen von Menschen, die nicht in der Landwirtschaft gebraucht wurden, zu zahllosen Arbeitseinsätzen, verwandelten Wüsten durch ausgeklügelte Bewässerungssysteme in Ackerland, legten Vorratsspeicher an, um durch Ernteüberschüsse hier Mißernten dort ausgleichen zu können, erschlossen das

Land durch schnurgerade Straßen und sicherten die Grenzen durch gewaltige Festungen, die noch heute das Erstaunen der Besucher hervorrufen. Der Inkastaat war absolutistisch, weil sich über die Beamtenschaft alle Macht beim Herrscher konzentrierte; und er war ein Wohlfahrtsstaat, weil diese Macht vorzugsweise dazu verwandt wurde, die Lebensbedingungen der Untertanen zu verbessern und damit das Gemeinwohl zu fördern. Er hätte – darin sind sich die Gelehrten einig – genügend eigene Energien und entwicklungsfähige Traditionen besessen, um sich sinnvoll weiterentwickeln zu können, besonders wenn er mit der überlegenen europäischen Kultur durch Austausch und Handel in einen friedlicheren Kontakt getreten wäre, als es dann tatsächlich geschehen ist. Der Inkastaat war in einem wichtigen Punkt verwundbar: eben weil sich alle Gewalt bei einer kleinen Führungselite konzentrierte, war die Masse der Untertanen an passives Gehorchen gewöhnt; es genügte also, diese Führungsschicht auszuschalten, um den Staat zu vernichten und seine Untertanen zu beherrschen. Genau dies taten die Spanier, als sie bei der ersten Zusammenkunft den regierenden Inka kurzerhand gefangennahmen und unter seinem Hofstaat ein Blutbad anrichteten.

5.1.6.4 Das amerikanische Kolonialreich Spaniens

Noch während sich die spanische Regierung um die Sicherung ihrer Entdeckerrechte beim Papst bemühte, bereitete sie die faktische Inbesitznahme der „indischen" Inseln vor und ließ damit von Anfang an keine Zweifel aufkommen, daß sie hier nicht nur – wie die Portugiesen – Handel treiben, sondern auf Dauer ihre Herrschaft aufrichten wollte: die Kreuzfahrerideale der „Reconquista" gingen damit nahtlos in das Ziel der **„Conquista"**, der Eroberung heidnischen Landes, über. Schon die zweite Expedition des Kolumbus, 1493, wurde von Beamten, Soldaten und Missionaren, aber auch von 1500 Siedlern mit Saatgut, Haustieren und Arbeitsgeräten begleitet. Die von Kolumbus und seinen Besatzungen ausgestreuten Gerüchte über den Goldreichtum der Inseln mögen viele zu ihrem schnellen Beschluß bewogen haben. 1495 räumte ein königlicher Erlaß jedem Spanier das Recht ein, in das vermeintliche Indien auszuwandern und sich dort von königlichen Beamten kostenloses und steuerfreies Land anweisen zu lassen oder gegen Abgaben nach Edelmetallen zu schürfen. Und 1503 errichtete die Krone in Sevilla nach portugiesischem Vorbild ein Handelshaus, das das ausschließliche Recht besaß, den Handel mit der neuen Welt abzuwickeln. Sevilla wurde damit für die kommenden Jahrhunderte Spaniens „Tor zum Atlantik".

Die unerwartet geringe Goldausbeute auf Haiti und Kuba veranlaßte spanische Abenteuerer, auf dem Festland nach den sagenhaften Goldschätzen zu suchen, die – indianischen Erzählungen zufolge – dort von einheimischen Herrschern gehortet würden. Ihre Unternehmungen beruhten auf eigener Initiative und Finanzierung und erfolgten – wie im Falle des Cortés – auch häufig gegen den Willen der örtlichen Gouverneure. Die meisten der **Konquistadoren** waren Soldaten gewesen; oft stammten sie aus der ärmlichsten und kargsten Gegend Spaniens, der Estremadura. Die Hoffnung auf Gold war die einzige Chance ihres Lebens. Dies erklärte die Härte und Tollkühnheit ihres Vorgehens, aber auch ihre Brutalität im Umgang mit den Indianern, die sie mühsam durch ein primitives christliches Sendungsbewußtsein verschleierten. Rücksichtslos spielten sie ihre militärische Überlegenheit (Feuerwaffen und Reiterei) aus, bedenkenlos zerstörten sie alte und hochstehende indianische Kulturen, ohne ihren Wert auch nur zu ahnen. Gleichwohl entdeckten sie dadurch unbekannte Weiten, legten Städte und Häfen an und bereiteten so den Boden für die nachfolgende (aber von ihnen ungeliebte) Schar königlicher Beamter. Ihnen ist es vor allem zuzuschreiben, daß die spanische Kolonisation den Raum durchdrang und sich nicht – wie bei den Portugiesen – auf Stützpunkte und vereinzelte Siedlungsgebiete (Brasilien) beschränkte.

Abb. 6c Zahl der tributpflichtigen Indianer in Anahuac (Zentralmexiko)
(Nach: *C. Gibson*, The Aztecs under Spanish Rule)

1513 durchquerte Nuñez de Balboa in einem gefahrvollen Unternehmen die Urwälder der Landenge von Panama und erreichte als erster Weißer den Stillen Ozean. 1519 bis 1521 eroberte Hernán **Cortés** das Aztekenreich in Mexiko. 1530 bis 1533 gewann Francisco **Pizzaro** handstreichartig das riesige Inkareich im Westen Südamerikas und erbeutete ungeheure Goldschätze. Gleichzeitig durchzogen andere Gruppen von Konquistadoren auf der Suche nach einem weiteren „Goldland" *(El Dorado)* die Hochgebirge und Ebenen Südamerikas, zogen seine Ströme entlang und durchquerten unter ungeheuren Strapazen unwegsame Dschungelgebiete, ohne daß ihnen ein ähnlicher Erfolg beschieden gewesen wäre wie Cortés oder Pizzaro.

Nach 1540 ging die Periode der Konquistadoren allmählich zu Ende. 1524 hatte die spanische Krone in Sevilla den **„Indienrat"** als zentrale Verwaltungsbehörde ihrer Kolonien gegründet und übte von hier aus ein immer strafferes Regiment über Südamerika aus: Verwaltungsbezirke wurden abgesteckt, Städte gegründet, Bistümer errichtet. Damit begann die geregelte Verwaltung, aber auch die planmäßige Erschließung **Südamerikas**. Wo Plantagenbau oder die Ausbeute von Bodenschätzen lohnend schienen, dorthin lenkte der Indienrat einen Strom spanischer Aussiedler (oder sorgte für die Einfuhr afrikanischer Sklaven).

Die Behandlung der unterworfenen Indianer war schon während des 16. Jahrhunderts in der spanischen Öffentlichkeit heftig umstritten. Während christliche Missionare, allen voran der Dominikanerpater Bartolomé de **Las Casas**, der Habsucht und Brutalität der spanischen Eroberer die Schuld daran zugeschrieben haben, daß ganze Indianerstämme ausgestorben seien, sahen andere Autoren in den Spaniern die Befreier der Indianer von einem absurden Götterglauben mit Menschenopfern und Kanibalismus, von despotischen Herrschern, dauerndem Krieg und barbarischer Rückständigkeit. Ob auch hier die Wahrheit irgendwo in der Mitte liegt, läßt sich beim gegenwärtigen Stand der historischen Forschung nicht oder noch nicht sagen. Tatsache ist jedenfalls, daß die Spanier gleich zu Beginn der Eroberungen Indianer regelrecht versklavt und unter menschenunwürdigen Bedingungen zur Arbeit auf dem Feld oder in Bergwerken gezwungen haben. Berichte über das Schicksal der Indianer und scharfe Proteste christlicher Missionare begannen ab 1510 die spanische Öffentlichkeit zu beunruhigen. Sie wurden erhärtet durch die unübersehbare Tatsache, daß die Indianer schnell und massenhaft zu sterben begannen: Haiti soll vor der Entdeckung eine Million Einwohner gehabt haben, 1520 waren es höchstens noch 20000. Ähnliches gilt für Mexiko und Peru mit der Grundregel, daß die Überlebenschancen der Indianer in dem Maße sanken, wie sie in intensiveren Lebenskontakt mit den Weißen traten.

Las Casas hat diese Tatsache mit der grausamen Behandlung der Indianer und mit der für Naturvölker ungewohnt harten und regelmäßigen körperlichen Arbeit erklärt. Aber diese Theorie erklärt nicht den vollen Umfang der Bevölkerungskatastrophe. Denn auch Indianerstämme starben aus, die von den Spaniern freundlich behandelt worden sind (etwa weil sie als Bundesgenossen bei der Eroberung mitgewirkt haben). Die moderne Forschung nimmt denn auch als zusätzlichen Grund für das Indianersterben medizinische Ursachen an: Die Indianer waren gegen die aus der alten Welt eingeschleppten und für sie unbekannten Krankheitserreger nicht immun; selbst „harmlose" Erkältungskrankheiten verliefen deshalb in aller Regel tödlich.
Von den Protesten der Missionare und dem massenhaften Sterben der Indianer gleichermaßen beunruhigt, verbot die spanische Krone zwar grundsätzlich die Versklavung von Indianern, ließ aber auf Betreiben der spanischen Siedler bemerkenswerte Ausnahmen zu: So konnten Indianer bis ins 18. Jahrhundert spanischen Siedlern als Arbeitskräfte zugeteilt oder zu Schwerstarbeit in Bergwerken verpflichtet werden.
Das Sterben der Indianer verschärfte die Nachfrage nach Arbeitskräften; Spanier konnten und wollten die Lücke nicht ausfüllen. So bot sich die Einfuhr afrikanischer Sklaven an, die portugiesische Händler bereitwillig lieferten und die sich als leistungsfähiger und fügsamer erwiesen als Indianer. Die genaue Zahl der nach Amerika verbrachten Afrikaner läßt sich nicht mehr ermitteln; sie geht in die Millionen: Bereits in der 2. Hälfte des 16. Jahrhunderts waren Negersklaven der wichtigste Einfuhrartikel nach Amerika. Es verwundert, daß sich gegen dieses skandalöse, im großen Stil betriebene Sklavengeschäft zunächst kaum Protest regte; selbst Las Casas hatte die Einfuhr von Negersklaven anfänglich befürwortet, um die Indianer zu schützen.

5.1.6.5 Die Folgen der Entdeckungen für Europa

Das Entstehen neuer Handelswege und Kolonien veränderte die Struktur der europäischen Wirtschaft grundlegend. Portugal war mit der gewaltigen Menge jährlich angelandeter Gewürze (z. B. Pfeffer, Ingwer, Muskat, Nelken), Drogen (z. B. Aloe, Opium, Chinarinde) und Seidenstoffe in der Lage, die Preise der italienischen Fernhändler drastisch zu unterbieten. Der europäische Fernhandel verlagerte sich dadurch von Venedig und Genua in das niederländische Antwerpen (später dann nach Amsterdam und London), wo seit 1499 die staatliche portugiesische Handelsgesellschaft ihre wichtigste Niederlassung unterhielt. Von Antwerpen aus konnten die Waren auf den Wasserwegen von Schelde, Maas und Rhein billiger nach West- und Mitteleuropa transportiert werden, als vordem im aufwendigen Gespannverkehr von Italien. Mit dem Handel verlagerte sich auch das Bankgeschäft vom Mittelmeer an die Nordsee. Der wirtschaftliche Abstieg der traditionsreichen italienischen Handelsstädte begann, gefolgt von dem der alten Transitländer des Ost-West-Handels (Persien, Türkei), obgleich gerade die Türken (seit der Eroberung von Ägypten und Arabien 1512–1520 auch die Herren des Roten Meeres) wiederholt energisch versuchten, die Portugiesen wieder aus dem Indischen Ozean zu vertreiben.
Der **Kolonialhandel** veränderte nicht nur die Struktur des europäischen Handels, sondern erhöhte durch das reichliche Angebot bislang schier unerschwinglicher Waren auch die Nachfrage. Zucker beispielsweise war bislang nur in kleinen Mengen in Südspanien und auf den Kanarischen Inseln angebaut worden und deshalb entsprechend teuer gewesen. Nunmehr entstanden auf den Antillen und in Brasilien riesige, von billigen afrikanischen Sklaven bewirtschaftete Zuckerrohrplantagen; die Preise sanken und der Konsum erhöhte sich. Ähnliches gilt auch für Tuche, die mit Hilfe der in Südamerika entdeckten Farbhölzer billiger gefärbt werden konnten als ehedem. Handel und Gewerbe erhielten also durch neue umsatzstarke Massenkonsumartikel kräftige Impulse. Neben neuartigen Waren gelangten auch neuartige **Nutzpflanzen** nach Europa,

so vor allem der Mais und die Kartoffel. Sie stellten allmählich (schneller bei Mais und langsamer bei der Kartoffel) in weiten Teilen Europas die Ernährung auf eine sicherere Grundlage als das für Mißernten besonders anfällige Halmgetreide.
Folgenreich für Europa war, daß 1545 im peruanischen Potosí sowie 1548 im mexikanischen Zacatecas ungemein ergiebige Silberadern gefunden wurden. Bis 1660 konnte die spanische „Silberflotte" im Jahresdurchschnitt über 150 Tonnen Silber in Sevilla anlanden (zum Vergleich: Die europäische Silberproduktion belief sich damals in ihren besten Zeiten auf 96 t/Jahr). Das daraus geschlagene Geld stützte einerseits den bereits vorher einsetzenden Preisauftrieb in Europa, andererseits gab es der religiös-dynastischen Hegemonialpolitik Philipps II. zunächst die nötigen Geldmittel, bis dann schließlich die gesteckten Ziele die Kräfte Spaniens hoffnungslos überforderten.
Folgenreich für Europa war schließlich auch der Umstand, daß gegen Ende des 16. Jahrhunderts andere europäische Mächte den durch Spanien und Portugal vorgezeichneten Weg zur **Kolonialisierung** der **außereuropäischen Welt** einschlugen. So besonders England, das Nordamerika erschloß, aber auch immer energischer in den Indienhandel eingriff; dann aber auch die Niederlande, die nach ihrer von Spanien erkämpften Unabhängigkeit die Portugiesen aus ihrem Handelsimperium zu vertreiben begannen. Neuartige Rivalitäten entstanden zwischen den europäischen Staaten, die häufig auf dem Boden der Kolonien ausgetragen wurden.

5.2 Gesellschaft und Wirtschaft in der frühen Neuzeit

5.2.1 Die Bevölkerungszunahme in der frühen Neuzeit

Nach den gewaltigen Bevölkerungsverlusten während des 14. Jahrhunderts begann die europäische Bevölkerung seit der Mitte des 15. Jahrhunderts wieder zu wachsen. Schätzungen zufolge stieg sie bis zum Ausbruch des Dreißigjährigen Krieges von 60 Millionen auf 90 Millionen (in England von 3 auf 5 Millionen, in Frankreich von 14 auf 21 Millionen, in Deutschland von 10 auf 16 Millionen, in Portugal, Spanien und Italien zusammen von 15 auf 22 Millionen). Auch im Bevölkerungswachstum verschob sich somit der Schwerpunkt der europäischen Entwicklung nach Norden.
Seit dem Hochmittelalter hatte sich in Europa ein wirksames **System sozialer Geburtenkontrolle** herausgebildet, das dafür sorgte, daß das Bevölkerungswachstum mit dem Ernährungsspielraum im Einklang blieb: Wer heiraten wollte, mußte einen eigenen Betrieb (Werkstatt, Bauernhof usw.) besitzen oder zumindest über ein gesichertes Einkommen verfügen. Wer dies nicht nachweisen konnte, wie etwa Dienstboten, Arbeiter und Gesellen, war zur Ehelosigkeit gezwungen. Daraus ergab sich eine große Zahl Lediger und ein relativ hohes Heiratsalter der Eheschließenden, was wiederum das Bevölkerungswachstum in Grenzen hielt.
Durch die starken Bevölkerungseinbußen im 14. Jahrhundert waren viele Erwerbsstellen verwaist. Die Zahl der Eheschließungen stieg deshalb, ebenso sank das Heiratsalter: die Bevölkerung nahm wieder stärker zu. Da die Preise für Lebensmittel niedrig waren und als Folge der zunehmenden Weidewirtschaft mehr wertvolles tierisches Eiweiß zur Verfügung stand, stieg weiterhin die allgemeine Lebenserwartung, was wiederum die Zahl der Nachkommen erhöhte. In der 2. Hälfte des 16. Jahrhunderts verzögerte sich dann allmählich das Bevölkerungswachstum. Der Ernährungsspielraum hatte seine Grenzen erreicht: Ab 1570 führten Mißernten bereits wieder zu ausgedehnten Hungerkatastrophen mit Seuchen als unvermeidliche Folge. Unter dem

Druck der äußeren Verhältnisse begannen die Mechanismen der sozialen Geburtenkontrolle deshalb allmählich wieder zu greifen: Die Ledigenzahl stieg, ebenso das Heiratsalter. Der langfristige Trend der natürlichen Bevölkerungsentwicklung wurde in Deutschland allerdings durch den Dreißigjährigen Krieg von außen her gestört, der ähnlich drastisch wie die Pestkatastrophe im 14. Jahrhundert die Bevölkerung um 40% dezimierte.

5.2.2 Wirtschaftswachstum und Preisrevolution

Der Bevölkerungsanstieg beendete die Wachstumskrise des späten Mittelalters. Der erhöhten **Nachfrage** entsprechend wuchs die gewerbliche und landwirtschaftliche Produktion. Der Umfang des Handels – und in seinem Gefolge der Geldumlauf – vergrößerten sich. Dies brachte breiten Schichten der Bevölkerung Wohlstand, steigerte ihre Bedürfnisse und vermehrte die Nachfrage nach Gütern aller Art. Der wachsende Kolonialhandel wäre ohne diese nicht denkbar.
Dem glänzenden Wirtschaftsaufschwung – der seine Spuren in einer ausgedehnten Bautätigkeit in Stadt und Land hinterlassen hat – folgten bald seine Schatten: die Preise stiegen während des ganzen 16. Jahrhunderts kontinuierlich an. Diese **Inflation** oder „Preisrevolution", die die Zeitgenossen dem „wucherischen" Gebahren der großen Handelsgesellschaften anlasteten oder spätere Analytiker dem Import südamerikanischen Silbers zuschrieben, traf die einzelnen Warengruppen unterschiedlich. Am stärksten waren die Grundnahrungsmittel betroffen: Ihre Preise stiegen während des 16. Jahrhunderts in Deutschland um das Dreifache, in England um das Vierfache und in Frankreich gar um das Sechsfache. Geringer schlug die Preisbewegung auf die gewerblichen Produkte durch. Ihre Preise erhöhten sich im gleichen Zeitraum „nur" auf etwa das Doppelte. Diese „Schere" zwischen gewerblichen und landwirtschaftlichen Erzeugnissen weist auf die Ursache der Teuerung hin: das Bevölkerungswachstum. Lebensmittel sind eben „lebensnotwendig"; ihre Nachfrage kann auch mit steigenden Preisen nicht sinken. Anders verhält es sich bei gewerblichen Produkten. Mit steigenden Preisen sinkt hier die Nachfrage, weil der Verbraucher eher auf sie als auf Lebensmittel verzichten kann.
Steigende Preise bei gleichzeitiger Bevölkerungszunahme hatten für die abhängige Bevölkerung die fatale Folge, daß die Löhne nicht stiegen, das **reale Einkommen** also sank. Wie die Forschung an einem Beispiel aufgezeigt hat, konnte ein Augsburger Bauarbeiter in der ersten Hälfte des 16. Jahrhunderts von seinem Lohn zusammen mit seiner vierköpfigen Familie bequem, um nicht zu sagen behaglich leben. Auf seinem Küchenzettel standen Fleisch in beträchtlicher Menge (damaliger Fleischkonsum: 100 kg pro Kopf und Jahr; heute: 80 kg pro Kopf und Jahr), verschiedenerlei Gemüse und Obst, sowie Eier und Wein. Nach der Jahrhundertmitte wurde das Essen zunehmend karger und eintöniger: Fleisch war rar, Brot und die besonders kalorienreichen Bohnen gerieten dagegen zur täglichen Speise.
Die Dynamik des Wirtschaftsaufschwungs versandete gegen Ende des 16. Jahrhunderts allmählich in einer allgemeinen und europaweiten Krise. Der Ernährungsspielraum war ausgeschöpft, das Preisgefüge auf hohem Stand festgefahren. **Soziale Not** breitete sich allenthalben aus. Ihr entsprach eine Zunahme heimatloser Menschen, die seit der Jahrhundertmitte bettelnd und raubend ganze Landstriche durchzogen und – wie die dagegen erlassenen drakonischen Strafen zeigen – von Städten und Obrigkeiten als immer gefährlicher empfunden wurden.

5.2.3 Die gesellschaftlichen Folgen

Wirtschaftswachstum, Preisrevolution und die nachfolgende Krise – alle bedingt durch das Bevölkerungswachstum – veränderten den **Aufbau der europäischen Gesellschaft**. Im Gefolge des Wirtschaftswachstums stiegen erfolgreiche Bürger – besonders Fernhändler, Großunternehmer, aber auch gelehrte Räte – in Stellungen auf, die bisher dem Adel vorbehalten waren. Sie verdankten ihren Rang nicht geburtsständischen Privilegien, sondern ihrer individuellen Leistung. Gleichwohl dachten sie nicht daran, den ständischen Aufbau der Gesellschaft in Frage zu stellen. Die erfolgreichen **Aufsteiger** (oder zumindest ihre Nachkommen) erwarben Adelstitel, Landbesitz und wuchsen in den Lebensstil der alten Aristokratie hinein (wie etwa die Fugger, Welser, Scheurl usw.). Weniger herausragende Bürger mühten sich zumindest um kaiserliche Patrizier- und Wappenbriefe als Anerkenntnis ihres gesellschaftlichen Aufstiegs.
Andererseits büßte der **alte Adel** seine traditionelle Einheit ein. Reiche Familien überstanden die Preisrevolution problemlos; Geschlechter mit geringeren Einkünften (zumal wenn sie in Form fester Geldrenten eingingen) verarmten und belasteten die Gesellschaft zunehmend mit dem Problem eines Proletariats mit elitärem Anspruch. In der zweiten Hälfte des 16. Jahrhunderts – parallel also zum Übergang in die „große Krise" – begannen sich die Standesgrenzen allenthalben zu verhärten. Die handwerklichen **Zünfte** begrenzten die Zahl ihrer Meisterstellen und reservierten sie für die Söhne der Altmeister; Patriziat und Adel verwehrten Aufsteigern Anteil an ihrem Status sowie ihren Privilegien und verwahrten sich gegen „nicht standesgemäße" Ehen ihrer Kinder. Selbst innerhalb des Adels bildeten sich immer schärfere Unterschiede heraus – je nach dem gesellschaftlichen Ansehen der ererbten Titel und der damit verbundenen Privilegien. Zudem schloß sich der **alte Adel** („Schwertadel" oder *„noblesse d'épée"*) gegen den durch obrigkeitliche Ernennungen entstandenen **„Briefadel"** *(„noblesse de robe")* ab.

5.2.4 Die Landwirtschaft

Während der spätmittelalterlichen Agrarkrise hatte der Getreideanbau infolge der verminderten Nachfrage abgenommen; Ackerboden war in Weide umgewandelt oder durch ertragreiche Spezialkulturen wie Wein, Hopfen oder Flachs besetzt worden. Unter dem Druck des Bevölkerungswachstums wurden jetzt wieder Brachland und Weide unter den Pflug genommen, Sümpfe entwässert, Neuland an der Nordseeküste eingedeicht und in den waldreichen Zonen der Mittelgebirge gerodet. In West- und Mitteleuropa ging die Viehwirtschaft (deren Dung zugleich die Böden verbessert hatte) zugunsten des Getreidebaus zurück: denn Getreide erbringt pro Flächeneinheit den zehnfachen Kaloriengehalt wie die Viehzucht. Die bevölkerungsreichen Stadt- und Großgewerbegebiete im Nordwesten Europas (besonders die Niederlande) veränderten infolge ihrer steigenden Nachfrage nach Lebensmitteln allmählich die **Großstruktur der europäischen Landwirtschaft**. Um diesen Kern bildeten sich gleichsam drei Ringe: Im ersten (England, Nordfrankreich, Holland, Friesland) zeigten sich Ansätze zu intensiver Bewirtschaftung; die überkommene Dreifelderwirtschaft löste sich zugunsten der ertragreicheren Fruchtwechselwirtschaft auf (z. B. jährlicher Wechsel zwischen – durch Viehdung verbesserten – Weide und Getreideanbau). Im zweiten Ring, der über Deutschland bis nach Polen reichte, überwog der Getreideanbau nach den Regeln der traditionellen Dreifelderwirtschaft. Im dritten Ring, der mit Dänemark, Westrußland und Ungarn Gebiete umfaßte, die weniger vom Bevölkerungswachstum betroffen waren, dominierte die Rinderzucht. Die gewaltigen Entfernungen zwischen Verbraucher und Erzeuger überbrückte ein sich schnell entwickelnder **Großhandel**: Von Danzig, dem zentralen Markt der ostelbischen Getreideproduktion, gelangten die Getreideüberschüsse auf

dem Seeweg nach England, Frankreich und in die Niederlande. Die ost- und nordeuropäischen Rinder trieb man zu zentralen Märkten (so zum schleswigschen Gottorp oder zum österreichischen Wien) und verbrachte sie von dort – möglichst auf dem billigen Wasserweg – zu den Verbrauchern in Mittel- und Westeuropa (also in den Getreide- und in den Gewerbegürtel).
Die steigende Agrarkonjunktur veränderte die herrschaftliche Organisation der Landwirtschaft. Östlich der Elbe baute der Adel die **Gutswirtschaft** weiter aus, um von den steigenden Getreidepreisen zu profitieren. Westlich der Elbe waren die Verhältnisse unübersichtlicher. Seit dem Ende der Villikationsverfassung (s. Kap. 3, M 31; Kap. 4, M 30) im Hochmittelalter war hier das Dorf der Lebensraum der Bauern geworden, der ihnen sozialen und rechtlichen Rückhalt auch gegen die Grundherren bot. Die Bedeutung des Dorfes wuchs im Spätmittelalter durch den Umstand, daß sich – besonders im deutschen Südwesten – die grundherrschaftlichen Rechte stark zersplittert hatten, in einem Dorf damit oft mehrere Herren ganz unterschiedliche Rechte besaßen. Während der Agrarkrise waren Einkommen und Selbstbewußtsein der Bauern auch dadurch gestiegen, daß die Grundherren (als Folge des Bevölkerungsrückgangs) gezwungen gewesen waren, ihnen das Land zu immer günstigeren Bedingungen (meist als Erbpacht) zu leihen. Der Anstieg der ländlichen Bevölkerung verschlechterte jedoch allmählich auch ihre Lebensverhältnisse. Zum einen verringerte sich der Ernährungsspielraum, zum anderen steigerten die Grundherren die Belastungen. In der zweiten Hälfte des 15. Jahrhunderts zeigten sich – besonders in Südwestdeutschland – immer deutlichere Signale bäuerlicher Unzufriedenheit, die in revolutionären Bewegungen und schließlich im großen Bauernkrieg von 1524/25 mündeten (s. 5.4.4).

5.2.5 Handel, Gewerbe und staatliche Wirtschaftspolitik

Der **Fernhandel** entwickelte sich – dem bereits im Spätmittelalter begründeten Trend folgend – im 16. Jahrhundert zum wichtigsten Wirtschaftsbereich neben der Landwirtschaft. Mit Massengütern wie Lebensmitteln oder Brennstoffen glich er die Versorgungslücken aus, die der wachsende Trend zur europaweiten Arbeitsteilung in Landwirtschaft und Gewerbe zur Folge hatte. Er befriedigte den Bedarf nach Konsumgütern kolonialer Herkunft. Und durch das **„Verlagssystem“** (vgl. 4.4.3) erschloß er die Produktionskraft ländlicher Gebiete oder kleinerer Städte für die großen Weltmärkte. Im Handel – weniger in der gewerblichen Produktion – lagen die großen Gewinnspannen der Zeit.

Abb. 7 Jakob Fugger mit seinem Hauptbuchhalter. Buchmalerei, 1516

Von den italienischen Fernhändlern hatten die deutschen Kaufleute das Filialsystem übernommen, so etwa die „Große Ravensburger Gesellschaft“, die sich noch ausschließlich auf den Handel beschränkte. Moderner und vielseitiger waren jedoch die neueren **oberdeutschen Handelsgesellschaften**, von denen das Augsburger Haus **Fugger** besonders erfolgreich war (s. M 38–M 42). Neben dem Fernhandel nahmen sie durch das Verlagssystem Einfluß auf Qualität und Kosten der Produktion. Die dadurch steigenden Handelsgewinne investierten sie in Kreditgeschäfte mit geistlichen und weltlichen Herren (im Falle der Fugger mit dem Kaiser persönlich), was wiederum politischen Einfluß, nutzbare Rechte und Privilegien, besonders nutzbare Pfänder (etwa Bergwerke) einbrachte. Ihre gewaltige Finanzkraft ermöglichte ihnen schließlich den Einstieg in kapitalintensive Produktionszweige, besonders in den Bergbau, der eben dadurch einen ungeahnten Aufschwung erfuhr. Kennzeichnend für diese Gesellschaften war ihr Streben nach Monopolen. So bemühten sich die Fugger mit wechselndem Erfolg, die oberdeutsche Barchentproduktion (Barchent = Mischgewebe aus Leinen und Baumwolle), die europäische Kupfererzeugung und den über Antwerpen laufenden portugiesischen Gewürzhandel zu kontrollieren und die Konkurrenz durch spekulativen Aufkauf von Waren *(„Fürkauf“)* oder Preisunterbietungen zu ruinieren. Seit der Mitte des 16. Jahrhunderts verloren die deutschen Handelsgesellschaften allmählich an Bedeutung. Die wachsende Konkurrenz niederländischer Unternehmer, die bis zum Ende des Jahrhunderts sowohl den Güterverkehr an den europäischen Küsten als auch den portugiesischen Fernosthandel in ihre Hände brachten, fügte ihnen empfindliche Verluste zu. In den westeuropäischen Ländern verloren sie durch die staatliche Protektion einheimischer Unternehmen zunehmend an Boden. Und durch den Aufstieg Amsterdams zum internationalen Finanzzentrum büßten die deutschen Handelsgesellschaften ihre Rolle als Geldgeber ein; zudem ruinierte sie die Zahlungsunfähigkeit traditioneller Schuldner (das Haus Fugger verlor seine überragende Rolle durch die Staatsbankrotte Philipps II. von Spanien).
Im Großgewerbe behielt die **Textilerzeugung** ihre führende Rolle. Allerdings verschoben sich während des Jahrhunderts die Zentren der Produktion. Denn durch Wechsel modischer Trends entstand im ausgehenden 15. Jahrhundert eine wachsende Nachfrage nach billigen Leichttuchen (sogenannte *„Zeuge“*), die in den Niederlanden, dann aber auch in Süddeutschland (hier entwikkelte sich das württembergische Calw zu einem der bedeutendsten Zentren der Zeugproduktion) und in Schlesien gewoben wurden. Sie drängten allmählich die teueren schweren Wolltuche zurück und schädigten damit das traditionsreiche Tuchgewerbe von Flandern und Florenz. Der modische Trend nach leichten Tuchen begünstigte auch das auf einheimischem Flachsanbau beruhende Leinengewerbe in Oberschwaben und im Bodenseeraum. Besondere Bedeutung erlangte ebenfalls das in Augsburg, Memmingen und Ulm gewobene Barchent.
Träger des Textilgewerbes war – wie in Italien – der in Zünften organisierte Meisterbetrieb der Stadt, der aber schon früh einzelne Produktionsgänge (etwa das Garnspinnen) als Heimarbeit aufs Land vergab. Mit wachsender Nachfrage (und wohl auch schon als Ergebnis des dort allmählich enger werdenden Ernährungsspielraums) traten gegen Ende des 15. Jahrunderts in Süddeutschland vermehrt ländliche Weber (sogenannte *„Gäuweber“*) in Erscheinung, gegen deren Konkurrenz die städtischen Weberzünfte vergeblich ankämpften. Ihre Tuche wurden von kapitalstarken Fernhändlern „verlegt“ (d.h. auf eigene Rechnung verkauft), die in der Regel auch das Rohmaterial lieferten (bei Barchent die importierte Baumwolle) und die ihrem „Gäuweber“ bei Geldmangel (etwa wegen Bedarfs an Arbeitsgeräten) aushalfen. Dadurch gerieten diese in immer stärkere Abhängigkeit vom Verleger, der bestrebt sein mußte, über möglichst viele ländliche Weber ein preisdrückendes Abnahmemonopol zu errichten.
Neben dem Textilgewerbe gewann die **Metallverarbeitung** – begünstigt durch die starke Nachfrage der neuen überseeischen Märkte (z.B. Indien, Südostasien) – in Deutschland besondere Bedeutung. Zum wichtigsten Zentrum entwickelte sich Nürnberg, das vom Erzreichtum seines

Hinterlandes profitierte (Eisen aus der Oberpfalz, Kupfer aus der Grafschaft Mansfeld, Zinn vom Fichtelgebirge) und es teilweise durch sein Kapital überhaupt erst erschloß. Nürnberger Eisen- und Messinggeräte, seine kunstsinnigen feinmechanischen Produkte (z.B. die ersten Taschenuhren) und vor allem sein Angebot an Waffen aller Art waren weltweit begehrte Exportartikel.

Im Verlauf des 16. Jahrhunderts griffen zunehmend – und von weiten Teilen der Bevölkerung auch begrüßt – Landesherren und das Reich in die Wirtschaft ein. Sie erließen **Zunft- und Gewerbeordnungen** (die älteste ist die vom Markgrafen von Baden 1486 erlassene Tuchmacherordnung, die in dessen Gebiet einheitliche Richtlinien sowohl für das städtische als auch ländliche Textilgewerbe erstellte, um damit den Streit zwischen zünftischen und ländlichen Webern zu schlichten), schritten gegen preistreiberische Mißbräuche von Handelsgesellschaften ein (wie etwa gegen den „Fürkauf" oder gegen Monopole) und vereinheitlichten Geld (so die Reichsmünzordnung von 1551), Maße und Gewichte.

Indem die Obrigkeiten ordnend und regulierend in gewachsene Traditionen, aber auch in die schädliche Eigendynamik neuer Wirtschaftsformen eingriffen, antworteten sie auf vielfache Krisen der Zeit; die „Preisrevolution", der Trend zu Handelsmonopolen, die wachsenden Spannungen zwischen städtischen Zünften und ländlichen Handwerkern, die Zunahme an sozialer Not und Kriminalität verlangten nach neuen, einheitlichen und großräumigen Maßnahmen, deren Ausgangspunkt und Ziel das **„gemeine Wohl"** waren, wie es in den zahllosen Landes-, Gewerbe-, Armenordnungen usw. immer wieder an hervorgehobener Stelle heißt.

Mehr und mehr paßten sich Handel und Gewerbe den immer detaillierteren Rahmenrichtlinien der Obrigkeiten an, die eben dadurch neue Kompetenzen und neue Macht gewannen. Die Strukturen entstanden, die später zum Merkantilismus (vgl. 6.2.3.2) hinführten. Der Erfolg dieser Maßnahmen war unterschiedlich: Er war immer dann am größten, wenn sie kurzfristige Entwicklungen anstießen oder hinderten; und er war immer dann am geringsten, wenn sie langfristig angelegte Trends angingen (wie etwa die durch die langfristige Konjunkturentwicklung angelegte „Preisrevolution"). Der sich gerade erst entwickelnden Wirtschaftspolitik der Obrigkeiten fehlten noch vielfach die Einsichten und die Mittel zur Steuerung langdauernder wirtschaftlicher Prozesse.

5.3 Staat und Politik

5.3.1 Die Entwicklung des „frühmodernen Staates“

Die spätmittelalterlichen Länder Europas weisen – bei all ihrer Verschiedenheit – im Spätmittelalter die gleiche **„dualistische“ Verfassungsstruktur** auf: Neben dem Herrscher standen zahlreiche Zwischengewalten (z. B. der Hochadel oder Städte), die ebenfalls über Untertanen herrschten sowie das Recht besaßen, in wichtigen Angelegenheiten des Landes (z. B. Gesetze, Steuererhebungen) mitzuentscheiden. Die solcherart in einem Lande Mitregierenden werden als „Stände“ bezeichnet; ihre – zumeist vom Monarchen einberufenen – Versammlungen („Reichstag“ in Deutschland, *„Cortes“* in Spanien, *„Etats généraux“* in Frankreich, *„Parliament“* in England) faßten ihre Beschlüsse nach oft zähen Verhandlungen als Kompromiß mit dem Herrscher. Da die Stände in der Regel über das Steuerbewilligungsrecht indirekt die Politik des Monarchen kontrollierten, war dessen Handlungsspielraum häufig begrenzt.
Seit der Mitte des 15. Jahrhunderts versuchten die Monarchen – zunächst in den westeuropäischen Ländern – ihre Bindungen an die Stände allmählich abzustreifen, die Befugnisse der Zwischengewalten in deren Gebiet zu schmälern und immer mehr staatliche Gewalt bei sich zu konzentrieren. Der auf diese Weise entstehende Staat unterscheidet sich deutlich von dem weitgehend durch personale Bindungen getragenen „Staat“ des Mittelalters und weist größere Ähnlichkeit mit dem modernen Staat auf; man bezeichnet ihn deshalb als **„frühmodernen Staat“**. Wenn auch der geschichtliche Weg zu diesem Ziel vielfach verschieden war, so ähnelten sich doch die dabei verwendeten Methoden. Dazu gehörte einmal, daß der Herrscher regulierend und ordnend in bislang autonome Bereiche eingriff, wie etwa in Handel, Gewerbe, Verkehr, Armenfürsorge usw., wozu ihm die tiefgreifenden Veränderungen und Probleme in diesen Bereichen auch reichlich Anlaß boten (s. 5.2). Dadurch erweiterte er die Zuständigkeit und die Macht der Krone erheblich.
Hinzu kamen **Reformen im Gerichtswesen**. Die Krone unterstellte sich entweder alle Gerichte oder schränkte die Gerichtsbarkeit der Zwischengewalten durch königliche Berufungsgerichte ein. Großen Einfluß erlangte die Übernahme des kirchenrechtlichen „Inquisitionsverfahrens“ in die weltliche Rechtspflege. Während im Mittelalter Gerichte bei Straftaten nur auf Antrag tätig wurden (und die Geschädigten in der Regel nur dann das Gericht anriefen, wenn sie mit anderen erlaubten Methoden – wie Entschädigung oder Fehde – nicht zum Zuge kamen), erhielten sie jetzt die Aufgabe, bei Tatverdacht auch ohne Antrag Ermittlungen *(Inquisitionen)* aufzunehmen. Der Staat entzog damit den Parteien das Verfahren und machte sich zum Garanten der Rechtssicherheit und des inneren Friedens. Das für mittelalterliches Empfinden selbstverständliche Recht auf Selbsthilfe *(Fehde)* wurde dadurch allmählich ausgehöhlt oder auch aufgehoben.
Bedeutsam wurde ebenfalls, daß sich die Krone allmählich die **Kirche** (in der Regel der größte Grundbesitzer und „Arbeitgeber“ in ihrem Territorium) unterwarf, indem sie etwa gegen kirchliche Mißstände einschritt, Einfluß auf die Besetzung der Kirchenstellen gewann oder gar – wie in Spanien – eine staatliche Behörde zur Kontrolle des rechten Glaubens der Untertanen einrichtete (die 1478 vom Papst zugestandene „Inquisition“, die Katholiken vor Einflüssen der jüdischen und islamischen Einwohner schützen sollte). Diese Tendenz zum **„Staatskirchentum“** führte häufig zum Konflikt mit dem Papst, der entweder vertraglich bereinigt wurde (so 1516 im Konkordat mit Frankreich) oder nach Ausbruch der Reformation zur Abkehr von Rom führte.
Die neuen Aufgaben der Krone waren nur durch den **Aufbau eines wirksamen Verwaltungsapparates** zu leisten, der im Hof seine zentrale Spitze fand. Häufig vertauschte der Herrscher jetzt den Thron mit dem Schreibtisch, um persönlich die Verwaltung zu koordinieren und zu kontrollieren.

Auf jeden Fall brauchte er eine wachsende Zahl qualifizierter, juristisch gebildeter Mitarbeiter (die deshalb häufig bürgerlicher Herkunft waren und dem Humanismus nahestanden). Um sich vom schwerfälligen Heeresaufgebot der Stände zu lösen, führte der Herrscher seine Kriege mit angeworbenen Söldnern (die im übrigen auch – wie die Schweizer Söldner – Neuerungen im Infanteriekampf besser beherrschten) oder er ging – wie der französische König – dazu über, sich eine schlagkräftige, stehende Truppe zu schaffen, die sich in Friedenszeiten auch für Polizeieinsätze im Inneren eignete (die adeligen *„Gens d'armes"*-Kompanien).
Diese Neuerungen kosteten viel Geld. Da die Herrscher bei dieser Tendenz ihrer Politik kaum auf Steuererhöhungen durch die Stände hoffen durften, blieb ihnen nichts anderes übrig, als alte Einnahmequellen zu erweitern und neue durch den Ausbau von Krondomänen, Einführung neuer Zölle, Abgaben usw. zu erschließen. Am glücklichsten waren hier die Könige von Spanien und Portugal, die durch ihr staatliches Kolonialhandelsmonopol zunächst von Geldsorgen verschont blieben. Wenn Länder wie England oder Frankreich zunehmend zur kolonialen Expansion drängten – was die politischen Spannungen in Europa erhöhte –, dann vor allem in der Hoffnung, durch die erwarteten Gewinne ihren gewaltig gestiegenen Finanzbedarf zu befriedigen.
Das allmähliche Ausschalten oder Umgehen der ständischen Gewalten und die Konzentration der Macht bei der Krone mündete schließlich im Absolutismus. Freilich war bei diesem sich über zwei Jahrhunderte hinziehenden Prozeß der Ausgang nicht immer so vorentschieden wie in Spanien, Frankreich und zunächst auch England, wo die Krone über die Stände siegte. Im deutschen Reich oder in den Niederlanden setzten sich die Stände gegen die Krone durch. Und in Osteuropa, in Polen und Ungarn, haben die Könige erst gar nicht den Versuch unternommen, die Stände auszuschalten und die Macht bei sich zu konzentrieren.

5.3.2 Das deutsche Reich

1438–1740 Haus Habsburg
1440–1493 Friedrich III.
1493–1519 Maximilian I.
ab 1495 Reichsreformen
1519–1556 Karl V.

Das Reich, oder genauer: das „Heilige Römische Reich", war der größte und ehrwürdigste Staat Europas. Es reichte von Ost- und Nordsee bis zum Mittelmeer, umfaßte staatsrechtlich drei Königreiche in Personalunion (nämlich Deutschland, Reichsitalien und Reichsburgund) und hatte an seiner Spitze den Kaiser, der die universale Tradition des römischen Reiches fortführte. Freilich, so imposant sich dieses Gebilde auch dem ersten Augenschein darstellte, so wenig konnte es näherem Prüfen verbergen, daß es altertümlich und morsch geworden war.
Die Herrschaft über Reichsitalien und Reichsburgund (nicht zu verwechseln mit dem staatsrechtlich zu Frankreich gehörenden Herzogtum Burgund, das neben Burgund auch die heutigen Benelux-Staaten umfaßte) war bis zur Bedeutungslosigkeit verkümmert.
Im deutschen Kerngebiet, dem „Heiligen Römischen Reich Deutscher Nation", hatten die Reichsstände im Spätmittelalter ein Übergewicht über den Kaiser errungen. Ein wichtiges Indiz dafür war der Umstand, daß die Ständeversammlung, der in drei „Kurien" (Kurfürsten, Fürsten, Reichsstädte) gegliederte und in unregelmäßigen Abständen einberufene **Reichstag**, den Anspruch erheben konnte, das „Reich" und seine Interessen gegenüber dem Kaiser zu vertreten. In der Tat vernachlässigte Kaiser **Friedrich III.** (1440–1493) während seiner langen Regierungszeit die Interessen des Reiches zugunsten des Aufbaus einer habsburgischen Hausmacht im Südosten. Andererseits waren aber auch viele Reichsstände kaum die geeigneten Anwälte der Reichsidee. Die mächtigeren Fürsten waren vielfach dazu übergegangen, ihre Territorien in „frühmoderne Staaten" umzuwandeln; dazu gehörte auch hier und da der Versuch, ihr Gebiet zu

Abb. 8 „Das Heilige Römische Reich mit seinen Gliedern.“ Holzschnitt von Hans Burgkmair, 1510

Lasten schwächerer Nachbarn zu vergrößern. Dies führte zu inneren Wirren, denen Friedrich III. in der Regel tatenlos zusah, solange sie nicht Interessen seiner Erblande gefährdeten.
Bei den schwächeren Reichsständen (besonders den geistlichen Herrschaften, Grafen, Rittern und Reichsstädten), die durch Bündnisse („Einungen“) zunehmend Schutz untereinander suchten, wuchs verständlicherweise die Sehnsucht nach einer starken kaiserlichen Zentralgewalt, die allen Schutz und Recht garantieren konnte. Sie unterstützten deshalb den Ruf nach **Reichsreform**, der im Verlauf des Jahrhunderts in staatstheoretischen Schriften, aber auch auf Reichstagen immer lauter erklang. Vom Interessenstandpunkt der mächtigeren Stände konnte eine „Reichsreform“ allerdings nur dann erwünscht sein, wenn sie deren politischen Spielraum erhielt, was wiederum auf eine schwache Zentralgewalt hinauslief. Vereinfacht ausgedrückt bewegte sich die Zukunft des Reiches also irgendwo zwischen den beiden extremen Möglichkeiten einer aristokratischen Ständerepublik oder eines monarchischen Einheitsstaates. Noch war nicht richtig abzusehen, wohin die Entwicklung gehen würde; aber es mußte entscheidend auf die künftigen Kaiser ankommen, auf ihre Politik und auf ihre Fähigkeit, Machtreserven zu erschließen und richtig einzusetzen.
Der Sohn und Nachfolger Friedrichs III., Kaiser **Maximilian I.** (1493–1519), widmete sich gleich zu Beginn seiner Regierung energisch der Reichsreform. Der **Reichstag von Worms**, 1495, verbot im Reichsgebiet für alle Zeiten die Fehde **(Ewiger Reichslandfrieden)**, errichtete ein **„Reichskammergericht“** als oberste Berufungsinstanz und beschloß eine allgemeine **Reichssteuer** („Gemeiner Pfennig“). Dieses wohlgemeinte Reformwerk krankte jedoch daran, daß es dem Kaiser nicht gelang, den Ständen eine eigene Vollzugsordnung („Reichsexekutionsordnung“) abzuringen – eben weil diese zu Recht fürchteten, daß dadurch die Macht des Kaisers entschei-

dend vergrößert würde. Durch das Fehlen eigener Vollzugsorgane blieb der Kaiser jedoch in allen Reformangelegenheiten – von der Wahrung des Reichsfriedens bis hin zum Einzug des „Gemeinen Pfennigs" – von der Hilfe und dem guten Willen der Stände abhängig. Die von so hohen Erwartungen begleitete Reichsreform hatte sich während der Ära Maximilians am unentschiedenen Dualismus von Kaiser und Reichsständen festgefahren.
Eine neue Lage ergab sich, als die Kurfürsten nach dem Tode Maximilians I. dessen Enkel **Karl V.** (1519–1556) zum Kaiser wählten (wofür die Fugger Karl gewaltige Bestechungssummen geliehen hatten). Denn Karl V. war nicht nur Herr des reichen Herzogtums Burgund, sondern als Enkel der katholischen Könige Isabella und Ferdinand zugleich der Erbe Spaniens und dessen Kolonialreiches. Seine gewaltigen Machtmittel und Einkünfte schienen im Urteil vieler Zeitgenossen eine Gewähr dafür zu bieten, daß es ihm gelingen könnte, die Reichsreform im kaiserlichen Sinne zu lösen. Zwar mußte Karl den Ständen in einem Wahlvertrag **(„Wahlkapitulation")** eine Reihe von Rechten und Freiheiten verbriefen. Aber er ließ gleich auf seinem ersten Reichstag in Worms, 1521, keinen Zweifel daran aufkommen, daß er trotz allem im Reich eine Monarchie sah.
In der Tat verfügte der Kaiser als oberster Lehns-, Gerichts- und Kriegsherr noch über ansehnliche monarchische Befugnisse. Und in der Altertümlichkeit der Reichsverfassung lag gerade eine Chance für den Kaiser, durch Reformen neue Kompetenzen zu schaffen und damit die Macht der Krone zu erweitern. Wenn er – gestützt auf die gewaltigen Einkünfte seines Weltreiches – auf die Steuerbewilligung des Reichstages verzichten und damit die Mitregierung der Stände ausschalten könnte, wenn er mit kaiserlichen Beamten und Truppen eine wirksame Reichsexekutionsordnung schaffen und in eigener Machtvollkommenheit die Bereiche von Handel, Gewerbe, Verkehr usw. ordnen würde, dann wäre er der monarchischen Lösung der Verfassungsfrage ein gutes Stück näher gekommen, ohne die in der Wahlkapitulation verbürgten Rechte und Freiheiten auch nur eines einzigen Reichsstandes antasten zu müssen.
Allerdings war Karl V. gerade wegen seiner gewaltigen Macht auch verwundbar: Sie zog beinahe unausweichlich die Konkurrenz anderer europäischer Mächte, besonders Frankreichs, nach sich und verwickelte den Kaiser dadurch in langwierige und kräftezehrende Kriege. Der Ausbruch der Reformation, der sich alsbald wichtige Reichsstände anschlossen, verlieh dem ständischen Widerstand gegen den Kaiser eine neuartige Dynamik und Legitimation. An der Verbindung beider ist Karl V. – wie im folgenden darzustellen sein wird – schließlich gescheitert.

5.3.3 Die große europäische Politik

1515–1547	Franz I. König von Frankreich	Seit 1520	Türkische Angriffe gegen Europa
1521–1544	Kriege zwischen Karls V. und Franz I.	1529	Erste Belagerung Wiens durch die Türken

Mit der Wahl Karls V. zum Kaiser war **Frankreich** in eine prekäre Lage geraten. Von Spanien im Südwesten bis zu den burgundischen Niederlanden und dem deutschen Reich im Osten war es an allen Landgrenzen von habsburgischem Gebiet eingeschlossen. Mit den Habsburgern verband den französischen König alter Streit. Einmal ging es um „Burgund", das Stammland der burgundischen Niederlande, das Frankreich nach dem Tode Karls des Kühnen (1477) an sich gezogen hatte, das aber die Habsburger als dessen Erben für sich zurückforderten. Der in den Niederlanden aufgewachsene Karl V. sah im Wiedergewinn der Stammlande geradezu eine persönliche Ehrenfrage. Weiterhin war abzusehen, daß sich der Kaiser nicht mit der französischen Eroberung Mailands (1516), dem wichtigsten Teil Reichsitaliens, abfinden würde. Krieg lag also in der Luft. Freilich wußte man auch in Frankreich, daß es in diesem Krieg nur vordergründig um Burgund oder Mailand gehen würde. Denn der junge Kaiser träumte unter dem Einfluß seines Kanzlers

und väterlichen Freundes, des Humanisten Gattinara (1465–1530), davon, seine gewaltigen Machtmittel einzusetzen, um der altehrwürdigen Kaiserkrone wieder neuen Glanz zu verleihen und mit Söldnerheeren und modernen Flotten die seit der Antike verlorene Einheit Europas in Gestalt **habsburgischer Hegemonie** zu erneuern. Dazu aber mußte Frankreich, die zweitstärkste Macht Europas, niedergerungen werden.
Aber auch der **Papst** fühlte sich durch die Kaiserwahl Karls V. bedroht. Da Süditalien als Teil des spanischen Reiches habsburgisch war, mußte der Kirchenstaat durch eine kaiserliche Rückeroberung Mailands in die gleiche Zangenlage geraten wie Frankreich. Dies aber hätte höchstwahrscheinlich das Ende der politischen Unabhängigkeit des Papstes bedeutet.
In diese gespannte Lage nach 1520 drangen von der südöstlichen Grenze Europas beunruhigende Nachrichten. Sultan **Soliman II.** (1520–1566) erneuerte die **türkischen Angriffe gegen Europa**: 1521 fiel Belgrad. Damit lag Ungarn ungeschützt vor den Türken. 1522 fiel das stark befestigte Rhodos des Johanniterordens. Im östlichen Mittelmeer verwehrte nur noch das venezianische Kreta ein weiteres Vordringen der Türken. Die Absichten Solimans II. waren eindeutig. Neben der Wiederaufnahme des „Heiligen Krieges“ zur Verbreitung des Islam ging es ihm vor allem darum, auf dem Landweg die europäischen Konkurrenten des Levantehandels zu treffen, die seine Flotte nicht aus dem Indischen Ozean vertreiben konnte.
Bereits 1521 brach der französisch-habsburgische Krieg aus. Er wurde vor allem in Norditalien geführt und endete 1525 in Pavia mit der größten Landschlacht des 16. Jahrhunderts. Das französische Heer unterlag, und König Franz I. geriet in kaiserliche Gefangenschaft. Um seine Freiheit zurückzugewinnen, trat Franz im **Frieden von Madrid (1526)** Burgund und Mailand an Karl V. ab. Schneller als erwartet hatte sich Habsburg als die stärkste Macht Europas erwiesen.
Dann aber setzten rasch Rückschläge ein. Denn kaum in Freiheit, widerrief Franz I. den Friedensvertrag und setzte im Bündnis mit dem Papst und mit englischer Hilfe den Krieg gegen Karl V. fort. Schlimmer noch: Während der Gefangenschaft ihres Königs hatte die französische Diplomatie Kontakte mit dem türkischen Sultan geknüpft, der wahrscheinlich deswegen noch im selben Jahr in Ungarn einfiel und dabei das ungarische Heer in der Schlacht bei **Mohacs** (1526) vernichtete. Nur Aufstände in Kleinasien hinderten Soliman daran, entlang der Donaulinie weiter nach Wien und Süddeutschland vorzustoßen. 1527 neigte sich dann das Kriegsglück wieder dem Kaiser zu: Seine Truppen eroberten Rom und setzten den Papst gefangen. Langwierige Verhandlungen mit Frankreich begannen, die schließlich unter dem Druck eines erneuten türkischen Vormarsches **1529** in den **Frieden von Cambrai** mündeten: Frankreich behielt Burgund, trat aber Mailand an den Kaiser ab, der damit die Vorherrschaft über Italien gewann. Oberflächlich besehen endete das große Ringen mit einem Vorsprung Habsburgs; und wahrscheinlich spiegelte dieser Vertrag auch die tatsächlichen Kräfteverhältnisse wider. Freilich konnte einem kritischen Beobachter nicht verborgen geblieben sein, daß der französische Staat den langen Krieg nahezu unbeschädigt überstanden hatte. Auch ein noch so glänzender Sieg wie der von Pavia reichte offenbar nicht aus, um das Land in die Knie zu zwingen und fremdem Willen gefügig zu machen. Der Kaiser hätte Frankreich militärisch besetzen müssen. Dazu aber fehlten ihm die Mittel. Der lange, mit Söldnerheeren geführte Krieg hatte die Finanzkraft des reichsten Fürsten Europas nahezu erschöpft. Hinzu kam, daß die französische Diplomatie gezeigt hatte, daß sie Verbündete zu gewinnen verstand, die aus eigenem Interesse bestrebt waren, eine europäische Hegemonie Habsburgs zu verhindern. Das **Gleichgewichtsprinzip**, das für die kommenden Jahrhunderte die europäische Politik bestimmen sollte, begann sich allmählich als wirksam zu erweisen.
Der für den Kaiser gefährlichste Verbündete Frankreichs war die Türkei. Denn dem Sultan ging es nicht nur darum, eine kaiserliche Hegemonie über Europa zu verhindern, sondern unter Ausnutzen innereuropäischer Konflikte selber ein islamisches Großreich über Europa zu errichten. Die fortdauernde Bedrohung des Kaisers durch die Türken begünstigte jedoch eine weitere anti-

Abb. 9 Europa und der Mittelmeerraum zur Zeit Kaiser Karls V. (1519–1556)

kaiserliche Politik der Franzosen, die ihrerseits darauf bedacht bleiben mußten, ihren gefährlichsten Rivalen nach Kräften zu schwächen. Das Ausschalten der Türken war deshalb der Schlüssel zur Lösung der außenpolitischen Probleme des Kaisers.

Zunächst aber stand das Heer des Sultans im Herbst 1529 vor Wien. Mühsam verteidigte sich die Stadt, bis der Einbruch des Winters die Belagerer zum Rückzug zwang.

Die vorläufig gewonnene Atempause wollte der Kaiser nutzen, um in Deutschland den Religionskonflikt beizulegen (s. 5.4.5) und die Reichsstände für den Türkenkrieg zu gewinnen. Dies aber scheiterte auf dem Augsburger Reichstag (1530) mit der fatalen Folge, daß sich die neugläubigen Stände zu einem Bündnis gegen den Kaiser zusammenschlossen (**Schmalkaldischer Bund** von 1531). Obwohl dieses Bündnis nur defensive Ziele verfolgte, mußte der Kaiser von nun an mit einem weiteren Gegner rechnen, der durch seine bloße Existenz dem französischen Gegner Habsburgs zusätzlich den Rücken stärkte.

Da sich die Reichsstände nur bedingt für den Türkenkrieg gewinnen ließen, versuchte der Kaiser in den folgenden Jahren von Spanien und Süditalien aus, die türkischen Verbündeten in Nordafrika zu treffen und den Sultan von Mitteleuropa abzulenken. Frankreich, das die türkische Flotte während dieser Kämpfe immer offener unterstützt hatte, eröffnete 1536 wieder den Krieg gegen Karl V., um ihn in langwierigen Feldzügen erneut nach und nach zu verlieren. Im **Frieden von Crépy (1544)** mußte Frankreich den territorialen Besitzstand des Kaisers anerkennen, seine Verbindung mit den Türken lösen und sich in geheimen Zusatzprotokollen zur militärischen Hilfe gegen den Schmalkaldischen Bund verpflichten. Zum ersten Mal war damit das Hegemonialziel Karls V. in die Nähe gerückt: Frankreich war gezwungen, sich in den Dienst der kaiserlichen Politik zu stellen.

Die folgenden Jahre waren die erfolgreichsten des Kaisers. Es gelang ihm, die Türken von der Ostgrenze des Reiches fernzuhalten und durch den Sieg über den Schmalkaldischen Bund (1547) die ständische Opposition im Reich zu zerschlagen. Sogleich nutzte er die Gunst der Lage, um die Religionsfrage vorläufig zu lösen (im sogenannten **Interim**), sowie die Reichsverfassung auf Dauer im monarchischen Sinn zu ändern. Er forderte die Stände auf, einem **„Reichsbund"** beizutreten, in dessen Beschlußgremien der Kaiser die Mehrheit haben sollte. Das Kommando über ein starkes Bundesheer sowie eine wirksame Verwaltung hätten sein Übergewicht über die Bundesglieder zusätzlich verstärkt. Der „Reichsbund" wollte zwar die föderative Ordnung des Reiches wahren, aber durch eine starke kaiserliche Spitze und zusätzliche Elemente eines „frühmodernen Staates" ergänzen.

Den Ständen gelang es, das Projekt durch halbe Zustimmung und verzögernde Verhandlungen vorläufig in der Schwebe zu halten, begünstigt durch eine zunehmende und bis heute nicht befriedigend erklärte Entscheidungsschwäche der kaiserlichen Regierung. Gleichzeitig bahnte sich quer über die konfessionellen Schranken ein umfassender, einvernehmlicher Widerstand gegen die kaiserlichen Pläne an, die die Stände ihre Selbständigkeit gekostet hätten. 1552 erhob sich eine Gruppe neugläubiger Fürsten im Bündnis mit Frankreich handstreichartig gegen den vollkommen überraschten Kaiser, der ohne ausreichende Truppen sogar überstürzt aus seiner Residenz Innsbruck fliehen mußte.

Offenbar sahen Karl V. und sein Bruder Ferdinand kein anderes Mittel, um das Bündnis zwischen Frankreich und deutschen Fürsten aufzubrechen, als den Reichsständen im **Passauer Vertrag (1552)** und dann auf dem **Augsburger Reichstag (1555)** ihre politische Autonomie zu bestätigen (womit der Kaiser auf den Reichsbundplan verzichtete) sowie die Freiheit zum lutherischen Bekenntnis zu garantieren. Die Religionshoheit ging damit endgültig auf die Stände über, die künftig nach dem Grundsatz **„Wes das Land, des die Religion"** (*Cuius regio, eius religio*) auch nach dem Tenor des Reichsrechtes über das Bekenntnis ihrer Untertanen bestimmen durften.

Resigniert dankte Karl V. 1556 ab, wohl im Bewußtsein, Habsburg als stärkste europäische Macht erhalten, aber das Ziel eines christlichen Universalreiches verfehlt zu haben. Möglicherweise ist die vom Kaiser verfügte Erbfolge, die die Einheit des Hauses Habsburg preisgab, ebenfalls ein Zeichen dieser Resignation: Sein Bruder Ferdinand erhielt die österreichischen Stammlande und die Kaiserkrone, sein Sohn Philipp II. gewann mit Spanien, den Niederlanden und Italien die Hauptmasse des Habsburgerreiches.

Während sich Karl V. im Kloster Yuste bei Toledo auf seinen Tod vorbereitete – er starb am 21. 9. 1558 –, führte sein Sohn Philipp den Krieg mit Frankreich siegreich zu Ende. Der Friede von **Câteau-Cambrésis (1559)** umschrieb in etwa den bereits in Cambrai (1529) vereinbarten Besitzstand. Der Umstand, daß das total erschöpfte Frankreich kurz darauf in Thronwirren und in verheerende Religionsstreitigkeiten zwischen Altgläubigen und Calvinisten verfiel, begründete für die kommenden Jahrzehnte das politische Übergewicht Spaniens in Europa. Eine weitere Epochengrenze setzte der umfassende Sieg einer spanisch-venezianischen Flotte über die türkische in der Seeschlacht bei **Lepanto** im Golf von Patras (1571), der den türkischen Expansionsdrang im Mittelmeer und Europa vorderhand spürbar dämpfte.

5.4 Die Reformation und ihre Auswirkungen auf Kirche, Staat und Gesellschaft

1466–1536	Erasmus von Rotterdam	1517	Luthers 95 Thesen zum Ablaß
1483–1546	Martin Luther	1525	Bauernkrieg
1484–1531	Huldrych Zwingli	1530	Augsburger Reichstag
1509–1564	Johann Calvin	1555	Augsburger Religionsfriede
1491–1556	Ignatius von Loyola	1545–1563	Konzil von Trient

5.4.1 Die Kirche im Spätmittelalter

Die katholische Kirche war die älteste und ehrwürdigste Institution Europas. Ihre einzigartige Stellung verdankte sie dem Anspruch, die Glaubenslehre zu hüten und den Menschen das göttliche Heil zu vermitteln; ihr Oberhaupt, der römische Papst, war der „Stellvertreter Christi auf Erden".

Die Kirche war die letzte universale Institution Europas. In dem Maße, wie im Verlauf des Mittelalters die universalen Ansprüche des Kaisers von der Wirklichkeit überholt worden waren, verkörperte die Kirche die ideelle Einheit Europas. Ihre Bistümer, Klöster und Pfarreien umspannten alle Länder zwischen Mittel- und Nordmeer, zwischen Atlantik und dem Bug. Durch ihre Seelsorger war sie im kleinsten Dorf, im vergessensten Winkel des Kontinents gegenwärtig.

Die Kirche war die reichste Institution Europas. Durch Schenkungen, Erbschaften und Abgaben hatten sich im Verlauf des Mittelalters bei ihren Bistümern, Klöstern und Pfarreien gewaltige Vermögen gehäuft, von denen wiederum zahllose Priester, Mönche und Nonnen lebten, aber auch zahlreiche soziale und gelehrte Einrichtungen (Hospitäler, Schulen, Universitäten) ihren Unterhalt fanden.

Die Kirche war auch eine der mächtigsten Institutionen Europas. Ihre Gesetze und Vorschriften bestimmten das Alltagsleben der Europäer; ihre Gerichte waren für weite Bereiche des heutigen Zivilrechts (z. B. das Familienrecht) zuständig; ihre Strafen – so besonders der Kirchenbann (Exkommunikation) – waren gefürchtet und zogen meist auch im weltlichen Bereich empfindliche Folgen nach sich. Es gab im übrigen kaum eine politische Angelegenheit von größerer Reichweite, in der ihre Würdenträger nicht ein gewichtiges Wort mitzureden gehabt hätten.

Freilich war aber auch unübersehbar, daß die Kirche im Spätmittelalter in eine tiefe Krise geraten war. Die zu Beginn des 15. Jahrhunderts aufgeworfene Frage, ob der Papst oder das Konzil die oberste Leitungsgewalt über die Kirche ausübe, konnten die Päpste zwar während des Jahrhunderts zu ihren Gunsten entscheiden, ohne daß freilich der **„Konziliarismus"** endgültig überwunden gewesen wäre (s. 4.3.4). Die Päpste mußten damit rechnen, daß diese Streitfrage bei gegebenem Anlaß wieder aktuell würde; die Drohung mit einem Konzil geriet deshalb auch zu einer beliebten Waffe der europäischen Mächte bei politischen Auseinandersetzungen mit dem Papsttum. Folgenschwerer wurde der Umstand, daß der Kampf um Italien die Päpste zunehmend zwang, die Interessen des Kirchenstaates politisch und militärisch zu verteidigen. Damit geriet das Papsttum zu einer Kampfpartei neben anderen, verlor es an übernationaler, an moralischer Autorität, besonders weil es der Versuchung nicht immer widerstehen konnte, geistliche Befugnisse zu politischen Zwecken zu mißbrauchen.

Die internationalen Spannungen machten auch vor der Kurie, der riesigen Verwaltungsbehörde des Papstes, nicht halt: Manche Kardinäle vertraten den französischen, andere den kaiserlichen Standpunkt (s. 5.3.3), jede Partei mühte sich um entsprechenden Einfluß auf Papst und Kurie. Kardinalsernennungen erfolgten deshalb immer häufiger nach politischen Interessen als nach der moralischen und fachlichen Eignung des Kandidaten; entsprechend fielen die Papstwahlen aus.

Die **„Politisierung“ von Papsttum und Kurie** begünstigte das zunehmende Streben der europäischen Monarchen (und Reichsfürsten), die Kirchenhoheit als wichtigen Baustein des „frühmodernen Staates“ zu erlangen. In Verhandlungen und Verträgen sah sich die Kurie zunehmend gezwungen, weltlichen Gewalten Rechte über die Kirche in deren Territorien zuzugestehen. Am erfolgreichsten war dabei der französische König, der dem Papst 1516 das Recht abrang, alle Bistümer und Abteien Frankreichs zu besetzen. In die gleiche Richtung, aber nicht ganz so weit, waren Zugeständnisse gegangen, die Spanien, England und die habsburgischen Erblande erhalten hatten.

Auch im Reich war es vielen Fürsten gelungen, Verfügungsrechte über die Kirche in ihren Territorien zu erlangen und damit die Grundlage für **„Landeskirchen“** zu schaffen; aber das Reich als solches war – trotz entsprechender Pläne Kaiser Maximilians I. – weit von einer Nationalkirche entfernt. Gleichwohl war sie als Forderung und Ziel einer breiten Öffentlichkeit wohl vertraut; der Ruf nach einer deutschen Nationalkirche wurde lauter in dem Maße, wie die Kritik am Papsttum und an kirchlichen Mißständen zunahm.

Nach dem Urteil vieler geistig reger Zeitgenossen befand sich die Kirche auch moralisch auf einem Tiefstand. Klagen über nachlässige Amtsführung, Habgier und Sittenverderbnis von Priestern und Mönchen häuften sich. Tatsächlich hatten sich in die spätmittelalterliche Kirche mancherlei **Mißstände** eingeschlichen. Während des Großen Schismas war die Kirchenaufsicht über Priester und Mönche weitgehend zusammengebrochen. Das Konstanzer Konzil, das schließlich die Kirchenspaltung beendete, sah deshalb in einer **Reform „des Hauptes und der Glieder“** der Kirche seine Hauptaufgabe. Vieles war in den auf Konstanz folgenden Jahrzehnten – besonders in den **Orden** – an Kirchenreform geleistet worden; und zweifellos befand sich die Kirche um 1500 in einem besseren Zustand als um 1400. Daß gleichwohl die vorhandenen Gebrechen um 1500 stärker auffielen als zuvor, lag einmal an der Zunahme der allgemeinen Bildung der Laien (als Folge des Humanismus), dann aber auch daran, daß der verbreitete Wille zur Reform feinfühliger für Mißstände gemacht hatte.

Die kritisierten Mißstände waren vielfältig und verschiedenartig; häufig hingen sie mit zwei Grundübeln zusammen, die die Kirche zunehmend selbst reformfähig gemacht hatten: die mangelnde Qualifikation des Klerus und der gestiegene Finanzbedarf der Kurie.

Der **Klerus** bot, vor allem in Deutschland, ein getreues „Abbild der Ständegesellschaft“. Die für die Wahl der Bischöfe zuständigen **Domkapitel** wurden häufig nicht nach der Qualifikation der Bewerber, sondern nach politischen oder gesellschaftlichen Gesichtspunkten besetzt. Sie waren eine Domäne des Adels, der ein natürliches Interesse daran hatte, seine überzähligen Nachkommen standesgemäß durch hochdotierte Kirchenstellen zu versorgen. Die von diesen Domherren gewählten Bischöfe – deren wichtigste Aufgabe die Wahrung der Kirchendisziplin gewesen wäre – waren in der Regel nicht besser als ihre Wähler. Häufig umgingen die höheren Kleriker das kirchenrechtliche Verbot der Ämterhäufung durch erkaufte päpstliche Dispense und verschafften sich weitere einträgliche Kirchenstellen. Die damit verbundenen Pflichten ließen sie durch schlecht bezahlte Vertreter erledigen.

Neben dem Adel drängten aber auch Vertreter bürgerlicher oder bäuerlicher Schichten in den geistlichen Stand, der neben der Aussicht auf Versorgung auch eine **Chance zu sozialem Aufstieg** bot. Diese Priester waren in der Regel ungebildet (eine geregelte Priesterausbildung führte erst das Konzil von Trient 1563 ein) und häufig auch moralisch wenig qualifiziert. Sie bildeten in den Städten ein wachsendes „Priesterproletariat“, das mehr schlecht als recht von den Gebühren für Meßaufträge lebte und häufig durch zügelloses Verhalten Anstoß erregte. Der sich zwischen dem Anspruch und der Wirklichkeit des geistlichen Standes immer stärker öffnende Widerspruch war die Hauptursache für einen verbreiteten Antiklerikalismus im Spätmittelalter.

Sprichwörtlich war die Geldgier des Klerus im allgemeinen und die der römischen Kurie im besonderen. Durch Politik (Kriege), Verwaltung, gestiegene **Repräsentationsbedürfnisse** und eine gewaltige **Bautätigkeit** war der römische Geldbedarf gewachsen. Die Kurie behalf sich damit, daß sie ihre geistlichen und kirchlichen Rechte immer stärker wirtschaftlich zu nutzen begann: Ämter und Dispensen wurden weniger nach seelsorgerlichen als nach finanziellen Gesichtspunkten verliehen oder erteilt, Kirchenstrafen gegen Geld erlassen. Würden, Ämter, ja ganze Bistümer waren in Rom für den erhältlich, der genug dafür bezahlte. Der Geldbedarf der Kurie stabilisierte so die moralischen Mißstände bei der Geistlichkeit.
Zu einem besonderen Skandal und zu einer der Ursachen für die Reformation geriet der finanzielle **Mißbrauch des Ablasses**. Der Ablaß war im Hochmittelalter aus dem Bestreben der Gläubigen entstanden, durch gute Werke Sünden zu sühnen, die zwar in der sakramentalen Beichte grundsätzlich getilgt, für die aber nach kirchlicher Lehre noch Strafen im Diesseits oder im Jenseits (Fegefeuer) abzubüßen waren. Diese Bußwerke konnten aus Fasten und Kasteiungen, Werken der Nächstenliebe oder Wallfahrten bestehen, forderten also stets ein erhebliches persönliches Engagement. Im Verlauf des 15. Jahrhunderts vergab die Kirche den Ablaß immer häufiger gegen Geldzahlungen und erschloß sich damit eine neue Einnahmequelle. Oft marktschreierisch von eigens beauftragten Predigern angepriesen, erweckte er bei religiös weniger gebildeten Laien den Eindruck, der Ablaß tilge – vorbei an Reue und sakramentaler Beichte – die Sünden selbst.
Die beschriebenen Mißstände waren vielleicht in Deutschland ausgeprägter als anderswo; zumindest aber waren hier – wo der Schutz durch eine Nationalkirche fehlte – die Einwirkungsmöglichkeiten der Kurie größer und damit für die Allgemeinheit spürbarer. Deshalb verdichtete sich hier der verbreitete **Antiklerikalismus** auch stärker als anderswo zur Kritik an der römischen Kurie, die besonders von national gesinnten Humanisten, aber auch von einfachen Laien erhoben wurde.
Freilich muß festgehalten werden, daß diese Kirchenkritik und Reformforderungen grundsätzlich weder die überkommene Lehre noch die Kirche als solche in Frage stellten. Und offenbar beeinträchtigte sie auch nicht die Frömmigkeit der Laien. Es scheint vielmehr im Gegenteil so, daß seit der Wende zum 16. Jahrhundert ein neuer religiöser Ernst, eine wachsende Sorge um das Seelenheil die Menschen ergriffen hätte. Jedenfalls nahmen die Stiftungen für Kirchen, Klöster und Kapellen zu, bereicherten diese mit neuen Bildern, Altären und Meßgeräten. Wohlhabende reservierten testamentarisch einen Teil ihres Vermögens, damit für ihr Seelenheil regelmäßig eine Messe gelesen werden konnte; Wallfahrten nahmen zu; die angebotenen Ablässe stießen auf starke Nachfrage.
Eine der Ursachen und zugleich ein wichtiger Ausdruck dieser Sorge um das Seelenheil war ein wachsendes **„Endzeitbewußtsein“**. In Büchern, Flugschriften und Predigten tauchte immer häufiger die Vorstellung auf, daß die Welt mit all ihren Krisen und Mißständen an ihr Ende gekommen sei, daß ein gewaltiges Gottesgericht bevorstehe, daß die Wiederkunft Christi, der „Jüngste Tag“ und damit das Ende aller Zeit nicht mehr fern seien.

Abb. 10 Bildersturm. Holzschnitt von Erhard Schön, um 1530

5.4.2 Martin Luther und die Anfänge der Reformation

1515 schrieb Papst Leo X. einen Ablaß aus, dessen Erträge den Neubau des römischen Petersdomes finanzieren sollten. Zu seinem Ablaßbeauftragten in Deutschland ernannte er den Erzbischof von Mainz, Albrecht von Brandenburg, der zugleich Erzbischof von Magdeburg war und das Bistum Halberstadt verwaltete.
Der erst 24jährige, hochadelige Kirchenfürst hatte allen Grund, der Kurie gefällig zu sein: Seine Wahl in Mainz sowie päpstliche Dispensen (von dem kirchenrechtlichen Verbot der Häufung dreier Bistümer) hatten gewaltige Summen verschlungen, der junge Prälat war deshalb bei den Fuggern hochverschuldet. Gefälligerweise erlaubte ihm deshalb die Kurie, mit der Hälfte der Ablaßeinnahmen seine Schulden zu tilgen. Dieses skandalöse Dreiecksgeschäft zwischen der Kurie, dem Mainzer Erzbischof und der Firma Fugger war der Öffentlichkeit nicht bekannt. Es erklärt aber das hohe Interesse, das Albrecht von Brandenburg an dessen Erfolg haben mußte; entsprechend eindeutig in der Sache und fragwürdig in der theologischen Begründung fiel deshalb die Instruktion an seine Ablaßprediger aus.
Mitten in die erfolgreich begonnene Ablaßpredigt platzte eine kleine Schrift mit **95 kritischen Thesen** zum Ablaß, die ein bis dahin unbekannter Mönch und Professor aus Wittenberg namens Martin Luther verfaßt und am 31. 10. 1517 an den Mainzer Erzbischof sowie an gelehrte Freunde versandt hatte. Daß Luther die Thesen am 31. 10. 1517 auch demonstrativ an die Schloßkirche von Wittenberg angeschlagen habe, ist von der neueren Forschung mit guten Gründen bezweifelt worden: Offenkundig suchte Luther weder Streit noch öffentliches Aufsehen. Er war als Beichtvater mit dem Ablaß konfrontiert worden; seinen Ärger hatte jedoch besonders die Ablaßinstruktion Albrechts von Brandenburg erregt, die ihm zufällig vor Augen gekommen war. Nach Art mittelalterlicher Gelehrter suchte er deshalb über das Ablaßproblem die fachtheologische Diskussion mit anderen Gelehrten.
Mit der ungewollten Veröffentlichung seiner Thesen hatte Luther nicht nur einen wichtigen Punkt religiöser Praxis berührt, sondern zugleich an das verbreitete Unbehagen über die römische Kurie appelliert. Sie wirkten wie ein Katalysator, der kurzfristig Kirchenkritik mit Reformverlangen verschiedenster Art verband und das Interesse einer immer breiteren Öffentlichkeit auf ihren Verfasser lenkte.

Martin Luther war am 10. 11. 1483 in Eisleben am Harz als Sohn eines kleinen Bergbauunternehmers geboren worden. Er sollte Jurist werden, trat aber dann 1505 gegen den Willen seines Vaters in Erfurt dem reformierten Zweig der Augustinereremiten bei. Nach den Mönchsgelübden und der Priesterweihe studierte er von 1507 an in Erfurt und Wittenberg Theologie und erwarb 1512 den Doktortitel, die höchste Auszeichnung, die eine Universität damals zu vergeben hatte. Sein Ordensvorgesetzter, Johann von Staupitz, hatte offenbar früh sein Talent erkannt und ihn nach Kräften gefördert. Durch seine Vermittlung erhielt Luther noch 1512 die Professur für Bibelkunde an der kursächsischen Universität Wittenberg, die er bis zu seinem Tode 1546 behielt. Seine innere Entwicklung als Mönch war nicht so einfach verlaufen wie seine äußere Karriere als Gelehrter. Immer wieder hatte ihn die Frage gequält, wie er als sündiger Mensch vor dem gerechten Gott bestehen könne. Seiner Überzeugung nach war die menschliche Natur durch die Sünde so geschwächt, daß sie aus eigenem Antrieb heraus unfähig war, in liebender Hingabe an Gott dessen Gesetz zu erfüllen. In Stunden unsagbarer innerer Not sah er sich deshalb immer wieder von der strafenden Gerechtigkeit Gottes der ewigen Verdammnis überantwortet. Weder die Sakramente der Kirche noch strengste Askese oder seelsorgerlicher Zuspruch vermochten ihm dann die Gewißheit zu geben, daß er von Gott in Gnaden angenommen sei. Der allgemein wachsende religiöse Ernst seiner Zeit hatte sich bei ihm zu einer schier ausweglosen inneren Krise verschärft.
Nach eigenem Zeugnis befreite ihn daraus schließlich die aus der Bibel (Römer 1,16f.) gewonnene Erkenntnis, daß Gott den Menschen rette, wenn dieser im festen Glauben darauf vertraue, daß Gott ihm um der Verdienste Christi willen gnädig sei. Der Mensch bleibe dann zwar Sünder, werde aber von Gott „gerechtfertigt", weil dieser ihm die Gerechtigkeit Christi anrechne. Die **Rechtfertigungslehre** – für Luther die zentrale Botschaft der ganzen Heiligen Schrift – führte zu zwei wichtigen Konsequenzen von unmittelbar praktischer Bedeutung: Der rechtfertigende Glaube knüpfte eine direkte Beziehung zwischen Gott und Mensch, machte also eine Vermittlung des Heiles durch die Kirche, durch Priester, Bischöfe oder den Papst, überflüssig. Weiterhin verloren gute Werke, harte Askese oder fromme Bräuche (wie Wallfahrten, Heiligenverehrung usw.), auf die die Menschen vielfach ihre Heilszuversicht gegründet hatten, an Bedeutung. Für Luther sind die guten Werke der Nächstenliebe die Folge der Rechtfertigung, niemals aber deren Ursache; in der Praxis konnten sie dann sogar schädlich werden, wenn sie vom allein rechtfertigenden Glauben ablenkten. Eng damit verbunden verlor der besondere Heiligungsstand, das Mönchtum, an Bedeutung: Da das Heil nicht von Weltflucht und Askese, sondern allein vom rechtfertigenden Glauben abhängt, ist jeder, der in seinem weltlichen Stand und Beruf seinen Mitmenschen dient, vor Gott gleich angenehm.
Mit dieser Theologie im Hintergrund geriet Luther an das Ablaßproblem. Ohne daß er von den kommerziellen Hintergründen dieses Ablasses wußte, mußte ihm der Ablaß an sich als extremer Ausdruck einer gefährlichen „Werkgerechtigkeit" erscheinen, die Gott gleichsam zum „Gläubiger" des Menschen degradiert und den Menschen nicht zur Einsicht in seine Sündhaftigkeit gelangen läßt, aus der heraus der vertrauende Glaube an die um Christi willen gnadenhaft gewährte Rechtfertigung erwächst. Der Angriff auf den Ablaß berührte damit nicht einen Sonderfall, sondern war ein direkter Angriff auf die spätmittelalterliche Religiosität überhaupt und ein indirekter auf die sie tragende Kirche. Daß Luther zugleich einen neuen, einfacheren und biblisch begründeten Weg zum Heil aufzeigen konnte, wurde von den religiös ernster gestimmten Zeitgenossen als geradezu befreiend empfunden.
Der beginnende **Ablaßstreit** bescherte Luther zwiespältige Erfahrungen: einmal die wachsende Woge öffentlicher Begeisterung, die ihn in die Rolle des längst ersehnten Reformators drängte; zum anderen das 1518 in Rom beginnende Gerichtsverfahren, das ihn der Ketzerei verdächtigte. Den weiteren Gang der Luthersache bestimmten drei Umstände. **Erstens** stellte sich Luthers

Landesherr, Kurfürst **Friedrich der Weise** von Sachsen (1463–1525), schützend vor ihn, ohne indessen zu seinem Anhänger zu werden. Es bleibt unklar, ob der Kurfürst dies aus Fürsorge für sein Landeskind tat, ob dabei dynastische Rivalitäten mit dem Hause Brandenburg eine Rolle spielten oder ob er schlicht die Chance begriff, durch Mitsprache in einer wichtigen Kirchenangelegenheit seine Kirchenhoheit zu erweitern. **Zweitens** wertete die römische Kurie das öffentliche Auftreten Luthers zunächst gelassen als „Mönchsgezänk" und verkannte damit die Brisanz, die dem Ablaßthema gerade in Deutschland innewohnen mußte. Und **drittens** veränderte der Tod Kaiser Maximilians I. (12. 1. 1519) die politische Perspektive Roms: Dem Papst mußte es darauf ankommen, die Wahl Karls V. zu verhindern (s. 5.3.3). Folglich war es nicht ratsam, den Kurfürsten von Sachsen – einen der sieben Kaiserwähler – durch Härte in der Luthersache zu verärgern.

Durch diese Konstellation zufälliger Ereignisse und Interessen gewann Luther zwei wichtige Jahre, um im Streit mit theologischen Gegnern seine Position abzuklären und mit einer Serie schnell verfaßter, blendend formulierter Schriften (gipfelnd in den drei großen Reformschriften von 1520: **„An den christlichen Adel"**, **„Über die babylonische Gefangenschaft der Kirche"**, **„Von der Freiheit eines Christenmenschen"**) einer breiten Öffentlichkeit zugänglich zu machen. Wichtig wurde für sein wachsendes Selbstverständnis als Reformator die Erkenntnis, daß die Tradition und das Recht der Kirche in wichtigen Punkten seiner im Einklang mit ureigenster Erfahrung aus der Heiligen Schrift geschöpften Lehre widersprachen: Da Gottes Wort nicht irren konnte, mußten die ihm widersprechenden Menschenlehren, die Aussagen von Konzilien und Päpsten, irren. Und in dem Maße wie sich der Papst und seine Anhänger auf ihre Irrtümer versteiften, mußten sie für ihn zu einer widergöttlich-teuflischen Größe werden, zu **„Antichristen"**, die eine auf dem Wort Gottes gegründete Reform zu vereiteln suchten (s. M 44). Im Gegensatz dazu sah er sich selbst immer deutlicher als ein auserwähltes Werkzeug, durch das Gott die Botschaft der Heiligen Schrift zur ursprünglichen Reinheit erweckt und als Aufruf zu Reform und Besserung in die Kirche trägt, ehe das Weltenende beginnt, das er wie viele Zeitgenossen nahe glaubte. Dieses **Sendungsbewußtsein** erklärt seinen persönlichen Mut im Umgang mit den alten Institutionen, den bestimmenden Ton seiner Reformweisungen, die scharfe, oft verletzende Polemik und die Kompromißlosigkeit im Umgang mit Kritikern und Gegnern.

Da die Kirche selbst durch ihre antichristliche Verkehrung reformunfähig geworden war, rief Luther in der Schrift an den christlichen Adel Kaiser und Reichsfürsten auf, die deutsche Kirche vom Papst zu lösen und auf einem Nationalkonzil die Reform der Kirche zu betreiben. Diese Reform sollte sich ausschließlich an der Heiligen Schrift orientieren. Als nicht schriftgemäß verwarf er in dieser und in anderen Schriften unter anderem den göttlichen Ursprung des geistlichen Standes und seiner hierarchischen Stufen (einschließlich des Papsttums), das Mönchtum, die Ehelosigkeit der Geistlichen, das Kirchenrecht, Wallfahrten, Reliquienverehrungen und andere fromme Werke, fünf der sieben Sakramente sowie den Opfercharakter der Messe.

Nach der Wahl Karls V. zum Kaiser (1519) entfielen für die Kurie die politischen Rücksichten in der Luthersache. Beunruhigt über die Entwicklung in Deutschland und über fehlgeschlagene Vermittlungsversuche, fertigte die Kurie eine Bannandrohungsbulle aus, die 41 Sätze Luthers als häretisch verwarf und ihn zum Widerruf aufforderte. Luther verbrannte am 10. 12. 1520 die päpstliche Bulle demonstrativ vor der Stadtmauer Wittenbergs. Darauf belegte ihn der Papst im Januar 1521 mit dem Kirchenbann.

Nach geltendem Reichsrecht hätte nunmehr der Kaiser automatisch die Reichsacht verhängen und ihn damit als „Vogelfreien" aus dem Rechtsschutz des Reiches ausstoßen müssen. Dem aber widersetzte sich Kurfürst Friedrich der Weise und erreichte, daß der Kaiser Luther unter Zusicherung freien Geleites zu abermaligem Verhör auf seinen ersten Reichstag nach Worms lud (s. M 47). Im Verhör vor dem Kaiser verweigerte Luther höflich aber bestimmt jeden Widerruf seiner Lehre, da sein Gewissen in Gottes Wort gefangen sei (s. M 48). Darauf verhängte der Kaiser zum Bedauern der mit ihm sympathisierenden Reichsfürsten im **„Wormser Edikt“** (8. 5. 1521) die Reichsacht über Luther und seine Anhänger (s. M 50). Luther reiste ab; auf der Rückfahrt ließ ihn Friedrich der Weise zum Schein überfallen und unerkannt auf die kursächsische Festung Wartburg bringen, um die Vollstreckung der Acht zu verhindern.

5.4.3 Die reformatorischen Bewegungen (1521–1525)

Während Luther in der Abgeschiedenheit der Wartburg das Neue Testament ins Deutsche übersetzte und der Kaiser, nachdem er seinen Bruder Ferdinand zum Reichsstatthalter eingesetzt, Deutschland wegen der beginnenden Auseinandersetzungen mit Frankreich verlassen hatte (s. 5.3.3), gewann die Luthersache im Reich zunehmend an Eigendynamik. Folgende Faktoren bestimmten die zunehmend **krisenhafte Entwicklung**:
Erstens erwies sich das Reichsregiment unter Erzherzog Ferdinand nicht in der Lage, das Wormser Edikt durchzusetzen: Reichsfürsten und Reichsstädte verweigerten offen oder versteckt die Unterstützung, teils weil sie eine Revolte ihrer Untertanen befürchteten, teils weil sie mit der neuen Lehre sympathisierten oder damit bereits weiterreichende Ziele verfolgten (besonders den Ausbau der Kirchenhoheit). Mehrere Reichstage verliefen ergebnislos und offenbarten, daß die Religionsfrage nicht nur einen Keil zwischen Reichsregierung und Reichsstände getrieben, sondern auch die Stände gespalten hatte. Auch der Versuch, die Religionsfrage durch ein auf 1524 in Aussicht genommenes deutsches **Nationalkonzil** zu lösen, scheiterte am Verbot des Kaisers. Damit war die Religionsfrage auf Reichsebene politisch und theologisch unlösbar geworden. Konsequenterweise überließ der Speyerer Reichstag von 1526 den Reichsständen die Lösung auf jeweils ihre Art; das Wormser Edikt wurde damit faktisch außer Kraft gesetzt.
Zweitens zeigte sich ab 1522, daß Luthers Lehre bei jungen Theologen, Humanisten und Mönchen – besonders aus Luthers eigenem Orden – tiefe Wurzeln geschlagen hatte. Diese Anhänger wirkten besonders in den Städten, gossen die Botschaft Luthers in leicht faßbare und oft demagogisch zugespitzte Formeln, verbreiteten sie durch Flugschriften und Bilddrucke (vgl. M 53–M 55), appellierten dabei an Antiklerikalismus, Sozialneid, aber auch an den gesunden Menschenverstand des „gemeinen Mannes“ und entfachten eine reformatorische Bewegung von unten, der die Magistrate kaum widerstreben konnten, wollten sie keinen Aufruhr riskieren. Häufig jedoch begünstigten die Magistrate die Einführung der Reformation, die ihnen die Verfügung über das Kirchenvermögen sowie die Kirchenhoheit ihrer Stadt näher brachte.
Drittens radikalisierte sich nicht nur mancherorts das Programm der reformatorischen Bewegung – so in Wittenberg, was Luther zum Verlassen der Wartburg zwang; es vermengte sich auch mit mancherlei politischen und sozialen Wünschen und Forderungen. Die Dynamik des religiösen Aufbruchs teilte sich anderen Konfliktfeldern mit und ließ diese aufbrechen: 1522 eröffnete der Ritter Franz von Sickingen mit Teilen der Reichsritterschaft einen Feldzug gegen den Erzbischof von Trier unter der Parole „Heerzug für Christi Ehre gegen die Feinde der evangelischen Wahrheit“. Das Unternehmen sollte in Wahrheit dem Ziel dienen, geistliche Herrschaften zu erobern und damit den wirtschaftlichen Abstieg der Ritterschaft zu bremsen. Das Unternehmen endete kläglich am vereinten Widerstand benachbarter Landesfürsten. 1524/25 steigerte sich dann das Ineinander von religiösen und sozialen Reformverlangen zur großen, allgemeinen Krise des Bauernkrieges (s. 5.4.4).

Abb. 11 Titelblatt der Kampfschrift „An die Versammlung gemeiner Bauernschaft", Mai 1525.

5.4.4 Der Bauernkrieg

Gegen Ende des 15. Jahrhunderts mehrten sich im territorial zerklüfteten Süddeutschland die Anzeichen für eine wachsende politische und soziale Unzufriedenheit der Bauern (s. 5.2.4). Sie richtete sich besonders gegen geistliche, dann aber auch gegen weltliche Grundherren; sie äußerte sich in Beschwerdebriefen, in einer schier unübersehbaren Flut verbissener Prozesse gegen Grundherren (so prozessierte etwa ein schwäbischer Bauer durch alle Instanzen bis hin zum Kaiser gegen den Abt des Klosters Rot um das simple Recht, im Gemeindewald Eicheln lesen zu dürfen) und schließlich in Verschwörungen und Aufständen. Geklagt wurde über erhöhte oder vermehrte Abgaben und Dienste, über Aufhebung oder Einschränkung alter Freiheiten und Rechte, über herrschaftliche Eingriffe in die Dorfautonomie.

Die bäuerlichen Beschwerden und Klagen zeigen so viele Übereinstimmungen, daß sie auf gemeinsame Ursachen hinweisen. Diese Ursachen sind in der Forschung zwar noch im einzelnen umstritten; gleichwohl lassen sich drei Komplexe ausmachen, deren Zusammenspiel die **bäuerliche Unzufriedenheit** hinlänglich erklärt:

Erstens verschlechterte der Bevölkerungsanstieg allmählich die Lebensbedingungen auf dem Land; von den beschränkten Erträgen der Landwirtschaft mußten immer mehr Menschen ihr Auskommen finden. Hinzu kam, daß die bäuerliche Bevölkerung kaum noch Möglichkeit fand, in die Stadt auszuweichen. Denn um die Landflucht des frühen 15. Jahrhunderts einzudämmen, hatte das Reich den Städten wiederholt verboten, Bauern aufzunehmen, die als Leibeigene oder auch als freie Zinser von Grundherren abhängig waren.

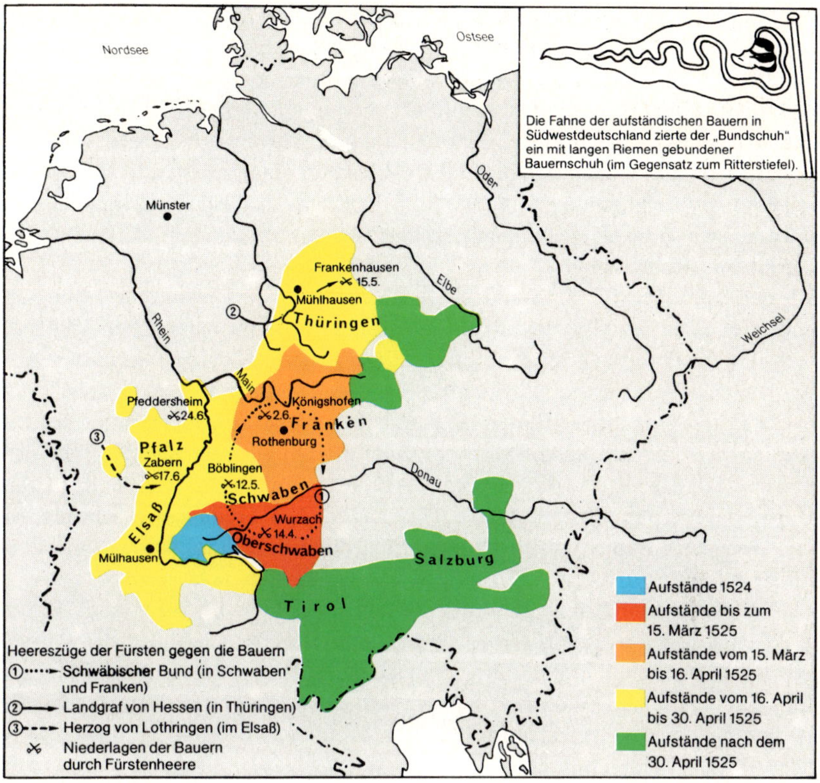

Abb. 12
Der deutsche Bauernkrieg

Zweitens versuchten die Grundherren – durch die vorausgegangene Agrardepression häufig selbst am Rande des Ruins – ihre Einkünfte zu steigern. Es scheint, als ob hier die geistlichen Herren (Bischöfe, Äbte) besonders planmäßig vorgegangen sind. Im Unterschied zum Adel hatten sie nämlich keine Möglichkeiten, sich durch Fürstendienste usw. zusätzliche Einkommen zu verschaffen. Die meisten oberschwäbischen Bauernlehen waren „Fallehen“, fielen also beim Tod des Bauern an die Herrschaft zurück. Da die Nachfrage nach Höfen wegen der wachsenden Bevölkerung stieg, bot sich hier einerseits die Möglichkeit, Einkünfte zu steigern, besonders in Form einmaliger Abgaben (Übergabegebühren; Abgaben beim Tod des Bauern; Abgaben, wenn der Bauer eine fremde Leibeigene heiratete usw.). Andererseits lag hierin ein Druckmittel, das Abhängigkeitsverhältnis der Bauern zu einer allgemeinen Untertanenschaft gegenüber dem Grundherrn zu nivellieren. Ab 1470 tauchte in Hofverleihungsurkunden immer häufiger als Pflicht des Bauern auf, dem Grundherrn „gerichtsbar, steuerbar, reisbar (wehrpflichtig), dienstbar und botmäßig“ zu sein. Durch diese Formel war der Grundherr auf eine zunächst noch unbestimmte Weise zur Obrigkeit seiner Bauern geworden.

Dies verweist **drittens** auf die seit Mitte des 15. Jahrhunderts deutliche Tendenz der Herren, geschlossene Territorialbezirke in der Nähe von Burg und Kloster zu bilden; entfernter Besitz wurde verkauft oder ausgetauscht, neuer Besitz in der Nähe des Herrschaftszentrums erworben. Es entstanden geschlossene Gebiete, deren verschiedenartige Rechte der Herr nach Vorbild größerer Territorialstaaten zu einer allgemeinen Landeshoheit mit Gebotsgewalt, Gerichts- und Steuerhoheit zu verbinden suchte.

Der **Ausbau der Landesherrschaften** belastete die Bauern mit neuartigen Steuern und Umlagen,

konfrontierte sie mit wachsenden herrschaftlichen Eingriffen in das Gemeinschaftseigentum (Allmende) der Dörfer (besonders in die Gemeindewälder wegen der wachsenden Nachfrage der Städte nach Bau- und Brennholz), sowie mit Beschneidungen der bäuerlichen Selbstverwaltung und Gerichtsbarkeit durch herrschaftliche Vögte und Gerichte.
Die wachsenden Lasten führten häufig zu wirtschaftlichen und sozialen Miseren, weil sich in die Erträge der Höfe ohnehin immer mehr Menschen teilen mußten; viele Höfe waren um 1500 verschuldet. Und sie gerieten schließlich zur politischen Katastrophe, weil die Bauern die neuartigen Forderungen ihrer Herren als ungerecht, als eine offenkundige Verletzung des alten Rechts und Herkommens empfanden.
Ab der Mitte des 15. Jahrhunderts tauchte in Süddeutschland der **„Bundschuh"** auf (eine mit langen Riemen am Fuß befestigte Sandale), als Symbol bäuerlichen Widerstandes gegen ungerechtfertigte Forderungen, dann aber auch als Symbol für eine revolutionäre Umgestaltung der bestehenden Verhältnisse. 1493 kam es im Elsaß, 1502 im Bistum Speyer, 1513 im Breisgau, 1517 in der Ortenau zu ausgedehnten revolutionären Verschwörungen unter der Bundschuhfahne. Sie wurden zwar regelmäßig von Mitwissern an die Obrigkeiten verraten, ehe der Sturm losbrechen konnte, zeigten aber in der großen Zahl ihrer Anhänger, wie zündend ihre Forderung nach Gerechtigkeit, ihre Orientierung an der bäuerlichen Freiheit der Schweiz, sowie ihr Appell an den Antiklerikalismus wirken konnte. Eine der Erkennungsparolen lautete etwa: „Was ist nun für ein Wesen?" Antwort: „Wir mögen vor den Pfaffen nicht genesen!"
1514 war die Einführung indirekter Steuern auf Fleisch, Wein und Getreide im Herzogtum Württemberg der Anlaß für eine ausgedehnte Revolte, die unter der Parole **„Armer Konrad"** („Konrad" bedeutete in der Alltagssprache der „gemeine Mann") im Remstal ausgebrochen war. Bundschuhbewegung und die Erhebung des „Armen Konrad" waren indessen nur Vorspiele des großen Aufstandes, der 1524 in Süddeutschland ausbrach und 1525 auch Mitteldeutschland und den östlichen Alpenraum ergriff.
Am Zusammenhang zwischen Reformation und Bauernkrieg kann kein Zweifel bestehen: Evangelische Prediger hatten Luthers Lehre auch in die Dörfer getragen; sein Angriff gegen die „Pfaffen", seine Botschaft von der „Freiheit eines Christenmenschen" fanden in der sozialen Lage der Bauern ihren Widerhall und untermauerten deren Forderungen auf neuartige Weise mit dem dem Evangelium entnommenen „göttlichen Recht".
Hinzu kamen Einflüsse aus der nahen Schweiz. **Zwingli**, der Reformator von Zürich, hatte seit 1523 intensiver und grundsätzlicher als Luther gefordert, daß sich alle politischen Ordnungen gemäß den Weisungen des Evangeliums, nach dem „göttlichen Recht" also, zu reformieren hätten. Die Reformation zerstörte die Autorität der geistlichen und weltlichen Herren, gab den Bauern ein neuartiges Selbstbewußtsein (so wenn Zwingli etwa verkündete, Kuh- und Gänsehirten seien jetzt gelehrter als ihre Pfarrer) und wies mit der Formel vom **„göttlichen"** oder **„evangelischen Recht"** den Weg zu einer allgemeinen Reform von Kirche und Gesellschaft, die teilweise weit über die alten Forderungen der Bauern hinausging.
Der **Bauernkrieg** erfaßte zwar weite Gebiete Deutschlands, war aber kein einheitliches oder gar zentral geleitetes Unternehmen; er bestand aus zahlreichen Einzelaktionen, die sich allerdings an ähnlichen Ursachen entzündeten und zu weitgehend gleichen Forderungen führten. Der Aufstand begann im Frühsommer 1524 mit der Erhebung der Stühlinger Bauern im südlichen Schwarzwald gegen ihren Herren, Graf Sigismund von Lupfen, der hochverschuldet war und offenbar die Abgaben und Dienste seiner Bauern rücksichtslos erhöht hatte. Die Auseinandersetzung trug anfangs noch keinen ausgeprägt kriegerischen Charakter. Die Bauern rotteten sich zu bewaffneten Haufen zusammen, demonstrierten durch Umzüge im Schwarzwald Einheit und Macht, erboten sich aber gleichzeitig zu Schiedsgericht und Vergleich. Tatsächlich kam im Herbst auch eine Übereinkunft zustande, die allerdings nicht lange halten sollte. Denn inzwischen hatte

die Bewegung auf Schwaben, Franken, das Elsaß, Thüringen, Sachsen, Tirol und Kärnten übergegriffen. Zwischen Januar und Mai 1525 schlossen sich Bauern, städtische Bürger, aber auch adelige Ritter zu zahlreichen **„Haufen"**, **„Christlichen Vereinigungen"** und **„Landschaften"** zusammen. Ihr verbindendes Programm wurden fast überall die **„Zwölf Artikel"**, die der Memminger Kürschner Sebastian **Lotzer** im Februar/März 1525 verfaßt hatte und die sich schnell (25 Drucke in nur drei Monaten) im Reich verbreiteten (s. M 56).
In **Schwaben**, einem der wichtigsten Aufstandsgebiete, entstanden der „Allgäuer Haufen", der „Seehaufen" und – im Donaugebiet – der „Baltringer Haufen" als militärähnliche Verbände mit eigenen Fahnen, gewählten Hauptleuten (häufig ehemalige Landsknechte) und Verwaltungspersonal. Anfang März 1525 schlossen sich diese „Haufen" zu einer „Christlichen Vereinigung" zusammen. Dieses Bündnis versicherte sich gegenseitigen militärischen Beistand, erhob aber auch den grundsätzlichen Anspruch, eine neue staatliche Obrigkeit über alle alten Obrigkeiten dieser „Landschaft" zu begründen. Anders als im Vorjahr kam es jetzt wiederholt zu militärischen Aktionen und Übergriffen: Adelsburgen wurden gebrochen, Klöster besetzt und geplündert. Meist aber bedurfte es keiner Gewalt: Allein in Württemberg schlossen sich etwa 50 Städte den Aufständischen an; in **Franken** traten selbst altehrwürdige Bischofsstädte wie Würzburg und Bamberg auf ihre Seite; **Reichsstädte** ergriffen offen ihre Partei, wie Rothenburg oder Heilbronn, oder begünstigten sie zumindest, wie das mächtige Memmingen.
Bei diesem offenkundigen Erfolg des „gemeinen Mannes" entstanden nunmehr Pläne für eine dauerhafte Umgestaltung der politischen Ordnung, die weit über die ursprünglichen Beschwerden der „Zwölf Artikel" hinausgingen. Meist als Landesordnungen (Verfassungen) konzipiert, forderten sie die politische Entmachtung des geistlichen Standes, die Teilnahme des „gemeinen Mannes" an der Regierung sowie die Wahl aller Amtsträger. So verlangten beispielsweise die Aufständischen in Württemberg den Einzug des Kirchengutes sowie ein Landesregiment (Regierung) aus zwölf gewählten Bauern, Bürgern und Adeligen, das gemeinsam mit dem Herzog (und notfalls auch gegen ihn) die Regierungsgeschäfte des Herzogtums führen sollte.
Zu einer Verwirklichung dieser Pläne kam es freilich nicht mehr. Denn der Aufstand hatte die alten Träger der politischen Macht, die Landesherren, zwar vorübergehend gelähmt, aber beileibe nicht beseitigt. Und in dem Maße, wie der Aufruhr in eine Revolte überzugehen begann, formierte sich deren Widerstand, begünstigt durch den Umstand, daß nach Abschluß des französisch-habsburgischen Krieges in Italien (Schlacht von Pavia, 24. 2. 1525, s. 5.3.3) zahlreiche Söldner nach Deutschland zurückströmten und die fürstlichen Heere auffüllten.
Kleinere Reichsstände im politisch zerklüfteten Südwesten hatten sich bereits 1488 im **„Schwäbischen Bund"** ein gemeinsames politisches Sprachrohr und – durch ein Bundesheer – auch ein gemeinsames Machtinstrument geschaffen. Seit Anfang April 1525 gab der Schwäbische Bund seine bisherige Politik des Verhandelns und Taktierens mit den Vertretern der „Christlichen Vereinigung" auf und setzte auf eine militärische Lösung des Konflikts. Der Bundesfeldherr, Georg **Truchseß von Waldburg** (1488–1531), der „Bauern-Jörg", schlug am 4. 4. 1525 erstmals in Leipheim bei Ulm ein Bauernheer. Diese Schlacht gab den Auftakt für eine Serie ähnlich verlaufender und die Bauern zunehmend entmutigender Gefechte. Bis zum Juli 1525 war der Aufstand bis auf wenige Ausnahmen niedergeschlagen. Entweder es kam zu friedlichen Unterwerfungsverträgen, wie in Weingarten (14. 4.) (s. M 57) und Offenburg (13. 6.), oder zu vernichtenden Schlachten wie bei Böblingen (12. 5.) (s. M 58), Frankenhausen (15. 5.) und Königshofen (2. 6.).
Ebenso einschneidend wie die militärische Niederlage wurde eine andere. Martin Luther hatte noch im April, anknüpfend an die „Zwölf Artikel", Bauern und Herren zu Ausgleich und Frieden gemahnt. Anfang Mai jedoch forderte er in der Schrift **„Wider die räuberischen und mörderischen Rotten der Bauern"** die Fürsten zum brutalen Niederwerfen des Aufstandes auf. Auch

der Züricher Reformator Zwingli distanzierte sich von den Bauern. Damit hatte der Bauernaufstand mit seinem Ziel der „göttlichen“ oder „evangelischen“ Gerechtigkeit seine Rechtfertigung verloren; die Niederlage war umfassend!

Das Scheitern der Bauernrevolution zeigte Wirkung auf verschiedenen Ebenen. Zunächst reagierten die siegreichen Obrigkeiten mit einem brutalen **Strafgericht** über Rädelsführer und Mitläufer. Zeitgenössischen Schätzungen zufolge sollen mehr als 100 000 Bauern ihr Leben auf Schlachtfeldern oder Richtplätzen verloren haben. Manche Obrigkeiten – so der Fürstbischof von Würzburg – verhängten pauschal gewaltige Sondersteuern als Schadensersatz über ihre Untertanen und belasteten sie damit noch nach Jahrzehnten.

Einsichtigere Obrigkeiten, so besonders in Südwestdeutschland, leiteten jedoch gleichzeitig vorsichtige Reformen ein, die ihren Niederschlag häufig in **„Landesordnungen“** fanden, die die Rechte und Pflichten der Bauern genauer bestimmten (und damit auch einklagbar machten) und wichtige Erleichterungen im Vergleich zur Zeit vor 1525 enthielten (besonders dadurch, daß Abgaben und Dienste zunehmend durch Geldzahlungen abgegolten werden konnten). Gleichwohl aber blieben die Bauern weitgehend von der politischen Mitsprache ausgeschlossen, unfrei (besonders in bezug auf ihre Freizügigkeit) und mit Abgaben belastet, die ein Streben nach Wohlstand weitgehend unmöglich machten. Erst die von der Aufklärung inspirierten Bauernbefreiungen des frühen 19. Jahrhunderts (in Baden bereits 1783, in Preußen 1807, in Württemberg 1817) lösten die Bauern aus herrschaftlichen Bindungen und persönlicher Unfreiheit und machten sie vor Staat und Gesellschaft zu gleichberechtigten Bürgern.

Da der Bauernaufstand vor allem die adeligen und kirchlichen Zwischengewalten geschädigt hatte, waren die Landesfürsten die eigentlichen Sieger der niedergeschlagenen Revolution. Sie konnten nunmehr auf einem stärker eingeebneten Untertanenverband und ohne Rücksicht auf überkommene Vorrechte ihre Macht und Ordnungen erweitern und damit den **„frühmodernen Staat“** ausbauen.

Schließlich hörte mit Luthers Verdikt über den Bauernaufstand die Reformation 1525 auf, eine Volksbewegung zu sein. Der Umstand, daß Landesordnungen nach 1525 den Untertanen detailliert die Erfüllung religiöser Pflichten mit hohen Strafandrohungen einschärften, könnte ein Indiz dafür sein, daß sich der „gemeine Mann“ aus Politik und Religion gleichermaßen enttäuscht zurückgezogen hatte. Die kirchliche Reform wurde nunmehr von oben – von Landesfürsten und städtischen Magistraten – durchgeführt und erweiterte eben dadurch deren obrigkeitliche Gewalt.

5.4.5 Obrigkeitliche Reform und landesherrliches Kirchenregiment

Nach dem Niederwerfen des Bauernaufstandes machte sich in der öffentlichen Meinung Deutschlands eine gewisse Ernüchterung gegenüber der Reformation breit. Ältere Humanisten, wie etwa **Erasmus von Rotterdam** (1466–1536), wiesen nachdrücklich auf den Zusammenhang zwischen religiösen Neuerungen und dem Aufstand des „gemeinen Mannes“ hin. Ein Bündnis, das bedeutende Reichsfürsten (darunter die Kurfürsten von Mainz und Brandenburg) im Juli 1525 in Dessau abschlossen, setzte sich neben gemeinsamer Abwehr künftiger Bauernunruhen vor allem das Ausrotten der „lutherischen Sekte“, der „Wurzel dieses Aufruhrs“, zum Ziel.

Der Friede mit Frankreich (14. 1. 1526) gab Karl V. wieder freie Hand im Reich (s. 5.3.3). Eindeutig wies der Kaiser den Reichsstatthalter, seinen Bruder Ferdinand, an, auf dem für Sommer nach Speyer ausgeschriebenen Reichstag wieder das Wormser Edikt einzuschärfen und kirchliche Reformen auf ein künftiges Konzil zu verschieben. Diese Absicht erwies sich als undurchführbar. Denn einmal hatten sich zwischen 1524 und 1526 wichtige Reichsfürsten offen der Reformation angeschlossen, so Landgraf Philipp von Hessen, Kurfürst Johann von Sachsen (der Nachfolger Friedrichs des Weisen), die Fürsten von Braunschweig–Lüneburg und von Mecklenburg; hinzu kamen bedeutende Reichsstädte (z.B. Nürnberg [s. M 66–71], Magdeburg, Straßburg, Memmingen). Zum anderen hatte sich im Mai 1525 der Papst mit dem französischen König gegen den Kaiser verbündet (Liga von Cognac), was die katholische Partei im Reich verunsicherte und zumindest vorläufig ein Konzil unmöglich machte. Und schließlich waren die Türken in Ungarn eingefallen und bedrohten die Ostgrenze des Reiches. In dieser Lage konnte sich der Reichsstatthalter keinen Konflikt mit den neugläubigen Reichsständen leisten. Der Reichstag beschloß deshalb, die Stände mögen bis zu einem künftigen Konzil ihre Untertanen so regieren, „wie ein jeder solches gegen Gott und kaiserliche Majestät hoffet und vertrauet zu verantworten" (s. M 72).

Diese weiche Formulierung des Speyerer Reichstages diente den neugläubigen Ständen in den folgenden Jahren zur Rechtfertigung für die Reform der Kirche in ihrem Territorium.

Daß die Kirche reformiert werden mußte, stand zumindest für die Neugläubigen außer Frage. Es galt Mißstände der alten Kirche zu beseitigen sowie neue Mißbräuche auszurotten, die ein allzu weites Verständnis der „evangelischen Freiheit" bei Laien und Geistlichkeit hervorgerufen hatte. Es galt Grundpositionen evangelischen Bekenntnisses gegen die Lehre der alten Kirche abzugrenzen oder dem Volk überhaupt erst zu verdeutlichen. Und schließlich galt es, die Kirche innerhalb der neugläubigen Territorien aus der altgläubigen Diözesanordnung zu lösen und eine eigene Kirchenverwaltung einzurichten.

Diese Aufgabe wurde durch den Umstand erschwert, daß Luther an solch praktischen Fragen bislang wenig Interesse gezeigt und deshalb auch keine fertigen Lösungen anzubieten hatte. Für Luther war die Kirche keine innerweltliche Institution mit einer wohlgegliederten Verfassung und einem sichtbaren Oberhaupt – wie es die katholische Kirche war –, sondern die Gesamtheit aller wahren Christen, die Gott allein kennt und deren Oberhaupt Christus ist. Neben dieser geistigen, unsichtbaren Kirche kannte Luther aber auch die „äußere Kirche" oder das „Kirchenregiment", das durch seine Diener das Wort Gottes verkündigt, die Sakramente spendet und die Sünde bekämpft. Streng hiervon zu trennen war jedoch das „weltliche Regiment", die staatlichen Obrigkeiten, die nach Gottes Willen die Aufgabe haben, eine äußere Ordnung und Gerechtigkeit unter den Menschen zu begründen, damit die der Sünde verfallenen Menschen (nach Luthers Meinung war dies der größte Teil der Menschheit) wenigstens zu äußerem Wohlverhalten gezwungen würden, um so die Predigt des Wortes Gottes, das „Kirchenregiment", nicht unmöglich zu machen.

Die Organisation der „äußeren Kirche", das **„Kirchenregiment",** war für Luther im Grunde genommen etwas Nebensächliches; es konnte durchaus – wie in der Vergangenheit – durch Bischöfe ausgeübt werden. Da sich jedoch die altgläubigen Bischöfe seiner Lehre widersetzten, übertrug Luther das nach dem Bauernkrieg um so dringlichere Werk der Kirchenreform hilfsweise den „christlichen" (sprich: neugläubigen) Obrigkeiten als „Hilfsbischöfen".

Zwischen 1526 und 1528 wurde in Kursachsen in enger Abstimmung zwischen den Reformatoren und den kurfürstlichen Behörden eine Kirchenreform ausgearbeitet, die wiederum das Vorbild für zahlreiche andere evangelische Reformen in Deutschland, aber auch im Ausland – etwa in Skandinavien – wurde (s. M 73, 74). Ihr Kern war die Überprüfung aller Pfarreien (Visitation) durch eine Kommission von Theologen und kurfürstlichen Beamten, die vor Ort Mißbräuche abstellen und Lehre, Gottesdienst, Schulwesen und kirchliche Vermögensverhältnisse neu ordnen sollte.

Grundlage für den Gottesdienst wurden die von Luther zwischen 1526 und 1529 in deutscher Sprache herausgegebenen Textbücher „Deutsche Messe" (1526), „Taufbüchlein" (1526) und „Traubüchlein für den einfältigen Pfarrherrn" (1529). Hinzu kamen Predigttextbücher (Postillen), die der häufig recht ungebildeten Geistlichkeit zu brauchbaren Predigten verhelfen sollten. Besondere Aufmerksamkeit widmete Luther dem Schulwesen, da erste Visitationen eine erschreckende Unwissenheit in weltlichen und religiösen Dingen offenbart hatten.

Um dem abzuhelfen verfaßte Luther 1529 ein religiöses Lehrbuch in kleiner und erweiterter Fassung (kleiner und großer „Katechismus"). Was das ausgedehnte Vermögen der Kirchengemeinden und aufgehobenen Klöster anbelangte, so hätte Luther es am liebsten in Stiftungen zur Besoldung von Pfarrern, Lehrern sowie für soziale Zwecke verwendet. Dies gelang jedoch nicht immer. Häufig überführten Städte und Landesfürsten den einträglichen Besitz in Gemeinde- oder Staatsbesitz.

Abschluß der Reformen war der **Neuaufbau der Kirchenverfassung**. Die Visitationskommission ernannte in jedem kurfürstlichen Amtsbezirk einen geeigneten Pfarrer als „Aufseher" (Superintendent) über seine Mitbrüder. Pfarrer, deren Lebenswandel oder Lehre zu Klagen Anlaß gab, sollten gegebenenfalls dem staatlichen Amtmann angezeigt werden. In schwierigen Disziplinarfragen oder bei eherechtlichen Problemen wandten sich Superintendenten oder kurfürstliche Beamte zunächst an Luther mit der Bitte um Rat und Entscheidung. Da dies keine Dauerlösung war – zumal Luther des öfteren sein Mißvergnügen über derlei Behelligungen bekundet hatte –, errichtete der Kurfürst 1539 am Hof eine staatliche Zentralbehörde für Kirchenangelegenheiten (**Konsistorium**), die aus rechtskundigen Räten und theologischen Beratern bestand. Hier liefen künftig alle Fäden von kirchlicher Verwaltung und Gerichtsbarkeit in Kursachsen zusammen. Die Errichtung des Konsistoriums als staatlicher Behörde machte die Entwicklung deutlich, die die „evangelische Kirche" seit 1526 genommen hatte: aus Luthers „Kirchenregiment" war das **„landesherrliche Kirchenregiment"** geworden; der Landesfürst als „Notbischof" hatte sich zum obersten Bischof (*Summepiscopus*) seines Gebietes gewandelt.

Diese Reformen waren jedoch nur die Innenseite des komplizierten Vorgangs, durch den sich im Reich eine neue Kirche bildete. Die Außenseite bildete ein wachsender Konflikt zwischen neugläubigen Ständen und Kaiser, der schließlich das Reich und seine Verfassung grundlegend änderte. 1529 tagte in Speyer der erste Reichstag seit 1526. Der Reichsstatthalter – wegen der militärischen Erfolge des Kaisers gegen Papst und Frankreich (s. 5.3.3) in einer günstigeren Position als 1526 – forderte von den Ständen, den Reichstagsbeschluß von 1526 wegen mißbräuchlicher Auslegung aufzuheben. Immerhin sollten die Neuerungen in den neugläubigen Gebieten bis zu einem kommenden Konzil fortbestehen bleiben. Die Mehrheit der Stände stimmte zu; eine neugläubige Minderheit (fünf Fürsten und vierzehn Städte) protestierte feierlich gegen die Aufhebung des Abschiedes von 1526 (was ihnen den Namen **„Protestanten"** eintrug), da es ihrer Meinung nach Mehrheitsentscheidungen gegen die Gewissensüberzeugung einer Minderheit nicht geben könne. Damit trat im Reich erstmals eine durch das neue Bekenntnis geeinte Gruppe von Ständen in einen offenen Gegensatz zum Kaiser.

1530 kehrte der Kaiser nach langen Jahren der Abwesenheit erstmals wieder ins Reich zurück, entschlossen, den Religionskonflikt persönlich beizulegen. Der Frieden mit Frankreich (Cambrai 1529), die Abwehr der Türken vor Wien (Herbst 1529) sowie der Friede mit dem Papst hatten seine Stellung gestärkt: der Papst hatte sich in langwierigen Verhandlungen schließlich sogar ein verklausuliertes Ja zu einem Konzil abhandeln lassen (s. 5.4.1). Freilich kam es dem Kaiser darauf an, die Religionsfrage friedlich zu lösen: ein Bürgerkrieg im Reich hätte nur den brüchigen Frieden mit Frankreich gefährdet und die Türken wieder auf den Plan gerufen. Entsprechend freundlich fiel deshalb die Einladung zu dem **Reichstag** aus, den der Kaiser persönlich in **Augsburg** leiten wollte.

Kurfürst Johann von Sachsen, der ebenfalls einen Konflikt mit dem Kaiser vermeiden wollte, hatte den Wittenberger Theologen Philipp **Melanchthon** (Luther konnte als Geächteter nicht in Augsburg erscheinen) beauftragt, eine Zusammenfassung des evangelischen Glaubens zur Infor-

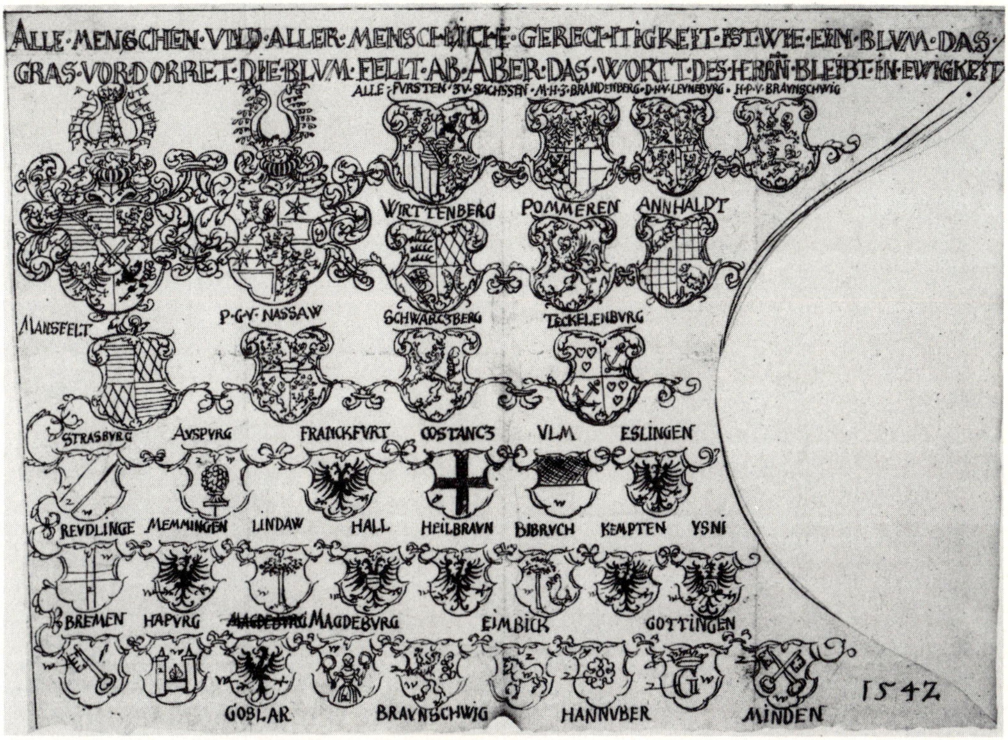

Abb. 13 Entwurf der Schmalkaldischen Bundesfahne, 1542

mation des Kaisers auszuarbeiten. Dieses „Bekenntnis von Augsburg“ (*Confessio Augustana*) versucht den Nachweis, daß die evangelische Lehre auf dem Glauben der antiken Kirche fuße und daß sie sich nur gegen Mißbräuche wende, die während des Mittelalters eingerissen seien. Luther, der von der Festung Coburg die Dinge in Augsburg wachen Auges verfolgte, empfand ein gewisses Mißbehagen an diesem „humanistischen Ansatz“ Melanchthons, der manche Gegensätze durch ein zu weites Entgegenkommen eher verschleierte als aussprach. Die „Confessio Augustana“ wurde am 25. 6. 1530 auf dem Reichstag vorgetragen. Die altgläubige Partei antwortete mit einer betont biblisch argumentierenden „Widerlegung“ (*Confutatio*), die am 3. 8. 1530 ebenfalls vor dem Reichstag verlesen wurde. Der Kaiser erklärte daraufhin die Evangelischen für überwunden, die sich jedoch keinesfalls geschlagen gaben. Nachdem auch langwierige Sitzungen von kleinen Ausschüssen – trotz des unverkennbar guten Willens aller Beteiligten – keinen Kompromiß erbrachten, beschloß die Mehrheit des Reichstages, das alte Kirchenwesen unter den Schutz des Reichsfriedens zu stellen: Demnach mußten die neugläubigen Stände ab jetzt damit rechnen, als Friedensbrecher verurteilt und vom Kaiser angegriffen zu werden. Unter dieser Gefahr schlossen sich die evangelischen Reichsstände gegen den anfänglichen Widerstand Luthers am 27. 2. 1531 in **Schmalkalden** zu einem Verteidigungsbündnis zusammen. Das Scheitern des religiösen Einigungsversuches von Augsburg endete mit einer politischen **Entzweiung des Reiches.**

Der Kaiser war wegen seiner außenpolitischen Verwicklungen (Türkengefahr; ab 1536 Wiederbeginn des Krieges mit Frankreich) vorläufig nicht in der Lage, den Schmalkaldischen Bund als Machtzentrum der neuen Lehre und als Vorkämpfer ständischer Unabhängigkeit zu zerschlagen. Dies zeigte – je länger je mehr – tiefgreifende Folgen. Zunächst einmal forderte das Bündnis

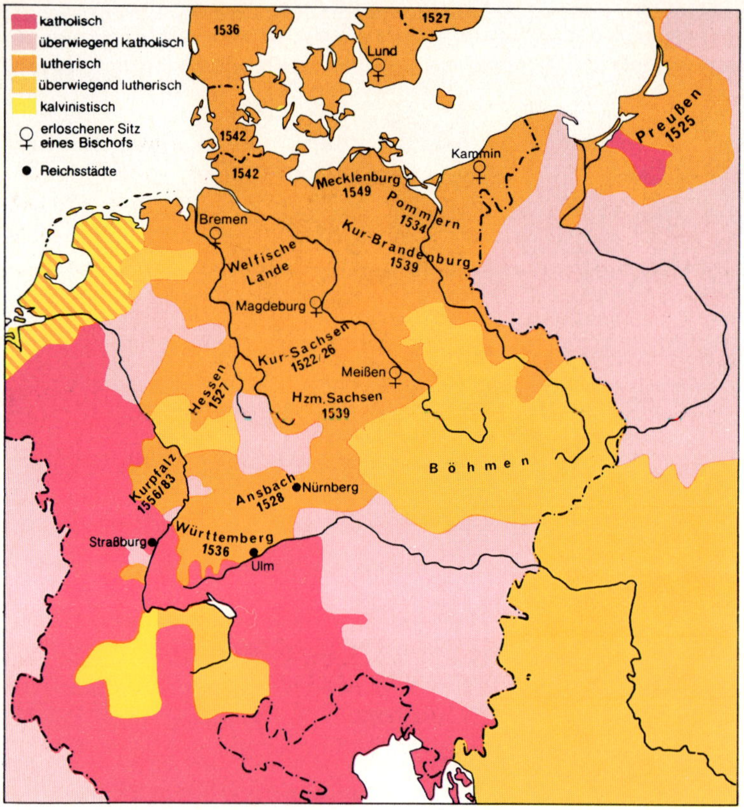

Abb. 14 Die Konfessionen in Deutschland und Mitteleuropa, 1555. Die Jahreszahlen bezeichnen die Einführung der Reformation. Die Mehrzahl der Reichsstädte ist zwischen 1522 und 1530 zur Reformation übergetreten.

Einheit in der Lehre; dies hatte zur Folge, daß sich das evangelische Bekenntnis bald in wesentlichen Punkten – auf der Grundlage der „Confessio Augustana" sowie Luthers Katechismen – vereinheitlichte. Dann aber entfaltete das Bündnis beträchtliche Sogwirkung auf andere Reichsstände. In den folgenden Jahren schlossen sich immer mehr Fürsten und Städte dem Schmalkaldischen Bund an und führten dadurch ihre Territorien der Reformation zu. Beinahe ganz Nord- und Ostdeutschland gingen der alten Kirche verloren, in Süddeutschland blieben nur die geistlichen Fürstentümer, Bayern und die habsburgischen Lande katholisch. Damit wandelte sich der Schmalkaldische Bund allmählich vom deutschen zum europäischen Machtfaktor, zeitweilig sogar zum Partner anderer, antihabsburgisch eingestellter Mächte wie Frankreich. Dadurch sorgte der Bund zu einem guten Teil dafür mit, daß die außenpolitischen Schwierigkeiten des Kaisers anhielten, denen er seinen Aufstieg verdankt hatte.
Unter dem Schutz des Schmalkaldischen Bundes verfestigte sich die neue Kirche in Lehre und Organisation und gewann tiefe Wurzeln im Bewußtsein des Kirchenvolkes. Selbst nachdem der Kaiser 1546/47 den Schmalkaldischen Bund militärisch zerschlagen hatte, erwies es sich als unmöglich, die neugläubigen Gebiete zu einer halben Rückkehr zur katholischen Kirche bis zum Abschluß des Konzils zu zwingen (s. 5.3.3). Da der Fürstenaufstand von 1552 dem Kaiser die Machtgrundlage im Reich entzog, blieb seinem Nachfolger Ferdinand schließlich nichts anderes übrig, als die entstandene evangelische Kirche sowie das Reformationsrecht der Reichsstände anzuerkennen, das diese seit 1526 für sich beansprucht hatten **(Augsburger Religionsfriede, 1555).**

5.4.6 Die Täuferbewegung

Luthers Angriff auf die alte Kirche hatte ungewollt auch religiöse Kräfte freigesetzt, die sich in der Folgezeit seiner Lehre und seiner Kirche wieder entzogen.
Unter den zahlreichen, teilweise recht kurzlebigen Gruppen von „Rotten, Schwärmern und Sakramentierern", wie sie Luther verächtlich nannte, ragt die **Täuferbewegung** heraus. Von der Schweiz ausgehend erfaßte sie mit ihren Zellen zeitweilig ganz Deutschland (besonders Bauern und Handwerker) und schlug in den Niederlanden (als sogenannte „Mennoniten") sowie in Mähren (als sogenannte Hutterer Brüder) dauerhaftere Wurzeln. Mit Luther teilt die Täuferbewegung den Glauben an die Nähe des Jüngsten Tages sowie die strikte Orientierung an der Bibel. Aber wichtiger als die Rechtfertigungslehre war den Täufern das christliche Leben nach dem Vorbild der Urgemeinde sowie den Geboten der Bergpredigt: Eid, Kriegsdienst und die Todesstrafe lehnten sie deshalb ab; ihren Anhängern verboten sie aus dem gleichen Grund zumeist obrigkeitliche Ämter. In ihren Gemeinden sahen sie die **„Gemeinschaft der Heiligen"**, die allein beim kommenden Endgericht Schonung finden werde. Den Eingang in diese Gemeinschaft eröffnet die sündentilgende Taufe, die grundsätzlich nur Erwachsene und niemals Kinder empfangen können (daher auch der Name **„Wiedertäufer"**) und die sie als Zeichen innerer Wiedergeburt sowie der Bereitschaft deuteten, künftig ein sündenfreies Leben zu führen. Von der alten Kirche, mehr aber noch von den Reformatoren, wurden die Täufer erbittert bekämpft. Der Speyerer Reichstag von 1529 drohte ihnen als Ketzer die Todesstrafe an.
Die Verfolgung steigerte sich, nachdem es einer Gruppe von Täufern 1534 gelungen war, im westfälischen Münster die Macht zu ergreifen, um dort einen Anfang für das „Gottesreich auf Erden" zu machen. Die Täuferherrschaft geriet in den wenigen Monaten ihres Bestehens allerdings zu einem unduldsamen Schreckensregiment über die Andersgläubigen. Im Sommer 1535 bereiteten Truppen des Bischofs der Münsteraner Episode ein Ende. Das Täufertum rückte fortan von diesem revolutionären Flügel ab und kehrte zu seinem ursprünglichen Ideal zurück, die heilige, friedvolle und duldende Urgemeinde in dieser Welt zu verwirklichen. Die Täufer erlangten später in Teilen Europas (so in den Niederlanden) beschränkte Duldung und gehören heute als Freikirche zur großen Gemeinschaft der protestantischen Kirchen.

5.4.7 Calvins Reformation

Der Franzose Johann **Calvin** (1509–1564) war der bedeutendste unter den jüngeren Reformatoren, die – von Luther angeregt – eigenständige Wege im theologischen Denken beschritten. Während seines Rechtsstudiums war Calvin mit dem Humanismus, aber auch mit den Schriften Luthers in engere Berührung gekommen. Nach 1530 trat er zur Reformation über, die in Frankreich bislang kaum Wurzeln gefaßt hatte, gleichwohl aber seit 1534 vom König verfolgt wurde. Calvin sah sich deshalb gezwungen, nach Basel zu emigrieren. Hier schrieb er in wenigen Monaten seine **„Unterrichtung in der christlichen Religion"** *(Institutio Religionis Christianae)* nieder, die ihn rasch weltberühmt machte.
Auf einer Reise geriet Calvin 1536 nach Genf, wo sich eben erst die Reformation durchgesetzt hatte. Auf dringende Bitten der Genfer Gemeinde entschloß er sich zum Bleiben; von einer dreijährigen Unterbrechung abgesehen wirkte er hinfort in Genf, zunächst als Reformator der Stadt, dann als Organisator eines Kirchenwesens, das sich bald in ganz Europa ausbreitete.
Der Genfer Reformator unterschied sich von Luther dadurch, daß er die Frage nach der Rechtfertigung systematischer und grundsätzlicher durchdachte. Luther war von der existentiell durchlittenen Frage ausgegangen: „Wie bekomme ich einen gnädigen Gott?" und hatte die Antwort im

rechtfertigenden Glauben gefunden, der freilich seiner Überzeugung nach ein ungeschuldetes Geschenk Gottes und damit reine Gnade war. Calvin verschärfte das Problem durch die weiterführende Frage, warum Gott dem einen diese Gnade des rechtfertigenden Glaubens gewähre, aber dem anderen verweigere. Er fand die Antwort in der – wie er meinte – biblischen Lehre, daß Gott von allem Anfang an in unbegreiflichem Ratschluß einen Teil der Menschen zum ewigen Heil, den anderen Teil zur ewigen Verdammnis vorherbestimmt habe (Lehre von der **doppelten Prädestination**): Die Erwählten finden in ihrem Leben zum Glauben an Christus und gewinnen eben dadurch die Gewißheit ihres Heiles.

Das Leben der Erwählten ist freilich nach Calvin kein bequemes Sich-Überlassen der göttlichen Gnade. Sie sind vielmehr dazu berufen, in ihrem Leben die Ehre Gottes zu mehren, sei es im Kampf gegen Sünde und Gottlosigkeit, sei es im Eintreten für das Wohl des Nächsten. Insbesondere kommt der christlichen Gemeinde die Pflicht zu, Irrlehren und Sittenlosigkeit in ihrer Mitte nicht zu dulden und gegebenenfalls auch mit „äußeren Mitteln", d.h. mit Hilfe der Obrigkeit, zu bekämpfen. Die „Förderung des Reiches Gottes" vereint den einzelnen Gläubigen, die Gemeinde und die christliche Obrigkeit zu einer gemeinsamen Pflicht.

Die **Kirchenordnung** von 1541 (*Ordonnances ecclésiastiques*) ordnete nach diesem Grundsatz das Kirchenleben von Genf durch eine Verfassung, die nach Calvins Meinung der der Urkirche entsprach. Sie wies vier Gruppen von Ämtern auf: die Pastoren (Seelsorger), die Doktoren (Lehrer in der Gemeinde und an Schulen), die Presbyter (Sittenwächter) und die Diakone (Armenpfleger). Besonders einschneidende Folgen hatte die Tätigkeit der zwölf Presbyter. Ihnen oblag die Pflicht, durch regelmäßige Hausbesuche, aber auch durch ein ausgefeiltes Spitzelsystem Vergnügungssucht, Unsittlichkeit, Kartenspiel usw. aus der Stadt zu verbannen, notfalls mit Hilfe des städtischen Rates.

Eine nachhaltige Wirkung ging von der 1559 in Genf gegründeten Hochschule aus, von wo Hunderte von Schülern aus zahlreichen Nationen (Franzosen, Schotten, Engländer, Niederländer, Polen, Ungarn usw.) die Ideen Calvins in ihre Heimat mitnahmen. Vielleicht ebenso wichtig für die Ausbreitung des Calvinismus war die rege Korrespondenz, die Calvin mit Königen, Fürsten, Adeligen und Ratspersonen in ganz Europa führte. Er erteilte darin politischen Rat – ob gebeten oder ungebeten –, erinnerte die Standespersonen in oft hehren Worten an ihre obrigkeitlichen Pflichten, warb für seine Lehre und mahnte – wenn er Widerhall fand – zur Reformation in seinem Sinne. Anders als Luther, der sich gern aus dem politischen Geschäft heraushielt und seinen Rat in der Regel nur auf Anfrage erteilte, wirkte Calvin aktiv, entschlossen und zumeist auch politisch geschickt für die Ausbreitung seiner Lehre – zur höheren Ehre Gottes, wie er unentwegt beteuerte.

Durch diese **zielgerichtete Mission** breitete sich der Calvinismus in der Schweiz, in Frankreich (bis hin zum Hochadel), in Schottland und England, in den Niederlanden und am deutschen Niederrhein, beim ungarischen und polnischen Adel aus. Er wirkte in all diesen Ländern wie ein Ferment, das innerstaatliche Opposition immer dann entfachte, wenn das Oberhaupt beim alten Glauben blieb. Frankreich und später auch England schlitterten so in einen zerstörerischen Bürgerkrieg; die Niederlande sagten sich in einem erbittert geführten Aufstand vom katholischen Spanien los. Der Calvinismus beschleunigte damit vielfach inner- und zwischenstaatliche Prozesse, die dann das 17. und 18. Jahrhundert bestimmten. Noch in zwei weiteren Punkten spielte der Calvinismus eine wichtige Schrittmacherrolle für die Moderne: Zum einen hat das Prinzip der Wahl für die kirchlichen Ämter, das die calvinische Gemeindeordnung forderte, in den reformierten Ländern auch das Demokratieprinzip im staatlichen Bereich gefördert. Zum anderen hat die im späteren Calvinismus verbreitete Vorstellung, daß äußerer Lebenserfolg als Zeichen der Erwählung zu gelten habe, in calvinisch beeinflußten Ländern (wie in den Niederlanden, England, USA) eine erfolgsbetonte Lebenseinstellung begünstigt.

5.4.8 Die Reform der katholischen Kirche

Zuerst langsam, dann aber entschlossen und zielstrebig begann die katholische Kirche auf die Herausforderung durch die Reformationskirchen zu reagieren.
Die Erneuerung der alten Kirche ging einmal auf der Basis der Reformbewegung des 15. Jahrhunderts (s. 5.4.1) von unten aus (besonders in Italien und Spanien, d.h. jenen Ländern, die von der Reformation am wenigsten betroffen waren), führte zu intensiverer Seelsorge und tätiger Nächstenliebe und erreichte damit eine Zunahme des kirchlichen Lebens auf seinen verschiedenen Ebenen. Dabei entstanden neue Orden, die sich überwiegend praktischen Aufgaben widmeten: so die Theatiner 1524 (Seelsorge sowie Bildung des Klerus) oder die Ursulinen 1536 (Mädchenerziehung). Alle diese Orden überragte jedoch an Bedeutung und Erfolg die 1540 vom Papst bestätigte **„Gesellschaft Jesu"**.
Zum anderen erneuerte sich die Kirche durch zielstrebige Reform auch von oben her, vom Papsttum, von reformeifrigen Bischöfen, vor allem aber vom **Konzil von Trient** (1545–1563), das die Lehre und die Institutionen der alten Kirche reformierte und gegen die Reformationskirchen abgrenzte.

5.4.8.1 Der Jesuitenorden

Der Jesuitenorden, genauer: die „Gesellschaft Jesu", verdankt Ursprung und Geist dem spanischen Offizier adeliger Herkunft **Ignatius von Loyola** (1491–1556). Dieser hatte sich nach einer schweren Verwundung 1521 vom Lebemann zum Asketen gewandelt und als Einsiedler ähnliche Erfahrungen gemacht wie der junge Luther. Die Frage nach dem gnädigen Gott trieb ihn in abgründige Verzweiflung, aus der ihn schließlich nach monatelangem Ringen eine tiefe, unauslöschliche Erleuchtung befreite, die seinem Leben eine neue Bahn wies. Ihr Ergebnis war – wie bei Calvin – die Einsicht, daß alles menschliche Leben nur der höheren Ehre Gottes zu dienen habe. Charakteristisch für Ignatius war, daß er die Erfahrungen seines inneren Ringens in ein Lehrbuch (die *Exercitia spiritualia*) übersetzte, dessen Übungen es dem Menschen auch ohne geistliche Erleuchtungen ermöglichen sollten, die Selbstsucht abzustreifen und das eigene Ich gehorsam der Majestät Gottes zu unterstellen. Mit diesen „Exerzitien" schuf Ignatius eine neuartige Methode der Seelsorge, die zu einem guten Teil den Erfolg seines späteren Ordens erklärt.
Dann setzte er sich – 33jährig – auf die Schulbank der Lateinschule von Barcelona und studierte nach ihrem Abschluß in Spanien und Paris Theologie. Mit sechs Gleichgesinnten schloß er sich 1534 zusammen, um in Palästina die Heiden zu missionieren oder – falls dies nicht möglich sein sollte – nach Weisung des Papstes anderweitig zu wirken. Da eine Überfahrt ins Heilige Land nicht möglich war, begab sich die Gruppe 1538 nach Rom und erreichte 1540 die päpstliche Zulassung als Orden.
Nach der 1558 abgeschlossenen Ordenssatzung sind die Mitglieder nach der Aufnahme zu einem mindestens siebenjährigen wissenschaftlichen Studium verpflichtet und müssen neben den drei klassischen Ordensgelübden (Armut, Keuschheit, Gehorsam) ein besonderes Gehorsamsgelübde auf den Papst ablegen. Der Orden ist streng zentralistisch organisiert: Alle Befehlsgewalt läuft beim „Ordensgeneral" zusammen, der wiederum direkt dem Papst untersteht.
Damit hatte Ignatius dem Papsttum eine schnell einsatzbereite „Armee" geschaffen, die bei hohem geistlichen und intellektuellen Niveau zum **Hauptträger der katholischen Reform** und **Gegenreformation** wurde. Seine Attraktivität bewies der Orden durch die hohe Eintrittsquote (beim Tode des Ignatius umfaßte er bereits über 4000 Mitglieder) sowie durch die sich fortwährend steigernde Nachfrage nach Jesuiten aus allen Teilen der katholisch gebliebenen Welt; die

Abb. 15 Das Jesuitenkollegium mit Michaelskirche in München (1583–1597) Stich von M. Merian

Gründung entsprach offenkundig einem Anliegen der Zeit. Seine Aktivität entfaltete er im Bereich der Seelsorge – besonders in konfessionell umstrittenen Gebieten wie Deutschland –, mit der er – ähnlich wie Calvin – zuweilen durchaus auch kirchenpolitische Ziele verfolgte (der Orden stellte überdurchschnittlich viele Beichtväter an Fürstenhöfen), im Bereich des Schul- und Bildungswesens (Jesuitenschulen waren wegen ihres hohen Niveaus bald sogar in evangelischen Gebieten geschätzt) sowie in der Mission im portugiesischen und später auch im spanischen Weltreich.

5.4.8.2 Das Konzil von Trient

Papst Clemens VII. (1523–1534) aus dem Hause Medici hatte sich hartnäckig gegen ein Konzil gesträubt, das die deutschen Reichsstände und der Kaiser gefordert hatten und das vielleicht die Kirchenspaltung noch hätte verhindern können. Denn er fürchtete, daß auf einem – zumal mit Protestanten besetzten – Konzil die alte konziliare Lehre von der Überordnung des Konzils über den Papst wieder aufbrechen könnte (s. 5.4.1). Sein Nachfolger, Paul III. (1534–1549), öffnete sich dagegen dem Verlangen nach Kirchenreform und Konzil; er ergänzte das Kardinalskolleg durch integre, fähige und reformeifrige Persönlichkeiten, leitete die Reform der Kurie ein und betrieb entschieden die Eröffnung eines Konzils.

Dessen Chancen hatten sich durch die Verschleppungstaktik seines Vorgängers inzwischen verschlechtert. Frankreich leistete Widerstand, um seinen Hauptgegner, den Kaiser, nicht politisch zu entlasten; der selbstbewußt gewordene Schmalkaldische Bund lehnte ein „päpstliches" Konzil kategorisch ab (s. 5.3.3 und 5.4.5). Erst der Friede von Crépy (1544) zwischen Habsburg und Frankreich beseitigte die politischen Barrieren: 1545 trat das Konzil in Trient (und damit noch auf Reichsgebiet, s. M 51) zusammen. Nach dem kaiserlichen Sieg über den Schmalkaldischen Bund erschienen vorübergehend auch Gesandte protestantischer Reichsstände, aber insgesamt wurde das Konzil zu einem katholischen Ereignis.

Es definierte zunächst in Auseinandersetzung mit den Reformatoren die **katholische Lehre** und brachte gegen das protestantische „allein" das katholische „sowohl als auch" zur Geltung: Hatte Luther etwa gelehrt, der Mensch sei durch die Erbsünde total verdorben, so verkündete das Konzil, der Mensch sei zwar verdorben, aber der Heiligung fähig; hatte Luther erklärt, die Rechtfertigung erfolge durch den Glauben allein, so lehrte das Konzil, die Rechtfertigung erfolgte durch den Glauben und das tätige Mitwirken des Menschen. Wollte Luther nur der Bibel den Rang einer Glaubensquelle zuerkennen, so beharrte das Konzil darauf, daß die mündliche Weitergabe der Botschaft Jesu umfangreicher sei als das, was davon Eingang ins Neue Testament gefunden habe; sowohl Schrift als auch Tradition seien deshalb die Grundlagen des Glaubens. Im Einklang mit dieser Tradition bestätigte das Konzil gegen die Reformatoren die Siebenzahl überkommener Sakramente und das Leitungsamt des Papstes.

Neben der Kirchenlehre widmete sich das Konzil der **Kirchenreform.** Es verpflichtete die Bischöfe zur Einrichtung von Priesterseminaren: Künftig sollte nur noch die Priesterweihe erhalten, wer über eine überdurchschnittliche Allgemeinbildung sowie über hinreichende theologische und seelsorgerliche Kenntnisse verfügte. Die Kirche beseitigte so den Ausgangspunkt vieler Mißstände und orientierte sich am gestiegenen Bildungsniveau der Laien. Das Konzil erließ genaue Richtlinien zur Verwaltung der Diözesen (so besonders die Pflicht des Bischofs zur regelmäßigen Visitation der Pfarreien), zur Seelsorgepraxis der Pfarrer, zur Gottesdienstgestaltung und zum religiösen Leben der Laien (insbesondere gegen abergläubische Auswüchse der Heiligenverehrung usw.).

Als das Konzil von Trient am 4. 12. 1563 schließlich nach zweimaliger, politisch bedingter Unterbrechung seine Arbeit feierlich abschloß, hatte es die Lehre der katholischen Kirche gegen die Reformationskirchen abgegrenzt und die äußere Gestalt des neuzeitlichen Katholizismus begründet. Die Einheit der Kirche, um derentwillen dieses Konzil seit den zwanziger Jahren des Jahrhunderts gefordert worden war, hatte es freilich nicht mehr retten können.

Der Abschluß des Trienter Konzils macht das Dilemma deutlich, in das die europäische Christenheit geraten war: Die Reform Luthers und anderer Reformatoren hatte sich als zu schwach erwiesen, um die ganze Kirche zu durchdringen; umgekehrt war auch die katholische Kirche nach ihrer verspäteten Reform nicht mehr in der Lage, die Spaltung zu überwinden. Die eine Christenheit zerfiel hinfort in verschiedene Konfessionen; mit der kirchlichen Einheit hatte Europa zugleich seine wichtigste Klammer institutioneller Einheit verloren.

Petrarca: Praeludium zur Renaissance

M 1 Brief an Giovanni Boccaccio, Mailand 1359

Wir wollen uns (von nichts) von den Wissenschaften abschrecken lassen. Wenn diese in eine edle Seele aufgenommen werden, erzeugen sie Liebe zur Tugend [...]. Denn die Wissenschaften sind kein Hindernis für den, der sie besitzt, sie sind ihm vielmehr eine Stütze [...]; sie fördern den Lauf des Lebens, sie halten ihn nicht auf [...]. Haben nicht [...] alle, denen wir nachstreben, ihr ganzes Leben im Studium der Wissenschaften verbracht, sind sie nicht im Studium alt geworden, im Studium gestorben, so daß manche ihr letzter Tag beim Lesen oder Schreiben angetroffen hat? Und keinem [...], soweit ich je gehört, war es je übel bekommen, daß er sich in weltlicher Gelehrsamkeit so herrlich hervorgetan hat, ja, für viele war es auch ruhmvoll.
(Res Seniles I, 4. Übersetzt nach: Francisci Petrarcae opera omnia. Basel 1554, S. 822f.)

M 2 Brief an Thomas von Messina (o. J.)

Man mag sich fragen, ob es denn überhaupt sinnvoll sei, sich forschend weiterzubemühen, wenn alles Wissen, das dem menschlichen Nutzen dient, bereits seit tausend Jahren in unzähligen Büchern, in einer herrlichen Sprache und mit vollendeter Klugheit dargestellt ist. Man kann diese Frage stellen, sie darf uns aber nicht zur Untätigkeit verführen [...]. Mögen die Jahre noch zu Tausenden verfließen, mögen sich Epochen an Epochen reihen: nie wird die Tugend genug gelobt, nie die Liebe Gottes genug verherrlicht oder das Laster ausreichend bekämpft; nie wird auch menschlicher Scharfsinn den Weg zu neuen Forschungen versperrt finden [...]. Eher hört die Menschheit auf zu existieren, als daß das menschliche Bemühen um die noch verborgenen Wahrheiten erlischt.
(Familiarum rerum I, 9. Übersetzt nach: Petrarca Opere, hrsg. von V. Rossi, Bd. 10. Florenz 1933. S. 47)

M 3 Brief an Francesco Nelli, Mailand 1352

Ich will, daß mein Leser, wer es auch sei, nur an eines denkt: an mich, nicht an die Verheiratung seiner Tochter, nicht an die Nacht bei der Freundin, nicht an die Intrigen seiner Feinde, nicht an Bürgschaften, nicht an sein Haus oder Feld oder an seine Geldkasse, und daß er, zumindest solange er mich liest, bei mir ist. Wenn er mit Geschäften überbürdet ist, soll er das Lesen aufschieben, sobald er sich aber anschickt zu lesen – da soll er die Last der Geschäfte und die Sorge um seine Privatangelegenheiten von sich werfen und seinen Sinn auf das richten, was er vor Augen hat [...]. Ich will nicht, daß er sich zugleich mit Geschäften befaßt und sich mit mir abgibt, ich will nicht, daß er völlig ohne Mühe in sich aufnimmt, was ich nicht ohne Mühe geschrieben habe.
(Briefe des Francesco Petrarca, hrsg. von H. Nachod und P. Stern. Berlin 1931, S. 3).

M 4 Leonardo Bruni Aretino (1369–1444): Das Leben des Francesco Petrarca

(Zu Bruni: vgl. 5.1.2)
Die lateinische Sprache blühte in ihrer ganzen Größe und Vollendung zur Zeit des Tullius *[Cicero]*. [...] Nach dem Zeitalter des Tullius aber begann ihr Abstieg. [...] Mit dem Niedergang des römischen Staates verfielen auch die Wissenschaften und die in lateinischer Sprache verfaßte Gelehrsamkeit. [...] Und schließlich herrschten in Italien die Goten und Langobarden, barbarische und fremde Völker, denen jeder Gedanke an Wissenschaft fremd war, wie es die in jener Zeit verfaßten Schriften zur Genüge beweisen. Francesco Petrarca war der erste, der so begnadet war, die vergessene und verlorene Leichtigkeit des antiken Stils wieder ans Licht zu ziehen. Und was durch ihn nicht vollendet wurde, dem hat er doch den Weg zur Vollendung gewiesen. [...]
(Übersetzt nach: Leonardo Bruni Aretino, Humanistisch-philosophische Schriften, hrsg. von H. Baron. Leipzig/Berlin 1928, S. 64ff.)

Anregungen

1 *In M 1–3 verrät Petrarca wichtige Merkmale seines Menschenbildes. Geben Sie diese Merkmale an und benennen Sie (mit Hilfe der Darstellung 5.1) deren Unterschiede zum Mittelalter!*

2 *In M 1 und M 2 ist von „Wissenschaften" bzw. von „Forschungen" die Rede. Geben Sie an, um welche Art von Wissenschaft oder Forschung es sich dabei handelt und beschreiben Sie die Ziele, die mit ihnen erreicht werden sollen!*

3 *Beschreiben Sie das Bild der Antike in M 2 und M 4 und erläutern Sie deren Bedeutung für die Verfasser! Welches Bild vom Mittelalter hatten die Verfasser?*

4 *Geben Sie aus M 4 sowie aus der Darstellung (5.1.1 und 5.1.2) die Gründe für den nachwirkenden Einfluß Petrarcas an! Welches war der wichtigste Grund?*

5 *Stellen Sie aus der Darstellung (etwa in Form eines Diagramms) die Ursachen für das Entstehen der Renaissance in Florenz zusammen und nehmen Sie zur These Stellung, daß „die Akkumulation (Anhäufung) von Reichtum und Produktionsmitteln bei der bürgerlichen Klasse" Ursache für das Entstehen der Renaissance gewesen sei!*

M 5 Poggio Bracciolini an den Maler Guarino in Verona, Konstanz 1416

Der florentinische Gelehrte Poggio Bracciolini (1380–1459) war Teilnehmer am Konzil von Konstanz.

Das Kloster St. Gallen ist von Konstanz 20 Meilen entfernt. Wir zogen dorthin, um unsern Geist zu entspannen und zugleich um nach Büchern zu suchen, die dort in großer Zahl vorhanden sein sollten. Dort, unter einer Fülle von Büchern, die aufzuzählen lange Zeit brauchen würde, fanden wir den Quintilian[1] *[= Institutio Oratoria]* noch heil und unversehrt, jedoch mit Staub bedeckt und von Schmutz starrend. Denn es waren jene Bücher nicht in einer Bibliothek untergebracht, wie es ihr geistiger Rang erfordert hätte, sondern in einem abscheulichen und finsteren Gefängnis: auf dem Grund eines Turmes, wohin man noch nicht einmal zum Tode Verurteilte stoßen würde. Ich halte es aber für sicher: wenn sich jemand fände, der die Sklavenzwinger, in welchen die Barbaren diese Männer festhalten, durchstöberte und nach der Art der Alten durchmusterte, so würde ihm ein ähnliches Glück zuteil hinsichtlich vieler, die man schon als verloren beklagt hat. [...] Ich habe [das Buch] eigenhändig abgeschrieben, und zwar schnell, um es an Leonardo Aretino und Niccolò Fiorentino zu schicken. Diese beiden haben nämlich, als sie durch mich von der Auffindung des Schatzes Kenntnis bekommen hatten, mich in ihren Briefen mit vielen Worten gebeten, daß ihnen der Quintilian zuerst geschickt werde [...]. Ich wünschte, ich hätte Dir auch das Buch übersenden können, aber unser Leonardo war (zuerst) zufriedenzustellen. Doch Du weißt, wo es sich befindet, damit, wenn Du es haben willst, Du es leicht erlangen kannst. Lebe wohl und bleibe mir gewogen, wie ich Dir! [...]

(Nach: H. Krieger. In: Handbuch des Geschichtsunterrichts, Bd. 4. Frankfurt [4]1978, S. 1)

M 6 Lorenzo Valla (1405–1457)

Lorenzo Valla war Rhetoriklehrer und gilt als Begründer der philologisch-historischen Quellenkritik; er wies u. a. die „Konstantinische Schenkung" als Fälschung nach.

Gewaltig ist das Geheimnis der lateinischen Sprache, gewaltig ihre Göttlichkeit. Denn sie wurde bei den Fremden, bei den Barbaren und sogar bei den Feinden heilig und gewissenhaft so viele Jahrhunderte hindurch bewahrt, so daß wir Römer [...] sie vor den Ohren der ganzen Welt preisen müssen. Zwar haben wir Rom, das Reich und die Herrschaft verloren – wenn auch nicht durch unsere Schuld, sondern durch die der Zeit –, aber dennoch regieren wir durch die glänzende Herrschaft der Sprache in einem großen Teil der Erde. Uns gehören Italien, Gallien, Spanien, Germanien, Pannonien, Dalmatien, Illyrien und viele andere Nationen. Dort nämlich ist römisches Reich, wo die römische Sprache herrscht [...], in welcher alle die eines freien Menschen würdige Bildung enthalten ist. [...] Wer wüßte nicht, daß durch das Blühen der lateinischen Sprache alle Studien und alle Bildungen blühen, mit ihrem Verfall aber untergehen? Waren die besten Philosophen, die besten Redner, die besten Rechtskundigen und auch die besten Schriftsteller nicht die, die diese Sprache am besten beherrschten? Aber obwohl ich mehr sagen möchte, hält mich der Schmerz zurück [...], wenn ich betrachte, aus welchem und in welchen Zustand diese Fähigkeit in der Vergangenheit herabgesunken ist [...]. Allerdings: je unglücklicher die früheren Zeiten waren, in denen man keinen gebildeten Menschen finden konnte, um so mehr muß man unserer Zeit gratulieren, in der, glaube ich, wenn wir uns noch etwas mehr anstrengen, schon bald die Sprache Roms [...], und mit der Sprache alle Wissenschaften wiederhergestellt sein werden. Deshalb gebietet es meine Liebe zum Vaterland und zu allen Menschen [...], wie von einem höheren Orte aus alle, denen die Beredsamkeit am Herzen liegt, zu ermahnen und aufzurufen und ihnen sozusagen zum Kampfe zu blasen.

(Übersetzt nach: Lorenzo Valla, Elegantiae: Praefatio. In: Opera. Basel 1543, S. 4)

M 7 Leonardo Bruni Aretino (1369–1444): Brief an einen jungen Studenten

Betreibe ein doppeltes Studium: Ein erstes, das Dich mit den Wissenschaften vertraut macht *[in diesem Falle: mit den Rechtswissenschaften]* und zwar nicht so oberflächlich, wie man es gemeinhin tut, sondern sorgfältiger und tiefgründiger; ich sähe es gerne, wenn Du Dich hierin besonders auszeichnen würdest. Daneben aber betreibe ein zweites Studium, das Dich zum Ergründen all dessen führt, was das Leben und die Moral ausmacht, also Studien sind, die sich auf das Menschsein selbst beziehen *(= humanitatis studia)* und damit den Menschen vervollkommnen und schmücken. Wissen dieser Art ist verschiedenartig und muß aus den unterschiedlichsten Quellen gewonnen werden. Und nichts darfst du auslassen, was zur Planung des Lebens, zu dessen Schmuck oder Ruhm nützen könnte. [...] Ein solches Vorhaben kann niemandem gelingen, der nicht viel liest, viel lernt, viel von überall her sammelt; und zwar nicht nur bei den Philosophen – obwohl diese die Grundlage für solche Studien bilden –, sondern auch bei den Dichtern, den Rednern und den Geschichtsschreibern. [...]

(Übersetzt nach: Leonardo Bruni Aretino, Epistolarum Libri VIII, Epist. VI., hrsg. von L. Mehus. Florenz 1741, S. 49f.)

1 M. Fabius Quintilianus (ca. 35–100 n. Chr.), Anwalt und Rhetoriklehrer, schuf die ausführlichste und einflußreichste Darstellung der antiken Theorie von der Redekunst.

M 8 Giovanni Pico della Mirandola: Die Würde des Menschen

Pico della Mirandola (1463–1494), einer italienischen Adelsfamilie entstammend, war Schüler des Marsilio Ficino und Mitglied der Platonischen Akademie in Florenz.

Bereits hatte Gott-Vater, der höchste Baumeister, dieses irdische Haus der Gottheit, das wir jetzt sehen [...], nach den Gesetzen einer verborgenen Weisheit errichtet. Das überirdische Gefilde hatte er mit Geistern geschmückt [...]. Die materiellen und fruchtbaren Teile der unteren Welt hatte er mit einer bunten Schar von Tieren angefüllt. Aber als er dieses Werk vollendet hatte, da wünschte der Baumeister, es möge jemand da sein, der die Vernunft eines so hohen Werkes nachdenklich erwäge, seine Schönheit liebe, seine Größe bewundere. Deswegen dachte er, nachdem bereits alle Dinge fertiggestellt waren, [...] zuletzt an die Schöpfung des Menschen [...]. Aber unter den vielen Ruheplätzen des Weltkreises war kein einziger mehr vorhanden, auf dem jener Betrachter des Universums hätte Platz nehmen können. Alles war bereits voll, alles unter die höchsten, mittleren und untersten Ordnungen der Wesen verteilt [...]. Daher beschloß denn der höchste Künstler, daß derjenige, dem etwas Eigenes nicht mehr gegeben werden konnte, das als Gemeinbesitz haben sollte, was den Einzelwesen ein Eigenbesitz gewesen war. Daher ließ sich Gott den Menschen gefallen als ein Geschöpf, das kein deutlich unterscheidbares Bild besitzt, stellte ihn in die Mitte der Welt und sprach zu ihm: „Wir haben dir keinen bestimmten Wohnsitz, noch ein eigenes Gesicht, noch irgendeine besondere Gabe verliehen, o Adam, damit du jeden beliebigen Wohnsitz, jedes beliebige Gesicht und alle Gaben, die du dir sicher wünschst, auch nach deinem Willen und nach deiner eigenen Meinung haben und besitzen mögst. Den übrigen Wesen ist ihre Natur durch die von uns vorgeschriebenen Gesetze bestimmt und wird dadurch in Schranken gehalten. Du bist durch keinerlei unüberwindliche Schranken gehemmt, du sollst nach deinem eigenen freien Willen, in dessen Hand ich dein Geschick gelegt habe, sogar deine Natur dir selbst vorbestimmen. Ich habe dich in die Mitte der Welt gesetzt, damit du von dort bequem um dich schaust, was es alles in dieser Welt gibt. Wir haben dich weder als einen Himmlischen noch als einen Irdischen, weder als einen Sterblichen noch einen Unsterblichen geschaffen, damit du als dein eigener, vollkommen frei und ehrenhalber schaltender Bildhauer und Dichter dir selbst die Form bestimmst, in der du zu leben wünschst. Es steht dir frei, in die Unterwelt des Viehes zu entarten. Es steht dir ebenso frei, in die höhere Welt des Göttlichen dich durch den Entschluß deines eigenen Geistes zu erheben. Müssen wir darin nicht zugleich die höchste Freigebigkeit Gott-Vaters und das höchste Glück des Menschen bewundern? Des Menschen, dem es gegeben ist, das zu haben, was er wünscht, und das zu sein, was er will. Denn die Tiere, sobald sie geboren werden, tragen vom Mutterleibe an das mit sich, was sie später besitzen werden. [...]. Die höchsten Geister aber sind von Anfang an oder bald darauf das gewesen, was sie in alle Ewigkeiten sein werden. In den Menschen aber hat der Vater gleich bei seiner Geburt die Samen aller Möglichkeiten und die Lebenskeime jeder Art hineingelegt. Welche er selbst davon pflegen wird, diejenigen werden heranwachsen und werden in ihm ihre Früchte bringen. Wenn er nur die des Wachsens pflegt, wird er nicht mehr denn eine Pflanze sein. Pflegt er nur die sinnlichen Keime, wird er gleich dem Tiere stumpf werden. Bei der Pflege der rationalen wird er als ein himmlisches Wesen hervorgehen.

(Pico della Mirandola, Über die Würde des Menschen, hrsg. von H. W. Rüssel. Amsterdam 1940. S. 48f.)

M 9 Niccolò Machiavelli: Der Fürst

Niccolò Machiavelli (1469–1527) stammte aus einer verarmten florentinischen Beamtenfamilie. Er gilt als Begründer der theoretischen Wissenschaft von der Politik.

Kap. 15: Da es meine Absicht ist, zum Nutzen derer zu schreiben, die mich verstehen, schien es mir richtiger, mich an die tatsächliche Gestalt der Dinge zu halten als an ein Phantasiebild. Viele haben sich Republiken und Fürstentümer ausgemalt, von deren Existenz man nie etwas gesehen noch vernommen hat. Denn zwischen dem Leben, wie es ist und wie es sein sollte, ist ein so gewaltiger Unterschied, daß, wer das, was man tut, aufgibt für das, was man tun sollte, eher seinen Untergang als seine Erhaltung bewirkt; ein Mensch, der immer nur das Gute tun wollte, muß zugrunde gehen unter so vielen, die nicht gut sind. Daher muß ein Fürst, der sich behaupten will, auch imstande sein, nicht gut zu handeln und das Gute zu tun und zu lassen, wie es die Umstände erfordern *[secondo la necessità]*. [...]

Kap. 18: Wie rühmlich es für einen Fürsten ist, die Treue zu halten und redlich, ohne Falsch, zu leben, sieht jeder ein. Nichtsdestoweniger lehrt die Erfahrung, daß gerade in unseren Tagen die Fürsten Großes ausgerichtet haben, die es mit der Treue nicht genau nahmen und es verstanden, durch List die Menschen zu umgarnen; und schließlich haben sie die Oberhand gewonnen über die, welche es mit der Redlichkeit hielten. [...] Ein kluger Fürst kann und darf demnach sein Wort nicht halten, wenn er dadurch sich selbst schaden würde oder wenn die Gründe weggefallen sind, die ihn bestimmten, es zu geben. Wenn alle Menschen gut wären, wäre diese Vorschrift nicht gut; da sie aber schlecht sind und dir die Treue nicht halten würden, brauchst du sie ihnen auch nicht zu halten. [...] So muß der Fürst Milde,

Treue, Menschlichkeit, Redlichkeit und Frömmigkeit zur Schau tragen und besitzen, aber wenn es nötig ist, imstande sein, sie in ihr Gegenteil zu verkehren. Es ist wohl zu beachten, daß ein Fürst, zumal ein neuer, nicht alle Tugenden befolgen kann, die den guten Ruf der Menschen begründen, da er oft genötigt ist, gegen Treue, Barmherzigkeit, Menschlichkeit und Religion zu verstoßen, um seine Herrschaft zu behaupten. Deshalb muß er verstehen, sich zu drehen und zu wenden nach dem Winde und nach den Wechselfällen des Glückes, und am Guten festhalten, soweit es möglich ist, aber im Notfall vor dem Schlechten nicht zurückschrecken. [...]
Kap. 25: Ich weiß wohl, daß es viele gegeben hat und gibt, die glauben, die Ereignisse seien derart von Fortuna und von Gott vorbestimmt, daß die Menschen mit ihrer Klugheit sie nicht lenken könnten, ja überhaupt nichts dagegen vermöchten, und die deshalb zu der Ansicht neigen, man solle sich nicht viel abmühen, sondern sich der Leitung des Zufalls überlassen. [...] Aber um unsere Willensfreiheit nicht ganz preiszugeben, halte ich nichtsdestoweniger dafür, daß Fortuna wohl zur Hälfte Herr ist über unsere Tage, aber die andere Hälfte oder fast soviel unsrer Leitung überläßt. Ich möchte Fortunas Macht vergleichen mit einem reißenden Strom, der, wenn er wütend überschwillt, die Fluren überflutet, Bäume und Häuser niederreißt, hier Erde fortspült, um sie dort anzuschwemmen: jeder flieht vor ihm, alles weicht seinem Anprall, ohne irgendwelchen Widerstand leisten zu können. Aber diese Wildheit des Stromes hindert nicht, daß die Menschen in ruhigen Zeiten Vorkehrungen treffen, Dämme und Deiche errichten, so daß die Fluten, wenn sie anschwellen, durch einen Kanal abgeleitet werden oder ihr Anprall nicht so überwältigend und gefährlich ist. Ebenso ist es mit Fortunas Macht: Auch sie zeigt ihre Gewalt dort, wo keine Kräfte zur Gegenwehr gerüstet stehen, und die Wogen des Schicksals wälzen sich dorthin, wo sie sicher sind, keine Dämme und Deiche zu finden, die sie hemmen. [...] Ferner glaube ich, daß der Glück hat, welcher mit seiner Art zu handeln in die Zeit paßt, und ebenso der Unglück, dessen Handlungsweise nicht zur Zeit stimmt. Die Menschen verfahren verschieden, um das Ziel, das jeder vor Augen hat, nämlich Ruhm und Reichtum, zu erlangen: Der eine handelt bedächtig, der andere ungestüm, der eine wendet Gewalt an, der andre List, der zeigt Geduld, jener das Gegenteil, und jeder kann auf seine Weise Erfolg haben. [...] Daher rührt auch der Wechsel des Glückes: denn wenn einer bedächtig und geduldig verfährt und Zeit und Umstände so beschaffen sind, daß seine Politik richtig ist, so hat er Erfolg. Ändern sich aber Zeit und Umstände, so geht er zugrunde, weil er seine Handlungsweise nicht ändert. Kein noch so kluger Fürst kann sich diesem Wechsel der Zeiten anpassen: teils, weil er nicht von dem lassen kann, wozu seine Natur ihn treibt, teils auch, weil er sich nicht entschließen kann, von dem Weg abzugehen, der ihn bisher stets zum Erfolg geführt hat. [...] Ich komme also zu dem Schluß, daß, da die Zeiten sich ändern, die Menschen aber an ihrer Art festhalten, sie glücklich sind, solange beide zusammenpassen, und unglücklich, sowie diese Übereinstimmung fehlt. Doch bin ich überzeugt, daß es besser ist, ungestüm zu handeln als bedächtig [...]
(Übersetzt nach: N. Machiavelli, Il Principe. In: Opere, hrsg. von M. Bonfantini. Mailand 1954, S. 49ff., 56ff., 79–82)

Anregungen

1 *In den Texten M 5–M 7 ist in verschiedenen Zusammenhängen von der lateinischen Sprache und Literatur die Rede. Um welche Art von Literatur handelt es sich? Welche Interessen verfolgten die Autoren mit deren Studium (vergleichen Sie auch M 2 und M 4)?*

2 *Welche Einstellung hatten die Autoren der Texte M 5–7 gegenüber dem Mittelalter? Beschreiben Sie zusammenfassend das von ihnen entwickelte Reformprogramm und erläutern Sie die darin gesetzten Hoffnungen!*

3 *Geben Sie an (etwa in Form eines Diagramms!), welche Stellung der Mensch im Kosmos nach Pico della Mirandola (M 8) einnimmt! Versuchen Sie, die „mittelalterlichen" und „modernen" Elemente dieses Menschenbildes zu unterscheiden! Erläutern Sie, weshalb dieses Menschenbild dem Reformprogramm der Renaissance (s. vorige Frage) entsprach!*

4 *Beschreiben Sie Machiavellis Vorstellung von der menschlichen Freiheit und ihr Verhältnis zu Moral, Notwendigkeit und Zufall! Vergleichen Sie sein Menschenbild mit dem Pico della Mirandolas (M 8)!*

5 *Man hat Machiavelli den „ersten modernen Lehrer der Politik" genannt. Begründen Sie diese Auffassung anhand des Textes!*

M 10 **Cimabue († 1303), um 1280**
(Uffizien, Florenz)

M 12 **Masaccio († 1428), um 1426**
(National Gallery, London)

Durchbruch der Renaissance im Spiegel der Malerei

M 11 **Leone Battista Alberti (1404–1472)**

Aus der Widmungsvorrede der „Drei Bücher über die Malerei" des Baumeisters, Schriftstellers und Kunsttheoretikers. Hier wird der ihm befreundete Baumeister Brunelleschi angesprochen.

Es hat mich stets gewundert und geschmerzt, daß so viele hervorragende Künste und Wissenschaften, die nach dem Zeugnis der Geschichte und der noch erhaltenen Werke in der Antike in hoher Blüte standen, heute kaum noch geübt, ja gänzlich verloren gegangen sind: Maler, Bildhauer, Architekten, Musiker, Geometer [...] und andere edle und bewundernswerte Geister findet man heute nur sehr selten, und meist verdienen sie dann auch wenig Lob. Deshalb dachte ich mir [...], daß die Natur, die Urheberin aller Dinge, alt und müde geworden sei und keine Giganten und Genies mehr hervorbringe, wie sie dies in ihren jugendlichen und ruhmreichen Zeiten in bewundernswerter Fülle getan hat. Dann aber, als ich nach langer Verbannung [...] wieder in unsere Heimatstadt zurückgekehrt bin, sah ich, daß in vielen, besonders in Dir und in dem uns eng befreundeten Bildhauer Donatello, aber auch [...] in Masaccio, ein Geist lebendig ist, der der Antike [...] durchaus ebenbürtig ist. Es ist zwar auch Gabe der Natur und Gunst der Zeiten, mehr aber noch Sache unseres Fleißes und unserer Sorgfalt, sich Ruhm für seine Tüchtigkeit zu gewinnen.

(Übersetzt nach: Leone Battista Albertis kleinere kunsttheoretische Schriften, hrsg. von Hubert Janitschek. Wien 1877, S. 47)

M 13 **Filippo Lippi (1406–1469), um 1465**
(Uffizien, Florenz)

Anregungen

1 *Vergleichen Sie die vier Bilder (M 10, 12, 13, 14) in ihrer zeitlichen Abfolge nach Inhalt und Darstellungsweise!*

2 *Beschreiben Sie die in diesen Bildern sich äußernde Entwicklungstendenz! Welches Kunstideal bildet sich heraus? Welches neue Selbstverständnis des Menschen (und seines Bezugs zur Natur und zum Sakralen) wird sichtbar? (s. auch M 8 und M 9).*

3 *Welche – im Vergleich zum Mittelalter – neuen Aufgaben hat die Kunst zu erfüllen? (s. auch die Darstellung 5.1.3.) Welches Selbstverständnis des Künstlers äußert sich in M 11?*

M 14 **Sandro Botticelli († 1510), um 1485** (Uffizien, Florenz)

M 15 Leonardo da Vinci (1452–1519)

Keine menschliche Untersuchung kann als wahre Wissenschaft bezeichnet werden, wenn sie nicht durch mathematische Beweise geht. Und wenn du behaupten solltest, daß die Wissenschaften, die im Verstand beginnen und enden, irgendwelche Wahrheit enthalten, so kann man das nicht zugeben, sondern man muß es aus vielen Gründen ablehnen, hauptsächlich, weil in solchen Beweisführungen keine Erfahrung enthalten ist, ohne die es keine Gewißheit gibt.

(Nach: Philosophische Tagebücher, hrsg. von Giuseppe Zamboni. Hamburg 1958, S. 31)

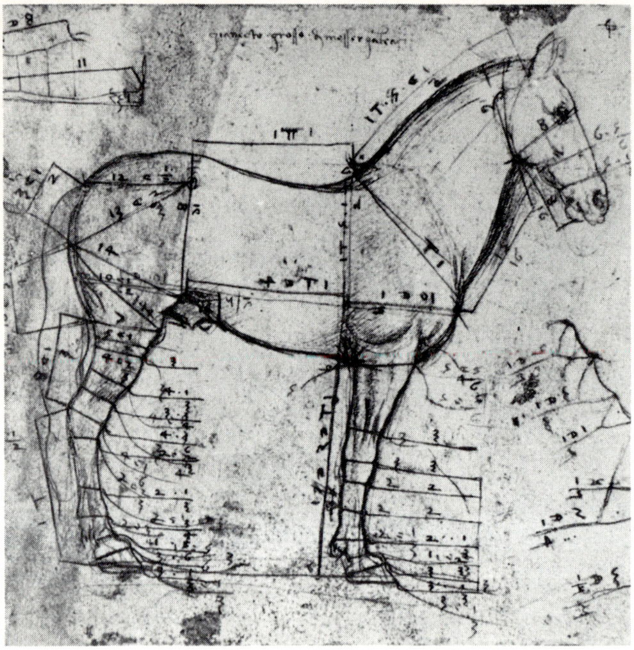

M 16 Leonardo: Proportionsstudie

(Windsor Collection)

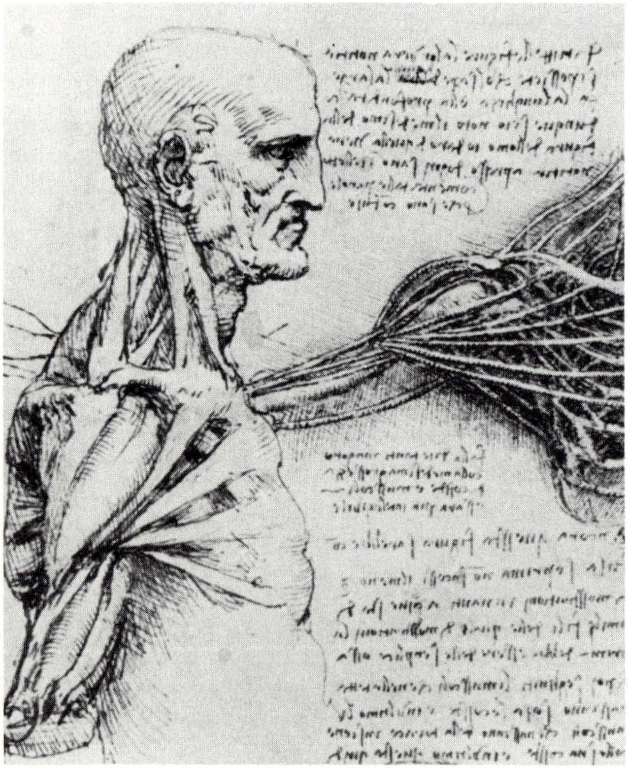

M 17 Leonardo: Proportionsstudie

(Windsor Collection)

M 18 **Leonardos Auffassung von darstellender Kunst**

Es ist notwendig, daß der Maler, um ein guter Darsteller der Gliedmaßen in den Stellungen und Gesten bei nackten Körpern zu sein, die Anatomie der Sehnen, Knochen, Muskeln und Fasern kennt, damit er bei den verschiedenen Bewegungen und Kraftanstrengungen weiß, welche Sehne oder welcher Muskel der Ursprung dieser Bewegung ist, und also nur diesen Muskel deutlich und angeschwollen macht, und nicht alle am ganzen Körper, wie manche tun, die, um als großartige Zeichner zu erscheinen, ihre nackten Gestalten hölzern und ohne Anmut machen, so daß sie eher einem Sack voller Nüsse als einem menschlichen Äußeren gleichen, oder eher einem Bündel Rettiche als muskulösen nackten Körpern.

(Nach: Philosophische Tagebücher, hrsg. von G. Zamboni. Hamburg 1958, S. 85 f.)

M 19 **Leonardo an den Regenten von Mailand Ludovico Sforza über die Herstellung von Kriegsgerät, 1492**

1. Ich habe Pläne für leichte, aber starke Brücken, die sich ganz einfach befördern lassen, und solche für andere, feste Brücken, die weder durch Feuer noch im Kampf zerstört und leicht und bequem abgebrochen und errichtet werden können [...].

2. Ich kann bei der Belagerung eines Platzes das Wasser aus den Gräben ableiten und zahlreiche Brücken, Rammböcke, Sturmleitern und andere zu einem solchen Unternehmen gehörende Geräte herstellen. [...]

4. Ferner habe ich Pläne für Kanonen, die sich bequem und leicht befördern lassen, mit denen man kleine Steine schleudern kann, fast so, als ob es hagle, und deren Rauch dem Feind gewaltigen Schrecken einjagt [...].

6. Ferner werde ich sichere und unangreifbare Wagen bauen, die mit ihren Geschützen durch die Reihen des Feindes fahren und jeden noch so großen Haufen von Bewaffneten zersprengen werden. Hinter ihnen können die Fußsoldaten fast unangefochten und völlig ungestört folgen.

7. Ferner werde ich, wenn nötig, Kanonen, Mörser und kleine Geschütze von sehr schöner und zweckmäßiger Form machen, wie sie nicht allgemein gebräuchlich sind.

8. Wo die Wirkung der Kanonen versagt, da werde ich Katapulte, Wurf- und Schleudermaschinen und andere gebräuchliche Geräte von wunderbarer Wirksamkeit herstellen. Kurzum, ich werde je nach den verschiedenen Umständen allerlei verschiedene Angriffs- und Verteidigungsmaschinen bauen.

(Handbuch des Geschichtsunterrichts, Bd. 4. Frankfurt am Main 1978, S. 2 f.)

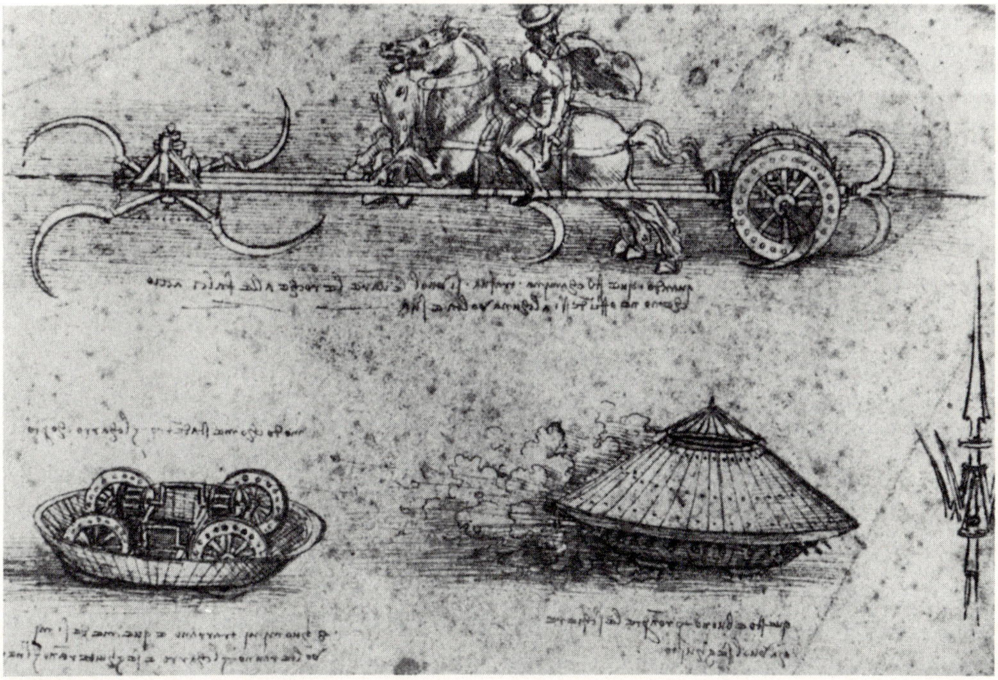

M 20 **Technische Erfindungen Leonardos**
(British Museum)

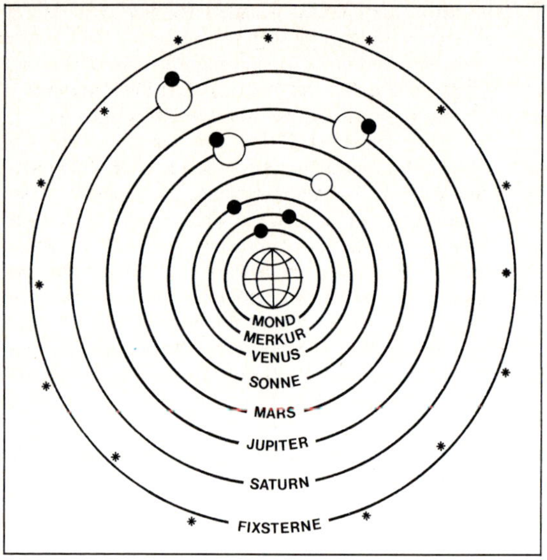

M 21 **Weltbild des Ptolemaios**

M 22 **Holzschnitt aus der Lutherbibel, 1534**
Hans Luft, Wittenberg

M 23 Aus dem „Commentariolus" des Kopernikus (zwischen 1507 und 1514)

Die Himmelskreise umfassen sich in folgender Reihenfolge: Der höchste kommt den Fixsternen zu; er ist unbeweglich und umfaßt alles. Unter ihm befindet sich derjenige des Saturns, auf den der des Jupiters folgt. Darunter kommt der des Mars; diesem wieder eingefügt ist der Bahnkreis, in dem wir uns bewegen. Dann folgt derjenige der Venus, und der letzte ist der des Merkur. Der Bahnkreis des Mondes aber dreht sich um den Mittelpunkt der Erde [...]. In der gleichen Reihenfolge übertreffen die Planeten einander auch an Schnelligkeit der Umdrehung, je nachdem sie größere oder kleinere Kreislängen durchmessen. Und zwar kehrt Saturn im dreißigsten, Jupiter im zwölften, Mars im dritten Jahr und die Erde nach einjähriger Kreisbewegung um die Sonne an den gleichen Ort zurück. Venus vollendet im neunten, Merkur im dritten Monat eine Umdrehung.
(Nach: A. Müller, Nicolai Coppernici de hypothesibus motum coelestium a se constitutis commentariolus. In: Zeitschrift für die Geschichte des Ermlandes 12, 1899, S. 364f.)

M 24 Johannes Kepler (1571–1630) an einen Freund, 1603

Ich bin sehr beschäftigt mit der Untersuchung der physikalischen Ursachen. Mein Ziel dabei ist es, zu zeigen, daß die himmlische Maschine nicht einem göttlichen Organismus zu vergleichen ist, sondern vielmehr einem Uhrwerk [...], insofern nämlich, als fast alle die mannigfachen Bewegungen mit Hilfe einer einzigen, einfachen magnetischen Kraft ausgeführt werden, wie im Falle eines Uhrwerks alle Bewegungen durch ein einziges Gewicht verursacht sind. Darüber hinaus zeige ich, wie diese physikalische Überlegung durch Berechnung und Geometrie darzustellen ist.
(Nach: A. Crombie, Von Augustinus bis Galilei. Die Emanzipation der Naturwissenschaft. München 1977, S. 248)

M 25 Galileo Galilei (1564–1642): Der Goldwäger (Nr. 6), 1623

Die Philosophie ist in dem großen Buch niedergeschrieben, das vor unseren Augen immer offen liegt, ich meine das Universum. Aber wir können es erst lesen, wenn wir die Sprache gelernt haben und mit den Zeichen vertraut sind, in denen es geschrieben ist. Es ist in der Sprache der Mathematik geschrieben, und seine Buchstaben sind Dreiecke, Kreise und andere geometrische Figuren; ohne diese Mittel ist es dem Menschen unmöglich, auch nur ein einziges Wort zu verstehen. (Ebenda, S. 374)

M 26 Galileo Galilei: Dialog über die beiden hauptsächlichen Weltsysteme (3. Tag), 1632

Die Eigenschaften der gleichförmigen Bewegung sind im vorigen Buch dargestellt worden; wir haben nun die beschleunigte Bewegung zu behandeln. Dabei ist es notwendig, eine Definition zu finden, die dem genauen Verhalten der Natur entspricht. Man könnte zwar willkürlich irgendeine Bewegungsart erfinden und die sich hieraus ergebenden Folgen betrachten. Wir haben es aber vorgezogen, die beschleunigte Bewegung beim Fall schwerer Körper zu betrachten, also eine Bewegungsart, die in der Natur selbst vorkommt. Dazu hat uns vor allem die Überlegung geführt, daß wir dann die [mathematisch] zu beweisenden Eigenschaften [der beschleunigten Bewegung] mit dem vergleichen können, was die Experimente unseren Sinnen vorführen.

(Nach: W. Heisenberg, Das Naturbild der heutigen Physik. Hamburg 1955, S. 75f.)

Anregungen

1 *Nennen Sie die Grundsätze des Leonardo da Vinci für Naturforschung (M 15, 18 und 19)! Gegen welche Art von Wissenschaft wendet er sich (s. auch die Darstellung 5.1.5)? Erläutern Sie die Unterschiede dieser beiden Methoden!*

2 *Charakterisieren Sie die Durchführung dieser Grundsätze (M 17 und M 18)!*

3 *Beschreiben Sie (nach M 19 und M 20) die praktische Nutzanwendung dieser Forschung. Vergleichen Sie moderne anwendungsbezogene Forschung mit dem Ansatz des Leonardo: Welche Übereinstimmungen und Unterschiede ergeben sich?*

4 *Erstellen Sie aus M 23 – analog zu M 21 – eine Skizze des Kopernikanischen Weltbildes!*

5 *Der Holzschnitt M 22 verdeutlicht das Weltbild der Bibel (entsprechend dem ersten Schöpfungsbericht Gen 1,1–2,4). Vergleichen Sie es mit den Weltbildern des Ptolemaios und des Kopernikus, und beschreiben Sie das durch die Theorie des Kopernikus aufgeworfene Problem!*

6 *Dieses Problem führte unter Galilei zu einer berühmt gewordenen Auseinandersetzung. Informieren Sie sich über deren Verlauf (Lexika, evtl. Rücksprache mit dem Religionslehrer!) und über die heutige Interpretation des Problems!*

7 *Untersuchen Sie M 24, M 25 und M 26 auf die darin enthaltenen Annahmen und Grundsätze naturwissenschaftlicher Forschung! Vergleichen Sie diese mit der Position des Leonardo da Vinci (M 15 und M 18), und beschreiben Sie Unterschiede und Übereinstimmungen!*

8 *Charakterisieren Sie im Zusammenhang die wichtigsten Merkmale der in der Renaissance beginnenden naturwissenschaftlichen Forschung, und vergleichen Sie sie mit der unserer Gegenwart!*

Heinrich der Seefahrer und die portugiesischen Entdeckungen

M 27 Diego Gomes († 1538) über die Anfänge der Erforschung der westafrikanischen Küste, um 1500

Das Sandmeer ist 37 Tagesreisen breit und scheidet die Weißen und die Schwarzen voneinander. Die Karthager, die man gegenwärtig Tunesier heißt, reisen mit Karawanen von manchmal 700 Kamelen hindurch zu einem Platz, der jetzt Tambuktu *[Timbuktu]* genannt wird, sowie zu einem anderen Land namens Cantor wegen des arabischen Goldes, das dort in größter Menge gefunden wird. Oft kommt von diesen Menschen und Tieren nur der zehnte Teil zurück. Als der Infant Don Heinrich dies hörte, ließ er sich dadurch bewegen, jene Länder auf dem Wege über die Meeresflut aufsuchen zu lassen, um Handel mit ihnen zu treiben.

(Nach: R. Hennig, Terrae Incognitae, Bd. 4. Leiden ^{2}1956, S. 13)

M 28 Erste Umsegelung des Kaps Bojador, 1434

Nach Valentin Ferdinand: Beschreibung der Westküste Afrikas, 1504

Niemals hatte es jemand gewagt, das Kap Bojador zu umschiffen, sowohl wegen der Neuheit des Falles wie wegen einer alten, unter den Seeleuten verbreiteten Sage, welche mit schädlichen Folgen drohte. Große Zweifel herrschten daher, wer der erste sein würde, der sein Leben aufs Spiel setzte. Wie sollen wir, sagte man, die Grenzen überschreiten, welche unsere Väter gezogen haben, und welchen Nutzen kann dem Infanten der Verlust unserer Seelen und unserer Leiber bringen? [...] Die Seeleute sagten, es gäbe auf diesem Kap weder Leute noch Wohnplätze, weder einen Baum noch grünes Gras, das Meer sei so flach, daß es eine Landmeile weit nur klaftertief sei, die Strömung aber so stark, daß ein Schiff, welches das Kap umsegele, nie zurückkehren könne, weshalb unsere Vorfahren eine solche Umsegelung auch nicht gewagt hätten. Diese irrige Meinung verursachte dem Infanten große Kosten, denn er sandte zwölf Jahre lang immer wieder seine Schiffe dorthin. Niemals aber fand sich jemand, der es gewagt hätte, das Kap zu umschiffen. [...] Nach Ablauf der zwölf Jahre befahl der Infant im Jahre 1433, eine Barke auszurüsten, zu deren Befehlshaber er seinen Schildträger Gyl Eannes ernannte. Von derselben Furcht ergriffen wie die übrigen, kam er nur bis zu den Kanarischen Inseln, machte einige Gefangene und kehrte nach Portugal zurück. Im folgenden Jahre 1434 ließ der Infant dieselbe Barke wieder ausrüsten und schärfte dem erwähnten Gyl Eannes streng ein, auf jeden Fall das Kap zu umschiffen. Er umschiffte es auf dieser Fahrt trotz aller Gefahr auch wirklich und fand die Dinge ganz anders, als man bis dahin

gehört hatte. Er wurde deshalb vom Infanten ehrenvoll empfangen, mit Ehren und Gaben belohnt.
(Ebenda, S. 82f.)

M 29 Vasco da Gama (1468–1524) erreicht 1498 die indische Küste

Bericht eines unbekannten Teilnehmers

Wir warfen längs der Küste Anker, ungefähr anderthalb Leguas *(9 km)* vom Lande entfernt. Und nachdem wir so vor Anker lagen, kamen vom Lande vier Barken auf uns zu, und selbige kamen, um zu erfahren, wer wir wären, und nannten und zeigten uns Kalikut. [...] Zu der Zeit, wo wir in selbiger Stadt Kalikut ankamen, hielt sich der König *(der Raja von Kalikut)* fünfzehn Leguas *[90 km]* entfernt von dort auf, und der Kommandant schickte ihm dahin zwei Leute, durch die er ihm sagen ließ, daß ein Geschenk des Königs von Portugal da sei und daß er Briefe von selbigem zu überbringen habe und daß, wenn er befehle, er sie ihm dahin bringen würde, wo er wäre. Und als selbiger König diese Meldung von dem Kommandanten erhielt, belohnte er die Leute, die sie ihm überbrachten, mit sehr guten Tuchstoffen. Und er ließ ihm sagen, daß er sehr willkommen sei, und daß er sogleich nach Kalikut kommen würde, wie er denn auch wirklich sogleich, mit vielem Volk hinter sich her, nach Kalikut aufbrach.
[Vasco da Gama begab sich an den Hof des Herrschers und] sagte ihm, daß er Gesandter eines Königs von Portugal wäre, der Herr über große Länder sei und sehr reich in jeder Hinsicht, mehr als irgendein König in jenen Gegenden, und daß seit sechzig Jahren die Könige, seine Vorgänger, jedes Jahr Schiffe auf Entdeckungen ausschickten nach diesen Gegenden, weil sie wüßten, daß es in selbigen Gegenden christliche Könige gebe wie sie, und daß sie deswegen befohlen hätten, selbiges Land zu entdecken, und nicht, weil sie Gold oder Silber brauchten, weil sie das so im Überfluß hätten, so daß sie es nicht aus selbigem Lande zu holen brauchten. [...]
Der König antwortete darauf, daß er willkommen sei, und daß auch er selbigen König für einen Bruder und Freund ansehen und daß er ihm Gesandte nach Portugal mitschicken wolle, worauf ihm der Kommandant erwiderte, daß er ihn auch um diese Gnade bitte, weil er nicht wagen würde, vor dem König, seinem Herrn, zu erscheinen, wenn er nicht einige Leute aus seinem Lande mitbrächte. *[Bald kam es zu regem Handel mit den Bewohnern von Kalikut.]*
Wir kamen alle, soviel wir auf den Schiffen waren, zu zwei und zwei oder zu drei und drei an Land, und jeder nahm sich von dem, was er hatte, mit, also Armbänder und Kleider und Zinn und Hemden, jeder, wie er es hatte, und sie verkauften, wenn sie es auch nicht so gut verkauften, wie wir bei unserer Ankunft gehofft hatten. Und wir kauften von dem, womit man in der Stadt handelte, Gewürznelken und Zimt und Edelsteine, und nachdem so jeder gekauft hatte, was er wollte, kehrte er zu den Schiffen zurück, ohne daß irgend jemand ihm etwas in den Weg legte. Und als der Kommandant sah, daß dies Volk so gutmütig war, beschloß er in selbigem Lande einen Faktor *[Einkäufer]* zurückzulassen mit Ware [...]. Und als die Zeit nahe war, wo wir abfahren mußten, schickte der Kommandant ein Geschenk in Bernstein an den König und schickte ihm außerdem Korallen und noch vieles andere und ließ ihm sagen, daß er nach Portugal zurückkehren wolle; ob er einige Leute an den König von Portugal mitschicken wolle. Er werde einen Faktor hier lassen und einen Schreiber sowie Ware, und er schicke ihm selbiges Geschenk und bitte, daß er an den König, seinen Herrn, ein Bahar Zimt, dann eines von Gewürznelken und so von jedem anderen Gewürz, das er wolle, als Probe schicken möchte, und daß der Faktor Geld schaffen und es ihm, wenn er wolle, bezahlen werde. [...] *[Die Freundschaft war freilich nur von kurzer Dauer. Völlig unerwartet ließ der Raja einige portugiesische Matrosen verhaften.]* Über selbige Nachricht waren wir alle traurig, weil wir erstens ein paar von unseren Leuten in der Gewalt der Feinde sahen, und dann wegen des großen Hindernisses, das damit unserer Abfahrt in den Weg trat. [...] Aber andererseits legten wir ihm wieder nicht so große Schuld bei [...], weil wir wußten, daß wir den Mauren, die hier wohnten, Kaufleute von Mekka und vielen anderen Gegenden, unbequem waren und daß selbige dem König sagten, wir wären Seeräuber, und sobald wir anfingen nach selbigem Lande zu fahren, würde kein Schiff mehr von Mekka oder Cambaya oder Indien oder von anderswo nach seinem Lande kommen können, so daß er keinen Gewinn mehr daraus ziehen würde. Und wir würden ihm auch nichts geben, sondern ihm eher noch nehmen, und dadurch könne sein Land zugrunde gerichtet werden; und abgesehen von diesen Geschichten gaben sie ihm noch viel, viel Geld dafür, daß er uns gefangen nähme und tötete, damit wir nicht nach Portugal zurückkehren könnten. [...]
(Nach: F. Hümmerich, Vasco da Gama und die Entdeckung des Seeweges nach Ostindien. München 1898, S. 158ff.)

Anregungen

1 *Informieren Sie sich mit Hilfe der Darstellung über den Hintergrund von M 27!*

2 *Untersuchen Sie anhand einer Klimakarte, weshalb das Kap Bojador bis 1434 die Grenze der damaligen Seefahrt bildete (M 28). Interpretieren Sie vor diesem Hintergrund die Befürchtungen der portugiesischen Seeleute!*

3 *Beschreiben Sie nach M 29 die wirtschaftlichen Interessen der Portugiesen am Indienhandel und geben Sie an, warum die im Text genannten „Mauren" (Araber) das Unternehmen Vasco da Gamas mit aller Gewalt scheitern lassen wollten!*

M 30 Paolo Toscanelli aus Florenz an den Kanonikus Fernan Martinez (Roviz) in Lissabon, 25. Juni 1474

Paolo Toscanelli (1397–1482) war Arzt, Mathematiker und Geograph.

Dem Kanonikus Ferdinand Martinez *[Beichtvater König Alfons' V.]* sendet der Arzt Paolo *[Toscanelli]* seinen Gruß. Es war mir angenehm, von Deinen vertrauten Beziehungen zu Sr. Majestät, dem König, Kenntnis zu erhalten, da ich schon früher oftmals wegen eines kürzeren Weges zu den Gewürzländern verhandelt habe, als es der über Guinea führende ist. Der König verlangt nun von mir eine noch [...] anschaulichere Erläuterung, damit auch der minder Eingeweihte diesen Weg begreifen und verstehen kann. Obzwar ich nun weiß, daß man dies an einer Kugel, welche die Erde darstellt, zeigen müßte, habe ich mich doch wegen des leichteren Verständnisses und der geringeren Mühe entschlossen, den Weg auf einer Seekarte zu erläutern. Ich sende daher Sr. Majestät eine eigenhändig gezeichnete Karte, auf der eure Küsten und Inseln eingetragen sind, von denen der Weg, immer gegen Westen, ausgeht, sowie die Orte, zu denen man kommen muß [...]. Wundert euch nicht darüber, daß ich das Gebiet, wo die Gewürze sind, „westlich" nenne, während es gewöhnlich als östlich bezeichnet wird; denn jene Gegenden sind durch immer nach Westen gerichtete Seereisen [...] zu finden, während sie auf Überlandwegen in östlicher Richtung aufgesucht werden. [...] Dieses Land ist wert, von den Lateinern aufgesucht zu werden, nicht nur, weil ungeheure Schätze an Gold, Silber und Edelsteinen aller Art dort zu gewinnen sind, sowie an Gewürzen, wie sie zu uns gebracht werden, sondern auch wegen dessen gelehrter Männer und Philosophen.

(Nach: R. Hennig, Terrae Incognitae, Bd. 4, a.a.O., S. 231ff.)

M 31 Las Casas: Die Beziehungen zwischen Kolumbus und Toscanelli

Bartolomé de Las Casas (1474–1566), spanischer Dominikaner und Indianermissionar, schrieb die Geschichte der Entdeckung Mittelamerikas (História de las Indias).

Als die beiden *[Toscanelli und Martinez]* Briefe über Fragen des Meeres und der Kosmographie [...] wechselten [...], kam etwas von diesen Briefen und dem darin erörterten Gegenstand zur Kenntnis des Kolumbus. Da dieser mit seinen Gedanken gar sehr solchen Erwägungen nachging und im Begriff stand, sie in die Wirklichkeit umzusetzen, beschloß er an den genannten Maestro Paolo *[Toscanelli]* zu schreiben [...], wobei er als Vermittler einen gewissen Lorenzo Birardi benutzte, der ebenfalls aus Florenz stammte und damals in Lissabon lebte. [...] Er teilte dem genannten Maestro Paolo seine Absicht mit, die er zu verwirklichen hoffte. Nach Empfang des Briefes des Kolumbus antwortete er *[Toscanelli]* ihm in einem lateinischen Brief und mit einer Abschrift des von ihm an den Kanonikus Fernan Martinez gerichteten Schreibens, die ich in einer spanischen Übersetzung gesehen und in Händen gehabt habe.

(Ebenda, S. 235f.)

M 32 Paolo Toscanelli an Kolumbus, undatiert

Überliefert in Las Casas: História de las Indias

Deinen Brief und die mir zugesandten Gegenstände habe ich erhalten und darüber große Genugtuung empfunden. Von deinem mutigen und großartigen Plan, auf dem Westwege, den die dir übermittelte Karte anzeigt, zu den Ostländern zu segeln, nahm ich Kenntnis. Besser hätte er sich noch an Hand einer runden Kugel klar machen lassen. Es freut mich, daß du mich recht verstanden hast. Der geschilderte Weg ist nicht nur möglich, sondern auch sicher. Unzweifelhaft ist die Reise ehrenvoll und vermag unabsehbaren Gewinn und höchsten Ruhm in der ganzen Christenheit zu bringen. Du kannst dies nicht so zuverlässig wissen wie ich, da du nicht so häufig Gelegenheit gehabt hast, vertrauenswürdige Nachrichten von bedeutenden, erfahrenen Männern zu sammeln, die hierher an den päpstlichen Hof gekommen sind, und von hochangesehenen Kaufleuten, die in jenen Ländern lange ihren Handel getrieben haben. Eine derartige Reise führt zu mächtigen Königreichen, berühmten Städten und Provinzen, die alles im Überfluß besitzen, was wir benötigen, auch alle Arten von Gewürzen in reicher Fülle sowie Edelsteine in großer Menge aufweisen. Die Fürsten und Könige, zu denen man gelangt, dürften noch erfreuter als wir sein, daß sie mit Christen unserer Länder in Verbindung kommen, da viele von ihnen Christen sind, und auch weil sie mit gelehrten, geistvollen Männern von hier über die Religion und Wissenschaft sich werden unterhalten können, im Hinblick auf den hohen Ruhm, den unsere Staaten und Regierungen dort genießen.

(Ebenda, S. 234)

M 33 Kolumbus am spanischen Hof

Nach Las Casas, História de las Indias

[...] Alle diese *[Ratgeber des Königs Ferdinand und der Königin Isabella]* oder doch einige von ihnen waren der Meinung, daß Christoph Kolumbus von dem König und der Königin gehört werden solle, um ihnen sein Vorhaben darzulegen und seine Dienste anzubieten. Sie hörten ihn denn auch an, nahmen seine Bitte zu Kenntnis, aber wegen ihrer Beanspruchung durch den Krieg *[gegen Granada]* nur beiläufig [...], und beschlossen dann, indem sie sich im übrigen gütig und freundlich zeigten, die Sache an gelehrte Sachverständige zu verweisen, die den Christoph Kolumbus genauer anhören und den Wert sei-

ner Projekte und die dafür vorgebrachten Gründe prüfen sollten, um dann darüber zu diskutieren und zu beraten und Ihren Hoheiten ausführlich zu berichten. Sie beauftragten in erster Linie den Prior von Prado, die Leute zu berufen, die nach seiner Meinung über diese kosmographische Angelegenheit zu hören seien. Es gab deren damals in Kastilien nicht viele, und es ist erstaunlich, welche völlige Unwissenheit über diese Dinge damals in Kastilien herrschte. Die Sachverständigen traten viele Male zusammen. Kolumbus trug ihnen seinen Plan vor, führte Gründe und Autoritäten an, die ihn als ausführbar erweisen sollten [...]. Einige fragten, wenn es wahr wäre, daß dieses Indien überhaupt existiere, wie es dann möglich sein solle, daß man in so vielen Jahrtausenden seit Bestehen der Welt keine Kenntnis davon erlangt habe, trotz eines Ptolemaios und vieler anderer Astronomen, Kosmographen und Philosophen, die wenig oder gar nichts über Indien gewußt und in ihren Werken hinterlassen hätten, während sie doch sonst über so viele Dinge geschrieben hätten? Die Existenz Indiens behaupten hieße doch den Anspruch erheben, man wisse mehr und habe mehr ergründet als alle! [...] Andere beriefen sich auf St. Augustinus, der die Existenz von Antipoden leugnete, [...] und wiederholten nur immerfort ihr Sprüchlein: „St. Augustinus bezweifelt das!" [...] So konnte Kolumbus am Ende diese Herren der königlichen Kommission wenig zufriedenstellen. Sie erklärten seine Pläne und Vorschläge für unausführbar, unpraktisch und unannehmbar [...].
(Geschichte in Quellen 3. München 1976, S. 42f.)

M 34 Christoph Kolumbus: Aus dem Tagebuch der ersten Entdeckungsfahrt

11./12. Oktober 1492. Um zwei Uhr morgens kam das Land in Sicht, von dem wir etwa 8 Seemeilen entfernt waren. Wir holten alle Segel ein und fuhren mit einem Großsegel, ohne Nebensegel. Dann lagen wir bei und warteten bis zum Anbruch des Tages, der ein Freitag war, an welchem wir zu einer Insel gelangten, die in der Indianersprache „Guanahani" hieß. Dort erblickten wir allsogleich nackte Eingeborene. Ich begab mich, begleitet von Martin Alonso Pinzón und dessen Bruder Vicente Yánez, dem Kapitän der „Niña", an Bord eines mit Waffen versehenen Bootes an Land. Dort entfaltete ich die königliche Flagge, während die beiden Schiffskapitäne zwei Fahnen mit einem grünen Kreuz im Felde schwangen, das an Bord aller Schiffe geführt wurde und welches rechts und links von den je mit einer Krone verzierten Buchstaben F und Y umgeben war. Unseren Blicken bot sich eine Landschaft dar, die mit grün leuchtenden Bäumen bepflanzt und reich an Gewässern und allerhand Früchten war. Ich rief die beiden Kapitäne und auch all die anderen, die an Land gegangen waren, ferner Rodrigo d'Escobedo, den Notar der Armada, und Rodrigo Sánchez von Segovia zu mir und sagte ihnen, durch ihre persönliche Gegenwart als Augenzeugen davon Kenntnis zu nehmen, daß ich im Namen des Königs und der Königin, meiner Herren, von der genannten Insel Besitz ergreife, und die rechtlichen Unterlagen zu schaffen, wie es sich aus den Urkunden ergibt, die dort schriftlich niedergelegt wurden. Sofort sammelten sich an jener Stelle zahlreiche Eingeborene der Insel. In der Erkenntnis, daß es sich um Leute handle, die man weit besser durch Liebe als mit dem Schwerte retten und zu unserem Heiligen Glauben bekehren könne, gedachte ich sie mir zu Freunden zu machen, und schenkte also einigen unter ihnen rote Kappen und Halsketten aus Glas und noch andere Kleinigkeiten von geringem Werte, worüber sie sich ungemein erfreut zeigten. Sie wurden so gute Freunde, daß es eine helle Freude war. Sie erreichten schwimmend unsere Schiffe und brachten uns Papageien, Knäuel von Baumwollfaden, lange Wurfspieße und viele andere Dinge noch, die sie mit dem eintauschten, was wir ihnen gaben, wie Glasperlen und Glöckchen. Sie gaben und nahmen alles von Herzen gern – allein mir schien es, als litten sie Mangel an allen Dingen [...]. 13. Oktober. Ich beachtete alles mit größter Aufmerksamkeit und trachtete, herauszubekommen, ob in dieser Gegend Gold vorkomme. Dabei bemerkte ich, daß einige von diesen Männern die Nase durchlöchert und durch die Öffnung ein Stück Gold geschoben hatten. Mit Hilfe der Zeichensprache erfuhr ich, daß man gegen Süden fahren müsse, um zu einem König zu gelangen, der große, goldene Gefäße und viele Goldstücke besaß. Ich versuchte nun, sie zu bewegen, mich dahin zu geleiten, doch mußte ich späterhin einsehen, daß sie sich weigerten, dies zu tun. Deshalb beschloß ich, bis zum morgigen Abend hier zu bleiben, um dann nach Südwesten weiterzufahren, wo nach Aussagen vieler Eingeborener sowohl im Süden, als im Nordwesten und Südwesten Land sein müsse. Sie bedeuteten mir außerdem, daß die Bewohner der im Nordwesten gelegenen Gebiete des öfteren bis hierher gelangten, um sie zu bekämpfen. Also entschied ich mich, nach Südwesten vorzudringen, um nach Gold und Edelsteinen zu suchen [...].
14. Oktober. In der Absicht, alles in Augenschein zu nehmen, um Euren Hoheiten darüber genauen Bericht erstatten zu können, und um eine Stelle ausfindig zu machen, wo ich eine kleine Festung errichten könnte, ging ich heute auf Erkundung aus und traf eine Halbinsel an, auf der sechs Hütten standen und die in wenigen Tagen Arbeit zu einer Insel umgestaltet werden könnte. Doch halte ich eine derartige Umgestaltung nicht für erforderlich, da ja die Bewohner keine besonderen Kenntnisse von Waffen besitzen, wovon Eure Hoheiten sich bei den Leuten persönlich überzeugen können, die ich ergreifen ließ, um sie nach Spanien mitzubringen, wo sie

unsere Sprache erlernen sollen, ehe wir sie wieder zurückbringen. Sollten Eure Hoheiten den Befehl erteilen, alle Inselbewohner nach Kastilien zu schaffen oder aber sie auf ihrer eigenen Insel als Sklaven zu halten, so wäre dieser Befehl leicht durchführbar, da man mit einigen fünfzig Mann alle anderen niederhalten und zu allem zwingen könnte [...].
(Christoph Kolumbus, Bordbuch. Übersetzt von A. Zahorsky. Zürich/Leipzig 1940, S. 81–90)

M 35 Die europäische Expansion im Urteil der Nachwelt

a) Aus der Sicht des englischen Philosophen und Wirtschaftstheoretikers Adam Smith, 1776

Die Entdeckung Amerikas und des Seeweges nach Ostindien um das Kap der Guten Hoffnung sind die beiden größten und bedeutendsten Ereignisse in der Geschichte der Menschheit. Ihre Folgen sind zwar bereits recht beachtlich gewesen, doch ist es noch nicht möglich, in dem kurzen Zeitraum von zwei bis drei Jahrhunderten, die seither vergangen sind, die Auswirkungen in ihrer ganzen Tragweite erkennen zu können. Und keine menschliche Klugheit und Umsicht kann voraussehen, welche Wohltaten und welches Unglück der ganzen Menschheit aus diesen einmaligen Entdeckungen erwachsen werden. Ganz allgemein dürften sie wohl in der Tendenz nützlich und förderlich sein, da sie die entlegensten Gebiete der Welt in gewissem Umfang zusammengeführt und es ihnen möglich gemacht hat, sich gegenseitig zu helfen, den Bedarf an Nötigem und Annehmlichem im Austausch zu decken und Gewerbe und Handel untereinander zu fördern. Für die Eingeborenen in Ost- und Westindien aber sind alle Handelsvorteile, die aus beiden Ereignissen hätten erwachsen können, zusammengeschrumpft, und sie haben in dem schrecklichen Unglück geendet, das sie erlitten haben, was aber wiederum mehr in einem Zufall als in der Natur der Sache selbst seine Wurzeln hat. Zu der Zeit, als man beide Entdeckungen gemacht hat, war das Übergewicht an Macht auf seiten der Europäer so groß, daß sie sich jede Art Ungerechtigkeit in diesen fernen Gebieten erlauben konnten. Vielleicht können künftighin die Eingeborenen jener Länder stärker und machtvoller, die Macht der Europäer aber schwächer werden, so daß die Bewohner aller Regionen der Welt den gleichen Mut und die gleiche Stärke erlangen, wodurch es zu einem Gleichgewicht in der Abschreckung kommt, das allein die Ungerechtigkeit unabhängiger Nationen in eine Art Respekt vor den gegenseitigen Rechten umzuwandeln vermag. Nichts scheint indes dieses Gleichgewicht der Kräfte eher herstellen zu können als der gegenseitige Austausch von Wissen und technischen Kenntnissen aller Art, den ein umfassender Handel aller Länder untereinander ganz von selbst [...] mit sich bringt.
(Adam Smith: Der Wohlstand der Nationen. Aus dem Englischen von H.C. Recktenwald. München 1974, S.527)

b) Aus der Sicht von Marx und Engels, 1847

Die Entdeckung Amerikas, die Umschiffung Afrikas schufen der aufkommenden Bourgeoisie ein neues Terrain. Der ostindische und der chinesische Markt, die Kolonisierung von Amerika, der Austausch mit den Kolonien, die Vermehrung der Tauschmittel und der Waren überhaupt gaben dem Handel, der Schiffahrt, der Industrie einen nie gekannten Aufschwung und damit dem revolutionären Element in der zerfallenen feudalen Gesellschaft eine rasche Entwicklung. Die bisherige feudale oder zünftige Betriebsweise der Industrie reichte nicht mehr aus für den mit neuen Märkten anwachsenden Bedarf. Die Manufaktur trat an ihre Stelle [...]. Aber immer wuchsen die Märkte, immer stieg der Bedarf. Auch die Manufaktur reichte nicht mehr aus. Da revolutionierte der Dampf und die Maschinerie die industrielle Produktion. An die Stelle der Manufaktur trat die moderne große Industrie [...], traten die industriellen Millionäre, die Chefs ganzer industrieller Armeen [...]. Die große Industrie hat den Weltmarkt hergestellt, den die Entdeckung Amerikas vorbereitete. Der Weltmarkt hat dem Handel, der Schiffahrt, der Landkommunikation eine unermeßliche Entwicklung gegeben. Diese hat wiederum auf die Ausdehnung der Industrie zurückgewirkt, und in demselben Maße [...] entwickelte sich die Bourgeoisie, vermehrte sie ihre Kapitalien, drängte sie alle vom Mittelalter her überlieferten Klassen in den Hintergrund.
(Karl Marx/Friedrich Engels, Manifest der Kommunistischen Partei. Werke Bd. 4, Berlin 1959, S. 461 f.)

Anregungen

1 *Untersuchen Sie M 30–33 auf die epochengeschichtliche Herkunft der für und gegen die Westfahrt vorgetragenen Argumente!*

2 *Vergleichen Sie M 29 mit M 34! Welche Übereinstimmungen und Unterschiede zeigen die Motive und Absichten der portugiesischen und spanischen Entdecker?*

3 *Erläutern Sie anhand M 34, aus welchen Gründen die Indianer den Spaniern unterlegen waren! Wie läßt sich die Ungleichzeitigkeit der zivilisatorischen Entwicklung erklären?*

4 *Erörtern Sie zusammenfassend die Unterschiede zwischen den Spaniern und Portugiesen in der Methode und Zielsetzung ihrer Entdeckungen!*

5 *M 35a und M 35b interpretieren die historische Bedeutung der Entdeckungen unterschiedlich. Untersuchen Sie beide Texte auf Übereinstimmungen und Unterschiede und nehmen Sie zu dem Ergebnis kritisch Stellung!*

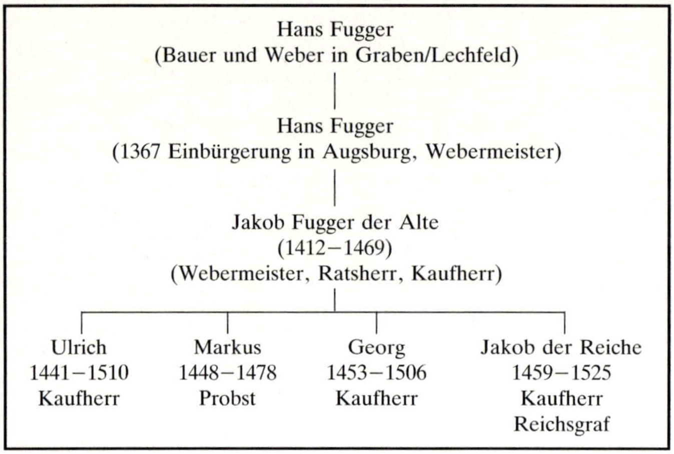

M 36 Stammbaum der Fugger „von der Lilie“
(Nach: G. Frh. v. Pölnitz, Die Fugger, 1960, S. 394)

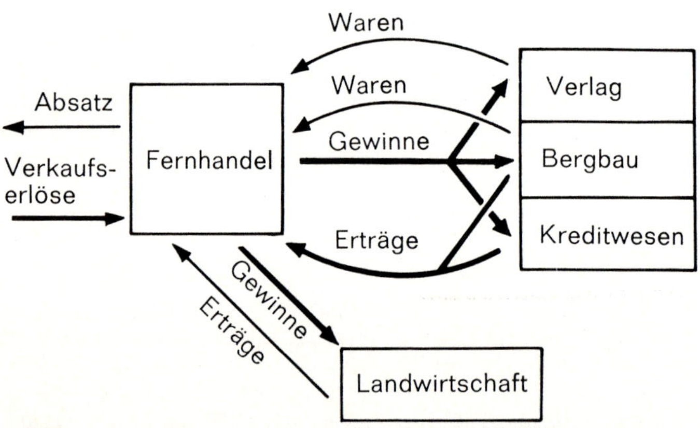

M 37 Waren- und Gewinnbeziehungen eines frühkapitalistischen Großunternehmens
(Nach: F. W. Henning, Wirtschafts- und Sozialgeschichte Deutschlands, Bd. 1, S. 218)

M 38 Vertrag der Gebrüder Fugger mit den Kupferschmelzern von Schwaz/Tirol, Innsbruck 1499

Wir sind mit den Gebrüdern Fugger übereingekommen [...], ihnen in den folgenden drei Jahren jeweils 12 000 Zentner Schwazer Kupfer *(entspricht der Jahresproduktion)* zu liefern [...]. *(Die Bezahlung wird in einem komplizierten Verfahren mit den Schulden König Maximilians I. bei den Fuggern verrechnet.)*
Falls ein Schmelzer über die oben genannte Menge hinaus Kupfer produzieren sollte [...], so kann er dies nach seinem Willen und Gefallen in Deutschland verkaufen. Allerdings darf er kein Kupfer nach Bozen und Italien liefern [...]. 1502 wollen wir den *(Gebrüdern)* Fugger die Verlängerung dieses Vertrags anbieten; erst wenn dies scheitert, dürfen wir wieder Kupfer nach Bozen und Italien liefern.
(Bearbeitet nach: Max Jansen, Jakob Fugger der Reiche. Leipzig 1910, S. 356 f.)

M 39 König Maximilian I. an die Gebrüder Fugger, 1499

Wir gewähren *(den Gebrüdern Fugger)* weiterhin, daß sie ihr Kupfer abgabenfrei durch unsere gesamten österreichischen Lande auf der Donau verschiffen können; ebenso dürfen sie ihr Kupfer von Schwaz [...] frei durch unser Land Tirol versenden.
Während der Dauer *(des obigen)* Vertrages darf kein Kupfer aus Taufer nach Bozen, Venedig oder sonst irgendwohin nach Italien ausgeführt werden. Der Kupferhandel *(der Gebrüder Fugger)* – auch der ihres Hüttenwerkes in Kärnten[1] – steht unter *(königlichem)* Schutz.
(Ebenda S. 359)

1 Gemeint ist die ab 1495 bei Villach gebaute „Fuggerau“

M 40 Handelsverbindungen der Fugger und Handelswaren

a) Handelsverbindungen der Fugger in der 1. Hälfte des 16. Jahrhunderts

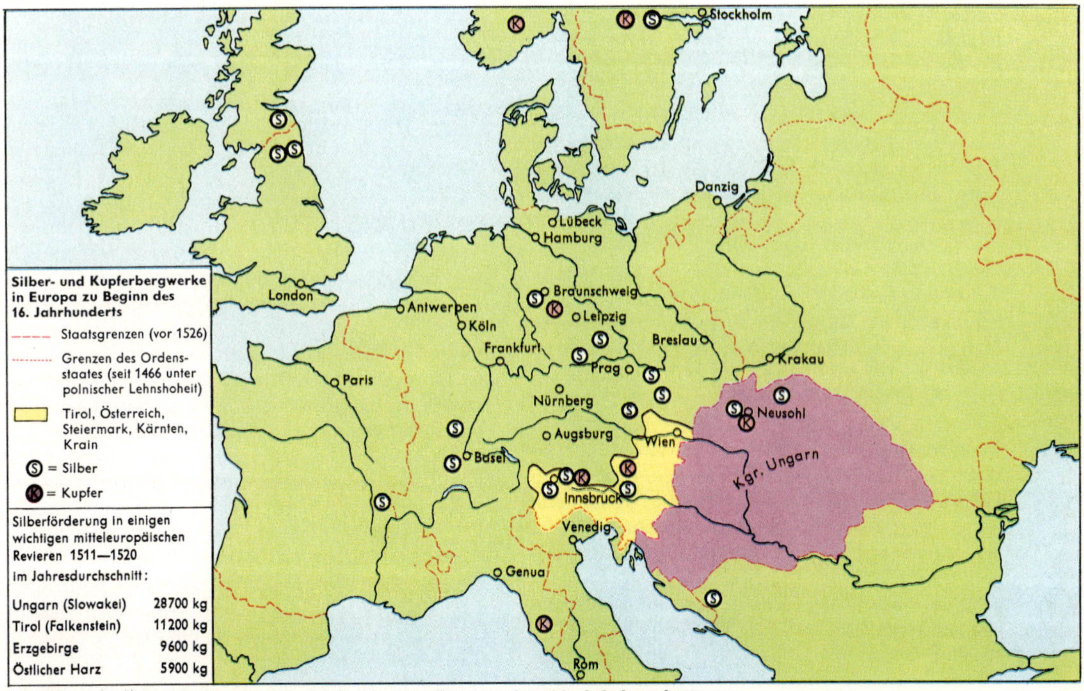

b) Silber- und Kupferbergwerke in Europa zu Beginn des 16. Jahrhunderts

(Nach: Horst Buszello, Die Hanse. In: Geschichte – Politik. Paderborn 1983. Materialheft S. 34 f.)

M 41 Die Einnahmen der Rechnungskammer des Landes Tirol (in Gulden)

Jahr	Gesamteinnahme der Kammer	Davon leisten die Fugger	Für Erz als Gegenleistung	Als Darlehen	Gesamtausgabe der Kammer	Zurückgezahlt an Fugger
1512	285679	25000	–	25000	265037	33000 u. 3330 Zins
1513	?	24000	20000	4000	?	2000 u. 400 Zins
1514	245055	60000		60000	239378	14950
1515	359464	98500	23500	75000	358638	27500
1516	486327	128000	72000	56000	487507	55100
1517	233055	120200	39000	81200	229128	57879
1518	262488	112303	96303	16000	258907	43700
1519	330237	140576	75576	65000	298366	57394
1520	256656	85198	75198	10000	244560	51329
1521	241971	80549	55349	25200	223571	40029
1522	149775	35197	35197	–	148461	45372
1523	?	45364	46109	1265	–	55742
1524	?	67607	64607	3000	–	86468
1525	–	14500	787	13713	–	–

(Max Jansen, Jakob Fugger der Reiche. Leipzig 1910, S. 130)

M 42 a) Vertrag zwischen den Gebrüdern Fugger und den bedeutenden Bergwerksunternehmern Thurzo in Neusohl/Ungarn, 1495

Zunächst wollen wir, Hans und Georg Thurzo, in Neusohl ein Hüttenwerk errichten, worin wir alles Kupfer aus (unseren eigenen oder dort für jährlich 3000 Gulden gepachteten) Bergwerken nach unseren besten (technischen) Fähigkeiten verarbeiten wollen. Die Kosten für das Hüttenwerk werden sich auf 1000 Gulden belaufen; weitere 1000 Gulden sind für die notwendigen Vorräte an Holz und Kohle erforderlich.

(Nach Abschluß der Bauarbeiten) sollen wöchentlich ungefähr 300 Zentner Kupfer gewonnen werden, die teilweise in Nürnberg, teilweise aber auch in Ungarn oder anderen Ländern zu verkaufen sind. Daraus wird sich nach Abzug der Kosten und Auslagen ein geschätzter Wochengewinn von 360 Gulden ergeben [...]. Wir, Hans und Georg Thurzo, erhalten vorab jedes Jahr 1000 Gulden. Der darüber hinaus erwirtschaftete Gewinn wird zu gleichen Teilen zwischen Hans und Georg Thurzo sowie den (Gebrüdern) Fugger aufgeteilt. Die für den Handel und den Hüttenbetrieb (sowie für die Grubenpacht) erforderlichen Auslagen [...] strecken die (Gebrüder) Fugger für drei Jahre vor [...].

Wir, Hans und Georg Thurzo, verzichten drei Jahre lang auf jeden Gewinn [...]. Wir sind damit einverstanden, daß die Vorschüsse der (Gebrüder) Fugger innerhalb dieser drei Jahre von unserem Gewinnanteil getilgt werden [...].

Sollte aber der Ertrag der Bergwerke abnehmen oder durch Schadensfälle unser Gewinnanteil nicht zur Tilgung ihres Darlehens ausreichen, so wollen wir es mit eigenem Geld zurückerstatten [...].

(Ebenda S. 369 ff.)

M 42 b) Vertrag zwischen den Gebrüdern Fugger und dem Bergwerkunternehmen Thurzo, 1496

Ich, Hans Thurzo und mein Sohn Georg übereignen den (Gebrüdern) Fugger die Hälfte aller unserer Bergwerke in Neusohl [...]. Ebenso bewilligen wir, daß die (Gebrüder) Fugger die Hälfte des Gewinns aller unserer Unternehmungen in Neusohl, der eigenen und gemieteten Bergwerke [...], aller Saigerhütten[1], Hütten- und Hämmerwerke in Ungarn und anderswo, die jetzt schon bestehen oder noch gebaut werden sollen, sowie aller Folgegeschäfte im Blei- und Silberhandel [...], erhalten sollen.

Die (Gebrüder) Fugger werden dafür alle die durch solche Unternehmungen entstehenden Kosten vorstrecken, solange dies erforderlich sein sollte. Sobald die Geschäfte Gewinn abwerfen, erhalten die (Gebrüder) Fugger ihre Vorschüsse zurück [...].

Wir sind auch übereingekommen – soweit wie möglich – alle zwei oder drei Jahre über unsere Geschäfte eine Abrechnung zu erstellen.

(Ebenda S. 377 f.)

1 Anlagen zur Trennung des im Erz enthaltenen Silbers und Kupfers

M 42 **c) Gewinne der Fugger-Thurzo-Gesellschaft**

Jahr:	1507	1509	1511
Gulden:	62662	357712	213914

Gewinne der Fugger aus der ungarischen Unternehmung bis 1525

anteilige Gewinne aus der Fugger-Thurzo-Gesellschaft	712118 Gulden
Gewinne durch von der Gesellschaft übernommenes, aber durch das Handelshaus Fugger auf eigene Rechnung verkauftes Kupfer	720000 Gulden
Gewinne durch vom Handelshaus Fugger gelieferte, aber von der Gesellschaft in Ungarn verkaufte Waren verschiedener Art	80000 Gulden
	1512118 Gulden

(Zum Vergleich: Der damalige Jahresarbeitslohn einer ungelernten Arbeitskraft betrug 3 Gulden)
(Ebenda S. 152 ff.)

Anregungen

1 *Interpretieren Sie den Stammbaum der Familie Fugger (M 36) vor dem Hintergrund der geburtsständischen Ordnung des Mittelalters! Welche Fragen ergeben sich?*

2 *Bestimmen Sie mit Hilfe des Diagramms M 37 und der Karte M 38a Ausdehnung und Geschäftsbereich der Firma Fugger!*

3 *Interpretieren Sie anhand der Karte M 38b, der Verträge M 39 und M 40 sowie der Tabelle M 41 das Dreiecksgeschäft zwischen der Firma Fugger, den (freigewerblichen, aber durch Schürfprivilegien vom König abhängigen) Kupferschmelzern von Schwaz sowie dem König (später Kaiser) Maximilian I.! Bestimmen Sie die Interessen, die jede dieser drei Parteien mit diesem Geschäft verband! Geben Sie dabei insbesondere die Beweggründe König Maximilians I. an sowie die Ziele, die die Firma Fugger über dieses Geschäft hinaus verfolgte! Nennen Sie Gründe, warum die Firma Fugger gerade an Kupfer so großes Interesse zeigte!*

4 *Bestimmen Sie aus M 42a die jeweiligen Interessen, die die beiden Parteien zu der geschilderten Firmengründung zusammenführte! Wer trägt das Hauptrisiko dieser Firmengründung?*

5 *Welche Gründe hat die Gebrüder Thurzo 1496 zu der in M 42b geschilderten einschneidenden Erweiterung ihrer Geschäftsbeziehungen bewogen? Wer zieht aus dieser Erweiterung die größeren Vorteile? Beurteilen Sie die Tabelle M 42c: Wer zieht aus dem Gemeinschaftsunternehmen aus welchem Grund die größeren Profite?*

Martin Luther und die Anfänge der Reformation

M 43 **Aus Luthers Testament, 1542**

Zuletzt bitte ich jedermann [...], man wolle mich die Person sein lassen, die ich in Wahrheit bin und als die man mich sowohl in der Öffentlichkeit als auch im Himmel und in der Hölle kennt [...].
Denn mir verdammtem, armem, unwürdigem und elendem Sünder hat Gott, der Vater aller Barmherzigkeit, das Evangelium seines lieben Sohnes anvertraut. Und er hat mich hierzu treu und wahrhaftig gemacht und [...] mich bisher auch so gefunden. Deshalb haben auch viele in der Welt das Evangelium durch mich angenommen und halten mich für einen Lehrer der Wahrheit, ungeachtet des Papstes Bann und des Zorns von Kaiser, Königen, Fürsten, Pfaffen – ja aller Teufel.
(Nach: Luther, Weimarer Ausgabe, Briefe, Bd. 9, S. 573 f.)

M 44 **Luther über den Papst, 1520**

„An den christlichen Adel deutscher Nation"
Man sollte verjagen aus deutschen Landen die päpstlichen Botschafter, die uns um großes Geld verkaufen, was doch lauter Büberei ist. Sie lösen [um Geld], [...] Eide, Gelübde und Bündnis, zerreißen damit [...] Treu und Glauben [...] und sprechen, der Papst habe Gewalt darüber. Das heißt sie der böse Geist reden! Sie verkaufen uns so teuflische Lehre, nehmen Geld dafür, daß sie uns Sünden lehren und zur Hölle führen. Wenn es keine andere böse Tücke gäbe, die da bewiese, daß der Papst der rechte Antichrist sei, so wäre eben dieses Stück genug, um das zu beweisen. Hörst du es, Papst – nicht der allerheiligste, sondern der allersündigste –, daß Gott deinen Stuhl vom Himmel alsbald zerstören und in den Abgrund senken wird? Wer hat dir Gewalt gegeben, dich zu erheben über deinen Gott, das zu zerbrechen und zu lösen, was er geboten hat, und die Christen, sonderlich die deutsche Nation, die als von edler Natur, beständig und treu in allen Historien gelobt wird, zu lehren, unbeständig, meineidig, Verräter, Bösewichte, treulos zu sein. Gott hat geboten, man soll Eid und Treu halten auch den Feinden, und du unterwindest dich, solches Gebot aufzulösen, bestimmst in deinen ketzerischen Dekretalen *[Teile des Kirchenrechtes]*, du habest dazu Vollmacht. Durch deinen Hals und Feder lügt der böse Satan, wie er noch nie gelogen hat, zwingst und dringst die Schrift nach deinem Mutwillen. Ach Christe, mein Herr, erhebe dich; laß herbrechen deinen jüngsten Tag.
(Nach: Luther, Weimarer Ausgabe, Bd. 6, S. 453)

M 45 **M. Luther: Von weltlicher Obrigkeit, wieweit man ihr Gehorsam schuldig sei, 1523**

Gott hat zwei Regimenter eingerichtet, das geistliche, welches Christen und fromme Leute macht durch den Heiligen Geist, unter Christo, und das weltliche, welches den Unchristen und Bösen wehrt, daß die äußerlich müssen Friede halten [...]. Also deutet S. Paulus das weltliche Schwert *(Röm. 13.3)* und spricht, es sei nicht den guten, sondern den bösen Werken zu fürchten. Und Petrus spricht, es sei zur Rache über die Bösen gegeben.

Wenn nun jemand wollte die Welt nach dem Evangelio regieren und alles weltliche Recht und Schwert aufheben und vorgeben, sie wären alle getauft und Christen [...], was würde derselbe machen? Er würde den wilden, bösen Tieren die Bande und Ketten auflösen, daß sie jedermann zerrissen und zerbissen, und daneben vorgeben, es wären feine, zahme, kleine Tierlein. Ich würde es aber an meinen Wunden wohl fühlen. Also würden die Bösen unter dem christlichen Namen die evangelische Freiheit mißbrauchen, ihre Büberei treiben und sagen, sie seien Christen und keinem Gesetz noch Schwert unterworfen [...].

Darum muß man diese beiden Regimenter mit Fleiß scheiden, und beide bleiben lassen, eins, das fromm macht, das ander, das äußerlich Frieden schafft und bösen Werken wehrt. Keins kommt ohne das andere aus in der Welt. Denn ohne Christi geistlich Regiment kann niemand fromm werden vor Gott [...]. So gehet Christi Regiment nicht über alle Menschen, sondern allezeit sind die Christen die wenigsten und sind mitten unter den Unchristen. Wo nun das weltlich Regiment oder Gesetz allein regiert, da muß eitel Heuchelei sein, wenns auch gleich Gottes Gebot selber wären. Denn ohne den Heiligen Geist im Herzen wird niemand recht fromm, er tue, wie feine Werke er mag. Wo aber das geistlich Regiment allein regiert über Land und Leut, da wird der Bosheit der Zaum los und Raum gegeben aller Büberei.

(Ebenda, Bd. 11, S. 247 f.)

M 46 Aus Luthers „Sommerpostille", 1526

Christus [...] will die Obrigkeit – Fürsten und Herren –, denen wir zugehören, wer auch immer sie sind und sein mögen. Uns steht es nicht zu, zu fragen, ob sie die Regierung und Obrigkeit zu Recht oder zu Unrecht besitzen und innehaben. Denn man muß hier allein auf die Gewalt und Obrigkeit sehen, die gut ist, denn sie ist von Gott eingerichtet und eingesetzt.

(Ebenda, Bd. 10, S. 431)

M 47 Der päpstliche Nuntius Aleander über die Verhandlungen auf dem Reichstag von Worms über die Luthersache, 27. 2. 1521

Da Luther trotz der Bannandrohungsbulle vom 15. 6. 1520 nicht widerrufen hatte, verhängte die römische Kurie am 3. 1. 1521 endgültig den Kirchenbann über ihn. Nach geltendem Recht hätte nunmehr automatisch und ohne weiteres Verfahren die Reichsacht über ihn verhängt werden müssen. Der Kaiser war hierzu auf Drängen des päpstlichen Nuntius auch grundsätzlich bereit.

Obwohl der Kaiser zu diesem Tage, als ich unsere Forderung aussprach, seine *[zustimmende]* Meinung ausgedrückt hat und am nächsten Tag in der Fürstenversammlung *[des Reichstages]* durch einen seiner Räte auch verkünden ließ, berieten die Fürsten noch sieben Tage darüber so heftig, daß die Kurfürsten von Sachsen und Brandenburg beinahe handgreiflich geworden wären, wenn nicht der Erzbischof von Salzburg und andere sie getrennt hätten.

Schließlich einigt sich der Reichstag doch auf eine Empfehlung an den Kaiser.

Als erstes dankte man ihm, daß er das Mandat *[Reichsacht gegen Luther]* nicht aus eigener Machtvollkommenheit, wie er recht wohl gekonnt hätte, erlassen, sondern [...] sich mit den Ständen in Verbindung gesetzt habe.

Zweitens warnten sie ihn, das Mandat auf keinen Fall zu erlassen, weil es einen Sturm des Unwillens hervorrufen und dem Volk einen willkommenen Anlaß zum Aufruhr abgeben würde [...] Drittens hielten sie es für notwendig, daß [...] Martin *[Luther]* unter freiem Geleit vor den Reichstag berufen würde; man müsse ihn fragen, ob er die beanstandeten Bücher geschrieben habe und ihm den sofortigen Widerruf [...] nahelegen. [...]

Schließlich baten sie den Kaiser, sie von der römischen Tyrannei zu befreien.

(Nach: P. Kalkoff, Die Depeschen des Nuntius Aleander vom Wormser Reichstag 1521. Halle 1886, S. 65–68)

M 48 Aus Luthers Rede vor Kaiser und Reichsfürsten auf dem Reichstag zu Worms, 18. 4. 1521

Ich bitte um der göttlichen Barmherzigkeit willen, Eure allergnädigste Majestät, durchlauchtigste fürstliche Gnaden oder wer es sonst vermag, er sei höchsten oder niedersten Standes, möchten mir Beweise vorlegen, mich des Irrtums überführen und mich durch das Zeugnis der prophetischen oder evangelischen Schriften überwinden. Ich werde begierig sein, jeden Irrtum, den man mir nachweist, zu widerrufen, ja ich werde der erste sein, der meine Schriften ins Feuer wirft. [...]

Wenn ich aber nicht mit Zeugnissen der Schrift oder mit offenbaren Vernunftgründen besiegt werde, so bleibe ich von den Schriftstellen besiegt, die ich angeführt habe, und mein Gewissen bleibt gefangen in Gottes Wort. Denn ich glaube weder dem Papst noch den Konzilien allein, weil es offenkundig ist, daß sie öfters geirrt und sich selbst widersprochen haben. Widerrufen kann und will ich nicht, weil es weder sicher noch geraten ist, etwas gegen sein Gewissen zu tun.

Gott helfe mir, Amen.

(Nach: Luther, Weimarer Ausgabe, Bd. 7, S. 837 f.)

M 49 **Die Antwort des Kaisers, 19. 4. 1521**

Am folgenden Tag ließ der Kaiser im Reichstag die folgende eigenhändig verfaßte Erklärung verlesen:

Ihr wißt, ich stamme ab von den allerchristlichsten Kaisern der edlen deutschen Nation, von den katholischen Königen Spaniens, den Erzherzögen Österreichs, den Herzögen von Burgund, die alle bis zum Tode treue Söhne der römischen Kirche gewesen sind und immer Verteidiger des katholischen Glaubens [...].

Deshalb bin auch ich fest entschlossen, alles zu wahren, was meine genannten Vorgänger und ich bis zur Stunde gewahrt haben [...]. Denn es ist gewiß, daß ein einzelner Bruder mit seiner Meinung irrt, wenn er sich gegen das wendet, was die ganze Christenheit seit mehr als tausend Jahren geglaubt hat; andernfalls wäre die ganze Christenheit immer und bis heute im Irrtum gewesen.

Deshalb habe ich mich entschlossen, alles in dieser Sache daranzusetzen: meine Königreiche und Herrschaften, meine Freunde, meinen Leib und mein Blut, mein Leben und meine Seele. Denn es wäre eine große Schande für mich und für euch, die edle und berühmte deutsche Nation, [...] wenn sich im Gedächtnis der nach uns kommenden Menschen unsere Zeit nicht nur mit Häresie, sondern sogar schon mit Häresieverdacht verbinden würde.

Und nachdem wir die hartnäckige Antwort gehört haben, die Luther gestern in unser aller Gegenwart gegeben hat, erkläre ich Euch, daß es mich reut, solange gezögert zu haben, gegen Luther und seine falsche Lehre vorzugehen. Ich bin fest entschlossen, ihn ferner nicht mehr zu hören; vielmehr möchte ich, daß er sofort gemäß dem Wortlaut des Mandats nach Hause geschickt werde. Er habe sein freies Geleit! Aber er darf nicht predigen, seine schlechte Lehre nicht im Volk verbreiten und es nicht darauf absehen, eine Volksbewegung zu entfachen. Wie ich oben gesagt habe, bin ich fest entschlossen, gegen ihn als einen offenkundigen Häretiker vorzugehen.

(Nach: Deutsche Reichstagsakten. Jüngere Reihe, Bd. 2, S. 595).

M 50 **Aus dem Wormser Edikt, 1521**

Unzweifelhaft weichen der Irrtum und die Ketzerei vom christlichen Weg ab, die ein gewisser Martin Luther aus dem Augustinerorden in die christliche Religion einzuführen sich untersteht, und zwar dergestalt, daß – wenn dem nicht schleunigst begegnet wird – [die] ganze deutsche Nation und schließlich alle anderen Nationen in unmenschliche Trennungen und erbärmlichen Abfall von den guten Sitten, vom Frieden und christlichen Glauben kommen werden. [...]

Da nun [...] Martin Luther hartnäckig und verkehrt in seinen offenkundig ketzerischen Auffassungen verharrt und deshalb von all denen, die Gottesfurcht und Vernunft haben, für töricht oder vom bösen Geist besessen befunden wurde, [...] haben wir zu Vollstreckung des Urteils, [...] das unser Heiliger Vater, der Papst, als ordentlicher Richter in diesen Angelegenheiten, verkündet hat[1], festgesetzt, daß Ihr den erwähnten Martin Luther als ein von Gottes Kirche abgesondertes Glied und als einen verstockten Häretiker und offenbaren Ketzer [...] haltet. [...] Und weiter gebieten wir Euch allen und jedem einzelnen bei seinen Pflichten, womit Ihr uns und dem heiligen Reich untertan seid, [...] daß Ihr allesamt und jeder einzelne nach Ablauf der oben erwähnten 20 Tage, die am 14. Tag des gegenwärtigen Monats Mai enden, den vorgenannten Martin Luther nicht in Euer Haus aufnehmt, nicht bei Hofe empfangt, ihm weder zu essen noch zu trinken gebt, ihn nicht versteckt, ihm nicht mit Worten oder Werken heimlich noch öffentlich irgendeine Hilfe, Anhängerschaft, Beistand oder Vorschub erweiset, sondern wo Ihr ihm beikommen, ihn ergreifen und seiner mächtig werden könnt, ihn gefangen nehmt und uns wohlbewahrt zusendet oder das zu tun beauftragt [...].

[...] Aber gegen seine Verbündeten, Anhänger, [...] Gönner und Nachfolger sowie deren bewegliche und unbewegliche Güter sollt Ihr kraft der heiligen Konstitution und unser und des Reiches Acht und Aberacht in dieser Weise handeln: nämlich sie niederwerfen und fangen und ihre Güter in Eure Hände nehmen und sie zu Eurem eigenen Nutzen verwenden und behalten ohne irgendeine Behinderung. [...]

Ferner gebieten wir Euch allen und einem jeden von Euch, im besonderen unter den vorgeschriebenen Strafen, daß keiner von Euch die Schriften des obengenannten Martin Luther [...] kaufte, verkaufte, lese, behalte, abschreibe, drucke oder abschreiben oder drucken lasse, noch sich seiner Meinung anschließe, diese auch nicht festhalte, predige oder beschirme [...].

(Ebenda, S. 643–659)

M 51 **Aus dem Reichstagsabschied von Speyer, 1526**

Ihre Kaiserliche Majestät möge aufs fleißigste daraufhin wirken, daß möglichst bald [...], in einem oder höchstens in eineinhalb Jahren, ein allgemeines freies Konzil an einem geeigneten Ort in deutschen Landen durchgeführt werde. Wenn aber Ihre Kaiserliche Majestät glaubt, dies in bestimmter Zeit nicht durchsetzen zu können und die Angelegenheit keinen längeren Verzug mehr duldet, dann möge Ihre Kaiserliche Majestät eine freie Nationalversammlung aller Stände deutscher Nation zu einer bestimmten Zeit und an einem geeigneten Ort in deutschen Landen [...] ausschreiben lassen.

(Nach: Geschichte in Quellen, Bd. 3, a.a.O., S. 157)

1 Am 3. 1. 1521 wurde der Kirchenbann über Luther verkündet.

M 52 Karl V. teilt am 16. 9. 1528 dem Hof in Madrid seinen Entschluß mit, nach Italien zur Kaiserkrönung zu ziehen

Um die Wahrheit zu sagen, ist das Ziel meiner Fahrt nach Italien, den Papst zu einem allgemeinen Konzil zu zwingen in Italien oder Deutschland, gegen die Häresien und für die Reformation der Kirche. Ich schwöre zu Gott und seinem Sohne, daß nichts in der Welt mich so bedrückt wie die Häresie Luthers, und daß ich das Meinige dafür tun werde, daß die Historiker, die von der Entstehung dieser Ketzerei in meinen Tagen erzählen, auch hinzufügen, daß ich alles dagegen unternommen habe; ja ich würde in dieser Welt geschmäht und im Jenseits verdammt werden, wenn ich nicht alles täte, die Kirche zu reformieren und die verfluchte Ketzerei zu vernichten.

(Nach: K. Brandi, Berichte und Studien zur Geschichte Karls V. Göttingen 1933, S. 231)

Anregungen

1 *Bestimmen Sie aus M 43 das Selbstverständnis Luthers, und vergleichen Sie es mit seiner Theologie sowie den Anfängen der Reformation! Warum ist das „Evangelium" für ihn so wichtig?*

2 *Klären Sie seine Einstellung zur traditionellen Kirche (M 44), sein Verhältnis zur Obrigkeit (M 46) und seine Sicht vom rechten Verhältnis von Kirche und Staat (M 45)! Geben Sie an, welchen Strömungen und Interessen im Reich er damit entgegenkam!*

3 *Ermitteln Sie aus M 47, welche Gruppen auf dem Wormser Reichstag aus welchem Grund an der Luthersache interessiert waren!*

4 *Vergleichen Sie (unter Einbezug von M 43) die Stellungnahmen Luthers und des Kaisers (M 48, 49). Charakterisieren Sie die Grundhaltungen beider, und beschreiben Sie die Art des ausbrechenden Konflikts!*

5 *Geben Sie die Bestimmungen des Wormser Edikts wieder, und erläutern Sie die Schwierigkeiten, die seiner Durchführung nach Lage der Dinge und seitens der Reichsverfassung entgegenstanden! Welche weiteren Probleme ergaben sich hieraus für Kaiser und Reich?*

6 *Reichstag und Kaiser mußten in der Folgezeit nach anderen Lösungen der Luthersache suchen. Vergleichen Sie die in M 51 und M 52 entwickelten Pläne, charakterisieren Sie deren Unterschiede, und beschreiben Sie die Ergebnisse, die jeder der beiden Pläne zum gegenwärtigen Zeitpunkt voraussichtlich gehabt hätte!*

Die öffentliche Meinung nach Worms

Bei der Ausbreitung reformatorischen Gedankenguts gewann die Druckerpresse eine neuartige und wirksame Rolle als Propagandainstrument. Zwischen 1517 und 1524 stieg die Buchproduktion in Deutschland um das Tausendfache. Bei den meisten Titeln handelt es sich um Flugschriften und Flugblätter mit deutschen Texten (Predigten, Briefen, Liedern, Gedichten, Satiren usw.), die die reformatorische Botschaft gleichsam „schlagwortartig" in den Verständnishorizont des „gemeinen Mannes" übersetzten. Häufig waren diese Schriften mit Bildern ausgestattet, die deren Aussage in leicht verständlicher Symbolik zusammenrafften. Man bezeichnet sie als „Kampfbilder" oder „Schlagbilder".

Anregungen

1 *Nennen Sie Gründe, warum „Kampfbilder" zu den wichtigsten Propagandaträgern der Reformationszeit wurden!*

2 *Die meisten und frühesten Kampfbilder der Reformationszeit waren neugläubigen Ursprungs. Versuchen Sie Gründe dafür anzugeben, warum sich die katholische Kirche weniger (und verzögert) am Kampf um die öffentliche Meinung beteiligt hat!*

3 *Beschreiben Sie M 53! In welcher Haltung und mit welchen Symbolen wird Luther dargestellt? Welche Aussage will der Künstler dadurch vermitteln?*

4 *Beschreiben Sie M 54, und deuten Sie die Bildsymbolik mit Hilfe von Apokalypse 13 (Neues Testament)! Welche doppelte Aussage enthält das Bild?*

5 *Interpretieren Sie M 55 mit Hilfe der Bibelstellen Johannes 3, 19–21, sowie Lukas 6, 39. Deuten Sie die beiden Figurengruppen, und erläutern Sie die Aussage des Bildes!*

6 *Beschreiben Sie zusammenfassend, wie sich die Reformationsbewegung darstellt und wie sie die alte Kirche deutet! Erläutern Sie, warum man bei diesen Bildern von „Schlagbildern" gesprochen hat! Nennen Sie Gründe für die Wirksamkeit dieser Propaganda!*

M 53 **Hans Baldung Grien: Martin Luther, 1521**

M 54 **Lukas Cranach der Ältere: „Der Papstesel zu Rom“, 1523**

M 55 **Hans Holbein der Jüngere: Das Licht der Welt, 1523/24**

M 56 Aus den Zwölf Artikeln, März 1525
(S. hierzu die Darstellung 5.4.4)

Der Erste Artikel. Erstens ist unsere demütige Bitte und Begehren, auch unser aller Wille und Meinung, daß wir von nun an Gewalt und Macht haben wollen, daß eine ganze Gemeinde ihren Pfarrer selbst erwählt und prüft. Sie sollen auch Gewalt haben, denselben wieder zu entlassen, wenn er sich ungebührlich verhält. Derselbe erwählte Pfarrer soll uns das heilige Evangelium lauter und klar predigen ohne jeden menschlichen Zusatz, Lehre und Gebot.
Der Zweite Artikel. Zweitens, weil der rechte Zehnte im Alten Testament eingesetzt und im Neuen erfüllt ist, wollen wir den berechtigten Kornzehnten gerne geben. Doch wie es sich gebührt: d. h. man soll ihn Gott geben und den Seinen zuteilen. Gebührt er einem Pfarrer, der klar das Wort Gottes verkündigt, so wollen wir diesen Zehnten hinfort durch unseren eigenen Kirchenvorsteher, von der Gemeinde eingesetzt, einsammeln lassen. Davon soll dem Pfarrer, der von der ganzen Gemeinde gewählt wird, der gebührende und genügende Unterhalt, ihm und den Seinen, gegeben werden. Was übrigbleibt, soll man den Bedürftigen, die in demselben Dorf vorhanden sind, zuteilen, je nach Lage und Willen der Gemeinde. [...]
Der Dritte Artikel. Drittens ist es bisher Brauch gewesen, daß sie uns für ihre Leibeigenen gehalten haben, was zu Erbarmen ist, weil uns Christus alle mit seinem kostbaren Blut erlöst und erkauft hat, den Hirten ebenso wie den Höchsten, keinen ausgenommen. Aus der Schrift ergibt sich, daß wir frei sind, deshalb wollen wir es auch sein. [...]
Der Vierte Artikel. Viertens ist bisher üblich gewesen, daß kein armer Mann die Erlaubnis erhielt, Wildbret, Geflügel oder Fische in fließenden Gewässern zu fangen, was uns ganz unangemessen und unbrüderlich erscheint und dem Wort Gottes nicht gemäß. [...]
Der Fünfte Artikel. Fünftens sind wir auch belastet und geschädigt, was die Holznutzung [des Waldes] anbetrifft, denn unsere Herrschaften haben sich die Wälder alle allein angeeignet. Wenn der Bauer etwas bedarf, muß er es ums doppelte Geld kaufen. [...] Was es an Wald gibt [...], das soll, weil jene es nicht gekauft haben, der ganzen Gemeinde gehören. [...]
Der Sechste Artikel. Sechstens wird uns eine schwere Last aufgebürdet durch die Dienstleistungen, die von Tag zu Tag mehr und täglich umfangreicher werden. Wir begehren deshalb, uns nicht so hart zu beschweren, sondern uns so zu belassen, wie unsere Vorfahren gedient haben.
Der Siebente Artikel. Siebentens, daß wir uns künftig von einer Herrschaft nicht mehr belasten und schädigen lassen wollen, sondern wenn eine Herrschaft jemandem rechtmäßig *[ein Gut]* verleiht, so soll er es nach der Übereinkunft zwischen Herr und Bauer besitzen. Insbesondere soll ihn der Herr nicht weiter zwingen oder dringen, weitere Dienste ohne Entgelt zu verrichten. [...] Wenn aber der Herr weitere Dienste benötigt, soll der Bauer gehorsam sein, allerdings nur zu einer Zeit, die ihm selbst keinen Nachteil bringt und gegen angemessene Entlohnung.
Der Achte Artikel. Achtens werden viele dadurch belastet, daß Güter die Zinsen nicht erbringen können und die Bauern das Ihre einbüßen und verlieren. Wir begehren, daß die Herrschaften diese Güter von ehrbaren Leuten besichtigen lassen und nach Billigkeit einen Zins vom Ertrag erheben, damit der Bauer seine Arbeit nicht umsonst tue, denn ein jeder Arbeiter ist seines Lohnes würdig.
Der Neunte Artikel. Neuntens sind wir belastet und geschädigt durch die großen Frevel, daß man stets neue Gesetze macht, nicht daß man uns dem Vorfall gemäß bestraft, sondern mal aus großem Neid und mal aus großer Gunst. Es ist unsere Meinung, daß man nach alten geschriebenen Strafmaß strafen soll, wonach die Sache verhandelt wird, und nicht nach Gunst.
Der Zehnte Artikel. Zehntens werden wir dadurch geschädigt, daß einige Herren sich Wiesen angeeignet haben, desgleichen Äcker, die der Gemeinde gehören. Dieselben werden wir wieder in unseren gemeinsamen Besitz nehmen, es sei denn, man hat sie redlich gekauft. [...]
Der Elfte Artikel. Elftens wollen wir den „Todfall"[1] ganz und gar abschaffen und nimmer dulden und gestatten, daß man Witwen und Waisen das Ihre [...] nimmt.
Beschluß. Zwölftens ist unser Beschluß und endgültig Meinung, wenn einer oder mehrere Artikel, die hier aufgestellt sind, dem Worte Gottes nicht gemäß sein sollten – wie wir aber nicht glauben –, so möge man uns diese mit dem Wort Gottes als unzulässig erweisen, dann wollen wir davon absehen, wenn man es uns aufgrund der Schrift nachweist. [...]
(Nach: G. Franz, Quellen zur Geschichte des Bauernkrieges, a.a.O., S. 174–179)

M 57 Der Vertrag von Weingarten zwischen dem Schwäbischen Bund und dem See- und Allgäuer Haufen, 1525

Am 4. 4. 1525 hatte das Heer des Schwäbischen Bundes unter Georg Truchseß zu Waldburg (1488–1531) erstmals ein Bauernheer bei Leipheim an der Donau geschlagen und zog dann nach Oberschwaben, dem Seehaufen entgegen. Am 16. 4. standen sich die feindlichen Heere vor dem Kloster Weingarten gegenüber. Da das Bauernheer bedeutend größer als das Bundesheer war und viele kampferprobte Landsknechte

1 Abgaben an die Herrschaft beim Tod eines Hörigen/Leibeigenen.

besaß, zögerte der Truchseß mit dem Angriff. Verhandlungen begannen, die tags darauf zum „Weingartner Vertrag" führten.
Zum 1. sollen die beiden Haufen vom Allgäu und vom Bodensee ihre Vertrags- und Bündnisurkunden, die sie miteinander errichtet und ausgetauscht haben, dem Schwäbischen Bund ausliefern.
Zum 2. sollen sie einander aller Verpflichtungen, die sie wegen der genannten Bündnisse und Vereinigungen auf sich genommen haben, freisprechen, und keiner soll deswegen je wieder Forderungen an den anderen stellen.
Zum 3. Da Empörung und Aufruhr, auch die Aufsage des schuldigen Gehorsams an ihre Obrigkeiten und Herrschaften im Widerspruch zum kaiserlichen Reichslandfrieden, den Goldenen Bullen und dem allgemeinen Landrecht stand, soll die Bauernschaft geloben und schwören, künftig weder Bündnis, Vertrag noch Aufruhr zu machen.
Zum 4. sollen sie geloben und schwören, daß sie auseinandergehen und nach Hause zurückkehren werden. Ihren Obrigkeiten, von denen sie abgefallen seien, sollen sie wiederum ihre Pflicht tun, ihnen getreu, gehorsam und gewärtig sein, ihre Zinsen, Gülten, Zehnten und anderen Gerechtigkeiten wie vor dem Aufstand wieder tun und leisten, und zwar so lange, bis diese ganz oder teilweise durch ein nachfolgendes Schiedsgericht oder durch das ordentliche Recht widerlegt worden sind.
Zum 5. sollen sie auch alle Klöster, Schlösser, Städte, Flecken, Häuser und Güter, die sie in diesem Aufruhr und Empörung erobert und eingenommen haben, samt der entwendeten Habe, soweit sie noch auffindbar ist, den Beraubten sogleich wieder übergeben und aushändigen. [...]
Zum 7. *[Wenn Herren und Bauern gegeneinander Beschwerden haben, dann sollen sie zwei oder drei aus den Städten auswählen, welche sie vertragen. Wenn sie sich nicht einig werden können, dann sollen Sie Erzherzog Ferdinand von Österreich als Obmann wählen.]* [...]
Zum 13. Damit Frieden, Ruhe und Einigkeit im Heiligen Reich dauerhaft bewahrt werden, sollen die Untertanen der beiden Haufen, alle und jeder einzelne, in allen Gerichten und Gemeinden mit Sorgfalt beobachten, ob jemand diesen Vertrag und seinen Punkten nicht nachlebt und -kommt, sondern weiteren Aufruhr und Ungehorsam anrichtet und verursacht. Dieselben sollen sie der Obrigkeit, unter der sie sitzen, anzeigen und gefangennehmen helfen. [...]
Zum 14. Wenn Herren, Junker und Obrigkeiten der genannten Untertanen diesen Vertrag nicht erfüllen, sondern ihre Untertanen gegen das Recht beschweren und sie zu mehr zwingen als der Vertrag erlaubt, dann soll der Schwäbische Bund diese Herren [...] zu Gehorsam bringen.
(Nach: H. U. Rudolf, Der Bauernkrieg um Ravensburg. Ravensburg 1981, S. 10)

M 58 Die Schlacht bei Böblingen 12. 5. 1524

Der Bauernaufstand war im Herzogtum Württemberg besonders erfolgreich: Gegen Ende April 1525 befand sich annähernd das ganze Land in der Gewalt der Bauern. Gegen das anrückende Heer des Schwäbischen Bundes verschanzten sich Bauern in festen Stellungen zwischen Sindelfingen und Böblingen. Durch vorsichtiges Taktieren gelang es dem Truchseß, einen strategisch wichtigen Hügel zu gewinnen, von wo sein Hauptmann Froben von Hutten den Angriff beginnen sollte:
Obwohl der Truchseß Herrn Froben *[von Hutten]* befohlen hatte, den Feind nicht anzugreifen, ehe die andere Abteilung eingetroffen sei [...], kam es zum Kampf: sobald er nämlich die Geschütze erstmals in die Vorhut der Bauern feuern ließ, fingen deren mittlere Reihe an zu schwanken. Als Herr Froben dies sah, *[... ließ er die Bauern von beiden Seiten her angreifen].* Als sich die Vorhut der Bauern zur Flucht wandte, ergriff auch die dahinter stehende Hauptmacht die Flucht. Und obwohl annähernd 8000 Bauern erstochen wurden, wären von den 20000 Bauern nicht viele entkommen, wenn man dem Truchseß gefolgt wäre und das Eintreffen der weiteren 1000 Reiter abgewartet hätte.
(Nach: G. Franz, Quellen zur Geschichte des Bauernkrieges. a.a.O., S. 435 f.)

M 59 Truchseß Georg zu Waldburg an Herzog Georg von Sachsen 14. 3. 1526

Ich befürchte *[für die Zukunft]* noch allerlei böse Praktiken der Bauernschaft. Deshalb ist Not, daß alle Fürsten, Herren und der ganze Adel Vorsicht walten lassen [...] und den Bauern Wehr und Harnisch nehmen. [...] Ich habe *[früher]* bei vielen großen Fürsten und Herren gefunden, daß ein jeder die am besten gerüsteten Bauern hat haben wollen und Wehr und Harnisch geboten hat. [...] Ich für meinen Teil will jedenfalls mein Lebtag lang meinen Bauern weder Wehr noch Harnisch gebieten, und meiner geringen Meinung nach wäre es notwendig, daß allen Fürsten und Herren das vergangene Jahr eine Warnung sei, was die Waffenhaltung ihrer Bauern anbelangt.
(Ebenda, S. 593)

Anregungen

1 *Untersuchen Sie die zwölf Artikel (M 56), und unterscheiden Sie die alten Forderungen der Bauern von reformatorischem Gedankengut (s. Darstellung)!*
2 *Die Zwölf Artikel waren das mit Abstand verbreitetste Programm der Bauern. Geben Sie dafür Gründe an!*
3 *Analysieren Sie den Vertrag von Weingarten (M 57): Was gewinnt der Schwäbische Bund, was gewinnen die Bauern? Vergleichen Sie das Ergebnis mit dem Programm M 56!*

4 Nach dem Ende des Bauernkrieges wurde Truchseß von Waldburg häufig gescholten, den Vertrag geschlossen, anstatt die Schlacht geschlagen zu haben. Nehmen Sie zu diesen Vorwürfen Stellung!
5 Ermitteln Sie aus M 58 die Gründe für die sich in allen Gefechten abzeichnende militärische Unterlegenheit der Bauern!
6 Erläutern Sie nach M 59 die Stimmung, Einstellung und Absichten der Sieger!
7 Beschreiben Sie die Denkmalskizze von Albrecht Dürer (M 60), und ermitteln Sie ihre Aussage!

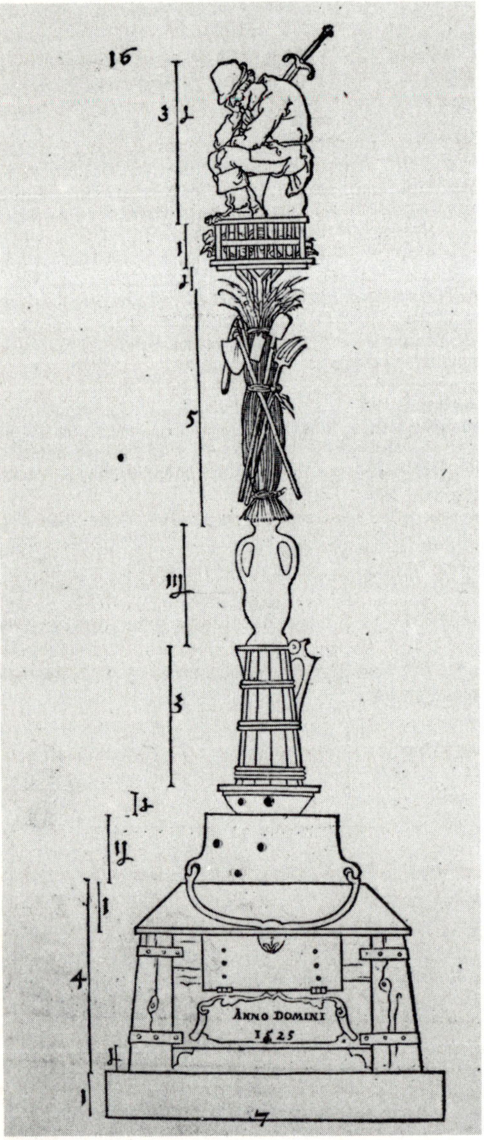

M 60 Denkmalskizze von Albrecht Dürer, 1525

Thomas Müntzer

Thomas Müntzer (ca. 1488–1525) hatte in Leipzig und Frankfurt/Oder Theologie studiert und als Priester bis 1520 an verschiedenen Orten der Diözese Halberstadt gewirkt. Wahrscheinlich wurde er 1519 Anhänger Luthers. Auf dessen Empfehlung erhielt er 1520 eine Pfarrei in Zwickau, wo er unter den Einfluß mystischer Strömungen geriet, die seine Theologie hinfort prägten. Wegen Konflikten mit der Kirchenbehörde mußte er Zwickau alsbald verlassen und erhielt erst wieder 1523 eine Pfarrstelle in Allstedt. Hier vertrat er mit wachsendem Ungestüm das Programm einer radikalen Erneuerung der Welt (s. M 61), für das er zunächst den kursächsischen Hof zu gewinnen versuchte (s. M 62), das ihn aber nur in einen schroffen Gegensatz zu Luther brachte. Da die Obrigkeiten sich seiner Botschaft verschlossen, nutzte Müntzer den beginnenden Bauernaufstand für seine Ziele. Im Spätherbst 1524 predigte er in der Grafschaft Stühlingen und im Klettgau mit ungewissem Erfolg. Im Februar 1525 kehrte er als Prediger von Mühlhausen nach Thüringen zurück, wo er im März 1525 – gestützt auf eine breite Anhängerschaft – ein auf dem göttlichen Gesetz gegründetes Gemeinwesen einrichtete. Ermutigt durch die allgemeine Bauernerhebung im Frühjahr 1525 rief er seine Anhänger ebenfalls zum Aufstand auf (s. M 63, 64). Im großen Rahmen des Bauernkrieges blieb sein Wirken allerdings nur eine Episode. Am 15.5. wurde sein Heer aus Anhängern und thüringischen Bauern vor Frankenhausen geschlagen. Er selbst wurde in Mühlhausen verhaftet und am 27.5. 1525 hingerichtet.

M 61 Müntzers Kritik an Luther und sein Programm, August 1524

Wenn sie *[Reformatoren um Luther]* gefragt werden, wie sie zu solchem hohen Glauben kommen, davon sie unaufhörlich schwatzen [...], dann kommen sie mit einer über die Maßen lahmen, schalen Fratze und sprechen [...] unverschämt: „Siehe, ich glaub der Schrift." [...] Sie tun das dünne Zünglein hervor, mit zarter Weise sprechen sie: „Erforschet die Schrift, denn [...] ihr wollet eure Seligkeit daselbst bekommen."
Da werden denn die armen, bedürftigen Leut so sehr betrogen, daß es keine Zung genug erzählen kann. Mit allen Worten und Werken machen sie es ja so, daß der arme Mann nicht lesen lernen kann vor lauter Sorge um die Nahrung. Und sie predigen dazuhin unverschämt, der arme Mann solle sich von den Tyrannen lassen schinden und schaben. Wann soll er denn lernen, die Schrift zu lesen? [...] Die Schriftgelehrten sollen schöne Bücher lesen, und der Bauer soll ihnen zuhören, denn der Glaube kommt durchs Hören. Ach ja, da haben sie einen feinen Griff gefunden. Der würde viel ärgere Buben an die

Stelle der Pfaffen und Mönch setzen, als vom Anbeginn der Welt geschehen ist. [...]
Ihr Herz ist eitel, und darum müssen die gewaltigen, eigensinnigen, ungläubigen Menschen vom Stuhl gestoßen werden, weil sie den heiligen, wahrhaftigen Christenglauben in sich und in der ganzen Welt verhindern. [...]
Die ganze unsinnige, phantastische Welt bringt hervor einen falschen *[erdichteten]* Weg und sagt mit einem spitzen Zünglein: „Ei, man kann wohl das Evangelion predigen, Gott allein fürchten und auch die unvernünftigen Regenten in Ehren halten, wiewohl sie wider alle Billigkeit streben und Gottes Wort nicht annehmen. Ach, um Gottes willen, man soll ihnen in allen Sachen, den guten Junkern, gehorsam sein." Ei, willkommen, du Verteidiger der Gottlosen! Wie fein, fein muß das stehen, daß man soll löblich zwei Herrn, die wider einander streben, dienen könnte, wie der Regenten Räte tun! [...]
Wenn die heilige Kirche durch die bittere Wahrheit erneuert werden soll, so muß ein gnadenreicher Knecht Gottes hervortreten im Geist Eliae *[3. Könige 18]*, und muß alle Ding in den rechten Schwang bringen. Wahrlich, ihrer werden viele erweckt werden müssen, auf daß sie mit dem allerhöchsten Eifer durch inbrünstigen Ernst die Christenheit fegen von den gottlosen Regenten. [...]
(Nach: O. H. Brand, Thomas Müntzer. Sein Leben und seine Schriften. Jena 1933, S. 167–178)

M 62 Thomas Müntzer: Aus der Fürstenpredigt

Die Predigt wurde am 9. 7. 1524 in Allstedt in Anwesenheit des Kurprinzen von Sachsen gehalten.

Wollt ihr nun rechte Regenten sein, so müßt ihr das Regiment bei der Wurzel *[erneuern]*, wie Christus befohlen hat. Treibt seine Feinde von den Auserwählten, denn ihr seid die Mittler dazu. Liebe, gebt uns keine schalen Fratzen vor, daß die Kraft Gottes es tun soll ohn euer Zutun des Schwertes, es könnte euch sonst in der Scheide verrosten. [...] Drum lasset die Übeltäter nit länger leben, die uns von Gott abwenden, Deut. 13 *[5. Mos. 13,6]*. Denn ein gottloser Mensch hat kein Recht zu leben, *[wenn]* er die Frommen hindert.
(Ebenda, S. 193)

M 63 Brief an die Allstedter vom 26. oder 27. April 1525

Die reine Furcht Gottes zuvor, liebe Brüder! Wie lange schlaft ihr? [...] Seid nicht so verzagt und nachlässig! [...]
Fanget an und streitet den Streit des Herrn! Es ist hohe Zeit. [...] Ganz Deutschland und Welschland ist in Bewegung. Der Meister will ein Spiel machen. Die Bösewichter müssen dran. Zu Fulda sind in der Osterwoche vier Stiftskirchen verwüstet. Die Bauern im Klettgau, im Hegau und Schwarzwald sind auf, dreimal tausend stark, und der Haufen wird je länger desto größer. [...]
Wenn Euer nur drei sind, die in Gott gelassen alle seinen Namen und Ehre suchen, werdet Ihr Hunderttausend nicht fürchten. Nur dran, dran, dran! Es ist Zeit. Die Bösewichter sind verzagt wie die Hunde. [...] Dran, dran, dran! Laßt Euch nicht erbarmen! [...] Sehet nicht an den Jammer der Gottlosen! Sie werden Euch so friedlich bitten, greinen, flehen wie die Kinder. Lasset Euch nicht erbarmen! [...] Regt an in Dörfern und Städten und sonderlich die Berggesellen! [...] Dran, dran, solange das Feuer heiß ist! Lasset Euer Schwert nicht kalt werden von Blut! Schmiedet pinkepank auf den Ambossen Nimrods[1]! Werfet ihnen den Turm zu Boden! Es ist nicht möglich, solange sie leben, daß Ihr von Menschenfurcht frei werdet. Man kann Euch von Gott nichts sagen, solange sie über Euch regieren. Dran, dran, solange Ihr Tag habt! Gott geht Euch voran. Folget! Folget! [...]
Gegeben zu Mühlhausen im Jahre 1525, Thomas Müntzer, ein Knecht Gottes wider die Gottlosen.
(Nach: Thomas Müntzer, Schriften und Briefe, hrsg. von G. Franz. Gütersloh 1968, Nr. 75)

M 64 Bericht des Wiedertäufers Hans Hut

Müntzer hat am Sonntag – bevor die Bauern am Montag geschlagen worden sind – in Frankenhausen folgendes gepredigt: Gott der Allmächtige wolle jetzt die Welt reinigen; er hätte der Obrigkeit die Gewalt genommen und sie den Untertanen gegeben. [...] Gott wäre mit ihnen, denn die Bauern hätten auf jede Fahne einen Regenbogen gemalt [...]. *[Dies sei ein Zeichen]* für den Bund Gottes. – Müntzer hatte den Bauern dies nämlich drei Tage nacheinander gepredigt und tatsächlich erschien am Himmel ein Regenbogen. [...] Auch ich, Hut, habe den Regenbogen gesehen.
(Nach: G. Franz, Quellen zur Geschichte des Bauernkrieges, a.a.O., S. 523 f.)

M 65 Landgraf Philipp von Hessen berichtet über die Schlacht bei Frankenhausen

Brief an den Erzbischof von Trier, 16. 5. 1525

Wir teilen Euer Liebden [...] mit, daß wir gestern zusammen mit Herzog Georg von Sachsen vor Frankenhausen gezogen sind, weil dort eine große Zahl Bauern lag. Als die Bauern unseren Vormarsch und unsere Angriffsabsicht erkannten, zogen sie aus der Stadt auf eine Anhöhe [...] in der halsstarrigen Absicht, uns Gegenwehr zu leisten. [...] Sie schrieben uns, daß sie Christus erkannt hätten, den auch wir erkennen sollten und daß sie uns nichts tun würden, wenn wir uns ihren Weisungen entsprechend verhielten. [...] Wir antworteten, daß wir sie auf

1 D.h. auf den Fürsten und Herren, vgl. 1. Mos. 10

Gnade und Ungnade annehmen würden, wenn sie uns den Thomas Müntzer samt Anhang ausliefern würden. Aber wir erhielten keine Antwort. Also rückten wir unsere Geschütze auf eine Anhöhe, zogen unser Fußvolk und die Reiter nach und feuerten in ihre ersten Reihen. Als die Bauern dies sahen, flohen sie eilig von der Anhöhe in die Stadt, wir setzten ihnen nach, erstachen, wen wir trafen, stürmten die Stadt, erstachen alle Männer, plünderten und haben so mit Gottes Hilfe den Sieg errungen. [...] Von den Aufständischen wurden 6000 getötet und 600 gefangen.
(Ebenda, S. 523 f.)

Anregungen

1 *Untersuchen Sie M 61 und geben Sie (vor allem auch durch Vergleich mit M 45, 46) die Kritik Müntzers an Luther wieder!*

2 *Beschreiben Sie aus M 61 – M 63 das Programm Müntzers und charakterisieren Sie durch Vergleich mit M 56 dessen Eigenart! Geben Sie aus M 61 und M 62 an, wer das Programm durchführen soll!*

3 *Klären Sie mit Hilfe von M 61, 63, 64 das Selbstverständnis Müntzers und bestimmen Sie im Vergleich mit M 43 dessen Eigenart!*

4 *In der marxistischen Deutung gilt Müntzer als „Sozialrevolutionär". Nehmen Sie dazu Stellung!*

5 *Charakterisieren Sie das Selbstverständnis des Siegers von Frankenhausen (M 65) und deuten Sie es im Rückgriff auf Luthers Einstellung zum Bauernaufstand. Beschreiben Sie im Vergleich mit M 58 die Ursachen für die Niederlage der Bauern!*

6 *Erläutern Sie zusammenfassend Ursachen und Ziele/Programme des Bauernaufstandes! Geben Sie insbesondere an, welche dieser Ziele und Forderungen heute verwirklicht sind und deshalb damals zukunftsweisend waren! Versuchen Sie jene Strukturmerkmale des Zeitalters zu benennen, die damals ihre Durchführung behinderten!*

Die Reformation in einer Stadt

M 66 Aus dem Abschied des Reichstages von Nürnberg, 18. 4. 1524

Unser und des heiligen Reiches Kurfürsten, Fürsten, Prälaten, Grafen und übrige Stände haben beschlossen [...], unser Mandat *[von Worms]* pflichtschuldig und soweit es ihnen möglich ist, einzuhalten und durchzuführen [...]. Wem aber dabei Schwierigkeiten und Widerstand begegnen, der soll dies dem Statthalter [...] bekannt geben, der Weisung hat, denen, die darum ersuchen, Rat und Hilfe zu gewähren. [...] Unser[1] Statthalter und Regiment, daneben aber auch die Kurfürsten, Fürsten, Prälaten, Grafen und Stände des Reiches sollen mit Fleiß und Aufmerksamkeit darauf achten, daß das heilige Evangelium und Gottes Wort nach dem Verständnis und der Auslegung der von der allgemeinen Kirche akzeptierten Lehre ohne Aufruhr und Ärgernis gepredigt und gelehrt werde.
(Nach: Reichstagsakten, Jüng. Reihe, Bd. 4, 603–605)

M 67 Instruktionen des Nürnberger Rates für eine Gesandtschaft an den Reichsstatthalter Erzherzog Ferdinand, Juni 1524

Dem Ehrbaren Rat ist unlängst ein kaiserliches Mandat zugestellt worden, das sich auf den letzten Reichstag zu Nürnberg bezieht, in dem die Reichsstände beschlossen haben, das Wormser Edikt – soweit es ihnen möglich ist – zu befolgen; wem dies jedoch nicht möglich sei, der solle dies Eurer Fürstlichen Durchlaucht als Statthalter [des Kaisers] anzeigen. [...]
Eure Durchlaucht seien eingedenk, [...] daß Sie und andere Stände *[des Reiches]* vor zwei Jahren auf dem Reichstag zu Nürnberg einmütig beschlossen haben, [...] den Predigern zu verfügen, allein das heilige Evangelium nach den von der heiligen Kirche gebilligten Auslegungen zu predigen [...], bis ein christliches Konzil weiteres entscheiden würde. [...]
Durch diese Predigten ist das Volk in Nürnberg auf das göttliche Wort ganz begierig geworden, so daß es gegenwärtig nicht in der Gewalt des Ehrbaren Rates liegt, [...] diese Neuerungen mit Gewalt [...] – zumal vor einem Konzil – abzuschaffen. Deshalb gibt der Ehrbare Rat Eurer Fürstlichen Durchlaucht untertänigstlich zu bedenken, daß er derzeit in diesen Angelegenheiten nichts unternehmen kann, ohne [...] Aufruhr und Empörung der Untertanen zu riskieren.
(Nach: G. Pfeiffer, Quellen zur Nürnberger Reformationsgeschichte. Neustadt/Aisch 1968, S. 263)

1 *Der folgende Abschnitt entspricht sinngemäß dem Reichstagsabschied von Nürnberg vom 6. 2. 1523:*
Ein jeder Kurfürst, Fürst und andere Stände des Reiches soll kraft seiner obrigkeitlichen Stellung verfügen, damit [...] nichts anderes denn das heilige Evangelium in der Auslegung *[jener]* Schriften gepredigt werde, die von der christlichen Kirche approbiert und angenommen sind. (Reichstagsakten, Jüngere Reihe, Bd. 3, S. 746 f.)

M 68 **Die Klöster lösen sich auf**

Die Augustiner-Eremiten bieten dem Rat die Übergabe ihres Klosters an, Dezember 1524

Zweifellos haben die Klosterleute ihr Vertrauen mehr in ihre [...] eigenen Verdienste denn in die ewige Erlösung durch Christus gesetzt [...]. Weil aber nun aus göttlicher Gnade die Wahrheit des heiligen Evangeliums erschienen und diese gottlosen Irrtümer bloßgestellt hat, haben wir uns den verderbten Zustand zu Herzen genommen, in dem wir und unsere Vorgänger bisher verharrt sind. Der größte Teil unserer Güter ist *[einst]* von den Bürgern in guter Absicht gestiftet worden, weil man sie dazu überredet hat. Deshalb müssen wir sie ihr aus göttlicher Weisung wiederum zu rechtem Gottesdienst und zu gemeinem Nutzen zurückerstatten. Ebenso wollen wir uns nicht länger von der christlichen Gemeinde absondern, sondern in ihr – je nach unseren Fähigkeiten – mitarbeiten [...]. Wir bieten deshalb Euerer Ehrbarkeiten unsere Klostergebäude, unsere jährlichen Einkünfte [...] und unsere bewegliche Habe an; sie sollen zur Förderung des göttlichen Wortes [...] und zum Unterhalt der Bedürftigen in dieser Stadt verwendet werden.
(Ebenda, S. 311)

M 69 **Willibald Pirckheimer beklagt sich über die Behandlung der altgläubig verbleibenden Nonnen von St. Klara**

Schreiben des Nürnberger Humanisten an den Wittenberger Humanisten und Reformator Philipp Melanchthon, Juni 1525

Ich bin gezwungen, bei Dir, Philipp, Zuflucht zu nehmen und Dich um Rat und Beistand zu bitten. [...] Im St. Klara-Kloster unserer Stadt befinden sich zwei meiner Schwestern [...], eine davon als Äbtissin *[= Caritas Pirckheimer]*. [...] Die Nonnen begehrten andere Beichtväter *[als die ihnen vom Rat verordneten]* [...]; dies ist ihnen aber vom Rat abgeschlagen worden, der niemand zulassen wollte als allein jene, die er selbst [...] gebilligt hatte. Die Nonnen aber sind der Meinung, daß ihnen die freie Wahl der Beichtväter zustehe, und haben jene *[vom Rat verordneten Beichtväter]* zurückgewiesen. Es sind allerdings auch solche, daß selbst ich ihnen nicht gerne meine Sünden offenbaren wollte. Während der ganzen Fastenzeit haben sie es deshalb vorgezogen, eher auf Beichte und Kommunion zu verzichten, als sich jenen Männern zu offenbaren. Die ihnen zwischenzeitlich *[vom Rat]* verordneten Prediger sollten ihnen das Wort Gottes verkündigen; dies taten sie aber so aufreizend und arrogant, daß jene armen Frauen eher widerspenstiger als besser geworden sind. [...]
Als die Prediger [... sahen, daß ihre „Bekehrungsversuche" erfolglos blieben, ...] begannen sie zu lärmen, zu fluchen [...] und den ganzen Haß des Volkes gegen sie aufzuwiegeln, [...] so daß jeder, der sie beleidigte oder schädigte, meinte, Gott einen Dienst zu erweisen. [...] Sie leben in dauernder Todesfurcht.
(Ebenda, S. 435 f.)

M 70 **Einführung der Reformation in einer Stadt: Das Religionsgespräch vom 3.3.1525**

Auf fünf Uhr sind wir auf das Rathaus zu Nürnberg beschieden worden, um zu dem nachfolgend verzeichneten Artikel Stellung zu nehmen.
Die Sitzung wurde durch eine Rede des Doktors Christoph Scheurl eröffnet, in der dieser darlegte, warum der Ehrbare Rat eine derartige Disputation veranstaltete: Ihr Ergebnis solle nämlich eine einhellige Verkündigung des Wortes Gottes *[in der Stadt]* bewirken – allerdings auf lutherische Weise! Weiterhin gab er die Regeln dieser Disputation bekannt: Vorsitzende seien der Abt von St. Egidius, die Pröbste von St. Sebald und St. Lorenz sowie der *[Prediger]* Osiander [...]; Redner und Gegenredner wurden festgelegt, sowie alles, was zu einer Disputation gehört. Ebenso wurde im Namen des Ehrbaren Rates verordnet, daß die Verhandlung freundlich und ohne alle Sticheleien und Schmähungen verlaufen solle, etwas, woran sich doch bislang der lutherische Haufen nie gehalten hat! Weiterhin wurde mit viel Worten klargestellt, daß alleinige Beweisgrundlage die Heilige Schrift sei und daß die Konzilien, die Kirchenlehrer, die Kirchenordnungen, das Kirchenrecht und *[die theologischen Lehren der]* Universitäten keine Beweiskraft hätten. Zum Verfahren wurde festgelegt: man dürfe immer nur im Anschluß an die Erörterung eines einzelnen Artikels die Position eines Gegners angreifen; ebenso solle eine Partei solange mit der Gegenpartei kämpfen, bis eine Partei überwunden sei. Dann solle unmittelbar beschlossen werden, daß die schwächere Partei widerlegt sei und mit den anderen *[künftig]* einhellig *[dasselbe]* predigen solle [...]. Danach verlas Lazarus Spengler nacheinander die 12 Artikel und erteilte dem Prediger von St. Sebald, dem Doktor Scheuerlin, das Wort zum ersten Artikel [...].
(Ebenda, S. 122)

M 71 **Bericht des Nürnberger Rates über Maßnahmen zur Kirchenreform, 1527 (?)**

Zum ersten hat der Ehrbare Rat die Pfarrkirchen [...] mit christlichen und gelehrten Männern versehen, die dem Volk das heilige Evangelium rein, lauter und christlich gepredigt haben. [...]
Und weil der Rat gesehen hat, zu welcher Störung des Stadtfriedens es führt [...], wenn dem Volk unterschiedliche Predigten gehalten werden, [...] hat der Rat die Prediger der Ordensleute *[zu einem Religionsgespräch befohlen, damit sie ihre Meinung aus der Schrift beweisen]*. Weil aber die Ordensleute das Licht geflohen sind und sich hierauf nicht einlas-

sen wollten, hat der Ehrbare Rat [...] ihnen das Predigen verboten. [...]
Ebenso hat man in allen Kirchen der Stadt Nürnberg den schrecklichen Mißbrauch der Messe abgeschafft [...] und [...] das Abendmahl eingeführt. [...]
(Ebenda, S. 440 ff.)

Anregungen

1 *Erläutern Sie, was in M 66 und was in M 67, 68, 70, 71 jeweils „Evangelium" oder „Predigt des Evangeliums" bedeutet!*
2 *Vergleichen Sie M 67 mit M 66. Ermitteln Sie dabei die Tendenz von M 67, und erschließen Sie die von der Reichsstadt verfolgte Politik zwischen Reichsregiment und Reformation!*
3 *Interpretieren Sie M 68! Klären Sie die theologische Herkunft der Argumente. Vergleichen Sie M 68 mit M 69 und erläutern Sie, welche Klosterpolitik die Stadt aus welchen Gründen verfolgt!*
4 *Bestimmen Sie die Tendenz des Berichterstatters von M 70! Erläutern Sie aus Anlage, Beweisgrundlage usw., zu welchem Ergebnis das Religionsgespräch führen sollte!*
5 *Nach geltendem Kirchen- und Reichsrecht war ausschließlich die Kirche für Fragen der Glaubenslehre zuständig. Erläutern Sie, wie der Nürnberger Rat seine Initiative begründet (M 70, 71)! Vergleichen Sie dies mit M 67! Welche Schlüsse ergeben sich für die Religionspolitik der Stadt?*
6 *Einer der Gründe, warum der Nürnberger Rat (aber auch andere Städte) Religionsgespräche zur Klärung der wahren Lehre abhielt, war die christliche Konzilsidee. Versuchen Sie noch andere Gründe zu finden!*
7 *In M 66, 67, 69 ist von Aufruhr usw. des Volkes die Rede. Bestimmen Sie aus M 68, 69 und M 71, welche Rolle dies bei der Einführung der Reformation gespielt hat!*
8 *Stellen Sie aus M 71 die Abfolge der Nürnberger Reformation zusammen und vergleichen Sie diese mit M 67–M 70. Welche wichtigen Elemente fehlen?*
9 *Beschreiben Sie zusammenfassend, was sich durch Einführung der Reformation im politischen und religiösen Leben der Stadt geändert hat! Geben Sie zusammenfassend die Gründe für die Religionspolitik der Stadt an, und begründen Sie, warum das „Beispiel" Nürnberg kein Einzelfall war!*

Das landesherrliche Kirchenregiment entsteht

M 72 Der Reichstag zu Speyer 1526

[Das Wormser Edikt] ist vielleicht nicht an allen Orten eingehalten worden. Auch haben einige Obrigkeiten aus Rücksicht auf ihr eigenes Gewissen oder auf das ihrer Untertanen, zum Teil aber auch aus Furcht vor einem Aufruhr ihrer Untertanen [...] es nicht einhalten wollen oder können. Die Abgesandten *[an den in Spanien weilenden Kaiser]* haben deshalb Befehl, seine Majestät untertänigst zu bitten [...], den Vollzug des Edikts [...] bis zur Entscheidung eines künftigen Konzils auszusetzen. [...] Die Kurfürsten, Fürsten und Stände des Reiches [...] sind übereingekommen, es bis zu einem Konzil [...] mit ihren Untertanen so zu halten, wie es ein jeder gegenüber Gott und ihrer Majestät glaubt verantworten zu können.
(Nach: Neue und vollständigere Sammlung der Reichs-Abschiede..., 2. Teil, 1747 – Neudruck 1967 –, S. 274)

M 73 Luther fordert den Kurfürsten von Sachsen auf, die Kirche in seinem Herrschaftsbereich neu zu ordnen, 22. 11. 1526

Zum ersten, gnädigster Herr, erheben an fast allen Orten die Pfarrer laute Klage. Die Bauern wollen ihnen schlechterdings keine Abgaben mehr leisten [...]. Seitdem die Gewalt des Papstes zerbrochen ist, herrscht weder Gottesfurcht noch Ordnung und jeder tut, was er will.
Da es aber unser aller Pflicht ist – und besonders die der Obrigkeit – sich vor allem um die Jugend zu kümmern [...] und sie zu Gottesfurcht und Zucht anzuhalten, muß man Schulen, Prediger und Pfarrer haben. [...] Bleibt die Jugend unerzogen [...], so wird das Land voller wilder, loser Leute [...], so daß uns unser aller Not zwingt, dem vorzubeugen.
Da aber nun in Euer Kurfürstlichen Gnaden *[E.K.F.G.]* Fürstentum Zwang und Ordnung des Papstes und der Bischöfe abgeschafft und alle Klöster und Stifte E.K.F.G. als dem obersten Haupt in die Hände fallen, kommt damit auch zugleich die Pflicht und Verantwortung, diese Dinge zu ordnen. Denn niemand kann oder darf sich sonst ihrer annehmen [...].
Zunächst ist es einmal notwendig [...], daß E.K.F.G. [...] durch vier Personen das Land visitieren lasse: zwei, die sich auf Einkünfte und Güter, zwei, die sich auf Lehre und Personen verstehen. Sie sollen Vollmacht haben, [...] die Schulen und Pfarreien – soweit es notwendig ist – zu ordnen und zu versorgen.
Wenn eine Stadt oder ein Dorf in der Lage sind, Schulen, Predigt und Pfarrstellen zu unterhalten, dann haben E.K.F.G. die Macht, sie auch hierzu zu zwingen.
(Nach: Weimarer Ausgabe. Briefe, Bd. 4, S. 133 f.)

M 74 Die Württembergische Kirchenordnung, 1536

Von Gottes Gnaden, Wir Ulrich, Herzog zu Württemberg und zu Teck, Graf von Mömpelgart usw. Weil der Apostel Paulus nicht ohne Grund befohlen hat, daß es in der Kirche geordnet zugehen solle, haben wir die nachfolgende Kirchenordnung nach den Regeln der Heiligen Schrift aufgestellt. Wir ordnen an [...], daß sie von allen Predigern, Pfarrern und Diakonen unverbrüchlich eingehalten werde.

Die Kirchenordnung umfaßt folgende Kapitel:

Die Lehre
Der Kirchengesang
Die liturgische Kleidung
Die Feiertage
Die Ordnung des Abendmahl-Gottesdienstes
Der Vespergottesdienst
Das Abendmahl für Kranke oder Schwangere
Die Ordnung der Taufe
Die Nottaufe
Die Trauung
Der Sterbetrost
Die Begräbnisordnung

(Nach: A. L. Reyscher, Sammlung der Württembergischen Gesetze, Bd. 8. Tübingen 1834, S. 42 ff.)

Die Württembergische Kirchenordnung erhielt dann unter Herzog Christoph zwischen 1551 und 1559 durch eine Reihe von zusätzlichen Verordnungen ihre endgültige Gestalt.

Anregungen

1 *Geben Sie an, inwieweit M 72 die Rechtsgrundlage für landesherrliche Reformationen abgab!*

2 *Analysieren Sie den Brief Luthers (M 73) im Hinblick auf Forderungen und Begründungen! Geben Sie an, wessen bisherige Rolle der Kurfürst übernehmen soll! Erläutern Sie Aufgabe und Vorteile der geforderten Visitation!*

3 *Beschreiben Sie anhand von M 74 sowie der Darstellung 5.3.1 und 5.4.5 die neuen Zuständigkeiten eines Landesherren!*

4 *Erläutern Sie zusammenfassend, was sich in den neugläubigen Gebieten des Reiches durch die Errichtung des landesherrlichen Kirchenregiments geändert hat!*

5 *Den Abschluß der Entwicklung zum landesherrlichen Kirchenregiment bildete der Augsburger Reichstag von 1555. Vergleichen Sie dessen Grundsatz mit dem ursprünglichen Anliegen der Reformation, und nehmen Sie zum Ergebnis Stellung!*

6 *Informieren Sie sich, wann und unter welchen Umständen das landesherrliche Kirchenregiment in Deutschland zu Ende gegangen ist!*

6. Die Anfänge des modernen Staates im 17. und 18. Jahrhundert

6.0 Einleitung

1576 Jean Bodin: Sechs Bücher über die Republik
1609 Hugo Grotius: Mare liberum
1625 Hugo Grotius: De jure belli ac pacis
1651 Thomas Hobbes: Leviathan
1667 Samuel Pufendorf: De statu imperii Germanici

Die Entstehungsbedingungen des modernen Staates und die damit verbundenen gesellschaftlichen Wandlungsprozesse sind die zentralen Probleme des 17. und 18. Jahrhunderts.
Auch bei diesem Thema wird der Raum der europäischen Geschichte nicht verlassen, obgleich in beiden Jahrhunderten weitere Staaten ausgedehnten Kolonialbesitz in allen Teilen der Welt erwerben und damit den Prozeß der Europäisierung der Erde weiterführen.
Im 17. und 18. Jahrhundert werden in vielen europäischen Staaten überkommene Herrschafts- und Gesellschaftsformen überwunden. Der in der Antike und im Mittelalter vorgeprägte machtpolitische Universalismus einzelner europäischer Dynastien muß einem neuen Staatengefüge Platz machen, das sich zunächst dadurch charakterisieren läßt, daß einzelne Staaten auf militärischem Wege eine hegemoniale Stellung durchzusetzen versuchen. Bei der gemeinsamen Abwehr solcher Versuche entwickeln die europäischen Staaten sodann neue Formen des Ausgleichs politischer Ansprüche und Konflikte, die in dem Begriff vom **„Europäischen Gleichgewicht“** schließlich ihre prägnante Zusammenfassung erfahren.

Nordischer Krieg	1700–21	Schweden	gegen	Rußland, Polen, Sachsen, Dänemark, Preußen, Hannover
Spanischer Erbfolgekrieg	1701–14	Frankreich (Ludwig XIV.)	gegen	England, Vereinigte Niederlande, Österreich, Preußen, Hannover, Portugal, Savoyen
Türkenkriege	1714–18	Österreich	gegen	Türkisches Reich
	1736–39	Österreich	gegen	Türkisches Reich
	1787–92	Österreich/Rußland	gegen	Türkisches Reich
Österreichischer Erbfolgekrieg (1. und 2. Schlesischer Krieg	1740–48 1740–42, 1744–45)	Österreich	gegen	Preußen, Frankreich, Bayern, Sachsen
Siebenjähriger Krieg	1756–63	Preußen/England/ Hannover	gegen	Österreich, Frankreich, Rußland, Schweden, Sachsen u. a. Reichsfürsten
Revolutionskriege				
1. Koalitionskrieg	1792–97	Frankreich	gegen	Österreich, Preußen
2. Koalitionskrieg	1799–1802	Frankreich (Napoleon)	gegen	England, Österreich, Rußland, Portugal, Neapel, Türkei
3./4. Koalitionskrieg	1805–07	Frankreich (Napoleon)	gegen	Österreich, England, Rußland, Schweden, Preußen
Befreiungskriege	1813–15	Frankreich (Napoleon)	gegen	Rußland, Österreich, Preußen, England

Abb. 1 Die wichtigsten europäischen Kriege seit 1700
(Gekürzt nach: H. D. Schmid, Fragen an die Geschichte, Bd. 3, Frankfurt/M. 1981, S. 13)

Abb. 2 Die Kunst der Barockzeit

a) Baukunst des 17. Jahrhunderts

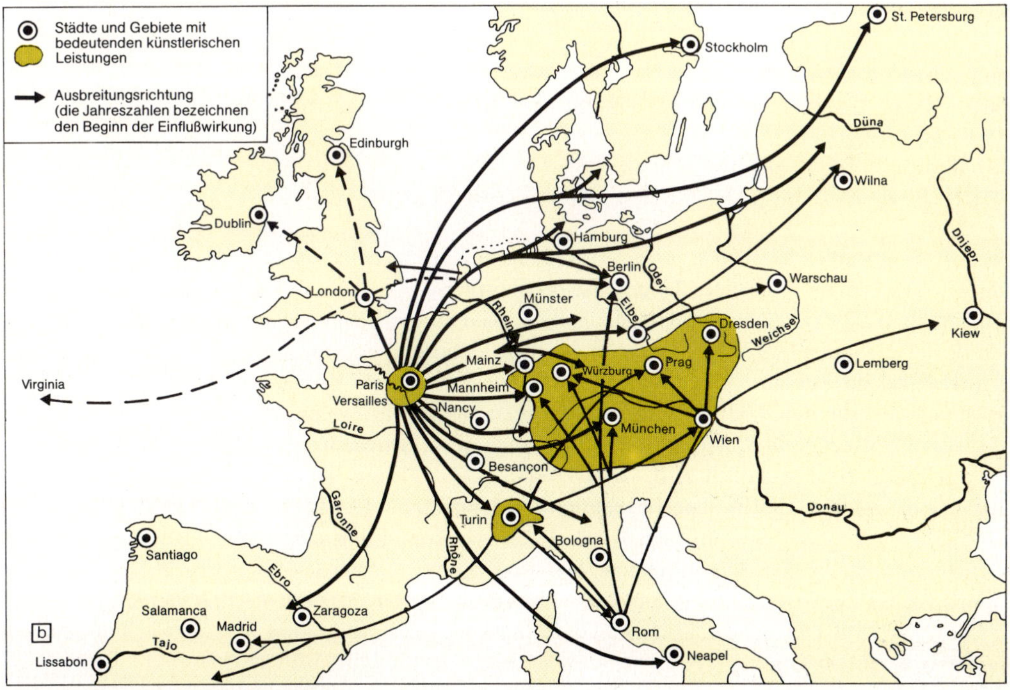

b) Baukunst des 18. Jahrhunderts

(Nach: Atlas zur Universalgeschichte. München 1979, S. 47)

Aber nicht nur das Verhältnis der Staaten zueinander wandelt sich, es verändert sich auch das Selbstverständnis der regierenden Monarchen. Diese Wandlungen werden häufig durch den Begriff **„Absolutismus"** erklärt. Er geht zurück auf eine Definition, die den Monarchen von der Unterwerfung unter die weltlichen Gesetze befreien und damit eine Schiedsrichterrolle über die im Staate miteinander konkurrierenden Gruppen und Parteien sichern sollte. Gelang es, diese Stellung zu erringen, dann war der Monarch mehr als nur oberster Lehnsherr oder *primus inter pares*, er war „souverän" geworden. Die Durchsetzung dieser Souveränität mußte aber auch sein Verhältnis zu den bisherigen Vasallen verändern, die ihre vertraute, eher partnerschaftliche Stellung verlieren und zu Untertanen absinken konnten.
In zahlreichen Neubauten von Residenzen, Kirchen und Klöstern erfährt dieses neue Bewußtsein von Herrschaft und Macht seine architektonische Gestaltung. Das Bedürfnis nach Selbstdarstellung sucht und findet in der Barockkultur künstlerische Formen, die bis dahin unbekannt waren und uns wichtige Einblicke in die Denkweise jener Zeit ermöglichen. Während Europa auf der politischen Ebene durch die hegemonialen Konflikte seinen universalen Charakter verlor, wurde diese Einheit auf der kulturellen Ebene weitgehend bewahrt.
Neben dem Souveränitätsbegriff spielte auch die Lehre vom **Gesellschaftsvertrag** bei der Diskussion über die beste Herrschaftsform eine wichtige Rolle. Danach entsteht staatliche Herrschaft durch eine vertragliche Vereinigung der Einzelnen, die anschließend die Herrschaftsbefugnis auf einen Fürsten übertragen.
Dieser Wandlungsprozeß ist aber weder in einem für alle Staaten genau zu bestimmenden Zeitraum, noch in allen europäischen Ländern und erst recht nicht in der gleichen Ausprägung erfolgt. Wohl aber sind die Mittel, mit denen das neue Verständnis von Herrschaft durchgesetzt werden sollte, einander ähnlich; doch verbieten die Vielfalt der Formen und die Fülle der Sondererscheinungen vorschnelle Vergleiche, Verallgemeinerungen und Urteile.

6.1 Staat, Gesellschaft und Wirtschaft im 17. und 18. Jahrhundert

6.1.1 Die Entwicklung der europäischen Bevölkerung

Die stetig ansteigende Bevölkerungsentwicklung in Europa zwischen 1470/80 und 1620/30 wurde im 17. Jahrhundert von einer langen Stagnationsphase abgelöst. In Deutschland, dem Hauptschauplatz des Dreißigjährigen Krieges, gab es sogar starke Bevölkerungsverluste. Die Ursachen für diese Stagnation lagen im System der sozialen Geburtenkontrolle (s. 5.2.1). Stärker allerdings wirkten sich im Zeitraum von 1600–1750 zyklisch auftretende Krisen auf die Bevölkerungsentwicklung aus, die den Tod im Europa der frühen Neuzeit allgegenwärtig werden ließen. Dieser traf die Bevölkerung in dreierlei Gestalt: als Hungertod, Seuchentod und Kriegstod.
Hungerkrisen (in Frankreich z. B. 1661–1665, 1677, 1693/94, 1710, 1740/41, 1771/72) führten dazu, daß nur die Hälfte aller neugeborenen Kinder das 1. Lebensjahr erreichten, geplante Heiraten verschoben oder abgesagt wurden und die Todesraten emporschnellten; Seuchen und Kriege hatten ähnliche Auswirkungen. So verzeichnete Amsterdam zwischen 1617–1664 acht Seuchenjahre mit insgesamt 110000 Toten, in Breslau fielen 35000 Tote den vier großen Pestausbrüchen zum Opfer, und Danzig und Königsberg beklagten allein für das 17. Jahrhundert 86000 bzw. 56000 Tote.
Insgesamt sorgten solche Krisen also für eine beträchtliche Unregelmäßigkeit in der allgemeinen Bevölkerungsentwicklung. Da aber nicht nur Säuglinge, Kinder und Heranwachsende von diesen

Krisen betroffen waren, sondern auch die alten Menschen, wirkten sich derartige Krisen positiv auf die Überlebenden aus: Wenn alte Hofbesitzer oder Handwerksmeister starben, wurden Nahrungs- und Erwerbsstellen frei, die hauptsächlich von der jüngeren Bevölkerung übernommen werden konnten.
Erst in der Mitte des 18. Jahrhunderts setzte in allen Teilen Europas ein **Prozeß stetigen Bevölkerungsanstiegs** ein, der bis heute noch nicht vollständig begründet werden kann. Man hat lange Zeit geglaubt, das Wachstum als Folge verbesserter Ernährung, Hygiene und medizinischer Versorgung der europäischen Bevölkerung erklären zu können, und konnte darauf hinweisen, daß Europa seit Beginn des 18. Jahrhunderts von der Pest nicht mehr heimgesucht wurde. So wichtig diese Fortschritte in einzelnen Regionen auch für die Menschen gewesen sind, allein können sie den Bevölkerungsanstieg jedoch nicht verursacht haben.
Mindestens drei Prozesse haben im Europa des 18. Jahrhunderts zur Bedrohung und Aufhebung des ständischen Sozialgefüges beigetragen:
1. Die Ausweitung des dörflichen Heimgewerbes nahm im 18. Jahrhundert stetig zu. Diese familiäre Wirtschaftsform beließ die Familie zwar in der Kontrolle eines Verlegers, ermöglichte aber wegen ihrer Geldorientierung im Vergleich zu landwirtschaftlicher oder zünftischer Produktionsweise gerade klein- und unterbäuerlichen Schichten eine frühere Heirat.
2. Auch dort, wo das Heimgewerbe unbekannt war, scheinen sich die ländlichen und städtischen Unterschichten nicht mehr an die Vorschrift der „Nahrung" gehalten zu haben. Sie suchten in der Saison- und Wanderarbeit, aber auch in der Seefahrt u. a. zusätzliche Verdienste.
3. Gleichzeitig scheint ein Prozeß der **Dechristianisierung** in einigen europäischen Landschaften einen Bewußtseinswandel auch in der großen Masse der Bevölkerung anzuzeigen, der u. a. in einer wachsenden Zahl vor- oder außerehelich gezeugter Kinder seinen Ausdruck fand. Die Maßnahmen der **„Peuplierungspolitik"** (zur Erhöhung der Bevölkerungszahl), mit der einige Staaten versuchten, ihre Wirtschaftskraft zu stärken, schufen zwar Existenzmöglichkeiten für neue Familien, konnten aber die Bevölkerungsentwicklung nur regional (z. B. in Preußen) beeinflussen.

6.1.2 Die wirtschaftliche Entwicklung im 17. und 18. Jahrhundert

6.1.2.1 Die Landwirtschaft

Auch im 17. und 18. Jahrhundert war der größere Teil der europäischen Bevölkerung in der Landwirtschaft tätig. Natürlich machte es einen Unterschied, ob man in Venedig lebte, das sein Getreide aus den Regionen des Schwarzen Meeres, aus Süditalien oder der Lombardei importierte, oder in getreideproduzierenden Gebieten West-, Mittel- oder Osteuropas; an der allgemeinen Tatsache, daß immer noch sieben bis acht Bauern nötig waren, um zwei oder drei weitere Menschen zu ernähren, änderten diese regionalen Unterschiede wenig. 65–90% der europäischen Bevölkerung mußten bis zum Ende des 18. Jahrhunderts in der Landwirtschaft tätig sein, da die geringe Produktivität sonst die Nachfrage nach Lebensmitteln nicht hätte befriedigen können. Dennoch konnte in begünstigten Zonen Westeuropas, wie in England und den Niederlanden, zwischen dem 16. und 18. Jahrhundert die spätmittelalterliche Produktivität (Verhältnis von Aussaat zu Ernte 1:3) auf 1:6 bzw. 1:11 verbessert werden, während Frankreich Durchschnittswerte von 1:4,5 und Deutschland von 1:4 aufwiesen und die landwirtschaftlichen Erträge in Polen bzw. in Rußland mit 1:3-4 bzw. 1:2-3 weiterhin stagnierten.
Diese Unterschiede sind nur teilweise mit den klimatischen Bedingungen, der Bodengüte oder der traditionellen Dreifelderwirtschaft zu erklären; sie sind auch auf die verschiedenen Typen der

Agrarverfassung zurückzuführen. Führend wurde England, wo sich das System der **adligen Eigenwirtschaft** durchsetzte. Die steigende Nachfrage nach Wolltuchen, aber auch spürbarer Arbeitskräftemangel bewogen die Adligen, den arbeitsintensiven Ackerbau zugunsten der gewinnbringenden Schafzucht aufzugeben. Die Vorschrift, daß der Landbesitz eingezäunt werden müsse *(enclosure)*, begünstigte den Adel insofern, als die Kleinbauern die dafür notwendigen Kosten nicht aufbringen konnten und ihren Besitz an den Adel verkauften. Vor allem im 18. Jahrhundert bildete sich durch diese Einhegungen mit der Unterstützung durch die englische Regierung umfangreicher adliger Großgrundbesitz, der intensiv und mit Hilfe neuer Techniken bestellt wurde. Auch in Frankreich verringerte sich der bäuerliche Besitz vom 16. zum 18. Jahrhundert beträchtlich, wenn auch mit erheblichen regionalen Unterschieden (s. dazu M 13). Trotz vielfältig abgestufter Abhängigkeit von Pächtern, Halbpächtern, Zinsbauern und landwirtschaftlichen Arbeitern und festgelegten Geld- oder Naturalabgaben an den Seigneur (Grundherr), blieb die hergebrachte Form der Grundherrschaft hier allerdings erhalten.
Östlich der Elbe gelang es dagegen dem Adel, aus der Grundherrschaft die **Gutsherrschaft** zu entwickeln. Die Vergrößerung des adligen Grundbesitzes erfolgte hier zunächst durch Einziehung „wüst" gewordener (aufgegebener) Bauernstellen, dann durch „Enteignung" von Bauern, deren Besitzrechte gegenüber dem „herrschenden" Großgrundbesitzer nicht eindeutig waren (das **„Bauernlegen"**). Bereits seit dem Ende des 15. Jahrhunderts war den Bauern die Freizügigkeit genommen, waren sie an die Scholle gebunden worden. Anschließend wurden die bäuerlichen Dienste gesteigert, die Frondienste auf dem Boden des Gutsherren drastisch erhöht, die Hand- und Spanndienste ausgedehnt, ja selbst die Bauernkinder zu unentgeltlichen Arbeiten im Hause des Gutsbesitzers verpflichtet. Wurde der Bauer erblicher Untertan seines Gutsherrn, der ihm zudem als Polizei- und Gerichtsherr entgegentrat, war seine Entrechtung so gut wie vollkommen. Erst der Prozeß der Bauernbefreiung, der zwar im Zeichen aufklärerischen Gedankenguts im 18. Jahrhundert begann, eigentlich aber erst im 19. Jahrhundert abgeschlossen werden konnte, brachte den Bauern eine Aufwertung ihrer sozialen und ökonomischen Position (s. dazu 5.2).

6.1.2.2 Handel, Gewerbe und Industrie

Führende Handelsnation im 17. Jahrhundert wurde zunächst Holland, das nahezu den gesamten Güterverkehr an allen europäischen Küsten in seine Kontrolle gebracht hatte (s. dazu 5.1.6.3). Das hier erwirtschaftete Kapital hatte ein reiches und selbstbewußtes Großbürgertum geschaffen, das bereits Ende des 16. Jahrhunderts daranging, dem politischen Gegner Spanien auch auf kolonialem Boden entgegenzutreten. Wichtigstes Instrument dieses Vorhabens war die 1602 gegründete **„Vereinigte Ostindische Kompanie"**, die bis 1798/1800 existierte. Die straff organisierte Kompanie, die durch private Anleger mittels Anteilscheinen von 50–60 000 Gulden finanziert wurde und über ein ständiges Betriebskapital sowie eine starke Flotte verfügte, aber auch Landstreitkräfte unterhielt, konkurrierte mit dem spanisch-portugiesischen Missionierungs- und Eroberungsrecht in der nicht-christlichen Welt. In ihrem Auftrag verfaßte der Jurist Hugo de Groot (Grotius) 1609 eine Schrift („Mare Liberum"), in der er mit dem Grundsatz der Freiheit der Meere allen Völkern das Recht einräumte, mit den Gebieten in Übersee Handel zu treiben. Durch zahlreiche Forts, Niederlassungen und Handelskontore an der Westküste Afrikas, die z. T. von den Portugiesen erobert wurden, aber auch rund um den Indischen Ozean, sicherte sich die Kompanie die Vorherrschaft im Handel mit dem fernen Osten. Dabei entstand ab der Mitte des 17. Jahrhunderts, von Kapstadt ausgehend, in Südafrika die einzige Siedlungskolonie, die nicht nur niederländische Bauern, sondern auch Deutsche und hugenottische Flüchtlinge aus Frankreich anzog. Weniger erfolgreich war die 1621 gegründete **Westindische Kompanie**, deren Aufgabe darin bestand, die spanisch-portugiesischen Besitzungen in Westafrika und Amerika zu

bedrohen. Durch die staatsrechtliche Anerkennung der Republik der Vereinigten Niederlande erkannte Spanien 1648 die Rechtmäßigkeit dieser Erwerbungen an. Der Pyrenäenfriede von 1659 zwischen Spanien und Frankreich besiegelte das Ende spanischer Vorherrschaft in der Welt und ermöglichte den Aufstieg Frankreichs (s. auch 6.2.2) und Englands.
Auch **Frankreich** bediente sich der Form der Handelsgesellschaft, um seit Beginn des 17. Jahrhunderts seine überseeischen Ansprüche deutlich zu machen. Da es sich aber als schwierig erwies, die Gesellschaften mit privatem Kapital zu finanzieren, übernahm der französische Staat auf Initiative Colberts (1619–1683, seit 1661 Oberintendant, seit 1665 Generalkontrolleur der Finanzen) das Monopol im Kolonialhandel; Förderung der kolonialen (Rohstoff-)Produktion zur Steigerung der französischen Produktion wurde das Ziel dieser staatlich gelenkten Kolonialpolitik. Wirtschaftlich rentierte sich diese Politik nur im Warenaustausch mit den französischen Antillen, die aus Frankreich Wein, Getreide und Fleisch importierten, nach dort aber auf Grund der praktizierten Sklavenwirtschaft billig Zucker, Rum, Kakao, Kaffee und Indigo liefern konnten.
Bis zur Mitte des 18. Jahrhunderts hatte Frankreich mit Kanada, Louisiana, den Antillen, Guayana und Niederlassungen in Westafrika und Indien sehr unterschiedliche überseeische Gebiete erworben, die sich bald englischer Konkurrenz ausgesetzt sahen.
Neben dem allgemeinen Kampf gegen den spanischen Hegemonialanspruch in Europa zwang der Verlust des niederländischen Wollmarktes **England** ab dem Ende des 16. Jahrhunderts dazu, neue Absatzgebiete für seine Wolltuche zu finden. Gleichzeitig suchte man nach neuen Wegen zu den Gewürzländern Asiens und eigenen kolonialen Besitzungen. Bis zur Mitte des 17. Jahrhunderts beschränkten sich diese Bemühungen auf kühne Erkundungsfahrten und Beutezüge, die mit den Namen Drake, Hawkins und Raleigh verknüpft sind.
Die 1600 auf Initiative Londoner Großkaufleute gegründete **Ostindische Kompanie** konzentrierte ihre Interessen, nach vielen Auseinandersetzungen mit den Niederländern, auf Indien, wo in kurzer Zeit mehr als 20 Faktoreien[1] gegründet werden konnten. Folgenreicher und wichtiger als die indischen Handelsniederlassungen sollte für das englische Kolonialsystem die Besiedlung Amerikas werden. Nach der kurzlebigen ersten Niederlassung (1584) folgte mit der Gründung von Jamestown (1607) die Besiedlung Virginias, wo der Tabakanbau seit 1614 eine rasch wachsende Bedeutung erhielt und das Muster der späteren Pflanzerkolonien geprägt wurde. Nach der Auflösung der Virginiakompanie übernahm die Krone die Kolonie und setzte einen Gouverneur ein, dem ein Rat und eine gewählte Volksvertretung der Siedler zur Seite standen.
Eine andere Organisationsform bildete sich in den Siedlungen Neu-Englands heraus. Hier hatten des Landes vertriebene englische Puritaner ab 1620 (Fahrt der Pilgerväter), aber auch Kaufleute nahezu autonome Gemeinwesen gegründet. Diese gaben sich selbst Gesetze, organisierten den Handel selbständig und bekämpften energisch jeden Versuch der englischen Krone, ihre Selbständigkeit einzuschränken. Hier wie dort aber fanden die Vorstellungen von religiöser Freiheit des Einzelnen und demokratisch-parlamentarischer Herrschaft ihren ersten Niederschlag in der Geschichte Amerikas.
Das englische Beispiel zeigte bereits, daß die Kolonien nicht nur als Rohstoffproduzenten begehrt waren, sondern zunehmend auch als Absatzmärkte für die europäische Produktion an Bedeutung gewannen. Die Herstellung gewerblicher Handelsgüter erfolgte in Europa bis ins 18. Jahrhundert auf vier Ebenen: In den Städten wurde sie von den Zünften beherrscht, die jeder Modernisierung entgegentraten und ihr wichtigstes Ziel darin sahen, die Arbeit der Meister zu sichern. Außerhalb ihres Einflußbereichs konnte sich zunftfreies Gewerbe, z. T. in der ländlichen Heimarbeit, in weiterer Abhängigkeit von Verlegern, entfalten und die Massennachfrage befrie-

1 Faktorei = Bezeichnung für eine größere Handelsniederlassung, besonders europäischer Kaufleute, in Übersee.

digen, was die Meisterarbeit nicht leisten konnte. In Manufakturbetrieben, industrieähnlichen Anlagen auf der Grundlage der Arbeitsteilung, wurden hochwertige Luxuswaren (Textilien, Teppiche, Seifen, Parfüms, Porzellan, Leder, Spiegel u. a.) und Rüstungsartikel hergestellt.

6.1.3 Staat und Gesellschaft

Im Prozeß der Konfessionsbildung im 16. Jahrhundert war deutlich geworden, daß die neuen Kirchen der Hilfe der Staaten bedurften, um existenzfähig zu bleiben (s. 5.4.5). Daher verknüpfte sich der Streit der Konfessionen sehr bald mit den Auseinandersetzungen der Staaten untereinander, wobei die Konzeption der calvinisch organisierten Gemeinde (s. 5.4.7) sich als besonders dynamisches Element erwies. Der Kampf um den rechten Glauben entwickelte sich daher häufig zum Kampf um weltliche Vorherrschaft. Die aus dem Schutz der Kirchen sich entwickelnde Herrschaft des Staates über die Kirchen bedeutete für diesen einen enormen Machtzuwachs.

Durch die Entdeckungen waren den daran beteiligten Staaten wirtschaftliche, politische und militärische Aufgaben erwachsen, die einen neuen Typ der Staatsverwaltung erzwangen. Nur eine straffe Zentralverwaltung und ein starkes Königtum schienen mit den neuen Herausforderungen fertig werden zu können. Mannigfaltig wie die Probleme waren daher auch die Erscheinungsformen dieser neuen Staatsform in Europa, die als Absolutismus bezeichnet wird und unter der man zunächst die monarchische Alleinherrschaft eines Fürsten versteht. Die früheste Ausprägung dieser Regierungsform erfuhr Spanien unter der Regierung Philipps II. (1556–1598), dem Sohn und Nachfolger Karls V. 1561 bestimmte er das bis dahin unbedeutende Madrid zur Hauptstadt seines gewaltigen Reiches, in der er die Großgrundbesitzer seines Landes versammelte, ohne sie jedoch an der Verwaltung dieses Staatengebildes zu beteiligen. Das 1548 eingeführte strenge burgundische Hofzeremoniell führte zu einer Entrückung des Herrschers und begann rasch, die Umgangsformen des spanischen Adels zu prägen, der sich zum „Hofadel“ wandelte.

Symbolischer Ausdruck dieser neuen Herrschaftsauffassung wurde der wenige Jahre (1563) später von Philipp in Auftrag gegebene **Escorial** – Klosterburg, Schloß und Grablege der habsburgischen Monarchen in Spanien. Die Heraushebung des Herrschers durch das aufwendige Zeremoniell und sein Rückzug auf eine zentrale Residenz wurden für die höfische Repräsentation in Europa mustergültig.

Dennoch läßt sich mit dem Begriff Zentralismus im heutigen Sinn diese Regierungsform nicht zutreffend beschreiben, da die alten spanischen Königreiche – seit 1479 unter der gemeinsamen Regierung der „Katholischen Könige“ – bis ins 18. Jahrhundert nach ihren mittelalterlichen Privilegien eine politische Sonderexistenz führten und auch die Stände von Kastilien und Aragon über ihr Steuerbewilligungsrecht die königliche Politik mitbestimmten. Eine weitere Stärkung der königlichen Gewalt konnte nur gelingen, wenn sie die alten feudalen Sondergewalten ausschalten konnte und für diese Auseinandersetzung auch Verbündete fand.

Wirtschaftliche und politische Krisen, aber auch der Wandel der Kriegstechnik durch die Ausbildung von Infanterie und Artillerie hatten den europäischen Adel seit dem Spätmittelalter geschwächt. Bis ins 18. Jahrhundert aber blieb er neben der Kirche in fast allen Territorien der größte Grundbesitzer. Die Folgen der Seuchen und Hungerkrisen zwangen ihn jedoch häufig dazu, auf grund- oder gerichtsherrliche Kompetenzen zugunsten der Krone zu verzichten. Diese sorgte ihrerseits durch die Nobilitierung von Beamten, Kaufleuten, Gelehrten und Unternehmern dafür, daß dem Bluts- oder Schwertadel durch den neuen Amtsadel Konkurrenz erwuchs. Damit schuf sich der frühmoderne Staat eine loyale Verwaltungselite, mit deren Hilfe er die Staatsführung mehr und mehr in seiner monarchischen Spitze konzentrieren konnte.

6.2 Frankreich im Zeitalter des Ancien Régime (1515–1776)

1515–1547	Franz I., König von Frankreich	1589–1610	Heinrich IV., König von Frankreich
23./24. 8. 1572	Bartholomäusnacht	1598	Edikt von Nantes

6.2.1 Das Königtum bis zum Ende der Religionskriege (1598)

Die Erblichkeit des Königtums hatte sich in Frankreich seit dem Ende des 12. Jahrhunderts durchgesetzt und in der Devise „Der König ist tot, es lebe der König“ ihren sprechenden Ausdruck gefunden. In den folgenden Jahrhunderten war es den Königen gelungen, heimfallende[1] Kronlehen in Apanagen[2] für jüngere Mitglieder des Königshauses zu verwandeln und damit der Zersplitterung des Königsbesitzes entgegenzuwirken. Durch den Treuevorbehalt, der die Untervasallen bei Konflikten zwischen dem französischen König und seinen Kronvasallen an den König band, wurde das Lehnswesen im Sinne des Königtums gestrafft und weiterentwickelt. Auf dieser Grundlage konnte sich seit Beginn des 15. Jahrhunderts die zentrale Staatsgewalt zu Lasten der Stände weiterentwickeln, da es dem französischen Königtum gelang, die gesetzgebende und die ausübende Gewalt in seiner Hand zu vereinigen. Dennoch wurden im 15. und 16. Jahrhundert sowohl die Generalstände als auch die Provinzialstände, die sich aus Vertretern des Adels, des Klerus und des Dritten Standes zusammensetzten, immer wieder einberufen. Zwar hatten sie nur beratenden Charakter in allgemein politischen Fragen, wenn es aber darum ging, neue Steuern auszuschreiben, war dies ohne ihre Zustimmung nicht möglich. Weitere Grenzen waren der königlichen Gewalt in den *lois fondamentales* (sogenannte Grundgesetze) des Königreiches gesetzt, die der König vor seiner Weihe in Reims zu beschwören hatte. Danach waren er und seine Regierung gebunden, zunächst der Kirche und dem Volk den Frieden zu wahren, sodann allen Ständen Raubtaten und Unbilligkeiten zu untersagen, schließlich bei allen Rechtsansprüchen für Milde und Gerechtigkeit zu sorgen.

Neben dieser Bindung gegenüber den Untertanen verpflichtete sich der König aber auch zur Einhaltung grundlegender Verfassungsbestimmungen, deren wichtigste festlegten, daß er Ketzer in seinem Lande auszurotten habe (damit übernahm die Krone die auf dem Laterankonzil von 1215 festgelegten Normen); daß der französische König katholischen Glaubens sein müsse (das machte den Konfessionswechsel Heinrichs IV. notwendig); daß die Erbfolge ausschließlich über die männliche Linie (das sogenannte Salische Erbfolgerecht) erfolge, und schließlich, daß Kronbesitz unveräußerlich sei. Diese Einschränkung der königlichen Gewalt, an der sich bis zur Revolution 1789 nichts ändern sollte, verlieh Frankreich den Charakter einer gemäßigten Monarchie. Allerdings hatten die französischen Könige seit dem späten 12. Jahrhundert den Aufbau einer ihnen treu ergebenen Zentralverwaltung betrieben. Deren Keimzelle bestand in der *Curia regis* (Rat des Königs und oberstes Gericht), der hohe Geistliche, die großen Kronvasallen und Inhaber von Hofämtern, aber auch gebildete bürgerliche Juristen angehörten. Die ständige Vergrößerung der Krondomänen erzwang seit dem 13. Jahrhundert die Aufteilung dieses Gremiums in Sonderbehörden: Das **Parlament** wurde oberste Justizbehörde (Staatsgericht). Neben der Funktion als oberstem Appellationshof erhielt es das Recht, alle königlichen Erlasse auf ihre Rechtmäßigkeit zu prüfen und sie zu registrieren. Bei einer Weigerung konnte der König die Registrierung nur durch sein persönliches Erscheinen *(lit de justice)* erzwingen. Als oberste Finanzbehörde wurde

1 Heimfall = hier: Rückfall erbenlos oder herrenlos gewordenen Gutes an den König.
2 Apanage = Ausstattung nachgeborener, fast ausschließlich männlicher Mitglieder regierender Häuser vor allem mit Geld oder Territorialbesitz zur Sicherung standesgemäßen Unterhalts.

die Rechnungskammer *(chambre des comptes)* eingerichtet, während für alle übrigen Verwaltungsangelegenheiten der *grand conseil* als oberste beratende Instanz diente, dessen Mitglieder – seit dem 14. Jahrhundert verstärkt Bürgerliche – vom König ernannt und auf ihn vereidigt wurden. Daneben wurden im Lauf der Zeit auch auf lokaler Ebene Verwaltungseinrichtungen geschaffen, mit deren Hilfe die Macht der großen Feudalherren kontrolliert und eingeschränkt wurde. Zudem verfügte der König mit der Erklärung der **Gallikanischen Freiheiten** 1407 praktisch über die französische Kirche: Die Geistlichen hatten bei der Wahl von Vorgesetzten Wünsche der Krone zu respektieren; das Staatsgericht (das Parlament von Paris) kontrollierte die geistliche Gerichtsbarkeit; dem König, und nicht mehr dem Papst, oblag die Besteuerung des umfangreichen Kirchenguts, und schließlich konnte gegen Urteile der kirchlichen Gerichte bei königlichen Gerichten appelliert werden. Diese Befugnisse wurden im Konkordat von 1516 vom Papst anerkannt. Auch in Spanien und England war es dem Königtum gelungen, eine ähnliche Machtfülle in seiner Hand zu konzentrieren.
Franz I. (1515–1547) hatte außenpolitisch mit wechselndem Erfolg den habsburgischen Ring um Frankreich zu sprengen versucht, innenpolitisch die Hofparteien ausgeschaltet und ein straffes autokratisches Regiment geführt. Dennoch gab es am Ende seiner Regierung kaum eine Gegend in Frankreich, die vom protestantischen Gedankengut des Genfer Reformators Calvin nicht berührt war. Als Franz' Sohn und Nachfolger, Heinrich II. (1547–1559), 1547 aber zur Bekämpfung der neuen Lehre beim Pariser Parlament ein Sondergericht, die „Chambre ardente", einrichten ließ und mit dem Edikt von Compiègne die Anhänger der Häresie mit der Todesstrafe bedrohte, verschärften sich die Gegensätze zwischen Katholiken und Calvinisten rasch. Da letztere zunehmend Anhänger auch im französischen Hochadel gewannen, geriet der Kampf um den rechten Glauben unter den politisch unfähigen Söhnen und Nachfolgern Heinrichs II. ab 1559 zu einem Kampf um die Macht im Staate. Dabei führte das lothringische Geschlecht der Guise mit spanischer Hilfe die katholische Partei an, die Calvinisten aber fanden in der Königin von Navarra, Jeanne d'Albret, zeitweise in ihrem Ehemann Antoine de Bourbon, stärker aber noch in dessen Bruder, dem Prinzen Louis de Condé, ihre führenden Persönlichkeiten, die sich der tatkräftigen Hilfe Englands, Hessens und der Kurpfalz erfreuten. Die Königinmutter, Katharina von Medici (1519–1589), und ihr Kanzler Michel de L'Hôpital (1503–1573) versuchten vergeblich, die religiösen Probleme durch Religionsgespräche und die Einberufung der Generalstände auf friedlichem Wege zu lösen. Der Dritte Stand versuchte, die Krongewalt mit der Forderung nach regelmäßiger Einberufung (Periodizität) der Generalstände einzuschränken und die Kirche durch den Antrag, die Staatsschuld durch einen Verkauf ihrer weltlichen Güter abzutragen, entscheidend zu schwächen.
Diese Gegensätze erwiesen sich als unüberbrückbar, und schon den Zeitgenossen war deutlich, daß es in den seit 1562 mit grausamen Mitteln ausgetragenen Bürgerkriegen um mehr als die religiöse Frage ging. Dabei verspielten die Mitglieder des Königshauses den letzten Rest an moralischem Ansehen, über das die Dynastie der Valois einst verfügt hatte. In der „Bartholomäusnacht" (23./24. 8. 1572) verloren die Calvinisten anläßlich der Hochzeit Heinrichs von Bourbon mit der Tochter Katharinas von Medici fast ihre gesamte politische Führung und weitere 15–16 000 Anhänger durch einen von Katharina angestifteten, von den Guise durchgeführten Massenmord. Deren führende Häupter, Herzog Heinrich von Guise und sein Bruder, Kardinal Ludwig von Guise, wurden am 23./24. 12. 1588 auf Veranlassung des letzten Valois, des völlig haltlosen Heinrich III. (1547–1589), ermordet.
Ein solches Regiment wurde allseits als Tyrannei empfunden, und gemäßigte Vertreter beider Konfessionen suchten nach Wegen, Frankreich von diesen Wirren zu befreien. Die Früchte dieser staatstheoretischen Überlegungen trugen dazu bei, das Verhältnis von Königtum und Untertanen präziser zu definieren und auf eine neue, rationale Grundlage zu stellen (s. M 1, M 2).

Es gelang **Heinrich IV.** (1589/1594–1610) aus dem Hause Bourbon nach seinem Konfessionswechsel innerhalb weniger Jahre, die Auswirkungen des Bürgerkrieges zu beseitigen und die Macht der Krone neu zu festigen. Seinen ehemaligen Glaubensgenossen gewährte er im **Edikt von Nantes** (13. 4. 1598) Glaubensfreiheit; Kultfreiheit überall dort, wo die Hugenotten bis 1597 Gottesdienste abgehalten hatten (Paris blieb mit einer Sperrzone allerdings ausgenommen); Zugang zu allen Ämtern; Einrichtung gemischt besetzter Parlamentskammern und über 100 Sicherheitsplätze für die Dauer von 8 Jahren. In den königlichen Rat wurde berufen, wen der König für begabt und geeignet hielt; die Zeit der Günstlinge und der Mißwirtschaft war vorbei. Da Heinrich IV. auch die territorialen Ansprüche Philipps II. von Spanien abwehren und 1598 einen Friedensvertrag mit diesem langjährigen Gegner Frankreichs abschließen konnte, war die französische Unabhängigkeit gesichert. Die Ermordung Heinrichs am 14. Mai 1610 drohte Frankreich erneut ins Chaos zu stürzen und zum Spielball seiner europäischen Gegner und der vielfältigen Adelsinteressen werden zu lassen.

6.2.2 Frankreich unter den Kardinälen Richelieu (1624–1642) und Mazarin (1643–1661)

1610–1643 Ludwig XIII., König von Frankreich
1624–1642 Kardinal Richelieu (*1585)
1643–1661 Kardinal Mazarin (*1602)
1648–1653 Aufstände der Fronde in Frankreich
1661–1715 Ludwig XIV., König von Frankreich (*1638, mündig 1651, reg. ab 1661)

Erst als der Bischof von Luçon, der 1622 zum Kardinal ernannte **Richelieu**, 1624 (–1642) zum leitenden Minister ernannt wurde, konnte in einem langwierigen, von Rückschlägen und Intrigen begleiteten Prozeß die Autorität der Krone wiederhergestellt werden. Die Macht der Hugenotten zu brechen, den Ehrgeiz des Hochadels zu bändigen und die Untertanen zu ihren Pflichten zu zwingen, darin bestand sein innenpolitisches Programm. Die Eroberung von La Rochelle (1628) und weiterer Sicherheitsplätze bedeutete für die Hugenotten den Verlust ihrer politischen Sonderexistenz; das Edikt von Alès (1629) garantierte jedoch ihre religiöse Freiheit. Die Macht des Hochadels bekämpfte der Kardinal durch Schleifung zahlreicher befestigter Adelssitze, durch ein Verbot des Duells und die Abschaffung bedeutender militärischer Ämter.
Auch auf dem Gebiet der Verwaltung dienten die Veränderungen dazu, die Machtverhältnisse zugunsten der Krone zu verlagern, wenn auch die Provinz- und Lokalverwaltung von diesen Reformen noch nicht betroffen waren. Die Trennung von Außen- und Kriegsministerium (1635), die Einschränkung der Macht des Parlaments von Paris (1641; dieses Juristenkolleg „prüfte" die königlichen Erlasse, s. 6.2.1), die Erhöhung der Zahl der Intendanten, die, auf Zeit ernannt, nunmehr auch die Finanzverwaltung in den Provinzen zu übernehmen hatten, und der Verzicht auf den Rat der Generalstände, die seit 1614 nicht mehr einberufen worden waren – alle Maßnahmen zeugen von der Absicht, ein einheitliches Staatswesen zu schaffen, das in der Lage sein sollte, die außenpolitische Vorherrschaft Spaniens und des Hauses Habsburg zu brechen.
Der Festigung der nationalen Einheit sollte auch die Gründung der „Académie Française" dienen, die durch die Erstellung eines Wörterbuchs und einer Grammatik zur Verbreitung der französischen Sprache beitragen sollte. Um die politische Meinungsbildung im Sinne der Regierung zu beeinflussen, förderte Richelieu Schriftsteller und Dichter, Theater und – seit 1631 – die Wochenzeitung „Gazette de France", führte aber gleichzeitig die Zensur über Druckereien, Buchwesen und Theater ein, um Kritik an der Krone und ihrer Regierung jederzeit unterbinden zu können.

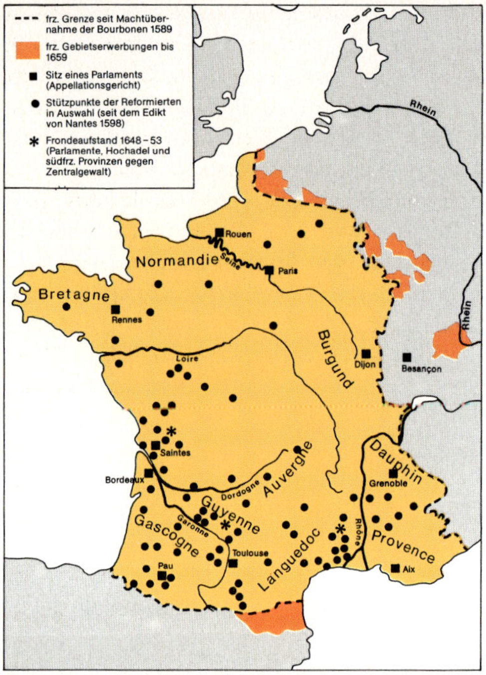

Abb. 3 a) Frankreich in der Periode der Minister Richelieu und Mazarin (1610–1661)

Abb. 3 b) Frankreich im Zeitalter des Absolutismus Ludwigs XIV. (1661–1715)

(Nach: Atlas zur Universalgeschichte. a.a.O. 1979, S. 52)

Trotz energischer Anstrengungen, Frankreich handelspolitisch Holland und England gleichwertig zu machen – u. a. durch Gründung von Handelskompanien, Ausbau von Häfen und Verbesserung der Infrastruktur –, konnte dieses Ziel nicht verwirklicht werden. Dies lag nicht nur an der immer noch unzureichenden Finanzverwaltung und Kontrolle der Steuerpächter, vielmehr verschlang die durch Frankreichs Eintritt in den Dreißigjährigen Krieg

Abb. 3 c) Unruhen und Volksaufstände im 17. Jahrhundert

(Nach: J. Voss, Geschichte Frankreichs, Bd. 2. Von der frühneuzeitlichen Monarchie zur Ersten Republik, 1500–1800. München 1980, S. 56)

notwendig gewordene Vergrößerung der Armee (1610: 40 000 Mann; 1633: 200 000 Mann) den größten Teil der durch Steuererhöhungen gestiegenen Staatseinkünfte. Daß die unter dem Druck zunehmender steuerlicher Belastungen, durch Epidemien und Seuchen zusätzlich heimgesuchten Bauern und Mitglieder städtischer Unterschichten in regionalen Revolten ihrer Verzweiflung Ausdruck verliehen (s. Abb. 3c), ist verständlich, doch bleibt zu beachten, daß sich dieser Widerstand im Gegensatz zu den Revolten des Hochadels nicht gegen den Staat richtete.

Der Staat kam erneut in Gefahr, als 1643, wenige Monate nach Richelieus Tod, auch Ludwig XIII. starb, und für seinen erst fünfjährigen Sohn und Nachfolger Ludwig XIV. erneut eine Regentschaft eingerichtet werden mußte. Mit der Hilfe des Pariser Parlaments übernahm Königin Anna von Österreich die Herrschaft für den unmündigen Sohn. Zum leitenden Minister ernannte sie den ehemaligen päpstlichen Nuntius in Paris, Kardinal **Mazarin** (1602–1661), den bereits Richelieu als Mitarbeiter gewonnen hatte und der engster Vertrauter der Königin war. Gegen diese doppelte Herrschaft der Ausländer erhoben sich nicht nur der Hofadel und der Hochadel im ganzen Land, auch das Parlament von Paris glaubte, mit der Vorlage eines umfassenden Reformprogramms seine alten Kompetenzen und Privilegien wiederherstellen und eine dem englischen Parlament vergleichbare Stellung erringen zu können. Um die Krone der Kontrolle des Parlaments unterwerfen zu können, forderte man Garantien der persönlichen Freiheit, ein Verbot willkürlicher Verhaftungen und Mitsprache bei Steuererhöhungen, die wegen der Kriegsführung unausweichlich gewesen waren. Außerdem sollten die allein dem absoluten Herrscher dienenden Intendanten abgeschafft werden. Im August 1648 brach in Paris ein Aufstand aus, und das Parlament übernahm die Herrschaft, während der Hof nach St. Germain geflohen war. Es gelang Mazarin, sich mit dem Parlament zu einigen, nachdem er die Intendanten abberufen hatte. Der Widerstand des Hochadels brach zusammen, als Ludwig XIV. 1651 für volljährig erklärt worden war, aber auch weil die adeligen Frondeure außer dem Haß auf Mazarin kein gemeinsames Ziel entwickeln konnten. Die letzten Widerstände der Volksfronde erloschen 1653. Mazarin suchte den Ausgleich mit den Verschwörern, die ihn als Staatsfeind bezeichnet hatten, und stellte durch eine Amnestie die innere Ordnung wieder her. 1655 erklärte Ludwig XIV. dem Parlament von Paris, daß er ferneren Widerstand nicht mehr dulden werde.

Auch in der Außenpolitik setzte Mazarin die Politik Richelieus fort. Im Friedensvertrag von Münster (1648) erhielt Frankreich die Oberherrschaft und Landeshoheit über die Bistümer Metz, Toul und Verdun endgültig zugesprochen. Ferner gewann es die Landgrafschaft Ober- und Unterelsaß, den Sundgau, die Stadt Breisach und die Landvogtei über die zehn elsässischen Reichsstädte (sog. *Dekapolis*) sowie dauernde Besatzungsrechte in der Feste Philippsburg. Da Frankreich zudem die Rechte der Reichsstände garantierte, gewann es für die Zukunft die Möglichkeit, unter dem Vorwand des Schutzes der fürstlichen Libertät (Unabhängigkeit) im Reich zu intervenieren.

Dieser Expansion an der Ostgrenze folgten im Pyrenäenfrieden von 1659 weitere Gewinne ehemals habsburgischer Gebiete: Artois, Teile Flanderns und des Hennegaus. Diese Territorien sowie Durchmarschrechte in Lothringen sicherten in Zukunft die französische Nordgrenze. Im Süden bedeuteten der Gewinn des Roussillon und der Cerdagne, daß die Pyrenäen endgültig Grenze zwischen Spanien und Frankreich sein würden. Von noch weitaus größerer Tragweite sollte das Angebot des spanischen Königs Philipp IV. werden, seine Tochter Maria Theresia mit Ludwig XIV. zu vermählen. Obwohl die Braut auf Erbansprüche verzichtete, mußte doch auf französischer Seite mit dem Erbanfall Spaniens und aller seiner Besitzungen gerechnet werden, da vom spanischen König keine Nachkommen mehr erwartet wurden.

Mit diesen Erfolgen war die habsburgische Umklammerung Frankreichs gesprengt, Spaniens Vorherrschaft in Europa beendet und die Basis für eine französische Hegemonialstellung in Europa bereitet.

6.2.3 Der französische Absolutismus unter Ludwig XIV. (1661–1715)

1661–1715	Ludwig XIV., König von Frankreich
1665–1683	Jean Baptiste Colbert
1678	Friede von Nymwegen
1685	Aufhebung des Edikts von Nantes durch das Edikt von Fontainebleau
1680–1682	Réunionen im Elsaß
1688–1697	Pfälzischer Erbfolgekrieg
1697	Friede von Rijswyk
1701–1714	Spanischer Erbfolgekrieg
1713–1714	Friede von Utrecht

6.2.3.1 Die Durchsetzung der Zentralregierung

Als Ludwig XIV. nach dem Tode Mazarins dem versammelten Staatsrat erklärte, die Regierung ganz in seine Hand nehmen zu wollen und den Staatssekretären untersagte, Schriftstücke ohne seinen Auftrag zu unterzeichnen, wurde dies zunächst als Ausdruck einer königlichen Laune interpretiert.

Ludwig hatte aber nicht vergessen, daß er mit den Mitgliedern des Hofes 1648 aus Paris hatte fliehen müssen, und diese Erfahrung widersprach seiner Überzeugung von der Überlegenheit der königlichen Stellung allen Untertanen gegenüber. Dieser Überzeugung entsprach vielmehr ein ausgeprägtes Pflichtgefühl, das in täglicher, intensiver Regierungsarbeit von acht bis zehn Stunden seinen Ausdruck fand. Das bekannte Wort „L'Etat c'est moi" stammt vermutlich nicht von ihm, verdeutlicht aber das vom König geschaffene Staatssystem.

Seinen symbolischen Ausdruck fand dieser vom Ruhm geprägte Herrscherwille in der gewaltigen Schloßanlage von Versailles, an der seit 1661 mehr als fünf Jahrzehnte gebaut wurde.

In diesem Zentrum des königlichen Glanzes zog Ludwig den einflußreichen Teil des Adels von Frankreich zusammen, welcher schnell merkte, daß nur der Erfolg haben werde, der in dauernder Nähe zum Herrscher den königlichen Ruhm erhöhe. Etwa 2000 Mitglieder des Geburtsadels wandelte Ludwig zu einem servilen Hofadel, den er kontrollierte, finanzierte, häufig ruinierte und von seiner Gunst abhängig machte, ihn aber durch Hoffähigkeit als soziale Gruppe aufwertete.

Den Erhalt der sozialen und wirtschaftlichen Privilegien (s. M 3, 9, 13) mußte der Hochadel aber mit dem Verzicht auf politische Mitsprache und den Anspruch auf die höchsten Staatsämter erkaufen (s. M 4–M 7). Bis zum Antritt der Selbstregierung Ludwigs hatte er gleichsam einen natürlichen Rechtsanspruch darauf gehabt, mit dem König im **Staatsrat** beraten und entscheiden zu können. Dieses Vorrecht beseitigte Ludwig XIV., indem er sich selbst die Entscheidung über die Zusammensetzung und die Kompetenz des obersten Organs seiner Regierung vorbehielt, aus dem er selbst seine Mutter verbannte. Zum **Hohen Rat** hatten mit Le Tellier (Armee), Lionne (Außenpolitik) und Fouquet (Finanzen), der aber bald durch Colbert ersetzt wurde, nur drei Männer Zutritt, die schon unter Mazarin gearbeitet hatten und auf deren Erfahrung und Treue sich der König verlassen konnte. Nur sie allein wurden zu Ministern ernannt, die Fürsten von Geblüt dagegen mit wertlosen Hofämtern abgefunden und politisch entmachtet. Das monarchische Element wurde auch dadurch gestärkt, daß der König in den wichtigsten Gremien des Staatsrates den Vorsitz selbst übernahm und dem Kanzler nurmehr die Bereiche der Verwaltung, des Finanz- und Gerichtswesens übertrug.

Als zentrale Verwaltungsbehörden hatten **Staatssekretariate** (s. M 7) dafür zu sorgen, daß der in den Entscheidungen des Staatsrats ausgedrückte Wille des Monarchen in praktische Politik umgesetzt wurde.

Wichtigstes Instrument dieser Politik wurden die **Intendanten**, die schon seit dem 15. Jahrhundert als Sonderbeauftragte des Staatsrates von Fall zu Fall das Land bereist hatten, aber erst unter Richelieu zu ständigen Behörden umgewandelt worden waren. Unter Ludwig XIV. „führte der Intendant alle Befehle aus der Regierung ohne formelle Überprüfung aus" und war damit besonders geeignet, die Macht der adeligen Gouverneure in den Provinzen zu brechen (s. M 8, M 11) und die Regionalverwaltung im Auftrag der Regierung besser zu kontrollieren. Dennoch gelang es bis zur großen Revolution von 1789 nicht, die vielfältigen rechtlichen oder wirtschaftlichen Unterschiede in den einzelnen Provinzen im Sinne eines staatlichen Zentralismus zu vereinheitlichen. Immerhin aber gelang es Ludwig XIV., im Vergleich zu anderen europäischen Herrschern einen beträchtlichen Vorsprung bei der Konzentration der Macht und der Koordination der vielfältigen staatlichen Verwaltungsmaßnahmen zu erreichen. Dies gelang in einem relativ kurzen Zeitraum auch für das **Militärwesen**, über das die Gouverneure die Kontrolle verloren. Die tatkräftigen Kriegsminister Le Tellier und Louvois schufen ein **stehendes Heer** mit einer durchschnittlichen Friedensstärke von 100 000 Mann, das rasch zu einer Säule der absoluten Gewalt des Königs wurde. Da nach und nach alle bedeutenden Städte Garnisonen erhielten, konnten die einer strengen Disziplin unterworfenen und an regelmäßiges Exerzieren gewöhnten Truppen vielfältige polizeiliche Aufgaben wahrnehmen und Ordnung und Gehorsam im Land durchsetzen. Bekannt und gefürchtet waren die sogenannten Dragonaden, wie z. B. nach der Aufhebung des Edikts von Nantes (1685), als hugenottische Orte durch Einquartierungen bewußt drangsaliert und kontrolliert wurden.

Neben der Intendantur, die schon von den Zeitgenossen als Instrument der Unterjochung und Despotie empfunden wurde, und dem stehenden Heer, dessen Kriegsstärke von 280 000 Mann (1678) kein Staat Europas gewachsen war, wurde die **katholische Kirche** zu einer weiteren Stütze der absoluten Herrschaft Ludwigs XIV. (s. M 3a). Seit dem Konkordat von Bologna (1516) stand den französischen Königen das Recht zu, für alle bedeutenden Prälaturen (Bistümer und Klöster) der Kirche in Frankreich geeignete Kandidaten vorzuschlagen, dem Papst dagegen, die Eignung der Vorgeschlagenen zu überprüfen und die endgültige Entscheidung zu treffen. In der Praxis allerdings verfügte der König über diese Stellen, deren durchschnittliche Einkommen in den meisten Fällen eine standesgemäße, fürstliche Lebensführung ermöglichten. Mit diesen Stellen wurden fast ausschließlich die jüngeren Söhne adeliger Familien bedacht, die allerdings häufig mehr ihrem alten Lebensstil als dem geistlichen Amt verpflichtet waren.

Fast die Hälfte der niederen Geistlichkeit war dagegen außerordentlich schlecht besoldet; in halbwegs gesicherten Verhältnissen lebten nur die Pfarrer, die als Zehntberechtigte über zusätzliche Einnahmen verfügten. So wichtig die katholische Kirche aber als Versorgungsanstalt für den Adel und so bedeutend die große Erneuerungsbewegung, die die französische Kirche im 17. Jahrhundert erfaßte, auch waren – für den absoluten Staat Ludwigs XIV. war ihre Ordnungsmacht bis in das letzte Dorf Frankreichs von weit höherer Bedeutung. Neben der kultischen und seelsorgerischen Tätigkeit hatten die Pfarrer die Aufgabe, Regierungserlasse zu verkünden und die Zivilstandsregister zu führen. Daneben entlastete die Kirche durch ihr Engagement im sozialen Bereich und im Unterrichtswesen den Staat von vielfältigen und kostspieligen Aufgaben. Als Ludwig XIV. allerdings seit 1673 mehr Rechte für die Krone beanspruchte, als ihm nach dem Konkordat von 1516 zustanden, kam es zum Konflikt mit dem Papst. In diesem **Regalienstreit** wurde er 1682 durch eine Erklärung des französischen Klerus unterstützt, der in vier Artikeln den weltlichen Herrschaftsanspruch des Papstes verwarf und seine Gewalt in geistlichen Angelegenheiten an die Zustimmung eines Konzils und an die **„gallikanischen Freiheiten“** (s. 6.2.1) band.

Als der Papst sich daraufhin weigerte, die ihm vorgeschlagenen Bischöfe zu bestätigen und auch den Beichtvater Ludwigs exkommunizierte, mußte der König schließlich einlenken, zumal er sich seit 1689 in einem großen Krieg mit den europäischen Mächten befand. (s. 6.2.3.3). Vier Jahre vorher hatte Ludwig XIV. in einer anderen kirchlichen Angelegenheit eine Entscheidung von großer Bedeutung getroffen. Bei seinem Regierungsantritt gab es in Frankreich ca. eine Million Calvinisten, die seit der Eroberung La Rochelles 1628 ihre politische und militärische Macht ein-

Abb. 4 Siegesgöttinnen am Schloßportal von Versailles. Der Adler symbolisiert das Reich, der Löwe die Herrschaft der spanischen Habsburger (Kastilien). (Siehe 6.2.3.3)

gebüßt hatten. Im **Edikt von Fontainebleau** (1685) widerrief Ludwig die den Calvinisten 1598 gewährten religiösen Freiheiten. Etwa 200 000 bis 300 000 durch den Konversionszwang bedrohten Menschen gelang die illegale Flucht nach England und Holland, in die Schweiz und nach Brandenburg-Preußen. Da sich viele beruflich Qualifizierte, Wohlhabende und Handwerker unter den Flüchtlingen befanden, bedeutete dies einen gewaltigen Aderlaß für die französische Wirtschaft. In Frankreich aber jubelte man, weil neben der Einheit des Königtums nun auch die religiöse wiederhergestellt worden war.

6.2.3.2 Zentralgewalt und Wirtschaftspolitik

Beim Regierungsantritt Ludwigs war die Landwirtschaft Frankreichs wichtigster Wirtschaftszweig. Wenn die Bauern aber als Hauptsteuerzahler ihren zahlreichen Verpflichtungen gegenüber der Krone, der Kirche oder dem Grundherrn nachkommen wollten, waren sie häufig gezwungen, zusätzliche Einnahmequellen, etwa durch Heimarbeit, zu erschließen. Die weitgehend veralteten Anbaumethoden, Mißernten, ein unterentwickeltes Verkehrsnetz, unterschiedliche Maße und Gewichte und eine Vielzahl von Binnenzöllen verhinderten eine ausreichende Versorgung der Bevölkerung in Krisenzeiten, aber auch – nach den langen Kriegsjahren, den zahlreichen Aufständen in den Provinzen und dem Bürgerkrieg – ein weiteres Anziehen der Steuerschraube. Es galt daher, sowohl die immensen Staatsschulden abzubauen und den Kredit der Krone wiederherzustellen (s. M 10a, b) als auch die französische Wirtschaft in den Zweigen zu fördern, in denen sie sich im Vergleich zu anderen europäischen Ländern, allen voran die Vereinigten Niederlande, in einem schier hoffnungslosen Rückstand befand.

Vor dieser gewaltigen Aufgabe stand **Jean Baptiste Colbert** (1619–1683), der aus einer Tuchhändlerfamilie in Reims stammte und dank familiärer Beziehungen unter Mazarin groß geworden war. Er galt als eigensinnig, scheute aber keine noch so geringe Arbeit, er war bekannt und berüchtigt wegen seiner ungeheuren Arbeitskraft, seiner Ordnungsliebe und seiner Aktenkenntnis in allen Angelegenheiten des Staates, und er war zugleich von einer unbeschreiblichen Habsucht besessen.
Seit 1649 Staatsrat, wurde er 1661 Intendant und 1665 Generalkontrolleur. Zwischen 1664 und 1672 lastete auf ihm die Bürde von sechs „Ministerien", nur die Außenpolitik und das Kriegswesen lagen in den Händen Lionnes und Le Telliers. Er war für den gesamten Bereich der Innenpolitik zuständig, für das Bauwesen wie für die Finanzen, für das Verkehrswesen wie für die Marine, für das königliche Haus und teilweise auch für die Justiz. Dabei blieb seine Ergebenheit für den König absolut, der gerade diese Eigenschaft schätzte und daher über manche persönlichen Schwächen Colberts hinwegsah.

Die Finanzpolitik

Colbert ging zunächst daran, die völlig zerrütteten Staatsfinanzen zu ordnen. Er löste dieses Problem weder durch eine Steigerung der Staatseinnahmen noch durch eine Verringerung der Ausgaben. Ihm kam es darauf an, die Belastungen aus dem ständigen Schuldendienst zu verringern, die 1661 immerhin bis zur Hälfte der Bruttoeinnahmen aufgelaufen waren und die er innerhalb von zehn Jahren halbieren konnte. Ebenso unnachsichtig wie erfolgreich machte er sich daran, alte Steuerschulden einzutreiben und Veruntreuungen aufzuspüren. Kein Wunder, daß er beständig daran dachte, das vollständig veraltete, komplizierte und unpopuläre Steuersystem Frankreichs einer grundlegenden Reform zu unterziehen, doch wußte er, daß er damit so wenig Erfolg haben würde wie mit seinem Plan eines Generalkatasters (Grundbuch) für ganz Frankreich.
Immerhin verringerte er die „Taille personelle" in den „pays d'élections" (s. M 9, M 11) und kürzte gleichzeitig den Gewinn der Steuereinnehmer um 20%, um am Ende doch mehr Geld in der Staatskasse vorzufinden als jemals zuvor. Zur gleichen Zeit wurden die Stände und der Klerus gezwungen, ihre bisherigen „freiwilligen Abgaben" beträchtlich zu erhöhen, wurden entäußerte königliche Domänen und Rechte zurückerworben und die Anzahl der steuerlichen Privilegien drastisch reduziert. Selbst der König unterwarf sich während der ersten Jahre seiner Herrschaft voll guten Willens dem Sparregiment seines Generalkontrolleurs. Der unterzog Steuerzahler und Steuerpächter einer rigiden Kontrolle, wenn er schon das System der Steuerpacht nicht antasten und die weitgehende Steuerfreiheit von Klerus und Adel nicht beseitigen konnte. Dennoch konnte sich das Ergebnis seiner Arbeit sehen lassen: Die Einführung der doppelten Buchführung, die Pflicht, alle zwei Jahre Inventur zu machen, die scharfe Kontrolle der Rechnungsführung, der Kampf gegen regionale und ständische Sonderrechte ließen zum erstenmal einen genauen Überblick über die staatlichen Finanzen zu und ermöglichten die Ausarbeitung jährlicher Haushaltspläne. Damit waren aber die Grenzen der Zentralisierung (s. Abb. 3 b) und Vereinheitlichung erreicht, ein weiterer Ausbau der staatlichen Zuständigkeit im Finanzwesen hätte an die ständischen Grundlagen der absoluten Monarchie gerührt, denn es wäre erforderlich gewesen, das Steuerpachtsystem und die Ämterkäuflichkeit abzuschaffen. Dies wäre auch von Ludwig XIV. nicht mitgetragen worden.

Die Handels- und Wirtschaftspolitik

Da Colbert wußte, daß das beste Steuersystem wertlos bleibt, wenn es im Lande an Geld fehlt, mußte Geld nicht nur ins Land geholt, es mußte auch dafür gesorgt werden, daß ein bedeutender Teil dieses importierten Geldes bis zu den Steuerzahlern gelangte. Dafür kam nach Colbert nicht die Landwirtschaft infrage, dies konnten seiner Meinung nach nur Industrie und Handel leisten.

Das holländische Muster vor Augen, sollte eine tatkräftige Unterstützung dieser beiden Wirtschaftszweige den Reichtum des Landes fördern, doch nicht aus Liebe oder Fürsorge gegenüber den Untertanen, sondern vielmehr, um das Ansehen des Königs zu steigern und den wachsenden Geldbedarf der Regierung zu decken. Dahinter stand die Überzeugung, durch Beschränkung der Importe auf notwendige Rohstoffe und Aufbau einer effektiven Verarbeitungsindustrie sowie den anschließenden Export der Gebrauchsgüter die erwünschten Geldmittel erwirtschaften zu können. Man hat lange geglaubt, Colbert habe damit den **Merkantilismus** begründet, tatsächlich aber befand er sich mit dieser Politik im Fahrwasser des Kardinals Richelieu, ja, selbst die Wirtschaftspolitik unter der englischen Königin Elisabeth I. war in ihrem Wesen merkantilistisch geprägt (s. M 12).
Im Bereich des **Binnenhandels** sorgte Colbert durch den Ausbau und die Verbesserung von Straßen und Kanälen für eine bessere Infrastruktur. Dem gleichen Ziel diente die Senkung der Binnenzölle und die Schaffung eines einheitlichen Zollgebiets (s. Abb. 3 b).
Im Zentrum seiner Interessen aber stand der **Außenhandel**, der mit Hilfe zahlreicher Handelskompanien entwickelt und durch die drastische Erhöhung der Einfuhrzölle auf ausländische Waren geschützt werden sollte (s. 6.1.2.2).
Diese Anstrengungen erforderten allerdings den gleichzeitigen Auf- und Ausbau einer französischen Handels- und Kriegsmarine und die Entwicklung einer nationalen Schiffahrtsindustrie. Um dafür genügend Matrosen und Arbeiter zu gewinnen, wurde die männliche Bevölkerung der Atlantikküste kurzerhand zwangsverpflichtet, während die Seeoffiziere auf der neugegründeten **Ecole des Hautes Etudes Navales** ausgebildet wurden. Obwohl der französische Außenhandel bis 1672 deutlich gesteigert werden konnte, ist Colbert auf diesem Sektor letztlich gescheitert.
Die Kompanien für den Handel mit Westindien, China, der Levante oder der Nordsee konnten sich trotz aller Monopole und Privilegien nicht gegen die englischen bzw. holländischen Konkurrenten durchsetzen oder erlangten, wie die westindische, erst später, im 18. Jahrhundert, die von Colbert angestrebte Bedeutung. Die Erhöhung der Einfuhrzölle mußte bereits im Frieden von Nymwegen (1679; s. auch 6.2.3.3) zurückgenommen werden.
Auch die Handelsmarine mit ihren teilweise neuen Schiffskonstruktionen mußte der weit überlegenen holländischen Dumpingpolitik ihren Tribut zollen, und die französische Kriegsmarine, 1672 nahezu der englischen ebenbürtig, wurde 1692 in der Seeschlacht bei La Hogue durch die vereinigte Flotte Englands und Hollands vernichtend geschlagen.
Die Kritik am Colbertismus schließt auch seine **Kolonial-** und **Industriepolitik** nicht aus. Indem Colbert die früheren kolonialpolitischen Ansätze Richelieus aufgriff und systematisierte, legte er den Grundstein für den Aufbau des französischen Kolonialreichs (s. 6.1.2.2). Doch versäumte er – seine Nachfolger allerdings in weit größerem Maße nach dem Edikt von Fontainebleau – die Kolonien auch siedlungsmäßig mit dem Mutterland zu verbinden, um auch auf diese Weise den holländischen Zwischenhandel bekämpfen zu können.
Dieser schädigte nach Colberts Berechnungen die französische Wirtschaft mit jährlich 20 Millionen Livres. Um wenigstens einen Teil dieser Gelder in Frankreich zu halten, förderte er mit beträchtlichen finanziellen Mitteln, durch Verleihung von Monopolen und Privilegien das **Manufakturwesen.** Zur Herstellung von Luxuswaren und Rüstungsartikeln (u. a. Teppiche, Spiegel, Porzellan, Seifen, Parfüm) zog er ausländische Facharbeiter und Fabrikanten an. Aber auch hier trugen viele seiner Maßnahmen Merkmale von Ungeduld und übersteigertem Perfektionismus. Mit einer Unzahl weitschweifiger gesetzlicher Regelungen wurden die Manufakturen, deren Hauptabnehmer Hof und Staat waren, staatlich kontrolliert. Schließlich sollte das große Handelsedikt von 1673 die Rechtssicherheit für alle Handelsgeschäfte garantieren.
Die Zeit zwischen 1664 und 1671 wurde nicht nur zu einem Höhepunkt in der politischen Laufbahn Colberts, sie führte Frankreich auch zu einer beträchtlichen Wirtschaftsblüte.

Nach 1672 begann ein kontinuierlicher Abschwung, den Colbert nicht zu verantworten hatte. Die Prachtentfaltung des Hofes und die Verschwendungssucht des Königs, der Künstler, Adelige, ja selbst ausländische Monarchen finanziell von sich abhängig machte, verschlangen mehr Geld, als das Land aufbringen konnte. Der Ausbau der königlichen Schlösser und der Stadt Paris, mehr aber noch die riesige Schloßanlage von Versailles und schließlich, von Colbert teilweise gefördert, die aggressive und kriegerische Außenpolitik Ludwigs XIV. stürzten Frankreich langsam, aber sicher in den Ruin, von dem sich das Land im 18. Jahrhundert kaum mehr befreien konnte. Schon die Zeitgenossen standen Colberts Politik kritisch gegenüber, sein Tod wurde vielfach als eine Befreiung von Tyrannei empfunden. Die öffentliche Kritik am Merkantilismus erkannte deutlich die Schwachstellen dieses Wirtschaftssystems (s. M 15, 16) und führte zu einer grundlegenden Neuorientierung im Verhältnis von Staatsgewalt und Wirtschaftsmacht.

6.2.3.3 Die französische Außenpolitik unter Ludwig XIV.

Noch heute wird der Besucher der gewaltigen Schloßanlage in Versailles am großen Eingangsportal von zwei Figurengruppen begrüßt, die in der Bildersprache des 17. Jahrhunderts das außenpolitische Programm Ludwigs symbolisch darstellen. Der Adler als Wappentier des Kaisers und der kastilische Löwe repräsentieren die beiden Linien des Hauses Habsburg, die triumphierenden Siegesgöttinnen verkünden dagegen den erfolgreichen Kampf gegen die habsburgische Umklammerung und den endgültigen Sieg Frankreichs unter dem Sonnenkönig (s. Abb. 4).
Als Ludwig XIV. 1661 die Regierung übernahm, war Frankreich zu einer bedeutenden politischen Macht auf dem Kontinent aufgestiegen. In der Innenpolitik hatte der junge Monarch gezeigt, daß er nicht bereit war, seine Souveränität mit irgend jemand zu teilen. Mit ähnlicher Intensität gewöhnte er in der Außenpolitik die europäischen Mächte daran, sich seinen Vorstellungen von königlicher Würde, Ruhm, Größe und Ansehen unterzuordnen. So wie er Literatur, Theater und bildende Kunst in den fast ausschließlichen Dienst des Hofes gestellt hatte, so schreckte er auch in der Außenpolitik vor keinem Mittel zurück, Frankreich zur europäischen Vormacht zu machen. Unter seiner Herrschaft lösten die französische Sprache und die französische Kultur die bis dahin dominierende burgundisch-spanische Hofkultur als europäisches Vorbild ab.
Die französische **Hegemonialpolitik** wurde eingeleitet durch den ersten **Devolutionskrieg** (1667/68), in dem Ludwig XIV. Erbansprüche seiner spanischen Gemahlin Maria Theresia für Flandern geltend machte. Nach raschem militärischen Erfolg begnügte er sich im Frieden von Aachen (1668) angesichts der drohenden englisch-holländisch-schwedischen Koalition mit dem Gewinn wichtiger flandrischer Grenzfestungen.
Der **zweite Devolutionskrieg** (1672–78) war ein Rache- und Wirtschaftskrieg gleichermaßen. Colbert sah darin das einzige Mittel, die gewaltige holländische Wirtschaftsmacht auszuschalten. Gelänge die Eroberung der Vereinigten Niederlande, so schrieb er dem König, habe er für die Zukunft keine Wünsche mehr. Doch rasch weitete sich der Krieg zum europäischen Konflikt aus, der sich bei wechselnden Koalitionen und Kriegsschauplätzen über sechs lange Jahre hinzog. Die Friedensschlüsse von Nymwegen 1678/79 machten Ludwig XIV. zum mächtigsten Herrscher in Europa. Zwar hatte er sein Kriegsziel nicht erreicht und auch den überhöhten Zolltarif gegenüber Holland aufgeben müssen. Dafür aber überließ Spanien ihm die Freigrafschaft Burgund mit Besançon und mehrere flandrische Festungsstädte, u. a. Valenciennes, Cambrai, St. Omer, Ypern und Maubeuge; für den Verzicht auf das Besetzungsrecht in Philippsburg behielt er im Frieden mit Kaiser und Reich Freiburg/Breisgau und Hüningen: Die Korrektur der französischen Grenzen im Norden und Osten war damit erreicht.

Auf breiter Front sollte seit 1679 die Rhein-Grenze verwirklicht werden. Ludwig, der sich als den wahren Nachfolger Karls des Großen sah und in Frankreich den eigentlichen Rechtsnachfolger des karolingischen Reiches, ließ dazu Gerichtskammern einrichten (**Reunionskammern**: Metz, Besançon, Breisach, Tournai), vor denen deutsche Fürsten und Grafen, Ritter, Äbte und Bürgermeister erscheinen und die französische Lehnshoheit anerkennen mußten, wollten sie ihre Besitzrechte nicht verlieren. Diesen Reunionen fiel das ganze Elsaß zum Opfer. Den Höhepunkt der Heimholungspolitik bildete 1681 die Überrumpelung und Besetzung der Reichsstadt Straßburg. Unter Protest erkannte der deutsche Reichstag 1684 die Rechtmäßigkeit dieser Eroberungen für 20 Jahre an.

Die Aggressionspolitik richtete sich auch gegen den Papst und die Republik Genua; im weiteren Verlauf der Reunionspolitik wurde Flandern verwüstet (1683/84) und Luxemburg erobert (1684). In welchem Ausmaß sich Ludwig XIV. in Europa selbst isoliert hatte, zeigte sich im **Pfälzischen Erbfolgekrieg** (1688–1697). Unter dem rechtlich unhaltbaren Vorwand, die Erbansprüche seiner Schwägerin Liselotte von der Pfalz wahren zu müssen, hatte er französische Truppen ins Reich einmarschieren lassen. In Wahrheit ging es ihm darum, die ihm nur vorübergehend zugestandenen Reunionen endgültig mit Frankreich zu verbinden und sich für den Verzicht auf die Erbansprüche finanziell entschädigen zu lassen. Schon bald sah er sich einer Koalition gegenüber, die aus dem Kaiser, deutschen Reichsfürsten, Spanien, Schweden, Savoyen und seinem Erzfeind Wilhelm von Oranien bestand, der 1689 den englischen Thron bestiegen hatte und neben Holland auch England der Allianz zuführte. Auf Anraten des französischen Kriegsministers Louvois wurden 1689 die Pfalz mit ihren angrenzenden Gebieten und die Städte Mannheim, Heidelberg, Worms und Speyer systematisch verwüstet und zerstört. Dank der Uneinigkeit seiner Gegner gelangen Ludwig XIV. zwar auf dem Festland einige Erfolge, doch mußte der Plan zur Invasion Englands aufgegeben werden, da die dafür vorgesehene Flotte 1692 bei La Hogue völlig vernichtet wurde. Erst der **Friede von Rijswijk** 1697 setzte dem Krieg ein Ende. Ludwig XIV. erkannte Wilhelm von Oranien als König von England an und verzichtete gegenüber Holland auf alle Ansprüche.

An Spanien verlor er die seit 1679 erworbenen Reunionen (u.a. Luxemburg) sowie Barcelona. Dafür behielt er das Elsaß und die Stadt Straßburg, die Frankreich für immer einverleibt wurde, dagegen mußte er auf die Besetzung des Herzogtums Lothringen verzichten.

Trotz des Verlustes der französischen Flotte und der sich drastisch verschlechternden finanziellen und wirtschaftlichen Lage des Landes nach Colberts Tod (1683) hielt Ludwig XIV. im **Spanischen Erbfolgekrieg** (1701–1713/14) an den Erbansprüchen seiner verstorbenen Gemahlin fest. Der letzte, kinderlos gebliebene spanische Habsburger Karl II. hatte in seinem Testament zunächst einen Enkel des Kaisers und nach dessen Tod 1699 Philipp von Anjou, einen Enkel der Maria Theresia, als seinen Gesamterben eingesetzt und die Unteilbarkeit der spanischen Monarchie bestimmt. Während Philipp von Anjou als Philipp V. den spanischen Thron bestieg, ließ Ludwig XIV. die spanischen Besitzungen in den Niederlanden und Italien besetzen. Der nunmehr drohenden Vereinigung zwischen Frankreich und Spanien stellte Kaiser Leopold nach zähen Verhandlungen eine Allianz aus England, Holland, den Reichsfürsten – außer den Wittelsbachern in Bayern und Köln – und dem Reich entgegen, die 1703 auch Savoyen und Portugal als Verbündete gewann. Der zweite Sohn des Kaisers sollte als Karl III. den spanischen Thron für sich gewinnen und den Anjou verdrängen. Der Krieg blutete Frankreich militärisch und finanziell aus. Um Geld für die Kriegführung zu beschaffen, wurden Adelstitel verkauft und auch das Silbergeschirr von Versailles, das durch Porzellan ersetzt wurde. Friedensverhandlungen scheiterten damals. Ludwig XIV. und Frankreich wurden gerettet, als nach dem unerwarteten Tod Kaiser Joseph I. (1711) sein zum spanischen König proklamierter Bruder Karl auf den Thron des Reichs berufen wurde. An einer Erneuerung des habsburgischen Weltreichs, die nun möglich schien,

hatte aber England kein Interesse; es schied daher aus der Koalition aus und schloß einen Sonderfrieden mit Ludwig XIV., während der Kaiser bis 1714 den Kampf fortsetzte.
Der **Friede von Utrecht** (1713) umfaßte insgesamt elf Friedensverträge, die unter englischer Führung zustande kamen und vom Gedanken eines **europäischen Gleichgewichts** geprägt sind.
Die bourbonische Herrschaft Philipps V. in Spanien und seinen Kolonien (1701–1746) wurde unter der Bedingung anerkannt, sich niemals mit Frankreich zu vereinigen. England besetzte Gibraltar und die Insel Minorca und übernahm das spanische Monopol des Negerhandels.
Frankreich behielt die elsässischen Reunionen und Landau, mußte aber die rechtsrheinischen Besitzungen herausgeben und hatte an England seine amerikanischen Besitzungen in Neuschottland, Neufundland sowie die Hudsonbay abzutreten. Der Kaiser wurde für seinen Verzicht auf die spanische Erbfolge mit den Spanischen Niederlanden, Mailand, Neapel und Sardinien entschädigt. Das Reich erhielt die französisch besetzten Städte rechts des Rheins und der brandenburgische Kurfürst die Anerkennung seiner preußischen Königskrone und Geldern. Holland sollte im Vernehmen mit dem Kaiser entlang der Grenze durch Ausbau der Festungen eine Barriere gegen Frankreich bilden.
Mit diesem umfassenden Vertragswerk wurde das spanisch-habsburgische Imperium endgültig zertrümmert und der französischen Hegemonie ein Ende gesetzt. In Europa war ein Staatensystem entstanden, dessen **balance of power** England als Schiedsrichter Europas überwachte und garantierte.

6.2.4 Frankreich zwischen Absolutismus und Aufklärung

Als Ludwig XIV. am 1. September 1715 starb, hinterließ er eine Staatsschuld von 3 Milliarden Livres und ein völlig abgewirtschaftetes Land. Dieser ruinöse Zustand war die Folge seiner skrupellosen Außenpolitik, die mit der Verwüstung Flanderns (1683/84) und der Pfalz (1689) traurige Höhepunkte fand. Ihr Ziel, Frankreich zur Hegemonialmacht Europas zu entwickeln, konnte trotz erheblicher territorialer Gewinne nicht verwirklicht werden, weil die englische Gleichgewichtspolitik die dynastische Vereinigung Frankreichs mit Spanien zu verhindern wußte.
Die schwachen Nachfolger des Sonnenkönigs, Ludwig XV. (1715–1774) und Ludwig XVI. (1774–1793), waren unfähig, das autokratische Regiment ihres Vorgängers weiterzuführen und die Staatsfinanzen zu sanieren. Noch während der Regentschaft für den minderjährigen Ludwig XV. eroberte sich das Parlament von Paris seine alten Rechte (Registrations- und Remonstrationsrecht) zurück und bildete neben dem Hofadel und dem hohen Klerus ein Zentrum gegenabsolutistischer Obstruktionspolitik, die jeden Versuch der Krone und ihrer Regierungen, Frankreich durch Verwaltungs- oder Steuerreformen zu modernisieren, energisch und häufig durch den Einsatz zügelloser propagandistischer Mittel zunichte machte.
Seit Ludwig XV. konnten nur noch Adelige in den hohen Klerus aufsteigen und in den Genuß der damit verbundenen umfangreichen Pfründe gelangen, die z. B. dem Bischof von Straßburg ein jährliches Einkommen von mehr als einer Million Livres sicherte. Den Versuch der Krone, durch die Einführung der Capitation (1701), des Dixième oder des Vingtième (ab 1750) die allgemeine Steuerpflicht durchzusetzen, wehrte der hohe Klerus 1710 mit einer Pauschalzahlung ein für allemal ab und behielt damit bis zur Revolution das Recht der Selbstbesteuerung. Konnte der Hof durch diese Zugeständnisse die Noblesse an sich binden, so büßte er auf Dauer das Vertrauen des niederen Klerus aus dem Dritten Stande ein, der die seelsorgerische Arbeit leistete, häufig in ärmlichen Verhältnissen lebte und seit der 2. Hälfte des 18. Jahrhunderts sich immer stärker mit den Gedanken der Aufklärung auseinandersetzte.

Auch der Geburtsadel dachte nicht daran, auf die ihm von Ludwig XIV. belassenen Privilegien und Vorrechte (Steuerprivilegien, Befreiung von Spanndiensten, Einquartierungen, Jagdrecht, grundherrliche Gerichtsbarkeit etc.) zu verzichten. Zwar scheiterte sein Versuch, den Amtsadel aus seinen Funktionen im königlichen Rat zu verdrängen (1718), dafür aber wurde er durch die Führungspositionen in der Kirche, wo er 9/10 des Episkopats stellte, und in der Armee, wo er das ausschließliche Recht auf die Offiziersstellen erhielt (1781), entschädigt. Für mehr als die Hälfte dieser Adelsschicht mit einem Jahreseinkommen von weniger als 4000 Livres war dieses Exklusivrecht allerdings auch die einzige Möglichkeit, ein standesgemäßes Leben führen zu können – von den Kosten für den höfischen Lebenstil am Hof in Versailles oder in Paris ganz zu schweigen. Häufig genug war die Weiterführung der adligen Existenz nur durch Heiratsverbindungen mit wohlsituierten Bürgerlichen möglich, die sich ihrerseits von solchen Ehen soziale Anerkennung und sozialen Aufstieg versprachen. Die große Mehrheit des französischen Adels gehörte aber in der 2. Hälfte des 18. Jahrhunderts schon zum Amtsadel *(noblesse de robe),* der mit fast 4000 Ämtern verbunden war. Der Versuch der Krone, die Ämterkäuflichkeit abzuschaffen und das traditionelle Parlamentssystem durch eine neue Gerichtsorganisation mit fest besoldeten Richtern zu ersetzen (1771), hatte nur vorübergehenden Erfolg, da Ludwig XVI. 1774 nicht ohne den öffentlichen Druck der abgesetzten Parlamentsräte die Parlamente wieder in ihre alten Rechte einsetzen ließ. Nunmehr setzten sich die Parlamente an die Spitze der Adelsopposition, die gegen jeden Entscheid der Krone rebellierte, während die Krone unfähig geworden war, sich dieser Gewalt zu widersetzen.
Angesichts der hintertriebenen Reformvorhaben blieb es nicht aus, daß die horrende Verschuldung des Staates nicht abgebaut werden konnte. Obwohl die französische Wirtschaft ab 1730 einen stetigen Aufschwung erlebte, sah das reiche Land eine arme Krone, die sich durch die Schaffung neuer Ämter und deren Verkauf neue Einnahmen sichern wollte. Da aber der Hof selber am Verschwendungsprinzip festhielt und das königliche Ansehen durch Mätressenwirtschaft und Intrigen der Hofcliquen schwer geschädigt wurde, schwand das Vertrauen gegenüber Staat und Regierung zusehends auch beim französischen Großbürgertum, das neben den Bauern den größten Teil der Staatslasten zu tragen hatte. Als Frankreich 1763 sein Kolonialreich an England abtreten mußte, traf der Verlust des Überseehandels gerade diese Schicht von Großkaufleuten, Finanziers und Bankiers, ihr Vertrauen in die Regierung schwand. Unter dem Einfluß der aufklärerischen Kritik wurde die administrative Politik der Krone immer stärker als despotisch empfunden und gebrandmarkt.
Die letzte Chance, durch markante Reformen die französische Monarchie vor dem Zusammenbruch zu retten und in Frankreich Institutionen zu schaffen, die den Bedürfnissen der Zeit entsprachen, eröffnete sich 1774, als der bedeutende Wirtschafts- und Sozialpolitiker Turgot (1727–1781) zum Generalkontrolleur der Finanzen berufen wurde. Turgot verfügte über eine reiche Erfahrung als langjähriger Intendant des Limousin. Er plante, durch eine drastische Drosselung der Ausgaben, eine Proportionalsteuer auf alle Einkommen und durch den Versuch, einen Teil der Steuern durch Staatsbeamte einziehen zu lassen, zunächst die gewaltige Schuldenlast des Staates zu senken. Die Beseitigung des Zunftzwanges, die Einführung der Gewerbefreiheit und die Freigabe des Getreidehandels in ganz Frankreich zielten darauf ab, die bis dahin künstlich hochgehaltenen Lebensmittelpreise zu senken und das natürliche Recht auf Arbeit, Freiheit und Wahl des Arbeitsplatzes zu garantieren. Die Registrierung dieser Vorlagen mußte gegen den erbitterten Widerstand des Pariser Parlaments durch ein königliches Machtwort erzwungen werden. Mit der Abschaffung der bisher von den Bauern zu leistenden Wegefronen, die durch eine allgemeine Steuer für alle Untertanen ersetzt wurden, brachte Turgot Klerus und Adel gegen sich auf, die dem König – allerdings erfolgslos – die drohenden Gefahren der Gleichmacherei vor Augen führten.

Krönung der Reformmaßnahmen sollte eine durchgreifende Neuordnung der Gemeinde-, Kantonal- und Provinzialversammlungen werden, wobei eine Nationalversammlung die seit 1614 nicht mehr einberufenen Generalstände ersetzen sollte. Mit diesem Programm scheiterte Turgot an den reformfeindlichen Gruppierungen bei Hof, die im Mai 1776 seine Entlassung erreichten und damit verhinderten, daß die ständischen Gruppeninteressen einem allgemeinen Staatsinteresse untergeordnet wurden. Die Unfähigkeit zur Reform diskreditierte die Herrschaftsstände vollständig, ihrer parasitären Existenz sollte 1789 ein drastisches Ende bereitet werden.

6.3 Rationalismus und Aufklärung im 17. und 18. Jahrhundert

1548–1600 Giordano Bruno
1620 Francis Bacon: Novum organum scientiarum
1637 René Descartes: Discours de la méthode

1513 Niccolò Machiavelli: Il Principe
1576 Jean Bodin: Sechs Bücher über die Republik
1609 Hugo Grotius: Mare liberum

6.3.1 Der Durchbruch des wissenschaftlichen Denkens

Durch die neuen wissenschaftlichen Methoden, Erfindungen und Entdeckungen des 16. Jahrhunderts (s. 5.1.5) war die Vorherrschaft der Theologie zwar bedroht, aber noch nicht gebrochen worden. Nicht immer reagierte die Kirche mit der Verbrennung der ketzerischen Gelehrten (z.B. Giordano Bruno 1600), doch konnte sie durch eine straffe Zensur, Schreibverbote und Verbannungen das Vordringen der neuen Erkenntnisse hemmen und ihnen entgegentreten (Galilei). England und die Niederlande wurden die Heimstätten verfolgter Gelehrter, sie boten aber auch Handwerkern und Händlern eine Zuflucht, die aus religiösen Gründen ihre Heimat verlassen mußten. Es war daher kein Wunder, wenn Antwerpen, Amsterdam und Leiden als Verlagsorte an die Stelle der bisherigen Zentren Rom, Florenz und Venedig traten und dort Drucker und Verleger begierig all die Schriften herausbrachten, die andernorts der Zensur zum Opfer gefallen waren.

Zwei wissenschaftliche Methoden führten zur Ablösung von der Naturvorstellung des Aristoteles und der biblischen Überlieferung: Von Giordano Bruno vorbereitet, behauptete der französische Gelehrte René Descartes (1596–1650) die mathematische Begreifbarkeit der Welt und die prinzipielle Unbegreifbarkeit Gottes und begründete mit seiner Schrift „Discours de la méthode" (1637) den Vorrang der philosophischen Deduktion (Ableitung des Einzelnen und Besonderen aus dem Allgemeinen) gegenüber den überlieferten Spekulationen und Glaubenslehren. Damit aber wurde die Vernunft, die *ratio,* zur Grundlage der Erkenntnis. Was aber im deduktiven Verfahren abgeleitet worden war, verlangte geradezu zwingend nach der Bestätigung durch das Experiment. Der im englischen Staatsdienst stehende Gelehrte Francis Bacon (1561–1626) ordnete das Experiment als methodische Befragung der Natur den zufälligen Wahrnehmungen über, um auf allgemeine Gesetzmäßigkeiten schließen zu können. Damit wurde die *Erfahrung* zur Grundlage der Erkenntnis. Rationalismus und Empirismus führten letztlich zur „Mathematisierung der Welt", zum Vertrauen auf die grundsätzliche Möglichkeit, die Welt und den Menschen rational zu erfassen und *more geometrico* (nach der Art der Geometrie) darstellen zu können. In diesem Rahmen vollzog sich auch die Ausbildung neuer Lehren über Recht und Staat.

Machiavelli hatte bei der Suche nach einer Antwort auf die Frage, wie das ohnmächtige Italien auf den Weg einer staatlichen Neuordnung zu bringen sei (s. 5.1.2), den triebgeleiteten Menschen entdeckt, der deshalb unfähig ist, vernünftig, d. h. politisch planmäßig zu handeln. Erst die virtú, die Fähigkeit, eine politische Ordnung zu errichten, zu sichern und zu erhalten, zeugt davon, daß der Mensch gelernt hat, seine Begierde nach Macht, Besitz und politischem Ansehen rational zu bändigen.

Ein anders gelagertes Problem galt es zu lösen, als durch die Entdeckungsfahrten der Portugiesen und Spanier entschieden werden mußte, wie die heidnischen Völker und „Staaten" moralisch und juristisch behandelt werden sollten. Gegen die grausame Praxis der Konquistadoren, die in den Eingeborenen der neuen Welt nur vernunftlose Tiere sahen (s. 5.1.6), die man bestenfalls als Feinde bekämpfen konnte, trat der spanische Dominikaner Francisco Vitoria für eine gerechte und humane Behandlung der Eingeborenen ein. Er vertrat die Auffassung, daß die heidnischen Völker kraft Naturrechts rechts- und handlungsfähig seien. Ihr Besitz dürfe daher nicht angetastet, und als Heiden dürften sie nicht kriegerisch bekämpft (wie die Mauren), sondern höchstenfalls friedlich missioniert werden. Damit war deutlich ausgesprochen, daß es ein für alle Völker der Welt gemeinsames Rechtssystem gibt, dem sich alle anderen Herrschaftsansprüche – sowohl der spanischen Könige als auch des Papstes – unterzuordnen haben.

Ähnlicher Argumente hatte sich Hugo Grotius bedient, als er mit der Forderung nach der Freiheit der Meere (s. 6.1.2.2) Kritik an der bis dahin praktizierten Aufteilungspraxis der Welt zwischen Spaniern und Portugiesen übte.

Schließlich hatte Bodins Souveränitätsbegriff (s. M 1) einen Weg aus der staatlichen Anarchie Frankreichs gewiesen, insofern nur ein „von den Gesetzen befreiter Fürst" ohne jegliche Rücksicht auf ständische Interessen und konfessionelle Egoismen die Überlebensfähigkeit des Staates garantieren konnte.

Angesichts der innenpolitischen Krisen in England und Frankreich hatte daher zunächst das Königtum eine weitere Ausgestaltung seiner Machtposition auf religiöser und naturrechtlicher Grundlage erfahren. Schon bald aber führte die Diskrepanz zwischen der Herrschaftstheorie und ihren hohen moralischen Ansprüchen und der Herrschaftspraxis dazu, die Machtfülle in einer Hand einer scharfen Kritik zu unterziehen. Neben der „Kritik" gewannen im Verlauf des 18. Jahrhunderts weitere Leitbegriffe politische und gesellschaftliche Wirksamkeit, die in ihrer Summe die Geisteshaltung des aufgeklärten Menschen prägten: Freiheit, Toleranz, Fortschritt, Erziehung, Kultur und Weltbürgertum, kurz, der sich aus seiner Unmündigkeit selbst befreiende Mensch (Kant) sollte den Höfling des 16. und 17. Jahrhunderts als Leitbild ablösen (s. M 17–M 21).

6.3.2 Die höfische Barockkultur

Die künstlerischen Ausdrucksformen des 17. und 18. Jahrhunderts werden gemeinhin in der Bezeichnung **Barock** zusammengefaßt. Dabei wird aber unterschlagen, daß sich Literatur und bildende Kunst, Musik und Architektur in den einzelnen Ländern Europas ganz unterschiedlich entwickelt haben. Fragwürdig bleibt auch, ob ein kunsthistorischer Begriff auf andere künstlerische Gattungen übertragen werden kann.

Gemeinsam wurde vielen Künstlern dieser Epoche die Erfahrung von der Vergänglichkeit menschlicher Tätigkeit, die auf die Suche nach ewigen Werten verwies. Der in den Kriegen erlebten Unordnung entsprach ein allgemeines Bedürfnis nach Klarheit und Ordnung. Italienische Künstler und Gelehrte hatten im Zeitalter der Renaissance auf die klassischen Werke der Antike hingewiesen, deren genaues Studium einen Ausweg aus der als Chaos empfundenen Gegenwart versprach. Ihre an den Regeln der Klassik erprobte neue Formensprache in Musik, Literatur, Malerei und Architektur verbreitete sich rasch in ganz Europa.

Erlebbar wurde der ganze Reichtum der europäischen Kunst dem jungen Adeligen, der sich auf die seit dem 16. Jahrhundert übliche Kavaliersreise durch Europa begab, um seinen Gesichtskreis zu weiten und seine Studien zum Abschluß zu bringen.

„Fürstlichkeiten und wohlhabender Adel reisten in eigenen Kutschen und mit stattlichem Gefolge, zu dem in der Regel ein gelehrter Mentor [...] gehörte; weniger Begüterte und Bürgerliche bedienten sich der öffentlichen Post [...]. Je nach Zeit und Geldmittel veranschlagte man für eine Reise zwischen einem halben und drei Jahren. Die Route stand im allgemeinen fest, folgte den Verkehrsverbindungen und den als maßgeblich betrachteten Sehenswürdigkeiten. [...] Auftakt und erster Höhepunkt einer Italienfahrt bildete Venedig, Weltstadt, Handelsmetropole und Museum in einem. Von dort führte der Weg weiter über Loreto und entlang der alten Via Flaminia nach Rom, dem Hauptziel der Reise. Hier nahm man sich in der Regel mehrere Monate Zeit. Man studierte die antiken Ruinen, aber auch die moderne Stadtanlage Sixtus' V. mit ihren strahlenförmigen Straßen und geräumigen Plätzen, besuchte die prachtvollen Kirchen der Renaissance und des Barock, verweilte in den Kunstsammlungen der Borghese, der Barbarini und Ludovisi. Je nach Konfession beteiligte man sich am religiösen Leben der Hauptstadt der Christenheit oder befaßte sich zumindest mit dem päpstlichen Regierungssystem und mit der weltumspannenden Verwaltung der Kirche. [...]

Von Rom zog der Bildungsreisende in aller Regel nach Neapel, dessen Landschaft Weltruhm genoß und besuchte hier die Phlegräischen Felder mit ihren Vulkanerscheinungen und den in der Nähe liegenden Ruinen des aus der antiken Literatur geläufigen Baiae. Wer hier noch Geld und Muße genug besaß, reiste per Schiff nach Sizilien weiter und besuchte von dort den Ordensstaat von Malta, Vorposten der Christenheit und zugleich altehrwürdiger Treffpunkt des europäischen Adels.

Der Rückweg führte dann über Rom, Sutri und Siena nach Florenz, wo nicht nur die Monumentalbauten und Kunstsammlungen den Besucher interessierten, sondern vor allem die wegen ihrer kostbaren Ausstattung vielgerühmte neue Grabkapelle der toskanischen Großherzöge. Von Florenz reiste man nach Genua weiter, wo die ob ihrer städtebaulichen Konzeption berühmte ‚Strada nuova‘ mit ihren prachtvollen Palästen zu den unverzichtbaren Sehenswürdigkeiten gehörte.

Von Genua aus fuhr man entweder über See nach Marseille oder auf dem Landweg über Turin und den Mont Cenis in das Rhône-Tal. Wer indessen Frankreich nicht besuchen wollte oder es bereits auf dem Hinweg gesehen hatte, zog über Mailand und die Alpenpässe nach Deutschland. Ab dem 18. Jahrhundert ließ jedoch kaum noch jemand das in Europa kulturell führend gewordene Frankreich aus. Er reiste dann von Italien aus durch das Rhône-Tal nach Norden, besichtigte die römischen Monumente in Nîmes, Orange und Vienne und machte in Lyon, der zweitgrößten und wirtschaftlich führenden Stadt Frankreichs, erste längere Station. Dann aber führte die Reise schnell nach Paris weiter.“[1]

Dort hatte König Franz I. seit 1530 italienische Künstler an seinen Hof geholt und sie mit zahlreichen Schloßbauten und deren Ausschmückung beauftragt. So fand die reiche Formensprache der Hochrenaissance mit ihrer Vorliebe für die antike Mythologie und eine reichhaltige, bewegte Farbigkeit rasche Verbreitung in Frankreich und wurde für einen Großteil der französischen Künstler verbindliches Vorbild.

In Rom entstand seit 1568 die repräsentative Hauptkirche des Jesuitenordens Il Gesú, deren barocker Grundriß und Raumgestaltung stilbildend und richtungweisend für die nächsten beiden Jahrhunderte wurde. Mit dem Bau von Kirchen und Kollegien sorgte der Orden im Rahmen seiner gegenreformatorischen Tätigkeit für die Ausbreitung des neuen Baustils.

1 W. Günter (Hg.), Handbuch für Studienreiseleiter. Starnberg 1982, S. 20/21.

Abb. 5 Schloß Schönbrunn in Wien, erster Entwurf (J. B. Fischer von Erlach, 1688)

Aus Italien fand die barocke Architektur zunächst Eingang in Österreich. Dort entfaltete sich nach dem Dreißigjährigen Krieg und dem Abschluß der Türkenkriege eine reiche Bautätigkeit, die ihren Höhepunkt in der Schloßanlage von Schönbrunn fand. Das Schloß war als Gegenentwurf zur gewaltigen Anlage in Versailles gedacht und sollte die Hoheit und Macht seines kaiserlichen Bauherrn verkörpern.

Daneben entstanden großartige Repräsentationsbauten für den geistlichen und weltlichen Adel, darunter das Schloß Belvedere für den Prinzen Eugen, die aus Wien eine der prachtvollsten Städte Europas machten. Auch die Äbte der großen Orden entfalteten eine rege Bautätigkeit und beschäftigten bedeutende Architekten, Maler und Stukkateure.

Man kann den süddeutschen Barock als siegreichen Ausdruck der Gegenreformation bezeichnen, und nicht umsonst hat man die Kirchen und Palastbauten Barockschlösser Christi genannt, die zugleich die Pracht und wohlgestaltete Ordnung der Schöpfung Gottes versinnbildlichten.

Auch Versailles mit dem Schloß und der Gartenanlage folgte italienischen Vorbildern und strahlte weit nach Europa aus. Der „Französische Garten" des berühmten Architekten Le Nôtre verkörperte beispielhaft die klassische, raffinierten mathematischen Gesetzen folgende Form, die selbst die Natur der rationalen Gestaltung unterwarf und doch in harmonischem Zusammenhang mit der Architektur des riesigen Schloßbaus stand.

Die Welt wurde als Bühne verstanden und das Leben der adeligen Gesellschaft als unaufhörliches Schauspiel. Im Zentrum der Welt und des Schauspiels aber stand der Monarch wie eine Sonne, die Ludwig als sein Symbol gewählt hatte.

Abb. 6 Die Karlskirche in Wien (J. B. Fischer von Erlach, 1688)

Versailles, das Schloß, Le Nôtres Garten, die höfische Etikette und die höfischen Feste, die Unsummen verschlangen, wurden für den Um- und Neubau vieler Residenzen in Europa zum unerreichbaren Vorbild. Der Glanz der Höfe bedeutete einen gewaltigen Anreiz für die bildenden Künste, und das 17. und 18. Jahrhundert waren reich an genialen Persönlichkeiten, die dieser höfischen Kultur künstlerischen Ausdruck verliehen.

6.4 Absolutismus und Aufklärung im Heiligen Römischen Reich Deutscher Nation

1618–1648 Dreißigjähriger Krieg
1648 Friede von Münster und Osnabrück
1682/85 Samuel Pufendorf: Einleitung zur Historie der vornehmsten Reiche und Staaten

6.4.1 Kaiser und Reich nach dem Dreißigjährigen Krieg

Die Frage, ob es auch im deutschen Reich dem Kaiser gelingen werde, die dynastisch-territorialen Interessen der Stände einer zentralen absolutistischen Macht unterzuordnen, konnte weder im 16. noch zu Beginn des 17. Jahrhunderts als entschieden angesehen werden. Erst in den **Friedensverträgen von Münster und Osnabrück,** die dem Dreißigjährigen Krieg 1648 ein Ende setzten, erfuhr dieser Konflikt seine reichsrechtlich verbindliche Lösung. Die Kurfürsten, Fürsten und Stände des Reiches wurden dabei in ihren alten Rechten, Vorrechten, Freiheiten, Privilegien und der freien Ausübung der Landeshoheit in geistlichen und weltlichen Dingen in ihren Territorien bestätigt und gefestigt. Sie erhielten widerspruchslos das Stimmrecht in allen Beratungen über die Reichsangelegenheiten, namentlich zum Erlaß oder zur Auslegung von Gesetzen, zum Kriegsbeschluß, zur Steuerausschreibung, für Werbungen oder zur Einquartierung von Soldaten, zur Anlage neuer Reichsfestungen im Herrschaftsbereich von Reichsständen oder der Belegung alter mit Besatzungen und beim Abschluß von Friedensverträgen oder Bündnissen. Ohne ihre freie Zustimmung und Einwilligung sollte nichts dergleichen vorgenommen oder zugelassen werden. Vor allem aber wurde den einzelnen Ständen freigestellt, unter sich und mit dem Ausland Bündnisse für ihre Erhaltung und Sicherheit abzuschließen, dies aber nur unter der Bedingung, daß diese Bündnisse sich nicht gegen Kaiser und Reich, dessen Landfriedenswahrung oder das Friedenswerk selbst richten durften (Friedensvertrag von Osnabrück, Art. 8). Mit diesen Bestimmungen war entschieden, daß der Kaiser im Reich keine Politik nach absolutistischem Modell würde treiben können. Obwohl ihm nur wenige Rechte verblieben (Begnadigungsrecht, Standeserhöhungen, Ausübung der oberlehnsherrlichen Gewalt), die nicht an die Zustimmung der Stände gebunden waren, hat er sich gleichwohl bis zum Ende des alten Reiches, 1806, als Schutzherr der vielen kleinen reichsunmittelbaren Herrschaftsbezirke vor allem im katholischen Süden des Reiches bewährt. Freilich, mit seinen rund 300 Einzelstaaten und beinahe 1400 reichsunmittelbaren Territorien konnte das Reich im Konzert des sich entfaltenden europäischen Staatensystems keine Rolle mehr spielen. Es bedurfte allerdings der Erfahrung der letzten einhundert Jahre der deutschen Geschichte, um dieses Faktum nicht nur negativ zu sehen.

Über das Ende des Reichs hinaus weisen die Bestimmungen des Friedensvertrages, die der Lösung des religiösen Problems gewidmet waren. Die Bestimmungen des Passauer Vertrages (1552) und des Augsburger Religionsfriedens (1555) wurden bestätigt (s. 5.3.2), Gewaltanwendung in Religionsfragen wurde auf ewige Zeiten untersagt. Zur friedlichen Schlichtung sollten die Reichsbehörden paritätisch besetzt und kirchliche Angelegenheiten auf dem Reichstag von den katholischen und protestantischen Ständen getrennt behandelt werden. In Religionssachen und anderen strittig bleibenden Fragen sollte es aber keine Mehrheitsentscheidungen geben dürfen. Mit der Vorschrift, den Besitzstand der Konfessionen nach dem Stichtag des 1. Januar 1624 festzulegen (in der Hoffnung, die Glaubensspaltung durch eine allgemeine gütliche Einigung der Parteien irgendwann doch überwinden zu können), wurden die geistlichen und weltlichen Veränderungen seit 1555 rechtsgültig anerkannt.

Katholische Erzbischöfe, Bischöfe, Prälaten oder andere Würdenträger sollten in Zukunft bei einem Konfessionswechsel ihre Ämter und Einkünfte widerspruchslos abtreten.

Abb. 7 Mitteleuropa nach dem Dreißigjährigen Krieg

Da auch die Reformierten als protestantische Partei in diese Bestimmungen aufgenommen wurden und damit ihre reichsrechtliche Anerkennung fanden, wurde weiterhin vereinbart, daß bei einem Konfessionswechsel der Landesherr für sich und seine Residenz zwar Hofprediger halten dürfe, er aber nicht das Recht haben solle, sein „ius reformandi" zum Konfessionswechsel aller Untertanen zu mißbrauchen; davon waren lediglich zwei Territorien ausgenommen (Oberpfalz, österreichische Erblande). Nach diesen Regelungen richtete sich der Besitzstand der Konfessionen bis ins 19. und 20. Jahrhundert. Daß von religiöser Toleranz oder Religionsfreiheit nicht gesprochen werden kann, zeigt allein die Tatsache, daß die in Deutschland lebenden Juden als Religionsgemeinschaft nicht erwähnt wurden.

Die Verträge von Münster und Osnabrück bildeten bis 1806 die Grundlage der Reichsverfassung; sie schränkten im Interesse der Garantiemächte Frankreich, Schweden und der Niederlande die Macht des Kaisers ein, ermöglichten aber den Ständen des Reiches, in ihren Territorien eine absolutistische Politik zu führen.

Als Reichsstände legten die Fürsten dazu im Reichstag den Grund, als sie 1654 sich die steuerliche Oberhoheit zusprachen und 1658 den Landständen das Recht auf Selbstversammlung und die Verfügungsgewalt über die Landsteuern entzogen.

6.4.2 Wirtschaft und Gesellschaft

Die Kampfhandlungen des Dreißigjährigen Krieges, Hungersnöte und Seuchen (1636–1640 Pestumzug in West- und Süddeutschland) hatten die deutsche Bevölkerung in Stadt und Land stark dezimiert und Handel und Gewerbe nahezu zum Erliegen gebracht. Über fünfzig Jahre dauerte es, bis die Folgen des Krieges beseitigt waren. Der materielle und intellektuelle Niedergang breiter bürgerlicher Schichten durch den Krieg, von dem auch weite Kreise des grundherrlichen Adels betroffen waren, forderte in besonderem Maße die Landesherren und ihre Regierungen heraus, dem Entwicklungsrückstand in Deutschland durch eine staatlich gelenkte Wirtschaftspolitik beizukommen. Es verwundert daher nicht, wenn Deutschland im 17. und 18. Jahrhundert unter den wachsenden Einfluß der Höfe geriet, deren alte und neue Residenzstädte gebildeten Adeligen und Bürgerlichen neue Beschäftigungsmöglichkeiten und damit Einkommen und Ansehen boten.

Zu einer einheitlichen Wirtschaftspolitik kam es nach 1648 im Reich jedoch nur in Ansätzen. Es gelang weder, den schlechten Zustand des Verkehrsnetzes entscheidend zu verbessern noch die Unzahl der existierenden Zollgrenzen abzubauen oder gar die unterschiedlichen Münzsysteme zu beseitigen. Damit fehlten aber im Unterschied zu England oder zu Frankreich die Voraussetzungen, die nötig gewesen wären, aus dem Reich einen einheitlichen Wirtschaftsraum zu machen, von dem wichtige Impulse für die Entwicklung von Handel und Gewerbe hätten ausgehen können. Der Merkantilismus als staatliche Wirtschaftspolitik und Wirtschaftsverwaltung konnte im Reich nur in den Territorien entfaltet werden.

Durch Ansiedlung u.a. von Glaubensflüchtlingen, durch Verbesserungen und Erleichterungen der Produktionsmöglichkeiten suchten aktive Regierungen zunächst die **Bevölkerungsverluste** auszugleichen. Wegen ihrer Kenntnisse im Wasserbau und in der Trockenlegung von Sümpfen wurden bald nach 1648 Holländer in der Altmark und im Havelland angesiedelt. 1671 gewährte der brandenburgische Kurfürst fünfzig wohlhabenden jüdischen Familien, die aus Wien vertrieben worden waren, als Schutzjuden die Ansiedlung in seinem Lande mit dem Recht, freien Handel – auch Geldhandel – treiben zu dürfen und die Jahr- und Wochenmärkte zu besuchen. Dabei achtete die Regierung allerdings darauf, daß nur reiche Judenfamilien angesiedelt wurden. Die Befristung des Schutzbriefes auf zunächst zwanzig Jahre und die damit verbundenen vielfältigen finanziellen Verpflichtungen machten deutlich, daß die Duldung der jüdischen Familien von anderen Motiven getragen war als die, die mit der Aufnahme und den Niederlassungsbedingungen weiterer Einwanderergruppen verbunden waren.

Zwar zählten die ca. 20000 Hugenotten, die durch das Edikt von Potsdam (1687), und die Salzburger Protestanten (gleichfalls etwa 20000), die ab 1732 Zuflucht in der Mark Brandenburg fanden, nicht zu den Reichsten ihrer Glaubensgruppen, aber sie galten als fleißig und halfen mit, die verödeten Städte neu zu bevölkern.

Mit ihren Kenntnissen in Handwerk, Gewerbe und in der Landwirtschaft gaben sie auch dem Wirtschaftsleben der Mark vielfältige neue Impulse, während die verarmten böhmischen „Exulanten“ (Vertriebenen) als fleißige Weber, Landarbeiter und Manufakturarbeiter geschätzt waren.

Durch eine solch aktive Bevölkerungspolitik (Peuplierung) versuchte man auch in Württemberg, Franken, Sachsen und in der Pfalz – z.T. gegen den Willen und den Widerstand der einheimischen Bevölkerung – die Wirtschafts- und Finanzkraft der Territorien zu erhöhen. Während so eine im einzelnen nicht feststellbare Anzahl von Menschen in das Reich einwanderte, zwang in den Realteilungsgebieten Südwestdeutschlands (Württemberg, Baden, Pfalz) schon bald Überbevölkerung auf dem Lande viele Menschen zur Auswanderung. 13000 reformierte Pfälzer suchten allein im Jahre 1709, nachdem die Pfalz lange Jahre durch französische Heere verwüstet worden war (1688–1697: Pfälzischer Erbfolgekrieg), aber auch wegen der religiösen Unterdrückung durch ihren katholischen Landesherrn in Nordamerika eine neue Heimat, die bis 1750 ca. 100000 deutsche Siedler anzog. Andere, die als französische Refugiés (Flüchtlinge) zunächst Zuflucht in der Pfalz gefunden hatten, verstärkten die französische Kolonie in Brandenburg–Preußen. Weitere 100000 Menschen folgten seit 1689 dem Ruf der Wiener Regierung, in Ungarn und den Karpaten zu siedeln (sog. „Schwabenzüge"); etwa 25000 Menschen wanderten nach Südrußland aus. Viele Ein- und Auswanderer verbesserten dank ihrer geographischen Mobilität auch ihre soziale Lage, weil sie bei der Wohnungssuche, der anfänglichen Versorgung mit Lebensmitteln oder Saatgütern und bei der Gründung einer neuen wirtschaftlichen Existenz finanziell und materiell unterstützt wurden, eine Zeitlang von steuerlichen Lasten befreit waren, zusätzliche Förderung durch Importverbote für ausländische Waren oder Monopole für die Produktion bestimmter Güter und – wie die Hugenotten in der Mark Brandenburg – rechtliche Privilegien erhielten. Peuplierung war somit ein wichtiger Teil staatlicher Wirtschaftspolitik, denn mit der wachsenden Bevölkerung verband man die Hoffnung auf steigende Güterproduktion und wachsenden Export, durch eine aktive Handelsbilanz hoffte man die Geldmengen im Lande zu halten, die notwendig waren, um die Kosten für die wachsenden Höfe und die stehenden Heere aufzubringen.

Grundlage dieser Politik blieben aber zunächst die Einnahmen, die aus den landesherrlichen Rechten oder den Domänen, dem herrschaftlichen Eigengut, in der fürstlichen „Rechenkammer" eingingen (s. 4.3.2 und 4.3.3). Wollte man die Wirtschaftsstruktur eines Territoriums verbessern, um für das allgemeine Wohl oder das Glück der Bevölkerung zu sorgen – den eigentlichen Zweck des Staates also erfüllen – dann galt es diese Einnahmen zu erhöhen. Das Glück des einzelnen war damit abhängig gemacht vom Zustand der Glückseligkeit aller.

Die Erkenntnis dieser Zusammenhänge sollte erhebliche Folgen nach sich ziehen. Wenn der Staatszweck ganz in Übereinstimmung mit der Aufklärungsphilosophie in der Begründung und Beförderung des gemeinen Wohls aller lag, dann folgte daraus für den Herrscher, daß er willens und fähig sein mußte, diesen Zweck auch zu erfüllen. Christian Wolff (1679–1754), der wichtigste Vertreter der Aufklärungsphilosophie in Deutschland, forderte daher von den Regenten, sie hätten „verständig und tugendhaft" zu sein. Wie Väter gegenüber ihren Kindern müßten sie sich zu ihren Untertanen verhalten, ihnen „alle Mittel [...] verschaffen", die diese „zur Beförderung der Vollkommenheit ihres inneren und äußeren Zustandes" nötig hätten. „Alles für das Volk" lautete also das Programm des aufgeklärten Absolutismus. Da aber dieses Volk weder aufgeklärt noch vernünftig oder gar tugendhaft war, hieß es konsequenterweise auch „nichts durch das Volk".

Sorge für dessen Bildung mußte also zur wichtigen Aufgabe eines aufgeklärten Herrschers werden. Bis dieser lange Prozeß aber abgeschlossen sein würde, galt es indessen wichtigere Tugenden zu lehren und zu lernen: Gehorsam, Fleiß und Arbeit, Sparsamkeit – kurz all das, was wir heute grob und unvollständig als Kanon der bürgerlichen Tugenden bezeichnen, wurde im 17. und 18. Jahrhundert durch Fürsten und Philosophen, Pfarrer und Lehrer zu einem System der sozialen Disziplinierung der deutschen Untertanen entfaltet.

Dies in die Wege zu leiten und durchzusetzen wurde zu einer Aufgabe „guter Policey", der Verwaltung also, denn ohne Hebung der Volkskultur war, wie ohne Steigerung der Steuer- und Wehrkraft, die agrarische Struktur vieler Staaten im Reich nicht voranzubringen.

6.4.3 Der Aufstieg Brandenburg–Preußens

1640–1688	Friedrich Wilhelm, der Große Kurfürst	1700	Gründung der Akademie der Wissenschaften in Berlin
1653	Brandenburgischer Landtags-Rezeß	1713–1740	König Friedrich Wilhelm I.
1660	Generalkriegskommissariat	1714	Generalrechenkammer
1667	Akzise-Dekret für die Städte	1717	Allgemeine Schulpflicht
1685	Edikt von Potsdam	1723	Generaldirektorium
1688–1713	Friedrich III., Kurfürst von Brandenburg, seit 1701 König in Preußen	1733	Kantonreglement
1694	Gründung der Universität Halle		

Als den Reichsständen 1648 das Recht eingeräumt wurde, Bündnisse unter sich und mit ausländischen Mächten zu schließen, gab es nur eine deutsche Macht, die in der großen europäischen Politik eine Rolle spielen konnte: Österreich. Ein Jahrhundert sollte es dauern, bis ein zweiter deutscher Staat sich zu einem fast ebenbürtigen Partner aufschwingen konnte: Brandenburg–Preußen unter Friedrich II. (1740–1786), ein zweites Jahrhundert, bis dieser preußische Großstaat Österreich aus der Führung des Reichs und aus dem Reich verdrängt hatte, und ein drittes, bis der preußische Staat auf Geheiß der alliierten Siegermächte 1947 aufgelöst wurde.

Als **Friedrich Wilhelm von Brandenburg, der Große Kurfürst** (1640–1688), als Zwanzigjähriger die Herrschaft in seinem Staat antrat, erstreckte sich das Territorium Kurbrandenburgs von der Maas bis an die Memel, stand neben zersplittertem Kleinbesitz im Westen großflächiger Besitz im Osten (s. Abb. 7 und 8).

Erhalt und Sicherung des territorial und konfessionall heterogen zusammengesetzten Staatsgebiets, das zudem zwischen eifersüchtigen, expansiven und angriffslustigen Mächten eingekeilt war, konnten nur gelingen, wenn neben dem Prinzip der Toleranz weitere innen- und außenpolitische Maßnahmen ergriffen wurden. Von Friedrich Wilhelm eingeleitet und von seinen Nachfolgern fortgeführt, wurde das Ziel, den Staat zu vereinheitlichen, im wesentlichen auf vier Ebenen erstrebt:

1. Der Aufbau des stehenden Heeres

Zunächst gelang es Friedrich Wilhelm, seine 1644 ausgehobenen Truppen nach dem Ende des Krieges nicht zu entlassen, sondern als **miles perpetuus** (stehendes Heer) in seinen Diensten zu behalten. Die Gelder, die für die Erhaltung des Heeres unter seinem ausschließlichen Oberbefehl und für die Errichtung politischer und administrativer Organisationen vonnöten waren, trotzte er den kurmärkischen Ständen 1653 für sechs Jahre ab, die klevischen bewilligten sie 1660 und die preußischen zwischen 1661 und 1663 endgültig.

Die dafür notwendigen Steuern, die **Akzise**, die als Verbrauchersteuer in Stadt und Land, später nur in den Städten erhoben wurde, und die **Kontribution**, die von der ländlichen Bevölkerung zu zahlende Heeressteuer, konnten nach langem Ringen seit 1682 ohne weitere ständische Mitwirkung erhoben werden. Damit erwuchsen dem Staat neue Aufgaben, zu deren Lösung neue Behörden gebildet werden mußten. Aus den ursprünglich 4000 Mann (1644) des brandenburgischen Heeres konnte bis 1688 ein innen- und außenpolitisch bedeutsames Machtinstrument von 30000 Mann geschmiedet werden, auf dessen Grundlage die staatliche Einheit der Territorien in Angriff genommen werden konnte.

2. Die Verdrängung der Stände

Mit dem Verzicht auf das Bewilligungsrecht für die Steuern hatten sich die Stände der Möglichkeit beraubt, bei der zukünftigen Gestaltung der Politik entscheidend mitreden zu können. Der Sieg des Herrschers, der die Einheit des Staats gegenüber den Eigeninteressen der Stände verkörperte, mußte aber mit Zugeständnissen erkauft werden:

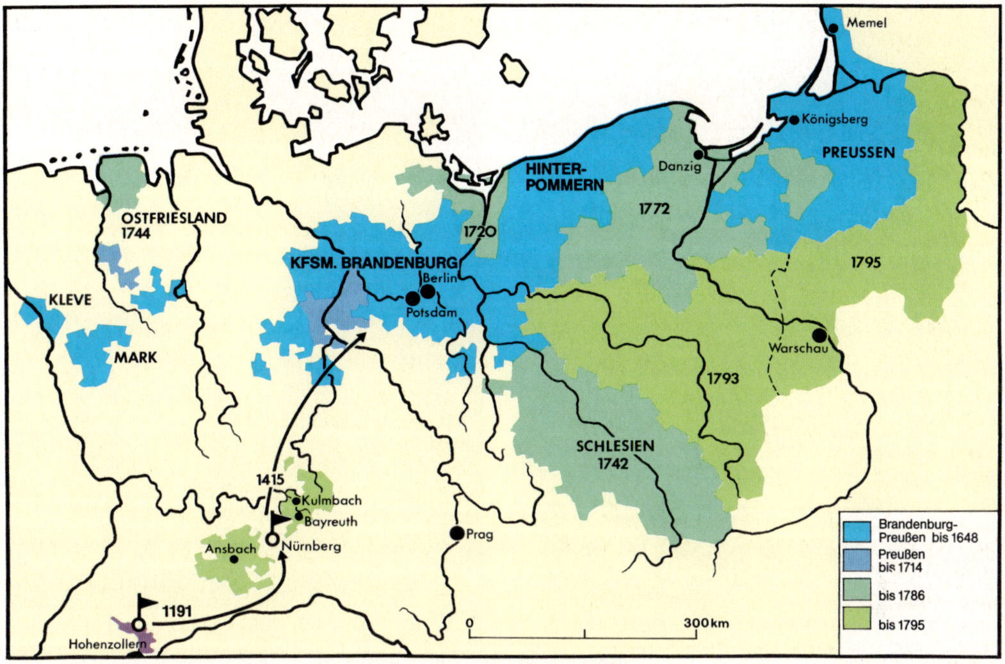

Abb. 8 Brandenburg-Preußens Entwicklung unter den Hohenzollern
Die Jahreszahlen (ausgen. 1191 und 1415) bezeichnen den Zeitpunkt, zu dem die jeweiligen Gebiete Brandenburg-Preußens angegliedert worden sind. 1191: Die Hohenzollern werden Nürnberger Burggrafen. 1415: Die Hohenzollern werden Kurfürsten von Brandenburg.
––– Ostgrenze des nach der 2. Teilung Polens 1793 neu gewonnenen Gebiets (s. auch M 32 a, S. 388)

In Kleve-Mark konnte der Kurfürst zwar das Recht auf ein stehendes Heer und eine unabhängige Außenpolitik durchsetzen, mußte dafür aber das ständische Steuerbewilligungs- und Selbstverwaltungsrecht anerkennen und auch zugestehen, daß der regierende Landesrat nur aus Einheimischen bestehen sollte; in Kurbrandenburg mußte der Kurfürst die wirtschaftlich-sozialen Privilegien des Adels bestätigen, insbesondere den weiteren Ausbau der Gutsherrschaften (durch Bauernlegen) garantieren (s. 5.2.4), die Gerichtsbarkeit des gutsherrlichen Adels vor Eingriffen schützen und den Erwerb erblicher Lehnsgüter durch Bürgerliche verbieten. In Preußen mußte der Widerstand der Stände durch Truppeneinsatz gebrochen werden, ehe die „Regierungsverfassung" 1661 durchgesetzt werden konnte. Es zeigt sich also, daß bei diesen Herrschaftskonflikten nicht die Beseitigung der Stände das Ziel des fürstlichen Willens war, sondern eher der Weg des friedlich-vertraglichen Interessenausgleichs beschritten wurde.

3. Der Ausbau der fürstlichen Verwaltung

Als zentrales Organ der gesamten Staatsverwaltung wurde der 1604 für die Kurmark geschaffene Geheime Rat ausgebaut (1651: Geheimratsordnung). Durch die Ausgliederung des Finanz- und Militärwesens wurden Sonderverwaltungen errichtet, die durch Arbeitsteilung die Verwaltungsarbeit erleichtern sollten. Die Hofkammer, die mit der Verwaltung der fürstlichen Domänen betraut war, und das Generalkriegskommissariat (1660) als zentrale Steuer- und Wirtschaftsbehörde hatten in den einzelnen Landesteilen für die pünktliche Erhebung der Abgaben zu sorgen. Die Zusammenfassung beider Kassen gelang erst gegen Ende des Jahrhunderts, eine einheitliche Verwaltung aber konnte wegen der unterschiedlichen historischen Entwicklungen und Überlieferungen noch nicht entstehen.

Abb. 9 a) Friedrich Wilhelm, der „Große Kurfürst" (1620–1688), Kurfürst von Brandenburg (Radierung von S. Blesendorff nach einer Zeichnung von A. Clerck)

Abb. 9 b) Friedrich I. (1657–1713), König in Preußen (Gemälde von David Krafft, 1704)

Man hat übertreibend gesagt, die preußische Staatsverwaltung sei „für den Unterhalt der Armee aufgebaut, ja der ganze Staat in den Dienst der Unterhaltung einer übergroßen Armee gestellt worden" (R. Vierhaus).

4. Die Außenpolitik

Nach dem Ende des Dreißigjährigen Krieges sah sich der Kurfürst einer bedrohlichen Situation gegenüber: In den Territorien Kleve und Mark lagerten kaiserliche, spanische und niederländische Truppen, Brandenburg, das Stammland des Kurfürstentums, war verwüstet, die Bevölkerung hatte um 40% abgenommen (in den Städten bis zu 70%), unzählige Bauernhöfe waren verlassen, zahlreiche Rittergüter verarmt und verkauft worden und die Einnahmen auf nahezu ein Achtel zurückgegangen. Preußen blieb zwar vom Krieg verschont, stand aber weiterhin unter der Lehnshoheit des polnischen Königs. Dazu gab es Schwierigkeiten mit Schweden, das aufgrund des Kriegsrechts Ansprüche auf das Herzogtum Pommern erhob und diese gegen das Erbrecht der Hohenzollern mit der Besitznahme Vorpommerns bis zur Odermündung teilweise verwirklichen konnte, während sich die Hohenzollern mit Hinterpommern und dem Bistum Kammin begnügen mußten (s. Abb. 7).

Durch wechselnde Bündnisse, aber auch den Einsatz des Heeres erkämpfte der Kurfürst schließlich gegen Schweden und Polen die lang erstrebte Souveränität über das Herzogtum Preußen. Die Bedeutung des Herzogtums für den Gesamtstaat zeigte sich unter seinem Sohn und Nachfolger Friedrich III., der sich am 18. Januar 1701 in Königsberg als Friedrich I. zum „König in Preußen" krönen konnte (mit der Zustimmung des Kaisers, dem er ein Hilfskontingent von 8000 Mann für die Teilnahme am Spanischen Erbfolgekrieg überließ), weil das Territorium kein Bestandteil des Heiligen Römischen Reiches war. Der Aufstieg in die Reihe der selbständigen europäischen Monarchien war damit möglich geworden. Nur von kurzer Dauer war dagegen der

Abb. 9c) Friedrich Wilhelm I. (1688–1740), der „Soldatenkönig", König von Preußen (Kopie eines Gemäldes von Antoine Pesne, um 1735)

Abb. 9d) Friedrich II., „der Große" (1712–1786), König von Preußen (Holzstich aus dem 19. Jahrhundert nach einem Gemälde von Anton Graff, 1781)

Versuch, mit einer eigenen Handelskompanie selbständige Kolonialpolitik zu treiben. Die an der Goldküste bzw. nördlich des Senegals gelegenen Stützpunkte, die zwischen 1683 und 1685 errichtet worden waren, wurden bereits 1717 bzw. 1721 auf englischen und holländischen Druck hin aufgegeben.

Der neue König, dessen Titel jedoch nur für die Provinz Preußen geführt wurde, machte sich zwar als Förderer der Wissenschaften und der Künste einen Namen (Gründung der Universität Halle 1694, die seinen Namen trug und bald Zentrum der preußischen Naturrechtslehre und der Reformbewegung des Pietismus wurde; Gründung der Akademie der Wissenschaften in Berlin 1700; Stiftung der Akademie der Künste 1694 in Berlin; Neugestaltung Berlins und des Berliner Schlosses durch den Hofbildhauer Andreas Schlüter), brachte aber durch seine finanzielle Mißwirtschaft den Staat an den Rand des Abgrundes.

Es war seinem Sohn und Nachfolger **Friedrich Wilhelm I.** (1713–1740) vorbehalten, der sich selbst als „Financier et Feldmarschall du Roy de Prusse" bezeichnete, das Werk des Großen Kurfürsten fortzusetzen. Dem Zentrum seiner Staatstätigkeit, dem Ausbau des Militärwesens, ordnete der König rigoros alle Bereiche der Innenpolitik unter. Dabei brach er zunächst den Widerstand des ostpreußischen und altmärkischen Adels, über den er schrieb: „Ich ruiniere die Junkers ihre Autorität; ich komme zu meinem Zweck und stabiliere die souveraineté wie einen rocher von bronce", und den er zu einem königs- und staatstreuen Offiziersstand domestizierte. 1733 und 1735 wurde durch die Neuregelung des Rekrutierungsverfahrens jedem Regiment ein Kanton zugewiesen, in dem sich das Regiment in Zukunft personell zu versorgen hatte. Da der überwiegende Teil der Soldaten nunmehr aus dem eigenen Land kam, wurde dadurch eine enge Bindung zwischen dem zivilen und dem militärischen Bereich geschaffen, denn die Soldaten waren für mehrere Monate im Jahr zur häuslichen Arbeit beurlaubt. Manche Forscher sehen in dieser Regelung sogar die Grundlage für die Militarisierung der preußischen Gesellschaft.

Unbedingten Gehorsam verlangte der Monarch aber nicht nur von seinen Militärs; er wurde ebenso vorausgesetzt von den Bewohnern des platten Landes und erzwungen von Gewerbetreibenden und Unternehmern, Bürgern und Beamten. Durch eine umfassende Wirtschaftsplanung und genaue Instruktionen für die Produktion aller Güter wurde in Stadt und Land dafür Sorge getragen, die Steuereinnahmen zu erhöhen, um die Vergrößerung des Heeres (1717: 38000; 1740: 76000) finanzieren zu können. Dazu wurde auch das Etatwesen neu geregelt. Die 1714 gegründete Generalrechenkammer hatte zu überwachen, daß die Ausgaben die Einnahmen des Staates nicht überschritten (s. M 31). Die königlichen Domänen wurden mit ihren Erträgen in den Staatshaushalt eingegliedert und vom Generalfinanzdirektorium verwaltet, während dem Generalkriegskommissariat die Verwaltung der Kriegssteuern, der Kontributionen des Landes und der städtischen Akzise übertragen war. Um Konflikte zwischen den beiden Oberkassen abzuschaffen, die bei der Steigerung der Einnahmen miteinander konkurrierten, richtete Friedrich Wilhelm 1723 das kollegial organisierte Generaldirektorium ein. Damit wurde die Finanz- und Innenverwaltung vereinheitlicht.
Die 1727 an den Universitäten Halle und Frankfurt/Oder eingerichteten staatswissenschaftlichen Lehrstühle hatten die Aufgabe, die zukünftigen Beamten, die für diese Behörden benötigt wurden, theoretisch und praktisch auszubilden. Von diesen Beamten verlangte der König, daß sie ihm „mit Leib und Leben, mit Hab und Gut, mit Ehr und Gewissen dienen und alles daran setzen als die Seligkeit, die ist vor Gott, aber alles ander muß mein sein“. Diese Anforderungen schufen eine Beamtenschicht, deren hervorstechende Merkmale geradezu sprichwörtlich preußische Tugenden wurden: Pflichttreue und Sparsamkeit, Pünktlichkeit und Ordnung. Aus den Besten dieser Schicht rekrutierte der Monarch seine höchsten Beamten und Minister, und um sie dem Adel gleichzustellen, wurden viele von ihnen nobilitiert.
Friedrich Wilhelm I. gilt trotz der Durchsetzung des autokratisch regierten Militärstaats als der König, der die preußische Innenpolitik am nachhaltigsten beeinflußt hat.

6.4.4 Brandenburg-Preußen unter der Herrschaft Friedrichs II. (1740–1786)

1740–1786	Friedrich der Große	1740	Departement für Handel und Manufakturen
1740–1742	Erster Schlesischer Krieg	1746	Heeresdepartement
1744/1745	Zweiter Schlesischer Krieg	1766	Generaladministration für die Zölle und Akzisen
1756–1763	Siebenjähriger Krieg	1766	Generallandschulreglement
1772	Erste polnische Teilung	1794	Allgemeines Preußisches Landrecht

Friedrich II. (1740–1786) verkörperte wie kein anderer Monarch in Europa das Leitbild eines aufgeklärten Fürsten. Seine Vorliebe für die schönen Künste, die Philosophie der Aufklärung und die Ablehnung des Militärischen ließen ihn als Kronprinzen in schroffen Gegensatz zu seinem Vater treten. Friedrich Wilhelm I. erzwang allerdings die Unterwerfung des Sohnes, der sich sogar mit Fluchtgedanken beschäftigt hatte, mit grausamen Mitteln und sorgte durch die Übertragung eines Regimentskommandos in Neuruppin und seine Ausbildung an der Kriegs- und Domänenkammer in Küstrin dafür, daß Friedrich für seine zukünftige Aufgabe als Herrscher des noch unfertigen Staates vorbereitet wurde.
Dieser Vater-Sohn-Konflikt mag mit dazu beigetragen haben, daß sich in den Schriften Friedrichs (z.B. in seinem 1739/40 entstandenen *Antimachiavell*) ein neuer Staatsbegriff entfaltete, der die naturrechtliche Herrschaftstheorie mit der Verpflichtung des Herrschers verband, zum Wohl der ihm anvertrauten Untertanen zu regieren. Dabei wurde der Staat als eine Organisation begriffen, die Herrscher und Untertanen umfaßte, folglich konnte sich der Monarch nicht länger nur als absoluter Herrscher begreifen. Das ihm übertragene Amt erforderte vielmehr, sich als erster

Abb. 10 „Der König überall“ (Gemälde von Robert Warthmüller, 1886)

Diener dieses Staates zu verstehen (s. M 24). Die Art und Weise, in der Friedrich II. konsequent versuchte, dies zu verwirklichen, hat ihn zu einer der umstrittensten Herrschergestalten Europas werden lassen.
Den Beginn seiner Regierung am 31. Mai 1740 markieren zwei ganz unterschiedliche, für Friedrich aber typische Entschlüsse: bereits am 6. Juni ließ er Christian Wolff, den berühmtesten Philosophen der deutschen Frühaufklärung, den sein Vater 1723 aus seinem Amt als Professor in Halle entlassen hatte, dorthin zurückholen. Wenige Wochen später befahl er nach dem Tod Kaiser Karls VI. und dem Regierungsantritt von dessen Tochter Maria Theresia (1740–1780) den Einmarsch preußischer Truppen in Schlesien, um sich in den Besitz dieser blühenden österreichischen Provinz zu setzen, da er nach seinen eigenen Worten hoffte, von diesem Unternehmen Ehre gewinnen zu können und um in Berlin nicht zu erscheinen, ohne sich des Blutes, dem er entsprossen, würdig erwiesen zu haben.
Die Behauptung Schlesiens erzwang weitere Kriege (s. Abb. 1), in die mit Frankreich, England und Rußland die europäischen Mächte eingriffen. Der endgültige Gewinn Schlesiens nach dem **Siebenjährigen Krieg** (1756–63), in dem der preußische Staat nur durch „das Wunder des Hauses Brandenburg“ der Vernichtung entgangen war, begründete Preußens Großmacht in Mitteleuropa und die preußisch-österreichische Gegnerschaft um die führende Stellung im Reich.
1772 gelang Friedrich eine weitere Vergrößerung des preußischen Staates, als durch die auf seine Anregung zustande gekommene **erste Teilung Polens** mit dem Erwerb Ermlands und Westpreußens (ohne Danzig und Thorn) eine frühe „politische Träumerei“ in Erfüllung ging (s. M 32).
Galt er vielen Zeitgenossen seit dem ersten Einmarsch in Schlesien als skrupelloser Feldherr und Monarch, der seine Außenpolitik ausschließlich an der **Staatsraison** orientierte, blieb er für andere – und dies entsprach auch seinem Selbstverständnis – der **„Philosoph auf dem Königsthron“**, der sich als Angehöriger der Gelehrtenrepublik verstand und die erste Ausgabe seiner Werke 1750/52 unter dem Titel „Œuvres du Philosophe de Sanssouci“ veröffentlichte.

Als solcher hatte er seit 1740 eine rastlose Regierungstätigkeit entfaltet. Seine Reformen, die mit den Forderungen der Aufklärung übereinstimmten, betrafen das Rechtswesen, die Verwaltung, Schul-, Kirchen- und Sozialpolitik (s. M 27–30).
Die Kriege gegen Österreich hatten dem König deutlich gemacht, daß die militärische Stärke des preußischen Staates ohne einen wirtschaftlich gesunden Adel und ein starkes Bauerntum nicht zu erhalten war. Der Konservierung des Landadels galt daher sein Hauptaugenmerk; diesem waren sämtliche Offiziersstellen und nahezu alle wichtigen Verwaltungspositionen vorbehalten, der Ankauf von Rittergütern durch Bürgerliche wurde verboten. Seit 1748 durften aber auch Bauernhöfe nicht mehr zu Rittergütern eingezogen werden. Königliche Domänenvorwerke wurden stattdessen in Bauernhöfe umgewandelt, Hunderte neuer Bauernhöfe mit ca. 100000 ausländischen Siedlern angelegt, und zwischen 1747–1753 durch die Entwässerung des Oderbruchs nach Friedrichs Ausspruch eine Provinz im Frieden erobert.
Durch das von ihm eingerichtete und geleitete Departement für die Kommerzien und Manufakturen perfektionierte er das merkantilistische Wirtschaftssystem (s. M 30), indem er mit Vorschüssen, Privilegien und Prämien Gewerbetreibende nach Preußen lockte; dem gleichen Ziel diente auch die 1765 in Berlin gegründete Leih- und Girobank.
Seine alles umfassende Tätigkeit für den Staat, den er durch häufig unangemeldete Inspektionsreisen besser kennenlernen wollte als alle seine Beamten, darf aber nicht darüber hinwegtäuschen, daß Friedrich trotz aller aufklärerischen Reformabsichten absolutistischer Herrscher blieb, der aus dem Kabinett heraus regierte und vor allem in seinen späten Regierungsjahren ein streckenweise despotisches Regiment führte (s. M 25). Weil er die von seinem Vater geschaffenen kollegial arbeitenden Behörden sich selbst unterstellte, in deren geregelte Arbeitsabläufe immer wieder mißtrauisch eingriff oder die Behörden gar umging, lähmte er schließlich die Selbständigkeit und Entschlußfreude aller wichtigen Mitarbeiter. Sein persönliches Regiment duldete keinen Widerspruch und seine oft demütigenden Kabinettsanweisungen für die Minister zeigen, daß es in seinen Augen neben dem Herrscher nur Untertanen gab, die sich durch Fleiß, unbedingten Einsatz und absoluten Gehorsam auszuzeichnen hatten. Damit erreichte er, daß der von ihm privilegierte Adel in der Armee und Bürokratie eine gehorsame Stütze seiner Herrschaft wurde, deren Geschlossenheit die aller anderen europäischen Staaten dieser Zeit weit übertraf.
Dabei übersah er jedoch, daß nur die von ihm als „canaille" beschimpfte Masse der bürgerlichen und bäuerlichen Untertanen imstande gewesen wäre, den von ihm gewünschten wirtschaftlichen Aufschwung dauerhaft in die Wege zu leiten. Nur eine blühende Wirtschaft hätte die Gelder zur Verfügung stellen können, die für den Unterhalt und die von Friedrich als notwendig erkannte Vergrößerung der preußischen Armee notwendig gewesen wären. Dies aber mußte scheitern, weil der Monarch nicht bereit war, auch die verkrusteten sozialen Strukturen durch sein Reformwerk einem grundlegenden Wandel zu unterziehen.
Daher ist es nicht verwunderlich, daß die Widersprüche in Erscheinung und Verhalten Friedrichs des Großen, wie er seit 1745 genannt wurde, zu den unterschiedlichsten Urteilen über die Person und die Politik dieses Herrschers bis heute herausgefordert haben.

6.4.5 Der aufgeklärte Absolutismus in Österreich

1658–1705	Kaiser Leopold I.
1663–1736	Prinz Eugen
1654	Österreichische Hofkanzlei
1683	Türken belagern Wien
1683–1699	Türkenkrieg
1699	Friede von Karlowitz
1701–1714	Spanischer Erbfolgekrieg
1705–1711	Kaiser Joseph I.
1711–1740	Kaiser Karl VI.
1713	Pragmatische Sanktion
1714	Friede von Rastatt
1715–1718	Zweiter Türkenkrieg
1718	Friede von Passarowitz

6.4.5.1 Der Aufstieg Österreichs zur Großmacht (1660–1713)

Österreichs Aufstieg nach dem Dreißigjährigen Krieg fällt in die lange Regierungszeit Kaiser **Leopolds I.** (1658–1705) und ist untrennbar verbunden mit dem militärischen und politischen Wirken des **Prinzen Eugen** (1663–1736), der seit 1683 im Dienst der Habsburger in Wien stand. Seit dem Aussterben der Tiroler Nebenlinie 1665 herrschte Leopold über die vereinigten Erblande der deutschen Habsburger und konnte sich, da er mit der zweiten Tochter des spanischen Königs Phillip IV. verheiratet war, auch Hoffnungen auf das spanische Erbe machen. Die Erbfrage aber verwickelte ihn in langwierige Auseinandersetzungen mit Ludwig XIV., der als Ehemann der älteren Tochter Philipps – und damit als Schwager Leopolds – das spanische Erbe für seine Frau beanspruchte (s. 6.2.3.3). Gleichzeitig wurde Österreich durch das Vordringen des Osmanischen Reiches bedroht. 1683 konnte der **Angriff der Türken auf Wien** abgewehrt werden. Die Rettung Wiens wurde als Rettung des Reichs und Europas empfunden. Sie war möglich geworden, weil es der kaiserlichen Diplomatie gelungen war, die Abwehr der Türken zu einer gemeinsamen Aufgabe des christlichen Abendlandes zu machen. Neben den kaiserlichen Truppen unter der Führung Herzog Karls von Lothringen, einem Schwager des Kaisers, kämpften sächsische, schwäbische, fränkische und bayrische Truppen. Neben Adligen aus ganz Europa, darunter dem savoyischen Prinzen Eugen, der aus Paris geflohen war, war es vor allem der polnische König Johann III. Sobiesky, der an der Spitze der Befreiungsarmee den glanzvollen Sieg sicherstellte.

Die Fortsetzung des Krieges führte zunächst zur Rückeroberung Ungarns. Anschließend konnten mit der Unterstüzung durch Polen, Venedig und den Papst in der Heiligen Liga von 1684 Ofen und Belgrad von türkischer Herrschaft befreit werden.

Unter dem Oberbefehl des Prinzen Eugen wurde der Türkenkrieg fortgesetzt. Durch den Sieg bei Zenta (1697) zwang er die Pforte zum Frieden von Karlowitz (1699). Ungarn (ohne Banat), Siebenbürgen, der größte Teil Sloweniens und Kroatien fielen an Österreich. Mitteleuropa war von der Türkengefahr befreit.

Die Behauptung der österreichischen Großmachtstellung gelang im Spanischen Erbfolgekrieg (1701–1714). Prinz Eugen leitete seit seiner Ernennung zum Hofkriegsratspräsidenten (1703) die gesamte Kriegsführung und sorgte sich als bedeutender und besonnener Staatsmann um das Ansehen und den Bestand der gefährdeten österreichischen Monarchie. Der Friede von Rastatt (1714) sicherte Österreich das spanische Erbe in Mailand, Neapel, Sardinien und den spanischen Niederlanden und bedeutete einen gewaltigen wirtschaftlichen Gewinn. 1720 konnte man durch den Tausch Sardiniens, das an Savoyen abgetreten wurde, Sizilien mit Neapel vereinigen.

Einem erneuten türkischen Angriff auf Ungarn kam Prinz Eugen in einem **zweiten Türkenkrieg** zuvor (1715–1718). Nach der Eroberung Peterwardeins (1716) gelang ihm 1717 die Vernichtung des osmanischen Heeres bei Belgrad, das kapitulierte. Im Frieden von Passarowitz (1718) trat die Pforte Belgrad und das Banat an Österreich ab, das damit seinen Territorialbesitz im Südosten und im Westen weit über die Grenzen des Kaiserreichs hinausgeschoben hatte.

Die territoriale Abrundung etwa durch den Gewinn Bayerns gelang allerdings nicht.
So blieb Österreich eine **Union von selbständigen Ländern** mit dem Kaiser und König als Oberhaupt, der von der Geheimen Konferenz (seit 1669) beraten wurde. Als Zentralbehörden waren die Hofkammer für die Finanzverwaltung und der Hofkriegsrat für das Heerwesen zuständig. Neben der Reichshofskanzlei existierten Hofkanzleien für Österreich, Böhmen und Ungarn, dazu Räte für den spanisch-italienischen und niederländischen Besitz.
Anders als in Brandenburg dachte man in Österreich nicht daran, die ständischen Mitwirkungsrechte in den weitverzweigten habsburgischen Landen zu beseitigen. Bei der Neuordnung und Einrichtung Ungarns und dem Versuch, das zerstörte Land wiederaufzubauen, trafen die antiprotestantischen und zentralistischen Maßnahmen Leopolds allerdings auf den erbitterten Widerstand der Bauern, denen sich der Adel anschloß. Zwar hatten die ungarischen Stände 1687 auf dem Preßburger Reichstag die erbliche Herrschaft Leopolds anerkannt und auf ihr hergebrachtes Widerstandsrecht verzichtet, wofür ihnen die Selbstverwaltung auf der lokalen Ebene der Komitate zugestanden worden war, aber erst 1711 konnten die Unruhen eingedämmt werden, als der ungarische Reichstag als oberstes ständisches Organ vom Kaiser anerkannt wurde.
Da die Stände das Recht zur Verwaltung der direkten Steuern behielten und sich auch in der Lokalverwaltung behaupteten, wurde der riesige Besitz der Habsburger nur durch die Krone, das Heer und die Wiener Zentralbehörden zusammengehalten. Allerdings stellten die Stände der Länder ihre Loyalität gegenüber dem Hause Habsburg unter Beweis, als sie die **Pragmatische Sanktion** (1713) unter dem Vorbehalt der Bestätigung ihrer ständischen Vorrechte anerkannten. In dieser Erbfolgeordnung bestimmte Kaiser Karl VI., daß beim Aussterben der männlichen Linie der Habsburger in Österreich und Spanien seine Töchter das Erbrecht besitzen, bei deren Abgang jedoch die Töchter seines Bruders Joseph nachfolgen sollten. Dieses Staatsgrundgesetz verkündete zugleich die unteilbare Union aller habsburgischen Länder, die man daher auch als „monarchische Union von Ständestaaten“ bezeichnet hat (O. Bruner).

6.4.5.2 Staatsausbau und Reformpolitik unter Maria Theresia und Joseph II. (1740–1790)

1732–1735	Polnischer Erbfolgekrieg
1736–1739	Dritter Türkenkrieg
1748	Österreich erhält neue Staatsorganisation
1740–1780	Kaiserin Maria Theresia
1745–1765	Kaiser Franz I. von Lothringen
1740–1742	Erster Schlesischer Krieg
1741–1748	Österreichischer Erbfolgekrieg
1744–1745	Zweiter Schlesischer Krieg
1756–1763	Siebenjähriger Krieg
1763	Friede von Paris zwischen Frankreich und England
	Friede von Hubertusburg zwischen Österreich und Preußen
1780–1790	Kaiser Joseph II. (seit 1765 Mitregent)
1772	Erste Teilung Polens

Schon im Polnischen Thronfolgekrieg (1732–1735) und im dritten Türkenkrieg (1736–1739) deuteten die Territorialverluste (u. a. Belgrad, Serbien und die kleine Walachei) auf ein Nachlassen der österreichischen Finanz- und Wehrkraft hin, aber erst die Niederlagen in den Schlesischen Kriegen führten seit 1746 zur Überwindung der alten ständischen Mitspracherechte und zur **Neugestaltung von Verfassung und Verwaltung** im absolutistischen Sinn.
In einer ersten Reformphase unter dem Grafen Haugwitz (1742–1761) gelang nach preußischem Vorbild die politisch-finanzielle Entmachtung der Stände. Die ganze Verwaltung und das Finanzwesen wurden einem Direktorium zugewiesen, in der Obersten Justizstelle wurde die Justizverwaltung zusammengefaßt. Gleichzeitig wurden Justiz und Verwaltung getrennt. Mit der Einrichtung von Kreisämtern und Repräsentationen oder Kammern mit Weisungsbefugnis wurden die österreichisch-böhmischen Erblande in ein modernes, zentralistisch geleitetes Staatswesen umgewandelt.

Mit einer Grundsteuerreform (1746) tasteten die habsburgischen Reformen auch das soziale Gefüge an, da Adel und Geistlichkeit zu den Abgaben beitragen mußten.
In einer zweiten Reformperiode ersetzte der seit 1753 als Staatskanzler tätige Graf Kaunitz (1711–1794) das noch immer gültige geographische Ordnungsprinzip der Wiener Behörden durch das **Ressortprinzip**. Der 1761 geschaffene **Staatsrat** wurde zur obersten gesamtstaatlichen Behörde mit beratendem Charakter. An seinen Sitzungen nahm auch der 1765 zum Kaiser und Mitregenten ernannte Joseph II. teil.
Anstelle des aufgelösten Direktoriums übernahm die vereinigte österreichisch-böhmische Hofkanzlei die innere Verwaltung. Hofkammer und Hofrechenkammer leiteten die Finanzverwaltung und das Rechnungswesen. Der obersten Justizstelle oblag weiterhin die Justizverwaltung, während der Hofkriegsrat als Kriegsministerium für die gesamte Heeresverwaltung zuständig blieb. Nur die ungarische Hofkanzlei behielt ihre bisherige Stellung. Die Geschäftstrennung der Zentralbehörden wurde auch auf die Behörden der Länderverwaltung übertragen, wodurch sich der Einfluß der Stände weiter verringerte.
Teils in Übereinstimmung mit seiner Mutter, teils in scharfen Auseinandersetzungen mit ihr trieb der 1765 zum Mitregenten ernannte Joseph II. die Reformpolitik in Staat und Gesellschaft voran. Josephs Versuche, auch als Kaiser eine Stärkung der kaiserlichen Gewalt im Reich durchzusetzen, scheiterten allerdings am Widerstand der Reichsstände.
Die allgemeine Erschöpfung nach dem Siebenjährigen Krieg erzwang zunächst die Sanierung der Staatsfinanzen, denn die Wahrung der österreichischen Machtposition erforderte nach wie vor den Unterhalt einer großen Armee.
Mit der **Abschaffung der Binnenzölle** und der **Vereinheitlichung des Außenzolls** wurde zunächst ein einheitlicher Wirtschaftsraum geschaffen, von dem Ungarn aber ausgeschlossen blieb. Für das verwüstete Ungarn und die eroberten Gebiete hatte sich schon Kaiser Leopold um Siedler bemüht. Diese **Peuplierungspolitik** wurde nunmehr verstärkt fortgesetzt. Rechtlich wurden die Siedler, die vor allem aus Südwestdeutschland nach Ungarn strömten, erheblich besser gestellt als die alteingesessene bäuerliche Bevölkerung (s. 6.4.2).
1781/82 wurde jedoch mit der **Aufhebung der Leibeigenschaft** in den österreichisch-böhmischen Landen der lange Prozeß der Bauernbefreiung eingeleitet. Die Bauern wurden nunmehr erbliche Pächter, die Abgaben und Dienste in Geldleistungen umwandeln konnten.
Joseph II. wollte aus Österreich einen zentralistisch regierten Einheitsstaat machen. Dazu schuf er zunächst eine für Österreich-Böhmen und Ungarn gleiche Zentralverwaltung. Für alle seine Staaten wurde das Deutsche Amts- und Geschäftssprache. Ständische Ausschüsse und ständische Gerichte wurden abgeschafft, 1781 die Gleichheit aller Untertanen vor dem Gesetz verkündet. Für das Gerichtswesen wurde ein klarer Instanzenweg geschaffen, ein allgemeines Gesetzbuch in Angriff genommen (vollendet 1811), durch eine Zivilprozeßordnung Rechtsprechung und Verwaltung getrennt, im Strafgesetzbuch Todesstrafe und Folter abgeschafft. Auf der Grundlage eines neuen Katasters wurde 1789 eine neue Grundsteuer eingeführt, die Adel, Geistlichkeit und Bauern gleichmäßig erfaßte.
Schon Maria Theresia hatte 1774 den Besuch der Volksschule zur Pflicht gemacht und nach der Aufhebung des Jesuitenordens durch den Papst 1773 eine Reform der Gymnasien eingeleitet. Joseph trieb die Verstaatlichung der Schulen voran und unterstellte auch die Universitäten der staatlichen Kontrolle, um Bildung und Wissenschaft in den Dienst von Staat und Wirtschaft zu nehmen.
Auch auf kirchenpolitischem Gebiet setzte Joseph II. die staatskirchliche Politik seiner Mutter fort. Das Bemühen, auch im religiösen und kirchlichen Bereich Prinzipien der Staatsräson und der Aufklärung zu verwirklichen, wurde später als **Josephinismus** bezeichnet.

1781 verkündete das **Toleranzedikt** die Glaubensfreiheit für Lutheraner, Reformierte, Griechisch-Orthodoxe und Juden, denen das volle Staatsbürgerrecht verliehen wurde. Seit 1782 wurden über 700 Klöster aufgehoben, die sich der Kontemplation und der Askese gewidmet hatten. Aus ihrem Vermögen wurde ein Religionsfonds gebildet, mit dem kirchlich-kulturelle Aufgaben finanziert wurden. Trotz päpstlicher Bemühungen weigerte sich Joseph II., seine Verfügungen zur Abschaffung kirchlicher Zeremonien und zum Verbot von Wallfahrten, Prozessionen und Bruderschaften zurückzunehmen. Um die Staatsmacht gegen jegliche kirchliche Einmischung zu sichern, bedurfte die Veröffentlichung päpstlicher Verlautbarungen und Anordnungen staatlicher Genehmigung. Ein staatliches Polizeisystem mit einem weitverzweigten Spitzelnetz wurde geschaffen, um die Durchführung des Reformwerks überwachen und kontrollieren zu können. Josephs Versuch, die zentralistische Ordnung auch auf Ungarn und die Niederlande auszudehnen, führte 1790 zum Abfall der Niederlande. Den aufständischen Ungarn versprach er, den Reichstag einzuberufen und die Krönung mit der Stephanskrone nachzuholen. Ferner sah er sich gezwungen, den größten Teil seines Reformwerks zu widerrufen, nur das Toleranzpatent und die Aufhebung der Leibeigenschaft blieben in Kraft.

Joseph II. scheiterte, weil er das Beharrungsvermögen des Ständestaats und das kirchlich-religiöse Traditionsbewußtsein unterschätzt hatte. Er mußte scheitern, weil er den Widerspruch zwischen Absolutismus und Aufklärung nicht auflösen konnte und weil er nicht sah, daß sein Ideal vom aufgeklärten Zwangsstaat der Vernunft der durch die Aufklärung geweckten Ideen von Freiheit und nationalem Eigenrecht notwendig widersprach.

6.5 Alternativen zum Absolutismus

6.5.1 Republikanische und ständische Herrschaft im 16. und 17. Jahrhundert

Neben Dänemark (Lex regia 1665) fand auch Schweden erst relativ spät (1682) den Weg zur absoluten Monarchie. Gleiches gilt für Rußland, das unter der Regierung Zar Peters I. (1689–1725) nach westlichem Vorbild umgestaltet wurde. Doch ist bereits darauf hingewiesen worden (s. 6.0), daß es nicht in allen Ländern Europas zur Ausformung absoluter Fürstenherrschaft gekommen ist, auch wenn diese neue Form staatlicher Gewalt beträchtliche Ausstrahlungskraft besaß.

Daneben nämlich existierten eher herkömmliche Formen von Staatlichkeit weiter. Dies gilt für die altehrwürdige Adelsrepublik Venedig wie für das unter der Herrschaft der Medici stehende Florenz. Die Schweizer Kantone blieben frei von fürstlicher Obrigkeit, und trotz eines adeligen Landesherrn kann man in vielen kleinen Territorien des deutschen Reiches nicht von einer vollen Entfaltung absolutistischer Herrschaft sprechen. Diesen fehlten häufig die dazu notwendigen Finanzmittel. Und die fehlende Erblichkeit beschränkte z. B. in den etwa 60 geistlichen Territorien im Süden und Westen des Reichs einen „geistlichen Absolutismus", zumal in einer ganzen Reihe dieser Staaten die Landstände einen bedeutenden Einfluß bewahren konnten.

Die Entfaltung der ständischen und regionalen Kräfte ließ in Polen/Litauen ein Staatswesen entstehen, dessen „Fortschrittsfeindlichkeit" häufig mit Unverständnis und Mißtrauen begegnet wurde. Seit 1505 war der König bei allen Gesetzen an die Zustimmung aller Adeligen gebunden (liberum veto). Er besaß nur noch einen schmalen Bereich selbständigen Handelns, etwa in der Judengesetzgebung oder bei der Privilegierung von Städten. Im weiteren Verlauf des 16. und 17. Jahrhunderts gelang es den Ständen, ihre Macht auf Kosten der Krone immer weiter auszudehnen, indem sie das Recht auf freie Königswahl ohne Bindung an eine Dynastie erlangten (1572) und die gewählten Könige zur Annahme von Wahlkapitulationen zwangen, die geradezu als Garantien der „Goldenen Freiheiten" des polnischen Adels galten. Die Stände erwiesen sich als Kräfte des Beharrens, die sich erfolgreich königlichem Zentralismus und jeder Rationalisierung von Herrschaft widersetzten, sie wurden daher für die „polnische Anarchie" und die gesellschaftliche und wirtschaftliche Rückständigkeit Polens im 18. Jahrhundert verantwortlich gemacht.

6.5.2 England und die Durchsetzung der parlamentarischen Monarchie

Der Aufstieg zum modernen, zentralisierten und rational verwalteten nationalen Machtstaat wurde nahezu überall in Europa durch den monarchischen Absolutimus entscheidend gefördert. In dem Zeitraum, in dem sich dieser Wandel vollzog, fiel in England die Entscheidung gegen den Absolutismus. Bevor in Frankreich die absolute Königsherrschaft zusammenbrach, hatte die englische Politik tief auf das europäische Denken eingewirkt. Wie läßt sich die Andersartigkeit der englischen Entwicklung erklären?

Wie fast überall in Europa gab es auch in England eine Ständeversammlung, das Parlament. Schon im 13. Jahrhundert wurden neben dem hohen Adel auch Vertreter der Ritterschaft und der Städte zu den Versammlungen berufen, die seit 1430 als gewählte Vertreter des Landes das House of Commons **(Unterhaus)** bildeten, während der Hochadel und die Bischöfe im House of Lords **(Oberhaus)** zusammentraten. Durch die ständige Geldnot der englischen Könige während des Hundertjährigen Krieges mit Frankreich (1339–1453) gewann das Parlament an Macht, weil es neben dem Recht auf Mitwirkung bei der Gesetzgebung auch seinen Anspruch auf regelmäßige Steuerbewilligung durchsetzen konnte. Die ständigen Streitigkeiten mit der Krone stärkten das Selbstbewußtsein der Commons, die sich seit der Trennung des Parlaments in zwei Kammern als die eigentlichen Vertreter des Landes verstanden.

Die blutigen Wirren der Rosenkriege (1455–1485) zwischen den Häusern Lancaster (Rote Rose) und York (Weiße Rose) begünstigten den Aufstieg des aus diesen Kriegen hervorgehenden Königshauses der Tudor unter Heinrich VII. (1485–1509), für den der stark dezimierte Hochadel keine Gefahr mehr darstellte. Unter seinen Nachfolgern Heinrich VIII. (1509–1547) und Edward VI. (1547–1553) kam es mit Hilfe des Parlaments zur Trennung der englischen Kirche von Rom. Durch die Suprematsakte (1534) wurde Heinrich deren Oberhaupt. Da Edward zwar an der Bischofsverfassung und an den Formen des katholischen Gottesdienstes festhielt, doch durch die Einführung des „Book of Common Prayer" (1549/52) und die gleichzeitig eingeführten „42 Artikel" die kirchliche Liturgie und Lehre im calvinistischen Sinn neu ordnete, war das Ergebnis dieser Reformbewegung die englische Hochkirche.

Während der Regierung Elisabeths I. (1558–1603), dem goldenen „elisabethanischen Zeitalter", begann Englands Aufstieg als Seemacht (s. 6.1.2). Der äußeren Bedrohung durch Spanien und das Papsttum begegnete Elisabeth vorsichtig und abwartend, während sie den inneren Gefahren, die ihrer Herrschaft drohten, energisch entgegentrat. Diese bestanden zum einen im Erbanspruch der katholischen Königin von Schottland, Maria Stuart, auf den englischen Thron; zum anderen war Elisabeths Stellung als Oberhaupt der anglikanischen Episkopalkirche gefährdet, weil die Puritaner die Hochkirche nach calvinistischen Vorstellungen von katholischen Elementen reinigen wollten. Trotz der Verfolgung durch die Krone fand diese religiöse Minderheit v.a. im Bürgertum und im ländlichen Adel zahlreiche Anhänger. Als 1603 die katholische Dynastie der Stuarts mit Jakob I. (1603–1625) zur Herrschaft kam, wurden die politischen und religiösen Grundlagen des Landes schnell zur Ursache eines langen und heftigen **Machtkampfes zwischen Krone und Parlament.**

Jakob I. und sein Sohn Karl I. (1625–1649) verstanden ihre Herrschaft als von Gott verliehenes Recht und versuchten, durch Umgehung bzw. Suspendierung des Parlaments (1629–1640) die absolute Monarchie zu verwirklichen. Beide Monarchen stützten sich dabei auf die Bischofskirche. In dem nun einsetzenden Streit sammelten sich die Gegner der Krone und der bischöflichen Amtskirche um die Puritaner, die im 1640 einberufenen „Langen Parlament" die Mehrheit stellten und dem in Geldnöten steckenden König viele Zugeständnisse abtrotzten.
Seinen Höhepunkt fand der Konflikt im Bürgerkrieg (1642–1646, 1648). Das vom Parlament aufgestellte Heer unter der Führung des Landedelmanns Oliver Cromwell (1599–1658) schlug zunächst das Heer des Königs, besiegte dann die mit dem Stuart verbündeten Schotten und bildete schließlich auch das Parlament in seinem Sinne um. Nach der Hinrichtung des Königs (1649), die in ganz Europa Entsetzen hervorrief, entstand eine kurzfristige Militärdiktatur unter dem Protektorat Cromwells, in der aber die republikanische Umgestaltung des Landes nicht gelang.
In der sich daran anschließenden Restaurationsphase unter Karl II. (1660–1685) und Jakob II. (1685–1688) hatten sich die Machtverhältnisse eindeutig zugunsten des Parlaments verschoben. Als Jakob II. versuchte, den Katholiken im Staat die volle Gleichberechtigung zu sichern, traf seine Rekatholisierungspolitik auf den energischen Widerstand des ganzen Landes. Mit der Berufung Wilhelms III. von Oranien, dem Ehemann von Jakobs II. ältester Tochter Maria, zum englischen König und mit der Flucht Jakobs nach Frankreich wurde die Revolution unblutig beendet.
Die **„Glorreiche Revolution"** legte den Grundstein für die Umwandlung Englands in eine vom Parlament geschaffene und kontrollierte Monarchie. Deren Kernstück wurde die vom Parlament erlassene **„Bill of Rights"** (1694), auf die der König bzw. die Königin verpflichtet wurden. In Zukunft konnte er bzw. sie ohne Zustimmung des Parlaments Gesetze weder erlassen noch aufheben, weder ein stehendes Heer aufstellen noch in Friedenszeiten den Ausnahmezustand ausrufen. Steuern konnten nur noch mit dem Einverständnis des Parlaments erhoben werden, die königliche Prärogative wurde als ungesetzlich verworfen. Die Abgeordneten hatten aus der Vergangenheit gelernt, sie zwangen den König, die alten Freiheiten des Volkes zu respektieren. Darunter verstanden sie, Bittschriften an den König richten zu können, ohne Angst vor Verhaftung haben zu müssen; das Recht der protestantischen Untertanen, Waffen zur Selbstverteidigung tragen zu dürfen; das Verbot von grausamen und ungewöhnlichen Strafen einzuhalten; die häufige Einberufung des Parlaments zur Verbesserung, Befestigung und Erhaltung der Gesetze. Die im **„Triennial Act"** (1694) festgelegte Bestimmung, alle drei Jahre Neuwahlen auszuschreiben, nötigte den König, sich mit dem Parlament zu arrangieren, das zudem jährlich einberufen werden mußte, öffentlich tagen sollte und über das Recht der freien parlamentarischen Debatte verfügte. Schließlich besorgte das Parlament im **„Act of Settlement"** (1701) die Thronfolge des lutherischen Hauses Hannover und sicherte gleichzeitig die Unabhängigkeit der Richter.
Damit war ein politisches System entstanden, dessen Grundgedanke – das Prinzip der Gewaltenteilung – von J. Locke in seinem „Second Treatise of Government" (1690) entwickelt worden war (s. M 19). Die konstitutionellen Errungenschaften Englands mit ihrer empfindlichen Einschränkung der königlichen Gewalt beeinflußten fortan den Ablösungsprozeß der amerikanischen Kolonien von ihrem englischen Mutterland. Sie fanden ihren Niederschlag auch im Werk des französischen Staatstheoretikers Charles de Montesquieu (s. M 20), und schließlich bedeuteten sie auch den Sieg der Aufklärung über die Willkürherrschaft monarchischer Souveränität und ebneten die Bahn für Englands Aufstieg zur Weltmacht.

Die Anfänge des modernen Staates im 17. und 18. Jahrhundert Materialien

Begründung und Durchsetzung des Absolutismus in Frankreich

M 1 Der Jurist und Parlamentsrat Jean Bodin (1529/30–1596) über die königliche Gewalt (1576)

Der Begriff Souveränität beinhaltet die absolute und dauernde Gewalt eines Staates, die im Lateinischen *majestas* heißt. [...] Souveränität bedeutet höchste Befehlsgewalt. Es ist geboten, hier den Begriff der Souveränität genau zu bestimmen [...]. Da wir zuvor den Staat definiert haben als die dem Recht gemäß gehandhabte Lenkung mehrerer Familien und der ihnen gemeinsamen Dinge mit souveräner Gewalt, so ist zu erläutern, was unter dieser souveränen Gewalt zu verstehen ist.

Ich sagte, daß es sich um eine dauernde Gewalt handelt. Es kann nämlich sein, daß absolute Gewalt auf einen einzelnen oder mehrere für begrenzte Zeit übertragen wird, nach deren Ablauf sie wieder einfache Untertanen sind. Darum können sie, auch solange sie an der Macht sind, nicht als souveräne Herrscher betrachtet werden. Sie sind nur Treuhänder und Hüter dieser Gewalt, bis es dem Volk oder dem Fürsten gefällt, diesen Zustand zu widerrufen. Der wirkliche Souverän bleibt stets im Besitz der Staatsgewalt. [...]

Wir wollen aber den Fall annehmen, daß man einem einzelnen oder mehreren die absolute Staatsgewalt ohne Einschränkung überträgt, und daß dies über Jahre hinweg andauert. Können wir dann sagen, diese verfügten über die Souveränität? Souverän ist nur derjenige, der allein Gott als Größeren über sich anerkennt. Also besitzen diese keine Souveränität, da sie nichts sind als Verwahrer der obersten Gewalt für eine befristete Zeit. Das Volk hat die Souveränität nicht verloren, wenn es für eine begrenzte Zeit einen oder mehrere Statthalter mit absoluter Gewalt bestellt. [...]

Wie bewerten wir nun aber jemanden, der vom Volk die absolute Gewalt auf Lebenszeit erhalten hat? Hier gilt es zu unterscheiden. Ist ihm die absolute Gewalt ohne Vorbehalte und Einschränkungen übergeben worden, so handelt es sich zweifellos um einen souveränen Monarchen. Denn das Volk hat sich seiner souveränen Gewalt entäußert, um ihn darin einzusetzen und damit zu bekleiden. [...] Wenn aber das Volk die Staatsgewalt jemandem auf Lebenszeit als Amtsträger oder Stellvertreter überträgt oder lediglich, um sich von der Ausübung der Gewalt zu befreien, so ist er keineswegs souverän, sondern einfach Amtsträger, Stellvertreter, Regent, Gouverneur, Verwalter oder Nutznießer einer fremden Gewalt. [...]

Wenden wir uns nun dem anderen Bestandteil unserer Definition zu und erläutern wir, was die Worte „absolute Gewalt“ bedeuten. Das Volk oder die Großen eines Staates können die souveräne und dauernde Gewalt an jemanden in der Weise übertragen, daß er über Güter, Personen und den ganzen Staat nach seinem Belieben verfügt und ihn später übertragen kann, an wen er will. Dies entspricht der uneingeschränkten und aus keinem anderen Grund als aus Freigebigkeit erfolgenden Schwankung, die allein den Charakter einer wahren Schenkung besitzt. Daran sind keine Bedingungen mehr geknüpft. So wie alle anderen Schenkungsakte, die Auflagen und Bedingungen beinhalten, keine wirklichen Schenkungen sind, so ist auch die Souveränität, die einem Fürsten unter Auflagen und Bedingungen übertragen wird, keine Souveränität im strengen Sinn und keine absolute Gewalt, es sei denn, die bei der Thronerhebung auferlegten Bedingungen entstammen dem Gesetz Gottes oder der Natur. [...] Die Staatsgewalt ist dann absolut und souverän, wenn sie nur dem göttlichen Gebot und dem Naturrecht unterworfen ist. [...]

Wenn wir aber feststellen, daß nur derjenige absolute Gewalt besitzt, der schlechthin keinem Gesetz unterworfen ist, so fände sich auf der ganzen Welt kein souveräner Fürst. Denn alle Fürsten dieser Welt sind den Gesetzen Gottes und der Natur sowie gewissen menschlichen Gesetzen, die allen Völkern gemeinsam sind, unterworfen. [...]

Die Inhaber der Souveränität sind auf keine Weise den Befehlen eines anderen unterworfen, geben den Untertanen Gesetze, schaffen überholte Gesetze ab, um dafür neue zu erlassen. [...] Darum gilt, daß der Fürst von der Gewalt der Gesetze entbunden ist. Zumal das Wort von der Gewalt der Gesetze im lateinischen soviel bedeutet wie Befehl des Souveräns. Wir finden deshalb auch bei allen Edikten und Ordonnanzen die Klausel: „Ungeachtet aller entgegenstehenden Edikte und Ordonnanzen, die Wir aufgehoben haben und hiermit aufheben und ungeachtet aller abweichenden Bestimmungen“. Diese Klausel ist seit jeher den alten Gesetzen angefügt worden, unabhängig davon, ob das aufgehobene Gesetz von demselben Fürsten oder seinem Vorgänger erlassen worden war. Denn alle Gesetze, Ordonnanzen, Patente, Privilegien und Auflagen der Fürsten gelten nur zu ihren Lebzeiten, wenn sie nicht durch ausdrückliche oder stillschweigende Einwilligung des Herrschers bestätigt werden. [...] Deshalb erbitten in Frankreich beim Regierungsantritt eines neuen Königs alle Kollegien und Gemeinden die Bestätigung ihrer Privilegien sowie ihrer Amts- und Gerichtsgewalt. Dies tun sogar die Parlamente und obersten Gerichtshöfe wie auch die einzelnen Amtsträger.

Ist also der souveräne Fürst den Gesetzen seiner Vorgänger nicht unterworfen, um wieviel weniger kann er an die von ihm selbst erlassenen Gesetze und Ordonnanzen gebunden sein. [...] Was allerdings die Gesetze Gottes und der Natur betrifft, so sind alle Fürsten auf dieser Erde an sie gebunden. Es liegt nicht in ihrer Macht, gegen sie zu verstoßen, wenn sie nicht des beleidigenden Aufbegehrens gegen Gott schuldig werden wollen, unter dessen Größe sich alle Monarchen der Welt beugen und vor dem sie ihr Haupt in Furcht und Ehrerbietung neigen müssen. Die absolute Gewalt der Fürsten und Herrschenden reicht nicht an die Gesetze Gottes und der Natur heran. [...]

Ist der Fürst nun den Gesetzen des Landes unterworfen, die er zu halten geschworen hat? Man muß verschiedene Fälle auseinanderhalten. Wenn er sich selbst schwört, seine Gesetze zu halten, so ist er durch sein Gesetz nicht mehr gebunden als durch einen Eid, den jemand sich selber leistet. [...] Und wenn ein souveräner Fürst einem anderen Fürsten zusichert, die Gesetze zu halten, die er oder seine Vorgänger gemacht haben, so ist er, auch wenn er sich nicht eidlich gebunden hat, verpflichtet, diese zu halten, wenn die Interessen des anderen Fürsten berührt sind. Ist dies aber nicht der Fall, so können ihn weder ein abgegebenes Versprechen noch ein geleisteter Eid verpflichten.

Dasselbe gilt von einem Versprechen, das der souveräne Fürst einem Untertanen gegeben hat, auch wenn er es vor seiner Wahl gegeben hat. [...] Auch in diesem Fall ist ein Fürst nicht durch seine eigenen Gesetze noch durch die seiner Vorgänger gebunden, sehr wohl aber, wie jeder einzelne Untertan auch, durch rechtmäßige Verträge und Versprechen, die er mit oder ohne Eid eingegangen ist oder geleistet hat. [...]

Man darf nicht Gesetz und Vertrag verwechseln. Das Gesetz hängt vom Inhaber der Souveränität ab, der seine Untertanen darauf verpflichten kann, ohne selbst gebunden zu sein. Ein Vertrag aber ist eine zweiseitige Angelegenheit zwischen Fürst und Untertanen. Er verpflichtet beide Seiten wechselseitig. Keine Seite kann ihm zum Nachteil der anderen ohne deren Zustimmung zuwiderhandeln. Der Fürst hat dabei gegenüber dem Untertanen keinerlei Vorrechte. Wenn jedoch ein Gesetz, das der Fürst zu halten versprochen hat, aufhört, dem ursprünglichen Rechtsgrund zu entsprechen, so ist er nicht länger an sein Versprechen gebunden. Dies können die Untertanen untereinander nicht tun, es sei denn, der Fürst entbindet sie von ihren Verpflichtungen. Souveräne Fürsten schwören niemals, die Gesetze ihrer Vorgänger zu achten. Sonst sind sie nicht wirklich souverän. [...]

Was die Grundgesetze der Monarchie angeht, insofern sie unmittelbar mit der Krone verknüpft sind, wie es beim Salischen Gesetz[1] der Fall ist, so darf der Fürst nicht von ihnen abweichen. Tut er es dennoch, so kann der Nachfolger jederzeit annullieren, was sich gegen die Grundgesetze der Monarchie richtet, denn auf sie stützt sich und auf ihnen beruht die souveräne Majestät. [...] Was nun die gewohnheitsrechtlichen Bestimmungen betrifft, die nicht die Grundlagen des Königreiches berühren, so ändert man herkömmlicherweise nichts an ihnen, es sei denn, man hat vorher die drei Stände zusammengerufen – versammelt entweder in den Generalständen von ganz Frankreich oder nach Gerichtsbezirken getrennt. Daraus folgt aber nicht, daß der König an den Rat der Stände gebunden ist oder nicht das Gegenteil von dem tun kann, worum sie ersuchen, wenn seine Entschlüsse auf Vernunft und Gerechtigkeit aufbauen. Denn Größe und Majestät eines wirklich souveränen Herrschers zeigen sich, wenn die Stände des ganzen Volkes versammelt sind und in aller Untertänigkeit dem Herrscher ihre Anträge und Bitten vortragen, ohne die geringste Befehls- oder Entscheidungsgewalt oder auch nur eine beratende Stimme zu haben. Was der König nach seinem Gutdünken annimmt oder verwirft, befiehlt oder verbietet, hat Gesetzeskraft. In diesem Punkt haben sich die Autoren von Schriften über die Pflichten der Amtsträger und ähnlicher Bücher mit ihrer Behauptung geirrt, die Stände stünden über dem Fürsten. Diese Meinung läßt die Untertanen gegen das Gehorsamsprinzip revoltieren, das sie gegenüber ihrem souveränen Herrscher zu beachten haben, und ist weder vernünftig noch begründet, außer wenn der König gefangen oder geisteskrank oder ein Kind ist. Denn wenn der souveräne Fürst den Ständen unterworfen ist, so ist er weder Herrscher noch souverän und der Staat weder ein Königreich noch eine Monarchie, sondern eine reine Aristokratie mit mehreren gleich mächtigen Herren, wo die Mehrheit über die Minderheit zu bestimmen pflegt. In diesem Fall müßten die Edikte und Ordonnanzen im Namen der Stände verkündet und von den Ständen beschlossen werden, vergleichbar einer aristokratischen Herrschaft, wo der oberste Repräsentant keinerlei Macht hat und den Befehlen der Herrschaftsträger Gehorsam schuldet, was alles absurd und unvereinbar ist. [...]

Absolute Gewalt bedeutet Freiheit gegenüber den positiven Gesetzen, nicht gegenüber dem Gesetz Gottes. Durch das göttliche Gesetz wird klar zum Ausdruck gebracht, daß es nicht erlaubt ist, sich den Besitz eines anderen anzueignen oder auch nur danach zu trachten. [...] Wenn also ein souveräner Fürst die Naturgesetze nicht verletzen darf, die auf Gott, dessen Abbild er ist, zurückgehen, so darf er fremdes Eigentum nicht konfiszieren, es sei denn, es gibt eine Rechtfertigung und vernünftige Begründung. Diese ist gegeben im Falle eines Kaufes oder Tausches oder für den Fall einer legitimen Konfiszierung von Eigentum im Interesse der Staatserhaltung,

1 In der Lex Salica war die französische Thronfolgeordnung geregelt, deren Hauptpunkte der Grundsatz der Primogenitur und das agnatische Prinzip – Blutsverwandtschaft der männlichen Linie – waren.

um einen sonst nicht zu erreichenden Frieden mit einem Feind abschließen zu können. Zum Zwecke der Staatserhaltung sollen die Untertanen nicht nur ihre Gegensätze und Konflikte hintanstellen, sondern auch ihr Eigentum aufgeben. [...]
Die Auffassung, die Fürsten seien Herren über alles, bezieht sich auf Herrschaft und Souveränität und beläßt jedem einzelnen sein Privateigentum. [Buch I, Kap. 8]
Wenn ein Fürst, der die wahre Religion besitzt, die in Sekten [...] zersplitterten Untertanen zu ihr bekehren will, so sollte er [...] keine Gewalt gebrauchen. [Buch IV, Kap. 7]
(J. Bodin, Über den Staat. Auswahl. Stuttgart 1982, S. 18–37)

M 2 Ein adliger französischer Calvinist über die königliche Gewalt (1580)

Da wir über die gesetzliche Machtvollkommenheit des Fürsten reden wollen, so zweifle ich nicht daran, daß diese Untersuchung allen Tyrannen und schlechten Fürsten zuwider sein werde. [...] Auf entschiedene Weise unterscheiden sich Tyrannen von Königen, ungerechte Fürsten von gerechten. Darum tut das, was gegen Tyrannen gesagt wird, den Königen keinen Abbruch, sondern gereicht ihnen zu um so größerer Ehre, je mehr man den Tyrannen zu Leibe rückt, ja, man kann diese gar nicht tadeln, ohne jene zugleich zu loben. [...] Einige Jahrhunderte vor der Zeit, als das israelitische Volk einen König von Gott erbat, hatte Gott ein Reichsgesetz ausgesprochen, welches sich im 5. Buch Moses findet, im 17. Kapitel: „Wenn du in das Land kommst, das der Herr, dein Gott, dir geben will, und du es besetzest und dich darin niederläßt und dann sprichst: ‚Ich will einen König über mich setzen, wie alle Völker rings um mich her, so sollst du einen König über dich setzen, den der Herr, dein Gott, erwählt.'" Hier sieht man, wie die Wahl des Königs Gott, die Einsetzung dem Volke zugeschrieben wird. [...]
Ebenso lesen wir von Einsetzung heidnischer Könige durch das Volk. Es wurde nämlich, wenn entweder Krieg oder im Innern Uneinigkeit war, einer, von dessen Tapferkeit und Gerechtigkeit die Menge eine gute Meinung hatte, einstimmig zum Könige angenommen. [...] So war es auch mit den ersten Königen Roms. Nach der Tötung des Romulus fand das Zwischenreich der hundert Senatoren bei den Römern keinen Beifall, und sie kamen überein, in Zukunft durch Abstimmung des Volkes mit Zustimmung des Senats sich Könige auszuwählen. Tarquinius Superbus aber wird darum für einen Tyrannen gehalten, weil er wider den Willen des Volkes und Senates, nur auf Macht und Gewalt sich stützend, die Herrschaft behauptete. Deshalb wollte Cäsar, um wenigstens einen Schein des Rechts zu haben, die Herrschaft, der er sich gewaltsam bemächtigt hatte, gern als ihm vom Volk und Senat übertragen betrachtet wissen. Augustus, wiewohl von Cäsar adoptiert, gab sich nie für einen Erben des Reichs, vielmehr behauptet er es als eine Übertragung des Senats und des Volkes; und ebenso Tiberius, Caligula, Claudius. Aber Nero, der erste, der auch ohne alle rechtliche Färbung, nur mit Gewalttat und Verbrechen das Reich an sich riß, wurde vom Senat verdammt. Überhaupt, da niemand als König geboren wird, niemand durch sich selbst König sein, niemand ohne das Volk herrschen kann, das Volk hingegen durch sich selbst sein kann und eher vorhanden war als der König, so steht es auf das bestimmteste fest, daß alle Könige zuerst vom Volk eingesetzt wurden. [...]
In den christlichen Reichen, welche heutzutage für Erbmonarchien gelten, finden sich davon die unverkennbaren Spuren. Denn die Könige von Frankreich, Spanien, England und andere pflegen von den Reichsständen, Pairs, Patriziern, Großen, welche die Allgemeinheit des Volkes repräsentieren, auf den Thron geführt und gleichsam in des Reiches Besitz geschickt zu werden [...]; nicht anders als auch die Kaiser Deutschlands von den Kurfürsten. [...]
Was wir nun aber von der Gesamtheit der Völker behaupten, behaupten wir ebensogut von denjenigen, welche in jedem Reiche wie in jeder Stadt die Gesamtheit gesetzmäßig repräsentieren. [...] Wir haben behauptet, daß bei Einsetzung des Königs ein doppeltes Bündnis eingegangen werde: einmal zwischen Gott, dem König und dem Volk, was früher besprochen wurde; sodann zwischen dem König und dem Volke, wovon jetzt zu handeln ist.
Nach der Einsetzung Sauls wird diesem das Königsgesetz übergeben, darnach er regieren soll. David geht in Hebron vor Gott, d.h. indem er Gott zum Zeugen anruft, ein Bündnis ein mit den Ältesten Israels, welche das gesamte Volk repräsentieren, und dann erst wird er zum König gesalbt. [...] In diesem Vertrag nun (pactum) handelte es sich um die Königswahl. Denn das Volk machte den König, nicht der König das Volk. Daher ist kein Zweifel, daß das Volk sich anloben ließ, der König aber versprechen mußte. Dem Stipulator [Gläubiger] kommt im Rechte die erste Stellung zu. Das Volk ließ sich also vom Könige angeloben, ob er gerecht und den Gesetzen gemäß regieren wollte. Dieser gelobte, er würde es tun. Und dann erst antwortete das Volk, es würde ihm, wenn er gerecht regierte, getreulich gehorchen. So versprach denn der König schlechterdings, das Volk hingegen unter einer Bedingung, bei deren Nichterfüllung das Volk von Rechts wegen von aller Verbindlichkeit befreit werden sollte. Bei jenem ersten Bunde oder Vertrage kommt die Religion in Betracht, bei dem zweiten die Gerechtigkeit; in jenem verspricht der König, Gott in Frömmigkeit zu gehorchen, in diesem, gerecht über das Volk zu herrschen. [...] Wenn jener Vertrag nicht erfüllt wird, ist Gott allein Rächer; diesen aber rächt von

Gesetzes wegen das gesamte Volk oder die des gesamten Volkes Schutz auf sich genommen haben, die Großen des Reiches. So ist es bei allen gesetzlichen Regierungen fortwährend gehalten worden. [...]
Wenn der König von Frankreich gekrönt wird, fragen zuerst die Bischöfe von Laon und Beauvais das anwesende Volk, ob es diesen zum Könige wolle und begehre, eine Formel, die als die Erwählung durch das Volk bezeichnet wird. Nachdem das Volk eingewilligt zu haben scheint, schwört er, Frankreichs Gesetze und Freiheiten und überhaupt alle Rechte zu schützen, das Krongut nicht zu veräußern usw. [...] Und erst, nachdem das Volk es gutgeheißen, wird er mit dem Schwerte umgürtet, gesalbt und gekrönt, empfängt von den Pairs, die mit Kränzen geschmückt sind, das Szepter und die Rute der Gerechtigkeit und wird zum König ausgerufen. Und endlich dann erst, nachdem er selbst Treue und die Bewahrung der Gesetze angelobt, schwören auch ihm alle Pairs. [...] [Hundshagen]
(Philippe du Plessis-Mornay [?], Vindiciae contra tyrannos ... Nach: Geschichte in Quellen, Bd. 3. München [2]1976, S. 260–263)

Anregungen

1 *In den französischen Religionskriegen ging es nicht nur um das Problem der religiösen Einheit des Landes, sondern auch um die Frage, wer an der Machtausübung im Staate zu beteiligen sei. Welche Lösungsvorschläge werden dazu in M 1 und M 2 unterbreitet?*

2 *Was unterscheidet die absolute Hoheitsgewalt eines Monarchen nach dem Verständnis Bodins von einer tyrannischen Herrschaft?*

3 *Welche Rechtsstellung besitzt das Volk nach M 1 bzw. M 2?*

4 *Vergleichen Sie M 2 mit GG Art. 20, Abs. 1–4, und diskutieren Sie über Gemeinsamkeiten und Unterschiede!*

5 *Beschreiben Sie, wie sich die Kunst des Barock in Europa ausbreitet (Abb. 2)!*

6 *Prüfen Sie anhand von Lebensläufen bedeutender Musiker des 17. und 18. Jahrhunderts, ob die in den Karten Abb. 2 feststellbaren Trends auch auf den Bereich der Musik zutreffen!*

7 *Ergänzen Sie Abb. 1 für den Zeitraum des 17. Jahrhunderts! Übertragen Sie die Kräftekonstellationen in eine Kartenskizze, und versuchen Sie festzustellen, welche Räume besonders bedroht sind! Welche Ziele der kriegführenden Staaten sind zu erkennen?*

8 *Vergleichen Sie nunmehr Ihre Ergebnisse zu Abb. 1 und Abb. 2, und formulieren Sie hypothesenhaft, welche Gemeinsamkeiten, aber auch welche Spannungen das Europa des 17. und 18. Jahrhunderts beherrschen!*

Der französische Absolutismus unter Ludwig XIV.

M 3 Die gesellschaftliche Gliederung[1]
a) Klerus und Adel

	Erster Stand: Klerus
Anzahl	ca. 130000 (0,5% der Bevölkerung, weniger als im protestantischen England)
Innere Gliederung	1. Hohe Geistlichkeit, 143 Bischöfe und ca. 750 Äbte, ca. 250 Äbtissinnen, 8000 Domherren und Prälaten adliger Herkunft mit bedeutenden Einkünften 2. Niedere Geistlichkeit, bäuerliche bzw. bürgerliche Herkunft, z.T. ärmliche Verhältnisse 60000 Pfarrer und Vikare 25000 Ordensbrüder 35000 Nonnen
Privilegien	Befreiung vom Militärdienst und allen Steuern, dafür freiwillige Steuerabgabe, Erhebung eigener Steuern (Zehnt), Ehrenrechte, eigene Gerichtsbarkeit
Pflichten	Armen- und Krankenfürsorge, Unterrichtswesen
Beschränkungen	–

1 Die Bevölkerung Frankreichs war damals – wie die gesamte Bevölkerung Europas – ständisch gegliedert. Kleinere regionale Unterschiede änderten wenig daran, daß die Menschen in drei scharf voneinander getrennten Ständen lebten und ein Überwechseln zwischen diesen Ständen selten, weil schwierig war.

Anregungen

1 *Vergleichen Sie die Entwicklung Frankreichs mit der des Reiches: Welche Faktoren sind dafür verantwortlich, daß Frankreich zu einem Nationalstaat zusammenwachsen kann, das Reich dagegen territorial „atomisiert" wird (Abb. 7)? Welchen verfassungsrechtlichen Beschränkungen unterliegt der französische König, welchen der deutschen Kaiser?*

2 *Inwiefern können die Kardinäle Richelieu und Mazarin als Wegbereiter des Absolutismus bezeichnet werden?*

3 *Wie können die in Abb. 3c dargestellten Bauernunruhen gedeutet werden? Vergleichen Sie dazu M 15–17!*

	Zweiter Stand: Adel
Anzahl	ca. 350000 (1,5% der Bevölkerung, in Polen und Ungarn: 4% bis 8% der Bevölkerung)
Innere Gliederung	1. Hofadel, ca. 4000 Familien, die dem König vorgestellt worden waren und am Hof lebten; Ehrenämter, Pensionen 2. Landadel, unterschiedlicher Besitz, z. T. verarmt Ursprung: 1. Schwertadel: feudaler und militärischer Ursprung im Mittelalter 2. Amtsadel: durch Kauf richterlicher und verwaltender Ämter mit adelndem Charakter
Privilegien	Befreiung von den meisten Steuern, Feudalrechte (Hand- und Spanndienste, Jagdrecht), Anrecht auf Ämter und Pfründe, bezahlte Ehrenstellen in Verwaltung und Armee
Pflichten	ursprünglich Militärdienst, im 18. Jh. keine Gegenleistung
Beschränkungen	Verbot der Betätigung in Handel und Industrie (außer in Kolonien)

b) Der dritte Stand

Der dritte Stand setzte sich eigentlich aus vielen Gruppen zusammen. Eine 1780 erschienene Untersuchung eines Abtes Expilly zum Beispiel zählte folgende Personen zu ihm:

		Frauen und Kinder
Bürgertum		
Kapitalrentner, Finanzberufe, Kaufleute, Ladenbesitzer, Handwerker	1 Mio.	3 Mio.
Professoren, Anwälte, Ärzte, Apotheker	25000	75000
Militärpersonen	300000	50000
Beamte der Reichs- und Finanzverwaltung	60000	240000
Seefahrer	70000	210000
Flußfischer, Flößer	10000	30000
Bediente: Männer 1 Mio. Frauen 920000 Kinder bis zu 15 Jahren 122000		
Bauern		
Viehbauern	426000	1,7 Mio.
Wein- u. Ackerbauern	1 Mio.	3,5 Mio.
Landarbeiter u. Tagelöhner	2,5 Mio.	7,5 Mio.

(Ebenda)

(Nach: V. Wittmütz, Hrsg., Die Französische Revolution, Frankfurt/M. 1983, S. 8)

4 *Vergleichen Sie die beiden Karten Abb. 3a, und 3b und versuchen Sie festzustellen, in welchen Bereichen die von Richelieu und Mazarin eingeleitete Politik unter Ludwig XIV. fortgesetzt wird! Überprüfen Sie die Ergebnisse Ihrer Kartenarbeit durch die Analyse von Kap. 6.2.3 und M 1–M 11!*

Das Selbstverständnis des Königs

M 4 Wie schätzt der König von Frankreich den Kaiser des Heiligen Römischen Reiches Deutscher Nation ein?

[...] Die Kaiser von heute [sind] mitnichten das [...], was Karl der Große war [...]; man darf sie lediglich als Oberhäupter und Heerführer einer deutschen Republik betrachten, die jung genug ist im Vergleich mit mehreren anderen Staaten und die nicht so groß und mächtig ist, als daß sie irgendeine Überlegenheit über die benachbarten Staaten beanspruchen könnte. Ihre wichtigsten Beschlüsse bedürfen der Beratung durch die Reichsstände; man zwingt ihnen durch diese Auswahl die Bedingungen auf, die man wünscht. Die meisten Mitglieder der Republik, d. h. die Reichsfürsten und die freien Reichsstädte Deutschlands, fügen sich ihren Befehlen nur insofern, als es ihnen beliebt. Als Kaiser besitzen sie nur sehr geringe Einkünfte und, wenn sie nicht noch eigene Länder in erblichem Besitz hätten, so wären sie so eingeschränkt, daß sie im gesamten Reich nur in Bamberg Wohnsitz nehmen könnten.

Mein Sohn, Wir sehen also keinen Grund, weshalb die Könige von Frankreich – Könige Kraft ihres Erbrechts, die sich obendrein rühmen können, daß es heute in der ganzen Welt, ohne Ausnahme, weder ein besseres [königliches] Haus gibt als das ihre noch eine so alte Monarchie noch eine größere Macht noch eine unumschränktere Autorität – diesen gewählten Fürsten unterlegen sein sollten.

(Louis XIV., Mémoires. Paris 1960, S. 34–36)

M 5 Warum regiert der König ohne Premierminister?

Was die Personen anbelangt, die Uns in Unserer Arbeit unterstützen sollten, so haben Wir Uns vor allem entschlossen, keinen Premierminister mehr in Dienst zu stellen. Sollten Sie, mein Sohn, und Ihre Nachfolger Uns darin folgen, so wird der Titel für immer in Frankreich abgeschafft sein. Denn es ist nichts unwürdiger [...] als nur den leeren Titel eines Königs zu bemerken. Daher war es nötig, Unser Vertrauen und die Ausführung Unserer Befehle mit Personen zu teilen, ohne sie ihnen ganz und ungeteilt zu geben, weshalb Wir den verschiedenen Personen verschiedene Angelegenheiten übertrugen, für die sie befähigt waren. [...]

Wir sollten weiterhin die oberste Leitung allein in Unserer Hand zusammenfassen. [...]

Es sind jetzt zehn Jahre, daß Wir – wie Wir glauben – diesen Weg konsequent verfolgen, ohne dabei in Unserem Beharren zu ermüden: Über alles sind Wir unterrichtet, auch Unsere geringsten Untertanen hören Wir an, kennen jederzeit Stärke und Ausbildungsstand Unserer Truppen und wissen vom Zustand Unserer Festungen, für deren Versorgung Wir unverzüglich Unsere Befehle erteilen; auch verhandeln Wir direkt mit fremden Gesandten, Wir lesen die Depeschen, für die Wir teilweise selber Antworten entwerfen, während Wir für die restlichen den Sekretären das Wesentliche angeben. Die Einnahmen und Ausgaben des Staates werden von Uns geregelt, und die, die Wir mit wichtigen Ämtern betreuen, legen Uns persönlich Rechnung.

Unsere Angelegenheiten halten Wir so geheim wie niemand vor Uns; Wir verteilen Gnadenerweise nach eigenem Ermessen. Wenn Uns nicht alles täuscht, erhalten Wir die Personen, die Uns dienen, in einer Bescheidenheit, die weit entfernt ist von der hohen Stellung und der Machtfülle der Premierminister, auch wenn Wir sie und die Ihrigen mit Wohltaten überhäufen.

(Ebenda, S. 120ff.)

M 6 Nach welchen Prinzipien wählt der König seine Minister aus?

Es gibt in allen Angelegenheiten bestimmte Details, um die Wir Uns nicht kümmern können, da sowohl Unsere Überlastung als auch Unsere hohe Stellung Uns das nicht gestatten. [...] Weder Sie noch Wir, mein Sohn, werden für diese verschiedenartigen Funktionen nach solchen Leuten forschen, die sich Unseren Blicken entziehen, weil sie fern von Uns wohnen oder Uns unbekannt sind, auch wenn sie noch so befähigt sein mögen. Notwendigerweise muß man sich auf eine kleine Anzahl beschränken, die Uns der Zufall präsentiert, auf solche also, die sich bereits in amtlichen Stellungen befinden oder aber die durch Zuneigung oder Geburt in eine nähere Beziehung zu Uns gekommen sind. [...] Zweifellos hätten Wir Unsere Blicke auf Personen weit höheren Ranges richten können, allerdings auf keine, die fähiger gewesen wären als diese drei [Ludwig meint hier den Staatssekretär Le Tellier, den Außenminister Lionne und den Finanzminister Fouquet]. Diese kleine Zahl [...] schien Uns auch besser zu sein als eine größere. [...] Wir fanden es gar nicht in Unserem Interesse, Untergebene von höherem Stande in Unserem Dienst zu haben. Vor allem mußten Wir Unser Ansehen fest begründen und der Öffentlichkeit schon durch den Stand zeigen, dem Wir sie entnahmen, daß Wir nicht die Absicht hatten, Unsere Autorität mit ihnen zu teilen. Uns kam es darauf an, daß sie sich selber keine größeren Hoffnungen machten als die, die Wir in Ihnen erwecken wollten, was aber bei Personen von sehr vornehmer Abstammung schwierig ist.

(Ebenda, S. 123f.)

M 7 Die Zentralregierung unter Ludwig XIV.

In der Regel bediente sich Ludwig XIV. während seiner ganzen Regierungszeit sachkundiger, qualifizierter Mitarbeiter, vorwiegend aus dem Bürgertum, die ganz von ihm abhängig waren und daher keine Politik auf eigene Faust unternahmen. [...]

Indem Ludwig XIV. eine Kumulierung von Funktionen (z. B. bei Colbert neben den Finanzen: Marine, Handel, Kolonien, Bauwesen und Verkehr, Kultur und Wissenschaften) begünstigte, verminderte er die Verteilung von Kompetenzen und Verantwortung; er behielt damit den Überblick über die einzelnen Instanzen und erwirkte sozusagen die Allgegenwart des Herrschers. Einzelne Minister wie Colbert, Le Tellier oder Louvois, dienten Ludwig XIV. über zwanzig Jahre lang. Insgesamt setzte der König während seiner 55jährigen Herrschaft nur 17 Minister ein, die zudem vorwiegend von den Familien Colbert (5), Le Tellier (3) und Phélypeaux (1 Minister sowie 4 Staatssekretäre) gestellt wurden. [...]

Die Zentralregierung Frankreichs bestand am Ende der Herrschaft Ludwigs XIV. aus dem Kanzler (er nahm die Funktion des heutigen Justizministers, zeitweise auch des Siegelbewahrers ein) und den Staatssekretären für Äußeres, Kriegswesen, Finanzen, Marine sowie dem Sekretariat des königlichen Hauses.

(J. Voss, Geschichte Frankreichs, Bd. 2, a.a.O., S. 66f.)

M 8 Königlicher Auftrag für den Intendanten Charron de Menars (1674)

Ludwig XIV. schickte Charron de Menars als „gesandten Kommissar" in die „Generalität von Orléans" und betraute ihn mit Aufgaben für diesen Finanzbezirk.

An unseren lieben Getreuen [...] Charron de Menars. [...] Wir haben Euch mit beiliegendem, eigenhändig unterzeichneten Schreiben abgesandt

und beauftragt, Euch an alle Orte unserer Generalität von Orléans mit der Vollmacht zu begeben, Euch bei allen Beratungen einzufinden und daran teilzunehmen, die von Unseren Gouverneuren und deren Vertretern im Finanzbezirk in Unseren wichtigsten Angelegenheiten abgehalten werden, um ihnen eure Ratschläge zu erteilen, Euch zu informieren über alle Unregelmäßigkeiten, alle geheimen Vorgänge und Umtriebe, die sich gegen Unser Regiment richten können, über alle unerlaubten Waffentragenden und Versammlungen sowie Rekrutierungen von Soldaten ohne Unseren Befehl [...]; auch über die Lebensweisen, Vergehen und Ausschweifungen derer, die in die Garnisonen der oben genannten Generalität eintreten möchten oder bereits eingetreten sind.
Wir geben Euch die Vollmacht, allen schuldigen Kriegsleuten den Prozeß zu machen, aber auch all denen, die rebellieren [...] oder sich [...] der Steuererhebung widersetzen [...], bis zum endgültigen Urteil einschließlich dessen Ausführung, ohne Berufung.
[Wir haben Euch beauftragt,]
dafür zu sorgen, daß das Kriegsvolk [...] in allem militärische Disziplin bewahrt [...], die Schulden der Gemeinden zu überprüfen, deren Gültigkeit oder Ungültigkeit zu beurteilen, auch die Prozesse, die in Gang sind oder geführt werden sollen [...],
Euch die Rechnungen derer vorlegen zu lassen, die öffentliche Gelder und Steuern der genannten Städte verwaltet haben,
Euch die Aufteilungen und Listen der Taille [Vermögens- und Einkommensabgabe der nicht privilegierten Stände] und der Salzsteuer [vorlegen zu lassen],
Euch in alle Kirchengemeinden zu begeben, um zu prüfen und festzustellen, ob die genannten Listen gut und richtig geführt worden sind, die Wachsamkeit der Beauftragten für die Wahl und die Salzschuppen zu überprüfen,
vor Euren Augen die allgemeinen und besonderen Steuereinnehmer Unserer Finanzen sowie anderer Personen, die Unsere Felder [königliche Domänen] verwalten, Rechenschaft ablegen zu lassen,
sowohl beim Amt der Schatzkammer Frankreichs wie auch bei den Wahlen den Vorsitz zu haben, wo Eure Stimme den Ausschlag geben wird,
dafür zu sorgen, daß Unsere *aides* [indirekte Steuern] in der o.g. Generalität in der von den Erlassen vorgeschriebenen Form erhoben wird,
[Wir haben Euch befohlen],
Informationen zu sammeln gegen diejenigen, die sich weigern, die genannten Steuern zu zahlen, Eure Anweisungen auszugeben, die den Befehl an alle Inhaber von Boden, Rechten und Einkünften aus Unserem Besitz enthalten, Euch die Verträge des Erwebs, des Tauschs, der Bürgschaft u.ä. [vorlegen zu lassen ...],
die Gewässer und Wälder der o.g. Generalität neu zu ordnen, sei es, daß sie Uns gehören oder den Kirchen oder Klöstern, indem Ihr Euch zu diesem Zweck die Einwilligungen und Vermessungsprotokolle zeigen laßt [...],
bei Gericht und beim königlichen Gerichtshof zu präsidieren, wann immer Ihr es für richtig haltet, Euch über alle Mißbräuche, die im Rechtsleben begangen werden, zu informieren [...],
Euch von der Wegepolizei die Protokolle der von ihnen durchgeführten Ritte zeigen zu lassen [...],
Euch über die Veruntreuungen und Erpressungen, die Unsere Untertanen gemacht haben könnten, zu informieren [...];
wir wollen [...], daß alle Kanzleien, öffentliche Stellen, sei es der normalen Gerichtsbarkeit oder der Ämter der Schatzkammer Frankreichs, alle Wahlen, Marschallgerichte, Schiedstellen, Rathäuser, Salzlager und dergleichen Euch offenstehen sollen;
Wir wollen und wünschen, daß Ihr für alles Sorge tragt, was das Wohl Unseres Staates betrifft.
Die Beachtung Unserer Anweisungen in bezug auf Justiz, Polizei und Finanzen und das Wohl und die Pflicht Unserer Untertanen auf dem gesamten Gebiet der erwähnten Generalität [...] und Eure Anweisungen und alles, was durch Euch und Eure Beauftragten bestimmt wird, wird auch bei irgendwelcher Opposition und Berufung durchgeführt. Sollte jemand diesbezüglich vorstellig werden, so haben Wir Uns und dem von Uns ernannten Rat die Beurteilung vorbehalten und sie allen anderen Richtern verboten und untersagt.
Über all das Obengenannte geben Wir Euch Vollmacht, Auftrag und Sonderrechte durch dieses Schreiben, durch das Wir dem Gouverneur und Unseren allgemeinen Stellvertretern im o.g. Bezirk Orléans und allen Gouverneuren der Städte und Orte, Hauptleute, Führer und Kommandanten der Kriegsleute, die in Unserer genannten Generalität durchgehen oder sich aufhalten, Justiz- und Finanzbeamte und allen anderen in Frage kommenden Untertanen befehlen, daß in all dem, was mit dem genannten Auftrag in Zusammenhang steht, jeder von ihnen die Pflicht hat, Euch anzuerkennen und Euch jede Hilfe und Erklärung zu leisten, sobald sie von Euch dazu aufgefordert werden. [...]
(Nach: P. Goubert, L'ancien régime, Bd. 2: Les pouvoirs. Paris 1973, S. 58f.)

Anregungen

1 *Beschreiben Sie auf der Grundlage von M 4–7 das Herrschaftsverständnis Ludwigs XIV.!*

2 *Untersuchen Sie den Aufgabenkatalog für den Intendanten des Steuerbezirks von Orléans (M 8)! Vergleichen Sie dazu auch Abb. 3b: Welche Funktionen erfüllte dieses schon vor Ludwig XIV. eingeführte Amt der Intendantur im absolutistischen Staatswesen?*

M 9 Die Einnahmen des königlichen Fiskus

I. Ordentliche Einnahmen

1. Direkte Steuern

Taille personelle (Nordfrankreich)	erfaßt gesamte Leistungskraft der Haushalte
Taille réelle (Südfrankreich)	erfaßt alle Liegenschaften mit Ausnahme der adligen/kirchlichen Ländereien
Capitation (Kopfsteuer) 1695–1698, seit 1701	erfaßt alle Stände; Klerus löst sich 1710 mit 24 Mill. l. t. für immer ab, 2. und 3. Stand zahlen in 22 Klassen
Dixième (Einkommensteuer)	1710–1717; 1733–1737; 1741–1749
Vingtième (Einkommensteuer)	ab 1750: Proportionalsteuern, von allen Untertanen zu zahlen, aber mit zahlreichen regionalen Ausnahmen

2. Indirekte Steuern

alle Untertanen werden erfaßt, dennoch starke regionale Unterschiede

Gabelle (Salzsteuer)	Provinzen mit: Grande Gabelle, Petite Gabelle, Sans Gabelle
Aides (v.a. Getränkesteuer)	Lebensmittel, Wein, Bier usw.
Octroi (Städt. Akzise)	erfaßt die Städte, die daher mit Zollmauern umgeben werden
Traites (Zölle)	a) Außenzölle b) Stark differenzierte Binnenzölle zwischen den Provinzen mit großen Unterschieden

3. Beiträge des „Klerus von Frankreich"

Ab 1561: Übernahme des königlichen Schuldendienstes	Ende 16. Jh.:	1300000 l. t.
	18. Jh.:	452650 l. t.

4. Sonstige Einnahmen

Domanialeinnahmen aus den königlichen Gütern Monopolverwaltung, Post- und Reisekutschendienst, Wegefron (Corvée), Lotterie, Münze

II. Außerordentliche Einnahmen

1. Freiwillige Abgaben des Klerus (= Dons gratuits)
2. Ämterverkauf
3. Staatliche Anleihen

(Nach: W. Mager, Frankreich vom Ancien Régime zur Moderne 1630–1830. Stuttgart, Berlin, Köln, Mainz 1980, S. 116ff.)

M 10 Die Entwicklung des französischen Staatshaushal

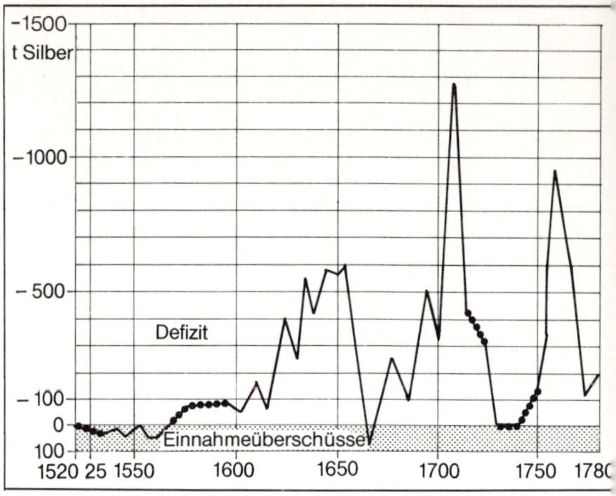

a) Einnahmen und Ausgaben der königlichen Kassen (1520–1780)

(Zusammengestellt nach: W. Mager, a.a.O., S. 116ff.)

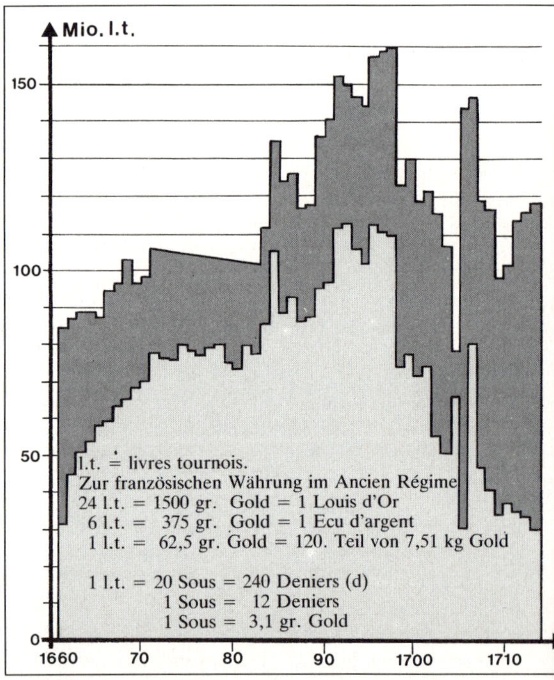

b) Brutto- und Nettoeinnahmen der Regierung unter König Ludwig XIV.

Von den Bruttoeinnahmen sind alle Gelder zur Schuldentilgun und Erfüllung sonstiger Zahlungsverpflichtungen abzuziehen (Nach: Ebenda, S. 113)

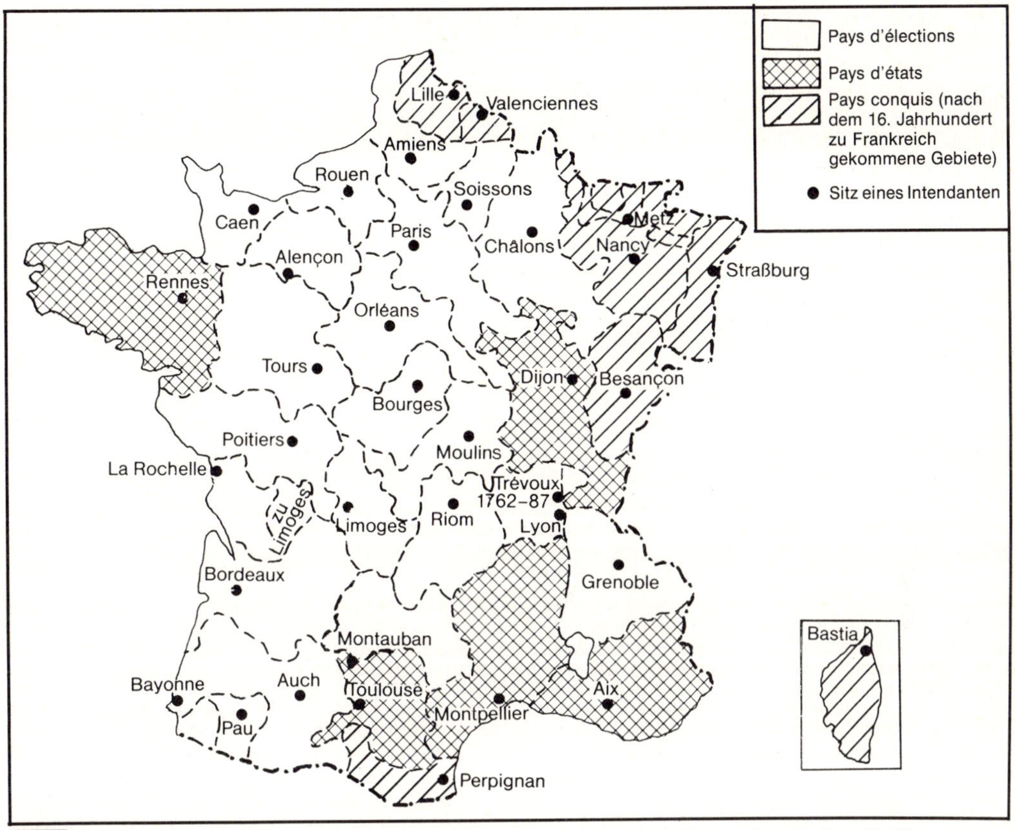

M 11 **Einteilung Frankreichs nach Steuergesichtspunkten** (Wittmütz, Franz. Revolution, S. 12)
Die Belastung der Bauern durch die grundherrlichen, kirchlichen und königlichen Abgaben ist teilweise auf bis zu 2/3 des erarbeiteten Ertrages geschätzt worden.

M 12 **Colbert untersucht das französische Finanzwesen und macht Vorschläge zu dessen Verbesserung, 1663**

Jean-Baptiste Colbert (1619–1683), Tuchhändlersohn, wurde 1661 Oberintendant der Finanzen. Er gilt als der bedeutendste Vertreter des Merkantilismus.

Es ist ein feststehender und allgemein anerkannter Grundsatz in allen Staaten der Welt, daß die Finanzen der wichtigste und wesentlichste Teil der Staatsangelegenheiten sind. Diese Materie greift in alle Staatsgeschäfte ein, ob sie nun die Erhaltung des Staates nach innen oder seine Ausdehnung und Machtbehauptung nach außen betreffen; hat sie doch mannigfache Auswirkungen auf die Gesinnung des Volkes im Innern wie der fremden Fürsten und Staaten draußen.

Es ist so gut wie sicher, daß jeder Staat, entsprechend seiner Größe und Ausdehnung, über genügend Mittel verfügt, um sich nach innen zu behaupten, sofern nur diese seine Mittel gut und ehrlich verwaltet werden. Was jedoch das Ziel der äußeren Machtausdehnung betrifft, so haben bisher von allen europäischen Staaten nur die beiden Kronen Frankreich und Spanien über genügend Machtmittel und finanzielle Reserven verfügt, um auswärtige Kriege und Eroberungen unternehmen zu können.

Es ist richtig, daß Holland dank seines Gewerbefleißes und seiner eifrigen Betätigung im Handel [...] den Mangel an Macht- und Geldmitteln auszugleichen vermochte, aber das [ist ein vereinzeltes Beispiel]. [...]

Es wäre mithin zu prüfen, welche Auswirkungen finanzieller Mangel oder Überfluß für die Staaten haben. In unserem Königreich gibt es nur ein einziges Beispiel für finanzielle Blüte, nämlich die letzten Regierungsjahre Heinrichs IV., dafür aber zahllose Beispiele für Mangel und Not. Ganz anders in Spanien: Dort haben wir unter der Regierung Karls V., Philipps II., Philipps III. und sogar Philipps IV. dank der Entdeckung Westindiens einen derart verschwenderischen Überfluß an Silber, daß Europa Zeuge wurde, wie dieses bescheidene, von der Welt

kaum beachtete erzherzogliche Haus Österreich innerhalb von 60 bis 80 Jahren die Herrschaft über alle burgundischen Erbländer, über Aragon, Kastilien, Portugal, Neapel und Mailand erwarb, durch die Heirat Philipps II. mit Maria zu allen diesen Staaten auch noch die Kronen England und Irland hinzufügte, beinahe die Kaiserkone in seinem Hause erblich und unseren Königen den Vorrang ihrer Krone streitig machte, ja durch seine geheimen Umtriebe und durch bewaffnete Intervention unser Königreich nahezu in fremde Hände brachte, um schließlich die Herrschaft über ganz Europa, d. h. über die ganze Welt, anzustreben.
Da wir seit dem Tode Heinrichs IV. [1610] in unseren Finanzen nur Beispiele für Mangel und Not kennen, wird man guttun, sich die Frage zu stellen, wie es kommt, daß man während eines so langen Zeitraumes keinerlei Überfluß, ja nicht einmal irgendwelche Erleichterung, [...] ein auch nur annäherndes Gleichgewicht von Ausgaben und Einnahmen erlebt hat. Man kann für diese Unordnung nur zwei Hauptfehler verantwortlich machen: Entweder liegt es an der obersten Instanz, die diese Angelegenheiten verwaltet, oder an den Grundsätzen, nach denen sie handelt, und die, weil fehlerhaft in sich, die eigentliche Hauptursache dieser ganzen Unordnung sein könnten.
Seit undenklichen Zeiten ist in unserem Königreich die oberste Finanzverwaltung fast ohne Unterbrechung einem einzigen, gelegentlich zwei Männern anvertraut gewesen, und nur selten einem Conseil [Rat] aus mehreren Personen. [...]
Dieses Verfahren hat sich zwar hinsichtlich der Regierung der Völker nach allgemeiner Erfahrung als das beste erwiesen, ähnelt es doch mehr als jedes andere der Monarchie. Aber die gleiche Erfahrung lehrt auch, daß es hinsichtlich der Finanzen keineswegs das beste ist, denn wir haben es ja während der ersten zwanzig Jahre nach dem Tod Heinrich IV. erlebt, wie die Oberaufseher [*surintendants*] und nach ihrem Beispiel alle Finanzbeamten sich maßlos bereicherten oder, wenn sie selbst vermögende Leute waren, nicht genügend Überblick hatten, um die unter ihrer Amtsführung, ja unter ihren Augen vorkommenden Mißbräuche, Unterschlagungen, Diebstähle und Verschleuderungen auch nur zu bemerken. [...]
Die Konzentrierung der obersten Autorität in Finanzdingen bei einer oder zwei Personen war als falsch erkannt; die seit so langer Zeit befolgten Grundsätze hatten Verbrechen, Unordnung und Verwirrung hervorgerufen. Man mußte also eine Materie zu entwirren suchen, die die geschicktesten Leute seit vierzig Jahren vorsätzlich verwirrt hatten, um eine Geheimwissenschaft daraus zu machen, in der sie allein sich auskannten, um sich auf diese Weise unentbehrlich zu machen. Gleichwohl wurden diese schwierigen Dinge, über die die bedeutendsten, scharfsinnigsten und erfahrensten Minister eingehende Überlegungen angestellt hatten und die zu tagelangen Beratungen und zu höchst schwierigen und wichtigen Erörterungen Anlaß gegeben hatten, aufs vollkommenste geklärt und entwirrt, und zwar einzig und allein durch den natürlichen Menschenverstand des Königs und dank seines Entschlusses, seine ganze Zeit den Geschäften, dem Glück seines Volkes und seinem eigenen Ruhm zu widmen.
Er erklärte, daß er das Amt und die Funktion des Oberaufsehers der Finanzen aufhebe und alle Einnahme- und Ausgabeanweisungen grundsätzlich [selbst] unterzeichnen werde.
Er berief zugleich einen Rat von fünf Personen unter der Bezeichnung *conseil royal des finances,* der dreimal in der Woche unter seinem Vorsitz tagt. Diese fünf Mitglieder tragen alle Angelegenheiten vor, und Seine Majestät trifft die Entscheidung. Er ordnete an, daß einer von den fünfen, und zwar der Intendant der Finanzen, über die Einnahmen und Ausgaben Buch zu führen habe.
So behielt er sich selbst die gesamte Entscheidungsgewalt vor und stellte ein für allemal die Mißbräuche ab, die die Vereinigung der obersten Leitung dieser Materie in der Hand eines einzigen Mannes hervorgerufen hatte. In der ersten Sitzung des Conseil erklärte er, er wolle seine ordentlichen Einnahmen vermehren, allen Ernstes die Lasten seines Volkes erleichtern und alle außerordentlichen Ausgaben vermeiden. [...] [F. Dickmann]
(Geschichte in Quellen, Bd. 3, a.a.O., S. 441–443)

Anregungen

1 *Vergleichen Sie die steuerliche Belastung und die Erhebung der Steuern (M 9–M 11) in Frankreich mit dem steuerlichen System der Bundesrepublik! Welche Gemeinsamkeiten und Unterschiede lassen sich feststellen?*

2 *Analysieren Sie die Entwicklung des französischen Staatshaushalts nach M 10a, b! Welche charakteristischen Merkmale zeigen die Einnahmen und Ausgaben zwischen 1520 und 1780? Welche Probleme können auch unter Ludwig XIV. nicht gelöst werden? Warum? Ziehen Sie dazu die von Ihnen erweiterte Tabelle Abb. 1 heran!*

3 *Welche Bedeutung haben diese Befunde für die aufwendige Politik Ludwigs XIV.? Welche Konsequenzen ergeben sich daraus für die französische Gesellschaft?*

4 *Wie erklärt Colbert die Finanzmisere des französischen Staates unter Ludwig XIV., und mit welchen Mitteln war sie zu beheben (M 12)? Vergleichen Sie dazu M 15!*

5 *Vergleichen Sie dazu M 31! Welche Unterschiede stellen Sie fest? Welche Erklärungen können Sie dafür formulieren?*

M 13 Die Besitzverhältnisse

a) Verteilung des Grundeigentums

(Aus: Wittmütz, a.a.O., S. 9)

Die Angaben beziehen sich auf die bebaute Fläche. Dp. – Departement Ds. – Distrikt Klerus (K) Bürgertum Adel Bauern

Die französischen Statistiken, auf denen die Graphik beruht, verstehen unter dem modernen Begriff des „Eigentums“ stets das sogenannte „Untereigentum“ (dominium utile), das viele Bauern an ihrem Land hatten. Das heißt, zahlreiche Bauern besaßen das ihnen verliehene Land bereits zu solch gutem Recht, daß es dem Eigentumsrecht gleichkam, und der Grundherr (Seigneur) sein „Obereigentum“ (dominium directum) nur noch begrenzt beanspruchen konnte.

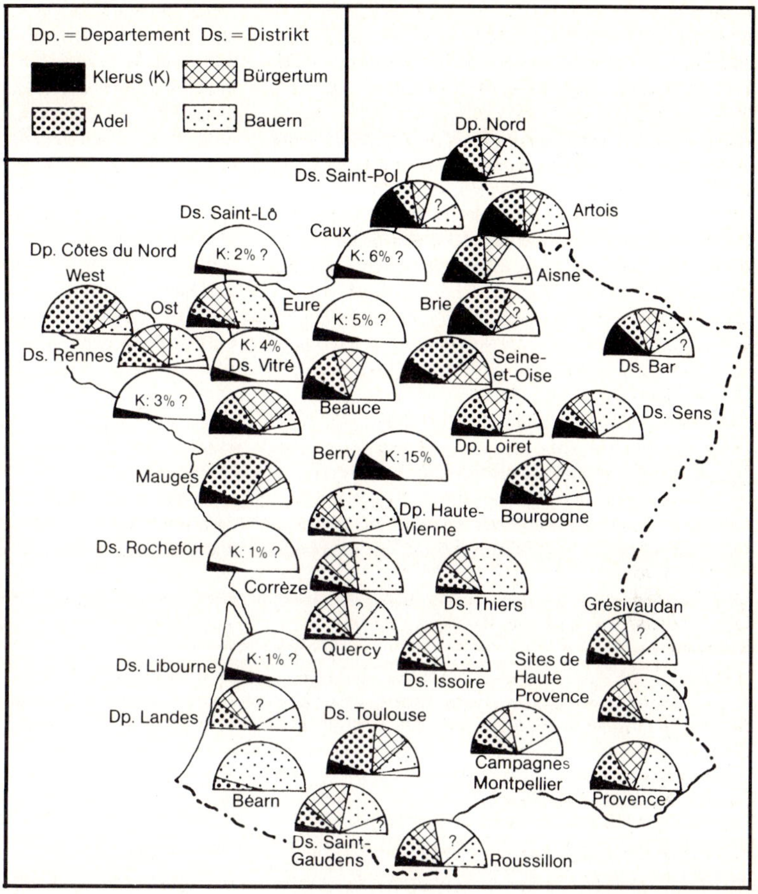

b) Einkommens- und Vermögensbeispiele

Vermögen führender Herzogshäuser:

1603 Herzog v. Retz	5289700 l.t.
1625 Herzog v. Roannez	2250000 l.t.
1655 Herzogin v. Joyeuse	4307365 l.t.
1665 Herzog v. Mazarin	7203930 l.t.
1703 Witwe des Herzogs v. La Valette	2079594 l.t.
1739 Herzog v. Roquelaure	1739014 l.t.

Renteneinkommen pro Jahr:

1698 Herzog v. Mazarin	Rente: 170000 l.t.
1731 Herzog v. Noailles	Rente: 225605 l.t.

Es hinterließen beim Tode:

Kardinal Richelieu	22400000 l.t.
Kardinal Mazarin	mehr als 26000000 l.t.

(W. Mager, Frankreich, a.a.O., S. 93)

c) Vermögen des Generalschatzmeisters des Landtages des Languedoc, Joseph Bonnier

1712	590000 l. t.

d) Vermögen des Generaleinnehmers des Klerus, François Ogier

1716	2586437 l.t.
Nach Abzug der Schulden:	2205299 l.t.

e) Vermögen des Finanziers Léonard du Clusel

1716	64220 l.t.
1756	5439432 l.t.

(Ebenda, S. 96)

M 14 Die Käuflichkeit der Ämter

Entwicklung des Kaufpreises für das Amt eines Rates am Pariser Parlament

1682	100000 l.t.	1725	44500 l.t.
1700	100000 l.t.	1748	40000 l.t.
1720	115000 l.t.	1771	50000 l.t.

(Ebenda, S. 85)

Anregungen

1 *Beschreiben Sie die gesellschaftliche Gliederung in Frankreich zur Zeit des Ancien Régime (M 3)! Veranschaulichen Sie diese Angaben, indem Sie eine Bevölkerungsgraphik erstellen!*

2 *Ergänzen Sie durch eine Analyse der Besitz- und Einkommensverhältnisse (M 13) das bisher von der ständischen Gesellschaft gewonnene Bild, und diskutieren Sie, welche Chancen wirtschaftlicher und sozialer Mobilität sich in dieser Gesellschaft eröffnen!*

3 *Welche Möglichkeiten, aber auch welche Gefahren sind mit der Käuflichkeit der Ämter in Frankreich für den Staat als Verkäufer und für den Käufer verbunden (M 14)?*

Der Merkantilismus und seine Folgen

M 15 Vauban kritisiert die Steuer- und Wirtschaftspolitik, 1698

Sébastien le Prestre de Vauban (1663–1707), war Festungsbaumeister, Generalinspekteur und Marschall von Frankreich.

[...] Das unstete Leben, das ich seit mehr als vierzig Jahren führe, hat mir die Möglichkeit verschafft, die meisten Provinzen des Königreiches zu verschiedenen Malen [...] zu besuchen und zu besichtigen. [...] Ich habe daher häufig Gelegenheit gehabt, [...] Beschaffenheit und Zustand derselben und ihrer Bewohner zu studieren, deren Armut oft mein Mitleid erregt und mich veranlaßt hat, der Ursache dieses Zustandes nachzuforschen. [...] Durch diese langjährigen Studien [...] bin ich zu der Wahrnehmung gelangt, daß in der letzten Zeit fast ein Zehntel der Bevölkerung an den Bettelstab gelangt ist und sich tatsächlich durch Betteln erhält; daß von den übrigen neun Zehnteln fünf nicht in der Lage sind, das erste Zehntel durch Almosen zu unterstützen, weil sie selber diesem Elendszustand um Haaresbreite nahe sind. Von den verbleibenden vier Zehnteln sind drei außerordentlich schlecht gestellt und von Schulden und Prozessen bedrängt. In dem zehnten Zehntel, zu dem ich alle Angehörigen des Schwert- und Amtsadels [...], Geistliche wie Laien, den ganzen Hochadel, den besseren Adel [...], die Inhaber militärischer und ziviler Chargen, die Großkaufleute, die wohlhabendsten und von ihren Renten lebenden Bürger rechne, gibt es keine hunderttausend Familien, mit denen man rechnen könnte, und ich glaube mich nicht zu irren, wenn ich sage, daß es keine zehntausend geringe oder große Familien gibt, von denen man sagen könnte, daß es ihnen wirklich gut geht. Zieht man davon noch die Staatsbediensteten [...], ihre öffentlichen und geheimen Freunde und Anhänger, die Empfänger königlicher Zuwendungen und einige Kaufleute ab, so ist der verbleibende Rest zahlenmäßig sicherlich sehr klein. [...]

Ich fühle mich bei Ehre und Gewissen verpflichtet, Seiner Majestät vorzutragen, daß man nach meinem Eindruck in Frankreich von jeher nicht genug Rücksicht auf das niedere Volk genommen und zu wenig Aufhebens von ihm gemacht hat. Daher ist es denn auch die am meisten ruinierte und elendste Schicht im Königreich [...].

Nun ist es aber die untere Schicht des Volkes, die durch ihre Arbeit, ihren Handel, ihre Abgaben den König und sein ganzes Reich emporbringt. Sie stellt Soldaten und Matrosen für Heer und Flotte, dazu zahlreiche Offiziere, alle Kaufleute und die unteren Justizbeamten. Sie übt alle Künste und Gewerbe aus, sie betreibt den gesamten Handel und die Manufakturen des Königreiches, sie stellt die Arbeiter, Weingärtner und Tagelöhner auf dem Lande, sie pflegt und füttert das Vieh, sät und erntet das Korn, bestellt die Weingärten und keltert den Wein; mit einem Wort: Sie verrichtet alle große und geringe Arbeit in Stadt und Land. [...]

Wenn ich sage, Frankreich [...] sei [...] das reichste Land, so würde man das keineswegs glauben, da der Augenschein dem widerspricht. Trotzdem ist das eine unbestreitbare Wahrheit, und man würde es auch ohne weiteres anerkennen, wenn man sich nur vor Augen hielte, daß es nicht die große Menge Gold und Silber ist, die den wirklichen Reichtum eines Staates ausmacht [...]. Der wahre Reichtum eines Staates besteht in dem Überfluß an solchen Gütern, die zum menschlichen Lebensunterhalt notwendig und deshalb unentbehrlich sind.

Man kann sagen, daß Frankreich diesen Überfluß im höchsten Maße besitzt. Es ist in der Lage, mit seinen Produktionsüberschüssen seine Nachbarn reichlich zu versorgen, und diese sind gezwungen, ihren Bedarf bei ihm im Austausch gegen ihr Gold und ihr Silber zu decken. Wenn Frankreich dabei auch von ihnen einige Güter bezieht, so dient das doch nur dazu, den Handelsverkehr zu erleichtern und gewisse Luxusbedürfnisse seiner Bewohner zu dekken; wäre dies nicht, so könnte man ohne weiteres auf sie verzichten. Die Güter, die Frankreich vorwiegend im Ausland absetzt, sind Wein, Branntwein, Salz, Korn und Leinen. Außerdem liefert es Modeartikel und in riesigem Umfang Stoffe, die in seinen Manufakturen besser als irgendwo sonst auf der Welt hergestellt werden. Auf diese Weise strömen ihm unermeßliche Reichtümer zu [...]. Wenn sich das alles nun nicht buchstäblich so verhält, wie ich es hinschreibe, so liegt das nicht etwa an Ungunst des Klimas, Bevölkerungsmangel oder Unfruchtbarkeit des Bodens. Das Klima ist ausgezeichnet, die Einwohner sind arbeitsam, geschickt, fleißig und zahlreich. Es liegt an den Kriegen, die Frankreich seit langer Zeit beunruhigt haben, und an der fehlerhaften Wirtschaftspolitik, auf die wir uns nicht genügend verstehen, sei es hinsichtlich der richtigen Auswahl der Steuern und notwendigen

Staatsausgaben, sei es hinsichtlich der Erhebungsart oder der Bodenkultur zur Steigerung der Erträge. [...] Auch wer nur wenig von den ländlichen Verhältnissen weiß, erkennt ohne weiteres, daß die Einkommensteuern [tailles] eine der Ursachen des Übels darstellen. Nicht, weil sie durchweg zu hoch wären, sondern weil bei der Veranlagung das rechte Verhältnis fehlt, nicht nur im großen von Gemeinde zu Gemeinde, sondern auch von einem Steuerpflichtigen zum anderen. Mit einem Wort, sie sind zur Willkür geworden [...]. Außerdem werden die Abgaben mit der äußersten Härte eingetrieben und unter so hohen Kosten, daß mindestens ein Viertel des Betrages der Taille ganz sicher dafür aufgezehrt wird. [...] Leute von Macht und Ansehen erreichen es oft durch ihren Einfluß, daß der Steuerbetrag einer oder mehrerer Gemeinden weit unter die ihrer Zahlungskraft entsprechenden Höhe gesenkt wird. Natürlich fällt diese Entlastung der einen Gemeinde zwangsläufig anderen benachbarten Gemeinden zur Last, die infolgedessen überbelastet werden. [...]
Die andere Ursache liegt in dem geringen Güterverbrauch, der wiederum in der Hauptsache auf zwei andere zurückzuführen ist. Die eine besteht in der Höhe und Menge der Gebühren und Provinzialzölle, die oft ebenso hoch sind wie der Preis und der Wert der Güter (etwa bei Wein, Bier, Obstwein), was zur Folge hatte, daß man so viele Weingärten gerodet hat und die Apfelbäume in der Normandie wird ausrotten müssen. [...] Die andere Ursache sind die unerhörten Schikanen der bei Erhebung der Gebühren tätigen Beamten, die sich neuerdings auf den Handel mit Wein und Obstwein gelegt haben. Denn um Güter nicht nur von einer Provinz in die andere (beispielsweise von der Bretagne in die Normandie), sondern auch innerhalb derselben Provinz von Ort zu Ort zu transportieren, muß man mit einer Unzahl von Dienststellen verhandeln. [...]
Die [...] wahren Grundlagen der Einkünfte der Könige sind die Menschen selber: Von ihnen beziehen sie ja nicht nur ihre gesamten Einnahmen, sondern über sie verfügen sie auch in allen ihren anderen Angelegenheiten. Die Menschen sind es, die ihr Geld hergeben, die alles tun, sich allen möglichen Gefahren aussetzen, um Güter und Leben ihres Herrschers zu schützen, die Kopf, Arm und Glieder zu seinem Dienst verwenden, ja nicht einmal heiraten und Kinder zeugen können, ohne daß der Fürst seinen Vorteil davon hat, denn er gewinnt ja dabei ebenso viele neue Untertanen. [...] Dieses Kapital gilt es sorgfältig zu behandeln und sein Anwachsen mit allen gesetzlichen Mitteln zu fördern, es in gutem Zustand zu erhalten und keiner Verschwendung auszusetzen. Das erreicht man mit Sicherheit, wenn man die Abgaben den Kräften eines jeden anpaßt, die Einkünfte sparsam verwaltet und die Untertanen nicht den Erpressungen der Steuerpächter, der willkürlichen Taille, den Gebühren und Zöllen, den Betrügereien der Salzsteuer und so vielen anderen drückenden Abgaben aussetzt, die zu unendlichen Quälereien Anlaß gegeben [...] und das Königreich teilweise entvölkert haben. Diese Armeen von Steuerpächtern und Unterpächtern mit ihren Gehilfen aller Art sind die Blutegel des Staates [...]. [F. Dickmann]
(Geschichte in Quellen, Bd. 3, a.a.O., S. 460ff.)

M 16 Adam Smith kritisiert die staatlich gelenkte Wirtschaft des Merkantilismus

Der schottische Nationalökonom Adam Smith (1723–1790) kommt in seiner Schrift „Der Wohlstand der Nationen", 1776, zu folgender Beurteilung der merkantilistischen Wirtschaftsweise:
Den Export anzuregen und den Import zu hemmen, das sind die beiden entscheidenden Mittel, deren Einsatz vom Merkantilismus nachdrücklich empfohlen wird, um ein Land wohlhabender zu machen. [...] Das Merkantilsystem hemmt die Ausfuhr von gewerblichen Rohstoffen und Werkzeugen, um der eigenen Wirtschaft einen Vorteil zu verschaffen und um es ihr zu ermöglichen, den Export anderer Länder auf allen Ausländermärkten zu unterbieten. Es beschränkt so den Export einzelner Waren, die durchweg billig sind, und möchte damit eine weit größere und wertvollere Ausfuhr anderer Waren erreichen. Der Merkantilismus fördert ferner die Einfuhr von gewerblichen Rohmaterialien, um die eigene Bevölkerung in die Lage zu versetzen, sie billiger zu verarbeiten, wodurch wiederum ein höherer Import hochwertiger Manufakturwaren verhindert wird. Es findet sich nun aber, zumindest in unserer Gesetzessammlung, kein Anhaltspunkt dafür, daß die Einfuhr von Werkzeugen und Maschinen gefördert worden ist. Haben nämlich einmal gewerbliche Waren einen bestimmten Grad der Vollkommenheit und eine gewisse Größenordnung erreicht, so wird die Herstellung von Werkzeugen und technischer Ausrüstung selbst Gegenstand einer ganzen Reihe höchst wichtiger Manufakturen. Jede besondere Begünstigung der Einfuhr solcher Werkzeuge würde aber zu einem Konflikt mit den Interessen dieser heimischen Gewerbe führen. [...]
Es kann nach alledem nicht schwerfallen zu erkennen, wer letztlich die Urheber dieses ganzen Handels- und Merkantilsystems gewesen sind. Ganz sicher können es nicht die Konsumenten gewesen sein, denn deren Interessen hatte man völlig vernachlässigt. [...] Die wirtschaftspolitischen Eingriffe des Merkantilismus [...] haben in ganz besonderem Maße die Interessen unserer Manufakturbesitzer geschützt. Ihnen ist nicht nur das Wohl des Verbrauchers, sondern weit mehr noch das Interesse anderer Gruppen von Produzenten geopfert worden. [...]
Gibt man daher alle Systeme der Begünstigung und Beschränkung auf, so stellt sich ganz von selbst das einsichtige und einfache System der natürlichen Frei-

heit her. Solange der einzelne nicht die Gesetze verletzt, läßt man ihm völlige Freiheit, damit er das eigene Interesse auf seine Weise verfolgen kann und sein Erwerbsfleiß und sein Kapital im Wettbewerb mit jedem anderen oder einem anderen Stand entwickeln oder einsetzen kann. Der Herrscher wird dadurch vollständig von einer Pflicht entbunden, bei deren Ausübung er stets unzähligen Täuschungen ausgesetzt sein muß und zu deren Erfüllung keine menschliche Weisheit oder Kenntnis jemals ausreichen könnte, nämlich der Pflicht oder Aufgabe, den Erwerb privater Leute zu überwachen und ihn in Wirtschaftszweige zu lenken, die für das Land am nützlichsten sind. Im System der natürlichen Freiheit hat der Souverän lediglich drei Aufgaben zu erfüllen, die sicherlich von höchster Wichtigkeit sind, aber einfach und dem normalen Verstand zugänglich. [...]
Erstens die Pflicht, das Land gegen Gewalttätigkeit und Angriff anderer unabhängiger Staaten zu schützen, zweitens die Aufgabe, jedes Mitglied der Gesellschaft soweit wie möglich vor Ungerechtigkeit oder Unterdrückung durch einen Mitbürger in Schutz zu nehmen oder ein zuverlässiges Justizwesen einzurichten, und drittens die Pflicht, bestimmte öffentliche Anstalten und Einrichtungen zu gründen und zu unterhalten, die ein einzelner oder eine kleine Gruppe aus eigenem Interesse nicht betreiben kann, weil der Gewinn ihre Kosten niemals decken könnte, obwohl er häufig höher sein mag als die Kosten für das ganze Gemeinwesen.
(A. Smith, Der Wohlstand der Nationen. Eine Untersuchung seiner Natur und seiner Ursachen. Aus dem Englischen von H. C. Recktenwald. München 1984, S. 541 f.)

Anregungen

1 *Erklären Sie in einem Kurzreferat die staatlich gelenkte Wirtschafts- und Finanzpolitik des Absolutismus, und veranschaulichen sie dieses System mit einem Schaubild!*
2 *Welche gesellschaftlichen Gruppen profitierten von dieser Wirtschafts- und Finanzpolitik?*
3 *Die Materialien M 15, 16 machen Sie mit kritischen Positionen zum Merkantilismus bekannt. Stellen Sie die Argumente der einzelnen Kritiker in einer Tabelle zusammen, und diskutieren Sie über die Vor- und Nachteile einer freien bzw. staatlich gelenkten Wirtschaftspolitik!*
4 *Vergleichen Sie den Merkantilismus/Colbertismus und die wirtschaftspolitischen Überlegungen seiner Kritiker mit Wirtschaftsordnung und Wirtschaftspolitik der Bundesrepublik Deutschland und erarbeiten Sie Gemeinsamkeiten und Unterschiede!*

Staatstheorien: Vom absoluten Königtum zur Gewaltenteilung

M 17 Hobbes begründet die Notwendigkeit absoluter Staatsgewalt

Thomas Hobbes (1588–1679), englischer Philosoph, legte seine Staatslehre in seinem „Leviathan“ dar, 1651.

13. Kap. Mitbewerbung, Verteidigung und Ruhm sind die drei hauptsächlichsten Anlässe, daß die Menschen miteinander uneins werden. Mitbewerbung zielt auf Herrschaft und veranlaßt Streit über Gewinn; Verteidigung hat Sicherheit zur Absicht und streitet für Wohlfahrt; Ruhm strebt nach einem guten Namen und bewirkt oft über geringfügige Dinge Uneinigkeiten. [...]
Hieraus ergibt sich, daß ohne eine einschränkende Macht der Zustand der Menschen ein solcher sei, [...] nämlich ein Krieg aller gegen alle. [...]
14. Kap. Weil nun [...] die Menschen sich in dem Zustande des Krieges aller gegen alle befinden und jeder sich der Leitung seiner eigenen Vernunft überläßt und da es nichts gibt, was er nicht irgendeinmal zur Verteidigung seines Lebens gegen einen Feind mit Erfolg gebrauchen könnte, folgt, daß im Naturzustande alle ein Recht auf alles, die Menschen selbst nicht ausgenommen, besitzen. Solange daher dieses Recht gilt, wird keiner, sollte er auch der Stärkste sein, sich für sicher halten können. Also ist folgendes eine Vorschrift oder allgemeine Regel der Vernunft: suche Frieden, solange nur Hoffnung darauf besteht; verschwindet diese, so schaffe dir von allen Seiten Hilfe und nutze sie; dies steht dir frei. Der erste Teil dieser Regel enthält das erste natürliche Gesetz: suche Frieden und jage ihm nach; der zweite Inbegriff des Naturrechts: jeder ist befugt, sich durch Mittel und Wege aller Art selbst zu verteidigen.
Aus diesem ersten natürlichen Gesetz ergibt sich das zweite: sobald seine Ruhe und Selbsterhaltung gesichert sind, muß auch jeder von seinem Recht auf alles – vorausgesetzt, daß andere dazu auch bereit sind – abgehen und mit der Freiheit zufrieden sein, die er den übrigen eingeräumt wissen will. [...]
15. Kap. Solange die Menschen ihren eigenen Vorteil oder Nachteil zum Maßstab nehmen, leben sie in einem allgemeinen Kriege. Der Friede wird von allen als etwas Gutes und Wünschenswertes betrachtet, und folglich muß alles, was zum Frieden führt, auch für etwas Gutes angesehen werden. Was kann aber eher dazu führen als Gerechtigkeit, Billigkeit und was sonst die natürlichen Gesetze zur Pflicht machen?
Sie sind daher etwas sittlich Gutes, d. h. Tugenden, und jedes Gegenteil etwas sittlich Böses, d. h. Laster. Nun sind aber Tugenden und Laster Gegenstand der Moralphilosophie, und folglich ist die

Kenntnis der natürlichen Gesetze die wahre Sittenlehre. [...]
17. Kap. Um aber eine allgemeine Macht zu gründen, unter deren Schutz gegen auswärtige und innere Feinde die Menschen bei dem ruhigen Genuß der Früchte ihres Fleißes und der Erde ihren Unterhalt finden können, ist der einzig mögliche Weg folgender: jeder muß alle seine Macht oder Kraft einem oder mehreren Menschen übertragen, wodurch der Willen aller gleichsam auf einen Punkt vereinigt wird, so daß dieser eine Mensch oder diese eine Gesellschaft eines jeden einzelnen Stellvertreter werde und ein jeder die Handlungen jener so betrachte, als habe er sie selbst getan, weil sie sich dem Willen und Urteil jener freiwillig unterworfen haben. Dies faßt aber noch etwas mehr in sich als Übereinstimmung und Eintracht; denn es ist eine wahre Vereinigung in einer Person und beruht auf dem Vertrage eines jeden mit einem jeden, wie wenn ein jeder zu einem jeden sagte: *„Ich übergebe mein Recht, mich selbst zu beherrschen, diesem Menschen oder dieser Gesellschaft unter der Bedingung, daß du ebenfalls dein Recht über dich ihm oder ihr abtrittst“.* Auf diese Weise werden alle Einzelnen eine Person und heißen *Staat* oder Gemeinwesen. So entsteht der große Leviathan oder, wenn man lieber will, der sterbliche Gott, dem wir unter dem ewigen Gott allein Frieden und Schutz zu verdanken haben. Dieses von allen und jedem übertragende Recht bringt eine so große Macht und Gewalt hervor, daß durch sie die Gemüter aller zum Frieden unter sich gern geneigt gemacht und zur Verbindung gegen auswärtige Feinde leicht bewogen werden. Dies macht das Wesen eines Staates aus, dessen Definition folgende ist: *Staat ist eine Person, deren Handlungen eine große Menge Menschenkraft der gegenseitigen Verträge eines jeden mit einem jeden als ihre eigenen ansehen, auf daß diese nach ihrem Gutdünken die Macht aller zum Frieden und zur gemeinschaftlichen Verteidigung anwende.*
Von dem Stellvertreter des Staates sagt man, er besitzt die höchste *Gewalt.* Die übrigen alle heißen Untertanen und Bürger.
18. Kap. Da man bei der Gründung eines Staates nur auf Frieden und Schutz zielt, gibt das Recht auf den Zweck aber auch das Recht auf die Mittel, und wenn einem einzelnen Menschen oder einer Gesellschaft die höchste Gewalt übertragen ist, so hat man ihm oder ihr zugleich die freie Beurteilung der Mittel zum Frieden und Schutz überlassen, [...] damit die Bürger im Innern und von außen her in Sicherheit leben. [...]
Der höchsten Gewalt also gebührt [daher auch] die Beurteilung aller Meinungen und Lehren, weil diese nicht selten Grund und Ursprung von Uneinigkeit und Bürgerkrieg sind. [...]
26. Kap. Als Menschen müssen wir den natürlichen Gesetzen, als Bürger aber den bürgerlichen Gesetzen Gehorsam leisten. [...] Der Gesetzgeber im Staate ist der jeweilige Inhaber der höchsten Gewalt. Denn nur der Staat darf den Bürgern Gesetze vorschreiben, und dies kann allein, sei es mündlich oder schriftlich, durch dessen Stellvertreter geschehen. Folglich ist er auch der alleinige Gesetzgeber. Aus demselben Grund kann er auch ein bisheriges Gesetz allein aufheben; weil es nur durch ein neues Gesetz aufgehoben werden kann.
Der Oberherr ist den bürgerlichen Gesetzen nicht unterworfen; denn da er nach Gutdünken Gesetze gibt und aufhebt, kann er sich auch nach Gefallen von der lästigen Unterwerfung unter sie befreien.
(Th. Hobbes, Leviathan. Stuttgart 1970, S. 115, 119, 141f., 155, 160f., 228f.)

M 18 Bossuet: Die Politik nach den Worten der Heiligen Schrift, 1682

Der französische Bischof, Hofprediger und Prinzenerzieher am Hofe Ludwigs XIV. Jacques-Benigne Bossuet verfaßte einen „Fürstenspiegel“ zur Unterrichtung des Dauphin.

[Buch II, Artikel I, 7] Das Volk Israel gab sich selbst eine monarchische Regierung, weil dies die allgemein übliche Regierungsform war. [...] Man findet sie von Anfang an bei allen Völkern. [...] Rom hat mit ihr begonnen und ist schließlich zu ihr als zu seinem natürlichen Zustand zurückgekehrt. [...] Heute gibt es keine Republik, die nicht ursprünglich Monarchen unterworfen gewesen wäre. [...]
Alle Welt beginnt also mit der monarchischen Staatsform, und fast die ganze Welt hat sie als die natürlichste Form beibehalten. Auch hat sie [...] ihren Grund und ihr Vorbild in der väterlichen Gewalt, d.h. in der Natur selber. Die Menschen werden allesamt als Untertanen geboren, und die väterliche Autorität, die sie an den Gehorsam gewöhnt, gewöhnt sie zugleich daran, nur ein Oberhaupt zu kennen.
[8.] [...] Wenn die monarchische Staatsform die natürlichste ist, so ist sie, wie sich von selbst ergibt, die dauerhafteste und damit auch die stärkste. [...] Wenn man Staaten gründet, will man sich vereinigen; niemals aber ist die Einheit besser gewahrt als unter einem einzigen Oberhaupte. [...]
[Buch III, Art. I, 1,] [...] Wir haben schon gesehen, daß jede Gewalt von Gott kommt. [...] Die Fürsten handeln also als Gottes Diener und Statthalter auf Erden. Durch sie übt er seine Herrschaft aus. [...] Deshalb ist, wie wir gesehen haben, der königliche Thron nicht der Thron eines Menschen, sondern Gottes selber. [...]
[2.] [...] Aus alledem ergibt sich, daß die Person der Könige geheiligt ist; wer sich an ihnen vergreift, begeht ein Sakrileg. Gott läßt sich durch seine Propheten mit heiligem Öl salben, wie er die Priester und seine Altäre salben läßt. Aber auch ohne äußerliche Salbung sind sie geheiligt durch ihr Amt als die

Repräsentanten der göttlichen Majestät, die seine Vorsehung bestimmt hat, daß sie seine Absichten erfüllen. [...]
[4.] [...] Kommt ihre Gewalt von oben, so dürfen sie doch nicht glauben, sie seien Herren über sie, um nach ihrem Belieben davon Gebrauch zu machen. Vielmehr sollen sie sich ihrer mit Scheu und Zurückhaltung bedienen, als einer ihnen von Gott anvertrauten Sache, über die Gott von ihnen Rechenschaft fordern wird. [...]
[Buch IV, Art. I] Die königliche Gewalt ist absolut. Um diesen Satz verächtlich und untragbar erscheinen zu lassen, bemühen sich manche, eine absolute Regierung mit einer Willkürherrschaft gleichzusetzen. [...]
Ohne diese absolute Gewalt kann er [der König] weder das Gute tun noch das Böse unterdrücken: Seine Macht muß so groß sein, daß niemand hoffen kann, ihm zu entrinnen; der einzige Schutz des Untertanen gegen die Staatsgewalt muß seine Unschuld sein. [...]
[2.] [...] Infolgedessen wird derjenige, der dem Fürsten den Gehorsam weigert, nicht etwa an eine andere Instanz verwiesen, sondern als Feind der öffentlichen Sicherheit und der menschlichen Gesellschaft ohne Gnade zum Tode verurteilt. [...] Der Fürst kann sich selber zurechtweisen, wenn er merkt, daß er Böses getan hat; aber gegen seine Autorität kann es kein Heilmittel geben als in seiner Autorität selber. [...]
[Buch VI, Art. I, 1] [...] Niemand kann nach dem, was wir ausgeführt haben, daran zweifeln, daß der ganze Staat in der Person des Fürsten verkörpert ist. Bei ihm liegt die Gewalt. In ihm ist der Wille des ganzen Volkes wirksam. Ihm allein kommt es zu, alle Kräfte zum Wohl des Ganzen zusammenzufassen. Man muß den Dienst, den man dem Fürsten schuldet, und den, den man dem Staate schuldig ist, als untrennbare Dinge ansehen. [...]
[Buch VII, Art. III, 9.] [...] Der Fürst muß seine Macht gebrauchen, um in seinem Staat die falschen Religionen zu unterdrücken. [...]
(Geschichte in Quellen, Bd. 3, a.a.O., S. 450–452)

M 19 Locke begründet die Notwendigkeit der Gewaltenteilung, 1690

Der englische Philosoph John Locke (1632–1704) brachte die Lehre von der Gewaltenteilung in die Lehre vom Staatsvertrag ein.

Um politische Gewalt richtig zu verstehen und sie von ihrem Ursprung abzuleiten, müssen wir betrachten, in welchem Zustande sich die Menschen von Natur befinden. Dies ist ein Zustand völliger Freiheit, innerhalb der Grenzen des Naturrechts ihre Handlungen zu regeln, und über ihren Besitz und ihre Personen zu verfügen, wie sie es für am besten halten, ohne die Erlaubnis eines anderen zu fordern oder von seinem Willen abzuhängen. [...]
Aber obwohl dies ein Zustand der Freiheit ist, so ist es doch kein Zustand der Zügellosigkeit. Der Mensch hat in jenem Zustande eine unwiderlegbare Freiheit, über seine Person oder seinen Besitz zu verfügen; aber er hat keine Freiheit, sich selbst oder auch nur ein in seinem Besitz befindliches Geschöpf zu vernichten, außer wo ein edlerer Zweck als seine bloße Erhaltung es erfordert. Der Naturzustand wird durch ein natürliches Gesetz regiert, das einen jeden verpflichtet. Dieses Gesetz ist die Vernunft, und sie lehrt die ganze Menschheit, [...] daß, da alle gleich und unabhängig sind, niemand dem anderen an seinem Leben und Besitz, seiner Gesundheit und Freiheit Schaden zufügen soll. [...]
Damit nun alle Menschen abgehalten werden, in die Rechte anderer einzugreifen und einander Böses zu tun, und damit das Naturrecht, welches den Frieden und die Erhaltung der ganzen Menschheit will, beobachtet werde, ist in jenem Zustande die Vollziehung des Naturrechtes in jedermanns Hände gelegt, wodurch ein jeder berechtigt ist, die Übertreter jenes Rechtes in einem solchen Grade zu bestrafen, als erforderlich ist, die Verletzung des Rechtes zu verhindern. [...]
Es ist vernünftig und gerecht, daß ich das Recht habe, das zu vernichten, was mich mit Vernichtung bedroht; denn da nach dem Grundgesetz der Natur die Menschen soweit als möglich erhalten bleiben sollen, ist, wenn nicht alle erhalten werden können, die Sicherheit des Unschuldigen vorzuziehen; und man darf einen Menschen, der ihm den Krieg erklärt oder eine Feindseligkeit gegen sein Dasein gezeigt hat, aus demselben Grunde töten, aus dem man einen Wolf oder einen Löwen tötet, weil solche Menschen nicht durch das Band des gemeinsamen Vernunftgesetzes gebunden sind, keine andere Regel haben als die der rohen Kraft und Gewalttätigkeit, und deshalb behandelt werden können wie Raubtiere. [...]
Die Vermeidung dieses Kriegszustandes [...] ist ein wichtiger Grund gewesen, weshalb die Menschen, den Naturzustand verlassend, sich zu einer Gesellschaft vereinigt haben. [...]
Sooft also eine Anzahl von Menschen sich so zu einer Gesellschaft vereinigt, daß jeder einzelne seine exekutive Gewalt des Naturrechts aufgibt und zugunsten der Gemeinschaft darauf verzichtet, entsteht, und zwar nur dann allein, eine politische oder staatliche Gesellschaft. Dies versetzt die Menschen aus dem Naturzustand in den eines Gemeinwesens, indem sie einen Richter auf Erden einsetzen mit Autorität, alle Streitigkeiten zu entscheiden und Schädigungen zu sühnen, die einem Mitgliede des Gemeinwesen zugefügt werden, und dieser Richter ist die Legislative oder die durch sie ernannte Obrigkeit. [...]
Das beweist, daß die absolute Monarchie, die von manchen Menschen als einzige Regierung in der

Welt angesehen wird, mit staatlicher Gesellschaft in der Tat unverträglich ist und eine Form von staatlicher Regierung überhaupt nicht sein kann. [...]
Denn da man von ihm annimmt, daß er alle Gewalt, die legislative und die exekutive, allein in sich selbst besitzt, so ist kein Richter zu finden, keine Berufung steht offen an jemand, der ehrlich, unparteiisch und mit Machtbefugnis entscheidet, und von dessen Entscheidung Hilfe und Befreiung von Unrecht und Schädigungen erwartet werden kann, die von seiten des Fürsten oder auf seinen Befehl zu erdulden sind. [...]
Da der große Zweck, zu welchem Menschen in eine Gesellschaft eintreten, im friedlichen und sicheren Genuß ihres Eigentums besteht, und da das große Werkzeug und Mittel dazu das in dieser Gesellschaft eingesetzte Recht ist, so ist das erste und grundlegende positive Gesetz aller Staaten die Einsetzung der legislativen Gewalt, wie das erste und grundlegende natürliche Gesetz, das sogar die legislative Gewalt beherrschen muß, die Erhaltung der Gesellschaft und – soweit es sich mit dem öffentlichen Wohl verträgt – jeder einzelnen Person in ihr ist. Diese Legislative ist nicht allein die höchste Gewalt des Staates, sondern sie ist heilig und unabänderlich in den Händen, in welche die Gemeinschaft sie einmal gelegt hat; auch kann eine Verordnung irgendeines anderen, in welcher Form sie auch verfaßt, von welcher Macht sie auch gestützt sein mag, nicht die verpflichtende Kraft eines Gesetzes haben, wenn sie nicht ihre Sanktion von derjenigen Legislative erhält, die das Volk gewählt und ernannt hat. [...]
Folgende sind die Grenzen, die der legislativen Gewalt eines jeden Landes, in allen Formen der Regierung, durch das Vertrauen, das die Gesellschaft in sie gesetzt, durch das Gesetz Gottes und der Natur gezogen sind:
Erstens, sie muß nach öffentlich bekannt gemachten, festen Gesetzen regieren, die nicht in besonderen Fällen geändert werden dürfen, sondern nur *ein* Maß haben für Reich und Arm, für den Günstling am Hofe und für den Bauern am Pfluge.
Zweitens, diese Gesetze sollen zuletzt keinem anderen Zweck dienen als dem Wohl des Volkes.
Drittens, sie dürfen keine Steuern von dem Eigentum des Volkes erheben ohne seine durch das Volk selbst oder seine Vertreter gegebene Zustimmung. [...]
Viertens, darf weder noch kann die Legislative die Gewalt, Gesetze zu geben, auf irgendeinen anderen übertragen oder sie einem anderen beilegen, als es durch das Volk geschehen ist. [...]
Da aber die Gesetze, die auf einmal und in kurzer Zeit gegeben werden, eine immerwährende und dauernde Kraft haben und beständiger Vollziehung oder Beaufsichtigung bedürfen, ist es notwendig, daß eine ständige Gewalt vorhanden sei, die auf die Vollziehung der erlassenen und in Kraft bleibenden Gesetze achtet. Und so geschieht es oft, daß die legislative und die exekutive Gewalt getrennt werden. [...]
In allen Fällen [...] ist die Legislative die höchste Gewalt. Denn, wer einem anderen Gesetze geben kann, muß notwendigerweise höher stehen als er. [...]
Hier kann gefragt werden, was geschieht, wenn die Exekutive, im Besitz der Gewalt des Staates, von dieser Gewalt Gebrauch macht, um den Zusammentritt und die Tätigkeit der Legislative in Fällen zu hindern, wo die ursprüngliche Verfassung oder die öffentlichen Bedürfnisse sie erfordern? Ich antworte: der Gebrauch der Gewalt gegen das Volk ohne Vollmacht und im Gegensatz zu dem Vertrauen, das in denjenigen gesetzt wurde, der so handelt, ist ein Kriegszustand dem Volke gegenüber, das ein Recht hat, seine Legislative in die Ausübung ihrer Gewalt wieder einzusetzen. Denn, da es eine Legislative mit der Absicht errichtet hat, daß sie die gesetzgebende Gewalt entweder zu gewissen festgesetzten Zeiten oder, wann es notwendig ist, ausübe, so hat das Volk, wenn die Legislative durch irgendeine Gewalt in dem gehindert wird, was für die Gesellschaft so notwendig ist, und worin die Sicherheit und die Erhaltung des Volkes besteht, ein Recht, die Gewalt durch Gewalt zu beseitigen. [...] [H. Wilmanns]
(Geschichte in Quellen, Bd. 3, a.a.O., S. 495–498)

M 20 Montesquieu: Was ist Freiheit und wie wird sie garantiert?

Charles de Secondat, Baron de La Brède et de Montesquieu (1689–1755), französischer Schriftsteller und Staatstheoretiker, gehörte zum französischen Amtsadel und war eine Zeitlang Parlamentspräsident in Bordeaux. In seinem Werk „Vom Geist der Gesetze" entwickelt er eine Theorie der Verfassungen und verfassungsbildenden Kräfte.

Buch XI, Kap. 6: Von der Verfassung Englands
In jedem Staat gibt es drei Arten von Gewalt: die gesetzgebende Gewalt, die vollziehende Gewalt in Ansehung der Angelegenheiten, die vom Völkerrechte abhängen, und die vollziehende Gewalt hinsichtlich der Angelegenheiten, die vom bürgerlichen Recht abhängen.
Vermöge der ersten gibt der Fürst oder Magistrat Gesetze auf Zeit oder für immer, verbessert er die bestehenden oder hebt sie auf. Vermöge der zweiten schließt er Frieden oder führt er Krieg, schickt oder empfängt Gesandtschaften, befestigt die Sicherheit, kommt Invasionen zuvor. Vermöge der dritten straft er Verbrecher oder spricht das Urteil in Streitigkeiten der Privatpersonen. Ich werde diese letzte die richterliche Gewalt und die anderen schlechthin die vollziehende Gewalt des Staates nennen.
Die politische Freiheit des Bürgers ist jene Ruhe des Gemüts, die aus dem Vertrauen erwächst, das ein jeder zu seiner Sicherheit hat. Damit man diese Freiheit hat, muß die Regierung so eingerichtet sein, daß

ein Bürger den anderen nicht zu fürchten braucht. Wenn in derselben Person oder der gleichen obrigkeitlichen Körperschaft die gesetzgebende Gewalt mit der vollziehenden vereinigt ist, gibt es keine Freiheit; denn es steht zu befürchten, daß derselbe Monarch oder derselbe Senat tyrannische Gesetze macht, um sie tyrannisch zu vollziehen.
Es gibt ferner keine Freiheit, wenn die richterliche Gewalt nicht von der gesetzgebenden und vollziehenden getrennt ist. Ist sie mit der gesetzgebenden Gewalt verbunden, so wäre die Macht über Leben und Freiheit der Bürger willkürlich, weil der Richter Gesetzgeber wäre. Wäre sie mit der vollziehenden Gewalt verknüpft, so würde der Richter die Macht eines Unterdrückers haben.
Alles wäre verloren, wenn derselbe Mensch oder die gleiche Körperschaft der Großen, des Adels oder des Volkes diese drei Gewalten ausüben würde: die Macht, Gesetze zu geben, die öffentlichen Beschlüsse zu vollstrecken und die Verbrechen oder die Streitsachen der einzelnen zu richten.
In den meisten europäischen Königreichen ist die Verfassung gemäßigt, weil der Fürst, der die beiden ersten Gewalten innehat, die dritte seinen Untertanen zur Ausübung überläßt. [...]
Da in einem freien Staate jeder, dem man einen freien Willen zuerkennt, durch sich selbst regiert sein sollte, so müßte das Volk als Ganzes die gesetzgebende Gewalt haben. Das aber ist in den großen Staaten unmöglich, in den kleinen mit vielen Mißhelligkeiten verbunden. Deshalb ist es nötig, daß das Volk durch seine Repräsentanten das tun läßt, was es nicht selbst tun kann. [...]
Der große Vorteil der Repräsentanten besteht darin, daß sie fähig sind, die Angelegenheiten zu erörtern. Das Volk ist dazu keinesfalls geschickt. Das macht einen der großen Nachteile der Demokratie aus. Es ist nicht nötig, daß die Repräsentanten, die von ihren Wählern eine allgemeine Anweisung erhalten haben, noch eine besondere für jede Angelegenheit bekommen, wie das im deutschen Reichstag üblich ist. Gewiß würde auf diese Weise das Wort der Abgeordneten in höherem Grade der Ausdruck der Stimme der Nation sein. Aber das würde in nicht endende Verzögerungen hineinführen. [...]
Alle Bürger in den verschiedenen Bezirken müssen das Recht haben, ihre Stimme bei der Wahl des Repräsentanten abzugeben, mit Ausnahme derer, die in einem solchen Zustand der Niedrigkeit leben, daß ihnen die allgemeine Anschauung keinen eigenen Willen zuerkennt.
Die Mehrzahl der alten Republiken hatte einen großen Fehler; das Volk hatte nämlich das Recht, aktive Entschließungen zu fassen, die eine Durchführung erfordern, etwas, wozu es ganz und gar unfähig ist. Es soll in die Regierungsphäre nur hineingelassen werden, um die Abgeordneten zu wählen, was seinen Fähigkeiten durchaus entspricht. [...]
Der repräsentative Körper soll nicht gewählt werden, damit er einen unmittelbar wirksamen Beschluß fasse, wozu er nicht geeignet ist, sondern um Gesetze zu machen und darauf zu achten, daß die von ihm gemachten Gesetze wohl ausgeführt werden. Dazu ist er sehr geeignet, das kann niemand besser als er. [...]
Die vollziehende Gewalt muß in den Händen eines Monarchen liegen. Denn dieser Teil der Regierung, der fast immer der augenblicklichen Handlung bedarf, ist besser durch einen als durch mehrere verwaltet, während das, was von der gesetzgebenden Gewalt abhängt, häufig besser durch mehrere als durch einen einzelnen angeordnet wird.
Gäbe es keinen Monarchen und wäre die vollziehende Gewalt einer bestimmten Zahl von Personen anvertraut, die der gesetzgebenden Körperschaft entnommen wären, so gäbe es keine Freiheit mehr. Denn die beiden Gewalten wären vereinigt, die gleichen Personen hätten manchmal nach ihrem Willen sogar dauernd Anteil an der einen wie der anderen. Würde die gesetzgebende Körperschaft während eines beträchtlichen Zeitraumes nicht versammelt, so gäbe es keine Freiheit mehr. Denn dann würde eines von beiden geschehen: Entweder würde es keine Gesetzesbeschlüsse mehr geben und der Staat fiele in Anarchie, oder diese Beschlüsse würden von der vollziehenden Gewalt gefaßt, die damit eine unbeschränkte würde. [...]
Hat die vollziehende Gewalt nicht das Recht, den Unternehmungen der gesetzgebenden Körperschaft Einhalt zu tun, so wird diese despotisch sein. Denn da sie sich alle erdenkliche Macht zusprechen kann, wird sie die übrigen Gewalten vernichten. [...]
Dies ist die verfassungsmäßige Grundordnung der Regierung, von der wir handeln: die gesetzgebende Körperschaft aus zwei Teilen zusammengesetzt, deren jeder den anderen durch ein wechselseitiges Vetorecht bindet. Beide sind gebunden durch die vollziehende Gewalt, die es ihrerseits wieder durch die Gesetzgebung ist. Aus diesen drei Gewalten müßte ein Zustand der Ruhe oder Untätigkeit hervorgehen. Aber da sie durch die notwendige Bewegung der Dinge gezwungen sind, fortzuschreiten, werden sie genötigt sein, dies gemeinsam zu tun. [...] [E. Forsthoff]
(Geschichte in Quellen, Bd. 3., a.a.O., S. 714–718)

M 21 Vorschläge der Parlamente zur Reform des Staates

a) Das Parlament von Rouen, 1760

Solange man in Frankreich die Stände einberufen hat, kannte das durch seine Abgeordneten vertretene Volk Natur und Ausmaß der für das öffentliche Wohl notwendigen Abgaben: Es verstand, die Steuern zu bemessen und zu regeln, [so daß] sie sogar den außergewöhnlichen Bedürfnissen des Staates

genügten. [...] Die Regierung blühte ebenso wie der Bürger; [...] Ungeachtet der Legalität, hat man die alte Ordnung umgestoßen und Steuern erhoben, ohne sie zu beantragen. Man hat die altehrwürdigen Formen umgangen und verachtet [...] die rechtmäßigen Freiheiten der Bürger. [...] Unter dem Vorwand, die Geschäfte zu beschleunigen, hat man das Einverständnis des Volkes vorausgesetzt, ohne dies zu Rate gezogen oder gar befragt zu haben. [...] Geben Sie uns, Sire, unsere kostbare Freiheit wieder, geben Sie uns unsere Stände wieder.
(Vereinfachte Übersetzung nach: L. Cahen, Les querelles réligieuses et parlementaires sous Louis XV. Paris 1913, S. 77ff.)

b) Die Steuerkammer von Paris, 23. Juli 1763
Die Steuerkammer glaubt, den rührenden und wahren Schilderungen des Elends, das die Landbevölkerung belastet und die unzählige Male Ihrer Majestät dem König vorgetragen worden sind, nichts weiter hinzufügen zu können. Wenn man es aber wagen sollte, dem König einzureden, diese Schilderungen seien übertrieben, [...] so bleibt der Kammer nichts übrig, als Ihre Majestät zu bitten, die Generalstände einzuberufen, um die Untertanen durch ihre Abgeordneten anzuhören.
(Übers. nach: J. Egret, Louis XV et l'opposition parlementaire. Paris 1970, S. 127)

Anregungen

1 *Welche Gemeinsamkeiten und welche Unterschiede sehen Sie zwischen den beiden Ansätzen von Bodin und den Monarchomaden (M 1, M 2) und den nachfolgenden Grundsätzen staatlicher Ordnung (M 18–M 21)? Erstellen Sie dazu eine tabellarische Übersicht:*
Ursprung der herrscherlichen Gewalt – Rechte und Pflichten des Monarchen – Rechte und Pflichten des Menschen/Volkes – Verhalten bei tyrannischer Herrschaft.

2 *Fassen Sie stichwortartig zusammen, welche staatlichen Machtmittel ein Monarch nach Meinung von Bodin, Hobbes und Bossuet besitzen müßte, und überprüfen Sie, inwieweit die politische Theorie des Absolutismus im Frankreich des 17. und 18. Jahrhunderts politische Praxis geworden ist!*

3 *Beurteilen Sie die Forderungen und Vorschläge der Parlamente (M 21a, b)! Beachten Sie dabei Kap. 6.2.4!*

4 *Diskutieren Sie die These, die absolutistische Staatstheorie habe dem Gedanken der Universalmonarchie den Todesstoß versetzt!*

5 *Das Spannungsverhältnis zwischen der vorstaatlichen Freiheitssphäre des einzelnen und der gesamtgesellschaftlichen Ordnung charakterisiert auch das Demokratiemodell der Bundesrepublik. Welche Möglichkeiten der innerstaatlichen Konfliktlösung sind in unserer Verfassungsordnung vorgesehen?*

Absolutismus und Aufklärung im Heiligen Römischen Reich Deutscher Nation

M 22 Wer hat die Macht in Deutschland inne?

Der Jurist und Historiker S. Pufendorf (1632–1694) in seinem Buch „Die Verfassung des deutschen Reiches“, 1667, das von der kaiserlichen Zensur verboten wurde.

Es bleibt uns also nichts anderes übrig, als das deutsche Reich, wenn man es nach den Regeln der Wissenschaft von der Politik klassifizieren will, einen irregulären und einem Monstrum ähnlichen Körper zu nennen, der sich im Laufe der Zeit durch die fahrlässige Gefälligkeit der Kaiser, durch den Ehrgeiz der Fürsten und durch die Machenschaften der Geistlichen aus einer regulären Monarchie zu einer so disharmonischen Staatsform entwickelt hat, daß es nicht mehr eine beschränkte Monarchie, wenngleich der äußere Schein dafür spricht, aber noch nicht eine Föderation mehrerer Staaten ist, vielmehr ein Mittelding zwischen beiden. Dieser Zustand ist die dauernde Quelle für die tödliche Krankheit und die inneren Umwälzungen des Reiches, da auf der einen Seite der Kaiser nach der Wiederherstellung der monarchischen Herrschaft, auf der anderen die Stände nach völliger Freiheit streben. [...] Wie man einen Felsen, der einmal ins Rollen gekommen ist, sehr leicht vom Berg in die Ebene hinunterbringt [...], so wird man auch Deutschland nicht ohne größere Erschütterungen und ohne totale Verwirrung der Verhältnisse zur monarchischen Staatsform zurückführen können; zum Staatenbund entwickelt es sich dagegen von selbst. Wenn man von der gegenseitigen Renitenz des Kaisers und der Stände absieht, dann ist es schon jetzt eine Förderation von Bundesgenossen ungleichen Rechts, indem die Stände die Hoheit des Kaisers gebührend anzuerkennen und zu ehren haben. [...] Gewöhnlich tritt der Fall ein, daß der Führer eines Bundes seine Macht so vergrößert, daß er die schwächeren Bundesgenossen mit der Zeit als Untertanen behandelt.
Wir können also den Zustand Deutschlands am besten als einen solchen bezeichnen, der einem Bund mehrerer Staaten sehr nahe kommt, in dem ein Fürst als Führer des Bundes die herausragende Stellung hat und mit dem Anschein königlicher Gewalt umgeben ist. [...]
(S. Pufendorf, Die Verfassung des Deutschen Reiches. Hrsg. von H. Denzer. Stuttgart 1976, S. 106f.)

Anregungen

1 *Der Westfälische Friede stellt den ersten Versuch einer umfassenden europäischen Friedensordnung dar. Stellen Sie fest, welche territorialen Konsequenzen sich für das Reich daraus ergeben haben!*

2 *Wiederholen Sie, wie sich das Verhältnis des deutschen Königs/Kaisers zu den Reichsfürsten seit dem Spätmittelalter geändert hat! Welche Bedeutung hatte* *der Westfälische Friede in dieser Entwicklung und für die Reichsverfassung?*

3 *Das Papsttum wurde nach seinem vergeblichen Protest gegen diese Friedensordnung an weiteren europäischen Friedenskongressen nicht mehr beteiligt. Wie ist der päpstliche Protest zu erklären, wie der Ausschluß?*

4 *Der Jurist und Historiker Pufendorf bezeichnete das Reich als ein „irreguläres Staatsgebilde" (M 22). Erklären Sie, was Pufendorf mit diesem Begriff zum Ausdruck bringen wollte!*

5 *Stellen Sie in einer Übersicht zusammen, welche Residenzstädte, aber auch welche Schloß- oder Klosteranlagen weltlicher und geistlicher Herren in Ihrer Region bzw. Ihrem Bundesland zwischen 1650 und 1750 gegründet und gebaut worden sind! Diskutieren Sie, welche Bedeutung diese Anlagen in wirtschaftlicher, politischer, kultureller und sozialer Hinsicht gehabt haben! Vergleichen Sie dazu die Abb. 5 und 6 auf S. 344/45!*

6 *Informieren Sie sich über deutsche Minderheiten in Ost- und Südeuropa! Mit welchen Problemen haben sie heute zu kämpfen?*

Der aufgeklärte Absolutismus am Beispiel Preußens

M 23 Friedrich Wilhelm I. über die Pflichten eines Königs, 1722

Friedrich Wilhelm I., geb. 1688, von 1713–1740 König von Brandenburg-Preußen, wurde wegen seiner Vorliebe für das Militär auch „Soldaten-König" genannt.

Mein lieber Suxessor sey wohll versichert das alle glückl: Regenten die Gott für die Augen haben und keine Metressen es beßer zu Nennen Huhren haben und ein Gottsehliches lehben führen diße Regenten wirdt Gott mit allen weldtl: und geistl: sehgen beschütten als bitte ich Meinen lieben Successor ein Gottsehliges Reines lehben und wandellen zu führen und seinen Lande und Armeé mit guhten excempell vorgehhen nicht Sauffen und freßen davon ein unzüchtiges lehben herrkommet, Mein lieber Successor mus auch nicht zugehben das in seine Lender und Prowincen keine Komedien Operas Balletes Masckerahden Redutten gehalten werden und ein greul: davor haben weil es Gottlohse und Teuffelichts ist da der Sahtanas sein tempell und reich vermehret werden also sollen wier wahrhaftige Kristen des Satans (Tempel) verstöhren also ist das ein Gottsehl: Regenten und beßer zu sagen euer werck des des [!] Satanas Tempell zu sagen Metressen operas Komedien Redutten Ballets Masquerahden zu unterdruhcken und nicht zu dulden und nicht selber so ein Gottlohses lehben anzufangen und die Unsern hauße niemahlen geduldet worden und von Johann Si(gi)smundo Im Brandenburgischen Hauße Keine dergleichen Sünden im schwange gegangen ist lehset die Historie von unsern hause da werdet Ihr finden das dieses der wahrheit gemehs ist und dehrowehgen Gott unser haus es bestendigst gesegnet hat: seidt versicherdt das der sehgen der noch bestendigst auf unser haus ist herrühret von unsehre Gottsehl: vorfahren.

(G. Küntzel/M. Haß, Hrsg., Die politischen Testamente der Hohenzollern, Bd. 1. Leipzig, Berlin 1911, S. 69)

Anregungen

1 *Vor welchen innenpolitischen Aufgaben standen die Kurfürsten in Brandenburg–Preußen nach dem Dreißigjährigen Krieg? Wie wurden diese Probleme bis 1740 gelöst?*

2 *Vergleichen Sie den Staatsaufbau Brandenburg–Preußens um 1740 mit dem Frankreichs unter Ludwig XIV. Wie weit reicht die Macht absolutistischer Herrschaft?*

M 24 Kronprinz Friedrich von Preußen: Das Bild des Herrschers

Der spätere König Friedrich II., Sohn Friedrich Wilhelms I., in seinen „Betrachtungen über den gegenwärtigen politischen Zustand Europas" zu den Pflichten der Monarchen, 1737/38.

Legten die Fürsten diese falschen Ideen ab und gingen auf den Ursprung ihres Amtes zurück, sie sähen, daß ihre Würde, auf die sie so eifersüchtig sind, daß ihre Erhebung nur das Werk der Völker ist, daß die Abertausende, die ihnen anvertraut sind, sich nicht einem einzigen sklavisch unterwarfen, um ihn mächtiger und furchtgebietender zu machen, daß sie sich vor einem Mitbürger nicht beugten, um Märtyrer seiner Launen und Spielball seiner Einfälle zu sein, sondern daß sie den unter sich Erwählten, den sie für den Gerechtesten hielten, um sie zu regieren, den Besten, um ihnen ein Vater zu sein, den Tapfersten, um sie gegen ihre Feinde zu beschirmen, den Weisesten, um sie nicht zur Unzeit in verderbliche, zerstörerische Kriege zu verwickeln, kurz, den rechten Mann, um den Staat zu repräsentieren, den, dessen souveräne Macht eine Stütze für Recht und Gesetz ist und nicht ein Mittel, um ungestraft Verbrechen zu begehen und Tyrannei auszuüben.

Steht dies Prinzip einmal fest, so würden die Fürsten stets die beiden Klippen vermeiden, die zu allen Zeiten den Sturz der Reiche und die Umwälzung der Welt verschuldet haben: nämlich maßlosen Ehrgeiz und schlaffe Nachlässigkeit in den Geschäften. Dann würden diese irdischen Götter, statt immerfort auf Eroberungen zu sinnen, nur für das Glück ihrer Völker wirken. Sie würden mit allem Fleiß danach trachten, das Elend zu lindern und ihre Herrschaft mild und heilbringend zu machen. [...]

Edler Wettstreit müßte unter ihnen herrschen, einander an Güte und Milde zu übertreffen. [...]

[F. von Oppeln–Bronikowski]

(Geschichte in Quellen, Bd. 3, a.a.O., S. 600)

M 25 Wie begründet Friedrich II. seine Alleinregierung?

Friedrich II. „der Große“ (1712–1786) wurde 1740 König von Brandenburg-Preußen.

In einem Staate wie Preußen ist es durchaus notwendig, daß der Herrscher seine Geschäfte selbst führt; denn ist er klug, wird er nur dem öffentlichen Interesse folgen, das auch das seine ist. [...] Der Herrscher [...] wird den Adel stützen, die Geistlichkeit in die gebührenden Schranken weisen, nicht dulden, daß die Prinzen von Geblüt Ränke spinnen, und das Verdienst ohne alle eigennützigen Hintergedanken belohnen, die die Minister bei allen ihren Handlungen hegen.

Ist es aber schon notwendig, daß der Herrscher die inneren Angelegenheiten seines Staates selber lenkt, um wieviel mehr muß er dann seine äußere Politik selbst leiten, die Bündnisse schließen, die ihm zum Vorteil gereichen, seine Pläne selber entwerfen und in bedenklichen und schwierigen Zeitläufen seine Entschlüsse fassen. Bei dem innigen Zusammenhang zwischen Finanzen, innerer Verwaltung, äußerer Politik und Heerwesen ist es unmöglich, einen dieser Zweige ohne Rücksicht auf die anderen zu behandeln. Sobald das geschieht, fahren die Fürsten schlecht. In Frankreich regieren vier Minister das Königreich: der Finanzminister, der Marineminister, der Kriegsminister und der Minister der auswärtigen Angelegenheiten. Diese vier Könige verständigen und vertragen sich nie. Daher kommen all die Widersprüche, die wir in der französischen Regierung sehen. [...] Da gibt es kein System, keinen Plan, der Zufall herrscht, und alles ist in Frankreich der Spielball der Umtriebe am Hofe. Die Engländer erfahren alles, was in Versailles vorgeht. Da gibt es kein Geheimnis, und mithin läßt sich auch keine Politik treiben.

Eine gut geleitete Staatsregierung muß ein ebenso festgefügtes System haben wie ein philosophisches Lehrgebäude. Alle Maßregeln müssen reiflich durchdacht sein, Finanzen, Politik und Heerwesen auf ein gemeinsames Ziel steuern: nämlich die Stärkung des Staates und das Wachstum seiner Macht. Ein System kann aber nur aus einem Kopfe entspringen, also muß es aus dem des Herrschers hervorgehen. [...]

Der Herrscher ist der erste Diener des Staates. Er wird gut besoldet, damit er die Würde seiner Stellung aufrechterhalte. Man fordert aber von ihm, daß er werktätig für das Wohl des Staates arbeite und wenigstens die Hauptgeschäfte mit Sorgfalt leite. Er braucht unzweifelhaft Gehilfen. Die Bearbeitung der Einzelheiten wäre zu umfangreich für ihn. Aber er muß ein offenes Ohr für alle Klagen haben, und wem Vergewaltigung droht, dem muß er schleunig sein Recht schaffen. [...]

Wir haben in Preußen das Generaldirektorium, die Justizbehörden und die Kabinettsminister. Tag für Tag senden sie an den König ihre Berichte mit eingehenden Denkschriften über die Gegenstände, die seine Entscheidung erfordern. In strittigen oder schwierigen Fällen erörtern die Minister das Für und Wider selbst. Damit setzen sie den Herrscher in den Stand, seine Entscheidung auf den ersten Blick zu treffen, vorausgesetzt, daß er sich die Mühe gibt, die vorgetragenen Sachen gründlich und mit Verständnis zu lesen. [...] Diese Art der Geschäftsführung verdient den Vorzug vor der sonst üblichen, wo der Herrscher im Ministerrate den Vorsitz führt; denn aus großen Versammlungen gehen keine weisen Beschlüsse hervor. [...]

(G. Küntzel/M. Haß, Hrsg., Die politischen Testamente der Hohenzollern. a.a.O., S. 47 ff.)

Anregungen

1 *Vergleichen Sie die Ausführungen des Kronprinzen Friedrich zur Aufgabe der Herrscher (M 24) mit denen seines Vaters (M 23) und mit dem Herrschaftsverständnis Ludwigs XIV.! Worin sehen Sie Gemeinsamkeiten, worin die Unterschiede?*

2 *In M 25 schreibt nicht mehr der Kronprinz, sondern der regierende König:*
Inwieweit ist der Herrscher dem Entwurf der Jugend gefolgt? Warum hält Friedrich II. das preußische Regierungssystem für effektiver als das französische?

3 *Wiederholen Sie, mit welchen Problemen die französische Krone nach Ludwig XIV. zu kämpfen hatte, und vergleichen Sie damit die Entwicklung in Preußen!*

M 26 Das Allgemeine Landrecht für die preußischen Staaten, 1794, das auf Friedrich II. zurückgeht

a) Vom Bauernstande

§ 1. Unter dem Bauernstande sind alle Bewohner des platten Landes begriffen, welche sich mit dem unmittelbaren Betriebe des Ackerbaus und der Landwirtschaft beschäftigen, sofern sie nicht durch adlige Geburt, Amt oder besondere Rechte von diesem Stand ausgenommen sind.

§ 2. Wer zum Bauernstand gehört, darf ohne Erlaubnis des Staats weder selbst ein bürgerliches Gewerbe treiben noch seine Kinder dazu widmen.

§ 8. Ein jeder Landmann ist die Kultur seines Grundstücks [...] wirtschaftlich zu betreiben schuldig.

§ 9. Er kann also dazu von dem Staate auch durch Zwangsmittel genötigt und bei beharrlicher Vernachlässigung sein Grundstück an einen Anderen zu überlassen angehalten werden. [...]

§ 12. Keinem Bauern ist es erlaubt, seine Früchte auf dem Halme zu verkaufen.

§ 13. Der Bauernstand ist dem Staate zu Hand- und Spanndiensten besonders verpflichtet.

§ 14. Die Anzahl der bäuerlichen Besitzungen auf dem Lande soll weder durch Einziehung der Stellen [...] noch durch das Zusammenschlagen derselben vermindert werden. [...]

b) Von den persönlichen Pflichten und Rechten der Untertanen

§ 147. Untertanen werden, außer der Beziehung auf das Gut, zu welchem sie geschlagen sind, in ihren Geschäften und Verhandlungen als freie Bürger angesehen.

§ 148. Es findet daher die ehemalige Leibeigenschaft, als eine Art der persönlichen Sklaverei, auch in Ansehung der untertänigen Bewohner des platten Landes nicht statt.

§ 149. Sie sind fähig, Eigentum und Rechte zu erwerben und dieselben gegen jedermann, auch gerichtlich, zu verteidigen.

§ 150. Sie dürfen das Gut, zu welchem sie geschlagen sind, ohne Bewilligung ihrer Grundherrschaft nicht verlassen.

§ 151. Sie können aber auch von der Herrschaft ohne das Gut, zu welchem sie gehören, nicht verkauft, vertauscht oder sonst an einen Anderen wider ihren Willen abgetreten werden.

§ 161. Untertanen sind bei beabsichtigter Heirat die herrschaftliche Genehmigung nachzusuchen verbunden.

§ 162. Die Herrschaft aber kann ihnen die Erlaubnis ohne gesetzliche Ursache nicht versagen. [...]

§ 171. Kinder der Untertanen müssen in der Regel dem Bauernstande und dem Gewerbe der Eltern sich widmen.

§ 172. Ohne ausdrückliche Erlaubnis der Gutsherrschaft können sie zur Erlernung eines bürgerlichen Gewerbes oder zum Studieren nicht gelassen werden. [...]

§ 183. Die Kinder aller Untertanen, welche in fremde Dienste gehen wollen, müssen sich zuvor der Herrschaft zum Dienen anbieten. [...]

Von den Diensten der Untertanen

§ 308. Die Dienste, welche die Untertanen ihrer Herrschaft zu leisten haben, sind eigentlich zur Bewirtschaftung und Benutzung der herrschaftlichen Grundstücke bestimmt. [...]

§ 314. Alle Arten der Hofdienste sollen künftig soviel als möglich nach Zeit, Ort, Maß oder Gewicht bestimmt werden. [...]

§ 319. Bei Festsetzung und Verteilung der Dienste ist darauf zu sehen, daß den Untertanen die nötige Zeit zur Bestellung ihrer eigenen Wirtschaften und zum Erwerbe ihrer Notdurft übrig bleibe. [...]

c) Vom Bürgerstande

§ 1. Der Bürgerstand begreift alle Einwohner des Staats unter sich, welche ihrer Geburt nach weder zum Adel noch zum Bauernstande gerechnet werden können. [...]

§ 2. Ein Bürger im eigentlichen Verstande wird derjenige genannt, welcher in einer Stadt seinen Wohnsitz aufgeschlagen und daselbst Bürgerrecht gewonnen hat. [...]

§ 15. Gutsuntertanen können ohne Entlassung von ihren Grundherrschaften, Soldaten und Kantonisten ohne Abschied vom Regiment oder schriftliche Einwilligung des Chefs oder Kommandeurs zu Bürgern nicht aufgenommen werden. [...]

d) Von Künstlern und Fabrikanten

§ 410. Die Erlaubnis zur Anlegung einer Fabrik zu erteilen kommt allein dem Staate zu. [...]

e) Von den Pflichten und Rechten des Adelsstandes

§ 1. Dem Adel, als dem ersten Stande im Staate, liegt nach seiner Bestimmung die Verteidigung des Staates sowie auch die Unterstützung der äußeren Würde und inneren Verfassung desselben hauptsächlich ob.

§ 2. Zum Adelsstande werden nur diejenigen gerechnet, denen der Geschlechtsadel durch Geburt oder landesherrliche Verleihung zukommt. [...]

§ 35. Der Adel ist zu den Ehrenstellen im Staate, wozu er sich geschickt gemacht hat, vorzüglich berechtigt. [...]

§ 37. Nur der Adel ist zum Besitz adliger Güter berechtigt. [...]

§ 41. Adlige Gutsbesitzer sind zur Ausübung der dem Gute verliehenen Jagdgerechtigkeiten in ihrem eigenen Namen berechtigt.

§ 42. Sie können die dem Gute anklebende Gerichtsbarkeit in ihrem Namen ausüben lassen.

§ 43. Ihnen kommen die mit dem Kirchenpatronate verbundenen Ehrenrechte zu.

§ 44. Sie müssen also mit ihrer Familie in das Kirchengebet ausdrücklich eingeschlossen, und die Kirchentrauer, wo dieselbe üblich ist, muß für sie angelegt werden. [...]

§ 51. Personen bürgerlichen Standes können ohne besondere landesherrliche Erlaubnis keine adligen Güter besitzen. [...]

§ 76. Adelige sollen in der Regel keine bürgerliche Nahrung und Gewerbe treiben. [...]

(Geschichte in Quellen, Bd. 3., a.a.O., S. 632–634)

Anregungen

1 *Friedrich II. schrieb, er habe sich bemüht, den Namen Preußen (statt Brandenburg) durchzusetzen. Welche Hoffnungen und Erwartungen hat er damit verbunden?*

2 *Vergleichen Sie die Rechte und Pflichten der preußischen Untertanen (M 26 a–e) mit den Grundrechten der Bundesbürger!*

3 *Was verstehen die Verfasser von M 26 unter einem Bürger, was unter einem Untertan?*

M 27 Friedrich II. und die Religion

Katholiken, Lutheraner, Reformierte, Juden und zahlreiche andere christliche Sekten wohnen in diesem Staat und leben friedlich zusammen. Wenn der Herrscher aus falschem Eifer auf den Einfall käme, eine dieser Religionen zu bevorzugen, so würden sich sofort Parteien bilden, heftige Dispute ausbrechen, allmählich würden Verfolgungen beginnen,

und schließlich würde die verfolgte Religion ihr Vaterland verlassen, und Tausende von Untertanen würden unseren Nachbarn mit ihrem Gewerbefleiß bereichern und deren Volkszahl vermehren.
Für die Politik ist es völlig belanglos, ob ein Herrscher religiös ist oder nicht. Geht man allen Religionen auf den Grund, so beruhen sie auf einem mehr oder minder widersinnigen System von Fabeln. Es ist unmöglich, daß ein Mensch von gesundem Verstand, der diese Dinge kritisch untersucht, nicht ihre Verkehrtheit erkennt. Aber diese Vorurteile, diese Irrtümer und diese Wundergeschichten sind für die Menschen gemacht, und man muß auf die große Masse so weit Rücksicht nehmen, daß man ihre religiösen Gefühle nicht verletzt, gleich, welchem Glauben sie angehören.
Die Juden sind von allen diesen Sekten die gefährlichsten, weil sie den Handel der Christen schädigen und für den Staat nicht zu brauchen sind. Wir haben die Juden zwar wegen etwas Handel mit Polen nötig, aber wir müssen verhindern, daß sie sich vermehren. Wir müssen sie nicht nur auf eine gewisse Zahl von Familien, sondern auch auf eine gewisse Kopfzahl festlegen. Wir müssen ihren Handel einschränken, sie vom Großhandel fernhalten, damit sie nur Kleinhandel treiben.
Die Hauptmasse der Katholiken sitzt in Schlesien. Man läßt ihnen die freie Ausübung ihrer Religion. Damit aber die Klöster mit ihrem Zölibat die Hoffnungen der Familien nicht begraben, darf niemand vor seiner Großjährigkeit Mönch oder Nonne werden. Übrigens lasse ich den Geistlichen jede Freiheit und die ihnen zustehenden Rechte. Die Priester sind ziemlich zuverlässig, die Mönche neigen mehr zum Hause Österreich.
(Friedrich II., Das politische Testament von 1752. Stuttgart 1974, S. 44f.)

M 28 Schul- und Bildungswesen

Kabinettsschreiben an den Etats-Minister von Zedlitz, 5. 9. 1779

Mein lieber Etats-Minister Freiherr von Zedlitz, da Ich gewahr geworden, daß bei den Schul-Anstalten noch viele Fehler sind, und daß besonders in den kleinen Schulen, die Rhetoric und Logic, nur sehr schlecht oder nicht gelehrt wird, dieses aber eine vorzügliche und höchst nothwendige Sache ist, die ein jeder Mensch, in jedem Stande, wissen muß, und das erste Fundament, bei Erziehung der jungen Leute sein soll, denn wer zum besten raisoniret, wird immer weiter kommen, als einer, der falsche consequences zieht; so habe euch hierdurch Meine eigentliche Willens-Meinung dahin bekannt machen wollen: wegen der Rhetoric, ist der Quintilien, der muß verdeutschet, und darnach in allen Schulen informirt werden, sie müßen die jungen Leute traductions und discourse selbst machen lassen, daß sie die Sache recht begreifen [...]. Zum Unterricht in der Logic, ist die beste im Deutschen, die von Wolff, solche ist wohl ein bisgen weitläufig, aber man kann sie abregiren lassen. Die ersten Schulen sind immer schuld daran, wenn die jungen Leute nichts lernen, die Lehrer lassen die jungen Leute nicht selbst arbeiten, sondern sie herum laufen und halten sie nicht genug zum Lernen an; Lateinisch müssen die jungen Leute auch absolut lernen, davon gehe ich nicht ab, es muß nur darauf raffiniret werden, auf die leichteste und beste Methode, wie es den jungen Leuten am besten beizubringen [...]. Die Lehrer müssen sich auch mehr Mühe geben mit dem Unterrichte der jungen Leute und mehr Fleiß darauf wenden und mit wahrem Attachement der Sache sich widmen, dafür werden sie bezahlt, und wenn sie das nicht gebührend thun und nicht ordentlich in den Sachen sind und die jungen Leute negligiren, muß man ihnen auf die Finger klopfen, daß sie besser attent werden. [...] Ihr müsset daher mit der Schulverbesserung in den großen Städten, als: Königsberg, Stettin, Berlin, Breslau, Magdeburg etc. zuerst anfangen. [...] Bei den kleinen Schulen muß erst angefangen werden, denn da wird der Grund gelegt; die jungen Leute mögen hiernächst auf einen Juristen, Professor, Secretair oder was es ist studiren, so müßen sie das alles, auch lateinisch wissen. Eine gute deutsche Grammatik, die die beste ist, muß auch bei den Schulen gebraucht werden. [...] Von großem Nutzen würde es sein, wenn die jungen Leute, so in einem Schulhause, beständig beisammen wären, wofür die Eltern was Gewisses bezahlen, so würden sie weit mehr lernen, als wenn sie zu Hause sind, wo sie die Eltern doch nur herumlaufen lassen, [...] da können sie gut studiren, da sie immer beieinander [...]. Und wenn ein Lehrer oder Professor darin sich hervorthut, so muß man denn sehen, wie man dergleichen Lehrer auf eine Art avantagiret, daß sie aufgemuntert und die anderen gereizet werden sich auch zu befleißigen, daß sie nicht so grob sind. [...] Gegenwärtig geschieht der Unterricht nur schlecht; und es wird nicht genug Attention auf die Erziehung in den Schulen gewandt, drum lernen die Kinder auch nicht viel, die ersten Fundamente sind nicht nutze. [...] Für junge Leute, die beim Commerce gehen wollen, sind so ein Haufen gute Bücher, woraus sie das Commerce einer jeden Nation in der ganzen Welt lernen können. Für Leute, die Officiers werden, ist die Historie nöthig, auch für andere Leute, und zwar muß solche gleich beim Anfang gelehret werden, denn es sind abrégés genug davon da, anfänglich muß man kurz unterrichten und bei den alten Zeiten nicht zu lange sich aufhalten, doch so, daß sie eine Kenntniß von der alten Geschichte kriegen; aber in den neuern Zeiten, da muß man schon etwas genauer damit umgehen, damit die jungen Leute solche gründlich kennen lernen und das gehet auch spielend an. [...]
Daß die Schulmeister auf dem Lande die Religion und die Moral den jungen Leuten lehren, ist recht

gut und müssen sie davon nicht abgehen, damit die Leute bei ihrer Religion hübsch bleiben und nicht zur Katholischen übergehen, denn die evangelische Religion ist die beste und weit besser wie die Katholische, darum müssen die Schulmeister sich Mühe geben, daß die Leute Attachement zur Religion behalten, und sie so weit bringen, daß sie nicht stehlen und nicht morden. Diebereien werden indessen nicht aufhören, das liegt in der menschlichen Natur. [...] Ihr werdet sehen, wie das zu machen steht, sonsten ist es auf dem platten Lande genug, wenn sie ein bisgen lesen und schreiben lernen, wissen sie aber zu viel, so laufen sie in die Städte und wollen Secretairs und so was werden; deshalb muß man auf'n platten Lande den Unterricht der jungen Leute so einrichten, daß sie das Nothwendige, was zu ihrem Wissen nöthig ist, lernen, aber auch in der Art, daß die Leute nicht aus den Dörfern weglaufen, sondern hübsch da bleiben.
(Aus: Friedrich der Große, hg. von Otto Bardong. In: Ausgewählte Quellen zur Geschichte der Neuzeit, Bd. 22. Darmstadt 1982, S. 503–506)

M 29 Justizwesen

a) Friedrich II. über sein Verhältnis zur Rechtsprechung

[...] In eigener Person Recht zu sprechen, ist eine Aufgabe, die kein Herrscher übernehmen kann, ein König von Preußen noch weniger als ein anderer. Die unendlichen Einzelheiten eines einzigen Rechtshandels würden die Zeit verschlingen, die er vorzugsweise anderen Zweigen der Regierung widmen muß. Spricht der Fürst aber auch nicht selber Recht, so folgt daraus nicht, daß er die Rechtspflege vernachlässigen darf. Ich habe in Preußen auf dem Gebiet des Zivilprozesses Gesetze vorgefunden, die, statt den Parteien zu helfen, die Rechtshändel verwirrten und die Prozesse in die Länge zogen. Daraufhin erteilte ich dem Großkanzler Cocceji den Auftrag zu einer Gesetzesreform auf der Grundlage der natürlichen Billigkeit. Der hochverdiente Beamte führte meinen Willen zur allgemeinen Zufriedenheit aus. [...]
Ich habe mich entschlossen, niemals in den Lauf des gerichtlichen Verfahrens einzugreifen; denn in den Gerichtshöfen sollen die Gesetze sprechen und der Herrscher soll schweigen. Aber dies Stillschweigen hat mich doch nicht daran gehindert, die Augen offenzuhalten und über die Aufführung der Richter zu wachen. So ist die Einrichtung getroffen, daß zwei Räte des höchsten Gerichtshofes alle drei Jahre die Provinzen bereisen, die Aufführung der Richter prüfen und jeden, der sich etwas zuschulden kommen läßt, zur Anzeige bringen. Man darf mit den Pflichtvergessenen kein Erbarmen haben: Die Stimme der Witwen und Waisen fordert Vergeltung, und Sache des Fürsten ist es, die Beamten zu ihrer Pflicht anzuhalten und streng gegen die vorzugehen, die seine Autorität mißbrauchen und das öffentliche Vertrauen unter dem Vorwand von Recht und Gerechtigkeit täuschen. Gerade gegen derartige Fälle von Pflichtvergessenheit muß ich die äußerste Strenge anraten; denn der Herrscher macht sich gewissermaßen zum Mitschuldigen an den Verbrechen, die er unbestraft läßt. [...]
(Friedrich der Große, Das politische Testament von 1752, a.a.O., S. 4f.)

b) Die Milderung des Strafrechts. Brief an Voltaire, 1777

[...] In dem Maße wie die Völker zivilisierter werden, muß man ihre Gesetze mildern. Wir haben es getan und befinden uns wohl dabei. Ich glaubte, indem ich den Vorstellungen der weisesten Gesetzgeber folgte, daß es besser ist, Verbrechen zu verhüten und zu verhindern, als sie zu bestrafen. Dies ist mir gelungen, und um Ihnen eine deutlichere Vorstellung hiervon zu geben, muß ich Sie mit unserer Bevölkerung bekanntmachen. Diese besteht nur aus fünf Millionen zweihunderttausend Seelen. Wenn Frankreich zwanzig Millionen Einwohner hat, so ist das etwa ein Viertel davon. Seitdem unsere Gesetze gemildert worden sind, haben wir im Durchschnitt jährlich nur vierzehn, höchstens fünfzehn Todesurteile gefällt. Das kann ich Ihnen um so zuverlässiger sagen, da ohne meine Unterschrift niemand zur Festungsstrafe verurteilt und ebenso niemand hingerichtet werden darf, wenn ich das Urteil nicht bestätigt habe.
Die meisten Delinquenten sind Kindesmörderinnen, wenig Morde, noch weniger Straßenraub. Von den Geschöpfen, die so grausam gegen ihre Nachkommenschaft verfahren, werden nur die hingerichtet, denen man den Mord beweisen kann. Ich habe alles getan, was ich nur konnte, um die unglücklichen Personen daran zu hindern, ihre Kinder umzubringen. Die Herrschaften müssen es gerichtlich anzeigen, wenn ihre Mägde schwanger sind. Früher nötigte man die armen Personen öffentliche Kirchenbuße zu tun, das habe ich abgeschafft. In jeder Provinz gibt es Entbindungshäuser für sie, und man sorgt für die Erziehung ihrer Kinder. Trotz aller Erleichterungen konnte ich dennoch nicht dieses unnatürliche Vorurteil ihnen aus dem Kopf bringen, dessentwegen sie ihre Kinder töten. Ich bin zugleich bemüht die Ansicht auszurotten, daß es eine Schande ist, Mädchen zu heiraten, die Mütter waren, ohne verheiratet zu sein. Vielleicht gelingt es mir.
Die Tortur [Folter] haben wir völlig abgeschafft. Schon seit mehr als 30 Jahren wird sie nicht mehr angewandt. In republikanischen Staaten muß man vielleicht eine Ausnahme machen bei Hochverrat. [...]
In Zivilsachen muß man den Grundsatz befolgen, daß man besser einen Schuldigen rettet als einen Unschuldigen bestraft. [...]
(Ebenda, S. 495f.)

M 30 **Wie Friedrich II. die Wirtschaft fördern will, 1777**

Da noch sehr viele Sachen sind, wofür das Geld aus dem Lande gehet, und die gleichwohl hier im Lande ebenso gut angefertigt und gemacht werden können, so habe Ich Euch hierdurch aufgeben wollen, daß Ihr Euch die Verbesserung und Vermehrung der Einländischen Manufacturen hauptsächlich angelegen seyn lassen, und beständig darauf raffiniren sollet, wo hin und wieder, besonders in kleinen Städten, die sich dazu schicken, neue Manufacturen von solchen Sachen angelegt werden, die allhier entweder noch gar nicht, oder doch nicht in hinlänglicher Qualität angefertigt werden, damit das Geld davon nicht fernerhin außerhalb Landes gehet, sondern im Lande selbst verdienet werden kann: Denn da ist zum Exempel das Holländische Papier, [...] wofür jährlich eine große Summe Geldes aus dem Lande gehet, das kann ja hier ebenfalls auch gemacht werden, denn was Holland angehet, muß sich hier ebenso gut thun lassen, es fehlt nur daran, daß es die hiesigen Leute nicht recht verstehen. [...]
Ich habe indessen meinem Gesandten in Haag aufgetragen, sich alle Mühe zu geben, einen tüchtigen und recht geschickten Menschen in Holland baldmöglichst zu engagiren, und solchen sodann auf Meine Kosten hier im Lande her zu schicken; sobald als dieser hier ankommt, so soll er die besten Papier Mühlen hier im Lande besehen und untersuchen, worin der eigentliche Fehler sticht, und wie solchen abzuhelfen; er muss hiernechst die Leute recht deutlich unterrichten und sie anweisen, wie sie die feinen Lumpen besser sortieren und sodann das Papier auf holländische Art machen sollen. [...] Vor Englisch und Sohl Leder gehet auch noch viel Geld ausser Lande und müsst Ihr darauf denken; wie noch mehrere dergleichen Fabriquen, wie des Juden Itzig seine zu Potsdam ist, an solchen Orten etabliret werden, wo viel Waldungen und Holtz ist, damit die Borke sich gleich in der Nähe findet. [...] Es kommt auf das Englische Sohl Leder vorzüglich an, welches vor die Cavallerie alhier in großer Quantität gebrauchet wird. [...] An Taffent [Taft] wird auch noch nicht so viel im Lande gemacht, wie erforderlich ist, und müsset Ihr daher bedacht seyn, noch eine Fabrique davon wo anzulegen; das muss aber nicht hier in Berlin, sondern an einem kleinen Orte, etwa zu Fürstenwalde oder sonsten wo am Wasser geschehen. Denn hier zu Berlin schicken sich keine anderen Fabriquen, als von Seiden- und rauhen Stoffen und von Porcellain, weil hier viele vornehme, auch fremde Leute sind, die Gusto haben und dergleichen Sachen lieben; die anderen Fabriquen schicken sich alle besser in die am Wasser gelegenen kleinen Städte, wo nicht so theuer wie hier zu leben, und wo Miethe, Holtz und Lebensmittel alles weit wohlfeiler ist. Denn das ist eine Hauptsache, dass der Arbeiter so wohlfeil als möglich leben kann, alsdann braucht der Entreprenneur das Arbeitslohn nicht so theuer zu bezahlen, und er kann seine Waaren viel wohlfeiler verkaufen und dadurch einen stärkeren Debit sich verschaffen. [...]
Der Handel mit Pohlen und nach Holland, Frankreich und Spanien ist hinlänglich, wenn solcher gehörig betrieben wird, denen Pohlen müsst Ihr Holtz, Potasche und dergleichen Sachen abkaufen, dagegen brav viel Salz, Französische Weine, Material Waaren und was die Pohlen sonst gebrauchen zuführen. Nach Frankreich und Spanien müsst Ihr Schlesische Leinwand und von den leichten wollenen Waaren hinschicken. [...] Friedrich

(R. Stadelmann, Preußens Könige in ihrer Thätigkeit für die Landeskultur, Bd. 2: Friedrich der Große. Leipzig 1882 [Publikationen aus den Kgl. Preußischen Staatsarchiven, Bd. 11], S. 464–466)

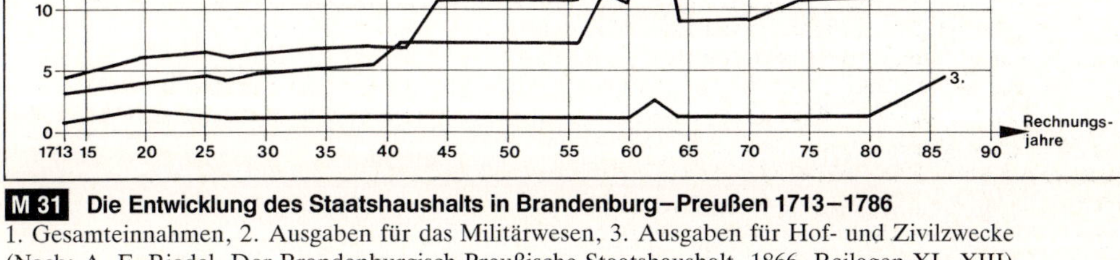

M 31 **Die Entwicklung des Staatshaushalts in Brandenburg–Preußen 1713–1786**

1. Gesamteinnahmen, 2. Ausgaben für das Militärwesen, 3. Ausgaben für Hof- und Zivilzwecke
(Nach: A. F. Riedel, Der Brandenburgisch-Preußische Staatshaushalt, 1866, Beilagen XI–XIII)

M 32 Die Preußische Außenpolitik

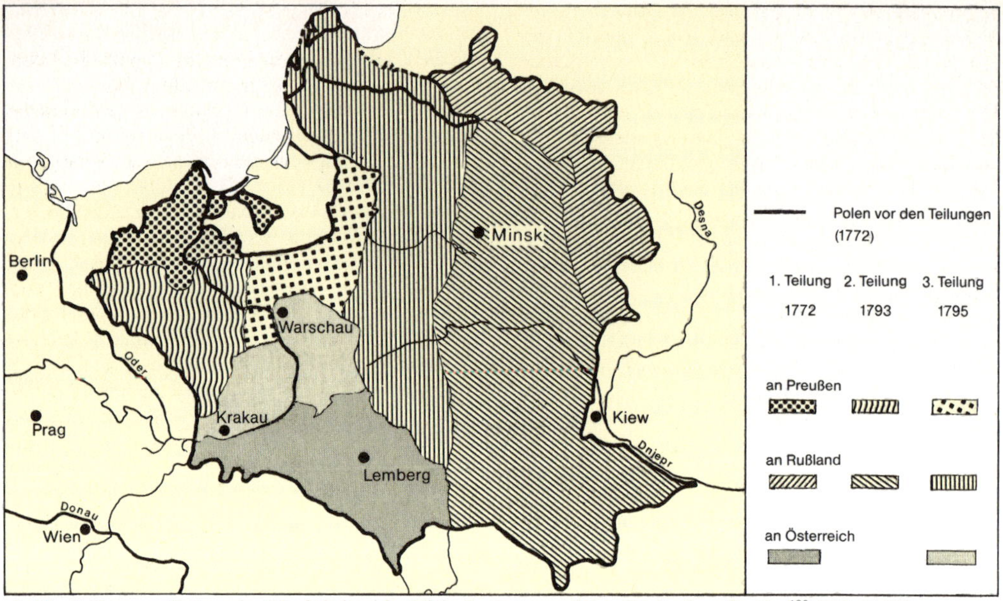

a) Die Teilungen Polens im 18. Jahrhundert (Nach: Putzger, Hist. Weltatlas, Berlin [100]1979, S. 85)

	Ereignisse	Anlaß	Gegner Preußens	Verbündete Preußens	Ergebnisse
1740–1742	1. Schlesischer Krieg	Aussterben männlicher Habsburger Friedrich II. marschiert in Schlesien ein	Österreich unter Maria Theresia	**Frankreich,** Bayern, Sachsen	**1742 Friede von Breslau:** Österreich tritt Schlesien an Preußen ab
1744–1745	2. Schlesischer Krieg	Österr. Siege über Frankreich und Bayern Friedrich II. marschiert in Böhmen ein	Österreich, England-Hannover, Sachsen	**Frankreich,** Bayern, Hessen-Kassel, Pfalz	**1745 Friede von Dresden:** 1. Preußen behält Schlesien 2. Preußen anerkennt Franz I. von Österr. als Kaiser
1746–1755	Frieden				
1756–1763	3. Schlesischer Krieg	russ.-österr.-franz. Bündnis gegen Preußen Friedrich II. marschiert in das neutrale Sachsen ein	Rußland, Österreich, Schweden, Sachsen, die meisten Reichsfürsten	**England** – Hannover, Braunschweig, Hessen-Kassel, Gotha	**1763 Friede von Hubertusburg:** Preußen behält Schlesien
1772	1. Teilung Polens			Österr. u. Rußland	
1793	2. Teilung Polens			Rußland	
1795	3. Teilung Polens			Österr. u. Rußland	

b) Preußische Außenpolitik (1740–1795) (Nach: H. D. Schmid, Hrsg., Fragen an die Geschichte Bd. 3, S. 42)

Anregungen

1 **a)** *Inwieweit ist es gerechtfertigt, Friedrichs Einstellung als tolerant zu bezeichnen? Untersuchen und diskutieren Sie seine Ausführungen zur Religion (M 27)!*

b) *Informieren Sie sich über die rechtliche Stellung der Juden im Reich!*

2 *Welche Bedeutung mißt der König der schulischen Bildung bei (M 28)? Erstellen Sie danach eine Rangfolge der Unterrichtsfächer, und vergleichen Sie diese Liste mit Ihren Haupt- und Nebenfächern! Informieren Sie sich im Schulgesetz Ihres Landes über die Aufgaben des heutigen Schulwesens!*

3 *„In den Gerichtshöfen sollen die Gesetze sprechen und der Herrscher soll schweigen" (Friedrich II.). Untersuchen Sie bei M 29a, b, welche Anstrengungen zur Reform des Rechtswesens in Preußen unter Friedrich II. unternommen wurden!*

4 *Untersuchen und beschreiben Sie die Entwicklung des Staatshaushalts in Brandenburg-Preußen 1713 bis 1786 (M 31)! Vergleichen Sie diese Entwicklung mit der französischen (M 10a, b)! Welchen Anteil machen die Ausgaben für Militär, Soziales, Wirtschaft etc. im Staatshaushalt der Bundesrepublik Deutschland aus?*

5 *Vergleichen und diskutieren Sie die Förderung der Wirtschaft durch Friedrich II. (M 30) mit der Wirtschaftspolitik Colberts! Welche Gemeinsamkeiten und welche Unterschiede können Sie feststellen?*

6 *Kritik und Bewunderung rief die Außenpolitik Friedrichs II. (M 32a, b) sowohl bei Zeitgenossen als auch bei späteren Generationen hervor. Bestimmen Sie zunächst die Ziele dieser Politik, und erkunden Sie, welchen politischen bzw. moralischen Grundsätzen sie verpflichtet war!*

Welche Gründe sprechen dafür, die Expansion des preußischen Staates als eine historische Notwendigkeit zu interpretieren? Vergleichen Sie damit die Expansionspolitik Ludwigs XIV.!

Diskutieren Sie anschließend die Frage, ob es gerechtfertigt ist, die Außenpolitik Friedrichs II. nach heutigen Kategorien zu verurteilen!

Der Siebenjährige Krieg, der den Kampf um Schlesien beendete, könnte als erster Weltkrieg bezeichnet werden. Worin liegen seine weltpolitischen Folgen? Informieren Sie sich in einem historischen Nachschlagewerk und einem Geschichtsatlas!

Wie wird der Absolutismus von der heutigen Wissenschaft beurteilt?

M 33a Der Historiker Peter Baumgart über den preußischen Absolutismus, 1981

[...] Die gegenwärtigen weltpolitischen Konstellationen haben den endgültigen Zerfall des im 18. Jahrhundert ausgebildeten europäischen Staatensystems zur Voraussetzung. In ihnen verliert ein aus der absolutistischen Theorie hergeleiteter Zentralbegriff der europäischen Staatenwelt, die nationale Souveränität, zusehends seine grundlegende Bedeutung, und gleichzeitig muß eine von einzelstaatlichen Interessen geleitete Außenpolitik zugunsten supranationaler Organisationen abdanken oder sich machtpolitisch oder ideologisch miteinander rivalisierenden Blöcken immer häufiger unterordnen. In einer derartigen Situation wird die Distanz des historischen Phänomens Absolutismus zu den politischen Herrschaftssystemen der Gegenwart viel größer als noch vor einigen Jahrzehnten. Und angesichts solcher Veränderungen läßt es sich nicht mehr rechtfertigen, vom monarchisch-absolutistischen Staat des 18. Jahrhunderts als vom „modernen Staat" zu sprechen. Es handelt sich bestenfalls um eine Vorform oder um ein allerdings wichtiges Durchgangsstadium zum Staat der „modernen Welt".

So neuartig die innere und äußere Gestalt jenes „frühmodernen" Staates den betroffenen Zeitgenossen erscheinen mußte, so relativ „fortgeschritten" ihn die Historiker im Vergleich zu älteren Herrschafts- und Regierungsformen einstuften, so altertümlich muß er uns heute [...] vorkommen. Die machtpolitischen Auseinandersetzungen der Fürsten des 17. und 18. Jahrhunderts wirken nunmehr eher gezügelt und begrenzt; die territorialen Ziele ihres kriegerischen Eroberungsehrgeizes muten heute beinahe bescheiden an. Eine kühle, von den Interessen seines Staates diktierte „Staatsvernunft" band selbst den ungebärdigsten Herrscherwillen an bestimmte Spielregeln und Konventionen. Die unbestrittene Geltung des Rechts und die religiöse Tradition setzen der Herrscherwillkür schwer zu übersteigende Schranken.

Aus der Perspektive unserer bürokratisierten und nahezu total verwalteten Welt mit ihren tiefgreifenden Konsequenzen für jeden einzelnen Bürger wirken die kräftige Intensivierung der Staatstätigkeit und der Ausbau der Verwaltungsorganisation im Innern der monarchisch-absolutistischen Staaten geringfügig. Der Abstand der Möglichkeiten damaliger Administration gegenüber den im „Computerstaat" zu unheimlicher Perfektion gediehenen Methoden der Erfassung und Reglementierung jedes einzelnen erscheint gewaltig. Die absolutistische Verwaltung beanspruchte und kontrollierte den einzelnen weder bis in alle Details der privaten Lebensführung hinein, wie es heutzutage wenigstens ver-

sucht wird, noch auch besaß sie den brutalen Willen, geschweige denn die technischen Hilfsmittel dazu. [...] Die Versuche des Preußenkönigs Friedrich, die öffentliche Meinung zugunsten seiner Politik zu beeinflussen, wirken verglichen mit den heutigen Methoden der Meinungsbeeinflussung eher dilettantisch und unzulänglich. [...]
Die ältere Geschichtsschreibung vornehmlich des 19., aber noch der ersten Jahrzehnte des 20. Jahrhunderts stellte den absolutistischen Machtstaat in den Mittelpunkt ihrer Betrachtung und wählte dafür Brandenburg-Preußen als Muster. Sie konzentrierte ihre Aufmerksamkeit fast ganz auf den Vorgang der Staatsbildung seit dem 17. Jahrhundert, auf die staatliche Machtentfaltung und Machtkonzentration sowie auf die dafür erforderlichen Instrumente: das stehende Heer, den Verwaltungsapparat und die merkantilistisch gelenkte Wirtschaftspolitik. Sie argumentierte von der Zentrale dieses Staatswesens her, aus dem Blickpunkt des Gesamtstaats und der ihn verkörpernden Dynastie. [...]
Sie stützte sich auf eine für diese Betrachtungsweise breite und dennoch einseitige Quellengrundlage: auf das von den in der zentralen Regierungs- und Verwaltungssphäre des monarchischen Staates produzierte Aktenmaterial, das sie in den Staatsarchiven fand. [...]
Das langsame Werden der absoluten Monarchie in Brandenburg-Preußen wurde im Spiegel dieser Quellen zur Geschichte der Entstehung und Durchsetzung des Einheitsstaates Preußen unter Leitung seiner Dynastie oder jedenfalls einiger ihrer herausragenden Persönlichkeiten, zur folgerichtigen und konsequenten Entfaltung der zentral gesteuerten Staatstätigkeit mit Hilfe der ständig verbesserten Bürokratie und des laufend vermehrten Heeres. Eine Zeitlang wurde seine Geschichte sogar zum Inhalt eines nationalen Auftrages deklariert, zumindest aber zum Gegenstand eines fortschreitenden Rationalisierungs- und Disziplinierungsprozesses, von dem eine starke Faszination auf den nachträglichen Beobachter ausging, der selbst vor allem an den „modernen Staat" dachte.
Dieses Bild des altpreußischen Staates ist sicherlich auch nach dem gegenwärtigen Forschungsstand nicht schlechthin falsch, aber doch einseitig, undifferenziert und allzu etatistisch-zentralistisch. [...] Auch für Brandenburg-Preußen gilt, [...] daß eine offenkundige Diskrepanz besteht zwischen dem umfassenden autokratischen Anspruch monarchisch-bürokratischer Herrschaft und seiner realen Durchsetzung in den einzelnen Bereichen der staatlich-gesellschaftlichen Wirklichkeit. [...] Nirgendwo hat der „Militär-, Wirtschafts- und Verwaltungsstaat", wie er seit dem späteren 17. Jahrhundert entstand und im Verlaufe des 18. Jahrhunderts dann seine charakteristische Ausprägung fand, sich vollständig durchzusetzen vermocht. [...]
Die „Regierung aus dem Kabinett", wie dieser Preußenkönig sie praktizierte, erweist sich somit zwar als eine kaum noch überbietbare Steigerungsstufe monarchischer Autokratie, aber zugleich macht sie die Grenzen deutlich, die einer derartigen Regierungsweise gesetzt waren. Denn eine so komplizierte Verwaltungsmaschinerie wie die spätfriderizianische, die allein der König voll überschaute, ließ sich vom Kabinett aus nicht ohne beträchtliche Reibungsverluste steuern. Hinzu kamen andere Faktoren wie die größere Sachkenntnis der Beamtenschaft im Detail und die weiten Entfernungen zumal der Außenprovinzen von der Zentrale. Dies alles machte die Formel vom „allgegenwärtigen König" zur Legende, so sehr sich Friedrich bis zuletzt darum bemüht haben mochte, durch Revuen und Inspektionsreisen in eigener Person oder durch ministerielle Visitationskommissionen den Gang der Verwaltung und Justiz in der Monarchie zu überwachen. Es konnte daher nicht ausbleiben, daß Friedrich gerade in seiner Spätzeit geschönte Berichte vom Zustand seiner Provinzen erhielt, daß ihm trotz aller Überwachung in diesem Bereich der wahre Kassenstand verschleiert wurde.
(P. Baumgart, Wie absolut war der preußische Absolutismus? In: Preußen, Beiträge zu einer politischen Kultur. Katalog Bd. 2. Reinbek 1981, S. 90 ff.)

M 33b Die DDR-Historikerin Ingrid Mittenzwei: Wer war Friedrich II.? (1980)

Ein Mann, der in einer Zeit des Umbruchs die Ideen der neuen, im Aufstieg begriffenen und in Frankreich zur Macht strebenden Klassen in sich aufnahm, um sie – was die wenigsten Zeitgenossen sahen und verstanden – zur Stabilisierung der feudalen Gesellschaft zu benutzen.
Ein Mann, dessen Denken und Handeln um Großmachtpolitik kreiste, ein „Politiker der Stärke", wie wir Heutigen sagen würden, bar jeden, zu dieser Zeit aufkommenden Nationalgefühls, dessen außenpolitische Linie dynastischen Interessen dienende skrupellose Aggressionen verfolgte und die Ideologie des Präventivschlags, des „Not kennt kein Gebot" in die Geschichte einbrachte.
Ein Politiker, der den weiteren Verlauf deutscher Geschichte mit dem preußisch-österreichischen Dualismus belastete.
Ein begabter Feldherr, ein Krieger, der, seinem Vater folgend, das ganze Land als Feldlager nutzte und ihm im Interesse seiner Großmachtpolitik ungeheure Opfer abverlangte.
Ein intelligenter, vielseitiger und musisch begabter Herrscher, der auf Etikette nichts hielt und brillant zu unterhalten verstand, der – wenn er wollte – „die ganze Welt" durch Bescheidenheit bezauberte und [...] täuschte. Ein Menschenverächter, der mit zunehmendem Alter immer weniger von der

menschlichen „Rasse“ und ihren Fähigkeiten hielt und das Volk verachtete.
Ein Mann des Adels, der kurz vor der Zeitenwende der Französischen Revolution starb, der zwar Impulse des neu heraufkommenden Zeitalters empfing und auf sie reagierte, indem er sein zurückgebliebenes Land den neuen Verhältnissen anzupassen suchte, der aber gleichzeitig – an die Bedingungen seiner Klasse und seines Landes gekettet – Dämme gegen die neue Gesellschaft errichtete.
Ein absoluter Herrscher, der, als er starb, ein Land hinterließ, das sich trotz erstarkender Wirtschaft und geordneter Verwaltung in einer Systemkrise befand, das nach einer Befreiung von feudalen Fesseln und nach Überwindung der ständischen Struktur verlangte. Ein „aufgeklärter“ Konservativer.
Woran lag es, daß von diesem widersprüchlichen, begabten, die Interessen der Adelsklasse wahrenden Mann so langanhaltende Wirkungen ausgingen? Warum beriefen sich anfangs bürgerliche Liberale und später Reaktionäre aller Schattierungen auf ihn? [...]
Friedrichs Nachwirkung war zunächst eine Folge der Französischen Revolution. Auf die Umwälzungen, die sie auch auf deutschem Boden hervorrief, antworteten die Herrschenden mit verstärktem Druck auf die bürgerlichen Kräfte, vor allem auf ihre Ideologen. Da der Preußenkönig den Aufklärern einen gewissen Spielraum gewährt hatte, erschien ihnen seine Zeit im nachhinein als Idylle. Sie kritisierten die neuen Machthaber, indem sie um den alten Legenden woben. Aber auch der Adel, vom Umsturz in Frankreich und dem Zusammenbruch des altpreußischen Staates unter den Schlägen der französischen Armee 1806/07 verschreckt, in Unruhe über die eigene Existenz, betrachtete die Regierungszeit Friedrichs II. als das goldene Zeitalter, als eine Ära der Ruhe und Ordnung.
Und es waren weiter die konkreten Bedingungen des Übergangs vom Feudalismus zum Kapitalismus, die das Andenken des toten Friedrich beschworen. Die mit den Stein-Hardenbergschen Reformen beginnende „Revolution von oben“, deren Grundlagen der Klassenkompromiß zwischen Bourgeoisie und Adel sowie die allmähliche Verbürgerlichung des Adels waren, fußte zwar nicht – wie manche bürgerlichen Historiker noch heute behaupten – auf Friedrich II., die Voraussetzungen für eine solche Klassenkonstellation aber reiften unter seiner Herrschaft heran. Das Bürgertum hatte sich daran gewöhnt, mit der Monarchie zusammenzuarbeiten, der Adel – wenn auch erst vereinzelt – den Weg beschritten, der zur kapitalistischen Agrarentwicklung führen sollte. [...]
(I. Mittenzwei, Friedrich II. von Preußen. Köln [2]1980, S. 206f.)

M 34 Der Historiker Freiherr von Aretin: Zwölf Thesen zum Aufgeklärten Absolutismus

1. Der Aufgeklärte Absolutismus stellt insofern eine eigene Epoche innerhalb der Geschichte der europäischen Monarchien dar, als er seinen Ausgang von einem grundlegend veränderten Selbstverständnis des Herrschers nimmt. Nicht mehr das von Gott verliehene Amt, sondern die eigene Tüchtigkeit begründete den Vorzug des Herrschers vor seinen Mitbürgern. Ein absoluter Herrscher, der so dachte, leitete eine Revolution ein, die über kurz oder lang das Ende der auf dem Erbrecht beruhenden Monarchie bedeuten mußte. Wollte man dies vermeiden, so gab es nur einen Weg: die Umwandlung in eine konstitutionelle Monarchie. [...]
2. Ein nach den Maximen der Aufklärung aufgebauter Staat kennt keinen Bezirk, den er durch seine Reformen nicht verändern will. Da er auch den Freiheitsraum der ständischen Libertät nicht respektiert, beseitigt er Freiheit und gerät so mit den Idealen der Aufklärung in einen unlösbaren Konflikt. [...]
3. Der Aufgeklärte Absolutismus war daher nur da möglich, wo ein Herrscher imstande war zu bestimmen, welche Reformen konkret die Verwirklichung aufklärerischer Ideen bedeutete. In Frankreich war einerseits der Kreis der Aufklärer dazu zu groß und andererseits das Ansehen des Herrschers zu gering, um die Reformen im Rahmen absolutistischer Herrschaft zu halten. Sie mußten daher ebenso ins Extrem, nämlich in die alles verändernde Revolution abgleiten, wie die Ideen der Aufklärung an sich extrem waren.
4. Die Selbstbeschränkung eines absoluten Herrschers, der sein Amt als Dienst am Volke auffaßt, ist, wenn die absolute Herrschaftsform erhalten bleiben soll, nur als Appell an seine Pflichtauffassung möglich. Die meisten Fürsten des Aufgeklärten Absolutismus sind sich jedoch bewußt gewesen, wie brüchig eine solche Konstruktion war. Alle Versuche, dieses Problem auf dem Weg der Rechtskodifikation zu lösen, haben zu keinem überzeugenden Ergebnis geführt.
5. Der Aufgeklärte Absolutismus ist vom Denken der Aufklärung bestimmt. Das heißt aber nicht, daß er allen Entwicklungen dieses Denkens folgen mußte. Vielmehr entwickelte sich aus den eingeleiteten Reformen eine Staatspraxis, die sich unabhängig vom Denken der Aufklärung behauptete.
6. Ökonomisch gesehen stellte der Aufgeklärte Absolutismus den Versuch der unterentwickelten Länder dar, wirtschaftlich den Anschluß an die „kapitalistischen Länder“ zu gewinnen. Er kann daher in den Ländern nicht vorkommen, in denen die Entwicklung zum „Kapitalismus“ bereits weit fortgeschritten war. Durch Beseitigung steuerlicher Privilegien hatte der Aufgeklärte Absolutismus in allen Ländern einen erheblichen Anstieg der Staats-

einnahmen erreicht. Es gelang ihm aber nicht, den Freiheitsraum zu schaffen, den eine nach kapitalistischen Grundsätzen aufgebaute Industrie und ein so organisierter Handel benötigten.

7. In den katholischen Ländern stellte die im Rahmen der aufgeklärten Reformen notwendige Unterwerfung der Kirche unter den Staat einen revolutionären Vorgang dar, dem in den evangelischen und orthodoxen Ländern nichts Vergleichbares gegenübersteht. [...]

8. Der Aufgeklärte Absolutismus begründete in den Ländern, in denen er sich durchsetzte, die Tradition der Revolution von oben. An der Zähigkeit, mit der sich diese Tradition hielt, läßt sich auch die Bedeutung ermessen, die er am Anfang der Entwicklung zum modernen Staat in diesen Ländern besaß. Lhéritier irrte zwar, als er glaubte, der Faschismus sei eine Art Aufgeklärter Absolutismus, aber es besteht insofern eine Verbindung, als sich diese Länder später besonders anfällig für den Faschismus erwiesen.

9. Der Aufgeklärte Absolutismus ist in sich ein revolutionärer Vorgang. Die von ihm in Gang gesetzten sozialen Veränderungen wirkten weit über die Zeit hinaus, die ihm zur Verfügung stand. Der Aufstieg des Bürger- und Bauerntums im 19. Jahrhundert ist von ihm eingeleitet worden. Die Tatsache, daß es ihm nicht gelungen ist, die Rechte des Adels zu beseitigen, hat bewirkt, daß dieser in den von ihm beherrschten Ländern bis ins 20. Jahrhundert eine Sonderstellung bewahren konnte.

10. Aufklärung und Absolutismus schließen sich in letzter Konsequenz aus. Das Bündnis zwischen beiden war daher ein Bündnis auf Zeit, das so nur in einer bestimmten Situation möglich war. Der Aufgeklärte Absolutismus trug daher im Gegensatz zum Absolutismus und zur konstitutionellen Monarchie den Keim der Überwindung in sich. Dieser Widerspruch ist in allen seinen Handlungen sichtbar.

11. Aufgeklärter Absolutismus und Revolution sind Kinder desselben Denkens. Sie schließen sich aber insofern aus, als die Revolution ein Bürgertum voraussetzt, das der Aufgeklärte Absolutismus erst schaffen wollte. [...]

12. Hier liegt letztlich der Grund, daß die Länder des Aufgeklärten Absolutismus im Kampf mit der Französischen Revolution trotz ihres weitgespannten Reformprogramms so rettungslos veraltet erschienen. Der Aufgeklärte Absolutismus konnte einen Abstand aufholen. Er war aber unfähig, ein Staatsideal zu schaffen, das dem Denken der Aufklärung und seinen zukunftweisenden Idealen entsprochen hätte. Gegen den Umsturz aller Verhältnisse in einer Freiheit des einzelnen zum Maßstab setzenden Revolution hatte er nichts einzusetzen.

(K. O. Frhr. von Aretin, Hrsg., Der Aufgeklärte Absolutismus. Köln 1974, S. 42–44)

Anregungen

1 *Mit welchen Argumenten verwirft P. Baumgart (M 33) die These, der absolute Staat sei ein „moderner Staat"?*

2 *Inwiefern erweisen sich nach Baumgart Formeln vom „allgegenwärtigen König" oder von der „Durchsetzung des Einheitsstaates Preußen unter seiner Dynastie" als (historische) Legenden?*

3 *Ingrid Mittenzwei beurteilt Friedrich II. als „aufgeklärten Konservativen", der bei seinem Tod ein Land hinterlassen habe, das sich in einer tiefen Systemkrise befand (M 33b). Diskutieren Sie diese These! Worin bestehen ihrer Meinung nach die Symptome der Krise?*

4 *Der Aufgeklärte Absolutismus wird als Epoche des Wandels interpretiert (M 34). Auf welchen Ebenen wird dieser Wandel angestrebt, warum kommt es dabei zu einem „unlösbaren Konflikt"?*

5 *Diskutieren Sie auf der Grundlage der Materialien zum Aufgeklärten Absolutismus in Preußen die 11. These v. Aretins!*

6 *Welche gesellschaftlichen Strukturelemente vermochte der Aufgeklärte Absolutismus nicht zu reformieren? Welche Konsequenzen sollte das nach sich ziehen?*

Register